中国法经济学研究

（2017～2019）

史晋川　黄少安◎主　编

董雪兵　李增刚◎副主编

中国财经出版传媒集团

经济科学出版社
Economic Science Press

图书在版编目（CIP）数据

中国法经济学研究.2017－2019/史晋川，黄少安主编；董雪兵，李增刚副主编. －－北京：经济科学出版社，2022.10

ISBN 978－7－5218－4196－1

Ⅰ.①中… Ⅱ.①史…②黄…③董…④李… Ⅲ.①法学－经济学－文集 Ⅳ.①D90－059

中国版本图书馆 CIP 数据核字（2022）第 203427 号

责任编辑：于 源 陈 晨
责任校对：隗立娜
责任印制：范 艳

中国法经济学研究（2017～2019）
史晋川 黄少安 主 编
董雪兵 李增刚 副主编
经济科学出版社出版、发行 新华书店经销
社址：北京市海淀区阜成路甲 28 号 邮编：100142
总编部电话：010－88191217 发行部电话：010－88191522
网址：www. esp. com. cn
电子邮箱：esp@ esp. com. cn
天猫网店：经济科学出版社旗舰店
网址：http：//jjkxcbs. tmall. com
北京季蜂印刷有限公司印装
787×1092 16 开 25.5 印张 559000 字
2022 年 10 月第 1 版 2022 年 10 月第 1 次印刷
ISBN 978－7－5218－4196－1 定价：108.00 元
（图书出现印装问题，本社负责调换。电话：010－88191510）
（版权所有 侵权必究 打击盗版 举报热线：010－88191661
QQ：2242791300 营销中心电话：010－88191537
电子邮箱：dbts@ esp. com. cn）

编　委　会

前　言

截至 2021 年，"中国法经济学论坛"已经连续举办了 19 届。中国法经济学研究的水平和影响力不断提高，队伍不断壮大，呈现出几个特征：一是研究的范围越来越广泛，几乎涉及法经济学的所有领域，既包括对基本理论问题的研究，也包括对现实问题的研究。二是研究的方法不断进步，法经济学的研究既有主流经济学的实证研究（模型实证和计量实证等），也有法学研究的法理演绎和案例研究。三是研究队伍的不断壮大，首届法经济学论坛召开时只有二三十人参加，现在已经发展到近百人参加，参加者既有经济学背景的学者，也有法学背景的学者；既有理论研究者，也有立法、司法等实际工作部门的工作者。四是法经济学研究的中国化，越来越关注中国的现实问题，结合中国现实研究法经济学理论。

我们分别在 2010 年、2011 年、2014 年、2016 年和 2020 年出版了《中国法经济学研究（2003～2007）》《中国法经济学研究（2008～2010）》《中国法经济学研究（2011～2012）》《中国法经济学研究（2013～2014）》《中国法经济学研究（2015～2016）》，现在推出的《中国法经济学研究（2017～2019）》，全书共收录 23 篇论文。所收录的论文都已发表在《经济研究》《经济学（季刊）》《中国社会科学》《制度经济学研究》等国内重要刊物上，本书除因出版要求对其进行体例上的统一外，基本保持文章原貌。

中国法经济学正在迅速发展，研究成果也正在逐渐向理论研究与现实问题相结合、理论指导现实的方向发展。我们期望通过

《中国法经济学研究》的出版，推动中国法经济学的理论研究和应用研究，进而为中国的法治建设、依法治国和全面深化改革做出贡献。

史晋川　黄少安

2022 年 10 月

目 录

担保物权制度改革影响了民营企业负债融资吗?

——来自中国《物权法》自然实验的经验证据[*]

钱雪松　方　胜[**]

【摘　要】 本文运用双重差分法考察以《物权法》出台为标志的担保物权制度改革如何影响企业负债融资。实证结果表明,《物权法》出台之后,与固定资产占比高的企业相比,固定资产所占比例较低企业的流动性负债和总负债都增长得更快。进一步研究发现:(1)担保物权制度改革对流动性负债的提升效应主要由商业信用增加驱动,企业短期借款没有显著变化;(2)担保物权制度改革对企业长期负债产生了显著的滞后增长效应,其作用机理在于,法律改革通过推动商业信用这一非正规金融工具快速发展来撬动银行等金融机构增加对企业的长期放贷。本文基于中国新兴转轨经济实践的经验研究,识别出法律影响金融的因果关系,并厘清了担保物权制度改革产生的经济效应及作用机理,为"法与金融"领域提供了新证据,对进一步完善法律以有效促进金融和经济发展具有重要借鉴意义。

【关键词】《物权法》;担保物权制度;商业信用;长期负债;双重差分法

一、引　言

法律制度改革能否以及如何影响金融运行是"法与金融"领域的核心问题。改革开放以来,中国在市场经济构建和培育方面取得了巨大成就,但我国经济发展仍然受到金融发展滞后和法律制度不完善的制约。此背景下,如何推进法律制度改革以有效促进金融发展及其作用机理问题受到学术界和政府的密切关注。特别地,我国企业融资难、融资贵等现象十分突出,《中华人民共和国物权法》(以下简称《物权法》)[①] 等法律制度改革能否有效改善企业融资,也急需回答。

实际上,作为促进经济发展的重要因素,负债融资取决于哪些因素是学术界关注的热点。自从拉波塔等(La Porta et al.,1997)运用跨国数据研究揭示出债权保护与信贷市场规模正相关,后续涌现出许多文献强调,法律制度是影响负债融资的重要因素。这

---

　* 本文得到国家自然科学基金面上项目(71473091)的资助。作者感谢华中科技大学孔东民、暨南大学周浩和西安交通大学马文涛提出的宝贵意见,特别感谢匿名审稿专家的宝贵意见! 当然文责自负。原文发表于《经济研究》2017年第5期。

　** 钱雪松、方胜,华中科技大学经济学院。

　① 2020年5月28日《中华人民共和国民法典》(以下简称《民法典》)正式通过,并于2021年1月1日起施行,《物权法》同时废止。本文写于2017年,鉴于学术研究的目的,保持了本文的原有内容。

些研究发现，法律制度中所有权保护（特别是债权保护）越完善，债权人实施借贷契约的能力就越强，从而提高企业外部融资可得性（Bae and Goyal，2009；Haselmann et al.，2010），也降低了负债融资成本（Qian and Strahan，2007），最终有效促进了以负债融资为代表的金融发展（Djankov et al.，2007）。

近年来，随着中国市场化改革不断推进和微观金融数据可得性增强，对我国"法和金融"问题的研究也不断涌现。部分学者运用中国省级区域银行信贷数据进行研究发现，较好的法律环境不仅与银行信贷规模显著正相关（郑志刚和邓贺斐，2010），而且与私人部门获得的银行信贷份额呈现正向联系（卢峰和姚洋，2004）。还有学者运用企业投融资微观数据的研究发现，更好的法律环境能够完善公司治理（王鹏，2008；陈德球等，2013）、降低权益融资成本（沈艺峰等，2005）、优化债务资金配置（张健华和王鹏，2012）以及提升企业投资效率（万良勇，2013）。

这些从我国地区法律制度环境差异切入的经验文献考察了法律制度与金融发展之间的联系，增进了我们对中国这一新兴转轨经济"法与金融"关系的理解。但值得指出的是，受到省级法律制度环境指标数据的限制，上述文献要么从法律环境横截面差异出发展开研究，要么从法律环境指标的动态变化进行探讨。因而，这些研究只能发现法律制度改进与金融发展存在正向联系，但难以建立两者之间的因果关系，不能深入剖析法律变化影响金融运行的作用机理，研究结论也容易受到遗漏变量、法律变量测度偏误等问题的困扰。

一般而言，探寻法与金融因果关系的一个自然选择是利用法律制度变革的自然实验。与发达经济体相比，作为新兴转轨经济体，我国在经济体制转型过程中新修了很多法律制度。特别地，改革开放以来我国关于担保制度的法律几经修改。从1981年《中华人民共和国经济合同法》（以下简称《合同法》）提出担保概念到2007年《物权法》通过人大审议，我国才构建了系统完整的担保物权制度。与之前法律相比，《物权法》不仅丰富了担保物权类型，将应收账款、基金份额等资产权利和存货纳入可以担保范围，而且通过完善担保物权的设定和实现程序降低了交易成本。这为考察法律变化如何影响负债融资提供了很好的研究素材。

基于此，本文以我国《物权法》出台为自然实验，选取民营上市公司作为研究对象，从《物权法》出台对企业负债融资施加影响的差异性切入构造对照组和实验组，采用双重差分法考察担保物权制度变革对企业负债融资的作用。本文将回答以下问题：第一，我国颁布《物权法》这一法律变化是否对企业负债融资产生影响？它们之间存在因果关系吗？第二，如果《物权法》出台是企业负债融资调整的原因，那么该法律变化如何对负债融资施加作用？商业信用、短期银行借款、长期负债等不同负债对担保物权制度改革的反应是否存在差异？

本文贡献主要体现在两个方面。第一，由于法律制度变革的自然实验稀缺，现有文献大多运用跨国或跨省等区域数据考察法律制度和金融发展的联系，只有为数不多的研究尝试利用外生的法律变革事件实证考察"法与金融"关系（Lilienfeld-Toal et al.，2012；Vig，2013；Campello and Larrain，2016，et al.），这些研究要么基于印度、巴西等新兴市场国家的经济实践，要么从罗马尼亚、匈牙利、波兰等东欧转轨经济体切入考察。对于中国这一新兴转轨经济体而言，相关实证研究十分稀缺。① 考虑到我国市场化进程尚未完成，法律制度还有待完善，我国法律变化是否对负债融资产生了因果意义上的作用问题至关重要。本文从《物权法》出台自然实验切入，运用双重差分法考察担保物权法律改革对企业负债融资的影响，尝试建立起"法与金融"之间的因果关系，从而为法与金融研究提供了基于中国这一新兴转轨经济体的新鲜经验证据。第二，法律制度动态变化大多涉及丰富的法律条文调整，研究者往往难以分离出具体法律制度的效应，因而也就难以剖析法律变化影响负债融资的作用机理。目前学术界为数不多的研究从特定国家的担保物权制度变革切入考察法律变化对负债融资的影响，得到的结论并不一致。② 通过考察我国《物权法》出台对企业负债融资的影响，本文至少可以从以下两个方面增进我们对法律影响负债融资作用机理的认识和理解。

一方面，本文清晰地揭示出了《物权法》导致商业信用增长的作用机理，这不仅从商业信用角度新增了法律影响负债融资的独特证据，还有助于我们识别出担保物权制度改革有利于负债融资扩张的担保资产类型及其作用机理。另一方面，本文研究表明，实体企业对法律变化十分敏感，法律改革通过推动商业信用这一非正规金融工具快速发展来撬动商业银行等金融机构增加对企业的长期放贷。这不仅从商业信用和银行贷款之间的联系互动视角增进了我们对担保物权制度改革如何影响企业负债融资的认识，而且为广大新兴市场国家将来进一步完善相关法律促进金融发展提供了重要借鉴意义。

二、《物权法》出台、担保物权制度改革和企业负债融资

1. 《物权法》出台和担保物权制度改革

作为市场经济基础性法律的重要组成部分，《物权法》千呼万唤始出来，终于在2007 年 3 月 16 日第十届全国人民代表大会第五次会议正式出台。《物权法》从 1993 年开始起草，到全国人民代表大会通过历时十四年，其间各界激烈讨论，几经周折，经过全国人大常委会的七次审议，这在全国人大立法史上是罕见的。

实际上，在从计划经济体制向市场经济转型过程中，我国关于担保制度的法律修订之路十分曲折。具体而言，关于担保概念的正式规定起始于 1981 年颁布的《中华人民共和国经济合同法》，之后于 1987 年颁布的《中华人民共和国民法通则》对保证、抵

---

① 少量研究从微观层面考察了我国《物权法》出台的影响。例如，伯克维茨（Berkowitz et al.，2013）运用事件研究法直接比较《物权法》出台前后的企业融资和投资行为发现，《物权法》颁布之后，企业负债融资增加，投资对托宾 Q 的反应提高，由此为其观点"加强产权保护提升了企业价值"提供支撑。江伟和姚文韬（2016）通过分组回归研究发现，《物权法》实施后企业利用应收账款质押融资的行为有所增强。但值得指出的是，这些研究对《物权法》出台和负债融资变化之间因果关系的识别不够。

② 利林菲尔德-托阿尔等（Lilienfeld-Toal et al.，2012）、维格（Vig，2013）等研究考察印度加强抵押债权保护的法律改革发现，为降低抵押品被债权人提前清偿的威胁，企业倾向于减少抵押贷款，加强契约执行力度导致小企业的负债融资下降；哈塞尔曼等（Haselmann et al.，2010）、坎培罗和拉腊因（Campello and Larrain，2016）等研究考察东欧国家的司法改革实践发现，建立担保制度有效推动了银行信贷融资规模增加，允许动产抵押的法律改革促进了企业负债融资快速增长。

押、定金和留置等四种债务担保形式作了初步规定。虽然1995年实施的《中华人民共和国担保法》（以下简称《担保法》）给出了抵押权、质权和留置权等概念的系统规定，但由于我国基本物权制度尚未建立，基于《担保法》的担保制度设计存在不足，银行贷款更多倚重类型单一的不动产担保，导致很多企业担保品匮乏，债务融资渠道受限。

2007年出台的《物权法》系统详细地规定了包括所有权、用益物权和担保物权在内的物权归属，并对物权利用产生的民事关系提供了明文规范。与之前法律相比，《物权法》构建了系统完整的担保物权制度，具体而言表现在以下三个方面。

其一，《物权法》明确了物的归属，并强调对权利人拥有物权的保护。例如，《物权法》确立了公私产权的一体保护原则，其第3条明确规定保障一切市场主体的平等法律地位和发展权利，第4条强调国家、集体、私人的物权和其他权利人的物权受法律保护，任何单位和个人不得侵犯。由于担保物权的运作必须建立在明确清晰的物权界定基础上，因而，与以前关于担保的法律相比，《物权法》为我国担保制度奠定了基础。

其二，《物权法》丰富了担保物权类型，扩大了担保资产范围，也提升了动产及资产权利的价值。具体而言，《物权法》进一步完善了抵押权和质权的制度框架，增加了存货、应收账款质权、基金份额质权等新类型担保物权，而且还充分肯定经济主体依照《物权法》和其他法律规定创设担保物权的自由，这显然会增加企业运用担保物权进行融资的操作空间。

其三，《物权法》完善了担保物权的设定和实现程序，降低了担保物权运作的交易成本。例如，《物权法》针对动产抵押权采取登记对抗主义立场，对于动产及权利质权以"交付"作为生效要件，这充分尊重当事人的意思自治，消除了我国动产抵押权登记公示制度长期存在的混乱局面，使动产交易更为灵活。同时，《物权法》不仅明确了担保物权的受偿方式和顺序，而且针对抵押权受偿过程做出了新规定，如果抵押权人和抵押人不能就抵押权的实现方式达成协议的，抵押权人可以跳过诉讼环节，直接请求法院拍卖、变卖抵押财产，这降低了违约情形下担保物权的实现成本。

2. 担保物权制度改革对企业负债融资的影响分析

从担保物权制度改革层面审视，我国出台的《物权法》主要实施了两个重要举措：其一，《物权法》明确增加了应收账款、基金份额、存货等新型担保物权，这丰富了可用于担保的物权；其二，《物权法》完善了担保物权的设定和实现程序，这降低了担保物权运作的交易成本，从而有利于抵押借贷涉及经济主体形成稳定预期和抵押贷款纠纷处理。这些举措不仅扩展了企业运用担保物权进行负债融资的操作空间，而且增强了企业利用担保物权进行负债融资的激励，它们通过以下两个机制对企业负债融资行为产生积极影响。

其一，阿吉翁和博尔顿（Aghion and Bolton，1992）和哈特和摩尔（Hart and Moore，1994）等研究指出，在不完美资本市场上，信息不对称、契约不完备性以及企业家人力资本不可剥夺等问题普遍存在，借款者能否提供（以及提供多少）可信赖的抵押担保品是其融资能力的重要决定因素。此背景下，《物权法》不仅将原材料、半成品、产品等存货纳入抵押资产范围，而且明确应收账款和基金份额等资产权利可以合法出质，这些流动性资产能合法出质会提升其在市场上的潜在交易机会、流动性及市场公允价值，从而促使商业银行等金融机构增加向企业提供基于流动性资产的抵押贷款，进而提高企业负债融资能力。其二，我国颁布的《物权法》明确应收账款可以出质进行负债融资，2007年10月实施的《应收账款质押登记办法》为我国金融机构开展应收账款质押融资业务提供了规范的登记程序，这增大了企业事后对应收账款的处置空间和灵活性，从而提高了企业经营过程中为其商业伙伴提供商业信用的激励，这会促使应付账款形式的商业信用快速增长。

因而，对于我国固定资产较少、融资困难的企业而言，我们预期以《物权法》出台为标志的担保物权制度改革会显著改善这类企业面临的融资问题。基于以上分析，提出本文的研究假设：以《物权法》出台为标志的担保物权制度改革促进了我国上市公司的负债融资行为。

三、研究设计

1. 数据样本

本文选取 2003～2009 年的民营上市企业作为研究对象。我们剔除了金融类上市企业、ST 企业以及 2006 年之后退市的企业，由此得到了 352 家民营上市企业。围绕《物权法》出台这一自然实验，本文考察样本的时间区间选择为 2003 年上半年至 2009 年下半年，以半年为一期，我们得到了样本观察数量为 4470 的面板数据。而且，由于部分企业在 2003～2006 年上市，这些企业上市前的资产负债数据不可得，因而，本文数据结构为非平衡面板。

2. 变量定义与数据描述

本文被解释变量为企业流动性负债、长期负债和总负债等负债指标。具体而言，流动性负债是一年内（或一个营业周期内）需要偿还的债务总和，由以下三部分组成：其一，短期借款；其二，商业信用，包括应付账款、应付票据和预收账款；其三，一年内到期的长期负债以及应付职工薪酬、应交税费等其他流动性负债。其中，作为流动性负债的主要组成部分，短期借款和商业信用是企业短期负债融资水平的直接表现。长期负债指期限超过一年的债务，主要包括长期借款、公司债券和长期应付款，其中，作为长期负债的主要组成部分，长期借款是企业从商业银行获取的长期负债融资。总负债是企业各种负债的加总，它由流动性负债和长期负债组成。

为了控制其他可能影响企业负债融资的因素，本文引入了营业收入增长率、财务杠杆、托宾 Q、资产收益率、企业市值规模和现金流量净额等企业特征变量。具体地，营业收入增长率为本期营业收入增长额与上期营业收入之比；财务杠杆定义为息税前利润/（息税前利润－财务费用）；托宾 Q 定义为企业当期市值与总资产之比；资产收益率定义为净利润与总资产的比值；企业市值规模定义为年个股总市值的自然对数值；现金流量净额定义为经营活动的现金流入与现金流出之差。

表 1 报告了变量的均值、标准差、最小值和最大值。其中，总负债、流动性负债、

商业信用、短期借款、长期负债等负债变量采用半年一期的数据，样本量为 4 470。由表 1 可知，企业负债指标在较大区间浮动，为我们考察担保物权制度改革如何影响负债融资提供了很好的素材。另外，为了避免奇异值的干扰，本文对连续变量在 1% 水平上进行了 Winsorize 缩尾处理。

表 1 　　　　　　　　　　**变量的描述性统计**

变量	单位	观测值	均值	标准差	最小值	最大值
总负债	亿元	4 470	11.98	15.74	0.394	97.15
流动性负债	亿元	4 470	9.868	12.58	0.372	78.47
商业信用	亿元	4 470	4.188	7.418	0.025	55.85
短期借款	亿元	4 470	3.793	4.767	0	26.09
长期负债	亿元	4 460	2.045	4.497	0	27.04
长期借款	亿元	4 452	1.678	3.851	0	23.36
营业收入增长率	—	4 470	0.379	1.182	-0.884	9.137
财务杠杆	—	4 470	1.399	0.932	-1.164	6.465
托宾 Q	—	4 470	1.675	1.309	0.302	7.739
资产收益率	—	4 470	0.032	0.039	-0.114	0.168
个股总市值	亿元	4 470	34.03	47.05	3.842	312.6
现金流量净额	亿元	4 470	0.941	2.424	-4.575	13.85

3. 识别策略与模型设定

本文使用双重差分法考察以《物权法》出台为标志的担保物权制度改革如何影响企业负债融资。在自然实验情形下，通过比较某一事件对实验组和对照组经济主体施加影响的差异，双重差分法能克服干扰因果关系的其他因素或遗漏变量的影响，从而识别出我们关注变量间的因果关系。需要指出的是，《物权法》的制定和审议过程十分曲折，我们考察的 300 余家民营企业无法对这一全国性法律出台施加影响，对微观企业而言，《物权法》能够在第十届全国人大常委会第二十五次会议通过审议是外生事件。因而，《物权法》出台是一个难得的自然实验。

然而，当运用自然实验研究担保物权制度改革如何影响负债融资时，如果仅仅比较法律改革前后的企业负债融资变化，我们并不能将其归结为法律变化引致的效应，因为可能存在其他潜在因素也对企业负债融资施加了作用。基于此，我们需要构造合适的对照组和实验组，运用双重差分法识别法律变化与企业负债融资行为之间的关系。

实践中法律变化产生的影响存在丰富差异性，颁布一部法律的影响往往会因为企业特征差异而不同，这为我们探寻法律与金融活动之间的关系机制提供了丰富素材。实际上，为了识别出法律变化与负债融资之间的因果关系，很多研究就是从法律改革效应在企业层面的差异切入构造对照组和实验组进行 DID 检验。[①] 本文借鉴维格（Vig，2013）和坎培罗和拉腊因（Campello and Larrain，2016）等研究的处理方法，从《物权法》出台对不同企业负债融资施加的差异性影响切入构造对照组和实验组，在此基础上运用 DID 方法检验担保物权制度改革的政策效应。具体地，我们根据上市公司的固定资产占比高低构造对照组和实验组，我们这样处理的原因如下：

其一，企业受到的融资约束在资产结构特征维度表现出显著差异。在中国经济实践中，出于风险控制等原因，银行信贷十分强调抵押（特别是土地、厂房、机器设备等固定资产）的重要性（Gregory and Tenev，2001；Cousin，2007）。与固定资产占比较高企业相比，固定资产占比较低企业往往缺乏抵押品，难以获得银行贷款支持而受到相对较大的融资约束（Almeida and Campello，2007；Ayyagari et al.，2010；李青原和王红建，2013 等）。

其二，由前文分析可知，与原有法律相比，《物权法》不仅完善了担保物权的设定和实现程序，还扩大了担保资产范围，经济主体可通过抵押应收账款、基金份额、存货等流动性资产进行负债融资。这增大了企业事后对应收账款的处置空间和灵活性，从而增强企业为其商业伙伴提供商业信用的激励，进而促使应付账款形式的商业信用快速增长。而且，担保物权制度改革提升了企业流动性资产的市场价值，商业银行等金融机构会增加向企业提供基于流动性资产的抵押贷款，从而提升企业负债融资能力（江伟和姚文韬，2016；等等）。

基于以上分析，从直觉上看，《物权法》的出台对企业负债融资的影响在资产结构维度表现出系统差异。对于固定资产占比较低企业而言，在《物权法》出台前受到较大融资约束，其对担保物权制度变革更为敏感，不仅会通过抵押流动性资产以获取商业银行等金融机构提供的短期借款，还会通过应付账款向其商业伙伴寻求资金支持。相对而言，固定资产所占比例较高的企业拥有相对较多固定资产，在《物权法》出台前，它们就能通过抵押固定资产获取债务融资，因此法律改革对它们的影响相对有限。简言之，与固定资产占比较高企业相比，对固定资产所占比例较低企业而言，《物权法》出台对负债融资产生的作用相对更强。

具体地，本文计算出样本企业 2007 年之前两年内（即 2005 年和 2006 年）固定资产占总资产比例的平均值，并以固定资产占比的 33% 和 67% 分位数为门槛值，按照固定资产占比将样本分为最高 1/3、中间 1/3 和最低 1/3 三组。在此基础上，我们将固定资产占比最高的 1/3 界定为对照组，而将固定资产占比最低的 1/3 界定为实验组。为消

---

① 例如，维格（2013）认识到，与无形资产相比，实践中土地、厂房等有形资产更容易充当抵押品，因而，着眼于加强抵押贷款债权保护的法案将对有形资产比例较高企业产生较大影响，维格进而根据有形资产比例构造实验组和对照组进行 DID 分析；类似地，坎培罗和拉腊因（2016）发现，实践中不同行业使用机器设备等动产的程度存在差异，因而，将动产引入抵押资产清单的法律改革对不同企业的影响存在差异，基于此，他们根据企业生产过程对动产的需求差异构造实验组和对照组进行 DID 检验。

除时间和个体之间的差异，本文运用控制双向固定效应的双重差分法进行实证检验，计量模型如下所示：

$$Y_{it} = \alpha + \beta_1 Low_i \times After_t + \beta_2 Low_i + \beta_3 After_t + \beta_4 X_{it-1} + \delta_i + \gamma_t + \varepsilon_{it} \tag{1}$$

为了考察担保物权制度改革对企业负债增长的影响，我们选择半对数模型进行检验，其中被解释变量是企业各种负债指标（流动性负债、长期负债和总负债）的自然对数值，此时回归系数反映的是解释变量对负债增长率的影响，这能够揭示出法律改革带来的负债增长效应。考虑到本文样本中很多企业的商业信用、短期借款或长期负债等负债指标取值为 0，为了尽量减少样本损失，我们对负债变量加 1 后再取自然对数得到被解释变量。[①]

在模型中，i 表示企业，t 表示时间，Y_{it} 是我们感兴趣的被解释变量，具体包括流动性负债（涵括商业信用和短期借款）、长期负债、总负债等企业负债变量和投资、营业收入、盈利水平等测度经营绩效的变量；Low_i 是一个指示变量，当企业归属于实验组时，即企业的固定资产占比处于最低 1/3 组，该变量取值为 1，当企业处于对照组时（即企业固定资产占比处于最高 1/3 组），该变量取值为 0；$After_t$ 也是一个指示变量，当样本观测值发生在《物权法》出台的 2007 年上半年及以后其值为 1，否则取值为 0；X_{it-1} 为企业层面的六个控制变量，为避免内生性问题，我们取控制变量的滞后一期值代入；δ_i 为个体固定效应，γ_t 为时间固定效应，ε_{it} 为误差项；模型中的行业固定效应由个体固定效应控制，而样本期内存在少量企业行业信息发生变更，对这些企业本文根据行业变更的时间设定了虚拟变量予以控制，变量在行业变更前取 0，变更后取 1；我们主要关注 $Low_i \times After_t$ 的回归系数 β_1，它衡量了以《物权法》出台为标志的担保物权制度改革带来的 DID 效应。需要指出的是，本文检验结果的统计标准误在企业层面进行了聚类调整。

四、实证检验和分析

为了考察《物权法》出台如何影响企业负债融资，我们做了以下实证检验。其一，绘制企业负债的时间趋势图，直观观察法律改革对企业负债的影响；其二，在控制固定效应和企业特征变量的情况下，使用标准双重差分模型进行检验。具体如下所述。

1. 企业负债的时间趋势图

本文将样本分为实验组企业和对照组企业，分别计算两组企业 2003~2009 年期间流动性负债、商业信用、长期负债和总负债规模的均值，在此基础上绘制时间趋势图，虚线为对照组，实线为实验组（如图 1 所示）。图 1 显示，其一，对流动性负债而言，在《物权法》出台之前，实验组和对照组企业表现出相同的增长趋势；在《物权法》颁布之后，对照组的流动性负债维持了原有增长趋势，与之形成鲜明对比的是，实验组

---

① 本文剔除了负债变量取值为 0 的样本，并直接对负债指标取对数，在此基础上进行了相关检验，得到了一致结果，为节省篇幅，我们没有报告，若有兴趣，可向作者索取。

企业的流动性负债增长速度明显发生了跳变，两组企业流动性负债之间的差距逐年扩大。同时，作为流动性负债的主要组成部分，商业信用规模表现出相同趋势。这与担保物权制度改革可以增进企业流动性负债融资的经济直觉一致。其二，对长期负债而言，《物权法》出台之前，与对照组相比，实验组企业的长期负债规模相对较小；《物权法》颁布之后的初期，对照组和实验组的长期负债增长趋势基本平行，但从2008年开始，与对照组长期负债增长率保持平稳不同，实验组的长期负债增长率发生明显跳变，实验组和对照组在长期负债规模上的差距迅速缩小，截至2009年，实验组的长期负债规模已超过对照组。这初步揭示出，《物权法》对长期负债产生了滞后的促进作用。其三，从企业总负债角度看，在《物权法》出台之前，实验组和对照组的轨迹基本重合，在《物权法》颁布之后，对照组企业的总负债增长趋势没有发生变化，与之不同，实验组

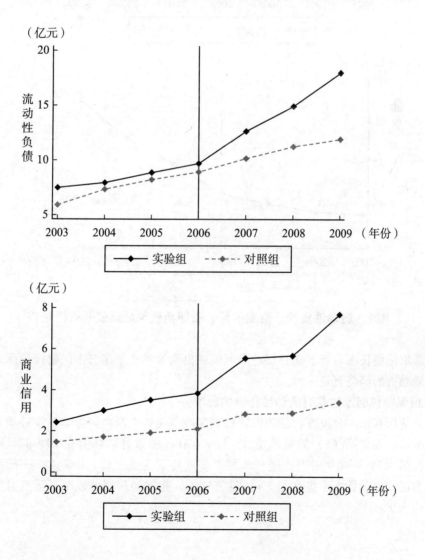

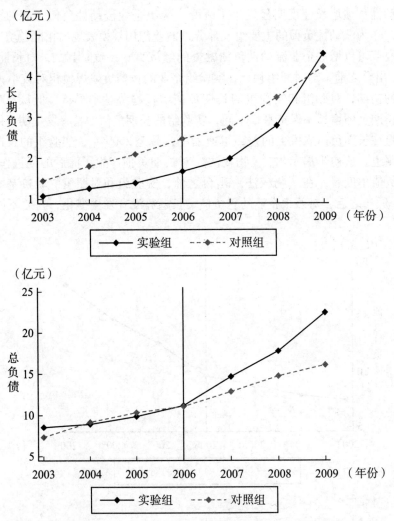

图1　流动性负债、商业信用、长期负债和总负债的规模趋势

企业的总负债增长率显著增加，在趋势上表现出明显跳变。这与担保物权制度改革增进企业负债融资的经济直觉一致。

2. 担保物权制度改革对流动性负债的影响

本文使用双重差分模型检验担保物权制度改革是否以及如何影响流动性负债，结果如表2所示。表2第（1）列结果显示，Low×After 的系数估计值在10%的显著性水平上为正；第（2）列结果表明，进一步控制企业特征变量之后，Low×After 的系数估计值仍然为正，显著性水平提高到5%。这意味着，担保物权制度改革显著提升了企业流动性负债水平。

表2　担保物权制度改革对流动性负债的影响

被解释变量	流动性负债（自然对数值）			商业信用（自然对数值）			短期借款（自然对数值）		
	(1)	(2)	(3)	(4)	(5)	(6)	(7)	(8)	(9)
Low × After	0.110* (0.088)	0.113** (0.040)		0.116** (0.044)	0.110** (0.043)		−0.041 (0.600)	−0.035 (0.636)	
Low × Year2007			0.066 (0.168)			0.090* (0.078)			−0.035 (0.592)
Low × Year2008			0.131** (0.036)			0.090 (0.133)			−0.000 (0.997)
Low × Year2009			0.145** (0.038)			0.152** (0.026)			−0.070 (0.430)
Controls[a]	No	Yes	Yes	No	Yes	Yes	No	Yes	Yes
观测值数	2 963	2 766	2 766	2 963	2 766	2 766	2 963	2 766	2 766
R^2（Within）	0.250	0.327	0.328	0.281	0.305	0.306	0.037	0.107	0.108

注：*，** 和 *** 分别表示10%、5%和1%的显著性水平，括号内为 P 值。以下各表同。
a 为节省篇幅，这里及下文控制变量（包括企业与年份的固定效应）的回归结果均未报告，如有兴趣，可向作者索取。

　　为进一步探究其作用机理，本文分别考察了担保物权制度改革对商业信用和短期借款的影响。表2第（4）~第（5）列结果显示，Low×After 对商业信用的回归系数显著为正，这表明，担保权制度改革显著提升了企业商业信用水平；表2第（7）~第（8）列结果显示，Low×After 与短期借款之间不存在显著关系，这意味着，担保物权制度改革并没有影响涵括银行借款的短期借款。

　　在此基础上，本文引入 Low×Year2007、Low×Year2008 和 Low×Year2009 考察《物权法》出台影响流动性负债的动态效应，其中 Year2007、Year2008 和 Year2009 分别在 2007 年、2008 年、2009 年取1，其他年份取0。表2第6列显示，对商业信用而言，Low×Year2007 系数在 10% 的水平上显著为正，Low×Year2008 系数在接近 10% 的水平上为正，Low×Year2009 系数在 5% 的水平上显著为正，而且，随着时间推移，Low×Year 的系数从 0.09 增加到 0.152；类似地，表2第（3）列显示，对流动性负债而言，Low×Year2007 系数在接近 10% 水平上为正，Low×Year2008 和 Low×Year2009 的系数都在 5% 水平上显著为正，Low×Year 的系数随时间推移也表现出递增趋势。这表明，一方面，流动性负债（特别是商业信用）对法律变化的反应十分灵敏，在 2006 年 12 月《物权法》通过人大常委会审议后，2007 年商业信用就表现出显著提升效应；另一方面，随着时间推移，法律变化对流动性负债的提升效应不断增强。

　　综合来看，担保物权制度改革显著提升了企业流动性负债规模，而且，与实体企业对《物权法》出台反应十分灵敏导致商业信用快速增长不同，商业银行主导的企业短期借款在《物权法》出台前后没有显著变化。如何理解这一有趣结果呢？一方面，《物权法》出台为商业信用发展提供了良好制度环境。实际上，早在 20 世纪 90 年代，商业信用就曾经成为当时中国企业重要的融资工具，但由于相关法律不健全等原因，商业信用曾经引发了严重的三角债问题，以后企业对商业信用的运用趋于谨慎。然而，在《物权法》明确应收账款可以出质之后，这增大了企业事后对应收账款的处置空间和灵活性，同时《物权法》还降低了担保物权相关问题处理的交易成本。此背景下，企业通过商业信用相互提供短期融资支持的意愿得到提高，从而促使商业信用快速增长。另一方面，《物权法》出台对企业短期借款的影响机制相对复杂。首先，如前文分析指出的那样，《物权法》明确存货、应收账款和基金份额等流动性资产可以出质，这增加了企业可供抵押的资产，在理论上应该促使短期借款增加。但这需要满足以下两个前提条件。一是从短期借款的资金供给者层面看，商业银行等金融机构对担保物权制度改革十分敏感，在主观上愿意接受存货、应收账款和基金份额等流动性资产作为抵押，以增加对企业的短期贷款；二是从短期借款的资金需求者层面看，在比较权衡各种短期负债融资渠道之后，需要短期资金的企业选择向商业银行等金融机构申请短期借款。基于此，我们认为《物权法》出台没有推高企业短期借款的可能原因有两个。

其一，从短期借款的资金供给者层面看，虽然政府不断改革优化金融体系，但我国信贷资金市场仍由商业银行等卖方市场主导，这导致商业银行信贷供给弹性不足（郝蕾和郭曦，2005；等等）。具体而言，尽管担保物权制度改革提升了企业的可担保资产范围，但是，由于大量企业向其申请贷款，商业银行缺乏向固定资产较少企业放贷的意愿，仍然优先向能够提供固定资产担保的企业放贷，这导致商业银行没有对法律变化及时做出反应。

其二，从短期借款的资金需求者层面看，企业既可以选择向商业银行等金融机构申请短期借款，也可以通过应付账款向其商业伙伴寻求短期资金支持，在企业短期融资需求一定的前提下，短期借款和商业信用存在替代关系。实际上，学术界早就认识到，与银行信贷相比，商业信用这种非正规融资方式能通过商业往来关系带来的信息优势控制放贷风险，这使其成为企业面临融资约束时的替代选择，从而在经济实践中发挥着重要作用（Petersen and Rajan，1997；Allen et al.，2005；等等）。特别地，在我国商业银行主导的金融体系下，企业往往受到银行信贷配给约束，此时企业常常转而求助于供应商，从而促使商业信用成为银行贷款的一种重要替代性融资方式（余明桂和潘红波，2010；陆正飞和杨德明，2011 等）。

这样一来，《物权法》出台之后，即使商业银行等金融机构有意愿向企业提供基于流动性资产的抵押贷款，但也可能由于企业主动选择通过商业信用融通短期资金而不能实现。换言之，《物权法》出台导致商业信用快速增长，这可能对企业短期借款产生了替代效应，从而出现"商业信用和短期借款对担保物权制度改革反应不同"的有趣现象。

3. 担保物权制度改革对长期负债的影响

进一步地，《物权法》出台是否以及如何对长期负债施加作用呢？我们用长期负债的自然对数值作为被解释变量，双重差分模型的检验结果如表 3 Panel A 所示。表 3 第（1）列显示，$Low \times After$ 的系数在接近 10% 的水平上为正，第（2）列结果表明，控制企业特征因素之后，$Low \times After$ 的系数在 10% 的水平上显著为正，这揭示出：担保物权制度改革促使企业长期负债增加。进一步地，我们考察了《物权法》出台影响长期负债的动态效应。表 3 第（3）列显示，$Low \times Year2007$ 的系数估计值为正、但不显著，$Low \times Year2008$ 的系数在接近 10% 的水平上为正，$Low \times Year2009$ 的回归系数显著为正。这表明，在《物权法》颁布之后，担保物权制度改革影响企业长期负债的显著性在时间维度上不断增强；而且，$Low \times Year$ 的回归系数在时间维度上表现出由"0.084→0.143→0.194"的递增趋势。这些结果意味着，担保物权制度改革对企业长期负债产生了正向作用，而且该作用机制表现出滞后性：《物权法》颁布之后，起初长期负债并未显著增加，但随着时间推移，长期负债最终得到显著提升。

表3　　　　　　　担保物权制度改革对长期负债和总负债的影响

被解释变量	Panel A：长期负债（自然对数值）			Panel B：总负债（自然对数值）		
	(1)	(2)	(3)	(4)	(5)	(6)
Low × After	0.135 (0.101)	0.139* (0.092)		0.118* (0.074)	0.113** (0.043)	
Low × Year2007			0.084 (0.281)			0.061 (0.217)
Low × Year2008			0.143 (0.120)			0.125** (0.043)
Low × Year2009			0.194* (0.074)			0.155** (0.026)
Controls	No	Yes	Yes	No	Yes	Yes
观测值数	2 956	2 760	2 760	2 963	2 766	2 766
R^2（Within）	0.129	0.162	0.163	0.297	0.382	0.383

为什么企业长期负债会出现滞后的增长效应？首先，与短期负债相比，长期负债由于期限长而承担相对更大的风险，这使长期债权人放贷时更加审慎，从而导致担保物权制度改革不会对长期负债产生立竿见影的效果。而且，如上文分析指出的那样，以国有商业银行为主导的金融体系对《物权法》的反应迟钝，这也促使以银行长期借款为主的长期负债不会立即对法律改进做出反应。但值得强调的是，如果观察到《物权法》出台引致企业实际经营绩效得到改善，那么银行等金融机构就会增加长期放贷，从而导致企业长期负债的滞后增长。

实际上，前文关于流动性负债的检验表明，商业信用这一非正规金融机制对担保物权制度改革十分敏感，《物权法》颁布后立即快速增长，这在很大程度上缓解了企业融资约束，从而对企业经营产生积极作用。这样一来，企业整体实力得到提升，从而提高企业获取长期负债的能力。基于此，我们分别从投资水平、营业收入和盈利水平切入，运用双重差分模型实证考察《物权法》出台对企业实际经营产生的影响，结果如表4所示。表4 Panel A的结果显示，对企业固定资产增长率而言，Low × After的系数估计值在1%的水平上显著为正，这表明，与对照组相比，担保物权制度改革有效提升了实验组企业的投资水平。类似地，表4 Panel B和Panel C的结果显示，Low × After的系数估计值至少在10%水平上显著为正，这表明，与对照组相比，担保物权制度改革不仅推高了实验组企业的营业收入增长速度，而且有效提升了实验组企业的盈利能力。这些结果表明,《物权法》颁布后,与对照组企业相比,实验组企业的实际经营绩效得到显著提升。

表4   担保物权制度改革的实际经济效应:回归结果

被解释变量	Panel A:投资水平		Panel B:营业收入增长率		Panel C:盈利水平	
	(1)	(2)	(3)	(4)	(5)	(6)
Low × After	0.239 ***	0.254 ***	0.064 **	0.059 *	0.007 *	0.007 *
	(0.005)	(0.003)	(0.039)	(0.092)	(0.073)	(0.060)
Controls	No	Yes	No	Yes	No	Yes
观测值数	1 504	1 398	1 504	1 403	1 504	1 398
R^2(Within)	0.027	0.036	0.093	0.133	0.044	0.157

综合以上分析可知,担保物权制度改革导致长期负债滞后增长的机理在于:《物权法》出台→以商业信用为主体的流动性负债快速增长缓解融资约束→产生积极实际经济效应→长期负债增加。

4. 担保物权制度改革对总负债的影响

前文发现担保权制度改革不仅显著提升了企业流动性负债,还对长期负债产生了滞后的显著正向影响。由于企业总负债由流动性负债和长期负债组成,因此,我们预期企业总负债水平也会得到提升,相关实证检验结果如表3 Panel B所示。表3第(4)列显示 Low × After 的系数估计值在10%水平上显著为正,第5列控制企业特征变量的回归结果表明,Low × After 的系数仍然显著为正。进一步地,表3第6列考察了担保物权制度改革对总负债施加影响的时间趋势,结果显示,随着时间推移,Low × Year2007、Low × Year2008、Low × Year2009 三个交互项系数估计值依次增大,显著性水平逐渐提高。这些结果表明,担保物权制度改革对企业总负债水平施加了显著正向影响,而且该效应随时间越来越强。

五、稳健性检验

1. 关于对照组和实验组构造方法的稳健性检验[①]

前文分析中将固定资产占比最高的1/3 和固定资产占比最低的1/3 界定为对照组和

---

① DID 检验的一个难点在于为实验组构造理想有效的对照组。实际上,本文还将固定资产占比连续变量(或流动性资产占比变量)与时间虚拟变量构造交互项进行 DID 检验,得到了一致的实证结果。限于篇幅,我们没有报告,如有兴趣,可向作者索取,下同。感谢审稿人的建设性意见。

实验组。[1] 为保证实证结果稳健性，我们改变对照组和实验组的构造方法进行相关检验。具体而言，我们根据固定资产占比构造新的对照组和实验组。首先，保持对照组不变，仍选择固定资产占比最高的 1/3 企业作为对照组，而将实验组调整为固定资产占比位于中间 1/3 的企业，在此基础上设定实验组虚拟变量 Low_{C2-C3} 进行检验。表 5 第（4）～第（6）列的结果显示，无论是流动性负债还是总负债，$After \times Low_{C2-C3}$ 的系数在 10% 的显著性水平上为正；然后，我们选取固定资产占比的中位数作为分组标准，分别将固定资产占比高的 1/2 组和固定资产占比低的 1/2 组作为对照组和实验组，设定新分组虚拟变量 Low_{M1-M2} 进行检验。表 5 第（7）～第（9）列结果显示，$After \times Low_{M1-M2}$ 的系数估计值均在 10% 水平上显著为正，与上文检验结果一致。这些结果表明，在新分组情形下，担保物权制度改革对企业负债的提升作用仍然存在。

而且，值得指出的是，如果我们的识别策略是稳健的，那么实证检验结果可能表现出剂量效应（Dosage Effects）：当实验组和对照组在固定资产占比层面的差距变小，担保物权制度改革影响两组企业负债融资的差异程度也减小。实际上，结果显示，与 $After \times Low_{C1-C3}$ 的回归系数相比，$After \times Low_{C2-C3}$ 和 $After \times Low_{M1-M2}$ 的回归系数都变小了，这意味着担保物权制度改革带来的提升负债融资效应减弱了。

2. 关于长期负债的稳健性检验

我们使用上文构造的新分组方法检验《物权法》对长期负债的影响及时间趋势。具体地，新设定 Low_{C2-C3} 和 Low_{M1-M2} 两个分组变量（Treatment），然后引入分组变量与时间变量（After 或 Year2007、Year2008、Year2009）的交互项进行检验，结果如表 6 所示。其一，Treatment × After 的回归系数大多在 10% 的水平上显著，少量在接近 10% 的水平上显著，其系数估计值符号与表 3 Panel A 结果的经济含义一致，而且，与 $After \times Low_{C1-C3}$ 的回归系数相比，$After \times Low_{C2-C3}$ 和 $After \times Low_{M1-M2}$ 的回归系数都变小了，这表明《物权法》出台对长期负债的促进作用也存在剂量效应。其二，从时间趋势维度审视，Treatment × Year 的系数估计在 2007 年都不显著，到 2008 年少数估计值变显著，2009 年系数估计值基本上都显著，而且系数估计值随时间推移表现出递增趋势，这些结果表明，《物权法》出台对长期负债产生了显著但滞后的增长效应。

3. 改变事件时间点和缩小时间窗口的检验

考虑到本文结果可能由同时期担保物权制度改革以外的其他事件引致，本文调整时间窗口做相关稳健性检验。

---

[1] 为了与其他分组方法区别，我们将此种情形的实验组虚拟变量记为 Low_{C1-C3}，下文中 $After \times Low_{C1-C3}$ 的相关回归结果就是前文表 2 和表 3 展示的 Low × After 的回归结果。

表 5　对照组和实验组构造方法的稳健性检验：改变固定资产占比比例

被解释变量	流动性负债	商业信用	总负债	流动性负债	商业信用	总负债	流动性负债	商业信用	总负债
	(1)	(2)	(3)	(4)	(5)	(6)	(7)	(8)	(9)
After × Low$_{C1-C3}$	0.113** (0.040)	0.110** (0.043)	0.113** (0.043)						
After × Low$_{C2-C3}$				0.103** (0.028)	0.072 (0.163)	0.099** (0.040)			
After × Low$_{M1-M2}$							0.085** (0.049)	0.080* (0.076)	0.096** (0.031)
Controls	Yes	Yes	Yes	Yes	Yes	Yes	Yes	Yes	Yes
观测值数	2 766	2 766	2 766	2 829	2 829	2 829	4 160	4 160	4 160
R^2（Within）	0.327	0.305	0.382	0.401	0.347	0.440	0.362	0.330	0.406

表6　关于长期负债的对照组和实验组构造方法稳健性检验：改变固定资产占比比例

Treatment	Low_{C1-C3}			Low_{C2-C3}			Low_{M1-M2}		
	(1)	(2)	(3)	(4)	(5)	(6)	(7)	(8)	(9)
Treatment × After	0.135 (0.101)	0.139* (0.092)		0.076** (0.027)	0.072** (0.042)		0.107* (0.098)	0.106 (0.102)	
Treatment × Year 2007			0.084 (0.281)			0.024 (0.625)			0.029 (0.634)
Treatment × Year 2008			0.143 (0.120)			0.092* (0.063)			0.126* (0.080)
Treatment × Year 2009			0.194* (0.074)			0.103** (0.038)			0.165* (0.055)
Controls	No	Yes	Yes	No	Yes	Yes	No	Yes	Yes
观测值数	2 956	2 760	2 760	3 021	2 823	2 823	4 460	4 151	4 151
R^2（Within）	0.129	0.162	0.163	0.122	0.171	0.172	0.140	0.179	0.181

注：考虑到长期负债的期限超过1年，短时间内长期负债存量可能难以直观测度新增的长期负债，使用长期负债和长期借款的年度增量作被解释变量进行稳健性检验，实证结果与前文基本一致。

其一，考虑到本文结果可能由担保物权制度改革之前的其他事件引致，我们将事件时点提前一年，观察前文实证结果是否在 2006 年就已经存在。具体地，本文仅使用 2005～2006 年的数据，重新设定时间虚拟变量为 Year2006，该变量在 2006 年取 1，在 2005 年取 0。相关检验如表 7 第（1）～第（3）列所示，结果表明，Low×Year2006 的系数估计值都不显著，这意味着，本文发现的企业负债融资提升效应在《物权法》出台之前不存在。

其二，考虑到本文结果可能由担保物权制度改革之后的其他事件引致。特别地，2007 年美国次贷危机诱发了国际金融危机，为应对其带来的负面外部冲击，中国政府于 2008 年 11 月 5 日宣布"四万亿"经济刺激计划，该事件是否能解释企业负债融资变化呢？为回答这一问题，我们缩小时间窗口，尽可能将"四万亿"计划刺激政策等事件排除在外，观察本文实证发现是否还在。具体地，我们将数据时间窗口缩小至一年半，即只包括 2006 年下半年、2007 年上半年和 2007 年下半年三期观察值，相关检验如表 7 第（4）～第（6）列所示。结果显示，Low×After 的回归系数仍然至少在 10% 水平上显著为正，这表明：在 2008 年"四万亿"计划刺激政策实施之前，《物权法》出台对企业负债融资的影响就已经显现。

表 7　　　　　稳健性检验：改变事件时间点和缩小时间窗口

被解释变量	流动性负债	商业信用	总负债	流动性负债	商业信用	总负债
	2005～2006 年			2006～2007 年		
	（1）	（2）	（3）	（4）	（5）	（6）
Low × After				0.077 ** (0.040)	0.070 * (0.075)	0.060 * (0.098)
Low × Year2006	0.007 (0.845)	0.025 (0.548)	0.040 (0.220)			
Controls	Yes	Yes	Yes	Yes	Yes	Yes
观测值数	592	592	592	623	623	623
R^2（Within）	0.046	0.021	0.068	0.152	0.133	0.182

六、结　　论

探寻法与金融之间因果关系及法律变化究竟如何影响负债融资等问题是近年来学术界关注的焦点。但是，实践中法律制度变革的自然实验稀缺，法律变化大多涉及丰富的条文调整，因而，研究者一般难以识别出法与金融之间的因果关系，厘清法律改革影响负债融资的作用机理也显得十分困难。我们以中国《物权法》出台为自然实验，选取中国民营上市公司作为研究对象，采用双重差分法考察担保物权制度变革对企业负债融资的影响。

本文实证检验结果表明，与固定资产占比较高企业相比，对固定资产占比较低企业而言，担保物权制度改革促使其流动性负债和总负债增长更快。进一步剖析其作用机理发现：其一，担保物权制度改革对流动性负债的提升效应主要由商业信用增加驱动，企业短期借款没有显著变化；其二，《物权法》出台对企业长期负债规模产生了显著但滞后的增长效应。整体上看，以《物权法》出台为标志的担保物权制度改革加强了物权界定和保护，丰富了担保物权类型，同时通过完善担保物权的设定和实现程序降低了担保物权的交易成本，这增大了企业对应收账款的处置空间和灵活性，从而提高企业为其商业伙伴提供商业信用的激励，促使商业信用这一非正规金融机制快速增长；这通过缓解融资约束提升了企业盈利能力并促进投资增长，在观察到企业实际经营绩效改善之后，商业银行等金融机构增加了对企业的长期放贷。

本文从我国《物权法》出台这一自然实验切入，运用双重差分法识别出担保物权制度改革对企业负债融资施加影响的因果关系。而且，值得强调的是，我们研究发现，在我国新兴转轨的特殊经济背景下，实体企业对法律变化十分敏感，担保物权制度改革显著促进了商业信用这一非正规金融机制的发展，进而对企业长期负债产生积极影响。这些来自我国经济实践的新鲜经验证据有助于我们厘清法律变化影响负债融资的运作机理，是对近期一些尝试利用外生法律变革事件探究"法与金融"关系文献的有益补充。

在广大新兴市场国家，法律制度并不完善，金融发展较为滞后，因而本文研究具有重要的政策含义。其一，我们识别出担保物权制度改革显著提升了企业负债融资能力，这表明我国制定实施的《物权法》已对负债融资产生了积极影响，从而为进一步推进市场化导向的法律改革提供了经验支撑。其二，本文从商业信用和银行贷款之间的联系互动视角揭示出法律变化影响负债融资的作用机理，我国担保物权制度改革通过推动商业信用这一非正规金融工具快速发展来撬动商业银行等金融机构增加对企业的长期负债融资。考虑到很多新兴市场国家的商业银行可能对法律改革等制度环境变化不敏感，本文提供的经验证据为广大新兴市场国家将来进一步完善相关法律促进负债融资提供了重要借鉴意义。

参 考 文 献

1. 陈德球、魏刚、肖泽忠：《法律制度效率、金融深化与家族控制权偏好》，载《经济研究》2013 年第 10 期。

2. 郝蕾、郭曦：《卖方垄断市场中不同担保模式对企业融资的影响》，载《经济研究》2005 年第 9 期。

3. 江伟、姚文韬：《〈物权法〉的实施与供应链金融——来自应收账款质押融资的经验证据》，载《经济研究》2016 年第 1 期。

4. 李青原、王红建：《货币政策、资产可抵押性、现金流与公司投资》，载《金融研究》2013 年第 6 期。

5. 卢峰、姚洋：《金融压抑下的法治、金融发展和经济增长》，载《中国社会科学》2004 年第 1 期。

6. 陆正飞、杨德明：《商业信用：替代性融资，还是买方市场?》，载《管理世界》2011 年第 4 期。

7. 沈艺峰、肖珉、黄娟娟：《中小投资者法律保护与公司权益资本成本》，载《经济研究》2005年第6期。

8. 万良勇：《法治环境与企业投资效率——基于中国上市公司的实证研究》，载《金融研究》2013年第12期。

9. 王鹏：《投资者保护、代理成本与公司绩效》，载《经济研究》2008年第2期。

10. 余明桂、潘红波：《金融发展、商业信用与产品市场竞争》，载《管理世界》2010年第8期。

11. 张健华、王鹏：《银行风险、贷款规模与法律保护水平》，载《经济研究》2012年第5期。

12. 郑志刚、邓贺斐：《法律环境差异和区域金融发展》，载《管理世界》2010年第6期。

13. Aghion, P., and P. Bolton. "An Incomplete Contracts Approach to Financial Contracting", Review of Economic Studies, 1992, 59, pp. 473 – 494.

14. Allen, F., J. Qian, and M. Qian. "Law, Finance, and Economic Growth in China", Journal of Financial Economics, 2005, 77, pp. 57 – 116.

15. Almeida, H., and M. Campello. "Financial Constraints, Asset Tangibility, and Corporate Investment", Review of Financial Studies, 2007, 20, pp. 1429 – 1460.

16. Ayyagari, M., A. Demirgüç – Kunt, and V. Maksimovic. "Formal versus informal finance: Evidence from China", Review of Financial Studies, 2010, 23, pp. 3048 – 3097.

17. Bae, K. H., and V. K. Goyal. "Creditor Rights, Enforcement, and Bank Loans", Journal of Finance, 2009, 64, pp. 823 – 860.

18. Berkowitz, D., C. Lin, and Y. Ma. "The Real and Financial Effects of Property Rights: Evidence from a Natural Experiment", Working Paper, 2013.

19. Campello, M., and M. Larrain. "Enlarging the Contracting Space: Collateral Menus, Access to Credit, and Economic Activity", Review of Financial Studies, 2016, 29 (2), pp. 349 – 383.

20. Cousin, V.. Banking in China, Palgrave Macmillan, London, 2007.

21. Djankov, S., C. McLiesh, and A. Shleifer. "Private Credit in 129 Countries", Journal of Financial Economics, 2007, 84, pp. 299 – 329.

22. Gregory, N., and S. Tenev. "The Financing of Private Enterprise in China", Finance and Development, 2001, 38, pp. 14 – 17.

23. Hart, O., and J. Moore, "A Theory of Debt Based on the Inalienability of Human Capital", Quarterly Journal of Economics, 1994, 109, pp. 841 – 879.

24. Haselmann, R., K. Pistor, and V. Vig. "How Law Affects Lending", Review of Financial Studies, 2010, 23, pp. 549 – 580.

25. La Porta, R., F. Lopez – de – Silanes, A. Shleifer, and R. W. Vishny. "Legal Determinants of External Finance", Journal of Finance, 1997, pp. 1131 – 1150.

26. Lilienfeld – Toal, U. V., D. Mookherjee, and S. Visaria. "The Distributive Impact of Reforms in Credit Enforcement: Evidence from Indian Debt Recovery Tribunals", Econometrica, 2012, 80, pp. 497 – 558.

27. Petersen, M., and R. Rajan. "Trade Credit: Theories and Evidence", Review of Financial Studies, 1997, 10, pp. 661 – 691.

Qian, J., and P. E. Strahan. "How Laws and Institutions Shape Financial Contracts: The Case of Bank Loans", Journal of Finance, 2007, 62, pp. 2803 – 2834.

28. Vig, V.. "Access to Collateral and Corporate Debt Structure: Evidence from a Natural Experiment", Journal of Finance, 2013, 68, pp. 881 – 928.

农村集体经营性资产产权改革：
现状、进程及影响*

黄季焜　李康立　王晓兵　丁雅文**

【摘　要】近年来我国全面推进农村集体经营性资产改革，以实现持续增加农民财产性收入和发展壮大集体经济的双重目标。现有研究虽对改革中的关键问题进行了诸多讨论，但对农村集体经营性资产的存续现状和改革进程缺乏全面实地的考察，关于集体资产改革的影响研究多基于个案分析。基于对全国九省 156 个村的调研数据，本文分析了我国农村集体资产存续现状、产权改革进程及其影响。研究结果表明，村集体经营性资产价值尚存，但其增值潜力不如预期；有较大增值空间的资产多数已确权改革，对农民增收助力有限；村集体经营性资产分布区域差异大；改革进度省份之间差异较大，部分地方性方案待规改。

【关键词】村集体资产；经营性资产；资产现状；改革进程

一、引　言

我国农村集体资产股份权能试点改革是农村家庭联产承包责任制改革之后，农村集体经济的又一次深化改革。虽然现有的组级、村级和乡镇三级集体经济组织替代了人民公社时期的生产队、生产大队和人民公社，[1][2] 但原有集体经济核算体制下村集体资产权属关系模糊、份额不清、政经不分等问题依旧突出，易发生权力寻租、集体资产流失问题。[3][4] 随着城镇化、工业化进程的加快，这些弊端日益凸显，对农村集体经济组织产权制度进一步改革的实践更是迫在眉睫。

---

* 本文系国家自然科学基金面上项目"区域间不同经营主体适度经营规模及其影响研究"（编号：71673008）、国家自然科学基金应急项目"新时期中国农业与农村发展战略与政策研究"（编号：71742002）的阶段性研究成果。特别感谢匿名审稿专家的宝贵意见！当然文责自负。原文发表于《农村经济》2019 年第 12 期。

** 黄季焜，教授，博士生导师，北京大学现代农学院中国农业政策研究中心；李康立，博士研究生，威斯康星大学麦迪逊分校农业与应用经济系；王晓兵（通讯作者），副教授，博士生导师，北京大学现代农学院中国农业政策研究中心；丁雅文，博士研究生，北京大学现代农学院中国农业政策研究中心。

① 方志权：《农村集体经济组织产权制度改革若干问题》，载《中国农村经济》2014 年第 7 期。
② 黄延信、余葵等：《对农村集体产权制度改革若干问题的思考》，载《农业经济问题》2014 年第 4 期。
③ 段龙龙、刘晓茜：《农村集体资产股份量化改革：模式、争鸣与出路》，载《经济体制改革》2014 年第 6 期。
④ 王敬尧、李晓鹏：《城乡统筹进程中的农村集体产权改革——以温州"三分三改"为蓝本》，载《求是学刊》2012 年第 6 期。

改革开放四十多年来我国农村产权制度改革主要包括两大路径。一是集体土地产权制度创新。"两权分离"将土地承包经营权从集体所有权中分离，使得农户成为相对独立的财产主体，有利于实现法定物权的经济功能，提高农业微观生产效率；[1][2][3] 而"三权分置"进一步将土地承包权与经营权分开，为土地流转、土地适度规模经营创造了条件。[4] 二是以经营性资产股份权能试点为改革重点的村集体资产产权改革。从 1984 年广东南海股份制改革，到党的十八届三中全会强调要保障村民的财产权和集体经济组织成员权，试点经验表明发展壮大集体经济必须构建"归属清晰、权责明确、保护严格、流转顺畅"的现代产权制度。这两大集体经济改革路径是在充分考虑我国改革特殊性的基础上对西方产权理论的具体应用，[5] 既坚持了"帕累托改进"的效率原则，又体现了共同富裕的本质要求。[6]

虽然学术界已对农村集体产权改革给予了充分关注，并针对清产核资、成员身份确认、股份量化、股权管理等关键问题进行了充分的讨论，但基于实地调研探讨我国农村集体产权改革的文献较少，对经营性资产改革的影响因素多停留在个案分析层面，这对全国性的村集体资产改革虽有一定的借鉴意义但缺乏代表性。例如，农业部农村经济体制与经营管理司调研组的调研报告指出，目前浙江省农村集体产权制度改革在股权管理、税费负担、集体资产增收等方面存在一定的问题。[7] 通过对比分析温州、松江和成都三类典型的股改模式，段龙龙和刘晓茜对集体资产的总量范畴进行了重新界定，并回应了混合所有制形式结构及配股机制方面的分歧。[8] 夏英等对大兴、南海、闵行等 12 个试点县（市、区）进行调查研究，对改革主客体、股权设置和管理、股份权能赋予、政社分离等方面做出经验性总结，并探索了发展壮大农村集体经济的有效途径。[9] 全面推进我国农村集体产权制度改革仍须厘清一系列问题。例如，目前全国范围内村集体资产尤其是经营性资产存续现状如何？目前集体资产产权改革进行到何种程度？尤其在缺乏自发改革驱动力的经济不发达地区，改革进展如何？改革前后各级组织对其管理是否到位，内部管理制度是否完善？改革实际效果如何，对农民增收的推动力有多大？回答上述问题，对于进一步全面推动农村集体经营性资产改革具有十分重要的意义和作用。为此，本文基于对全国 9 省 156 个村集体资产改革状况的调研数据，对我国农村集体资

---

① 韩俊：《关于农村集体经济与合作经济的若干理论与政策问题》，载《中国农村经济》1998 年第 12 期。

② 秦小红：《西方财产权理论的谱系及其对中国农村产权制度改革的启示》，载《江西财经大学学报》2014 年第 2 期。

③ 宋洪远，高强：《农村集体产权制度改革轨迹及其困境摆脱》，载《改革》2015 年第 2 期。

④ 张红宇：《关于深化农村改革的四个问题》，载《农业经济问题》2016 年第 7 期。

⑤ 秦小红：《西方财产权理论的谱系及其对中国农村产权制度改革的启示》，载《江西财经大学学报》2014 年第 2 期。

⑥ 蔡昉：《中国农村改革三十年——制度经济学的分析》，载《中国社会科学》2008 年第 6 期。

⑦ 农业部农村经济体制与经营管理司调研组：《浙江省农村集体产权制度改革调研报告》，载《农业经济问题》2013 年第 10 期。

⑧ 段龙龙、刘晓茜：《农村集体资产股份量化改革：模式、争鸣与出路》，载《经济体制改革》2014 年第 6 期。

⑨ 夏英、钟桂荔等：《我国农村集体产权制度改革试点：做法、成效及推进对策》，载《农业经济问题》2018 年第 4 期。

产存续现状、改革进程加以分析，为国家出台农村集体经营性资产改革和相关配套政策提供决策依据。

二、改革开放四十多年我国农村集体经济发展回顾

改革开放四十多年来我国农村集体经济的发展以土地产权制度创新和村集体资产股份权能试点为重点，在某些发展阶段集体经济虽然受到一定程度削弱，但总体发展规模不断壮大。目前我国已进入发展壮大集体经济的新时期，纵观其发展历程大致可分为四个阶段：

1. 1978～1984 年：逐步确立统分结合的双层经营体制

党的十一届三中全会以来，原有的高度集中的人民公社体制被统分结合的双层经营体制取代，我国农业基本经营制度发生了根本改变。[1][2] 家庭分散经营并未改变农村土地集体所有的性质，[3] 而是将土地的承包经营权从土地集体所有权中分离并下放到农户手中，集体土地产权制度得以初步分解。由于在调动农民生产积极性、提高农业生产微观效率方面的良好激励，家庭联产承包责任制得到中央政策的支持并在实践中迅速推广。[4]

虽然山西大寨村、河南南街村等提供了集体统一经营的成功范例，但这一阶段家庭承包已成为农地经营模式的基础与核心，集体统一经营随着"双层经营体制"的提出而有所弱化，这实质造成了两个经营层次发展失衡。[5][6] 在实际操作中，虽有部分村集体保留少量机动地以缓解人地矛盾、满足新增人口和返乡人口等的用地需求，但预留机动地受到《农村土地承包法》的严格限制，到二轮土地承包时多数村庄的预留机动地已分配殆尽。[7]

2. 20 世纪 80 年代中期至 90 年代中期：乡镇集体经济异军突起

家庭联产承包责任制虽然一定程度上弱化了集体统一经营，但却间接促进了乡镇企业的发展壮大。一是发端于 20 世纪 50 年代的社队企业参照农业承包责任制推广了多种形式的承包经营责任制，[8] 为其向乡镇企业的转型奠定了制度基础。二是家庭联产承包责任制下农业生产劳动力需求减少，[9] 农业剩余劳动力逐渐从农业领域转移出去，为乡镇企业发展壮大提供了大量劳动力。1984～1988 年，我国乡镇企业从 606.5 万个猛增至 1 888.16 万个；[10] 到 1992 年，乡镇企业高达 2 000 多万家，从业人员接近 12 000 万人，

---

① 蔡昉：《中国农村改革三十年——制度经济学的分析》，载《中国社会科学》2008 年第 6 期。
② 翟新花：《我国农村集体经济体制历史变迁中的农民发展》，载《当代世界与社会主义》2013 年第 5 期。
③ 仝志辉、陈淑龙：《改革开放 40 年来农村集体经济的变迁和未来发展》，载《中国农业大学学报（社会科学版）》2018 年第 6 期。
④ Lin, Y. Rural Reforms and Agricultural Growth in China. The American Economic Review, 2013 (82).
⑤ 翟新花：《我国农村集体经济体制历史变迁中的农民发展》，载《当代世界与社会主义》2013 年第 5 期。
⑥⑦ 陆剑：《"二轮"承包背景下土地承包经营权制度的异化及其回归》，载《法学》2014 年第 3 期。
⑧ 颜公平：《对 1984 年以前社队企业发展的历史考察与反思》，载《当代中国史研究》2007 年第 2 期。
⑨ 蔡昉：《中国农村改革三十年——制度经济学的分析》，载《中国社会科学》2008 年第 6 期。
⑩ 宋洪远：《中国农村改革三十年》，北京：中国农业出版社 2008 年版。

乡镇企业创造的产值占整个农村社会总产值的 2/3。[①]

20 世纪 80 年代末，我国在部分经济发达地区开始了对农村集体经济产权制度改革的有益探索。[②③] 各地开展的村集体资产改革多采取"股份合作制"的名义，虽然具体改革模式并不统一，如温州的"三分三改"、上海松江的"三级合一"、成都试验的"化整为零"、浙江嘉兴的"两分两换"等典型模式，[④⑤⑥] 但这些股份合作制改革对增加农民的分红收益和财产性收入均发挥了重要作用。由于这一时期的村集体资产产权改革主要发生在经济发达地区，因此属于典型的诱致性制度变迁。[⑦⑧]

3. 20 世纪 90 年代中期至 2008 年：村集体资产产权改革试点逐步展开

受市场经济和城镇化建设的冲击，这一阶段我国农村集体资产流失较为严重。一是以乡镇企业改制为代表的村集体经营性资产流失较为严重。20 世纪 90 年代中期，乡镇企业发展空间变小、效益下降，大量乡镇企业因无法适应激烈的市场竞争而进行改制并转为民营。[⑨⑩] 乡镇企业改制使得部分地区农村集体资产经营形式较为单一，同时严重削弱了依靠经营性资产获得集体收入的村集体经济实力。[⑪⑫] 二是以农地征用为代表的村集体资源型资产流失。90 年代中期以来，地方政府为突出政绩，低价征收集体土地，促进农地非农化，过度扩张城市，建设各类开发区。[⑬] 集体土地财产权的损害变相侵蚀了集体资产，大量农民失地、失业和社会不稳定现象较为突出。

随着工业化和城市化进程的快速推进，经济发达地区的农村集体资产规模增长迅速，集体经济组织成员流动日趋频繁，[⑭] 一系列新的社会矛盾促使部分城中村、近郊村逐步开展集体资产产权改革试点，例如北京市丰台区、上海闵行区、江苏吴中区、广东东莞市的股份制改革试点，[⑮⑯] 这些地区的改革试点为后来村集体资产产权制度改革政

① 陈锡文：《我国农村改革的历程（一）》，载《百年潮》2017 年第 1 期。
② 方志权：《农村集体经济组织产权制度改革若干问题》，载《中国农村经济》2014 年第 7 期。
③ 傅晨：《论农村社区型股份合作制制度变迁的起源》，载《中国农村观察》1999 年第 2 期。
④ 段龙龙、刘晓茜：《农村集体资产股份量化改革：模式、争鸣与出路》，载《经济体制改革》2014 年第 6 期。
⑤ 李宽、熊万胜：《农村集体资产产权改革何以稳妥进行——以上海松江农村集体资产产权改革为例》，载《南京农业大学学报（社会科学版）》2015 年第 2 期。
⑥ 闵师、王晓兵、项诚、黄季火昆：《农村集体资产产权制度改革：进程、模式与挑战》，载《农业经济问题》2019 年第 5 期。
⑦ 傅晨：《论农村社区型股份合作制制度变迁的起源》，载《中国农村观察》1999 年第 2 期。
⑧ 李宽、熊万胜：《农村集体资产产权改革何以稳妥进行——以上海松江农村集体资产产权改革为例》，载《南京农业大学学报（社会科学版）》2015 年第 2 期。
⑨ 刘东：《乡镇企业改制的产权理论分析》，载《产业经济研究》2003 年第 2 期。
⑩ 谭秋成：《乡镇集体企业中经营者持大股：特征及解释》，载《经济研究》1999 年第 4 期。
⑪ 顾建列：《"苏南模式"需要创新——关于农村集体经济科学发展的思考》，载《江苏农村经济》2007 年第 6 期。
⑫ 卢文：《搞好农村集体资产的经营管理》，载《农业经济问题》1999 年第 1 期。
⑬ 陶然、徐志刚：《城市化过程中户籍与农地制度的变革及其政策组合》，载《上海城市管理职业技术学院学报》2008 年第 2 期。
⑭ 康森：《北京农村集体经济产权制度改革研究》，载《前线》2015 年第 2 期。
⑮ 钟桂荔、夏英：《农村集体资产股份权能改革的关键问题——基于 8 县（市、区）试点的调研观察》，载《农业经济问题》2017 年第 6 期。
⑯ 潘建雷：《从伦理共有到股份合作：农村集体经济产权的谱系变迁》，载《地方治理研究》2017 年第 3 期。

策制定积累了宝贵的经验和教训。

4. 2008～2013 年：村集体经济产权改革试点与制度化

集体土地产权制度改革进入创新土地利用方式的新时期。以 2008 年《中共中央关于推进农村改革发展若干重大问题的决定》为标志，[1] 一些地区因地制宜探索土地流转试点办法，如互换并地开展适度规模经营、土地股份合作制试点、土地承包经营权退出试点、建立农村土地流转交易中心等。[2] 此外，在我国经济发达地区，部分城郊村和城中村借助征地补偿获得了大量集体经济发展资金，为集体经济的保值增值提供了新的发展空间，[3] 如长三角、珠三角、山东胶东半岛等地通过征地拆迁补偿款、发展园区经济和物业经济等方式涌现了大量的强集体强村强镇；而中西部因为资源、地理条件等限制，集体经济发展仍较为落后。

各地试点为集体经济产权改革政策的出台提供了宝贵经验和实践支持。2010 年《中共中央 国务院关于加大统筹城乡发展力度 进一步夯实农业农村发展基础的若干意见》首次提出"鼓励有条件的地方开展农村集体产权制度改革试点"，随后几年的中央政策对农村集体产权制度改革做了进一步的规定，[4] 这些政策大大推进了农村集体经济产权改革的步伐。截至 2013 年底，北京、江苏、浙江、山东、广东 5 省市完成产权制度改革的村占全国完成村数的 85.5%，比 2012 年提高了 4.8 个百分点。[5]

5. 2013 年至今：农村集体产权制度改革的全面推进

农村集体资产产权制度改革是这一阶段集体经济发展的主要矛盾。近年来我国政府出台了一系列改革政策和试点办法，对分类有序推进农村集体产权制度改革作出了明确部署。2015 年《中共中央 国务院关于加大改革创新力度加快农业现代化建设的若干意见》指出应将明晰产权归属、资产折股量化、发展多形式的股份合作作为经营性资产产权改革的重点。2016 年底中共中央国务院对稳步推进农村集体产权制度改革作出了阶段性安排，即力争在 2019 年底全面完成集体资产清产核资，到 2021 年底基本完成农村集体经营性资产股份合作制改革。按照改革精神，中央先后在各地部署了一系列试点。例如，2015 年在 29 个县（市、区）推进的农民股份合作、集体资产股份权能改革试点，以及 2018 年在 50 个地市和个别省首次开展的集体产权制度改革"整省整市"试点。

农村集体土地改革试点也不断深化。2014 年，我国农村集体经营性建设用地、农民宅基地和集体土地征收制度改革在全国 33 个县级行政单位逐步开展；[6] 2015 年《深

---

① 党的十七届三中全会通过的《中共中央关于推进农村改革发展若干重大问题的决定》明确提出，要赋予农民更加充分而有保障的土地承包经营权，现有土地承包关系要保持稳定并长久不变；保障、鼓励和服务土地承包经营权流转，允许农民以转包、出租、互换、转让、股份合作等形式流转土地承包经营权。

② 杨春华：《适度规模经营视角下的农地制度创新——相关改革试点情况的调查与思考》，载《农村经济》2018 年第 9 期。

③ 李宽、熊万胜：《农村集体资产产权改革何以稳妥进行——以上海松江农村集体资产产权改革为例》，载《南京农业大学学报（社会科学版）》2015 年第 2 期。

④ 刘祥琪：《农村集体产权制度股份化改革的障碍因素与对策分析》，载《农业经济》2014 年第 9 期。

⑤ 《2013 年全国农村经营管理统计资料》。

⑥ 陈锡文：《我国农村改革的历程（一）》，载《百年潮》2017 年第 1 期。

化农村改革综合性实施方案》提出的"三权分置"主张进一步稳定了土地承包关系，放活了集体经济发展活力；2017 年，北京、上海、南京等 13 个城市开始进行利用集体建设用地建设租赁住房试点，这意味着政府开始分阶段地向农村集体经济转移土地红利。[①]

全面推进农村集体产权制度改革，不仅是全面深化改革的重要内容，而且对保障农民财产权利、建立城乡要素平等交换关系、推进全面建成小康社会均具有重要战略价值。下文将基于实地调研数据对我国农村集体资产存续现状、增值潜力及存在问题开展系统性统计分析和案例分析。

三、数据与抽样方法

为厘清农村集体资产的现状，课题组于 2016 年 8 月至 9 月在 9 个省开展了大样本村级调查。具体的抽样框架如下：首先，根据区域特征和经济发展水平等综合指标，确定黑龙江、吉林、陕西、山东、河南、浙江、湖北、四川和广东等 9 个样本省；其次，根据县人均工业总产值，在每个省分层随机抽样确定 3 ~ 5 个样本县；最后，根据乡镇人均工业总产值，在每个县分层随机抽样确定 2 个乡镇，并在每个样本乡镇按照随机抽样原则确定 2 个村。样本合计为 9 省 39 县 78 个乡镇的 156 个村。调研形式为面对面访谈，受访对象为村主任、村书记和村会计。此外，为了解村集体资产产权制度改革的最新进程，2017 年初课题组对所有样本村进行了相关内容的面谈回访。

为更全面了解村集体资产及其改革情况，调研设计为三大模块，分别为村集体资产模块、村集体资产改革模块及村其他特征模块。村集体资产模块除村集体经营性资产外，还包括村集体资源性资产（不含农户承包的耕地和林地）以及非经营性资产（主要是校舍）的现状、运营及其资产价值评估。村集体资产改革模块主要包括村集体社员认定标准，股份制改革的具体办法及其改革经验与阻力等开放问题。村庄其他特征包括村庄地理位置、交通和人均收入等。

四、样本村集体资产存续现状与价值估计

1. 村集体资产现状

调研结果表明，大多数村拥有集体资产，且以经营性资产和资源性资产为主。如表1所示，在所有 156 个样本村中，72%（112 个）的村拥有集体资产。其中，拥有集体资产的 112 个村共涉及 171 项集体资产，其中经营性资产 64 项，资源性资产 66 项，非经营性资产 41 项。

---

① 仝志辉、陈淑龙：《改革开放 40 年来农村集体经济的变迁和未来发展》，载《中国农业大学学报（社会科学版）》2018 年第 6 期。

表1　　　　　　　　　　　2016 年样本村集体资产分布情况

地区	样本村总数	有资产村个数	资产数量（个）	按资产类型		
				经营性	资源性	非经营性
黑龙江	16	6	8	5	3	0
吉林	16	13	14	2	4	8
山东	12	10	13	8	1	4
河南	12	12	17	2	3	12
陕西	20	12	20	9	7	4
浙江	20	17	31	12	18	1
四川	20	12	16	7	8	1
湖北	20	15	23	12	10	1
广东	20	15	29	7	12	10
总计	156	112	171	64	66	41

资料来源：课题组调研。

村集体资产分布呈现出显著的区域差异。经济较发达的省份（如浙江和广东）有更多的村拥有集体资产，而西部地区（如陕西和四川）拥有集体资产的村相对较少，黑龙江只有 38% 的村（6/16）拥有集体资产。从集体资产类型来看，大多数地区集体资产以资源性资产和经营性资产为主，而吉林和河南主要以非经营性集体资产为主。

2. 村集体资产价值估计

调研数据显示，样本村人均集体资产价值低，区域差异显著。表 2 列出了村集体所有资产价值的估算现值。[1] 所有样本村村均资产价值为 273 万元；若仅考察有集体资产的 112 个村，村均集体资产价值增至 380 万元，略高于官方统计的 2/3。[2] 从户均和人均价值来看，在所有 156 个样本村中，户均和人均集体资产的价值分别为 4 769 元和 1 183 元；黑龙江人均集体资产价值最低，仅 95 元，而浙江集体资产人均价值最高，达 8 637 元。

---

① 如何做好清产核资，对集体资产进行更准确的估值，是村集体资产改革的一项重要任务。因多数样本村尚未开展集体资产确权与股份制改革，缺乏对于集体资产价值的准确估值，本项计算依据村干部对于该村集体资产的大概估值，总体上数据基本能够反映村集体资产的现状和价值。

② 据农业部经管总站体系与信息处统计，截至 2016 年底，全国农村集体资产（不含土地等资源性资产）总额 3.1 万亿元，村均 555 万元。

表2 　　　　　　　　　2016 年样本村集体资产价值估计

地区	村均资产价值		户均资产价值		人均资产价值	
	（万元/村）		（元/户）		（元/人）	
	全样本	有资产村	全样本	有资产村	全样本	有资产村
黑龙江	31	82	389	1 057	95	244
吉林	96	119	1 371	1 626	356	430
山东	103	124	1 888	1 993	496	525
河南	288	288	4 877	4 877	1 156	1 156
陕西	45	75	1 127	2 622	283	647
浙江	856	1 007	25 690	27 604	8 637	9 396
四川	46	77	949	1 639	286	502
湖北	223	297	5 032	6 654	1 387	1 815
广东	623	830	6 707	9 055	1 325	1 828
平均	273	380	4 769	6 745	1 183	1 685

资料来源：课题组调研。

从资产结构来看，村集体经营性资产价值占集体资产总值比重不高。如表3所示，尽管经营性资产数量占总资产数量的37%（64/117），但其资产价值仅占村均集体资产总价值的20%（55/273），资源性资产价值占比最高（57%），非经营性资产价值占23%。如果只考查村集体经营性资产，村均仅55万元，人均仅241元，且主要来自村办企业（23万元）和小产房（18万元），其他包括出租与闲置的校舍（6万元）和小水电（5万元）。值得一提的是，即使只计算有村集体资产的112个村，村均集体经营性资产也仅77万元，人均343元。

表3 　　　　　　　　2016 年样本村各类集体资产的数量和价值

资产类别	资产数量（个）	村均资产价值		户均资产价值		人均资产价值	
		（万元/村）		（元/户）		（元/人）	
		全样本	有资产村	全样本	有资产村	全样本	有资产村
1. 经营性	64	55	77	969	1371	241	343
机器设备	16	1	2	25	36	6	9
村办企业	10	23	33	409	578	101	144

续表

资产类别	资产数量（个）	村均资产价值（万元/村）		户均资产价值（元/户）		人均资产价值（元/人）	
		全样本	有资产村	全样本	有资产村	全样本	有资产村
校舍1①	13	6	111	157	27	39	
小水电	12	5	7	88	125	22	31
小产权房	13	19	27	336	476	83	119
2. 资源性	66	156	218	2 732	3 863	678	965
池塘	30	16	23	286	405	71	101
林木	31	100	139	1 741	2 462	432	615
盐碱地	1	1	1	9	13	2	3
耕地	1	1	2	22	32	6	8
荒山	1	19	27	336	475	83	119
草原	1	0.1	0	1	2	0.3	0
石矿	1	19	27	336	475	83	119
3. 非经营性	41	61	85	1 068	1 511	265	377
校舍2	41	61	85	1 068	1 511	265	377
总计	171	273	380	4 769	6 745	1 183	1 685

资料来源：课题组调研。

调研结果表明，村集体资产价值同村庄的区位、交通条件和收入水平存在显著相关关系。村距离区域经济中心越近（以距离县政府的距离来衡量）、交通越便捷（以距离乡级以上公路的距离来衡量）、人均收入越高，其拥有的集体总资产的人均价值也越高。如表4所示，村委会到县政府距离在12千米以内的人均集体资产总值为0.14万元/人，而距离25千米以外的村人均集体资产价值则降至0.11万元/人；同时，到乡级以上公路距离在0.5千米以内的村人均集体资产价值为0.13万元/人，而2.5千米外的村该值降为0.08万元/人；资产所在村人均收入的差别与人均集体资产价值的关系更显著，高收入村组（人均年收入大于12 000元）的人均集体资产价值为0.24万元/人，是低收入村组（人均年收入小于4 000元）的6倍，其中，中等收入村组（人均年收入介于二者之间）的人均资产价值也偏低，仅为0.09万元/人。

---

① 有关村集体经营性资产的界定指出小学校不能划为村集体经营性资产的范畴。然而，我们的调研以及和村干部的访谈表明由于村小学等合并，在村庄出现了部分村小学的校舍不具有小学学校的功能，校舍一般呈现出租、闲置或集体使用三种用途。在以下所有表格中，出租与闲置的校舍（校舍1）被归为经营性资产，而集体使用的校舍（校舍2）被归为非经营性资产。

表4 **2016年样本村人均集体资产价值与地理位置、**
交通条件以及收入水平的关系

项目	人均资产价值（万元/人）
合计	0.12
按村委会到县政府距离：	
<12千米	0.14
12~25千米	0.10
>25千米	0.11
按村委会到乡级以上公路距离：	
<0.5千米	0.13
0.5~2.5千米	0.12
>2.5千米	0.08
按人均收入水平：	
>4 000元	0.04
4 000~12 000元	0.09
>12 000元	0.24

资料来源：课题组调研。

3. 村集体资产使用情况

在村集体所有资产中，增收的资产大多数已处于收益输出状态。如表5所示，在171项村集体资产中，由集体使用的资产有106项，占资产总数的60%以上，出租和闲置资产分别有48项和17项。当我们比较三种使用方式的资产平均价值就会发现，几乎所有类别的资产，其闲置平均价值都远低于出租和集体使用的平均价值。这说明各村有较高价值的集体资产，早已通过出租或者集体使用产生了收益，剩下的闲置资产价值都较低。

表5 **2016年样本村各类集体资产使用及其年收益情况**

项目	出租			集体使用			闲置	
	数量（个）	年均租金（万元）	平均价值（万元）	数量（个）	年均租金（万元）	平均价值（万元）	数量（个）	平均价值（万元）
经营性	21	10	148	32	3	158	11	45
机器设备	0			13	0	7	3	43

续表

项目	出租			集体使用			闲置	
	数量（个）	年均租金（万元）	平均价值（万元）	数量（个）	年均租金（万元）	平均价值（万元）	数量（个）	平均价值（万元）
村办企业	8	3	19	2	60	1 750	0	
校舍 1	7	6	97			6	51	
小水电	1	10	30	11	1	69	0	
小产权房	5	25	450	6	3	116	2	28
资源性	27	4	522	33	1	303	6	45
池塘	12	4	118	13	0	73	5	38
林木	12	4	540	19	1	476	0	
盐碱地	0			0			1	80
耕地	1	1	200	0			0	
荒山	1	2	3 000	0			0	
草原	0			1	0	10	0	
石矿	1	18	3 000	0			0	
非经营性				41	0	232		
校舍 2				41	0	232		
总计	48	7	359	106	1	232	17	45

资料来源：课题组调研。

经营性资产闲置率比资源性资产高，增值潜力相对更大，但能增收的资产多数也处于已使用状态。如表 5 所示，在 64 项村集体经营性资产中，由集体使用和出租的资产分别占资产总数的 50%（32 项）和 33%（21 项），闲置资产占 17%（11 项），而资源性资产的闲置率仅为 9%（6/66）。闲置的经营性资产主要为未使用的校舍，价值最高的集体经营性资产（村办企业和小产房）要么处于运营状态（如集体所有），要么已经出租。

五、样本村集体资产改革进程

从改革现状来看，确权与股份制改革尚处于初步阶段。截至 2017 年初，已开展村集体资产确权的村（41 个），占有集体资产的村数量（112 个）的 37%。所有样本村中仅 12 个村进行了村集体资产股份制改革，11 个在浙江，1 个在山东。

省份之间开展村集体资产改革的进度差异较大。在集体资产确权上，黑龙江进度最快，至 2017 年初有 63% 的资产完成了确权工作，其次是广东（45%）和四川（44%），确权进度较慢的是吉林和河南。在股份制改革上，浙江作为全国村集体资产改革的试点省份，占据了绝大部分进行股份制改革的村（11 个）。经营性资产确权进展快于其他资产的进展。到 2017 年初有 44%（28/64）的村集体经营性资产完成了确权，而资源性和非经营性的资产确权比例均不足 30%。

已开展股份制改革的资产，有相当一部分尚未完成确权工作，尤以经营性资产和资源性资产为代表。如表 6 所示，2017 年初，19 个进行股份制改革的资产中仅 4 个完成了确权工作。经营性资产没有开展确权工作，就执行村集体资产的股份制改革，可能会造成村集体资产的流失，同时也表明村集体资产的改革工作程序还需规范管理。

表 6　　2017 年初样本村各类型集体资产确权和股份制改革进展情况

项目	确权数量	股份制改革数	确权且进行股份制改革数	确权但未进行股份制改革数	未确权但进行股份制改革数
经营性资产	28	8	1	27	7
资源性资产	19	11	3	16	8
非经营性资产	9	0	0	9	0
总计	56	19	4	52	15

资料来源：课题组调研。

浙江开展了股份制改革的村，基本能够按当地实际情况并按股份制改革的相关规定执行。对于开展了股份化改革的 12 个村，课题组对其中来自浙江的 11 个村做了分析（因山东仅 1 个样本村开展了股份化改革，体量太小，未列入分析）。经调研发现，该11 个村都召开了社员大会，这表明目前浙江省村集体资产的股份制改革还比较规范，如表 7 所示。在社员身份认定上，均采取了按户口分配股份，即户籍在本村的人全部进行入股分配。这个方式较为简便可行，但是不一定可以推广到其他地区，比如未列入下表的山东省实施改革的样本，社员认定就更宽泛，不仅包括户籍在本村的居民，还包括户籍不在本村、但长期居住在本村并对本村有贡献的常住人口。这种方式对于处理如何兼顾本村人和外村流动人口问题上较有借鉴意义。在股份分配方式上，浙江省主要采用一人一股制。政府在推广时，同样可以考虑人口股与老龄股相结合的方式，让长期为本村劳动的人口获得更多收益。分红方式主要是按股分配，然而，由于各地农村集体资产股份制改革尚在初期，没有一个改革村执行了股权分红，因此改革的效果仍需时间检验。综上所述，浙江省的股份制改革具有较多地方特色，全国推广时需要因地制宜，做更多切实考虑。

表7 浙江省村集体资产股份制改革情况

项目	村数量
是否召开社员大会：	
1. 是	11
2. 否	0
社员身份认定：	
按户口	11
股份分配方式：	
1. 一人一股	10
2. 农村户口一人一股、城市户口一人半股	1
3. 一户一股	0
分红方式：	
1. 按股份分红	11
2. 尚未开始分红，正在探索	0
股权继承：	
1. 允许继承	10
2. 不允许继承	1
是否上市：	
1. 是	0
2. 否	11
样本村数量	11

资料来源：课题组调研。

六、主要结论和政策建议

近年来我国政府全面推进农村集体经营性资产改革，以实现持续增加农民财产性收入和发展壮大集体经济的双重目标。现有关于集体资产改革的研究还停留在个案分析层面，缺乏对农村集体资产改革的定量分析。本文基于全国9省156个村的调研数据，对我国农村集体资产现状和产权改革进程进行了分析，主要得出如下结论：

第一，村集体经营性资产价值尚存，但现状可能不抵预期。从价值上看，我们在9省采用分层随机抽样调查的村，村均集体资产为273万元；其中经营性资产村均仅55万元，人均仅241元。我们调研的数据明显小于相关统计上报和部分典型案例分析的数据，本文认为一方面是因为调研未将无形资产等纳入经营性资产统计范围；另一方面可能与经营性资产股份制改革流程不规范有关，导致村集体经营性资产村均和人均价值较低。

第二，价值较高的村集体经营性资产仍有助力农民增收的空间。在本轮确权改革之前就已承包或出租的村集体经营性资产大多数已产生收益，但其收益大部分成为承包者和出租人的个人收益，村集体及其成员财产权益受到一定的侵蚀。在这部分集体经营性资产的承包合同或租赁合同到期后，基于本轮村集体资产确权和股份合作制改革原则与经验积累，对村集体经营性资产进一步明晰集体产权，并将股份量化至农村集体经济组织个人，形成更加普惠的收益分配方式，将更大程度地发挥经营性资产在提高农民财产性收入中的作用。

第三，村集体经营性资产改革在提高全国农民平均财产性收入的同时，农民收入的地区差异将会有所扩大。目前，接近30%的村没有任何集体资产，主要集中在经济相对落后的西部和东北地区；即使是在同一地区，具有地理区位相对优势、交通运输便捷、农民收入高的村，其集体经营性资产也更高。这些相对落后地区的村庄在村集体经营性资产改革中要么无法获利，要么获利较少，农民的整体收入差距将扩大。

第四，村集体经营性资产改革尚处于初步阶段，改革进度省份之间差异较大，部分地区改革流程仍需规范。调研数据显示，开展村集体经营性资产股份制改革的村均为东部试点省份；在我们调研的19个进行股份制改革的资产中仅有4个完成了确权工作，部分村庄清产核资与股份制改革工作顺序混乱，使得改革流于形式，违背了改革的初衷。

第五，村集体资产股份制改革试点进展良好，改革效果待实践检验。已开展村集体经营性资产股份制改革的村，在成员界定、股权分配、分红与继承等改革内容上体现了较多地方特色，为其他地区村集体资产股份制改革积累了宝贵经验；但鉴于调研的改革村目前还未执行股权分红，因此暂时无法对村集体经营性资产对农民增收方面的改革效果做出准确的评价，在后续研究中实证分析村集体资产股份制改革的改革效果将是十分必要和有意义的。

基于本文研究结论，我们提出如下三点政策建议：

第一，需要进一步规范村集体经营性资产确权和股份合作制改革的工作流程。基层领导干部和工作人员要统一"先确权、后股改"的工作思路，在清产核资、摸清家底的基础上，对有改革价值的村集体经营性资产进行股份制改革；针对村办企业、小水电、小产权房等不同经营性资产，应根据资产特性和当地实际，因地制宜、分类细化实施更加符合本村所有集体成员利益的股改方案。

第二，根据各类资产存续现状，合理兼顾经营性资产股份制改革和其他类型的集体资产改革。调研数据显示，调研村的集体经营性资产平均价值并不高，村集体经营性资产改革对农民增收的影响较为有限；而在不包括村集体建设用地和农民宅基地的情况下，村集体资源性资产的价值也是经营性资产的近三倍。因此，发展壮大集体经济需要深化包括农用地、集体建设用地和宅基地在内的"三块地"改革试点。对于已投入使用或出租的经营性资产，既要通过股权配置、资产折股量化等方式保证村集体经济组织成员财产权益，加强对村集体经营性资产的管理和监督，又要为以后发展预留必要资金，提高经营性资产可持续发展能力；对于收益较低、对农民增收作用有限的经营性资产，应在完成清产核资的基础上逐步向非经营性资产转化改造，例如不再具有经营性收益的厂房等固定资产以招标、承包、拍卖等形式向老年人、妇女、儿童活动中心等公共服务功能转化改造。

第三，要密切关注并合理控制村集体经营性资产改革过程中农民收入差距扩大的现象。调研表明，经济发展水平和交通条件相对落后、地理区位相对偏远的地区村集体经营性资产价值越低，考虑到这些地区的农民收入水平本身就低，改革必然导致区域间农民收入扩大。一方面，应加大中央对上述地区农民的收入转移支持力度，把无村集体经营性资产的村列入扶持重点；另一方面，应健全问题反馈机制，确保集体资产改革的公允性、信息透明度和村民监督权，尽可能避免村集体资产流失，真正让农民成为改革的参与者和受益者。

参 考 文 献

1. 方志权：《农村集体经济组织产权制度改革若干问题》，载《中国农村经济》2014 年第 7 期。

2. 黄延信、余葵等：《对农村集体产权制度改革若干问题的思考》，载《农业经济问题》2014 年第 4 期。

3. 段龙龙、刘晓茜：《农村集体资产股份量化改革：模式、争鸣与出路》，载《经济体制改革》2014 年第 6 期。

4. 王敬尧、李晓鹏：《城乡统筹进程中的农村集体产权改革——以温州"三分三改"为蓝本》，载《求是学刊》2012 年第 6 期。

5. 韩俊：《关于农村集体经济与合作经济的若干理论与政策问题》，载《中国农村经济》1998 年第 12 期。

6. 秦小红：《西方财产权理论的谱系及其对中国农村产权制度改革的启示》，载《江西财经大学学报》2014 年第 2 期。

7. 宋洪远、高强：《农村集体产权制度改革轨迹及其困境摆脱》，载《改革》2015 年第 2 期。

8. 张红宇：《关于深化农村改革的四个问题》，载《农业经济问题》2016 年第 7 期。

9. 秦小红：《西方财产权理论的谱系及其对中国农村产权制度改革的启示》，载《江西财经大学学报》2014 年第 2 期。

10. 蔡昉：《中国农村改革三十年——制度经济学的分析》，载《中国社会科学》2008 年第 6 期。

11. 农业部农村经济体制与经营管理司调研组：《浙江省农村集体产权制度改革调研报告》，载《农业经济问题》2013 年第 10 期。

12. 段龙龙、刘晓茜：《农村集体资产股份量化改革：模式、争鸣与出路》，载《经济体制改革》2014 年第 6 期。

13. 夏英、钟桂荔等：《我国农村集体产权制度改革试点：做法、成效及推进对策》，载《农业经济问题》2018 年第 4 期。

14. 蔡昉：《中国农村改革三十年——制度经济学的分析》，载《中国社会科学》2008 年第 6 期。

15. 翟新花：《我国农村集体经济体制历史变迁中的农民发展》，载《当代世界与社会主义》2013

年第 5 期。

16. 仝志辉、陈淑龙：《改革开放 40 年来农村集体经济的变迁和未来发展》，载《中国农业大学学报（社会科学版）》2018 年第 6 期。

17. Lin, Y. Rural Reforms and Agricultural Growth in China ［J］. The American Economic Review, 2013 (82).

18. 翟新花：《我国农村集体经济体制历史变迁中的农民发展》，载《当代世界与社会主义》2013 年第 5 期。

19. 陆剑：《"二轮"承包背景下土地承包经营权制度的异化及其回归》，载《法学》2014 年第 3 期。

20. 颜公平：《对 1984 年以前社队企业发展的历史考察与反思》，载《当代中国史研究》2007 年第 2 期。

21. 宋洪远：《中国农村改革三十年》，北京：中国农业出版社 2008 年版。

22. 陈锡文：《我国农村改革的历程（一）》，载《百年潮》2017 年第 1 期。

23. 方志权：《农村集体经济组织产权制度改革若干问题》，载《中国农村经济》2014 年第 7 期。

24. 傅晨：《论农村社区型股份合作制制度变迁的起源》，载《中国农村观察》1999 年第 2 期。

25. 段龙龙、刘晓茜：《农村集体资产股份量化改革：模式、争鸣与出路》，载《经济体制改革》2014 年第 6 期。

26. 李宽、熊万胜：《农村集体资产产权改革何以稳妥进行——以上海松江农村集体资产产权改革为例》，载《南京农业大学学报（社会科学版）》2015 年第 2 期。

27. 闵师、王晓兵、项诚、黄季焜：《农村集体资产产权制度改革：进程、模式与挑战》，载《农业经济问题》2019 年第 5 期。

28. 李宽、熊万胜：《农村集体资产产权改革何以稳妥进行——以上海松江农村集体资产产权改革为例》，载《南京农业大学学报（社会科学版）》2015 年第 2 期。

29. 傅晨：《论农村社区型股份合作制制度变迁的起源》，载《中国农村观察》1999 年第 2 期。

30. 刘东：《乡镇企业改制的产权理论分析》，载《产业经济研究》2003 年第 2 期。

31. 谭秋成：《乡镇集体企业中经营者持大股：特征及解释》，载《经济研究》1999 年第 4 期。

32. 顾建列：《"苏南模式"需要创新——关于农村集体经济科学发展的思考》，载《江苏农村经济》2007 年第 6 期。

33. 卢文：《搞好农村集体资产的经营管理》，载《农业经济问题，1999 年第 1 期。

34. 陶然、徐志刚：《城市化过程中户籍与农地制度的变革及其政策组合》，载《上海城市管理职业技术学院学报》2008 年第 2 期。

35. 康森：《北京农村集体经济产权制度改革研究》，载《前线》2015 年第 2 期。

36. 钟桂荔、夏英：《农村集体资产股份权能改革的关键问题——基于 8 县（市、区）试点的调研观察》，载《农业经济问题》2017 年第 6 期。

37. 潘建雷：《从伦理共有到股份合作：农村集体经济产权的谱系变迁》，载《地方治理研究》2017 年第 3 期。

38. 杨春华：《适度规模经营视角下的农地制度创新——相关改革试点情况的调查与思考》，载《农村经济》2018 年第 9 期。

39. 刘祥琪：《农村集体产权制度股份化改革的障碍因素与对策分析》，载《农业经济》2014 年第 9 期。

40. 李宽、熊万胜：《农村集体资产产权改革何以稳妥进行——以上海松江农村集体资产产权改革为例》，载《南京农业大学学报（社会科学版）》2015 年第 2 期。

41. 陈锡文：《我国农村改革的历程（一）》，载《百年潮》2017 年第 1 期。

42. 仝志辉、陈淑龙：《改革开放 40 年来农村集体经济的变迁和未来发展》，载《中国农业大学学报（社会科学版）》2018 年第 6 期。

家庭联产承包责任制与中国农业增长的再考察

——来自面板工具变量法的证据[*]

孙圣民　陈　强[**]

【摘　要】 1978 年家庭联产承包责任制兴起显著促进了中国农业的增长。但近年来这一观点受到挑战，有学者强调这一过程中，集体化时期积累的灌溉设施和机械化发挥的积极作用。本文尝试处理家庭联产承包责任制这一制度变迁的内生性，并利用初始固定资产与天气滞后的外生变化来识别因果关系。通过使用 1970～1987 年的省际面板，在改进灌溉、机械化、天气与制度变迁等关键数据后，面板工具变量法的估计结果显示，家庭联产承包责任制对于中国农业增长有显著正效应。

【关键词】 家庭联产承包责任制；去集体化；中国农业增长

一、引　言

1979～1984 年，中国农业部门经历了急剧的制度变迁，从基于生产队（相当于村庄）的集体农业转向家庭为单位的家庭联产承包责任制（house-hold responsibilitys ystem，HRS）。尽管在 1979 年底，仅有 1.02% 的生产队转为 HRS，但这一比例到 1983 年底已经迅速上升为 98%（见图 1）。

同样是在 20 世纪 70 年代末与 80 年代初这一时期，中国农业经历了前所未有的增长。与之前的集体农业时期相比，这一时期的增长率十分惊人。[①] HRS 是否导致了 1980 年前后的农业增长奇迹？理论上分析，存在这种可能性。由于农业生产过程中存在监督困难，所以生产队体制下存在严重的"搭便车"难题（free-riderproblem）和"大锅饭"现象，导致效率低下，而 HRS 恰恰通过赋予农民剩余索取权解决了此问题（AlchianandDemsetz，1972；Lin，1988；Nolan，1988）[②] 但是，HRS 在激励机制方面的优势，

* 本文得到山东大学人文社科重大研究项目（12RWZD12）、自主创新基金青年团队项目（IFYT1209）的支持，感谢国家自然科学基金面上项目（71473149）的资助。感谢匿名审稿人的宝贵意见！当然文责自负。原文发表于《经济学（季刊）》2017 年第 2 期。

** 孙圣民，山东大学经济研究院；陈强（通讯作者），山东大学经济学院。

① 根据林（Lin，1992）的计算，中国农业部门在 1978～1984 年的年均增长率为 7.7%，显著高于 1952～1978 年的年均 2.9% 的增长率。

② 对于 1958～1961 年人民公社的生产率大滑坡，林（1990）提出了微妙的"退出权"解释。但 Kung（1993）发现，并没有足够证据表明在 1958 年前存在退出权。进一步，孔和普特曼（Kung and Putterman，1997）的证据表明，农业生产率之所以未在 1957 年崩溃，部分原因是集体农场的运作在一定程度上被下放到家庭层面。

也有可能部分被集体农业的规模经济所抵销，后者在农田灌溉等公共品的提供方面具备一定优势。

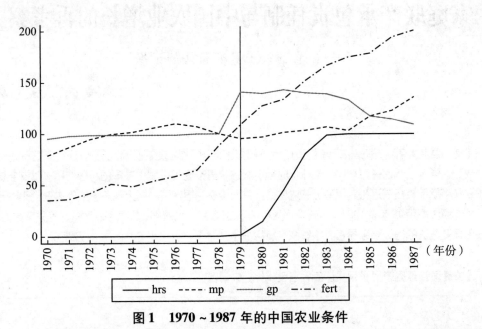

图1　1970～1987年的中国农业条件

注：hrs为截至年底转为HRS的生产队百分比，gp为相对于工业投入品价格的超购加价指数（1978＝100），mp为相对于工业投入品价格的农村集市价格指数（1978＝100），fert是化肥使用量（10万吨）。

资料来源：林（Lin，1992），国家统计局：《新中国六十年统计资料汇编》，中国统计出版社，2010年版。

从实证角度看，由于在转向HRS的同时，也发生了其他市场导向的改革，比如价格改革，使得确定HRS的因果效应变得更为复杂。在价格改革前，国家农产品购销系统存在两种价格，即用来满足国家收购任务的统购牌价，以及完成收购任务之外的超购加价。在1979年，平均收购价格（包括统购牌价与超购加价）上升了22.1%（国家统计局，1984：第403页）。如果仅考虑反映边际价格的超购加价，则上涨了40.7%。即使控制了农村工业投入品的价格（在1980年前后基本稳定），超购加价也增长了40.4%（见图1）[1] 同时，政府开始恢复农村集市贸易，并取消了可在自由市场上交易的产品限制。到1984年，已有超过18%的农产品以市场价格进行买卖（Sicular，1988b）。相对于农村工业投入品价格而言，农村集市贸易价格在1979～1984年基本保持稳定（见图1）[2] 其他复杂因素还包括在此期间的工业品投入，特别是化肥使用量，呈现大幅增长（见图1），采用高产杂交种子等技术进步因素也同步发生（Stone，1988；Huangand Rozelle，1996）。

---

① Sicular（1988a）对于在1979年及之后的价格变化历程作了详细介绍。
② 农村集市价格在1979年与1980年略微下降，或许由于可在市场上自由销售的产品增多所致。

已有文献中使用了多种方法来评估去集体化对于中国农业增长的影响。最简单的方法是比较改革前后中国农业部门的全要素生产率（Wen，1993；Fan and Zhang，2002）。而为了分离 HRS、价格改革与技术进步的效应，大多数研究采取了增长核算（growth accounting）的方法（McMillan et al.，1989；Fan，1991；Kalirajan et al.，1996；Zhang and Carter，1997），将 HRS 对农业增长的贡献作为残差来间接地度量。更可信的方法则是利用中国各省转向 HRS 的时间差异，将 HRS 作为解释变量引入面板模型（Carter and Zhong，1991；Lin，1992）或系统回归（Huang and Rozelle，1996）来直接度量 HRS 的效应。尽管不同研究所用的样本与方法不尽相同，但绝大多数研究都认为 HRS 显著促进了中国农业增长。比如，林（1992）发现，去集体化可解释 1978～1984 年约一半的中国农业增长。

当然，也有学者持不同看法，质疑 HRS 的积极作用（Riskin，1987；Caro – lus，1992；Bramall，1995，2000，2008；Xu，2012）。一个常见的批评是，在 20 世纪 80 年代末普遍采用 HRS 之后，中国农业增长反而止步不前了。[1] 而且在全世界范围内农业私有化的表现多差强人意（比如，东欧），这也导致了对中国 HRS 良好绩效的更多怀疑（Rozelle and Swinnen，2004）。对于主流观点的最大挑战或许来自许（Xu，2012），该文着重于林（1992）模型的设定误差，特别是 "HRS 采用率的不当使用"（wrong usage of HRS adoptionrate）。具体而言，林（1992）回归时使用的 HRS 省际数据，是年底为止的 HRS 采用率，而被解释变量却是当年的农作物产出，导致当年的某些产量增加这个结果可能发生于采用 HRS 这个原因之前。因为通常制度变迁发生在秋收之后的农闲时期。为了解决此问题，许（2012）在林（1992）的双向固定效应框架下，将主要解释变量变为 HRS 滞后（即截至上年年末的 HRS 采用率），但结果却发现 HRS 滞后的统计显著性完全消失了，即 HRS 对农业增长并没有显著性影响。

然而，此前所有考察 HRS 增长效应的研究都忽略了一个重要问题，即制度变迁通常是内生的（比如，Acemoglu et al.，2001）。具体来说，对于中国农业的去集体化过程，其内生性可能来自以下三个方面。首先是选择偏差（selection bias）。一方面，从去集体化获益更多的省份可能较早就转向 HRS（Lin，1988）；而另一方面，最初政府仅允许贫穷的边远山区尝试 HRS（杜润生，2005）。其次是度量误差（measurement errors）。对于 HRS 的度量并不完美，不仅存在数据缺失，还可能存在统计上的机会主义。比如，刚开始少报，而随着政治风向变化而转为多报，而度量误差会导致估计系数的衰减偏差（attenuation bias）。最后，也可能存在逆向因果关系，因为 HRS 成效显著的省份会更积极地普及 HRS，而 HRS 收效不大的省份却推进缓慢。

本文的主要贡献，就是认识到并解决 HRS 采用进程的内生性问题，尝试弥合当前文献的学术争论。根据林（1987），一个生产队使用的机器设备越多，则越难将此生产

---

[1] 此结果并不难解释，因为从集体农业转向 HRS 相当于农民努力程度的一次性增加，从生产函数内部移到前沿，并不一定有长期增长效应。

队解体为家庭承包制。① 因此，我们使用1978年的生产队初始固定资产作为潜在的工具变量。虽然生产队固定资产中也包括直接影响产出的农业机械，但仍可视为外生，因为我们已在回归方程中控制了农业机械总动力。我们还特意回避使用1978年以后的农村固定资产数据（此数据也较少），以避免逆向因果关系。但在面板固定效应模型下，仍需要初始固定资产有一定的时变性，即随时间而变。为此，我们使用气象灾害，并将气象灾害滞后（即上年的气象灾害）与初始固定资产的互动项作为有效工具变量。其原因有二：一是根据白营和龚启圣（Bai and Kung，2014），气象灾害对于去集体化过程有显著的影响。二是上年的气象灾害对于当年的农业产出应该没有直接影响，除了通过制度变迁的间接渠道，故满足排他性约束。

本文的另一贡献是在几个重要方面改进和完善林（1992）的数据，包括对HRS的度量、机械与畜力、灌溉条件，以及气象灾害等。使用改进的1970～1987年省际面板数据，面板工具变量法的估计结果显示，HRS对于中国农业增长有显著的正效应，而且此效应大于OLS的估计结果。

本文的其余部分安排如下：第二部分为文献回顾，第三部分介绍数据及其改进，第四部分讨论实证策略并汇报估计结果，第五部分为结论。

二、文献回顾

研究HRS对于中国农业增长的影响，目前已有不少文献。② 文（Wen，1993）使用全国1952～1989年的时间序列数据，发现在1978年后中国农业部门的全要素生产率（TFP）迅速增长，在时间上正好与HRS兴起相对应。通过使用改进的数据与更为复杂的迪氏指数法（Divisia index），樊胜根和张晓波（Fan and Zhang，2002）得到类似结果，虽然他们估计得到的HRS改革期间的TFP值要小些，但仍然可观。③

麦克米兰等（McMillan et al.，1989）首先试图分解HRS与价格改革的效应。通过使用增长核算方法，并辅以农民最优努力程度的简单模型，发现在1978～1984年中国农业生产率改进的78%可归功于HRS，而其余22%则得益于价格改革。然而，麦克米兰等（1989）对于HRS与价格改革效应的分解依赖于几个关键的简化假定，比如，没有技术进步，以及农民收入为简单的线性函数。

由于去集体化过程与价格改革几乎同步推行（见图1），故全国层面的时间序列数据并不便于区分HRS与市场化改革的效应。为此，樊胜根（Fan，1991）使用29个省1965年、1970年以及1975～1986年的面板数据，通过随机前沿模型进行增长核算，发

---

① 困难来自两个方面：一是细分大中型机器设备等固定资产到户，存在技术难题和一定的谈判等交易成本。二是拥有较多固定资产的集体组织，其管理者拥有较多的剩余索取权，管理者未必乐意推进HRS从而丧失自己隐性的经济、社会福利。

② Continuity and Change in China's Rural Development：Collective and Reform Eras in Perspective（1st Edition），Oxford University Press（August 5，1993）.

③ 樊和张（Fan and Zhang，2002）也估计了省级层面的TFP水平，但并未与HRS采用率的省际差异进行对比。

现产出增长的 26.6% 应归功于制度变迁，而 15.7% 则得益于技术进步。类似地，卡里拉贾等（Kalirajan et al.，1996）使用 1970~1987 年的省际面板，通过变系数生产函数进行增长核算，发现在改革前 28 个省份中有 20 个省份的 TFP 增长率为负数，而改革期间几乎所有省份的 TFP 增长率均为正数。张和卡特（Zhang and Carter，1997）使用县级数据研究粮食产量的增长，并将天气条件（干旱指数）引入基于回归的增长核算，发现在 1980~1985 年，粮食产量增长的 38% 得益于经济改革。但由于使用县级数据，样本区间仅包括 1980 年、1985 年以及 1987~1990 年，并未完全涵盖转向 HRS 的全过程。

增长核算法的主要缺点是仅间接地将 HRS 的贡献作为残差项来度量，而残差项在文献中被称为对"我们无知程度"的度量（Abramovitz，1956）。正如林（1992）所指出的，对于增长核算的批评通常也适用于上述研究。更有说服力的另一研究方法，则是将 HRS 作为解释变量引入回归方程以直接度量其效应。卡特和钟（Carter and Zhong，1991）率先使用此法，但使用平均粮食亩产作为被解释变量，并将 HRS 简单定义为 1981 年及以后取值为 1 的虚拟变量。林（1992）则代表了一个重大突破，以 HRS 为主要解释变量，并利用 HRS 采用率的省际差异，使用双向固定效应面板模型来估计 1970~1987 年中国省级农业生产函数。林（1992）发现，HRS 可解释 1978~1984 年大约一半的中国农业增长。林（1992）早已成为广为引用的经典论文，即使批评者如布拉莫尔（Bramall，2008）与徐（Xu，2012）也承认林（1992）为此领域最有影响力的文献。在另一省际面板研究中，黄和罗泽尔（Huang and Rozelle，1996）集中研究稻米部门，并特别关注内生技术进步，发现在 1978~1984 年稻米亩产增长的 40% 可归功于技术进步，而 30% 则得益于制度变迁。

上述研究多数都得出类似的结论，即认为去集体化显著促进了中国农业增长。然而，另外一些学者也对这一看法持怀疑态度。里斯金（Riskin，1987）认为，中国农业产出增长包含部分的统计假象，因为在改革前，农民为了降低收购量而故意低估产量。普特曼（Putterman，1989）则汇报了河北省大河乡的一个特例和反常，其粮食亩产在 20 世纪 70 年代有所增长，但在 80 年代却陷入停滞与倒退。[1] 卡罗勒斯（Carolus，1992）认为，依据最可信的数据，只有不多于 20% 的农作物产值增长可归功于 HRS。董和道（Dong and Dow，1993）则估计，监督成本仅占生产队总劳动时间的 10%~20%，但他们同时也承认这可能只是采用 HRS 所能带来效率改进的下限。通过使用四川省的县志数据，布拉莫尔（Bramall，1995）发现，去集体化较晚的县其粮食亩产的增长率与去集体化较早的县并无显著差别。[2] 在一本研究中国的专著中，布拉莫尔（2000）质疑已有文献对 TFP 的估计，因为这些研究缺乏对劳动时间、有机肥与畜力的准确信息。在另一本专著中，布拉莫尔（2008）怀疑林（1992）在方法上的有效性，

---

[1] 普特曼（Putterman，1989）提出了一个可能解释，并引用巴特勒（Butler，1985），"当生产队与中队被赋予更大自主权决定农业投入时，1980 年化肥使用量反而下降了，这强烈表明 1970 年代上级部门曾施压大河乡以经济上非理性的方法来提高亩产"。

[2] 在 1982 年秋季或之后采用"包干到户"的县被定义为去集体化较晚的县；而其他县则为去集体化较早的县。此文献所提及的这种现象反映了 HRS 推进中存在"选择偏差"（selectionbias），有助于解释布拉莫尔（Bramall，2000）所讨论的某些令人困惑的现象。

因为它忽略了在集体时代所建灌溉工程的滞后效应，而且没有考虑天气因素。另外，罗斯基（2011）则强调，采用 HRS 后的重大成效得益于中国不同寻常的人力资源。

或许最严峻的挑战来自徐（2012），该文着重于讨论林（1992）对"HRS 采用率的不当使用"（wrongusageofHRSadoptionrate）。具体来说，虽然被解释变量是当年的农作物产量，但主要解释变量却是截至年底的 HRS 采用率，故农业增长的结果可能发生于 HRS 的原因之前。为了纠正此设定误差，徐（2012）在林（1992）的双向固定效应模型中使用了 HRS 滞后（即上年的 HRS），但发现 HRS 滞后的统计显著性完全消失了，即 HRS 对农业增长并没有显著性影响。徐（2012）进而认为，现代投入品的密集使用及其他条件才是中国农业增长的主要原因。徐（2012）还构建了一个社会主义遗产指标（socialistlegacyindex），并认为社会主义遗产——包括集体时代的灌溉、机械化与人力资本——对于去集体化后的中国农业发展有显著作用。

总之，利用 HRS 采用率的省际差异而进行直接回归分析，是迄今为止最有说服力的方法，该法为林（1992）所开创。但目前所有研究均未考虑内生制度变迁这一重要问题，而制度变迁的内生性几乎为发展经济学家所公认（比如，Acemoglu et al.，2001）。本文在评估中国去集体化的效应时，着重解决制度变迁的内生性问题，期待填补文献中的这一空白。

三、数　据

本文使用的主要数据来自林（1992），包括 1970～1987 年中国 28 个省份的省际面板数据。[①] 本文在以下几个重要方面拓展了林（1992）的数据，包括使用了来自 1992 年以后才公布的新数据。

（一）家庭联产承包责任制

首先是对家庭联产承包责任制的数据改进。变量 HRS 定义为截至年底转为 HRS 的生产队百分比。由于缺乏 1979～1980 年的 HRS 数据，林（1992）去掉了 1980 年的观测数据，并将 1979 年所有省份的 HRS 设为 0，因为到 1979 年年底全国仅有 1.02% 的生产队转为 HRS。这种处理方法并不完美，因为全国平均 1.02% 的 HRS 采用率，并不意味着各省的 HRS 采用率都应相同且等于 0。[②] 我们有幸在其他渠道中找到了更多数据，包括钟（Chung，2000）、《中国农业全书》（1999）以及《中国农业年鉴》（1981）。尽管如此，我们仍然缺乏 1980 年 8 个省份的 HRS 数据，并将其设为缺失值。

---

① 西藏、台湾、香港、澳门地区因缺乏数据而未包括。另外，海南省于 1988 年从广东省分出，重庆市于 1997 年从四川省分出。在我们的数据中，广东包括海南，四川包括重庆。

② 根据新的数据来源，在 1979 年有 3 个省份的 HRS 取值为正，即安徽（10%）、山东（2.4%）与浙江（1.6%）。

（二）灌溉

持怀疑态度的学者强调社会主义遗产的作用，例如集体经济时代建设的灌溉设施，使得灌溉耕地面积得以增加。忽略灌溉因素可能导致遗漏变量偏差，因为拥有更高灌溉耕地比例的省份较不易受灾害天气影响，而这可能影响了 HRS 的采用率（Bai and Kung，2014）。[①] 为解决此问题，我们定义 irrig 为有效灌溉面积占总耕地面积的百分比。有效灌溉面积的数据主要来自国家统计局（2010），并根据国家统计局（1999）与水利部（1989）进行了补充。

（三）动力

林（1992）以拖拉机与畜力的马力来度量农业资本，但农业资本在有些回归模型中并不显著，这意味着可能存在度量误差，比如忽略了除拖拉机外的其他农业机械。为构建更为完整的度量，我们使用国家统计局（2010）所提供的以千瓦计"农业机械总动力"，并将其转换为马力。截至年末的役畜数目则来自国家统计局（1990）。根据李和杨（Li and Yang，2005），我们将两个年末的役畜数据进行简单算术平均，作为该日历年度役畜的度量。根据林（1992），每个役畜以 0.7 马力计。我们对于农业资本的度量，记为 power，即为以千马力计的农业机械总动力与畜力之和。

（四）天气冲击

农业生产的特点之一就是其产出容易受天气冲击的影响，特别是在中国 1970~1987 年的农业生产条件下。例如，张和卡特（Zhang and Carter，1997）发现，在 1980~1990 年，天气显著地影响了中国粮食产量的波动。如果在 1979~1984 年去集体化发生时天气条件良好，则可能高估 HRS 对农业增长的贡献。为解决此问题，我们使用受灾面积 da_{it} 来度量灾害天气，其中 da_{it} 定义为一个百分比，是省份 i 在年份 t 因旱灾或水灾而导致产出下降至少 10% 的耕地面积占总面积的百分比。原始数据取自水利部（1989）[②] 对于每一省份，我们将 da_{it} 标准化，计算其偏离省均值的相对离差，即定义 $wa_{it} \equiv (da_{it} - \overline{da_i})/\overline{da_i}$，其中 $\overline{da_i}$ 为该省历年的平均受灾面积比例，然后以 wa 作为气象灾害的度量。

[①] 白和龚（Bai and Kung，2014）的实证研究表明，"在集体时代所建设的更多灌溉耕地，反而使得一个省份（村庄）在遭遇坏天气时更易退出集体农业，恰恰因为一旦这些耐用公共品建成，在负向天气冲击的情况下，维持集体农业的激励就会反而下降"。

[②] 关于天气灾害数据，存在一种担心，就是在当时的政治环境下，地方政府会不会有激励低报受灾情况，从而影响估计结果。为此，本文选择来自水利部（1989）反映灾害情况的内部数据。同时使用受灾而非成灾面积，一定程度避免了虚报的动机。

（五）初始固定资产

1978 年生产队的初始固定资产，记为 $asset_{i,1978}$，包括生产队用于农业、林业、畜牧业、渔业、手工业、乡村工业、建筑业与非农运输业的机器设备。需要指出的是，虽然初始固定资产包括影响农作物产量的农业机械，但由于我们已在回归方程中控制了农业机械总动力，故初始固定资产仍可视为在一定条件下是外生的。另外，我们仅使用在引入 HRS 之前的初始固定资产，以避免逆向因果关系。有关 asset 的数据来自农业部（1993）。表 1 概括了变量定义与数据来源。[①]

表 1   **主要变量定义及数据来源**

变量	观测值	定义	数据来源
y	504	农作物产值（1980 年不变价格）	L
hrs	496	截至年底转为 HRS 的生产队百分比	L，C，A，Y
land	504	耕地面积（千亩）	L
labor	504	农作物部门的劳动力	L
power	503	农业机械总动力 +0.7×役畜数目（千马力）	S60，S40
fert	504	化肥使用量（千吨）	L
irrig	473	有效灌溉面积占耕地面积的比例	S60，S50，W
mci	504	复种指数（总播种面积除以耕地面积）	L
ngca	504	非粮食作物的播种比例	L
mp	504	相对于工业投入品价格的农村集市价格指数	L
gp	504	相对于工业投入品价格的超购加价指数	L
wa	504	标准化的受灾面积占耕地面积比例	W
asset	504	1978 年的生产队初始固定资产	M

注：A：《中国农业全书》（1999）；C：钟（2000）；L：林（1992）；M：农业部（1993）；S40：国家统计局（1990）；S50：国家统计局（1999）；S60：国家统计局（2010）；W：水利部（1989）；Y：《中国农业年鉴》（1981）。

[①] 除两个全国层面的价格指数（gp 和 mp）外，其余均为省际数据。

四、实证策略与结果

（一）双向固定效应模型

借鉴林（1992），基准模型为加入年度虚拟变量的双向固定效应模型，来估计省级农业生产函数：

$$\ln y_{it} = \beta_0 + \beta_1 hrs_{i,t-1} + \beta_2 \ln land_{it} + \beta_3 \ln labor_{it} + \beta_4 \ln power_{it} + \beta_5 \ln fert_{it}$$
$$+ \beta_6 irrig_{it} + \beta_7 \ln mci_{it} + \beta_8 ngca_{it} + \beta_9 wa_{it} + u_i + \lambda_t + \varepsilon_{it} \tag{1}$$

其中，下标 i 指省份 i，下标 t 指年份 t，u_i 为省份固定效应，而 λ_t 为年度固定效应。方程（1）未包括两个全国层面的价格指数（gp 和 mp），因为它们不随省份而变。我们的模型设定与林（1992）有以下重要区别。首先，针对许（2012）的批评，使用 $hrs_{i,t-1}$（HRS 滞后）替代 hrs_{it}，以避免出现用年末 HRS 解释当年产量的情形。其次，增加了两个新变量（irrigation 与 wa），并改进了对 hrs 与 power 的度量。再次，使用 lnmci 替代 mci，因为前者在理论上更合理（耕地面积与复种指数之积即为播种面积），且拟合得略好（估计结果几乎相同）。最后，为缓解异方差问题，林（1992）将农作物产出与传统投入（land，labor，power，fert）均除以每个省份的生产队数目。但我们并不清楚异方差是否表现为这种具体形式，故不再除以生产队数目，而使用在任意形式的异方差与组内自相关情况下均成立的聚类稳健标准误。[1]

正如上文所指出，由于存在选择偏差、度量误差与逆向因果关系，关键变量 $hrs_{i,t-1}$ 很可能是内生的。为了识别 HRS 对于农作物产出的因果关系，我们使用 1978 年生产队初始固定资产（$asset_i$，1978）与天气滞后 $wa_{i,t-1}$ 的互动项作为工具变量。虽然 $asset_{i,1978}$ 包括农业机械，由于已在农业生产函数中控制农业机械总动力，故初始固定资产依然是外生的。另外，由于天气可引发制度变迁（Baiand Kung，2014），故天气滞后与 HRS 滞后相关；而除了通过制度变迁的间接渠道，天气滞后并不会直接影响当年的农产量，故满足排他性约束[2]具体来说，定义

$$L.(asset\_wa_{it}) = asset_{i,1978} \times wa_{i,t-1} \tag{2}$$

其中，L. 为滞后算子。但 L. asset_wa 并不是一个足够强的工具变量。[3] 为了增强工具变量，我们考虑到 1978 年十一届三中全会以前的意识形态下，去集体化几乎不可能发生。换言之，无论生产队拥有多少固定资产，或遭遇何种天气冲击，在 1978 年以前就转为 HRS 的概率几乎为零。因此，我们通过如下方法来增强工具变量，即定义

---

[1]　林（1992）使用一般标准误，因为当时适用于固定效应模型的聚类稳健标准误刚被提出（Arellano，1987）。

[2]　在样本中，天气冲击并不存在序列相关。即使当年的气象灾害依赖于上年的气象灾害，由于已在回归方程中控制上年的气象灾害，也不会影响天气滞后的外生性。

[3]　技术上，在双向固定效应模型的框架下，一般很难找到较强的工具变量，因为内生变量通常很容易为年度虚拟变量所解释。

$$L. \left(asset\_wa_{it}\_reform_t \right) = asset_{i,\,1978} \times wa_{i,\,t-1} \times reform_{t-1} \tag{3}$$

其中，$reform_t$ 为虚拟变量，当 $t \geq 1978$ 时取值为 1，反之则为 0。使用 L. asset_wa_reform 为工具变量，可使用面板工具变量法来一致地估计方程（1），即首先通过组内离差变换（within transformation）去掉 u_i，然后再将 L. asset_wa_reform 作为 L. hrs 的工具变量进行二阶段最小二乘法（2SLS）的估计。[①]

表 2 汇报了方程（1）双向固定效应模型的估计结果。表 2 的第（1）列汇报了 OLS 的估计结果，将 HRS 滞后视为外生变量。主要变量 L. hrs 的估计系数并不显著，点估计仅为 0.06，明显低于林（1992）使用当期 HRS 所得的估计系数 0.15。此结果与 Xu（2012）的发现一致。

表 2　　　　　　　　　包含年度虚拟变量的双向固定效应模型

变量	被解释变量：ln（不变价格的农作物产值）			
	（1）OLS	（2）2SLS	（3）第一阶段回归	（4）半简化式回归
L. hrs	0.0551 (0.0591)	0.225 ** (0.112)		0.0474 (0.0608)
lnland	0.736 *** (0.107)	0.748 *** (0.112)	− 0.0781 (0.0639)	0.734 *** (0.108)
lnlabor	0.144 *** (0.0472)	0.128 ** (0.0508)	0.0989 ** (0.0385)	0.146 *** (0.0466)
lnpower	0.102 (0.0656)	0.113 * (0.0601)	− 0.0574 (0.0523)	0.103 (0.0657)
lnfert	0.156 *** (0.0411)	0.147 *** (0.0401)	0.0480 (0.0425)	0.156 *** (0.0412)
irrig	0.264 (0.190)	0.316 * (0.173)	− 0.390 ** (0.154)	0.247 (0.190)
lnmci	0.478 ** (0.180)	0.549 *** (0.166)	− 0.443 ** (0.193)	0.470 ** (0.179)
ngca	0.142 (0.149)	0.155 (0.153)	− 0.100163 (0.101)	0.137 (0.151)

[①] 所有变量都应进行组内变换，包括工具变量。组内变换将原变量变换为相对于省平均值的离差。另外，由于我们的模型为恰好识别（1 个内生变量、1 个工具变量），故 GMM 与 2SLS 完全等价。

续表

变量	被解释变量：ln（不变价格的农作物产值）			
	（1）OLS	（2）2SLS	（3）第一阶段回归	（4）半简化式回归
wa	− 0.0487 *** （0.0109）	− 0.0498 *** （0.0102）	0.00481 （0.00642）	− 0.0489 *** （0.0109）
L. asset_wa_reform			− 0.00317 *** （0.000777）	− 0.000563 （0.000401）
年度虚拟变量	是	是	是	是
常数项	1.303 （0.937）		0.523 （0.520）	1.122 （0.871）
样本容量	442	442	442	442
R^2	0.893	0.888	0.948	0.893
第一阶段 F 统计量			16.65	

注：（1）括弧内为聚类稳健标准误。L. 为滞后一年的算子。第一阶段回归的被解释变量为 L. hrs。* $p < 0.1$，** $p < 0.05$，and *** $p < 0.01$。

（2）表 2 的第（1）列基本上复制了许（2012）的结果。许（2012）在回归中引入了林（1992）未考虑的天气因素，我们的数据质量优于许（2012），但得到基本结果是一致的，即如果不处理内生性，则核心变量"滞后 HRS"将不显著。感谢审稿人的建议。

表 2 第（2）列汇报了使用 L. asset_wa_reform 为工具变量的面板 2SLS 估计结果。主要变量 L. hrs 的系数在 5% 的统计水平上显著为正，点估计为 0.23，高于林（1992）的 OLS 估计值 0.15。这意味着，如果一个省份将其所有生产队都转为 HRS（HRS 取值从 0 变为 1），仅此制度变迁本身即可提高农业产出 23%，故采用 HRS 在经济上也是显著的。2SLS 估计值之所以高于 OLS 估计值，可能是由于选择偏差（selectionbias）与衰减偏差（attenuationbi − as）的存在。一方面，最初只有贫困边远山区才被允许率先尝试 HRS，而这些贫瘠地区即使实行 HRS 也未必能带来很大收益，导致 HRS 的效应因选择偏差而被低估。另一方面，变量 HRS 的度量误差则可能带来衰减偏差，使得 OLS 估计值偏小。进一步，异方差稳健的 Durbin − Wu − Hausman 内生性检验结果表明，2SLS 估计系数与 OLS 估计系数存在显著差异（该检验统计量的 p 值为 0.001），故可认为 L. hrs 是内生变量，应使用面板 2SLS 进行一致估计。

大多数传统投入品（lnland，lnlabor，lnfert，lnmci）均至少在 5% 水平上显著为正，而 lnpower 与 irrig 则在 10% 水平上显著为正。标准化受灾面积比例（wa）的系数在 1% 水平上显著为负，表明当时的中国农业确实受天气影响很大。整体上，2SLS 关于传统投入品的估计结果与 OLS 估计结果相比，前者与经济理论更为一致。

表 2 第（3）列汇报面板 2SLS 的第一阶段回归结果，其被解释变量为内生变量

HRS 滞后（L. hrs）。工具变量 L. asset_wa_reform 的系数在 1% 水平上显著为负。第一阶段 F 统计量为 16.65，大于临界值 10，故不必担心弱工具变量问题。L. asset_wa_reform 的负号系数意味着，给定气象灾害水平，生产队拥有的初始固定资产越多，则越不易将集体农庄拆散为 HRS，这与 Lin（1987）的发现相一致。另外，给定初始固定资产水平，生产队所面临的气象灾害越严重，则越不易转向 HR。此结果与白和龚（Bai and Kung，2014）的发现相一致，即在去集体化过程中，坏天气可能反而增强了集体农庄。[①] 显然，各省之间初始固定资产与气象灾害的不同组合，对于 HRS 采用率的省际差异拥有足够的解释力，使得其互动项可作为较强的工具变量。[②]

表 2 第（4）列汇报了半简化式回归（semi-reduced form regression）的估计结果，它将工具变量 L. asset_wa_reform 作为解释变量加入原来的方程（1）中。半简化式回归的基本逻辑是，如果工具变量与原方程的扰动项不相关，则将工具变量加入原方程应该得到不显著的系数估计结果。在第（4）列中，变量 L. asset_wa_reform 的系数并不显著，佐证了工具变量满足外生性条件。

（二）带时间趋势的单向固定效应模型

上述双向固定效应模型的缺点是，它无法估计价格改革的效应，因为只有全国层面的价格指数。作为弥补措施及稳健性检验，下面考虑单向固定效应模型，以时间趋势项（t）替代年度虚拟变量：

$$\ln y_{it} = \beta_0 + \beta_1 hrs_{i,t-1} + \beta_2 \ln land_{it} + \beta_3 \ln labor_{it} + \beta_4 \ln power_{it}$$
$$+ \beta_5 \ln fert_{it} + \beta_6 irrig_{it} + \beta_7 \ln mci_{it} + \beta_8 ngca_{it}$$
$$+ \beta_9 wa_{it} + \beta_{10} mp_{i,t-1} + \beta_{11} gp_{it} + u_i + \lambda t + \varepsilon_{it} \tag{4}$$

在去掉年度虚拟变量的情况下，方程（4）包括两个全国物价指数，即 $mp_{i,t-1}$（相对于工业投入品价格的农村集市价格指数滞后）与 gp_{it}（相对于工业投入品价格的超购加价指数），这两个全国物价随时间但不随省份而变。[③] 表 3 汇报带时间趋势的单向固定效应模型估计结果。

---

① 白和龚（2014）还发现，在经历过严重大饥荒或公共品供给充分的省份，气象灾害对于 HRS 的负作用会逆转。然而，如果以饥荒严重程度（以 1959—1961 年的超额死亡率度量）与 1978 年的初始灌溉水平（irrig）作为潜在工具变量，则均为弱工具变量。另外，政治因素，诸如各省第一书记的特征（KungandChen，2011），也是弱工具变量。

② 工具变量的实际意义如下。生产队拥有的初始固定资产和生产队所面临的气象灾害，二者的变化方向是一致的。即当二者数值都增大时——初始固定资产越多，天气越坏、受灾面积比例越大——都增强了集体农庄，减缓了去集体化（HRS）的速度。反之则反是。一个极端的案例，如果集体资产极少、农民赤贫，那么天气因素就不再重要。因为无论受灾面积比例大小，两者的乘积都极小，家庭联产承包责任制极有可能发生，例如 1978 年年底的安徽省凤阳县小岗村。因为 reform 只是一个虚拟变量（1977 年及以前取值为 0），我们并不讨论其在工具变量中的实际意义。

③ 使用全国物价指数的理由在于，根据中央政府政策，价格改革在全国各省基本同步推进。同样的方法见林（1992）。

表3 带时间趋势的单向固定效应模型

变量	被解释变量：ln（不变价格的农作物产值）			
	（1）OLS	（2）2SLS	（3）第一阶段回归	（4）半简化式回归
L. hrs	0.185*** （0.0254）	0.219*** （0.0675）		0.183*** （0.0347）
lnland	0.751*** （0.181）	0.753*** （0.115）	−0.0600 （0.0842）	0.751*** （0.118）
lnlabor	0.134*** （0.0312）	0.128*** （0.0491）	0.158*** （0.0465）	0.134*** （0.0465）
lnpower	0.0826** （0.0391）	0.0963** （0.0485）	−0.411*** （0.0545）	0.0818 （0.0622）
lnfert	0.155*** （0.0220）	0.154*** （0.0370）	0.0304 （0.0396）	0.155*** （0.0383）
irrig	0.324** （0.160）	0.343** （0.169）	−0.713*** （0.224）	0.318* （0.171）
lnmci	0.476*** （0.158）	0.509*** （0.149）	−0.962*** （0.234）	0.475*** （0.157）
ngca	0.115 （0.143）	0.126 （0.140）	−0.357*** （0.120）	0.113 （0.153）
L. mp	−0.0337 （0.0490）	−0.0110 （0.0643）	−0.621*** （0.0607）	−0.0330 （0.0445）
gp	−0.0206 （0.0204）	−0.00564 （0.0400）	−0.427*** （0.0316）	−0.0207 （0.0203）
wa	−0.0539*** （0.00912）	−0.0530*** （0.0115）	−0.0281** （0.0109）	−0.0540*** （0.0123）
时间趋势项	0.00930 （0.00575）	0.00387 （0.00986）	0.161*** （0.00468）	0.00956 （0.00863）
L. asset_wa_reform			−0.00482*** （0.000909）	−0.000170 （0.000402）

续表

变量	被解释变量：ln（不变价格的农作物产值）			
	（1）OLS	（2）2SLS	（3）第一阶段回归	（4）半简化式回归
常数项			4.851 *** (0.644)	1.239 (0.930)
样本容量	442	442	442	442
R^2	0.877	0.877	0.875	0.877
第一阶段 F 统计量			28.13	

注：括弧内为聚类稳健标准误。L. 为滞后一年的算子。第一阶段回归的被解释变量为 L. hrs。
* $p<0.1$，** $p<0.05$，and *** $p<0.01$。

表 3 第（1）列汇报 OLS 估计结果，将 HRS 滞后视为外生变量。主要变量 L. hrs 的系数估计值为 0.19，且在 1% 水平上显著。但 OLS 估计量可能存在内生性偏差。表 3 第（2）列汇报面板 2SLS 的估计结果，其中 L. hrs 的系数仍在 1% 水平上显著，点估计为 0.22，接近于双向固定效应的面板 2SLS 估计结果。所有传统投入品（lnland，lnlabor，lnpower，lnfert，irrig，lnmci）的系数均至少在 5% 水平上显著为正，而气象灾害（wa）的系数依然在 1% 水平上显著为负。然而，两个物价变量（L. mp 与 gp）的系数均高度不显著。

表 3 第（3）列汇报了面板 2SLS 的第一阶段回归结果，其被解释变量为内生变量 L. hrs。工具变量 L. asset_wa_reform 的系数依然在 1% 水平上显著为负。第一阶段回归的 F 统计量为 28.13，远超弱工具变量的临界值 10。表 3 第（4）列汇报半简化式回归的估计结果。在半简化式回归中，工具变量 L. asset_wa_reform 的系数高度不显著，佐证了工具变量的外生性。

总之，表 2 与表 3 中的估计结果均表明，在解决了制度变迁的内生性后，家庭联产承包责任制依然显著促进了中国农业增长，而且此效应在经济上也很显著，甚至大于 OLS 的估计值。

五、结　论

自中国开启去集体化进程（1979~1984 年），并经历了 20 世纪 80 年代初的农业高速增长，至今已经 30 多年。学者们仍在辩论这两件事情之间的因果关系。虽然主流学者将去集体化视为中国最为成功的农村制度变迁之一，但批评者仍对逝去的集体时代充满怀旧，强调集体时代可动员大量资源，以提供诸如灌溉工程的公共品。本文的主要贡献在于，明确认识到制度变迁的内生性，并利用初始固定资产与天气滞后的外生变化来识别因果关系。通过使用改进的 1970~1987 年省际面板，面板工具变量法的估计结果显示，家庭联产承包责任制对于中国农业增长有显著的正效应，此效应在经济上显著，且大于 OLS 的估计结果。而且，这些结果也控制了为怀疑论者所强调的灌溉、机械化等因素。

　　无论如何，转向基于家庭为单位的 HRS 至少没有妨碍中国的农业增长。去集体化最初作为甘冒政治风险的自发草根运动，说明 HRS 是中国农民为追求生存与富足的自愿选择。家庭承包经营不仅为中国农民提供了安排农业生产的自由，而且还提供了退出农业的权利（Putterman，1989），这为中国城镇化的加速与乡镇企业的崛起铺平了道路。

　　另外，怀疑论者的主张也并非一无是处，特别是对于诸如灌溉等公共品的强调。虽然家庭联产承包责任制提供了正确的激励机制，但集体时代的农业部门则有助于提供灌溉与其他农村基础设施。值得欣慰的是，自 20 世纪 80 年代末以来，家庭承包制在提供农村公共品方面的不足，已经通过引入村庄层面的选举而得到部分缓解（Martinez - Bravo et al.，2012）。

参 考 文 献

1. 杜润生：《杜润生自述：中国农村体制变革重大决策纪实》，人民出版社 2005 年版。

2. 国家统计局：《全国各省自治区直辖市历史统计资料汇编，1949～1989》，中国统计出版社 1990 年版。

3. 国家统计局：《新中国六十年统计资料汇编》，中国统计出版社 2010 年版。

4. 国家统计局：《新中国五十年统计资料汇编》，中国统计出版社 1999 年版。

5. 农业部：《农村合作经济组织及农业生产条件发展情况资料（1950—1991）》，农业部内部资料，1993 年。

6. 水利部：《四十年水利建设成就：水利统计资料（1949—1988）》，水利部计划司内部资料，1989 年。

7. 《中国农业年鉴》编委会：《中国农业年鉴》，农业出版社 1981 年版。

8. 《中国农业全书》总编辑委员会：《中国农业全书》，中国农业出版社 1999 年版。

9. Abramovitz, M., "Resource and Output Trends in the United States since 1870", American Economic Review, 1956, 46, pp. 5 - 23.

10. Acemoglu, D, S. Johnson, and J. A. Robinson, "The Colonial Origins of Comparative Development: An Empirical Investigation", American Economic Review, 2001, 91, pp. 1369 - 1401.

11. Alchian, A. A., and H. Demsetz, "Production, Information Costs, and Economic Organization", American Economic Review, 1972, 62, pp. 777 - 795.

12. Arellano, M., "Computing Robust Standard Errors for Within - group Estimators", Oxford Bulletin of Economics and Statistics, 1987, 49, pp. 431 - 434.

13. Bai, Y., and J. Kung, "The Shaping of an Institutional Choice: Weather Shocks, the Great Leap-Famine, and the Agricultural Decollectivization in China", Explorations in Economic History, 2014, 54, pp. 1 - 26.

14. Bramall, C., Chinese Economic Development. Routledge, London, 2008.

15. Bramall, C., "Origins of the Agricultural 'Miracle': Some Evidence from Sichuan", The ChinaQuarterly, 1995, 143, pp. 731 - 755.

16. Bramall, C., Sources of Chinese Economic Growth, 1978 – 1996. Oxford University Press, Oxford, 2000.

17. Butler, S., "Price Scissors and Commune Administration in Post – Mao China", in William L. Parish (ed.) Chinese Rural Development: The Great Transformation. Armonk, NY: M. E. Sharpe, 1985.

18. Carolus, C., Sources of Chinese Agricultural Growth in the 1980s. Unpublished Ph. D. Dissertation, Boston University, 1992.

19. Carter, C. A., and F. Zhong, "China's Past and Future Role in the Grain Trade", Economic Development and Cultural Change, 1991, 39, pp. 791 – 814.

20. Chung, J. H., Central Control and Local Discretion in China: Leadership and Implementation during Post – Mao Decollectivization. Oxford University Press, New York, 2000.

21. Dong, X., and G. K. Dow, "Monitoring Costs in Chinese Agricultural Teams", Journal of Political Economy, 1993, 101, pp. 539 – 553.

22. Du, R., Memoirs of Du Rensheng. People's Press, Beijing, 2005. (in Chinese)

23. Editorial Committee of A Compendium of Chinese Agriculture, A Compendium of Chinese Agriculture (Zhongguo Nongye Quanshu). China Agriculture Press, Beijing, 1999. (in Chinese)

24. Editorial Committee of China Agriculture Yearbook, China Agriculture Yearbook (Zhongguo Nongye Nianjian). Agriculture Press, Beijing, 1981. (in Chinese)

25. Fan, S., and X. Zhang, "Production and Productivity Growth in Chinese Agriculture: New National and Regional Measures", Economic Development and Cultural Change, 2002, 50, pp. 819 – 838.

26. Fan, S., "Effects of Technological Change and Institutional Reform on Production Growth in Chinese Agriculture", American Journal of Agricultural Economics, 1991, 73, pp. 266 – 275.

27. Huang, J., and S. Rozelle, "Technological Change: Rediscovering the Engine of Productivity Growth in China's Rural Economy", Journal of Development Economics, 1996, 49, pp. 337 – 369.

28. Kalirajan, K. P., M. B. Obwona, and S. Zhao, "A Decomposition of Total Factor Productivity Growth: The Case of Chinese Agricultural Growth before and after Reforms", American Journal of Agricultural Economics, 1996, 78, pp. 331 – 338.

29. Kung, J. K., and L. Putterman, "China's Collectivization Puzzle: A New Resolution", Journal of Development Studies, 1997, 33, pp. 741 – 763.

30. Kung, J. K., and S. Chen, "The Tragedy of the Nomenklatura: Career Incentives and Political Radicalism during China's Great Leap Famine", American Political Science Review, 2011, 105, pp. 27 – 45.

31. Kung, J. K., "Transaction Costs and Peasants' Choice of Institutions: Did the Right to Exit Really Solve the Free Rider Problem in Chinese Collective Agriculture", Journal of Comparative Economics, 1993, 17, pp. 485 – 503.

32. Li, W., and D. T. Yang, "The Great Leap Forward: Anatomy of a Central Planning Disaster", Journal of Political Economy, 2005, 113, pp. 840 – 877.

33. Lin, J. Y., "Collectivization and China's Agricultural Crisis in 1959 – 1961", Journal of Political Economy, 1990, 98, pp. 1 – 10.

34. Lin, J. Y., "Rural Reforms and Agricultural Growth in China", American Economic Review, 1992, 82, pp. 34 – 51.

35. Lin, J. Y., "The Household Responsibility System in China's Agricultural Reform: A Theoretical and Empirical Study", Economic Development and Cultural Change, 1988, 36, pp. S199 – S224.

36. Lin, J. Y. , "The Household Responsibility System Reform in China: A Peasant's Institutional-Choice", American Journal of Agricultural Economics, 1987, 69, pp. 410 – 415.

37. Martinez – Bravo, M. , G. Padró – i – Miquel, N. Qian, and Y. Yao, "Political Reform in China: Elections, Public Goods and the Income Distribution", NBER Working Paper, 2012.

38. McMillan, J. , J. Whalley, and L. Zhu, "The Impact of China's Economic Reforms on Agricultural-Productivity Growth", Journal of Political Economy, 1989, 97, pp. 781 – 807.

39. Ministry of Agriculture, Materials for Rural Cooperative Economic Organizations and the Development of Agricultural Productive Conditions (1950 – 1991) (Nongcun Hezuo Jingji Zuzhi Ji Nongye Shengchang Tiaojian Fazhang Qingkuang Ziliao (1950 – 1991)), Unpublished internal material, 1993. (in Chinese)

40. Ministry of Water Resources, Forty Years of Accomplishments in Irrigation Projects: Irrigation Statistics, 1949 – 1988 (40 Nian Shuili Jianshe Chengjiu: Shuili Tongji Ziliao, 1949 – 1988), Unpublished internal material, 1989. (in Chinese)

41. Nolan, P. , The Political Economy of Collective Farms: An Analysis of China's Post – Mao Rural Reforms. Westview Press, Boulder, 1988.

42. Putterman, L. , Continuity and Change in China's Rural Development. Oxford University Press, New York, 1993.

43. Putterman, L. , "Entering the Post – Collective Era in North China: Dahe Township", Modern China, 1989, 15, pp. 275 – 320.

44. Rawski, T. G. , "Human Resources and China's Long Economic Boom", Asia Policy, 2011, No. 12 (July), pp. 33 – 78.

45. Riskin, C. , China's Political Economy: The Quest for Development since 1949. Oxford University-Press, New York and Oxford, 1987.

46. Rozelle, S. , and J. F. M. Swinnen, "Success and Failure of Reform: Insights from the Transition of Agriculture", Journal of Economic Literature, 2004, 42, pp. 404 – 456.

47. Sicular, T. , "Agricultural Planning and Pricing in the Post – Mao Period", The China Quarterly, 1988a, 116, pp. 671 – 705.

48. Sicular, T. , "Plan and Market in China's Agricultural Commerce", Journal of Political Economy, 1988b, 96, pp. 283 – 307.

49. State Statistical Bureau, A Compendium of Historical Statistics for All Provinces, Self Autonomous Regions and Municipalities in China, 1949 – 1989. (Quanguo Ge Sheng Zizhiqu Zhixiashi Lishi Tongji Ziliao Huibian, 1949 – 1989). China Statistical Press, Beijing, 1990. (in Chinese)

50. State Statistical Bureau, A Statistical Compendium of Fifty Years of New China (Xin Zhongguo 50 Nian Tongji Ziliao Huibian). China Statistical Press, Beijing, 1999. (in Chinese)

51. State Statistical Bureau, A Statistical Compendium of Sixty Years of New China (Xin Zhongguo 60 Nian Tongji Ziliao Huibian). China Statistical Press, Beijing, 2010. (in Chinese)

52. State Statistical Bureau, China Trade and Price Statistics, 1952 – 1983 (Zhongguo Maoyi Wujia-Tongji Ziliao, 1952 – 1983). China Statistical Press, Beijing, 1984. (in Chinese)

53. Stone, B. , "Developments in Agricultural Technology", The China Quarterly, 1988, 116, pp. 767 – 822.

54. Wen, G. J. , "Total Factor Productivity Change in China's Farming Sector: 1952 – 1989", Economic Development and Cultural Change, 1993, 42, pp. 1 – 41.

55. Xu, Z. , The Political Economy of Agrarian Changes in the People's Republic of China. Dissertation, University of Massachusetts, Amherst, 2012.

56. Zhang, B. , and C. A. Carter, "Reforms, the Weather, and Productivity Growth in China's Grain-Sector", American Journal of Agricultural Economics, 1997, 79, pp. 1266 – 1277.

论盗赃物善意取得之正当性

——以法经济学为分析视角[*]

费安玲　汪　源[**]

【摘　要】关于盗赃物是否适用善意取得之问题，法学界已有较多讨论。通过法经济学中的"卡尼曼和特维斯基的前景理论""交易费用理论""卡尔多—希克斯原则"等理论为视角进行再分析后，将对该问题的讨论开启另一认知路径。以法经济学相关理论进行论证分析后发现，盗赃物原则上可适用于善意取得时更符合社会整体效率与法的正义诉求。

【关键词】盗赃物；盗赃物的善意取得；善意取得；法经济学分析

对盗赃物能否善意取得之问题学术界已进行了较多讨论，但目前尚无定论。而今，我国《民法典·物权编》的编撰正在进行。① 围绕善意取得制度的相关探讨依旧是法学理论界与立法工作的一个焦点。本文将以法经济学为分析视角，就盗赃物的善意取得问题阐释笔者的观点，以期抛砖引玉将该问题的探讨引向深入。

一、反思：盗赃物善意取得学说理论检讨

善意取得"指自非权利人基于法律行为取得物之所有权，一般要求取得人善意，因其不需要时效期间经过，因此也称作即时取得。"② 我国《中华人民共和国物权法》③ 第106 条对该制度进行了规定，但关于盗赃能否适用善意取得语焉不详，相关司法解释与

---

　　* 本文为国家社会科学基金项目"罗马法与中国民法法典化研究"（项目编号：15BFX104）的阶段性研究成果。感谢匿名审稿人的宝贵意见！当然文责自负。原文发表于《法学杂志》2018 年第 7 期。

　　** 费安玲，中国政法大学法律硕士学院院长、教授、博士生导师；汪源，中国政法大学民商经济法学院博士研究生。

　　① 2020 年 5 月 28 日十三届全国人大三次会议通过了《中华人民共和国民法典》（以下简称《民法典》），并于 2021 年 1 月 1 日起施行。本文写于《民法典》尚在编撰期的 2018 年，鉴于学术研究的目的，保持了本文的原有内容。

　　② 江平、费安玲：《中国物权法教程》，知识产权出版社 2007 年版，第 266 页。

　　③ 《民法典》施行后同时废止。

其他规范性文件对此问题之规定前后不一。① 目前，就该问题学术界存在"肯定说"与"否定说"两大类观点。

（一）"肯定说"

该说基于现代商业社会对"动的"财产交易安全之维护，不在无权处分情形下再区分"占有委托物"与"占有脱离物"。该说认为，只要符合善意取得之要件，占有脱离物与占有委托物均可适用善意取得，即该说支持盗赃物允许适用善意取得。② 体现该学说典型立法的是《意大利民法典》，其第 1153 条规定："从非所有权处取得物品转让的人，可以通过占有取得所有权，但是，以实行占有之时具有善意并且持有相应的所有权转移证书为限。在权利证书未表明所有权上附有其他人的权利并且取得方具有善意的情况下，占有人无任何负担地取得所有权。用益物权、使用权和质权亦可以同样的方式取得。"与此同时，第 1154 条还规定："误信出让人为所有权人或者误信前占有人已取得了物品的所有权的理由不适用于知晓原因不法仍然取得物品的人"。③ 据如上两条的规定，盗赃物并未被排除在善意取得范围之外。

但就理论的深层分析而言，"肯定说"的观点对盗赃物善意取得的正当性的理论研讨存在不足，即其并未从坚持法律公平正义的角度论证盗赃物可适用善意取得的合理性。

（二）"否定说"

与"肯定说"相反，"否定说"认为盗赃物不可适用善意取得。但在"否定"的内

---

① 1958 年《关于不知情的买主买得的赃物应如何处理问题的复函》："除不知情的买主买得的赃物如果是公共财产应另行研究外，失主和不知情的买主间的问题可按以下原则处理。一、不知情的买主买得的赃物，如果是从市场、商店等合法买得的，应认为已取得所有权。但如果失主愿支付价金要回原物时，应当准许。二、不知情的买主买得的赃物，如果不是从市场、商店等合法买得的，不能取得所有权。其所受损失，可以斟酌具体情况由失主和不知情的买主分担。三、如上所述，个人所有财产被盗窃，失主和不知情的买主都无过错，而且双方中必有一方要受损失，因之在处理这类纠纷时，应尽量采用调解方法解决。酌由失主和不知情的买主双方分担损失。"

1965 年由最高人民法院等联合颁发的《关于没收和处理赃款赃物若干问题的暂行规定》（已废止）第 2 条规定："（六）在办案中已经查明被犯罪分子卖掉的赃物，应酌情追缴。对买主确实知道是赃物而购买的，应将赃物无偿追出予以没收或退还原主；对买主确实不知是赃物，而又找到了失主的，应该由罪犯按卖价将原物赎回，退还原主，或者按价赔偿损失；如果罪犯确实无力回赎或赔偿损失，可以根据买主与失主双方的具体情况进行调解，妥善处理。"

1992 年最高人民法院研究室《关于对诈骗后抵债的赃款能否判决追缴问题的电话答复》：赃款赃物的追缴并不限于犯罪分子本人，对犯罪分子转移、隐匿、抵债的，均应顺着赃款赃物的流向，一追到底，即使是享有债权的人善意取得的赃款，也应追缴。

2012 年《公安机关办理行政案件程序规定》第 91 条第 2 款：对下列物品，不得扣押或者扣留……（三）被侵害人或善意第三人合法占有的财产。对具有本条第二款第二项、第三项情形的，应当予以登记，写明登记财物的名称、规格、数量、特征，并由占有人签名或者捺指印。必要时，可以进行拍照。但是，与案件有关必须鉴定的，可以依法扣押，结束后应当立即解除。

② 此类观点参见：我妻荣：《日本物权法》，有泉亨修订，李宜芬校订，中国台湾五南图书出版社 1999 年版，第 196 页；孟勤国：《物权二元结构论》，人民法院出版社 2004 年版，第 262 页；李咏：《论盗赃物、遗失物的善意取得》，载《时代法学》2006 年第 6 期；曹晖：《论赃物的善意取得》，载《法律适用》2008 年第 10 期。

③ 参阅费安玲、丁玫：《意大利民法典》，中国政法大学出版社 1997 年版，第 317 页。

部有不同声音，可再做如下细分：

1. "绝对否定说"。该说坚持盗赃物一律不适用善意取得。① 支持"否定说"的学者从善意取得制度初衷出发认为盗赃物系占有脱离物的一种，因所有权人对占有脱离物被无权处分之事实不存在过错，故盗赃物不适用善意取得。民法理论中，依所有权人丧失物的占有时的心态分为占有委托物和占有脱离物。当物被无权处分时，占有委托物由于基于所有权人的意思而丧失占有，所有权人对该物被无权处分的结果存在过错，并一定程度可预见，故为平衡所有权人和善意第三人之间利益，善意第三人可以善意取得物之所有权。② 而占有脱离物，如盗赃物、遗失物等乃非基于所有权人的意志而丧失占有，所有权人对该物被无权处分的结果不存在过错，无须承担此种风险，故占有脱离物不能适用善意取得制度③。

2. "相对否定说"。此说认为盗赃物原则上不适用善意取得，但如盗赃物系公开市场购得、或经严格拍卖程序购得，受让人已支付对价且实际占有等例外情况下可善意取得所有权。④ 故从内涵出发，该说也可称为"例外肯定说"。还有学者认为，在"例外肯定说"总原则下，所有权人自知道或应当知道受让人之日起一定时间内，向善意第三人支付其所付费用后可向善意第三人请求返还原物，所有权人向善意第三人支付之费用可向无权处分人追偿。⑤

"否定说"的立法例可见《德国民法典》第935条："从所有权人处盗窃的物、由所有权人遗失或者因其他原因丢失的物，不发生根据第932条至第934条的规定取得所有权。对于金钱或者无记名证券以及以公开拍卖方式出让的物，不适用上述规定。"《法国民法典》第2279条规定："对于动产，占有相当于权利根源的效力。但占有物如系遗失物或盗窃物时，遗失人或被害人自遗失或被盗窃之日起3年内，得向占有人请求回复其物；但占有人可向其所由取得该物之人行使求偿的权利。"《瑞士民法典》第934条规定："因动产被窃、丢失或因其他违反本意而丧失占有的，得在丧失的5年内请求返还。但前款的动产被拍卖或经市场或经专营商人转卖的，对第一位及其后的善意取得人，非经赔偿已支付的价格，不得请求返还。"当然，上述立法例所采取的多为"相对否定说"。这意味着对盗赃物是否适用善意取得，不应当采取严苛的一概否定的硬性思维，而是应当给纷繁复杂的社会生活现象以必要的解决路径。

---

① 参见王轶：《物权变动论》，中国人民大学出版社2001年版，第283页；叶金强：《公信力的法律构造》，北京大学出版社2004年版，第121页；苏永钦：《私法自治的经济理性》，中国人民大学出版社2004年版，第176页；梅夏英：《物权法·所有权》，中国法制出版社2005年版，第210页；董彪、何延：《公法对善意取得制度的影响——以盗账为例》，载《法学杂志》2008年第6期。相关立法例可见：《俄罗斯联邦民法典》第302条。

② 德国学者沃尔夫认为，根据引致原则（veranlassungssprin－zip）只有当所有权人至少是自愿地将占有转让给进行出让的非所有权人时法律才愿意承认该不利后果。参见谢在全：《民法物权论（下册）》，中国政法大学出版社1999年版，第970页。

③ 参见曼弗雷德·沃尔夫：《物权法》，法律出版社2002年版，第252~254页。

④ 参见王利民等：《中国物权法教程》，人民法院出版社2007年版，第144~145页，王利明：《中国民法典草案建议稿及说明》，中国法制出版社2004年版，第104页；梁慧星：《中国物权法草案建议稿》，社会科学文献出版社2000年版，第32页。

⑤ 参见熊丙万：《论赃物的善意取得及其回复请求权》，载《法律科学》2008年第2期，第140页；相关立法例可见：《日本民法典》第193条。

"否定说"尤其是"绝对否定说"理论上貌似严谨，但并未真正完全解决社会中需要解决的问题。

（三）"肯定说"与"否定说"理论基础之解构

如前所述，"肯定说"理论从提高社会运行效率、增进社会财富方面入手展开论证，符合未来社会之发展方向，本无可厚非，笔者对该学说之观点也表示认同，但现有理论未能在其论述中诠释法之公平正义之理念，故与人们"朴素法感"相违背。德国学者雷切（Reiche）也曾表示："强调交易安全保护要求和国民经济的考虑从而推崇善意取得制度的立场是纯粹功利主义的考察法"。[①] 故抛开法之正义，单从保证交易安全角度进行论证难以被学界与立法者普遍采纳。

另外，"否定说"观点基于"引致原则"而展开，所有权人丧失物之占有时"过错的有无"成了占有脱离物和占有委托物能否适用善意取得制度的关键。在现实生活中，真实情况与上述理论大相径庭。该情形恰如哈耶克所言："正是这些'片面真相'的知识主宰着过去两三代人对政治的思考，从而影响了很多地区的制度安排。"[②] 在现实世界里，占有委托物被无权处分并不意味着所有权人一定存在过错，诸多时候所有权人在已尽高度的注意义务的情况下仍然无法避免该物被无权处分，比如将某物送到信誉极好的机构委托保管，但仍遭无权处分。相反，占有脱离物被无权处分也并不意味着所有权人毫无过错，诸多情况下所有权人只要稍尽注意义务即可避免其物被偷盗或遗失。例如，所有权人携带移动电脑至公共图书馆，中途外出就餐，未采取任何防盗措施便将电脑置于馆内，返回后发现电脑被盗。就上述不合理情形，我国学者也有所关注，并指出："原所有人未善尽防范之责，导致其物被他人无权处分，不应赋予返还请求权"。[③]

近年来，国内已有学者对"否定说"理论基础存在的上述问题有所分析，并提出：在判断占有脱离之盗赃物能否适用善意取得之时，应将原所有权人过错之有无作为主要因素之一纳入具体个案进行考虑。若原所有权人存在过错，则在个案中存在善意取得之适用余地；若原所有权人未有过错，则应排除买受人善意取得的适用空间。[④] 但在笔者看来，该思路并非良策，原因在于：

第一，在具体案件中，让善意第三人证明原所有权人存在过错，抑或让原所有权人证明自己无过错，均非易事。大多情况下善意第三人与原所有权人并不相识，善意第三人几乎无法有效举证证明所有权人存在过错，且根据《最高人民法院关于适用〈中华人民共和国物权法〉若干问题的解释（一）》第15条的规定，"有无重大过失"系构成

---

① 参见孙鹏：《民法上信赖保护制度及其法的构成——在静态安全与动态安全之间》，载《西南民族大学学报（哲社版）》2005年第7期。

② 王学典：《历史知识与历史创造》，载《历史学家茶座》2007年第7期。

③ 张永健：《民法典立法方法论——以〈物权法〉第106条、第107条动产所有权善意取得为例》，载《财经法学》2017年第4期。

④ 参见金全：《以善意与过错标准衡量"盗赃"善意取得》，载《检察日报》2017年7月3日第3版。

判断第三人（受让人）是否构成善意的要件之一，① 即第三人若存在重大过失其根本不可能成为"善意第三人"，在其成为善意第三人后再要求其举证原所有权人存在过错，对善意第三人而言未免过于严苛。

第二，鉴于盗赃物能否善意取得的理论争论两端分别代表着财产静态利益与财产动态利益，倘若将过错因素纳入个案予以考量，则一方面无疑将提高原所有权人和善意第三人之支出成本，另一方面更会将财产之静态利益与动态利益同时处于不稳定状态，从而使得善意取得制度设立之目彻底落空，可谓是"按下葫芦又起瓢"。故将过错引入个案中进行证明从而决定盗赃物能否善意取得的解决思路同样无法令人满意。

综上，笔者发现，在现实情况下所有权人丧失物之占有时的过错具有不确定性，无论是占有委托物还是占有脱离物，所有权人均可能存在过错，故以所有权人过错之有无作为否定说之理论依据显然存在缺陷。而造成此类缺陷的根本原因，也许正如波斯纳所言："他们将法律看作是一个逻辑概念的自主体，而不是一种社会决策工具……而经济学的考察能使法学研究重新致力于对法律作为社会工具的理解"。② 故而，为弥补民法理论在该问题上的缺憾，笔者将采用法经济学的分析方法对盗赃物能否适用善意取得继续进行探讨。因为笔者非常赞同这样的观点："理论不是飞机或巴士的时刻表，因为预测精准不是吾人唯一关心者。理论是思考的基础，其帮助吾人去组织想法，从而理解世事。"③

二、前提：法经济学方法论下盗赃物适用善意取得的先决要素

法经济学理论对某一实证法上之法律规范进行系统分析时，需要对研究对象固化其分析前提，并尝试用抽象的经济理论分析、描述该研究对象。如此，可在起到简化作用之同时达致对该问题分析语境的统一。该要求如美国法学家罗纳德·德沃金在谈论如何分析一项社会实践时所言："为了拥有同一种社会实践，他们必须在许多方面意见一致，必须共用同一套词汇：当他们提到帽子或者要求时，他们脑子里必须浮现同一样事物。他们必须以充分相似的方式理解这个世界……以辨识出对方主张的意义，从而把这些主张当做主张，而不仅仅是噪声。"④ 分析盗赃物善意取得，亦需要将其制度所需要的前提要素加以固化。这些前提要素主要包括：

（一）民事主体法律理性人的性质

理性人即经济人，该假设为经济学鼻祖亚当·斯密提出。其主要内容为：个人行为

---

① 《最高人民法院关于适用〈中华人民共和国物权法〉若干问题的解释（一）》第15条：受让人受让不动产或者动产时，不知道转让人无处分权，且无重大过失的，应当认定受让人为善意。真实权利人主张受让人不构成善意的，应当承担举证证明责任。

② 李霞：《波斯纳：法律的经济分析》，黑龙江大学出版社2009年版，第245页。

③ 简资修：《物权：（实体）物或权（定分）》，载《甘肃政法学院学报》2017年第3期。

④ 罗纳德·德沃金：《法律帝国》，许杨勇译，上海三联书店2016年版，第51页。

的主要动机之一在于人具有自利性；追求个人利益之最大化，参与经济活动的目的是在市场秩序良好与"一只看不见的手"的引导下，个人追求利益之自由行动将无意且有效地增进社会财富与公共利益。这正如亚当·斯密所言："我们所需的食物不是出自屠宰业者、酿酒业者、面包业者的恩惠，而仅仅是出自他们自己的利益的顾虑，我们不需要求助于他们的爱他心，只要求助于他们的自爱心。我们不要向他们说我们必需，只说他们有利。"① 边沁的功利主义法学也指出：人之本性为避苦求乐、趋利避害，故人的行为受功利支配，追求功利就是追求幸福。②

理性人假设用于分析民法理论问题之可行性，并非笔者所臆造。事实上，民法中的意思自治原则与平等原则的精神内涵与理性人假设在很大程度上一致。近代经济学理论与近代民法理论均起源于17、18世纪，西方启蒙运动中反封建、反教会的"理性崇拜"内核为二者的产生提供了相同的土壤。经济学上的理性人假设的基础是将人作为一个能独立思考与做出选择的个体去平等地尊重。而近代民法以来的意思自治原则与平等原则实际上也是突出人"主体性"，即经济学中"个体性"。这样的要求也正如康德法哲学中所强调的那样："你的行为举止应该是这样：无论是你自己，还是任何其他一个人，你都应该将人类看作是目的，而永远不要看作是手段。"③ 因此，基于主体意思自治原则与平等原则的内在要求而构建出近代民法体系，与经济学中被视为基础讨论前提的"理性人"假设可谓不谋而合。在波斯纳眼中，普通法中的财产权、侵权、犯罪、契约等无不打上经济理性的烙印。④ 这也正应验了孟德斯鸠所言："有商业的地方，便有美德"。⑤

当然，二者的侧重点不尽相同，"经济学要决定的是存在的合法权利，而不是所有者拥有的合法权利"。⑥ 这意味着经济学更加关注的是"如何将蛋糕做大"（效率），而法学所关注的是"如何将蛋糕分好"（公平）。此时，我们会发现：若将几乎与近代民法为同一起源的"理性人"假设理论纳入法学领域进行运用，将会使我们在重视公平地"分蛋糕"同时，一定程度上兼顾如何有效率地"做大蛋糕"，将达到制度构建的最优设计。把法经济学的分析思路具体落实到本文所探讨的盗赃物是否适用善意取得的问题上，则表现为各种关系人在努力谋求损失最小化、提高交易效率的同时维护法之公平正义的内在要求。

（二）规则标准的正义性质

长久以来，"法是关于善良和公正的艺术"⑦ 乃系人们对法的普遍认知，故采用法

---

① 亚当·斯密：《国富论》（上），郭大力、王亚南译，译林出版社2011年版，第10页。
② See Bentham Jeremy, Works, Edinburgh: W. Tait. Press, 1843, P. 195.
③ 参见伊曼努尔·康德：《实践理性批判》，韩水法译，商务印书馆2003年版，第95页。
④ 参见理查德·A. 波斯纳：《法律的经济分析》，蒋兆康译，中国大百科全书1997年版，第27页。
⑤ 冯·哈耶克：《致命的自负》，胡晋华等译，中国社会科学出版社2000年版，第39页。
⑥ 科斯：《企业市场与法律》，盛洪等译，上海三联书店1990年版，第90页。
⑦ 罗马原始文献 D. 1. 1. 1pr，参见费安玲：《罗马私法学》，中国政法大学出版社2009年版，第2页。

经济学理论讨论法学问题时，应当坚持法律追求公平、正义的根本导向。为此，对公平、正义的相关概念与标准须予以明确。正如乌尔比安在《学说汇纂》中所言："正义就是给每个人以应有权利的稳定而永恒的意志。"① 作为一个定义，法律"不外乎是对于种种有关公布幸福的事项的合理安排，并由任何负责的人予以公布"。② 罗尔斯在其《正义论》中则首次提出了关于正义的两个原则，即："每个人对其他人所拥有最广泛的基本自由，体系相容的类似自由体系都应当有一种平等的权利；社会的和经济的平等应当这样安排：使它们被合理的期望适合每一个人的利益，并且依系于其地位和职务向所有人开放。"③ 从乌尔比安到罗尔斯，在其眼中正义的标准均侧重于在满足自我愿望的同时对他人利益的无损。故笔者在此将判断正义之标准概况为："各得其所"，同时"无害他人"。

基于以上假定和理论，笔者将在法经济学视角下对善意取得制度是否适用于盗赃物进行相应的探讨。

三、建构：盗赃物可善意取得的正当性分析

正当性之一：盗赃物善意取得无害大众情感

否定说基于朴素法感排斥盗赃物可以适用善意取得，其担心若盗赃物可善意取得将伤害大众情感，与人们传统的道德与正义观念相违背。④ 但事实并非如此。在经美国学者卡尼曼和特沃斯基的"前景理论"（prospect theory）⑤ 分析后可知：若盗赃物不适用善意取得将对大众情感产生更大程度的伤害。

前景理论给出了价值函数和其直接反应的重要内容，⑥ 价值函数的原点并非绝对零点，而是心理上损失和收益的相对分割点。在图 1 中，X 轴表示相对于参照点的收益和损失；Y 轴表示效用，即消费者从商品和劳务的消费中所得到的满足。⑦ 如图 1 所示，该理论向我们展示了：人们对于损失和收益的感受并不对称。在相同金额的收益和损失下，人们对于损失更为敏感，即"损失厌恶"（loss aversion），表现在图示函数中即损

---

① 罗马原始文献 D. 1. 1. 10. 1，参见费安玲：《罗马私法学》，中国政法大学出版社 2009 年版，第 3 页。
② 托马斯·阿奎那：《阿奎那政治著作选》，马清槐译，商务印书馆 1982 年版，第 106 页。
③ 约翰·罗尔斯：《正义论》，何怀宏等译，中国社会科学出版社 1988 年版，第 60~61 页。
④ 董彪、何延：《公法对善意取得制度的影响——以盗账为例》，载《法学杂志》2008 年第 6 期。
⑤ 前景理论为卡尼曼和特沃斯基 1979 年提出，概念为：人们所处的盈利状态或亏损状态会使得自身在相同的环境下发生不同的反应。根据实验数据，经济行为个体对于亏损的敏感度要高于对盈利的敏感度，即盈利额度和亏损额度相同的情况下，盈利所带来的满足程度小于亏损所带来的沮丧程度。参见李睿：《前景理论研究综述》，载《社会科学论坛》2014 年第 2 期，第 215 页。
⑥ See, Kahneman and Tversky. Prospect Theory：An analysis of Decision Making under Risk. Econometric, 1979（2）.
⑦ 刘秀光：《西方经济学原理》，清华大学出版社 2009 年版，第 29 页。

失的心理曲线比收益心理曲线的斜率更大。[①]

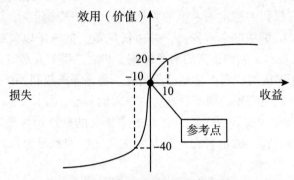

图1 前景理论价值函数理论模型

在盗赃物能否善意取得的问题中引入该理论进行分析，则善意第三人的参照点就是他能否获得物之所有权。这就意味着，任何低于这一参照点的情形，都会让他感到痛苦和失望。更进一步，若所购之物为盗赃物时，而盗赃物不能善意取得，善意买受人无法取得物之所有权，他将承受在此情境下的最大痛苦。而损失所带来的痛苦并非同等量的收益即可补偿。如图1所示，补偿损失所需要的收益之比例，即"损失厌恶系数"通常在2倍左右。换言之，在实际生活中人们失去某物所带来的痛苦程度两倍于得到同样一件物品所带来的快乐程度。此时假设某价值不菲之物被盗后，以合理市场价格出让给善意第三人。在"否定说"下，所有权人可行使"返还原物请求权"，要求善意第三人返还该物。此时，假设该物（盗赃物）的市场价值为X元，所有权人要求善意第三人返还该物，可以看作所有权人获得了"X元"的快乐。相反，对于善意第三人而言，从数字上看是失去了X元的利益，但其痛苦却是"2X元"的。由此可见，在盗赃物不适用善意取得的情况下，善意第三人承受的痛苦远远大于原所有权人再次得到该物所带来的快乐。[②] 将民法理论中仅仅停留在定性层面上的公共情感赋予一具体数值进行定量衡量，并拉长该逻辑链条，可发现：若盗赃物不适用善意取得，社会公众情感受伤害"总量"将远大于盗赃物可适用善意取得制度情况下所造成的公众情感伤害"总量"。由此可知，民法理论中认为盗赃物适用善意取得会损害民众感情的观点[③]在经法经济学理论赋予数值的量化分析后显示出了一定片面性。以往持否定说观点的学者并未站在整个社会的情感"总量"层面上进行具体可量化的"情感伤害"考虑。

综上，通过法经济学前景理论进行分析后可知，当盗赃物可适用善意取得时能在总量上减少社会情感伤害。故以"无害他人"作为达成法律正义的标准来评判，肯定盗

---

① 瑞士数学家丹尼尔·努利在1738年就观察到，人们似乎是在按下列方式行动：在一场公平的赌博中，他们认为所赢到的1美元的价值小于他们所输掉1美元的价值。参见保罗·萨缪尔森、威廉·诺德豪斯：《经济学》，萧琛译，人民邮电出版社2007年版，第86页。

② 该物之前被盗抢的损失属于沉没成本，在此不做讨论，此时只考虑盗抢行为发生后如何进行制度安排对公众情感伤害最小。

③ 高富平：《物权法原论》，法制出版社2001年版，第836页。

赃物可适用善意取得对社会公正的实现非但无害，反而有所裨益。

正当性之二：盗赃物可善意取得对社会宏观效益的强化

　　从宏观经济学的角度观察，法律制度是为了降低交易费用而出现的，当然法律制度本身也是一种交易费用，而"较优的法律规则是能够使交易成本的影响最小化的规则"。[①] 不同制度设计下所产生之交易费用应当纳入考量范围，并以此探讨对交易中各方的利益影响，最终得出最优制度设计。在盗赃物善意取得问题中，所讨论的有效率表现为损害最小化。原因在于，在盗赃物从所有权人占有下脱离之后，损害就已客观产生并变成沉没成本。此时，无论如何进行制度设计，损害均无法消失。长期以来"否定说"被支持的重要原因之一在于其必须赋予所有权人对盗赃物的回复请求权才能最大程度保障所有权人利益，维护静态财产安全。若采用"肯定说"观点，"不仅与法感情相背离而且法自身与不法行为相勾结，这样的制度规定无异于是对所有者的暗杀计划。"[②] 而经法经济学的理论进行分析后可知该观点未必成立。

　　假设所有权人从市场上购得某物，其消费者剩余效用[③]为 a 元。后该物被盗，经无权处分人处分后，最终被善意第三人占有。当盗赃物不适用善意取得之时，所有权人通过报案或诉讼要求善意第三人返还原物，需要支出相关费用为 $S_{追}$ 元[④]。由于此时善意第三人为善意自主占有人，根据现行《中华人民共和国物权法》第二百四十四条之规定，善意占有人在假想的权利范围内的使用而导致某物的损耗无需承担赔偿责任，但此举将会对所有权人的效用产生损害，其损害的效用的货币价值为 $D_{耗}$ 元。所有权人行使返还原物请求权过程中可能对原物的其他损耗在此暂时不计。综上所述，所有权人追回盗赃物后能获得的效用的最大值为：$a-(D_{耗}+S_{追})$ 元。

　　如图 2 所示，将 X 轴设为追回原物的支出，即所有权人的损耗总量，故 $X=(D_{耗}+S_{追})$；将 Y 轴设为所有权人追回原物所获得的剩余效用。由此，可得到一次函数：$Y=a-X$。从函数模型中可得，当 $X=(D_{耗}+S_{追})=a$ 时，所有权人行使返还原物请求权所获剩余效用 $=0$。由此可知，当所有权人为追回原物所花费成本大于或等于该物本身价值时，对所有权人而言是无效率的。前文已述，所有权人作为市场交易中的理性主体，会主动规避该无效率的情况，自然不会去行使"否定说"中赋予的回复请求权，从而使得制度安排落空。[⑤]

　　————————

[①] 罗纳德·德沃金：《法律帝国》，许杨勇译，上海三联书店 2016 年版，第 16 页

[②] 安永正昭：《动产的善意取得制度之考察》，引自《日本：法学论丛》1973 年版，第 88 页。

[③] 消费者剩余，也称效用剩余，指购买某种商品时，消费者愿意支付的价格和实际支付价格之间的差额。参见刘秀光：《西方经济学原理》（第三版），清华大学出版社 2013 年版，第 31 页。

[④] 包含诉讼费用、误工差旅等支出。

[⑤] 该模型也解释了中世纪商人间"以手护手"原则合理性所在。在中世纪，尤其是距离相隔较远、货物转手次数较多的商人间奉行一个简单道理，即在贸易中，如果买卖合同有重大瑕疵而后的物已经交付时，最好的处理方式不是让出卖人将所有权追回，而是让他得到价值上的补偿，因为追回所有权可能付出寻找所有权人与运回标的物的费用，故没有哪一个商人需要追回所有权，商人只需要向后手主张返还不当得利即可。参见孙宪忠：《中国物权法总论》，法律出版社 2003 年版，第 438 页。

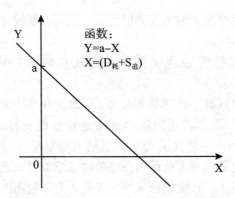

图2 所有权人可获剩余效用函数模型

当然，我们也可得出另一个结论：当 $X = (D_{耗} + S_{追}) \leqslant a$ 的时候，即所有权人行使返还原物请求权所花费成本未超过该物本身效用时，坚持"否定说"之观点可保证所有权人权益。从单一地、单笔交易之微观角度观察，该情形下不支持善意取得对所有权人之保护作用似乎无可挑剔。但在运用"卡尔多—希克斯改进"与"均衡原则理论"，并结合司法实践中的现实案例进行分析后，我们将发现适用"肯定说"观点将使社会运行更有效率，并从长远上看对所有权人之前受损的利益有所补偿。

卡尔多改进（Kaldor efficiency）着眼于从社会效益的整体提高中弥补单个个体的损失，即如果单个个体的境况由于变革而变好，而他能够补偿另一个体的损失而且还有剩余，那么整体的效益也就得以改进，社会之整体效率就此得以提高。[①] 法经济学中的均衡原则是指"一项法律制度的安排（资源再配置）普遍使人们境况变好而没有人因此而境况更糟的状态"，[②] 即达到帕累托均衡。[③] 在盗赃物能否适用善意取得制度这一问题上，需要注意的是，在真实市场交易中，善意第三人与原所有权人之角色绝非固定不变，即原所有权人在日后交易中可能转换为善意第三人。如前所述，信息是交易费用的核心，"确定所交换的每单位物品或服务的单个属性的层次是要支付信息成本的，并且构成了交易在这方面代价高昂的基础"。[④] 所以，确认某物是否属于盗赃物而产生的费用，无疑也属于需要讨论的交易费用。

若坚持"否定说"，善意第三人（或市场上任意一人）在购买某物时，至少可预见但不限于支出下列交易费用：为明晰产权而支出之费用：善意第三人为保证交易安全会搜集相关信息，以确保该物非盗赃物，此为费用之一；善意第三人之应诉费用：若在前一环节收集到的信息存在瑕疵，会产生所有权人对被盗赃物行使回复请求权的后果。这必然将导致善意第三人支出相关应诉费用，此为费用之二；沉没成本费用：善意第三人

---

① 参见孙蕾：《非对称信息下的卡尔多—希克斯改进》，载《南开经济论坛》2008年第2期。

② 曲振涛：《法经济学》，中国发展出版社2005年版，第18页。

③ 帕累托均衡也称为帕累托最优，指资源分配的一种理想状态，假定固有的一群人和可分配的资源，从一种分配状态到另一种状态的变化中，在没有使任何人境况变坏的前提下，使得至少一个人变得更好。参见张守一：《对一般均衡论和帕累托最优的新解释》，载《经济问题》2010年第11期。

④ 参见安永正昭：《动产的善意取得制度之考察》，引自《日本：法学论丛》1973年辑，第40页。

在取得盗赃物时，正常情况下会为使用该物进行一系列的信赖投资，如该物最后发现为盗赃物，该信赖投资必然变为沉没成本，此为费用之三。

从宏观角度而言，若盗赃物无法善意取得，整个社会的交易费用将急剧上升，以致对社会整体经济效率之提高产生较大阻碍。在我国，即使在中国特色社会主义市场经济还处于初步发展阶段的 20 年前，交易费用的高低对不同城市间经济发展增速已产生了显著影响。以 1997~2003 年国内 31 个省份统计数据测算为准，高交易费用省市 GDP 的平均增速只有低交易费用省市的 2/3。① 由此可知，最大限度降低交易费用对社会之整体发展将大有裨益。此时如适用"肯定说"观点，一方面，可降低交易费用支出，提高经济增长速度，从而提升社会整体收益；另一方面，在微观角度，社会整体财富增加后，每个个体能分配到的收益可能性较以前亦会增加，其中自然包括了原所有权人（受害人）。除此之外，从长远来看，人们在日常生活中大多以消费者身份出现，盗抢事件在日常生活中并非常态，原则上支持盗赃物可善意取得将极大节约交易支出，提高交易效率，从而实现对盗抢损失的弥补。另外，失去回复请求权的所有权人并未丧失救济途径，其依旧可通过追诉无权处分人（盗抢人）来弥补损失。

正当性之三：盗赃物善意取得对社会宏观效益强化的实证分析

将以上法经济学理论结合近年我国司法实务中一盗赃物善意取得的真实判决进行分析，将有助我们进一步发现：相比"否定说"，适用"肯定说"的观点有利于社会整体收益的提高，同时使所有权人在日后的市场交易中更具有效率。

在"康某诉田某财产损害"一案中，② 原告康某为本案盗赃物——挖掘机之所有权人，被告田某为本案取得盗赃物之善意第三人。原告康某起诉被告田某返还小松牌 PC×××－×型挖掘机一台并赔偿相关损失。法院查明：2011 年 11 月 4 日，原告康某与刘某、陈某、唐某签订了"小松挖掘机买卖协议书"，由于融资租赁原因，三人以人民币 59 万元的价格转让并交付挖掘机给原告康某。其后，该挖掘机一直由原告康某实际占有并经营。2013 年 2 月 25 日，在原告康某向小松融资租赁有限公司支付完挖掘机的按揭款后，刘某从重庆海松机械有限公司取得了该挖掘机的产品质量保证书、合格证及发票等相关手续，但未交付给原告康某。其后，刘某私自复制挖掘机的钥匙一把，并于某日乘原告康某及其挖掘机驾驶员未在挖掘机施工工地之机，将该挖掘机盗走。刘某凭借其持有的挖掘机合格证、发票等手续及钥匙等合法权利外观凭证，将挖掘机以人民币 40 万元的价格转让给段某，段某后以 44.5 万元转让给张某；再后张某又以 44.9 万价格卖给本案被告田某。对于本案涉及刑事部分，刘某已因犯盗窃罪被判决有期徒刑 12 年，并处罚金 10 万元；并责令刘某退赔原告康某经济损失 64.2 万元。

法院认为：本案中，刘某向段某出售挖掘机时已出具了产品质量保证书、合格证及

---

① 卢现祥：《寻找一种好制度：卢现祥制度分析文选》，北京大学出版社 2012 年版，第 114 页。
② 参见重庆市铜梁区人民法院〔（2014）铜法民初字第 05229 号〕判决书。

发票等相关合法手续，且段某支付了合理对价，并且挖掘机已实际交付。为此，段某已善意取得挖掘机所有权。同理，当挖掘机被转售至本案被告田某处时，亦合法有效，被告田某亦取得挖掘机所有权。另外，原告康某购买挖掘机后被刘某盗走，法院判决刘某应当退赔原告康某挖掘机损失64.2万元，现已经退赔36.05万元，尚欠28.15万元在执行过程中。原告的实体权利已获生效判决支持，现原告要求被告赔偿相关损失，属于重复要求赔偿。综上，法院判决驳回原告康某所有诉讼请求。本案审结后，现有资料显示双方均未上诉。

由此可见，本案中法院支持了田某盗赃物的善意取得，所有权人康某之损失也最终由盗赃人负责赔偿。本案为典型的某物被盗后再转卖多手之情形，倘若本案中主审法院采"否定说"之观点，即判决不支持田某对盗赃挖掘机的善意取得，判决被告将挖掘机返还原告，那么依此判决，田某之损失将诉诸其前手张某。张某被判决赔偿田某损失后，为弥补自己损失必然会诉诸其前手段某。同理，段某将诉诸其前手，即盗赃人刘某。最后，刘某在偿还段某后再以请求返还不当得利诉为由诸原告康某。若如此判决，为实现正义所花费之各类社会成本将急剧上升（相比现有判决），且社会之效率将急剧降低。作为善意第三人的田某，其需求为继续使用挖掘机进行施工作业。若法院判决田某将挖掘机返还原告康某，虽然田某之损失可通过诉诸其前手得到补偿，但势必将中断田某正在进行的施工作业，从而进一步对善意第三人田某造成可得利益损失与其他间接损失。本案中，刘某盗窃原告康某挖掘机从而对康某产生的相关直接、间接损失已为沉没成本，此时若坚持"否定说"之观点判决返还原物，对善意第三人田某而言等同于将原告康某已产生的沉没成本损失人为地让善意第三人田某再承担一次。此举可谓将因刘某盗窃行为所造成的社会总损失人为地放大了一倍。另外，善意第三人田某为进一步增进挖掘机之效用，很可能对挖掘机进行相关改装、调试，而该改装调试对于原告康某而言可能是无价值的。更进一步而言，在执行返还挖掘机的过程中，势必会产生执行费用，且一些疏忽大意的不当行为很有可能对挖掘机本身价值造成减损。以上各种无效率之情形，将随着盗赃物被转售次数的增多而进一步拉大。

近年来相关司法实践开始对盗赃物善意取得问题转向支持"肯定说"的观点。2013年实施的《公安机关办理行政案件程序规定》第91条规定："对于被侵害人或者善意第三人合法占有的财产，公安机关不得扣留或扣押。"这意味着如果非刑事案件中被盗物之所有权人（失主）向公安机关报案，尽管公安机关侦破后发现被盗物之下落，但只要该财产已经被第三人善意取得，公安机关就不能以"赃物"的名义对该物进行扣押扣留，进而直接将该盗赃物归还给"失主"。虽然在刑事案件领域公安机关尚未确认对盗赃物的善意取得，但可推知作出上述规定之动因，正是在大量频发的行政案件侦破过程中，公安机关发现若不确认盗赃物的善意取得，将极大影响社会之正常运行与整体秩序。既然在频发的行政案件中盗赃物存在善意取得之空间，那么在发生相对较少的刑事案件中有何正当理由排除盗赃物善意取得之适用？难道只因刑事犯罪中盗赃物的价值相对较大？如此相左的制度安排，笔者认为其很难做到逻辑自洽。

综上所述，相比"否定说"，适用"肯定说"的观点有利于社会整体效益的提高，同时使所有权人在日后的市场交易中更具有效率。故从增进社会整体效益同时坚持"各得其所"的角度观察，原则上采用"肯定说"观点不失为一种更有优势的解决之道。

正当性之四：增进物尽其用，落实《民法总则》①"绿色原则"

在现实社会中存在大量善意受让人事实占有的占有脱离物，但由于种种原因，被害人在很长时间内并没有发现并取回赃物，而是由受让人对赃物长期占有、开发利用，并形成事实上之支配利用关系。由于善意第三人对能否最终获得该物的所有权处于未知状态，作为经济社会中的理性主体，善意第三人知道其有可能无法成为该物的终局所有权人。为实现自身利益的最大化，避免这种对自己"不经济"的情形出现，在理性主体趋利避害思维与现行《物权法》第244条对善意第三人进行特别保护的制度设计下，善意第三人将"不自觉"地在自己占有该物的期间内最大限度地发挥该物的效用，甚至对该物过度发挥效用，以至出现不加爱惜、随意使用等情况，从而使得该物的正常使用寿命受到减损。由此可知，当盗赃物不适用善意取得时社会财富非但未能达到物尽其用之效果，反而将造成本不该发生的不当减损与恣意浪费。

而今，《民法总则》已颁布实施，对其中第9条"绿色原则"的探讨学界众说纷纭。笔者以为，《民法总则》第9条已规定了以"节约资源、保护生态环境"为核心的绿色原则，那么在民法分则各编进行具体规则编撰设计时，应当最大限度考虑到"绿色原则"的落实与开展，为民事主体进行法律行为时践行《民法总则》"绿色原则"创造出良好适用空间与遵守环境。在当下"物权编"编撰中若肯定盗赃物可善意取得，其效果实际上是允许被所有人"忽略"的财产给他人使用，由此缓解人与资源之关系的紧张关系。② 并且，作为理性主体的买受人因知晓自己只要被认定为"善意第三人"就可最终获得该物所有权，其在进行交易时必将避免不善意之情形发生。而已占有某物的善意第三人，也因知晓其可被法律最终评价为该物的所有权人，从而对该物像属于自己的其他物品那样加以爱惜，以最合理的方式实现物之效用与寿命最大化，减少不当的浪费，从而达致《民法总则》第9条中节约资源的总体要求。

另外，关于民法环境保护之职责，在《民法总则》立法过程中部分代表、学者曾提出疑问。③ 实际上，早在苏联时代，就有学者提出了"法律生态化"之概念，即除专门环境法外，各部门法均应在自己角度做出有关环境保护之规定。④ 近年来，人与自然生态关系被进一步重视，经济学领域的理性人假设在此背景之下有了新的发展，即提出了"生态经济人"的新假设。相比古典经济学上的"经济人"，"生态经济人"是一个具有生态意识、生态良心和生态理性的人，是一个具有利己、理性、最大化和"文明自利"的人，是生态文明时代的主人，是生态文明的建设主体，其不仅具有物质需要，而

---

① 《民法典》施行后同时废止。
② 参见徐国栋：《认真透析〈绿色民法典草案〉中的"绿"》，载《法商研究》2003年第6期。
③ 参见蒲晓磊：《"绿色原则"纳入基本原则适应现实需求》，载《法治日报》2017年4月20日第1版。
④ 参见罗艺：《生态文明建设视域下环境法的生态化转向》，载《甘肃政法学院学报》2017年第3期。

且还具有生态需要。"生态经济人"不单追求经济利益最大化，而且还追求生态环境的优化和美化，具有经济效益和生态效益双重动机。① 肯定盗赃物可适用善意取得制度，在强调物尽其用的同时追求生态效益，无疑是在法律制度层面上对当下"生态经济人"假设的直接体现。

综上，从节约资源、遏制人为浪费，增进物尽其用避免物被滥用的角度出发，规定盗赃物可适用善意取得在一定程度上能落实《民法总则》中"绿色原则"的精神内核。

四、限制：盗赃物善意取得的排除适用

经前文分析讨论可知：肯定盗赃物能够善意取得，能在不违背法公平正义内核的同时达到节约资源、实现社会效率最大化之功效。但笔者认为，在少数例外情形下仍应排除善意取得的适用，即被盗赃之物为稀有物或极强纪念价值物时，如珍贵文物、荣誉载体、英烈遗物等，应赋予所有权人回复请求权，以杜绝别有用心的盗抢行为，保障社会稳定有序。

首先，被盗抢的荣誉信息载体或英烈遗物不应适用善意取得。上列两类物品之所有权人作为法律理性人，通常情况下不会将该具有强烈精神寄托之物品流入一般市场。即使在极少情形下流入市场，该类特殊物品之权属判断显然较为容易，且不会增加交易成本。同样作为理性人的买受人，在购买该类人身属性极强之物品前对上述情形显然应知并加以注意，故在事实上不可能存在善意取得要件中的"善意"，即不知情。并且，由于上述两类物品之人身纪念意义极强，交易时显然无法衡量其是否符合现有善意取得要件中的"支付合理对价"；在法经济学视角下，该类物品也无法衡量其对买受人之效用，以达到增进物尽其用之效果。

其次，被盗抢文物不应适用盗赃善意取得。文物之买卖不适用善意取得制度为欧陆之通例，联合国教科文组织1970年《关于禁止和防止非法进出口文化财产和非法转让其所有权的公约》（以下简称《联合国公约》）和欧盟《关于返还从成员国境内非法转移的文物的93/7/EEC指令》中明确指出非法出土之文物不适用善意取得。② 对此，奉行盗赃物可适用善意取得的《荷兰民法典》在第3编第86a条对该内容专条进行了国内法引入，德国更特别通过了《文化财产归还法》以对公约与指令内容予以承认落实。③ 2014年9月，我国公布了《关于保护和返还非法出境的被盗掘文化财产的敦煌宣言》（以下简称《敦煌宣言》），作为我国在文物返还领域首次主导制定的国际性法律文件，该宣言明确了加入各国"遭盗掘后非法出境的文化财产的返还"义务。④ 故我国在"物权编"盗赃善意取得之制度设计时，应明确将被盗抢之文物（文化财产）排除于可善

---

① 参见李彦龙：《"生态经济人"——生态文明的建设主体》，载《经济研究导刊》2010年第15期。
② 参见曹树林、王珏：《国家文物局长：被列强劫掠的文物是要求返还的对象》，载《人民日报》2014年9月10日第13版。
③ 参见联文：《德国立法防止文化财产外流》，载《中国文化报》2016年4月11日第3版。
④ 参见李韵：《〈敦煌宣言〉：关注考古文物的保护与返还》，载《光明日报》2014年9月11日第9版。

意取得范围之外，从而切实贯彻《敦煌宣言》与《联合国公约》之要求，并达致保护我国文化财产，促使被掠夺之文化瑰宝早日回归祖国之现实目的。综上，笔者认为至少上述三类或类似物品不应适用善意取得制度。

五、结　论

在借助法经济学理论从社会宏观、整体的视角进行论证后可知：一方面，"盗赃物不适用善意取得制度"会给社会带来更大的情感上的痛苦，不利于正义价值的实现；另一方面，采用回复请求权对所有权人进行保护亦非完满，还会使社会与第三人为该制度的实施运作付出高昂成本。相反，当盗赃物原则上可以适用善意取得制度时，则能实现社会与个人之间、善意第三人与所有权人之间的利益均衡，在宏观上实现法的内在正义价值。

"法律应当是稳定的，但绝不是一成不变的"。① 肯定盗赃物能够善意取得，能在不违背民法公平正义之内核的同时达到节约资源、实现社会效率最大化之结果。这样的制度安排无疑具有其内在合理性与独到优势。而今，民法分则编撰工作正在进行，笔者建议我国在编撰《民法典·物权编》时，对盗赃物能否适用善意取得这一问题予以明确，以期实现社会整体之正义。

参 考 文 献

1. 安永正昭：《动产的善意取得制度之考察》，引自《日本：法学论丛》1973 年版。

2. 保罗·萨缪尔森·威廉·诺德豪斯：《经济学》，萧琛译，人民邮电出版社 2007 年版。

3. 曹晖：《论赃物的善意取得》，载《法律适用》2008 年第 10 期。

4. 曹树林·王珏：《国家文物局长：被列强劫掠的文物是要求返还的对象》，载《人民日报》2014 年 9 月 10 日。

5. 董彪·何延：《公法对善意取得制度的影响——以盗赃为例》，载《法学杂志》2008 年第 6 期。

6. 费安玲·丁玫：《意大利民法典》，中国政法大学出版社 1997 年版。

7. 费安玲：《罗马私法学》，中国政法大学出版社 2009 年版。

8. 冯·哈耶克：《致命的自负》，胡晋华等译，中国社会科学出版社 2000 年版。

9. 高富平：《物权法原论》，法制出版社 2001 年版。

10. 简资修：《物权：（实体）物或权（定分）》，载《甘肃政法学院学报》2017 年第 3 期。

11. 江平、费安玲：《中国物权法教程》，知识产权出版社 2007 年版。

12. 金全：《以善意与过错标准衡量"盗赃"善意取得》，载《检察日报》2017 年 7 月 3 日。

13. 科斯：《企业市场与法律》，盛洪等译，上海三联书店 1990 年版。

14. 李睿：《前景理论研究综述》，载《社会科学论坛》2014 年第 2 期。

15. 李霞：《波斯纳：法律的经济分析》，黑龙江大学出版社 2009 年版。

16. 李彦龙：《"生态经济人"——生态文明的建设主体》，载《经济研究导刊》2010 年第 15 期。

17. 李咏：《论盗赃物、遗失物的善意取得》，载《时代法学》2006 年第 6 期。

---

① See Roscoe Pound, Interpretation of Legal History, Cambridge：Cambridge University Press, 1923, P. 1.

18. 李韵：《〈敦煌宣言〉：关注考古文物的保护与返还》，载《光明日报》2014 年 9 月 1 日。

19. 理查德·A. 波斯纳：《法律的经济分析》，蒋兆康译，中国大百科全书 1997 年版。

20. 联文：《德国立法防止文化财产外流》，载《中国文化报》2016 年 4 月 11 日。

21. 梁慧星：《中国物权法草案建议稿》，社会科学文献出版社 2000 年版。

22. 刘秀光：《西方经济学原理》，清华大学出版社 2009 年版。

23. 刘秀光：《西方经济学原理（第三版）》，清华大学出版社 2013 年版。

24. 卢现祥：《寻找一种好制度：卢现祥制度分析文选》，北京大学出版社 2012 年版。

25. 罗纳德·德沃金：《法律帝国》，许杨勇译，上海三联书店 2016 年版。

26. 罗艺：《生态文明建设视域下环境法的生态化转向》，载《甘肃政法学院学报》2017 年第 3 期。

27. 曼弗雷德·沃尔夫：《物权法》，法律出版社 2002 年版。

28. 梅夏英：《物权法·所有权》，中国法制出版社 2005 年版。

29. 孟勤国：《物权二元结构论》，人民法院出版社 2004 年版。

30. 蒲晓磊：《"绿色原则"纳入基本原则适应现实需求》，载《法制日报》2017 年 4 月 20 日。

31. 曲振涛：《法经济学》，中国发展出版社 2005 年版。

32. 苏永钦：《私法自治的经济理性》，中国人民大学出版社 2004 年版。

33. 孙蕾：《非对称信息下的卡尔多——希克斯改进》，载《南开经济论坛》2008 年第 2 期。

34. 孙鹏：《民法上信赖保护制度及其法的构成——在静态安全与动态安全之间》，载《西南民族大学学报（哲学社会科学版）》2005 年第 7 期。

35. 孙宪忠：《中国物权法总论》，法律出版社 2003 年版。

36. 托马斯·阿奎那：《阿奎那政治著作选》，马清槐译，商务印书馆 1982 年版。

37. 王利民等：《中国物权法教程》，人民法院出版社 2007 年版。

38. 王利明：《中国民法典草案建议稿及说明》，中国法制出版社 2004 年版。

39. 王学典：《历史知识与历史创造》，载《历史学家茶座》2007 年第 7 期。

40. 王轶：《物权变动论》，中国人民大学出版社 2001 年版。

41. 我妻荣：《日本物权法》，有泉亨修订，李宜芬校订，中国台湾五南图书出版社 1999 年版。

42. 谢在全：《民法物权论（下册）》，中国政法大学出版社 1999 年版。

43. 熊丙万：《论赃物的善意取得及其回复请求权》，载《法律科学》2008 年第 2 期。

44. 徐国栋：《认真透析〈绿色民法典草案〉中的"绿"》，载《法商研究》2003 年第 6 期。

45. 亚当·斯密：《国富论》（上），郭大力、王亚南译，译林出版社 2011 年版。

46. 叶金强：《公信力的法律构造》，北京大学出版社 2004 年版。

47. 伊曼努尔·康德：《实践理性批判》，韩水法译，商务印书馆 2003 年版。

48. 约翰·罗尔斯：《正义论》，何怀宏等译，中国社会科学出版社 1988 年版。

49. 张守一：《对一般均衡论和帕累托最优的新解释》，载《经济问题》2010 年第 11 期。

50. 张永健：《民法典立法方法论——以〈物权法〉第 106 条、第 107 条动产所有权善意取得为例》，载《财经法学》2017 年第 4 期。

51. Bentham Jeremy, Works, Edinburgh: W. Tait. Press, 1843.

52. Kahneman and Tversky. Prospect Theory: An analysis of Decision Making under Risk. Econometric, 1979 (2).

53. Roscoe Pound, Interpretation of Legal History, Cambridge: Cambridge University Press, 1923.

"公地悲剧"与"反公地悲剧"的比较研究[*]

阳晓伟　杨春学[**]

【摘　要】"公地悲剧"与"反公地悲剧"在产权结构上存在着明显的差异：公地悲剧是一种由于排他性产权缺失或太弱造成竞用性资源被过度使用的悲剧；而反公地悲剧则是指资源或产权过度分割以致破碎化，导致资源排他性过强，进而造成资源使用不足的悲剧，它在产权结构上与公地悲剧存在明显区别。虽然在数理模型上可以推导出公地悲剧与反公地悲剧对称的结论，但是该结论在实验经济学领域存在较大争议——在两种不同博弈情境下，被试者具有不同，甚至相反的社会心理学反应，结果导致反公地悲剧造成的福利损失比公地悲剧更加严重。

【关键词】公地悲剧；反公地悲剧；公平；效率；对称性

一、引　言

自从进入 20 世纪以来，人类面临的人口和生态环境问题日益严重，诸如部分贫穷落后的国家和地区人口过度繁殖、全球气候变暖、水土污染、物种多样性遭受破坏等。这些问题背后的机理被哈丁（Hardin）等人归结为：公地条件下导致的过度开发、过度排放和过度生育的悲剧。受哈丁（1968）的启发，尤其是现实问题的倒逼，学术界对"公地悲剧"及与其密切相关的"公共资源治理"问题的研究热情日益高涨，具体而言主要有四种表现：第一，《公地悲剧》成为 20 世纪后半叶发表的科学论文中引用率最高者之一（Dietz et al，2002）。第二，作为主流经济学之精华的西方经济学教材不仅将公地悲剧吸收了进来，而且其所占的篇幅和受重视程度呈稳步增加的趋势。作为影响最大的一部国内经济学教材——高鸿业教授主编的《西方经济学：微观部分》直接引用了《公地悲剧》原文，并且对公共资源困境进行了诸多论述（高鸿业，2010）；2010 年出版的一本微观经济学教材则用了一节的篇幅阐述公地悲剧思想（帕金，2010）；2013 年出版的一本微观经济学教材更是用了一章的篇幅来阐述公地悲剧理论，并且将它作为

＊ 国家社科基金重点项目"经济思想史的知识社会学研究"（14AZD109）；国家社科基金重大项目"社会源危险废弃物环境责任界定与治理机制研究"（16ZDA072）；宁波市科技计划重大项目"村镇生态化治理及社区可持续发展研究集成示范"（2015C11001）。感谢匿名审稿人的宝贵意见！当然文责自负。原文发表于《浙江社会科学》2019 年第 3 期。

＊＊ 阳晓伟，宁波大学法学院讲师；杨春学，首都经贸大学经济学院教授，中国社会科学院研究生院教授，博士生导师，《经济与管理研究》主编。

"微观经济学精要"在卷首页中进行了重点推介（巴洛克，2013）。第三，2009年埃莉诺·奥斯特罗姆（Elinor Ostrom）因论证走出"公地悲剧"的第三条道路而荣获诺贝尔经济学奖（奥斯特罗姆，2012）。第四，受哈丁公地悲剧理论的启发，许多学者致力于对"反公地"及其治理理论的研究，并且取得了丰硕的成果。在《公地悲剧》发表30年之后，美国著名法学家和产权经济学家迈克尔·赫勒（Michael Heller）又提出了与之对应的"反公地悲剧"理论——资源或产权过度分割以致破碎化，导致资源排他性过强，进而造成资源使用不足的悲剧理论。许多著名学者（包括诺贝尔经济学奖得主布坎南）接受并将反公地悲剧理论加以模型化，使得它日益发展成为现代产权经济学的重要组成部分（Heller，1998）。

目前，对公地尤其是反公地理论的研究还存在两个突出的问题：第一，人们似乎对任何带有"公地"色彩的东西都感到厌恶，并借助公地悲剧的旗帜，为政府管制或者私有化寻找借口，殊不知不恰当的私有化和政府管制却导致了一种新的悲剧——反公地悲剧，然而对二者进行深度比较研究的文献却十分匮乏；第二，反公地悲剧与公地悲剧的对称性在实验经济学领域存在很大争议——反对对称性的研究占主导地位，而国内文献却完全忽视了这种争议，有碍学术发展。针对这两个问题，本文将通过公地悲剧和反公地悲剧的比较分析予以应对。

二、公地悲剧的理论含义与假设条件

鉴于哈丁等人公地悲剧理论的诞生已近半个世纪，且其影响巨大，几乎已成为家喻户晓的思想，而赫勒的反公地悲剧理论则出现较晚，在国内的传播相对滞后，因此在篇幅上会适当侧重于后者。

（一）公地悲剧的理论含义

事实上，公地悲剧的思想原型在历史上早已有之。"准公地悲剧"思想甚至可以追溯到古希腊亚里士多德的《政治学》、修昔底德的《伯罗奔尼撒战争史》，以及近现代霍布斯的《利维坦》、1883年威廉姆·里奥德（William Lloyd）的《关于控制人口的两堂讲座》、1954年戈登（Gordon）的《渔业：公共产权资源的经济理论》等，但人们通常理解的公地悲剧主要是指哈丁及其追随者关于公地的理论、模型或者见解（阳晓伟等，2015）。

简而言之，公地悲剧是指具有使用上的竞争性但不具备，或者缺乏排他性产权的公共资源，被过度使用的情形。它的初始模型是哈丁的"公共牧场"——每增加一头牲畜，牧人（即公地使用者）将获得全部收益，却只需承担由此造成的全部成本（或代价）的一小部分（$1/n$），因此在上述关于公地和公地使用者假设的基础上，个体利益最大化和集体（社会）利益最大化的激励并不相容，牧民们被锁闭在一个"无限扩大放牧量—全体毁灭"的"死胡同"当中。牧民无休止扩大放牧的行为不仅对集体而言是非理性的，而且对于每一个体而言也是非理性的毁灭之路。哈丁等人是在若干假设的基础上得出"过度开采"甚至"全体毁灭"的公地悲剧结论的。

（二）公地悲剧的假设条件

公地悲剧的假设条件分两个层次：前三个假设是就公地本身而言的，最后一个假设则是就公地使用者而言的。

第一个假设：公地是"相对封闭且有限的"——存在资源和空间硬约束，技术进步并不是万能的。人类赖以生存和发展的资源和空间存在一个终极"上限"，那就是地球。这一假设是哈丁在驳斥"技术进步主义者"对技术进步"宗教信仰式"崇拜的过程中体现出来的。技术进步主义者认为未来人类能够在无限的宇宙空间中寻找到地球的替代物，但遭到了哈丁的反驳，盲目崇拜技术进步非但不能解决现实问题，反而贻害无穷——"有人可能会提出一个反对意见，我们的世界是无限的或者我们并不确知它并非如此。但是，从现实的角度来看，我们接下来的几代人，在可预见的技术水平条件下，如果我们在不远的将来假设对于地球上的人口而言资源是无限的话，那么我们必将极大地增加人类的痛苦。'太空'不是避难之所"（Hardin，1968）。对于该假设，哈丁还在另一篇影响重大的文章《评论：活在生命之舟上》提出了"生命之舟"的比喻，反对博尔丁（Boulding）将地球比作"太空飞船"，并主张用"生命之舟"来取而代之，以强调资源和空间不足问题的紧迫性（Hardin，1974）。

第二个假设：公地是"开放进入式的"——任何人都可以不受限制地开采公地上的资源。在表达这一前提假设时，哈丁举了一个公共牧场的例子，它是学者们惯于引用的一段话："设想一个对所有人都开放的牧场。可以预见，牧民会尽可能多地在公地上放养牲畜……公地固有的逻辑将会无情地导致悲剧"（Hardin，1968）。

第三个假设：公地是"未加管理的"——制度真空状态。公地不仅是开放进入式的，而且是未加管理的，这就相当于认为公地管理制度的缺失。哈丁（1968）因并没有明确提出这一假设而遭到了广泛的批评，因为缺乏该条件的"公地"未必导致"悲剧"。这迫使哈丁30年之后又在《科学》上撰文指出，应当在1968年文章中的公地前面添加"未加管理的"限定词（Hardin，1998）。

第四个假设：关于"公地使用者"的假设。公地使用者的"人性"假设遵循了新古典经济学的传统，即资源使用者是个体理性、自利的"经济人"。基于经济人假设的"成本－收益"分析范式，是原本作为生态学家的哈丁得以在经济学界获得巨大影响力的重要原因之一。哈丁具有相当明显的"达尔文主义"倾向，比如他认为人类在生育问题上具有与动物类似之处——生得越多其基因所占比重和得以世代流传下去的可能性越大，故而效用越高；越是自私者（他们不顾生育的外部性和环境承载能力）越是倾向于多生，而且这种"自私"的基因会使他们的后代也表现得自私，并继续倾向于多生，最终导致地球上自私者的比例不断攀升，从而陷入一个类似于"劣币驱逐良币"的恶性循环之中。此外，他还倾向于认为公地使用者目光短浅、缺乏信任和交流，在利益的驱使下道德的力量不仅很难奏效，而且还具有自我消除的潜在可能性——通过基因和事后信息反馈（不愿当"冤大头"）这两种机制。

基于"公地必然导致悲剧"的思维定式或偏见，许多人似乎对于任何带有公地性质之物都深恶痛绝。西方众多学者纷纷主张通过国家控制，尤其是私有化的方式将公地"非公地化"或者"去公地化"，以避免悲剧的发生。因公地悲剧的症结在于排他性产权缺失或者太弱，故而长期以来，人们倾向于认为产权划分得越彻底越好，甚至主张"凡拥有土地的，上空也都属他"（Heller，2009）。但现实并非如此简单：一方面，产权分割只有在合理的范围内才越彻底越好，排他性产权的绝对化也会导致资源配置无效率；另一方面，要实现资源有效利用，仅仅做到产权清晰仍是不足的，至少还应当确保基本产权束的完整性，以及避免将资源进行过度分割，因为资源或产权碎片化会导致资源的排他性权利过于强烈，进而造成一种新的悲剧——反公地悲剧。

三、反公地悲剧的理论含义及其假设条件

反公地悲剧理论的主要创立者是赫勒（Heller），他是美国产权法研究领域的顶尖专家之一。赫勒自2002年起担任哥伦比亚大学法学教授。1990～1994年，他曾以世界银行法学顾问的身份实地参与了90年代初俄罗斯的市场化转型实践。

（一）反公地悲剧的理论含义

反公地悲剧是指资源或产权过度分割以致破碎化，导致资源排他性过强，进而造成资源使用不足的悲剧（阳晓伟等，2016）。反公地悲剧之"悲"通常并不表现为对产权标的物（资源）的破坏或者毁灭上，而是过多的排他性所有者对潜在帕累托改进的人为阻碍，致使资源使用的最大化价值无法实现，甚至造成稀缺资源完全无法得到利用的情形。这种状况在技术、经济和社会环境发生变化，要求对原有破碎化资源或产权加以整合利用之时显得尤为突出。

假设整合 n 个排他者的资源或产权碎片，将创造出 $(1-\delta)\pi$ 的净收益 $[(1-\delta)\pi = R - C$，即收益减成本$]$。假设这 n 个排他者之间没有任何区别，那么理论上似乎每个人都可以获得 $(1-\delta)\pi/n$ 的净收益，但在现实中这种潜在的净收益 $(1-\delta)\pi$ 很可能会因机会主义行为而大幅折损（折损率 $0 \leq \delta \leq 1$）。如果 n 足够大，个体理性自利的排他者将会使得资源整合的成本 C 极大增加，在收益 R 不变的条件下，$(1-\delta)\pi$ 会趋近于零，亦即折损率 δ 趋近于 1。这是因为，虽然对于第一个被整合者而言，$1/n$ 的分配或补偿份额或许是可以接受的，但是在已经成功地整合 n-1 个排他者的资源或者产权时，最后那名排他者则很可能不会接受 $1/n$ 的份额，而是会提出远远大于 $1/n$ 的份额——假如只有成功整合全部资源或者产权碎片才能获得 R 足够大的收益，否则 R 很小甚至趋近于零——这一假设大体上是符合现实的，比如要开发一种新药，少了任何一项关键的信息（专利）都是不可行的，要建设一座厂房，不能完整连接成片的小片地

块也是无用的；此外，此处的分析并不要求放松"理性人"假设，因为这种谈判通常不是一次性博弈，而是跨期多次进行的动态博弈过程，因此不能按照类似于"最后通牒"游戏之类的逻辑来加以理解。因此除非事先达成统一的分配协议，否则谁都不会心甘情愿地做先被整合者。通过上述机制，潜在帕累托改进机会将化为泡影，这就是反公地悲剧理论的内在逻辑。

根据资源利用无效率的原因侧重点的不同，可以将反公地悲剧细分为"法律型"和"空间型"两大类。其中，法律型侧重于强调法律和制度性因素造成资源排他性权利过强——过多所有者同时对某一标的物具有排他性产权乃至"一票否决权"；而空间型则侧重于强调将资源进行物理空间上的过度分割造成的排他性权利过强——就分割后的每一单位碎片化资源而言，即使它们独自的排他性产权是适度的，但是如果它们过于细碎以致无法有效利用，那么对于由它们构成的整体而言，依然存在排他性产权过强的问题。因此，反公地悲剧可以归结为资源或产权过度分割以致破碎化，导致资源排他性过强，进而造成资源使用不足的悲剧。

为直观起见，可用一个简单的示意图来刻画二者之间的区别。图 1 的左边表示法律型反公地，指资源在物理空间上是完整的，但是 m 个（m≫1）所有者同时拥有对资源的排他性权利，甚至每个人都对资源的使用具有"一票否决权"的情形；右边是空间型反公地，表示该资源在物理空间上被分割成 n 份（n≫1），且没有任何两块相邻的碎片化资源归同一个人或组织所有的情形。当"物理空间"上的过度分割是由于法律授权引起时，只要分割后的每一小片资源内部不涉及"过度排他性"产权问题，仍然将其判定为空间型反公地而不是法律型反公地更加合理。不难想象，无论是法律型还是空间型，当 m 或 n 足够小时，人们总会有各种办法整合资源，实现资源的优化配置，只有当 m 或 n 足够大，且各方对资源的价值取向差异太大，整合资源或产权的交易成本过高时问题才会变得难以解决。因此，反公地悲剧通常仅限于排他者数量过大且难以达成统一意见，以致产权或资源整合变得相当困难，整合资源的净收益为负，从而导致资源难以得到有效利用的情形。

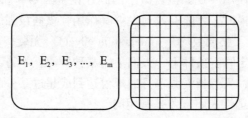

图 1　"法律型"反公地和"空间型"反公地

莫斯科闲置商铺和美国基因专利碎片可以分别用来阐述这两种反公地。莫斯科闲置商铺的案例：20 世纪 90 年代苏联解体，叶利钦政府接受世界银行建议的"休克疗法"，实行激进的私有化，然而与政策制定者"私有化之后市场会自动发挥作用"的预期相悖，在私有化之后相当长的时间里，莫斯科街道上寸土寸金的商铺却"空空如也"，商人们被迫挤在条件恶劣的报刊亭中售卖各种生活用品，甚至包括服装（Heller，1998）。这种局面归因于法律型反公地：激进的休克疗法导致商铺产权碎片化和过多排他者的出现，且这些排他者处于各自为政的状态，缺乏统一的协调机制。由于篇幅的限制，关于莫斯科闲置商铺的案例，详见赫勒的原文。

发达的市场经济国家也存在严重的反公地问题，尤其是空间型反公地悲剧。例如，自二十世纪七八十年代以来美国在基因工程研究领域进行了大量私人投资。为了保障研发投资者的权利，官方组织授予这些私人公司以专利（Heller and Eisen - berg，1998）。由于基因工程如此浩大，加上专利审批不严格，在基因研发方面授予了不计其数的碎片化专利。而基因工程就像一块巨大的拼图板，每一个细小的基因碎片专利本身几乎没有任何应用价值，只有将它们有序地拼接在一起形成一定规模，才能在破译基因密码上获得可以付诸实践的信息。纯粹就技术层面而言，借助已经取得的研发成果，美国本来可以开发出大量能够拯救无数人生命的新药品、新疗法。然而遗憾的是，要想从不计其数的私人公司手中购得足够多的有效基因专利，其成本是如此之高，以致许多新药品、新疗法被扼杀在摇篮之中。从70年代开始美国药品研发支出不断攀升，而药品发明却呈萎缩之势，无数民众只能继续忍受本来可以避免的病痛的折磨（Heller and Eisenberg，1998）。

（二）反公地悲剧的假设条件

从公地悲剧和反公地悲剧的定义，就可以清晰地看出二者在结论上的区别——过度使用的悲剧和使用不足的悲剧；需要进一步剖析的是结论得以成立的假设条件。在对资源使用者的假设上，反公地悲剧与公地悲剧并没有明显差异。在对资源及相关社会制度的假设上，也存在着重合之处，例如，反公地情形下的资源同样是有限的；与公地悲剧的不同之处，主要在于对资源及相关社会制度的如下三个假设：

第一个假设：资源的规模报酬递增。它是指在一定范围内，过于破碎或细小的资源几乎毫无价值甚至无法使用（比如极其微小的碎片化基因专利和过度细碎的土地），只有将它们整合成一定规模时，才能有效地发挥其作用，该假设强调的是资源或产权碎片之间的"互补性"或者"集成效应"（integration effect）。无疑，对于资源的使用本身是有机会成本的——在特定时空条件下，人们使用某种资源就不得不放弃对其他替代性资源的使用。这就意味着，只有当资源本身的规模达到或超过某一临界点（即 NVMP≥0，如图2所示）时，对于理性人而言才是有用的。

第二个假设：资源的排他性权利过强。反公地悲剧之"悲"在于排他性过强导致资源得不到充分有效利用，在极端条件下甚至是完全无法利用。"过强"是一个相对而非绝对的概念，通常只有当排他者数量太大且缺乏协调机制时才会造成排他性过强，该假设与公地悲剧的"开放进入式"假设恰好完全相反。

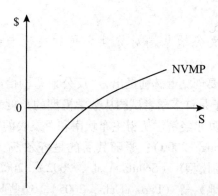

图2　资源规模（S）与资源使用的净边际产品价值（NVMP）关系

第三个假设：整合资源的交易成本为正且太高。如果整合资源的交易成本为零，或者足够低，那么即使满足前两个假设，"无形之手"亦会引导逐利的人们通过"科斯谈判"，或购买或租赁，将资源整合成净边际产品价值大于零的有用资源。问题在于，当排他者数量太大时，要想使他们自主组织起来采取有效率的集体行动将是非常困难的，排他者们难以避免奥尔森（1995）的"集体行动困境"；除非动用政府特权，比如"征用权"，否则在"平等自愿"原则的市场交易情形下，资源或产权的"整合者"必然面临排他者的"拿乔"（holdout）问题，而政府征用本身也是备受争议的，因为它往往会带来一系列复杂的社会问题。总之，由于潜在的社会交易成本为正且太高，使得反公地悲剧一旦形成便很难被克服。

四、关于两种悲剧理论对称性的争论

对于某种资源，如果因排他权太弱导致的使用过度和因排他权过强导致的使用不足这两种情形造成的福利损失，各自在绝对数量（方向相反）上保持一致的话，就说明公地悲剧与反公地悲剧是对称的，否则就是非对称的。在展开讨论之前做两点必要说明。第一，学者们对"公地悲剧－反公地悲剧"对称性的探讨，并不是指现实世界公地悲剧和反公地悲剧造成的福利损失是否相等，因为相关数据在人类现有的技术条件下是很难准确估算的；迄今为止学者们探讨的仅仅是理论和实验条件下的对称性，这种探讨也是建立在若干前提假设基础之上的：如两种悲剧对应的资源自然属性一致，资源涉及的人数（使用者或排他者）相等。第二，虽有国内学者对二者的对称性进行介绍，例如朱宇江（2013）的《"公地悲剧"与"反公地悲剧"对称性论证述评》，但他仅仅介绍了二者对称性共识的一面，对于非对称性的争论却只字未提；此外，从公开出版或者发表的文献来看，国内鲜有其他学者对"非对称性"进行跟踪研究。这种局面难免对人们关于二者对称性的认识造成偏见，甚至误导。

（一）公地悲剧与反公地悲剧对称性命题的提出与论证

反公地悲剧理论的主要创立者赫勒提出，"反公地悲剧恰好是公地悲剧在镜子中的影像"（Heller，1998）。于是许多学者试图从数学模型的角度来证明这两种悲剧之间的对称性，其中最早的是诺贝尔经济学奖得主布坎南和尹发表的《对称的悲剧：公地与反公地》（Buchanan and Yong，2000）；紧随其后的是舒尔茨、帕里西和迪博特合作的《产权破碎：走向一般化的模型》（Schulz et al.，2002），2005 年他们再次合作的《财产的二元性：公地和反公地》等（Paris et al.，2005）。这些早期学者和文献都赞同反公地悲剧与公地悲剧是对称的。这与他们的研究方式关系密切——从纯逻辑或博弈论，而非实验数据的角度来考察对称性。

最早从实验经济学角度验证理论上对称性的是斯图尔特和毕扬斯达（Stewart and Bjornstad，2002）公布研究报告——《公地与反公地悲剧对称性的实验研究与预测》，试图为布坎南等人提出的对称性数理模型提供实证基础。他们的实验设计沿用了奥斯特罗姆等（Ostrom et al，1994）的方法（Stew - art and Bjornstad，2002）脚注的原文是"Elinor Ostram，Roy Gardner，and James Walker，Rules，Games，and Common Pool Resources（Ann Arbor：University of Michigan Press，1994）"，但经多番查证此书的第一作者是 2009 年诺奖得主埃莉诺·奥斯特罗姆（Elinor Ostrom）被试者是从田纳西大学选修经济学初级和进阶课程的本科生中招募的，总共有 278 名被试者参加了实验；被试者的报酬采用现金支付，每个实验阶段（一个半小时）的酬劳从 9 美元到 22 美元不等。

该实验分为两类：一类为每组 2 名局中人；另一类为每组 4 名局中人。从报告本身来看，他们从实验室实验的角度验证了布坎南和龙（Buchanan and Yong，2000）的"对称模型"：一方面，两类实验都得出了公地悲剧与反公地悲剧对称的结果；另一方面，为了排除被试者在前几轮（总共做了 14 轮）实验中对实验本身理解不足对结论造成的干扰，将前 3 轮样本数据剔除之后再进行 t 检验，依然得到了相同的结论。

（二）对公地悲剧与反公地悲剧对称性的质疑

最先对上述学者的观点发起挑战的是范内斯特（Vanneste）、希尔（Hiel）、帕里西（Parisi）和迪博特（Depoorter），这是一个由经济学家、心理学家和法学家组成的团队。他们并不反对在数学模型上确实可以推导出公地悲剧与反公地悲剧具备对称性的结论——范内斯特等（Vanneste et al.，2006）的第三、第四作者分别是帕里斯（Paris et al.，2005）的第一、第三作者，而帕里西等赞同公地与反公地在数学模型上的对称性。但是他们利用实验经济学方法进行研究的结果却表明：它们之间并不具备对称性——反公地悲剧比公地悲剧更加严重。正如他们的文章标题《从"悲剧"到"灾难"：公地与反公地的福利效应分析》所表明的，如果说公地导致的是悲剧，那么反公地导致的则是灾难（Vanneste et al.，2006）。

他们设计了两种实验：一种是被试者获悉博弈原理（集体理性和个体理性）的情形；另一种是"未获悉"的情形。每种实验又分为两组不同的博弈类别——公地博弈和反公地博弈。除了博弈类别（公地和反公地）不同之外，两组实验的其他实验情景都是相同的。这两种实验结果表明：第一，无论被试者是否获得关于博弈原理的充分信息，无论是在实验室实验还是在情景实验当中，公地情形确实会导致资源过度使用，而反公地情形确实会导致资源使用不足；第二，反公地造成的福利损失均大于公地。

这说明，除了已经考虑到并且被模型化（数学，尤其是博弈论）的因素以外，很可能还存在其他被忽略掉的重要变量，这些变量是很难被模型化的主观性心理因素。可以从三个层面，对这些心理因素造成反公地悲剧比公地悲剧更加严重的结论进行解释：第一，在反公地背景下，资源的排他者具有一种类似于"特权"的权利，他们具有资源使用上的一票否决权，因此，每一个排他者都有可能倾向于将资源视为自己独有的而加以"保护"，却忽视了自己的"保护"行为事实上会对其他排他者造成福利损失（对外部性意识不充分）；而在公地背景下，全部使用者都拥有资源的使用权，每个使用者可能并不会特别在乎这种使用机会，而且能够完全意识到自己的"过度使用"会对其他使用者造成福利损失（对外部性认识充分）。第二，反公地困境本身的潜在影响比公地困境更加隐蔽，对人类理性的要求更高，在对未来的影响上，反公地困境尤其如此（Schulz and Paris，2002；Vanneste et al.，2006）。第三，失去和得到一笔同样数额的财物，往往失去财物产生负效用的绝对值会大于获得这笔财物时所感受到的正效用，这一点已经为心理学研究所证实（Kahneman et al.，1991）；与公地中使用者不同，反公地中的排他者倾向于将资源视为"自己独有的"，因此反公地情境下的策略行为（排他）的强度会高于公地下的策略行为（竞用）。

然而究竟是哪些"主观心理因素"导致实验条件下反公地悲剧比公地悲剧更加严重，以及不同心理因素各自所占的权重如何？范内斯特等（Vanneste et al.，2006）并没有给出明确答案。最先对这两个问题做出回应的是两年之后的一篇论文《为什么他们会过度"索取"？因果归因在解释公地和反公地困境下合作水平的角色》（Hiel et al.，2008）。

希尔等（Hiel et al.，2008）沿用了范内斯特等（Vanneste et al.，2006）设计的两个实验情景（木材公司和石油公司），利用心理学中的"归因理论"探寻公地困境和反公地困境下被试者心理反应模式的差异。希尔等（Hiel et al.，2008）实验的被试者是比利时根特大学 200 名选修社会心理学入门课程的大学生（68 名男生，132 名女生），他们的平均年龄接近 20 岁（标准差为 1.8）。该实验采用 2×2×2 的模式：两种困境（公地 - 反公地）、两种行为（合作 - 不合作）、两种情景（石油公司 - 木材公司），最后基于实验数据进行方差分析。

这些"主观心理因素"可分为两大类（亲社会和非亲社会）共六种变量："无知""关心他人""贪婪""公平""效率"和"担心"。其中前四个变量比较好理解，需要解释的是后两个变量。"效率"是指对于社会或集体，而非个体而言资源使用的效率。"担心"包括两个层面：一层是害怕自己成为"冤大头"，它类似于囚徒困境博弈中害怕自己选择"不坦白"却因对方选择"坦白"，而遭受更大损失的担心；另一层是指一般意义上的担忧，诸如担心资源被开发殆尽，担心集体效率和公平得不到保障或者自己遭到报复等。这几个变量之间的相关性如表1所示。

表1 不同心理因素之间的相关性程度

变量	均值	标准差	无知	关心他人	担心	贪婪	效率
无知	2.52	0.68	—				
关心他人	2.39	0.68	0.05	—			
担心	2.82	0.61	0.31*	0.04	—		
贪婪	3.18	0.90	0.03	-0.58*	0.04	—	
效率	3.25	0.63	-0.06	0.62*	0.05	-0.45*	—
公平	3.11	0.71	-0.13	0.69*	0.01	-0.46*	0.65*

注：带"*"号的值表示相关性在 $p < 0.001$ 的条件下显著。
资料来源：根据希尔等（Hiel et al.，2008）第187页内容整理所得。

表1说明，"关心他人""效率"和"公平"之间是高度正相关的，而且这三个变量各自都与"贪婪"表现出很强的负相关性。由于"低贪婪""关心他人""效率"和"公平"这四个因素都是"亲社会"的，且具有高度相关性，因此它们被合成一个名为"亲社会倾向"的综合变量，与"无知"和"担心"并列，再分别考察四种不同情境（自变量）对应的归因度（用所有实验小组的平均值表示）。具体结果如表2所示。

表2 四种不同情境下的归因度

心理	归因度			
	公地＋合作	公地＋不合作	反公地＋合作	反公地＋不合作
亲社会倾向	3.46* (0.46)	2.42* (0.49)	2.62* (0.36)	3.04* (0.41)
无知	2.21* (0.60)	2.62* (0.70)	2.77* (0.67)	2.43* (0.60)
担心	2.64 (0.55)	2.76 (0.60)	3.09* (0.55)	2.78* (0.64)

注：括号内数字表示各归因度对应的方差，带"*"号的值表示在 $p < 0.05$ 的条件下显著。
资料来源：根据希尔等（Hiel et al.，2008）第184～189页整理所得。

以上结果除公地背景下的"担心"之外，都通过了显著性检验。与希尔等（Hiel et al.，2008）相反，保罗等（Paul et al.，1990）得出"担心"是显著的。这是因为"担心"实际上包含两种类别：害怕自己成为"冤大头"的担心和一般性的担心。将这两种"担心"分别进行检验得出的结果都是显著的，然而它们在公地背景下对"合作度"

的影响恰好是相反的,害怕成为"冤大头"的担心倾向于削弱合作,而一般性的担心则有助于促进合作,正是由于正反两种力量相互抵消,才造成希尔等(2008)文章中的"担心"在公地场景下的显著性检验未能通过。作为稳健性分析,还必须考虑被试者自身的合作程度对结果造成偏差的可能性,但是通过将参与者的报价作为方差分析的一个协变量进行检验发现:"在所有情形当中,协变量都没有产生显著影响,$F(1, 191) < 2.07$,在将协变量纳入检验之后所有的影响依然是显著的"(Hiel et al.,2008)。此外,还存在被试者没能像理解"公地困境"那样充分理解"反公地困境"的可能性,但是到希尔(Hiel)等论文发表的2008年,"反公地"理论已经提出10年之久,该理论在西方学术界已经得到相当广泛的传播,这就在较大程度上削弱了这种可能性。再者,两种实验场景"石油公司和木材公司"得到的实验结果都是一致的。故表2结果的可信度是比较高的。

表2中未加粗数据对应的结果与之前文献(如Paul et al.,1990;Hine and Gifford,1996)在方向上是一致的。表格中粗体字部分是希尔等(2008)的"边际贡献",它们表明:在反公地背景下,人的合作与不合作对应的心理因素与公地背景恰好相反。第一,对于"亲社会倾向",在反公地背景下,"不合作"对应的亲社会倾向反而高于"合作"对应的亲社会倾向(3.04 > 2.62)。换言之,在反公地博弈中,与"合作"行为相比,采取"非合作"行为的被试者反而更有可能是那些"关心他人""知足",重视资源使用对于集体而言的"公平"和"效率"的"良民"。这正好印证了范内斯特等(2006)的猜想,"每一个排他者都有可能倾向于将资源视为自己独有的而加以'保护',却忽视了自己的'保护'行为事实上会对其他排他者造成福利损失"。第二,对于"无知"和"担心",被试者在反公地背景下的心理反应与公地困境下也是恰好相反的,反公地背景下的"不合作"对应的"无知"和"担心"程度都比"合作"低(2.43 < 2.77,2.78 < 3.09)。通俗地讲,在反公地博弈中,比之于"不合作",采取"合作"行为的被试者更有可能是那些"无知者"和"不放心者"。

大量研究成果已经证明在社会困境下的合作行为可以用诸如责任、伦理道德等规范性因素来进行解释(如Fleishman,1980;Kerr,1992;Enzle et al,1992;Van Dijk and Wilke,1997;Parks and Rum – ble,2001;Cremer and Lange,2001)。因此,反公地悲剧与公地悲剧下合作与不合作归因相反说明:反公地困境与公地困境所体现出来的社会准则或规范是相反的。即在公地博弈中社会理解的"正义"行为(合作),在反公地博弈中反而可能被视为"非正义"的(不合作);反之亦然。

(三)一个谨慎的结论

通过对有关文献的系统梳理和思考,我们可以做出如下判断:基于对称性假设,利用纯数学或博弈论确实可以推导出公地悲剧与反公地悲剧对称的结论;但是基于相同假设的实验研究却表明,这种对称性很有可能是不成立的——反公地困境下使用不足造成的福利损失可能比公地困境下的过度使用更加严重。

结论的前半部分是肯定的，学术界几乎不存在争议。而后半部分则至少包含两层含义：在实验经济学研究领域，关于公地悲剧与反公地悲剧是否对称存在较大争议，反对对称性的观点可信度更高。这是基于正、反两方面事实的综合考察做出的判断。就"正方"而言：首先，从实验经济学角度支持对称性的文献极少（仅发现一篇，属于个例），而且时间较早；其次，这篇文章只是一份对外公布的"报告"，并非正式刊登于学术期刊的论文，其严谨程度必将大打折扣；再次，尚无证据表明在其观点遭到反驳之后，"正方"做出过回应；最后，虽然始终坚持对称性，但是他们也承认反公地背景下的福利损失可能比纳什经济理论预测得更大（Stewart and Bjornstad，2002）。就"反方"而言：第一，支持非对称性的文献发表时间较晚，可利用的实验工具和手段应当更加可靠；第二，实验类文献持"不对称"观点的并非个例，而是"群体现象"，它们对应的研究成果存在很强的内部一致性和逐步深入的递进关系；第三，实验经济学中反对"对称性"的研究还诉诸了导致"非对称性"的深层次的社会心理学基础，这也是赞成"对称性"的研究所不及的；第四，反公地悲剧理论的主要创立者赫勒本人承认了"反方"的研究成果，接受在实验经济学角度反公地悲剧比公地悲剧更加严重的观点（Heller，2013）。

综上，本文倾向于赞同"反方"的观点，即公地悲剧和反公地悲剧在实验研究中是不对称的——在资源使用者人数相等，资源的物质类型相同等条件下，反公地博弈中个体理性与集体理性的背离程度比公地博弈更大，造成的福利损失更严重。

五、结　语

无论是哈丁的公地悲剧还是赫勒的反公地悲剧都属于外部性、搭便车者问题和集体行动困境等导致的"社会困境"，或者广义上的囚徒困境。但是与通常意义上的囚徒困境相比，它们都具有各自的特殊之处，尤其是反公地悲剧理论的提出，是对既有产权理论和制度经济学的最新补充与发展，具有重要的边际贡献。

首先，撇开"公平"和复杂的价值判断（价值理性），仅就资源使用"效率"（工具理性）的帕累托改进而言，人们始终会面临来自两个方面的问题——资源的"自然属性"和"人的因素"，并在二者之间谋求一个最佳平衡点。可用简单函数，f（资源使用效率）=f（自然属性，人的因素）来表示。自然属性包含许多内容，诸如资源的生化、物理性质，质量和数量等等，但本文考察的侧重点仅在于"有效率的规模"——比如土地需要是连接成片而不是过度分散的细微碎片，基因专利信息是有序相关而非杂乱无章的。假设资源的其他自然属性一致，在特定的技术和经济社会条件下，资源使用必然存在一个理论上的"最佳规模"，过大或过小都会导致无效率，当然现实中面临的问题主要是规模过小。要想达到资源使用的"最优规模"往往意味着需要对诸多破碎化的产权束或资源进行整合，而在这个整合过程中必须充分考虑"人的因素"，除其他因素——诸如人们的"特殊偏好"等——之外主要是指人的机会主义行为倾向，比如公地背景下资源使用者的搭便车行为和外部性问题，反公地背景下人们的"拿乔"问题。此外，要实现对资源的整合或者治理还必须克服"集体行动困境""委托－代理问题"，以及"道德风险"。总之，在现实世界中发挥资源的规模效应（通常需要对破碎化的产权束或资源进行整合）与克服人们的机会主义行为倾向，在一定程度上存在取舍关系。如何进行制度创新，尽可能多地发挥资源的规模效应，并避免个体理性与集体理性的背离以达到激励相容，将是一项值得学者们持续钻研的课题。显然，制度创新与资源类别、资源使用者不同的历史文化背景、特定行为倾向，以及市场和法制的健全程度等因素密切相关，现实问题的解决在很大程度上需要诉诸"具体问题具体分析"（case by case）的研究方法。

其次，公地悲剧和反公地悲剧理论最大的价值在于其预防性警示。比如政府部门在进行产权改革之前应当进行充分论证和调研，以提高政策的预见性和改革的长远意义，尽量从源头上避免资源配置的无效率。实验经济学研究得出在同等条件下，反公地悲剧造成的福利损失很可能比公地悲剧更加严重的结论表明，在产权改革中尤其不能忽视一种不易察觉但客观存在的新困境——反公地悲剧。尽管公地悲剧是显而易见且令人嫌恶的，但是如果为了克服公地悲剧就不顾具体资源属性和社会环境的限制，就一味地主张将资源或产权进行细碎化分割，将有可能导致反公地悲剧，因此这种政策导向对于问题的解决反而是过犹不及的。比如为了"确权"，我国北方某些牧区对牧场进行不恰当的碎片化分割，最终反而导致草场退化的悲剧，这被有些学者称为"围栏的陷阱"（杨理，2010）或"围栏效应"（曾贤刚等，2014），这一结论与奥斯特罗姆等（Ostrom et al.，1999）的研究是一致的。况且破解公地悲剧和反公地悲剧所面临的交易成本往往是不对等的，通常分割产权或资源相对容易，而要将碎片化的产权或资源重新加以整合则成本高昂。

最后，正如"不是所有公地都必然导致悲剧"一样，并非所有的反公地都必然造成悲剧（考虑放松其假设条件）。在某些特殊情况下，当资源或产权束以"碎片"的形式为不同个人或组织所有，反而会使得资源本身的价值大于将其整合成一个整体时，反公地就是一种有效率的制度安排。比如，我国历史上著名的"推恩令"，虽然对于某些别有用心的诸侯王而言可能是反公地悲剧，但是对社会整体而言却属于"反公地喜剧"——避免诸侯势力过大，不受中央节制，甚至叛乱。再比如，在自然资源保护领域，引进相互牵制的反公地机制也可能具有福利改进的效果——通过限制人们的"过度使用"，从而有助于维持物种的多样性和避免对高度稀缺资源的过度消耗。

参 考 文 献

1. 埃莉诺·奥斯特罗姆：《公共事物的治理之道》，上海译文出版社 2012 年版。
2. 巴德·帕金：《微观经济学原理（第四版）》，中国人民大学出版社 2010 年版。
3. 高鸿业：《西方经济学（微观部分）》，中国人民大学出版社 2010 年版。
4. 赫勒：《困局经济学》，机械工业出版社 2009 年版。
5. 考恩塔·巴洛克：《微观经济学：现代原理（第一版）》，上海三联书店 2013 年版。
6. 曼瑟尔·奥尔森：《集体行动的逻辑》，上海人民出版社 1995 年版。
7. 杨理：《中国草原治理的困境：从"公地的悲剧"到"围栏的陷阱"》，载《中国软科学》

2010 年第 1 期。

8. 阳晓伟、庞磊、闭明雄：《哈丁之前的公地悲剧思想研究》，载《河北经贸大学学报》2015 年第 4 期。

9. 阳晓伟、庞磊、闭明雄：《反公地悲剧"问题研究进展》，载《经济学动态》2016 年第 9 期。

10. 曾贤刚、唐宽昊、卢熠蕾：《"围栏效应"：产权分割与草原生态系统的完整性》，《中国人口·资源与环境》2014 年第 2 期。

11. 朱宇江：《"公地悲剧"与"反公地悲剧"对称性论证述评》，《山西大学学报（哲学社会科学版）》2013 年第 3 期。

12. Buchanan, J. M. , & Yong, J. Y. "Symmetric Tragedies: Commons and Anticommons" [J]. Journal of Law and Economics, 2000, 43 (1).

13. Cremer, D. , & Lange, V. "Why Prosocials Exhibit Greater Cooperation Than Proselfs: The Role of Social Responsibility and Reciprocity" [J]. European Journal of Personality, 2001, 15 (S1).

14. Dietz, T. , Dolsak, N. , Ostrom, E. P. , & Stern. The Drama of the Commons [M]. Washington, D. C. : National Academy Press, 2002.

15. Enzle, M. E. , Harvey, M. D. , & Wright, E. F. "Implicit Role Obligations Versus Social Responsibility in Constituency Representation" [J]. Journal of Personality and Social Psychology, 1992, 62 (2).

16. Fleishman, J. A. "Collective Action as Helping Behavior: Effects of Responsibility Diffusion on Contributions to a Public Good" [J]. Journal of Personality and Social Psychology, 1980, 38 (4).

17. Hardin, G. "Commentary: Living on a Lifeboat" [J]. BioScience, 1974, 24 (10).

18. Hardin, G. "Extensions of 'The Tragedy of the Commons'" [J]. Science, New Series, 1998, 280, (5364).

19. Hardin, G. "The Tragedy of the Commons" [J]. Science, 1968 (162).

20. Heller. , M. A. "The Tragedy of the Anticommons: Property in the Transition from Marx to Markets" [J]. Harvard Law Review, 1998, 111 (3).

21. Heller, M. A. , & Eisenberg, R. S. "Can Patents Deter Innovation? The Anticommons in Biomedical Research" [J]. Science, New Series, 1998, 280 (5364).

22. Heller, M. A. "The Tragedy of the Anticommons: A Concise Introduction and Lexicon" [J]. The Modern Law Review, 2013, 76 (1).

23. Hiel, A. V. , Vanneste, S. , & Cremer, D. D. "Why did They Claim Too Much? The Role of Causal Attributions in Explaining Level of Cooperation in Commons and Anticommons Dilemmas" [J]. Journal of Applied Social Psychology, 2008, 38 (1).

24. Hine, D. W. , & Gifford, R. "Individual Restraint and Group Efficiency in Commons Dilemmas: The Effects of Two Types of Environmental Uncertainty" [J]. Journal of Applied Social Psychology, 1996, 26 (11).

25. Kahneman, D. , Knetsch, J. L. & Thaler, R. H. "Anomalies—The Endowment Effect, Loss Aversion, and Status – quo Bias" [J]. Journal of Economics Perspectives, 1991, 5 (1).

26. Kerr, N. L. "Efficacy as a Causal and Moderating Variable in Social Dilemmas" [A]. in W. B. G. Liebrand, D. M. Messick, H. A. M. Wilke (eds.), Social dilemmas: Theoretical Issues and Research Findings [C]. New York: Pergamon, 1992.

27. Ostrom, E. , Burger, J. , Field, C. B. , Norgaard, R. B. & Policansky, D. "Revisiting the Commons: Local Lessons, Global Challenges" [J]. Science, New Series, 1999, 284 (5412).

28. Ostrom, E. , Gardner, R. , & Walker, J. Rules, Games, and Common Pool Resources [M]. Ann Arbor: University of Michigan Press, 1994.

29. Paris, F. , Schulz, N. , & Depoorter, B. "Duality in Property: Commons and Anticommons" [J]. International Review of Law and Economics, 2005 (25).

30. Parks, C. D. , & Rumble, A. C. "Elements of Reciprocity and Social Value Orientation" [J]. Personality and Social Psychology Bulletin, 2001, 27 (27).

31. Paul, A. M. , Lange, V. , & Liebrand, W. B. G. "Causal attribution of Choice Behavior in Three N – person Prisoner's Dilemmas" [J]. Journal of Experimental Social Psychology, 1990 (26).

32. Schulz, N. F. , Parisi, B. & Depoorter. "Fragmentation in Property: Towards a General Model" [J]. Journal of Institutional and Theoretical Economics (JITE) /Zeitschrift für diege-samte Staatswissenschaft, 2002, 158 (4).

33. Stewart, S. , & Bjornstad, D. J. "An experimental Investigation of Predictions and Symmetries in the Tragedies of the Commons and Anticommons" [R]. Technical Report, Joint Institute for Energy and Environment, 2002, No. 07: 1 – 26.

34. Van Dijk, E. , & Wilke, H. "Is It Mine or Is It Ours? Framing Property Rights and Decision Making in Social Dilemmas" [J]. Organizational Behavior and Human Decision Making Processes, 1997, 71 (2).

35. Vanneste, S. , Hiel, A. V. , Parisi, F. , & Depoorte, B. "From 'Tragedy' to 'Disaster': Welfare Effects of Commons and Anticommons Dilemmas " [J]. International Review of Law and Economics, 2006 (26).

排污费征收标准改革是否促进了中国工业二氧化硫减排[*]

郭俊杰　方　颖　杨　阳[**]

【摘　要】利用中国 2007~2014 年各省份二氧化硫（SO_2）排污费征收标准调整这一准自然实验，本文采用倍差法和三重差分法检验了中国排污收费政策的治污效果。研究发现，中国排污收费政策虽然因征收标准偏低、内生执法等问题而广受质疑，但仍具有非常显著的减排效果。提高排污费征收标准能够显著降低单位工业产出污染物的排放，空气中 SO_2 浓度也相对降低。此次排污费征收标准调整并未引起污染转移效应，相应污染企业选择治理污染而不是逃避环境监管。进一步的影响机制分析检验发现，此次排污费征收标准调整不仅促使企业加强了污染末端治理，也激励企业加强前端预防的管控手段，在降低单位工业产出煤炭使用的同时，相应企业的生产工艺也得到了显著改善。

【关键词】排污收费政策；倍差法；减排；污染转移

一、引　言

改革开放以来，中国经济长期保持高速增长，各项建设取得了举世瞩目的成就，但同时也付出了巨大的环境代价。经济发展与环境保护的矛盾日趋尖锐。根据世界银行 2016 年发布的一项研究报告（World Bank，2016），由空气环境污染导致的中国福利损失达到国内生产总值（GDP）的 10.9%。中国环境保护部发布的《2015 中国环境状况公报》显示 2015 年中国 265 个城市空气质量污染超标，占比为 78.4%，出现酸雨的城市比例达到 40.4%。针对全国地下水水质监测评价结果显示，水质较差和极差级别的监测井（点）比例分别达到 42.5% 和 18.8%。对于中国环境污染的影响因素，已有众多文献从多个角度进行了研究，包括经济增长（包群和彭水军，2006；Shen，2006）、外商投资（Bao et al.，2011；许和连和邓玉萍，2012；Bai and Lyu，2015）、对外贸易（Dean et al.，2009；Jayanthakumaran and Liu，2012；谢锐和赵果梅，2016；杨子晖和田磊，2017）以及环境管制（李永友和沈坤荣，2008；张成等，2011；包群等，2013）等，但排污收费政策作为中国环境政策体系中最为重要的一项环境经济政策，其治污效

* 作者感谢国家杰出青年科学基金（71625001）和国家自然科学基金重点项目（71631004）的研究资助。感谢匿名审稿人的宝贵意见！当然文责自负。原文发表于《世界经济》2019 年第 1 期。

** 郭俊杰，厦门大学王亚南经济研究院；方颖（通讯作者），厦门大学王亚南经济研究院和经济学院；杨阳，加州大学圣迭戈分校政治科学系。

果仍有待进一步的研究。

排污费或排污税制度虽然在发达国家取得了显著的治污效果（Brown and Johnson，1984；Bongaerts and Kraemer，1989），在发展中国家却普遍存在"内生执法"[①] 问题（Pargal and Wheeler，1996；Hettige et al.，1996；Hartman et al.，1997）。作为最大的发展中国家，中国早在1979年就从法律上确立了排污收费制度，并开始试点征收排污费，然而各省之间排污费实际征收率有显著的差异，因其受到地方经济发展状况以及环境质量的影响而同样存在内生执法问题（Wang and Wheeler，2000；Chen et al.，2014；Maung et al.，2016），同时由于较低的征收标准及地方保护主义，中国排污收费制度的治污效果也广受质疑（Florig et al.，1995；Sinkule and Ortolano，1995；Fujii and Managi，2013）。

2007年5月国务院发布《节能减排综合性工作方案》（以下简称《方案》），要求各省份按照补偿治理成本原则，提高排污单位排污费征收标准，将 SO_2 排污费从原来的每公斤0.63元分3年提高到每公斤1.26元，在原有基础上将 SO_2 排污费征收标准（以下简称排污费标准）提高一倍，部分省份陆续进行了相应调整。然而对于这次排污费标准的重大调整，却缺乏相应治理效果的经验研究。本文利用此次各省份排污费标准调整，构建了省级面板数据，基于倍差法考察了中国排污收费政策的治污效果。在评估中国排污收费政策的治污效果时采用排污费标准调整这一准自然实验，具有如下优势：

首先，现有关于中国排污收费政策治污效果的研究中，部分学者通过估计企业减排成本（Dasgupta et al.，2001）或构建排污收费标准改革的 CGE 模型（张友国和郑玉歆，2005）来评估排污收费政策的治污效果，而在经验分析中，大部分学者采用排污费实际征收率指标来评估治污效果（Wang and Chen，1999；Wang，2000；Wang and Wheeler，2000）。在回归方程中使用该指标的主要问题在于无法有效控制实际征收率的内生性问题。根据王和惠勒（Wang and Wheeler，2000）的研究，中国环境政策的执行具有明显的选择性执法问题，也就意味着排污费实际征收率和环境污染情况同时受到经济、政策及其他多种因素的共同影响。例如，排污费实际征收率和环境污染情况会同时受到经济发展情况的影响。在地方官员晋升锦标赛模式下（周黎安，2007），经济发展成为地方政府最重要的政策目标，来自地方政府的压力也使得各地方环保机构在实际执法过程中存在很大差异，从而导致排污费实际征收率受经济发展情况的影响（Wang and Wheeler，2000；Chen et al.，2014）。根据包群和彭水军（2006）、沈（Shen，2006）、王敏和黄滢（2015）的研究，环境污染情况也同样遭受来自经济增长方面的影响。此外，环境污染情况和排污费实际征收率之间也存在相互影响关系（Wang and Wheeler，2000）。从2007年开始的排污费标准调整则为我们考察排污收费政策的治污效果提供了一个新的视角。由于在2015年以前只有部分省份调整了排污费标准，这为我们的研究提供了一个极好的准自然实验。

其次，利用这次排污费标准调整，通过比较处理组和参照组 SO_2 排放情况，我们可

---

① 即统一设计的污染税的实际征收税率受到经济发展状况和环境质量等因素的影响。

以在一定条件下准确识别排污收费政策的治污效果。在各国排污收费政策实践中都没有使用单一的治理工具，而常常是组合使用多种工具，中国也不例外。将排污收费政策的治污效果从其他环境管制工具的治污效果中识别出来存在很大难度，经济发展情况、贸易开放程度、污染治理投资以及其他众多影响环境污染的不可观测因素加剧了政策效果评估的难度。在排污费标准调整下，借助倍差法这一有力工具，通过比较处理组和参照组的排污变化，我们能够较好地控制可观测和不可观测因素的影响，从而识别排污收费政策的治污效果。

具体地，我们收集了 2007～2014 年各省份 SO_2 排污费征收标准调整信息，通过构建省级面板数据，采用倍差法评估排污费标准调整对 SO_2 排放的治理效果。以单位工业总产值 SO_2 排放量为因变量，我们发现提高排污费标准能够显著减少 SO_2 的排放，在控制了协变量和非线性时间趋势的交互影响后，结论依然稳健。由于 SO_2 排污费的征收对象是工业企业排放的工业 SO_2，针对生活 SO_2、工业烟（粉）尘的回归结果显示提高排污费标准对这些污染物的减排作用有限，因而从侧面进一步支持我们的研究结论。此外，由于各省份排污费调整时间可能受地方政府污染治理决心的影响，我们以工业烟（粉）尘作为参照组进行三重差分检验，结果显示结论依然稳健。采用空气中 SO_2 浓度数据的检验结果显示此次排污费调整显著降低了空气中 SO_2 的浓度，不同来源数据的检验结果也交叉验证了我们的结论。

在影响机制方面，我们分别对企业加强前端预防的管控手段和进行污染末端治理两种治污途径进行检验，发现提高排污费标准不仅促使企业加强了污染末端治理，还为企业加强前端预防的管控手段提供了经济激励，使企业降低单位工业产出煤炭的使用及改进生产工艺，并获得了显著的减排效果。

本文不仅为排污收费政策的治污效果评估提供了新的经验证据，也为环境税的开征以及节能减排政策目标的实现提供了政策参考。本文余下部分的安排为：第二部分是排污收费制度的理论基础与中国排污收费政策；第三部分是数据、计量模型和识别策略；第四部分是经验分析；第五部分是影响机制检验分析；最后为总结性评论。

二、排污收费制度的理论基础与中国排污收费政策

排污收费制度是政府按照污染排放造成的环境外部损失征收费用，进而实现排污单位环境外部成本内部化的途径和手段。针对企业环境污染带来的负外部性，庇古（Pigou，1920）提出对企业的排污行为征税，使税收恰好等于排污行为的边际外部成本，以矫正企业的排污成本，使外部成本内部化，这种税被称为"庇古税"，这也是排污费的来源。庇古税能使污染减少至帕累托最优水平。排污者权衡保持现有排污水平所支付的税收和减少排污所承担的减排成本，当税率高于边际减排成本时，出于成本最小化考虑，排污者会减少污染排放，直至二者相等达到污染最优水平。

排污收费制度最早于 20 世纪 70 年代初在经济合作与发展组织（OECD）国家产生。借鉴发达国家环境管理的经验，中国最早在 1979 年 9 月颁布了《中华人民共和国环境

保护法（试行）》，从法律上确立了中国的排污收费制度，并在部分省（市区）试行征收排污费。2003 年 3 月国务院颁布《排污费征收使用管理条例》（以下简称《条例》），开始建立污染物排放总量收费制度。《条例》明确规定将原来的污水、废气超标单因子收费改为按污染物的种类、数量以污染当量为单位实行总量多因子排污收费。同年，国家发展计划委员会、财政部、国家环境保护总局和国家经济贸易委员会共同发布的《排污费征收标准管理办法》要求 SO_2 排污费征收标准在 2005 年 7 月 1 日前提高到 0.63 元每千克。虽然排污费征收标准在此次改革中得到适当提高，但仍然偏低。理论上，最优收费标准应该与平均边际治理成本相等，但考虑到企业承受能力，并没有按照补偿治理成本原则征收排污费，而是实行减半征收。排污费征收标准是整个排污收费制度的关键要素，直接决定了企业是否采取污染治理措施。由于排污费征收标准仅为企业污染治理设施运转成本的 50%，对排污者的污染治理激励作用有限，甚至造成部污者宁可缴纳排污费也不去治理污染（董战峰等，2010）。

随着经济的发展，环境污染问题也越来越突出，面对严峻的环境形势，《中华人民共和国国民经济和社会发展第十一个五年规划纲要》明确提出了"十一五"期间单位国内生产总值能耗降低 20% 左右，主要污染物排放总量减少 10% 的约束性指标。为完成"十一五"期间的节排目标，《方案》在原有基础上将 SO_2 排污费标准提高一倍。

《方案》发布之后，各省份 SO_2 排污费征收标准调整情况如表 1 所示。在这一政策下，江苏省率先在 2007 年 7 月 1 日调整了排污费标准。在 2015 年前，一共有 15 个省份陆续全面调整了排污费标准。此外，山西和黑龙江则只是针对未完成烟气脱硫设施建设或 SO_2 超放的企业调整了排污费标准，因此本文并未将其作为处理组。除北京外，其他地区都将排污费标准提高了一倍。2014 年 9 月国家发展和委员会、财政部、环境保护部联合发布了《关于调整排污费征收标准等有关问题的通知》，要求各省份在 2015 年 6 月底前将 SO_2 费征收标准调整至不低于每千克 1.26 元，从而全国其他省份也陆续从 2015 年开始全面调整排污费标准。

表 1　　　　　　　　　部分省份 SO_2 排污费征收标准调整情况　　　　单位：元/千克

省份	开始调整时间	调整前	调整后
江苏	2007 年 7 月 1 日		1.26
安徽	2008 年 1 月 1 日		1.26
河北	2008 年 7 月 1 日	0.63	1.26
山东	2008 年 7 月 1 日		1.26
内蒙古	2008 年 7 月 10 日		1.26
广西	2009 年 1 月 1 日		1.26

续表

省份	开始调整时间	调整前	调整后
上海	2009 年 1 月 1 日		1.26
云南	2009 年 1 月 1 日		1.26
广东	2010 年 4 月 1 日		1.26
辽宁	2010 年 8 月 1 日		1.26
天津	2010 年 12 月 20 日	0.63	1.26
新疆	2012 年 8 月 1 日		1.26
北京	2014 年 1 月 1 日		10
宁夏	2014 年 3 月 1 日		1.26
浙江	2014 年 4 月 1 日		1.26

排污收费政策作为中国最重要的一项环境经济政策，理论上只有排污费的征收对企业经营绩效产生足够影响时，才能够改变企业的行为，激励企业进行污染治理。通过匹配国家重点监控企业排污费数据和工业企业数据库，郭俊杰和方颖（2018）发现在排除极端值和负利润的影响后，排污费与企业税前利润的比值达到 0.12，高污染企业的排污费对企业的经营绩效有重要影响，相当于企业的另一重负。我们将利用此次排污费标准的调整，检验中国排污收费政策的治污效果。

三、数据、计量模型与识别策略

（一）数据与主要变量

由于中国从 2003 年 7 月开始实行污染物排放总量收费制度，并在 2015 年开始全国范围调整 SO_2 排污费征收标准，因此我们构建了 2004～2014 年省级层面的面板数据[①]。主要变量的描述性统计如表 2 所示。

[①] 由于缺少城市层面的污染治理投资、各工业行业企业数、工业总产出、生活 SO_2 数据以及燃煤消费等数据，我们选择省级层面数据进行回归检验，同时我们也采用城市层面空气中 SO_2 浓度数据对基本回归结果进行检验。

表 2 主要变量描述性统计

变量	观测值	均值	标准差	最小值	最大值
PDS	334	0.216	0.412	0	1
单位工业总产值工业 SO_2 排放（千克/万元）	334	9.718	11.530	0.415	57.828
制造业增加值占 GDP 比重	334	0.403	0.085	0.072	0.530
服务业增加值占 GDP 比重	334	0.410	0.082	0.283	0.779
废气治理投资占 GDP 比重对数值	334	−7.347	0.979	−11.901	−4.830
实际人均 GDP（万元/人）	334	2.502	1.589	0.432	8.390
对外贸易占 GDP 比重	334	0.091	0.131	0.002	0.754
总人口对数值	334	43.514	26.675	3.030	107.240
GDP 增长率	334	0.162	0.059	0.006	0.323
空气中 SO_2 浓度对数值	2893	2.998	0.753	0.170	4.186
高 SO_2 排放行业企业数对数值	1263	5.178	1.382	0.000	8.506
高 SO_2 排放行业工业总产出对数值	1263	6.153	1.371	−1.171	9.371
高 SO_2 排放行业新增工业用地数对数值	1464	1.041	1.485	0.000	6.306
高 SO_2 排放行业新增工业用地面积对数值	1464	1.785	2.341	0.000	8.130
煤炭燃烧产生工业 SO_2 去除率	210	0.324	0.197	0.000	0.761
单位工业总产值煤炭使用量（吨/万元）	330	1.366	1.316	0.146	6.678
生产工艺中单位工业总产值 SO_2 产生量（千克/万元）	210	7.123	10.008	0.091	48.642
单位工业总产值工业 SO_2 产生量（千克/万元）	334	19.307	19.386	1.108	91.317

针对主要污染排放强度变量，我们在 1% 及 99% 水平上进行了缩尾处理。本文中所有废气污染物排放数据来自《中国环境统计年鉴》，废气治理投资、人均 GDP、对外贸易总量、GDP 增长率以及工业增加值数据来自国家统计局，而工业总产值及总人口数据来自司尔亚司数据信息有限公司（CEIC）中国经济数据库。在计算人均实际 GDP 过程中，我们参考司春林等（2002）的方法计算 GDP 平减指数。

（二）计量模型与指标选取

为了识别排污收费政策的治污效果，我们利用 2007～2014 年各省份排污费标准调整在时间和地点上的差异，采用倍差法进行估计，基准模型如下：

$$Y_{pt} = \beta \cdot PDS_{pt} + \delta^T \cdot Control_{pt} + \alpha_p + \gamma_t + \varepsilon_{pt} \tag{1}$$

其中，p 和 t 分别表示省份和年份；因变量 Y_{pt} 表示单位工业总产值工业 SO_2 排放量；α_p 是省份固定效应，用以控制所有可能影响因变量同时不随时间变化的区域特征，如省内属于酸雨控制区的面积，属于 SO_2 污染控制区的面积等；γ_t 表示年份固定效应，用以控制固定年份发生在全国范围的一些冲击的影响，如 2008 年全球金融危机所带来的影响；ε_{pt} 是残差项。

在基准模型中，PDS_{pt} 是我们的关键自变量，表示具体省份排污费标准调整状况。对处理组省份且 $t \geq t_{p0}$ 时，PDS_{pt} 取值为 1，否则取值为 0。t_{p0} 表示在这次改革中省份 p 调整排污费标准的年份；如果改革发生在当年 7 月之后，则 t_{p0} 表示改革年份的下一年。

为尽量减少其他潜在影响因素的遗漏对估计结果产生的影响，参考包群和彭水军（2006）与包群等（2013）的已有研究，我们在 $Control_{pt}$ 中还控制了废气治理投资占 GDP 比重、制造业增加值占 GDP 比重、服务业增加值占 GDP 比重、GDP 增长率、人均实际 GDP、对外贸易占 GDP 比重以及总人口对数值。

（三）识别假设及检验

为准确识别排污费标准提高对 SO_2 排放的影响，倍差法要求处理组在没有接受处理的情况下，应该与参照组具有一致的 SO_2 排放时间变化趋势。如果排污费标准的提高在各省份之间不是随机的，则这一识别假设也将受到威胁，从而标准提高后处理组与参照组 SO_2 排放增长差异可能来自各省份其他因素差异的影响。因此，我们首先对可能同时影响 SO_2 排放量及各省份提高标准决策的潜在因素进行讨论。《方案》要求"十一五"期间 SO_2 排放总量减少 10%，这就意味着 SO_2 排放量及其排放增长趋势都有可能影响各省份排污费标准的调整决策。此外，由于标准的提高可能对当地企业乃至地方经济短期内产生一定的负面影响，而地方经济发展状况对地方官员的仕途升迁具有重要影响（周黎安，2007；姚洋和张牧扬，2013），从而地方经济发展状况也可能对政府提高排污费标准的决策产生影响。

排污费标准提高决策潜在影响因素在处理组和参照组间的对比情况如表 3 所示。

表 3　　　　　　　　　　　平衡性检验

变量	处理组	参照组	差异
潜在影响因素			
GDP 增长率（2004～2006 年）	0.187 (0.006)	0.177 (0.005)	0.010 (0.008)
SO$_2$ 增长率（2005～2006 年）	0.071 (0.018)	0.133 (0.039)	-0.062 (0.043)
工业 SO$_2$ 增长率（2005～2006 年）	0.076 (0.022)	0.125 (0.036)	-0.049 (0.043)
单位工业总产值工业 SO$_2$（2004～2006 年）	15.972 (2.495)	20.713 (2.101)	-4.741 (3.262)
其他控制变量			
制造业增加值占比（2004～2006 年）	0.410 (0.012)	0.363 (0.015)	0.047 ** (0.019)
服务业增加值占比（2004～2006 年）	0.417 (0.013)	0.397 (0.007)	0.020 (0.015)
废气治理投资占比（2004～2006 年）	-7.133 (0.111)	-7.126 (0.143)	0.007 (0.181)
人均实际 GDP（2004～2006 年）	2.098 (0.191)	1.052 (0.045)	1.046 *** (0.196)
对外贸易占比（2004～2006 年）	0.257 (0.035)	0.070 (0.010)	0.187 *** (0.036)
总人口对数值（2004～2006 年）	44.681 (4.203)	38.768 (3.613)	5.913 (5.543)

注：括号内为标准误。** 、** * 分别代表在 10%、5% 和 1% 的显著性水平。

　　由于处理组中江苏在 2007 年 7 月就开始提高排污费标准，我们通过对比处理组和参照组在 2004～2006 年单位工业总产值工业 SO$_2$ 排放量以及 2005～2006 年 SO$_2$ 增长率和工业 SO$_2$ 增长率来进行平衡性检验。我们发现无论是 SO$_2$ 增长率、工业 SO$_2$ 增长率还是单位工业总产值工业 SO$_2$ 排放量，处理组和参照组都没有显著差异。对经济发展情况的影响，我们通过对比处理组和参照组 2004～2006 年 GDP 增长率来进行检验。我们发现 GDP 增长率在处理组和参照组中的差异也不显著。因此，SO$_2$ 排放和经济发展情况的检验结果符合我们的识别假设。

为尽量减少其他潜在因素带来的影响，我们还对比了 2004～2006 年其他因素在处理组和参照组中的差异，包括制造业增加值占 GDP 比重、服务业增加值占 GDP 比重、废气治理投资占 GDP 比重对数值、人均实际 GDP、对外贸易占 GDP 比重以及人口规模。我们发现对于服务业增加值占 GDP 比重、废气治理投资占 GDP 比重以及总人口规模，处理组和参照组并没有显著差异，但对于人均实际 GDP、对外贸易占比及制造业增加值占 GDP 比重，处理组都要显著高于参照组。

根据安格瑞斯特和皮施克（Angrist and Pischke，2009）的研究，使用倍差法的前提是满足平行趋势假定，即处理组在没有接受处理的情况下，因变量应该与参照组具有一致的时间变化趋势。然而，当因变量的影响因素及其时间变动趋势在处理组和参照组之间存在差异时，会导致因变量的变动趋势也出现差异，从而对平行趋势假定构成威胁。鉴于表 3 的平衡性检验结果，为满足平行趋势假定，我们增加了拓展模型（2）和模型（3）两种不同的计量模型设定，以对因变量影响因素及其变动趋势进行控制。

$$Y_{pt} = \beta \cdot PDS_{pt} + \delta^{T} \cdot Control_{pt} + \theta^{T}(Controlpt \times f(T)) + \alpha_{p} + \gamma_{t} + \varepsilon_{pt} \qquad (2)$$

其中，f(T) 表示时间趋势 T 的三阶多项式函数。在回归中，我们分别采用时间趋势 T 的 1～3 阶项与控制变量进行交乘。其中，针对控制变量对因变量的影响，本文通过引入时间趋势的 2 次、3 次项以给予更为灵活的时间趋势假定。模型（3）中我们采用了控制变量与年份哑变量的交乘项：

$$Y_{pt} = \beta \cdot PDS_{pt} + \delta^{T} \cdot Control_{pt} + \psi^{T}(Control_{pt} \times \gamma_{t}) + \alpha_{p} + \gamma_{t} + \varepsilon_{pt} \qquad (3)$$

为了进一步检验上述识别结论，我们还做了其他一系列稳健性检验，包括通过检验 SO_2 排污费标准调整对生活 SO_2 排放、工业烟（粉）尘的影响进行安慰剂检验，同时我们将单位工业总产值工业 SO_2 排放量指标替换成单位工业增加值工业 SO_2 排放量进行稳健性检验，增加控制变量以及对工业总产值进行价格调整。考虑到处理组各省份进行排污费征收标准调整的时间可能并不随机，我们添加工业烟（粉）尘作为参照组进行三重差分回归检验，以期在一定程度上缓解可能存在的内生性问题对识别结论的干扰。此外，我们还检验了美国国家航空航天局（NASA）统计的空气中 SO_2 浓度数据，通过不同来源数据进行交叉检验以获得更加稳健的识别结论。

四、经验分析结果

（一）SO_2 排污费标准提高的减排效果

排污费标准提高对工业 SO_2 排放的影响如表 4 所示。第（1）列为基准模型（1）的回归结果，关键自变量 PDS 的系数为 -1.90，并在 10% 水平上显著。拓展模型（2）、模型（3）的回归结果见第（2）、第（3）。拓展模型（2）的 PDS 的系数值为 -2.62，比基准模型在统计上更显著。拓展模型（3）的回归结果也与模型（2）基本一致，表明回归中确实需要对控制变量的时间变化趋势进行控制。表4的回归结果表明排污费标准提高能显著降低工业 SO_2 的排放强度。在回归中我们对标准误进行了稳健性修正（后同）。

表4　　　　　　　　SO_2 排污费征收标准提高的减排效果分析

变量	（1）	（2）	（3）
PDS	- 1. 895 * （1. 071）	- 2. 620 *** （0. 986）	- 2. 893 ** （1. 142）
其他控制变量	控制	控制	控制
年份固定效应	控制	控制	控制
省份固定效应	控制	控制	控制
其他控制变量 × T		控制	
其他控制变量 × T²		控制	
其他控制变量 × T³		控制	
其他控制变量 × 年份哑变量			控制
样本数	334	334	334
调整后的 R²	0. 847	0. 903	0. 892

注：括号内为标准误。*、**、*** 分别代表在10%、5%和1%的显著性水平。

从影响程度上看，我们以拓展模型（2）的回归结果为例，2004～2006年排污费调整之前单位工业总产值工业 SO_2 排放均值为18.74千克/万元，相对参照组，排污费标准的提高导致处理组省份 SO_2 排放强度平均下降了2.62千克/万元，占该均值的13.98%，表明排污费标准的提高具有明显的治污效果。

（二）稳健性检验

在之前的分析中，我们针对可能影响排污费标准调整决策的潜在因素进行了平衡性检验，并在回归中控制了这些因素及其与时间趋势的交乘项。为证实排污费的提高对 SO_2 有减排作用，并对识别结论进行检验，我们分别针对生活 SO_2、工业烟（粉）尘进行安慰剂检验。在统计实践中，各省份 SO_2 排放量不仅包括工业 SO_2，还包括生活 SO_2，而 SO_2 排污费征收对象是企业排放的工业 SO_2。理论上 SO_2 排污费征收标准的提高主要对工业 SO_2 的排放产生影响，而不会影响生活 SO_2 的排放，同时对工业烟（粉）尘的排放影响也应该有限。

针对生活 SO_2 的检验结果如表5第（1）至第（3）列所示，因变量是单位工业

总产值生活 SO_2 排放量。我们发现无论是基准模型（1）还是拓展模型（2）、拓展模型（3），PDS 的系数在统计上都不显著。针对生活 SO_2 的检验结果支持我们的识别结论。

表5　　安慰剂检验：排污费调整对生活 SO_2、工业烟（粉）尘的影响

变量	单位工业总产值生活 SO_2 排放			单位工业总产值工业烟（粉）尘排放		
	（1）	（2）	（3）	（4）	（5）	（6）
PDS	0.024 (0.459)	−0.592 (0.600)	−0.447 (0.705)	−1.076 (1.165)	−1.825* (1.069)	−1.975 (1.265)
其他控制变量	控制	控制	控制	控制	控制	控制
年份固定效应	控制	控制	控制	控制	控制	控制
省份固定效应	控制	控制	控制	控制	控制	控制
其他控制变量 ×T		控制			控制	
其他控制变量 ×T²		控制			控制	
其他控制变量 ×T³		控制			控制	
其他控制变量 × 年份哑变量			控制			控制
样本数	334	334	334	334	334	334
调整后的 R^2	0.613	0.715	0.672	0.808	0.856	0.833

注：括号内为标准误。*代表在10%的显著性水平。

　　针对工业烟（粉）尘的检验结果见表5第（4）至第（6）列。其中，因变量是单位工业总产值工业烟（粉）尘排放量。我们发现在3种回归模型下，PDS 的系数都为负，但只有拓展模型（2）在10%水平上显著。这一方面说明 SO_2 排污费征收标准的提高主要对工业 SO_2 的排放产生减排作用，对工业烟（粉）尘的排放影响有限；另一方面也表明该项政策对工业烟（粉）尘的排放存在微弱的溢出效应，即企业在采取措施对 SO_2 进行治理的同时，在一定程度上也减少了工业烟（粉）尘的排放。

　　此外，根据李永友和沈坤荣（2008）的研究，外商直接投资和环境立法等因素都会对环境质量产生影响。因此，我们在原有控制变量的基础上，增加外商投资占 GDP 比重、地方政府颁布的环境法规数以及环保系统人员数对数值，对原有结果进行重新检验。需要说明的是，地方政府颁布的环境法规数变量缺失2011年数据。我们尝试将因变量由单位工业总产值工业 SO_2 排放量替换为单位工业增加值工业 SO_2 排放量。同时，考虑到价格因素可能带来的影响，我们将工业总产值通过 GDP 平减指数调整为不变价格工业总产值（以2004年为基期）并重新进行检验。相应的检验结果如表6所示，我

们的识别结论依然成立。

表6　　　　增加控制变量、采用单位工业增加值工业 SO_2
排放量及价格因素调整检验

变量	增加控制变量			更换排污强度度量指标			价格因素		
PDS	-2.133 * (1.109)	-2.407 ** (0.964)	-3.015 ** (1.301)	-3.096 * (1.789)	-4.429 *** (1.657)	-5.066 *** (1.891)	-1.778 * (1.051)	-2.344 ** (1.011)	-2.556 ** (1.169)
其他控制变量	控制	控制	控制	控制	控制	控制	控制	控制	控制
年份固定效应	控制	控制	控制	控制	控制	控制	控制	控制	控制
省份固定效应	控制	控制	控制	控制	控制	控制	控制	控制	控制
其他控制变量×T		控制			控制			控制	
其他控制变量×T²		控制			控制			控制	
其他控制变量×T³		控制			控制			控制	
其他控制变量× 年份哑变量			控制			控制			控制
样本数	303	303	303	334	334	334	334	334	334
调整后的 R²	0.860	0.914	0.899	0.850	0.907	0.900	0.888	0.923	0.914

注：括号内为标准误。 * 、 ** 、 *** 分别代表在10%、5%和1%的显著性水平。

（三）三重差分检验

在以上检验中，我们采用倍差法检验了排污费标准翻倍调整的减排效应。虽然我们在回归前进行了平衡性检验，但各省份实施排污费征收标准调整的时间可能并不随机，容易受到地方政府对环境污染治理决心的影响，而地方政府对环境污染的治理决心往往会体现在污染治理力度上。考虑到以上回归检验中控制变量可能不能完全测度地方政府污染治理力度，我们增加工业烟（粉）尘排放强度作为参照组进行三重差分检验。地方政府对污染的治理力度会同时体现在工业 SO_2 和工业烟（粉）尘上，通过增加工业烟（粉）尘排放强度作为参照组，我们能够较好地将排污费标准提高的减排效应从总体治污力度的减排作用中识别出来。三重差分的检验结果如表7所示，污染类型变量Ptype 取值为1 表示工业 SO_2，取值为0 表示工业烟（粉）尘。关键自变量 PDS × Ptype 的系数显著为负，从而进一步支持我们的识别结论。

表7 三重差分检验结果

变量	（1）	（2）	（3）
PDS × Ptype	-1.817^{*} （1.032）	-2.320^{***} （0.882）	-2.393^{***} （0.912）
Ptype	控制	控制	控制
其他控制变量	控制	控制	控制
年份固定效应	控制	控制	控制
省份固定效应	控制	控制	控制
Ptype × 年份固定效应	控制	控制	控制
Ptype × 省份固定效应	控制	控制	控制
其他控制变量 × T		控制	
其他控制变量 × T^2		控制	
其他控制变量 × T^3		控制	
其他控制变量 × 年份哑变量			控制
样本数	668	668	668
调整后的 R^2	0.843	0.892	0.889

注：括号内为标准误。* 、** 、*** 分别代表在 10% 、5% 和 1% 的显著性水平。

在使用倍差法的经验分析中，可能存在的序列相关会引起标准误偏差，导致回归检验过度拒绝零假设（Bertrand et al.，2004）。为了获得更加稳健的检验结果，我们参照切蒂等（Chetty et al.，2009）和拉费拉拉等（La Ferrara et al.，2012）采用非参换检验的方法进行安慰剂检验。具体地，针对每一年进行排污费标准调整的省份数量，我们对所有省份进行不重复随机抽样，将抽中的省份作为虚拟处理组进行安慰剂检验，将这个过程重复 1000 次，获得 1000 个 PDS × Ptype 的回归估计系数。如果说排污费标准的提高确实对工业 SO_2 具有显著的减排作用，那么表 7PDS × Ptype 系数应该位于置换检验中系数分布的低尾位置。由于非参换检验并没有对残差做任何分布假设，从而避免了参数检验中 t 检验的过度拒绝零假设偏差问题。

我们以拓展模型（2）的检验结果为例，安慰剂检验对应的 PDS × Ptype 系数概率密度分布如图 1 中虚线所示，系数均值为 -0.034，标准差为 0.749。实线为正态分布，显然安慰剂检验中的系数概率密度分布近似以 0 为中心的正态分布。图中的垂直线表示表 7 第（2）列回归中 PDS × Ptype 的估计系数。令 F（λ）表示经验概率累积分布函数，则 F（λ）给出了 λ = 0 假设对应的 p 值（Chetty et al.，2009）。在我们的检验中，λ = -2.320，对应 F（-2.320）<0.002，表明排污费标准的提高确实对工业 SO_2 具有显著

的减排作用[①]。

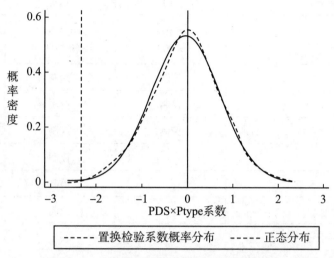

图1　安慰剂检验系数经验累积分布

注：图中的垂直线表示表7第（2）列回归中 PDS × Ptype 的估计系数。

（四）排污费征收标准提高对空气中 SO_2 浓度影响

通过以上检验，我们发现排污费标准的提高具有显著的减排效果。在此，我们将检验排污费标准的提高对空气中 SO_2 浓度的影响。我们采用 2004~2014 年城市层面的空气中 SO_2 浓度数据对此进行检验。由于来自统计局的空气污染数据只覆盖 113 个城市，样本只到 2010 年，并且该数据容易受到人为操纵（Ghanem and Zhang，2014），我们采用美国国家航空航天局（NASA）测度的中国空气中 SO_2 浓度数据进行检验。该数据通过基于卫星的气溶胶光学厚度反演技术测度，可以覆盖整个中国及所有时段。使用 NASA 数据还有一个优点，就是可以采用不同来源的数据进行交叉验证。检验结果如表 8 所示，因变量为 SO_2 浓度对数值，关键自变量 PDS 的估计系数都显著为负。以拓展模型（2）的回归结果为例，PDS 的估计系数为 -0.013，在 1% 水平上显著为负，表明排污费征收标准的提高导致处理组城市空气中 SO_2 浓度相对降低了 1.3%。表 8 的检验结果表明排污费标准的提高通常影响企业排污行为，显著促进了空气中 SO_2 浓度的下降。

---

① 针对基准模型和扩展模型（3）的检验结论与模型（2）一致。

表 8   NASA – AOD 数据检验结果

变量	（1）	（2）	（3）
PDS	– 0.016*** (0.003)	– 0.013*** (0.003)	– 0.012*** (0.003)
其他控制变量	控制	控制	控制
年份固定效应	控制	控制	控制
城市固定效应	控制	控制	控制
其他控制变量×T		控制	
其他控制变量×T^2		控制	
其他控制变量×T^3		控制	
其他控制变量×年份哑变量			控制
样本数	2 893	2 893	2 893
调整后的 R^2	0.996	0.996	0.997

注：括号内为标准误。***代表在1%的显著性水平。

（五）污染转移效应分析

在之前的回归分析中，虽然我们采用了不同的计量模型设定并做了一系列稳健性检验，以期更加稳健地识别出排污费标准提高对 SO_2 排放的影响，但这些检验仍然不能排除污染转移效应对识别结论的影响。沈坤荣等（2017）研究发现中国存在环境管制引发污染就近转移的现象。地方政府提高排污费标准，可能导致高 SO_2 排放企业出于经济利益考虑迁出处理组省份，这将导致高 SO_2 排放企业趋向集中于参照组省份，从而导致排污费标准提高后相对参照组处理组省份 SO_2 排放强度降低。

为检验排污费标准提高是否会引发污染转移现象，我们选取国务院 2007 年发布的《关于印发节能减排综合性工作方案的通知》所列示的占全国工业能耗和 SO_2 排放近 70% 的电力、钢铁、有色、建材、石油加工和化工六大行业作为我们的检验对象。如果改革后污染转移效应确实存在，则首先会对相应省份高 SO_2 排放行业的企业数量及工业产出产生影响，进而对相应省份单位工业总产值 SO_2 排放量产生影响。因此，我们针对样本中的六大行业分别以企业数量对数值及工业总产出对数值作为因变量进行回归检验，以检验排污费标准调整是否引起污染转移效应。以上六大行业企业数及工业总产出数据来自《中国工业统计年鉴》，由于数据限制，我们只获得了 2005～2011 年的样本。

针对六大高 SO_2 排放行业的回归检验结果如表 9 所示。第（1）～（3）列因变量是各行业中企业数量对数值，第（4）～（6）列因变量是各行业工业总产出对数值，在原有模型基础上，我们同时控制了行业固定效应。我们发现无论是企业数量还是工业总产出，三种模型下 PDS 的系数都不显著，这在一定程度上说明排污费标准的提高并没有引起污染转移现象。

表 9　　　　　　六大高 SO_2 排放行业企业数及工业总产出检验结果

变量	企业数量（对数值）			工业总产出（对数值）		
	（1）	（2）	（3）	（4）	（5）	（6）
PDS	0.018 (0.064)	0.001 (0.068)	0.007 (0.072)	0.016 (0.070)	0.018 (0.074)	0.030 (0.081)
其他控制变量	控制	控制	控制	控制	控制	控制
年份固定效应	控制	控制	控制	控制	控制	控制
省份固定效应	控制	控制	控制	控制	控制	控制
行业固定效应	控制	控制	控制	控制	控制	控制
其他控制变量×T		控制			控制	
其他控制变量×T^2		控制			控制	
其他控制变量×T^3		控制			控制	
其他控制变量×年份哑变量			控制			控制
样本数	1 263	1 263	1 263	1 263	1 263	1 263
调整后的 R^2	0.837	0.835	0.833	0.727	0.724	0.719

注：括号内为标准误。

　　此外，我们还检验了此次征收标准改革对六大行业新增工业用地的影响。如果说排污费标准提高会引起污染转移现象从而导致高 SO_2 排放企业的迁移，则该影响同样会体现在企业新增工业用地上。为此，我们从中国土地市场网搜集了上述六大行业的新增工业用地信息，并将各行业在各省份的新增工业用地数及用地面积指标作为因变量，对污染转移现象做检验，回归结果如表 10 所示。需要说明的是，由于 2007 年前数据量非常小，所以我们的样本区间是 2007～2014 年。我们发现无论是从新增工业用地数量还是新增工业用地面积来看，六大行业的关键自变量 PDS 的系数都不显著，从而进一步验证此次排污费标准提高并没有引起污染转移现象。

表 10　　　高 SO_2 排放六大行业新增工业用地数及用地面积检验结果

变量	新增工业用地数（对数值）			新增工业用地面积（对数值）		
	(1)	(2)	(3)	(4)	(5)	(6)
PDS	−0.014 (0.073)	−0.012 (0.080)	−0.045 (0.085)	−0.019 (0.126)	−0.017 (0.139)	−0.091 (0.148)
其他控制变量	控制	控制	控制	控制	控制	控制
年份固定效应	控制	控制	控制	控制	控制	控制
省份固定效应	控制	控制	控制	控制	控制	控制
行业固定效应	控制	控制	控制	控制	控制	控制
其他控制变量×T		控制			控制	
其他控制变量×T^2		控制			控制	
其他控制变量×T^3		控制			控制	
其他控制变量×年份哑变量			控制			控制
样本数	1 464	1 464	1 464	1 464	1 464	1 464
调整后的 R^2	0.806	0.807	0.804	0.768	0.767	0.766

注：括号内为标准误。

面对环境规制，企业可以通过购买污染处理设备等方式进行污染末端治理，也可以通过采用新技术等方式改善生产过程以减少污染。相比之下，企业的迁移则需要付出更高昂的成本，特别是对于高固定资产占比的大型企业。企业的迁移涉及处理旧厂房、调整即时生产力、说服关键人员搬迁、获取新厂址、建造新厂房、招聘及培训新工人以及新工厂调试，而这些带来的费用往往远高于企业的污染管控成本。根据沈坤荣等（2017）的研究，迁移成本会对企业的迁移行为产生显著影响，企业固定资本占比越高，其污染转移效应越会受到掣肘。在我们的研究中，高 SO_2 排放的六大行业都是资本密集型企业，高额的迁移成本可能是改革未引起污染转移的原因之一[①]。此外，沈坤荣等（2017）发现企业的污染转移具有就近转移特征，由于本文采用省级层面数据，导致我们无法识别企业在省域范围内可能存在的污染转移行为。更为重要的，《方案》明确要求所有省份提高 SO_2 排污费征收标准，虽然部分省份暂时没有执行，但这项政策却为这些省份塑造了未来的环境规制预期，即这些省份在不久后也将陆续调整排污费征收标准，而这也影响着企业的环境决策（Khanna and Brouhle，2009；Lyon and Maxwell，2004）。实际上所有省份确实都在 2016 年前完成了排污费征收标准调整。由于预期所有

---

① 以 2012 年数据为例，高 SO_2 排放的六大行业固定资产与总资产比值都排在 41 个工业行业的前 12 位。

省份都将在不久后完成排污费征收标准的调整，企业也就缺乏搬迁的激励。

五、影响机制分析

在上一部分的分析中，我们发现排污费标准提高对 SO_2 排放存在显著的抑制作用，并且排污企业并未因此外迁转移。根据庇古税理论，当排污费征收标准高于企业减排成本时，企业会减少污染排放直至二者相等。在污染治理实践中，企业通常采用两种途径治理大气污染：一是污染末端治理，主要指企业通过安装污染治理设备等方式在一定程度上去除生产过程中产生的污染物以降低污染物排放浓度；二是加强前端预防的管控手段，包括提高传统能源利用率或采用新清洁能源等途径，以降低生产过程中单位产出污染物。接下来我们分别对这两种治污途径进行检验。

（一）SO_2 排污费征收标准提高对企业污染末端治理的影响分析

企业针对 SO_2 进行污染末端治理，最直接的结果是提高生产过程中产生 SO_2 的去除率：SO_2 去除率 =（SO_2 产生量 – SO_2 排放量）/SO_2 产生量。

中国工业 SO_2 污染物主要有三个来源：含硫燃料（主要是煤炭）燃烧、含硫矿石冶炼以及化工、炼油和硫酸厂等的生产过程，其中燃煤是中国 SO_2 污染的主要来源。因此，我们通过考察排污费标准提高对工业企业煤炭燃烧产生 SO_2 去除率的影响，以检验此次排污费调整对企业污染末端治理的影响。

我们的回归检验结果如表 11 所示。由于数据限制，我们只获得 2004～2010 年煤炭燃烧产生的工业 SO_2 去除率数据。我们发现在三种模型下 PDS 的系数都显著为正，表明排污费标准提高促使企业加强了污染末端治理，从而煤炭燃烧所产生的 SO_2 去除率得到显著提高。作为对比，我们检验了此次排污费征收标准调整对工业烟（粉）尘去除率的影响，回归结果见表 11 第（4）至第（6）列。我们发现 PDS 的系数不仅在数值上趋于零，在统计上也都不显著，说明此次排污标准的翻倍提高，只是对 SO_2 排放末端治理产生显著影响，对工业烟（粉）尘的影响非常有限。

表 11　　　　SO_2 排污费征收标准提高对企业 SO_2 去除率的影响

变量	煤炭燃烧产生工业 SO_2 去除率			工业烟（粉）尘去除率		
	（1）	（2）	（3）	（4）	（5）	（6）
PDS	0.036* (0.019)	0.045** (0.020)	0.053** (0.023)	– 0.002 (0.003)	– 0.003 (0.003)	– 0.001 (0.004)
其他控制变量	控制	控制	控制	控制	控制	控制
年份固定效应	控制	控制	控制	控制	控制	控制

续表

变量	煤炭燃烧产生工业 SO₂ 去除率			工业烟（粉）尘去除率		
	(1)	(2)	(3)	(4)	(5)	(6)
省份固定效应	控制	控制	控制	控制	控制	控制
其他控制变量×T		控制			控制	
其他控制变量×T²		控制			控制	
其他控制变量×T³		控制			控制	
其他控制变量×年份哑变量			控制			控制
样本数	210	210	210	334	334	334
调整后的 R²	0.879	0.904	0.903	0.816	0.826	0.809

注：括号内为标准误。*、** 分别代表在 10%、5% 的显著性水平。

（二）SO₂ 排污费标准提高对企业加强前端预防管控手段的影响分析

对于是否存在企业第二种污染治理途径，即通过加强前端预防管控手段降低生产过程中的污染强度，我们通过考察排污费标准提高对煤炭使用量、生产工艺中 SO₂ 产生量以及生产过程中 SO₂ 产生量的影响来进行检验。其中煤炭使用数据来自国家统计局，由于数据限制，我们只获得 2004~2010 年生产工艺中 SO₂ 产生量的样本数据。检验结果如表 12 所示。

表 12　SO₂ 排污费征收标准提高对企业生产过程中 SO₂ 产生量的影响

变量	单位工业总产出煤炭使用量			生产工艺中单位产出 SO₂ 产生量			单位工业总产值工业 SO₂ 产生量		
	(1)	(2)	(3)	(4)	(5)	(6)	(7)	(8)	(9)
PDS	-0.064 (0.083)	-0.169** (0.079)	-0.195** (0.093)	-1.993** (0.923)	-2.206** (0.948)	-2.331** (1.020)	-2.821* (1.551)	-3.167* (1.614)	-3.798** (1.827)
其他控制变量	控制	控制	控制	控制	控制	控制	控制	控制	控制
年份固定效应	控制	控制	控制	控制	控制	控制	控制	控制	控制
省份固定效应	控制	控制	控制	控制	控制	控制	控制	控制	控制
其他控制变量×T		控制			控制			控制	摘录

续表

变量	单位工业总产出煤炭使用量			生产工艺中单位产出 SO_2 产生量			单位工业总产值工业 SO_2 产生量		
	(1)	(2)	(3)	(4)	(5)	(6)	(7)	(8)	(9)
其他控制变量×T^2		控制			控制			控制	
其他控制变量×T^3		控制			控制			控制	
其他控制变量×年份哑变量			控制			控制			控制
样本数	330	330	330	210	210	210	334	334	334
调整后的 R^2	0.907	0.942	0.934	0.922	0.926	0.919	0.913	0.922	0.914

注：括号内为标准误。*、** 分别代表在 10%、5% 的显著性水平。

关键自变量 PDS 的系数都显著为负，这一结果表明排污费标准的提高促使企业加强了前端预防的管控手段，不仅减少了单位产出煤炭的使用量，同时也降低了生产工艺中 SO_2 的产生量，最终降低了生产过程中 SO_2 的产生量。

由于政府调整排污费标准后，企业加强前端预防的管控手段需要一定的时间，从政策实施到 SO_2 产生强度实际得到改善存在一定的时滞，因而对于此次调整，加强前端预防管控手段的短期效应有限，其效果主要体现在长期。我们定义短期冲击变量 Short，对于处理组省份排污费调整实施后的前 2 年，Short 取值为 1，对于处理组省份其他时期及参照组省份所有时期，Short 取值为 0。同时，我们定义长期冲击变量 Long，对于处理组省份排污费调整实施后 3 年以上，Long 取值为 1，对于处理组省份其他时期及参照组省份所有时期，Long 取值为 0。在此，相当于将关键自变量 PDS 拆分成短期冲击（Short）和长期冲击（Long），以检验企业加强前端预防管控手段的长短期效应，检验结果见表 13。我们发现无论是单位工业总产出煤炭使用量还是生产工艺中单位工业总产出 SO_2 产生量，Short 的系数都不显著，而 Long 的系数不仅在绝对值远远大于 Short，在统计上也都显著为负。这说明排污费征收标准翻倍调整加强前端预防管控手段的效应主要体现在长期，与我们之前的分析一致。

表 13　　　企业加强前端预防管控手段的长短期减排效应

变量	单位工业总产出煤炭使用量			生产工艺中单位工业总产出 SO_2 产生量		
	(1)	(2)	(3)	(4)	(5)	(6)
Short	0.001 (0.094)	−0.051 (0.084)	−0.041 (0.105)	−1.349 (1.538)	−1.214 (1.623)	−1.626 (1.918)

续表

变量	单位工业总产出煤炭使用量			生产工艺中单位工业总产出 SO₂ 产生量		
	(1)	(2)	(3)	(4)	(5)	(6)
Long	−0.154 * (0.083)	−0.370 *** (0.082)	−0.393 *** (0.097)	−4.861 *** (1.750)	−6.473 *** (1.791)	−6.617 *** (1.969)
其他控制变量	控制	控制	控制	控制	控制	控制
年份固定效应	控制	控制	控制	控制	控制	控制
省份固定效应	控制	控制	控制	控制	控制	控制
其他控制变量×T		控制			控制	
其他控制变量×T²		控制			控制	
其他控制变量×T³		控制			控制	
其他控制变量×年份哑变量			控制			控制
样本数	330	330	330	210	210	210
调整后的 R²	0.907	0.945	0.937	0.915	0.925	0.916

注：括号内为标准误。* 、** 、*** 分别代表在 10%、5% 和 1% 的显著性水平。

针对企业第二种治污途径的检验结果表明排污费标准的提高能够有效促使企业加强前端预防的管控手段。

由于排污费标准翻倍调整后，企业加强前端预防的管控手段需要一定的时间，这可能导致政策执行的减排效果存在滞后的现象。同时，中国环境政策在实际执行过程中，存在部分"非完全执行"现象，排污费标准提高在各省份政策执行早期，同样可能出现相关政策执行不严格的问题，这一情形也可能产生政策执行效果滞后的现象。因此，我们将对排污费标准翻倍调整的减排滞后效应进行检验，检验结果如表 14 所示。我们发现，Short 的系数只在 10% 水平上显著为负，且和表 4 中 PDS 的系数相比，在数值上更趋近于零。相比之下，Long 的系数绝对值明显更大，并且在模型（2）、模型（3）中都在 1% 的水平上显著为负。表 14 的检验结果表明排污费标准翻倍提高的减排效果确实存在一定程度的滞后。对于排污费标准翻倍调整的减排滞后效应，我们也进行了三重差分检验，检验结果同样支持我们的识别结论。

表 14　　SO₂ 排污费征收标准提高的减排效果分析——滞后效应检验

变量	（1）	（2）	（3）
Short	− 1. 657 * （0. 992）	− 1. 731 * （0. 925）	− 1. 860 * （1. 104）
Long	− 2. 226 （1. 364）	− 4. 125 *** （1. 231）	− 4. 233 *** （1. 372）
其他控制变量	控制	控制	控制
年份固定效应	控制	控制	控制
省份固定效应	控制	控制	控制
其他控制变量×T		控制	
其他控制变量×T²		控制	
其他控制变量×T³		控制	
其他控制变量×年份哑变量			控制
样本数	334	334	334
调整后的 R²	0. 846	0. 904	0. 894

注：括号内为标准误。*、**、***分别代表在 10%、5% 和 1% 的显著性水平。

六、研 究 结 论

利用 2007~2014 年中国各省份 SO₂ 排污费征收标准调整这一自然实验，本文采用倍差法和三重差分法检验中国排污收费政策的治污效果，主要结论如下：

首先，排污费征收标准的提高具有良好的治污效果。我们发现排污费标准提高能够显著降低工业 SO₂ 的排放，在考虑了不同模型设定后研究结果依然稳健。对于生活 SO₂ 和工业烟（粉）尘的安慰剂检验同样支持上述结论。同时，我们发现此次 SO₂ 排污费翻倍提高显著降低了空气中 SO₂ 的浓度。此外，通过对高 SO₂ 排放的 6 个行业的企业数、工业产出、新增工业用地数及新增工业用地面积进行检验，我们发现此次排污费调整并未引起污染企业外迁（转）址。面对排污费的提高，相应企业选择进行污染治理，而不是逃离监管。

其次，我们发现排污费征收标准提高不仅促使企业加强污染末端治理，同时也激励企业加强前端预防的管控手段，从不同途径达到污染治理的效果。一方面，排污费征收标准上调显著提高了企业燃料燃烧产生的 SO₂ 去除率；另一方面，排污费标准提高显著降低了企业煤炭的使用量，同时也显著降低了企业生产工艺中产生的 SO₂，最终显著降低了企业 SO₂ 的产生量。

随着工业化、城镇化进程加快和消费结构持续升级，中国能源需求刚性增长，资源环境问题仍是制约中国经济社会发展的瓶颈之一，节能减排形势严峻、任务艰巨。国务院发布的《"十三五"节能减排综合工作方案》要求充分发挥市场机制作用，加大市场化机制推广力度，真正把节能减排转化为企业和各类社会主体的内在要求。本文结论表明中国排污收费政策在治理污染方面起到了良好的效果，通过对企业提供污染治理经济激励，在一定程度上实现了企业经济利益与环保政策目标的一致。

开展政策评估是环境经济政策的重要环节，有助于政策的调整与改善，同时为未来政策的制定与实施提供科学依据。作为排污收费制度的关键要素，排污费征收标准确定是排污收费政策能否发挥作用的关键问题。根据本文的研究结论，当排污费征收标准低于企业污染治理边际成本时，按补偿治理成本原则提高排污收费标准能够取得显著的减排成效。但现有排污费征收标准制定的依据是 20 世纪 90 年代测算的污染物平均处理费用（杨金田和王金南，1998），时至今日，由于通货膨胀，污染物平均处理费用已经发生显著变化。设置合理的排污费征收标准以及未来环境税的税率，从而充分发挥排污收费政策及环境税在节约和综合利用资源、治理污染方面的作用，对企业污染治理边际成本的测算提出了新的要求。合理的排污费征收标准及环境税税率对提高能源利用效率和改善生态环境质量，落实节约资源和保护环境基本国策具有重要意义。

参 考 文 献

1. 包群、彭水军：《经济增长与环境污染：基于面板数据的联立方程估计》，载《世界经济》2006 年第 11 期。

2. 包群、邵敏、杨大利：《环境管制抑制了污染排放吗？》，载《经济研究》2013 年第 12 期。

3. 董战峰、葛察忠、高树婷、王金南：《中国排污收费政策评估》，中国水污染控制战略与政策创新研讨会，2010 年。

4. 郭俊杰、方颖：《环境规制与企业竞争力：基于规制软约束的视角》，厦门大学王亚南经济研究院工作论文，2018 年。

5. 李永友、沈坤荣：《中国污染控制政策的减排效果——基于省际工业污染数据的实证分析》，载《管理世界》2008 年第 7 期。

6. 沈坤荣、金刚、方娴：《环境规制引起了污染就近转移吗？》，载《经济研究》2017 年第 5 期。

7. 司春林、王安宇、袁庆丰：《中国 IS－LM 模型及其政策含义》，载《管理科学学报》2002 年第 5 期。

8. 王敏、黄滢：《中国的环境污染与经济增长》，载《经济学（季刊）》2015 年第 2 期。

9. 谢锐、赵果梅：《GMRIO 模型视角下中国对外贸易环境效应研究》，载《数量经济技术经济研究》2016 年第 5 期。

10. 许和连、邓玉萍：《外商直接投资导致了中国的环境污染吗？——基于中国省际面板数据的空间计量研究》，载《管理世界》2012 年第 2 期。

11. 杨金田、王金南：《中国排污收费制度改革与设计》，中国环境科学出版社 1998 年版。

12. 杨子晖、田磊：《"污染天堂"假说与影响因素的中国省际研究》，载《世界经济》2017 年第 5 期。

13. 姚洋、张牧扬：《官员绩效与晋升锦标赛——来自城市数据的证据》，载《经济研究》2013 年第 1 期。

14. 张成、陆旸、郭路、于同申:《环境规制强度和生产技术进步》,载《经济研究》2011 年第 2 期。

15. 张友国、郑玉歆:《中国排污收费征收标准改革的一般均衡分析》,载《数量经济技术经济研究》2005 年第 5 期。

16. 周黎安:《中国地方官员的晋升锦标赛模式研究》,载《经济研究》2007 年第 7 期。

17. Andrews, S. Q. "Inconsistencies in Air Quality Metrics: 'Blue Sky' Days and PM10 Concentrations in Beijing." Environmental Research Letters, 2008, 3 (3), pp. 034009.

18. Angrist, J. D. and Pischke, S. Mostly Harmless Econometrics: An Empiricist's Companion. Princeton: Princeton University Press, 2009.

19. Bai, J. H. and Lyu, X. H. "FDI Quality and Improvement of Environmental Pollution in China." Journal of International Trade, 2015, 53 (4), pp. 462 – 470.

20. Bao, Q.; Chen, Y. and Song, L. "Foreign Direct Investment and Environmental Pollution in China: A Simultaneous Equations Estimation." Environment and Development Economics, 2011, 16 (1), pp. 71 – 92.

21. Bertrand, M.; Duflo, E. and Mullainathan, S. "How Much Should We Trust Differences – in – Differences Estimates?" The Quarterly Journal of Economics, 2004, 119 (1), pp. 249 – 275.

22. Bongaerts, J. C. and Kraemer, A. "Permits and Effluent Charges in the Water Pollution Control Policies of France, West Germany, and the Netherlands." Environmental Monitoring and Assessment, 1989, 12 (2), pp. 127 – 147.

23. Brown, G. M. and Johnson, R. W. "Pollution Control by Effluent Charges: It Works in the Federal Republic of Germany, Why Not in the US." Natural Resources Journal, 1984, 24 (4), pp. 929 – 966.

24. Chen, Q; Min, M.; Shi, Y. and Wilson, C. "Foreign Direct Investment Concessions and Environmental Levies in China." International Review of Financial Analysis, 2014, 36, pp. 241 – 250.

25. Chetty, R.; Looney, A. and Kroft, K. "Salience and Taxation: Theory and Evidence." The American EconomicReview, 2009, 99 (4), pp. 1145 – 1177.

26. Dasgupta, S.; Huq, M.; Wheeler, D. and Zhang, C. "Water Pollution Abatement by Chinese Industry: Cost Estimates and Policy Implications." Applied Economics, 2001, 33 (4), pp. 547 – 557.

27. Dean, J. M.; Lovely, M. E. and Wang, H. "Are Foreign Investors Attracted to Weak EnvironmentalRegulations? Evaluating the Evidence from China." Journal of Development Economics, 2009, 90 (1), pp. 1 – 13.

28. Florig, H. K.; Spofford J. R, W. O.; Ma, X. and Ma, Z. "China Strives to Make the Polluter Pay." Environmental Science& Technology, 1995, 29 (6), pp. 268 – 273.

29. Fujii, H. and Managi, S. "Determinants of Eco – Efficiency in the Chinese Industrial Sector." Journal of Environmental Sciences, 2013, 25 (S1), pp. S20 – S26.

30. Ghanem, D. and Zhang, J. "'Effortless Perfection': Do Chinese Cities Manipulate Air Pollution Data?" Social Science Electronic Publishing, 2014, 68 (2), pp. 203 – 225.

31. Hartman, R. S.; Huq, M. and Wheeler, D. Why Paper Mills Clean up: Determinants of Pollution Abatement in Four Asian Countries. Washington: World Bank Publications, 1997. Hettige, H.; Huq, M.; Pargal, S. and Wheeler, D. "Determinants of Pollution Abatement in Developing Countries: Evidence from South and Southeast Asia." World Development, 1996, 24 (12), pp. 1891 – 1904.

32. Jayanthakumaran, K. and Liu, Y. "Openness and the Environmental Kuznets Curve: Evidence from China." Economic Modelling, 2012, 29 (3), pp. 566 – 576.

33. Khanna, M. and Brouhle, K. "The Effectiveness of Voluntary Environmental Initiatives," in M. A. Delmas and O.

34. R. Young, eds. , Governance for the Environment: New Perspectives. Cambridge: Cambridge University Press, 2009.

35. La Ferrara, E. ; Chong, A. and Duryea, S. "Soap Operas and Fertility: Evidence from Brazil." American Economic Journal: Applied Economics, 2012, 4 (4), pp. 1 – 31.

36. Lyon, T. P. and Maxwell, J. W. Corporate Environmentalism and Public Policy. Cambridge: Cambridge University Press, 2004.

37. Maung, M. ; Wilson, C. and Tang, X. "Political Connections and Industrial Pollution: Evidence Based on State Ownership and Environmental Levies in China." Journal of Business Ethics, 2016, 138 (4), pp. 649 – 659.

38. Pargal, S. and Wheeler, D. "Informal Regulation of Industrial Pollution in Developing Countries: Evidence from Indonesia." Journal of Political Economy, 1996, 104 (6), pp. 1314 – 1327.

39. Pigou, A. C. The Economics of Welfare. London: Macmillan, 1920.

40. Shen, J. Y. "A Simultaneous Estimation of Environmental Kuznets Curve: Evidence from China." China Economic Review, 2006, 17 (4), pp. 383 – 394.

41. Sinkule, B. J. and Ortolano, L. Implementing Environmental Policy in China. Connecticut: Greenwood Publishing Group, 1995.

42. Wang, H. Pollution Charges, Community Pressure, and Abatement Cost of Industrial Pollution in China. Washington: World Bank Publications, 2000.

43. Wang, H. and Wheeler, D. Endogenous Enforcement and Effectiveness of China's Pollution Levy System. Washington: World Bank Publications, 2000.

44. Wang, H. and Chen, M. How the Chinese System of Charges and Subsidies Affects Pollution Control Efforts by China's Top Industrial Polluters. Washington: World Bank Publications, 1999.

45. World Bank. The Cost of Air Pollution: Strengthening the Economic Case for Action. World Bank, Institute for Health Metrics and Evaluation, 2016. Washington, DC.

反垄断法分析模式的中国选择[*]

叶卫平[**]

【摘　要】现代反垄断法分析模式是反垄断法适用的核心环节。中国《反垄断法》自2008年实施以来，执法和司法机关在分析模式的适用上存在差异，导致同案不同判等有悖法制统一性的后果。选择恰当的反垄断法分析模式，应兼顾经济分析和法律形式主义两方面的可能贡献，在借鉴国外成熟制度经验的同时，充分考虑当前中国反垄断法制度构成、实施机关能力和经济分析供给状况等约束性条件，确保分析模式选择与经济分析的复杂程度、实施机关的专业水平以及经济活动参与者的守法成本等相互匹配。在制度设计上，应审慎解释立法目的条款，建立适合中国国情的行为类型化处理模式，规范全面分析的分析模式的适用，发挥举证责任分配规则的作用，完善分析模式相关的配套制度并提升公权机关实施法律的能力。

【关键词】反垄断；反垄断法分析模式；经济分析；法律形式主义；法制统一性

同案同判、类似情况类似处理是法治的基本要求。确保同案同判，其必要的前提之一是要有明确、确定和统一的实体制度标准。就反垄断法而言，考虑到其制度本身的特殊性，达致实体制度的统一，不仅需要在价值和规则层面达成一致，还要求分析方法和违法认定标准也必须是统一的，即要有统一的分析模式（modesof analysis）。但是，在包括美国和欧盟在内的很多国家和地区，反垄断法分析模式都是不尽相同的，"在表面的一致性之下，竞争法律制度在法律思维、分析框架和举证责任分配等方面都有着重大差异"。[①]《中华人民共和国反垄断法》（以下简称《反垄断法》）的现行条文没有对分析模式作明文规定，在该法实施过程中，美国反托拉斯法和欧盟竞争法的分析模式在不同程度上被应用到执法和司法实践中来，由此导致实施机关在分析模式选择和实体制度标准把握上的不一致。如何有效回应反垄断法分析模式选择上的问题，分析模式的选择应该考虑哪些因素，这是本文准备论证和解决的核心问题。

　＊　本文得到国家社科基金后期资助项目"价值合意与中国竞争秩序建构"（11FFX00）资助。感谢匿名审稿人的宝贵意见！当然文责自负。原文发表于《中国社会科学》2017年第3期。

　＊＊　叶卫平，深圳大学法学院教授。

　①　CsongorIstván Nagy，EU and US Competition Law：Dividedin Unity？ Farnham：AshgatePublishingLimited，2013，p. 1.

一、分析模式的制度功能和制度构成

反垄断法分析模式，是反垄断法律实践中形成的该法特有的分析方法和违法认定标准。在美国，反托拉斯法分析模式有合理原则（ruleofreason）、本身违法原则（perserule），等等；在欧盟，竞争法分析模式被归纳为基于形式的方法（form-basedapproach）与基于效果的方法（effects-basedapproach）。作为现代反垄断法的发展成果，分析模式的适用涵盖了实体制度标准厘定、举证责任分配和案件的类型化处理等诸多方面问题，是反垄断法适用过程中的前置性环节，也是其最核心的环节。

反垄断法之所以在传统法律范畴体系之外发展出合理原则、本身违法原则等新范畴，与其法律条文的概括性和对涉嫌违法行为法律定性的困难性是分不开的：很多经济行为对市场的影响是多元的，其经济效果非常难于判断，借助于不同类型的分析模式，可以把具有不同危害程度的行为区别开来，达到分类规制的目的。这种行为类型化的规制思路有效节省了案件处理成本，并提高了行为后果的可预期性。

在美国，由于 1890 年国会制定的谢尔曼法条文的字面意思不能为适用提供足够明确的指引，导致法院通过提炼分析模式——合理原则和本身违法原则解决违法行为认定的问题：作为司法认定方法，合理原则认为反托拉斯法只禁止不合理的限制行为；本身违法原则用于禁止本质性不合理限制行为，即针对具有有害反竞争效果并且缺乏可补偿价值的限制行为，行为一旦确认，就直接被认定为非法，不允许行为人对行为的合理性进行抗辩。[①] 这种行为类型化的处理思路虽然节省了案件的处理成本，但在操作层面必须回答的前置性问题是：其一，如何实现对不合理的限制行为与本质性不合理限制行为的准确区分，从而分别适用合理原则和本身违法原则？其二，当行为的经济影响非常复杂需要援用合理原则作更深入分析时，合理原则的适用应该遵循什么标准？

对上述问题，美国联邦法院在其早期的司法案例中主要基于普通法传统和杰斐逊主义的经济、社会发展观念加以解答。但 1897 年跨密苏里（Trans‑Missouri）案的文义解释方法，1918 年芝加哥贸易委员会（Chicago Board of Trade）案对合理原则衡量因素作宽泛界定的做法，都被证明是不成功的。20 世纪 70 年代中期以后，芝加哥学派等经济分析方法引入，打破了反托拉斯案件处理结果的合理性和案件处理效率两者难以兼得的制度困境。

如图 1 所示，在案件处理能力整体处在比较低位的水平时（L1），假设 A 点是案件处理结果的合理性和案件处理效率相对均衡的点，如果人为提升案件处理结果的合理性（从 A 点移动到 B 点），其代价是案件处理效率的降低；反之，如果人为提升案件处理的效率（从 A 点移动到 C 点），其代价是案件处理结果合理性地减损。跨密苏里案的文义解释方法过于刚性，相当于对所有协议行为都适用本身违法原则，这使得案件处理结果的合理性无法得到保证；而芝加哥贸易委员会案的衡量因素众多，但对不同衡量因素

---

① Northern Pac. Ry. Co. v. United States，356 U. S. 1，5（1958）.

没有权重上的考虑，这使得案件的处理成本过于高昂，因此后续法院判决并没有积极响应该衡量标准，使得 1940 年本身违法原则逐渐成为主导性分析模式。1974 年后，经济分析方法的引入带来实施机关案件处理能力的整体提升，低水平线（L1）整体上平移到更高位的水准（L2），使得案件处理结果的合理性和案件处理效率均得到提升成为可能（从 A 点移动到 A1 点）。

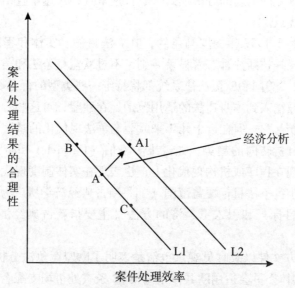

图 1   案件处理结果的合理性和案件处理效率关系

    经济分析方法的引入也带来新的挑战：其一，经济分析方法作为法律体系的外部视角，其嵌入法律运行机制必然面临体系相容性方面的问题。如法官和执法人员并不必然具备系统的经济学知识，如何理解、接受乃至应用经济分析方法？经济学界内部流派纷呈，如何识别出不够成熟的经济学理论、经济分析报告以及不适格的专家证人？更重要的是，经济学和法律服务于不同的目标，如法律的目标是定纷止争和实现社会的公平正义，这和经济学用于认识、解释经济现象等目标并不完全契合。其二，经济学分析方法的应用，尽管可能带来案件处理结果合理性的提升，但也带来部分案件实施成本的高企和案件处理结果的难以预期。因此，尽管经济分析方法的引入带来反垄断法律制度的革命性变化，但经济分析方法和基于法律形式主义的传统法律规制方式方法之间始终存在着张力。

    值得特别关注的是，在现代反垄断法中，经济分析方法已经逐渐被内化到反垄断法制度运行之中，与传统法律规制方式方法一起，携手平衡协调案件处理结果的合理性/可预期性、案件处理效率/成本等价值考量因素之间的关系。经济分析—法律形式主义因而成为现代反垄断法分析模式的构成因子和解决问题的基本框架。如在经济分析方法滥觞之下，美国反托拉斯法解决问题的法律形式主义路径并没有消失，在某些领域还得到了继续生长：首先，经济分析的应用尽管极大压缩了本身违法原则的适用范围，但美国最高法院并没有完全放弃本身违法原则的适用。在丽晶（Leegin）案中，法院多数意见仍认为："本身违法原则在限制行为显著反竞争的时候应该得以适用。"① 其次，在经济分析成为反托拉斯法分析模式"合理内核"的背景下，法律形式主义在合理原则的重塑中仍起到了基础性作用。如移转举证责任是当今合理原则的主导性运用方式，举证责任分配本身，就是典型的法律形式主义运用方式之一。最后，司法判例发展出介于合理原则和本身违法原则之间的新的分析模式——快速审查，快速审查结合了合理原则和本身违法原则的各自优点。

欧盟竞争法肇始于1957年的罗马条约，其立法目的、实体和程序规则设计、实施机制等方面与美国反托拉斯法都有着显著差别，不过欧盟竞争法和美国反托拉斯法也分享了一些共性特征，"美国和欧盟法律系统都将特定一些类型的行为确认为本质性违法。在美国，这些行为被纳入到本身违法的适用范围；在欧盟，对这些行为的规制方法被称为'基于形式的分析'。"② 但在近十几年来欧盟竞争法现代化的过程中，基于形式的分析有向基于效果的分析转向的趋势。如戴维·格伯（David J. Gerber）认为：欧盟竞争法现代化不仅仅表现在程序或机构现代化上，也表现在实体制度现代化上，实体制度现代化具体表现在缩小竞争法目标覆盖范围（如将新古典经济学所广为使用的消费者福利作为竞争法的中心目标）和引入更经济的方法（主要指新古典经济学的标准和方法）两个方面。③

同时期欧盟官方文件以及官员观点也清楚表明了欧盟竞争法分析模式的上述转向。如在2009年《欧共体委员会适用欧共体条约第82条查处市场支配企业排他性滥用行为的执法重点指南》中，欧盟委员会提出了适用于条约第82条（现为102条）排他性行为的更为明确和更具可预见性的分析框架：排他性行为认定的一般方法包括评价涉案企业是否具有市场支配地位以及拥有多大程度上的市场力量、排他性行为所导致的封锁效应对消费者造成的损害、市场支配企业是否阻碍了具有同样经济效率竞争对手的市场竞争等。④ 时任欧盟委员会竞争事务委员尼莉·克罗斯（Neelie Kroes）的解读是该文件采用了基于效果的方法，并认为："'基于效果的方法'在本质上能够令人信服地说明消费者为什么和如何因特定的行为从而境况变得糟糕的。"⑤

不过，在欧盟委员会竞争事务委员和竞争总司推动下的分析模式转向并不是一帆风顺的。欧洲法院并不完全接受欧盟委员会在实施102条时以基于效果的方法取代基于形

① Leegin Creative Leather Products, Inc., Petitioner v. PSKS, Inc., dba Kay's Kloset Kay's Shoes, 127 S. Ct. 2705 (2007).

② Daniel J. Gifford and Robert T. Kudrle, The Atlantic Divide in Antitrust: An Examination of US and EU Competition Policy, Chicago: The University of Chicago Press, 2015, P. 2.

③ DavidJ. Gerber, Two Forms of Modernizationin European Competition Law, Fordham International Law Journal, 2008, 31 (5) P. 1236.

④ European Commission, "Guidance on the Commission's Enforcement Priorities in Applying Article 82of the EC Treaty to Abusive Exclusionary Conduct by Dominant Undertakings," European Union, 2009, http://eur-lex. europa. eu/legal-content/EN/ALL/? uri = CELEX: 52009XC0224 (01), 2015年11月24日。

⑤ Neelie Kroes, "The European Commission's Enforcement Priorities as Regards Exclusionary Abuse of Dominance – Current Thinking," Competition Law International, 2008, 4 (3), pp. 5 – 6.

式的方法这一转变。如法院一再重申采用基于效果的分析方法是不必要的，因为根据目的分析，相关行为的法律定性并不需要对行为的影响进行分析。① 由于欧洲法院具有司法审查的权限，欧洲法院的上述立场延缓了欧盟委员会倡导的引入更多经济分析成分的改革进程。

上述法律发展历史说明，美国和欧盟的反垄断法实施过程中，分析模式占据实施的核心环节。从制度本质上，按照美国学者马克·A. 莱姆利（Mark A. Lemley）和克里斯托弗·R. 莱斯利（Christopher R. Leslie）等的观点，分析模式隶属法律标准（legal standard），而法律标准与法律规则（legal rule）一起构成法律准则（legal doctrine），"按照程度上的不同，法律准则在适用上可以分为作详细的、类型化规定的规则，和宽泛的、开放适用的、允许作个案裁量的标准"。② 显然，美国学者在法的要素具体范畴的使用与我国学者有着一定距离，我国代表性的观点是："结合国内外，特别是我国的立法和司法实践，可以把现代法律系统的要素简化为规则、原则和概念，其中在数量上规则占绝对多数。"③ 由于在概念内涵上，分析模式与法律规则、法律原则有着显著差异，所以分析模式应该被视为反垄断法所特有的新型"法的要素"构成形式。作为法律制度的有机组成部分之一，从功能上看，分析模式通过将经济分析方法内化到其制度构成之中，以解决反垄断案件处理结果的合理性/可预期性、案件处理效率/成本等价值考量因素的平衡协调难题，分析模式的选择直接影响到反垄断法实施的宽严程度；从构成上看，分析模式有本身违法原则和合理原则，基于形式的方法和基于效果的方法等类型的区分，分析模式之中的经济分析方法和基于法律形式主义的传统法律规制方式方法之间的张力，构成了该项制度不断发展和优化的动力源泉，并决定着具体类型的分析模式适用范围和概念内涵的动态调整。

二、中国反垄断法分析模式适用现状分析

《反垄断法》自 2008 年 8 月 1 日实施以来，随着执法和司法的逐步展开，有影响的案例不断进入公众和媒体视野，在引起社会热评的同时，分析模式选择和实体制度标准的一致性等问题也引起关注。为了全面考察不同实施机关在分析模式选择上的差异，笔者选取反垄断执法机关——国家工商行政管理总局（以下简称"工商总局"）、国家发展和改革委员会（以下简称"国家发改委"）和商务部的主要执法文书，以及法院对典型案例的判决文书，从文书文本的角度，分析这些执法和司法机关在法律实施过程中对分析模式的实践选择及其差异。

在实证研究过程中，笔者对中国执法和司法机关所采纳的分析模式借鉴欧盟竞争法

---

① Daniel J. Gifford and Robert T. Kudrle, The Atlantic Divides in Antitrust: An Examination of US and EU Competition Policy, pp. 14 – 15.

② Mark A. Lemley and Christopher R. Leslie, "Categorical Analysis in Antitrust Jurisprudence," Iowa Law Review, vol. 93, no. 4, 2008, P. 1211.

③ 张文显：《法哲学范畴研究》，中国政法大学出版社 2001 年版，第 49 页。

的表达方式，将其称为"基于形式的方法"与"基于效果的方法"，而没有使用合理原则和本身违法原则的表述。原因是：其一，基于效果的方法与合理原则一般是在同一意义上使用的。其二，《反垄断法》的体系架构，特别是垄断协议的分析框架和欧盟竞争法更为接近。如在垄断协议方面，美国只需要根据《谢尔曼法》第1条就可以认定，而从《欧盟运行条约》第101条的内容看，该条第1款涉及排除和限制竞争方面的分析，第3款涉及促进竞争方面的分析，两方面结合才能够形成对违法行为的最终认定。《欧盟运行条约》第101条第1款和第3款的关系和《反垄断法》第13、第14条作禁止性规定和第15条作豁免性规定的关系是一样的。

不过需要说明的是，与合理原则和本身违法原则产生于司法过程因而有着严格的语义内涵和适用要求不同，基于形式的方法与基于效果的方法更多意义上是欧盟竞争执法、司法机关和学界对该法适用特点的总结，其概念内涵并没有被严格地界定。从实体制度标准的宽严程度上看，基于效果的方法大体相当于美国的合理原则，而基于形式的方法规制的严厉程度从形式上看略弱于本身违法原则。[1]

《反垄断法》现行条文没有对分析模式作明确表述，但一个国家的反垄断法中是否包含分析模式的制度内容，不仅要看法律条文的规定，还要看执法、司法机关实际把握的实施尺度。笔者整理了2013年7月29日~2016年4月12日工商总局网站公布的省级以上工商行政管理部门执法案例信息，2013年12月30日~2016年4月12日国家发改委网站公布的执法案例信息，和2008年11月18日~2016年4月12日商务部网站公布的经营者集中审查案例信息，以及《反垄断法》实施以来部分典型司法判例信息，进而统计了这些案例的分析模式适用情况。从行政处罚决定书的文本角度看，中国反垄断执法机关的案件处理情况如表1所示。

表1　　　中国反垄断执法机关案件处理情况和适用方法比较

案件类型	执法机关	案件数量	适用基于形式的方法	适用基于效果的方法		提起行政诉讼的案件数量
				界定了相关市场	适用了定量分析方法	
垄断协议	省级以上工商行政管理部门	19	19	0	0	0
	国家发改委	5	5	0	0	0

---

[1] 如欧盟在认定垄断协议时，对于固定价格、划分市场、限制产量等类型的行为尽管适用"目的分析"而不是"效果分析"，但由于"目的分析"仍然要结合101条第3款作行为违法性的最终认定，所以从形式上看规制强度弱于本身违法原则的规定。

案件类型	执法机关	案件数量	适用基于形式的方法	适用基于效果的方法		提起行政诉讼的案件数量
				界定了相关市场	适用了定量分析方法	
滥用市场支配地位	省级以上工商行政管理部门	13	0	7	4	0
	国家发改委	1	0	1	1	0
经营者集中	商务部	28	0	27	23	0

其中，省级以上工商行政管理部门共查处垄断协议案件 19 宗、滥用市场支配地位案件 13 宗。在垄断协议案件中，省级以上工商行政管理部门对于垄断协议的认定主要限于对违法事实的收集，除个别案件当事人提出豁免请求，执法机关作了一定回应外，多数案件直接依据《反垄断法》第 13 条对违法行为作了认定，这就是基于形式的方法的适用。在滥用市场支配地位案件中，未作相关市场界定的案件 6 宗；未进行定量分析的案件 9 宗（含上述 6 宗未作相关市场界定案例）。有 1 宗案件的行政处罚决定书提到当事人在相关市场中的市场份额，但是没有提供具体数据，该案没有纳入未进行定量分析的案件范围。考虑到这些案件的执法都考虑了市场影响因素，为了简化问题，都纳入基于效果的方法之中。

国家发改委共查处垄断协议案件 5 宗，滥用市场支配地位案件 1 宗。从这 5 宗垄断协议案件的执法文书看，国家发改委对于垄断协议的认定方法同样是主要限于确认违法事实，并在多数案件中直接援引《反垄断法》第 13 条认定行为违法。在国家发改委查处的 1 宗滥用市场支配地位案件中，有较为充分的相关市场界定及定量分析。

商务部共禁止集中案件 2 宗、附条件许可案件 26 宗。在这 28 宗案件中，未界定相关市场的案例 1 宗，即商务部的第一宗附条件许可案件——2008 年"英博公司收购 AB公司反垄断申报案"。不过在附加限制性条件时，商务部公告文书提到"此项并购规模巨大，合并后新企业市场份额较大，竞争实力明显增强"等情况，显然有市场影响方面的考虑，不宜纳入基于形式的方法中去。未应用定量分析的案件 5 宗。另有 1 宗案件执法公告没有提供定量分析的数据，但提到了市场集中度，所以也没有纳入未应用定量分析的案件范围。

从法院方面看，自《反垄断法》实施以来，法院受理的案件数量有逐年上升的趋势。不过由于法院案件受理比较分散，笔者仅从中国裁判文书网和北大法宝数据库等渠道收集部分反垄断法司法判决书，整理出法院反垄断民事案件受理及适用方法的情况，如表 2 所示。

表2　　　中国各级法院反垄断民事案件受理情况及其适用方法比较

案件类型	案件名称	受理法院和判决时间	适用基于形式的方法	适用基于效果的方法	
				界定相关市场	适用定量分析方法
垄断协议	北京锐邦涌和科贸有限公司与强生（中国）医疗器材有限公司纵向垄断协议纠纷二审民事判决书	上海市高院，2012年	×	√	√
	深圳市惠尔讯科技有限公司与深圳市有害生物防治协会横向垄断协议纠纷上诉案	广东省高院，2012年	×	√	√
	北京市水产批发行业协会与娄丙林垄断纠纷二审民事判决书	北京市高院，2013年	√	×	×
滥用市场支配地位	北京米时科技股份有限公司与北京奇虎科技有限公司滥用市场支配地位纠纷二审民事判决书	北京市高院，2015	×	√	×
	陈桂英与广东燕塘乳业股份有限公司滥用市场支配地位纠纷二审民事判决书	广东省高院，2013年	×	√	×
	戴海波诉中国电信集团重庆市电信公司、中国电信股份有限公司等垄断纠纷一案一审民事判决书	重庆市一中院，2012年	×	√	×
	高邮市通源油运有限公司与泰州石油化工有限公司、中国石化扬子石油化工有限公司等垄断纠纷二审民事判决书	江苏省高院，2013年	×	√	√
	湖州一亭白蚁防治服务有限公司与湖州市白蚁防治研究所有限公司垄断纠纷二审民事判决书	浙江省高院，2010年	×	√	×
	江裕贵诉遵义铁路联营联运实业有限公司、成都铁路局垄断纠纷一案一审民事判决书	贵阳市中院，2014年	×	√	×
	宁波科元塑胶有限公司与宁波联能热力有限公司滥用市场支配地位纠纷一审民事判决书	宁波市中院，2013年	×	√	√
	奇虎公司与腾讯公司垄断纠纷上诉案判决书	最高人民法院，2013年	×	√	√

案件类型	案件名称	受理法院和判决时间	适用基于形式的方法	适用基于效果的方法	
				界定相关市场	适用定量分析方法
滥用市场支配地位	上诉人刘大华因与被上诉人湖南华源实业有限公司、东风汽车有限公司东风日产乘用车公司垄断纠纷案判决书	湖南省高院，2012 年	×	√	×
	杨志勇与中国电信股份有限公司、中国电信股份有限公司上海分公司滥用市场支配地位纠纷二审民事判决书	上海市高院，2015 年	×	×	×
	原告通源公司与被告泰州石化公司、扬子石化公司、中石化公司垄断纠纷一案的民事判决书	南京市中院，2012 年	×	√	×
	原告王鑫宇与被告中国电信股份有限公司徐州分公司垄断纠纷一案的民事判决书	南京市中院，2014 年	×	√	×
	赵兴诉遵义铁路联营联运实业有限公司、成都铁路局垄断纠纷一案一审民事判决书	贵阳市中院，2014 年	×	√	×

在法院审理的上述 16 宗反垄断民事案件中，纵向垄断协议案件 1 宗，适用了"基于效果的方法"；横向垄断协议案件 2 宗，其中北京市高院对有行业协会参与的横向固定价格的垄断协议案件适用了基于形式的方法，而广东省高院对同样有行业协会参与的横向固定价格的垄断协议案件却适用了基于效果的方法；滥用市场支配地位案件 13 宗，这些案件都适用了基于效果的方法，其中界定了相关市场的案件 12 宗，应用了定量分析的案件 3 宗。

三、中国反垄断法分析模式适用分歧的理论解读

从《反垄断法》实施以来的案件处理情况看，我国执法和司法机关在分析模式适用上的分歧是显而易见的。

首先，对于垄断协议的执法，负责非价格垄断协议执法的工商总局及省一级工商局和负责价格垄断协议执法的国家发改委所采用的分析模式是基本相同的，即直接适用《反垄断法》的第 13、第 14 条认定违法行为，除极少数案例在当事人依据第 15 条提出抗辩时才会回应涉案行为是否存在豁免事由（在这少数几宗案例中，执法机关回应的内容即使涉及市场影响方面的分析，也是泛泛而谈，没有立足在细致的相关市场界定基础

之上），这是典型的基于形式的方法的应用。但在司法案件中，对于横向固定价格的垄断协议既有适用基于形式的方法的案例，也有适用基于效果的方法的案例。在仅有的 1 宗纵向垄断协议案例中，同样适用了基于效果的方法。由此可见，法院和执法机关对垄断协议适用的分析模式存在根本差异，并且法院和法院之间的适用标准也不统一。

其次，对于滥用市场支配地位案件，执法机关和法院都适用了基于效果的方法，不过不同执法和司法机关在界定相关市场和应用定量分析的案件比率上有着显著差异。如在国家发改委查处的唯一一宗案件——高通案中，执法文书作了较为充分的相关市场界定和定量分析，不过由于案件样本数量过少，统计学意义有限；省级以上工商行政管理部门共查处了 13 宗案件，约 53.8% 的案件作了相关市场界定，约 30.8% 的案件作了定量分析；法院审理的 13 宗案件中，约 92.3% 的案件界定了相关市场，约 23.1% 的案件作了定量分析。需要说明的是，执法机关和法院相关市场界定的案件比率差异悬殊，部分原因是在专营专卖或者其他依法具有独占地位案件的执法过程中，此类经营者被直接认定为具有市场支配地位，从而不需要进行相关市场界定和市场份额及集中度计算。另外，还应该看到的是，无论是工商行政管理部门，还是法院，应用定量分析的比率都是非常低的，这说明中国滥用市场支配地位案件尽管适用了基于效果的方法，但经济分析的应用并不充分。

最后，即使是应用了定量分析的案件，执法和司法机关在具体方法的应用上仍存在差异。国家发改委、省级以上工商行政管理部门多数相关案件定量分析的应用主要限于市场份额的计算；商务部应用定量分析的 23 宗案件中，有 6 宗案件提供了集中度计算（赫氏指数分析）数据，其中 2014 年第 3 号公告还应用了价格上涨预测方法；而在法院审理的滥用市场支配地位案件中，多数应用定量分析的案件同样仅限于市场份额计算，仅"奇虎公司与腾讯公司垄断纠纷案""北京锐邦涌和科贸有限公司与强生（中国）医疗器材有限公司纵向垄断协议纠纷案"等少数案件，案件当事人提供了来自咨询机构或学者的较为充分的经济分析意见。

对于执法和司法机关在分析模式选择上的分歧，从学理上需要进一步思考的问题是：其一，反垄断法实施机关之间为什么会出现如此巨大的分歧？其二，应该如何看待分析模式的适用分歧？笔者认为，反垄断法实施机关在分析模式选择上所以出现巨大分歧，可能的原因有：

首先，实施机关之间在反垄断法适用中的深层次问题上没有建立起有效的协调机制。从成熟反垄断法国家的制度经验看，"竞争法系统有三项基础性的构成要素：作为'操作系统'的法令和施行它们的机构；以分析方法和实施程序形式存在的各种'应用'；在实施法令及其他规则的过程中所积累起来的'专门知识'。"既然竞争法系统是由多元化的要素所构成，仅仅是法令层面的统一并不足以实现整个法律系统运行上的协调。2007 年《反垄断法》的制定，使得该法在基本制度的层面上达成了一致性，但是根据 2008 年国务院的"三定方案"，反垄断执法由国家发改委、商务部和工商总局三个部门共同承担，如果不同执法机关在适用中的深层次问题上没有充分协调，势必会出现法律适用上的不一致。分析模式是反垄断法中极具特殊性和难度的一项制度要素，无论是对特定类型分析模式的选择，还是对较为复杂的分析模式的适用（如涉及定量分析方法的应用），都有赖于实施机关之间的充分磋商，并形成共识。《反垄断法》实施以来，执法机关尽管颁布了较多的部门规章或指南，但是以其上位机关——国务院反垄断委员会的名义发布的规范性文件非常有限，协调机制的匮乏使得实施机关之间在反垄断分析上很难形成更具一致性的做法。

其次，美欧反垄断法律制度差异对中国分析模式选择产生了实质性影响。在 2010 年"北京锐邦涌和科贸有限公司诉强生（中国）医疗器材有限公司纵向协议纠纷案"中，一审上海市第一中级人民法院和二审上海市高级人民法院明显采取了类似合理原则的分析思路；而在同时期"深圳市惠尔讯科技有限公司与深圳市有害生物防治协会横向垄断协议案"中，一审深圳市中级人民法院更直截了当地认为，"构成垄断协议的前提是'排除、限制竞争'，说明垄断协议的认定原则是合理原则"。[①] 这是中国法院第一次明确表示垄断协议的认定原则是合理原则。而欧盟竞争法对中国反垄断法分析模式的影响主要体现在《反垄断法》条文的体系构造上。如该法第 13、第 14 条和第 15 条的体系结构借鉴了《欧盟运行条约》第 101 条第 1 款和 3 款的规定，这也是为什么国家发改委价格监督检查与反垄断局官员对分析模式选择这一问题所作的回应是："我国对纵向协议的法律原则就是'禁止＋豁免'，不一定非要贴上本身违法原则或者合理分析原则的标签。对反垄断法执法机构而言，只能依法办案，而不能'造法'办案。"[②] 可以说，美国反托拉斯法和欧盟竞争法在分析模式上的制度差异，间接导致了中国执法和司法机关在反垄断案件处理上的适用分歧。

最后，实施机关角色特征和组织特点的不同影响了分析模式的选择。作为实施反垄断法的公权机关，执法机关和法院的角色特征有着显著差异。与美国司法部反托拉斯局和联邦贸易委员会主要提起反托拉斯诉讼的职能不同，中国反垄断执法机关与欧盟委员会一样，可以对涉嫌违法的行为进行调查、认定违法行为以及作出处罚，处在非常能动的地位。而法院的角色特征一般被定位为被动受理案件以及作为争议双方的居中裁判机构。"大约在上世纪九十年代初，民事诉讼法学领域形成了'职权主义向当事人主义转型'的理论命题……在其影响下，包括强调当事人举证责任、令逾期诉讼行为'失权'等在内的一系列改革措施出台，从而在很大程度上重塑了新时期的民事审判制度及诉讼程序运作的实践。"[③] 在反垄断民事诉讼中，中国法院的自我角色定位正是如此，绝大多数案件中，法院并不会主动依据职权展开调查。反垄断执法机关"求效"、司法机关"求真"的特点非常显著。在当事人主义的诉讼模式下，"求真"的结果很容易演变成对原告一方举证责任的过高要求，并倾向于选择"基于效果的方法"的分析模式。

从法治的视角看，分析模式适用分歧的危害是显而易见的：不同实施机关之间，由于分析模式选择及其具体适用的差异所导致的对反垄断法实体制度标准把握上的差异，

---

① 广东省高级人民法院民事判决书，"深圳市惠尔讯科技有限公司与深圳市有害生物防治协会横向垄断协议纠纷上诉案"，（2012）粤高法民三终字第 155 号。

② 许昆林：《宽大政策适用于纵向垄断协议》，载《中国经济导报》2013 年 10 月 31 日，第 A03 版。

③ 陈杭平：《"职权主义"与"当事人主义"再考察：以"送达难"为中心》，载《中国法学》2014 年第 4 期。

都会造成"同案不同判"等有悖法制统一性的不可欲的结果。特别是在上述行政执法案件中，没有一起案件被提起行政诉讼，这说明到目前为止执法机关和法院对于分析模式的选择基本上是各行其是，没有开始实质性的对话。在这样的背景之下，消弭实施机关分析模式选择上的分歧已经成为反垄断法实施的当务之急。

分析模式适用分歧的另一危害是减损了《反垄断法》的施行效果。从决策理论的角度看，无论是错误地谴责事实上对市场竞争和消费者有益的行为（假阳性错误），还是错误地决定对那些事实上有害市场竞争和消费者的行为不予处罚（假阴性错误），都会带来错误成本，其中"假阳性错误的成本不仅包括被法院或执法机关错误处罚的当事人的损失，也包括那些因为担心类似诉讼结果而放弃尝试促进竞争的行为而带来的损失……假阴性错误的成本不仅包括没有处罚反竞争行为的被告而带来的损失，也包括对其他反竞争行为没有起到应有威慑作用而带来的损失"。① 所以，对分析模式的任何错误选择，对《反垄断法》的有效实施都是不利的。

当然也应该看到，在《反垄断法》实施之初，无论是反垄断法的分析方法，还是实施法律的各项"专门知识"，都依赖实施机关不断积累、完善以及将成熟的做法固化。由于反垄断法实施机关较多，不同实施机关自身关切点以及对法律制度的理解可能存在差异，再加上成熟的分析模式形成过程本身的试错性质和历时性，都决定了在一定时期内实施上的不一致是难以避免的。由于分析模式属于反垄断法的应用层面的问题，对分析模式适用分歧的化解，简单通过立法等方式在制度层面强行统一是行不通的。探索分析模式选择中的规律性知识，对中国反垄断法分析模式选择过程中应考量的因素形成共识，进而找出有针对性的解决方案，这才是化解分析模式适用分歧的可行路径。

四、中国反垄断法分析模式选择的考量因素

从美国、欧盟的制度演变历程看，反垄断法分析模式是在制度传统、机构能力以及经济分析的供给状况等因素的交互影响下形成的。制度传统、机构能力、经济分析供给和分析模式之间的关系如图 2 所示。

首先，制度传统决定了分析模式作用的范围和方式。从合理原则和本身违法原则的产生历程看，《谢尔曼法》只是提供了反托拉斯法基本的制度框架，该法如何实施，则是由法院根据普通法传统，在个案中加以决定。而在普通法的对抗制诉讼模式下，经济分析可以借由法庭辩论和专家意见等方式进入诉讼渠道，法院因而成为包括经济分析在内的各种知识的竞技场。与美国司法为中心的分散实施体制不同，欧盟竞争法实施的核心是行政决策，"行政决策的中心地位意味着大多数决策都是政治决策。它们受着委员会官员和欧盟政治领导人所确定的优先事务和目标的指导。司法过程提供了对政策性决定的约束，然而它们也是以政策为基础的。"以行政决策为中心的集中实施体制，导致

---

① U. S. Department of Justice, "Competition and Monopoly: Single-Firm Conduct Under Section 2 of the Sherman Act," 2008, https://www.justice.gov/atr/competition-and-monopoly-single-firm-conduct-under-section-2-sherman-act, 2016 年 5 月 8 日。

了"命令日益成为发展行为规范的主要手段……最重要的立法形式，即批量豁免，是高度形式化的"。

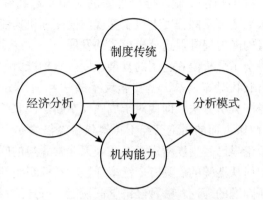

图2　分析模式的影响因素框架

　　美国、欧洲上述制度传统对各自分析模式的形塑产生了极为重要的影响：在司法为中心的实施体制下，经济分析方法引入特别是其充分发展之后，美国反托拉斯法制度体系被彻底重塑，合理原则成为反托拉斯分析的主导模式，经济分析则构成了合理原则应用的合理内核；而在欧盟，行政决策为中心的集中实施体制决定了批量豁免（集体豁免）等自上而下的立法方式成为竞争法实施的重要途径，进而使得基于形式的方法得以较多适用。虽然对于司法为中心的分散实施体制和行政决策为中心的集中实施体制到底孰优孰劣，是一个见仁见智的话题，但正如美国艾伦·德夫林（Alan Devlin）和迈克尔·雅各布斯（Michael Jacobs）等学者在解释欧盟竞争法和美国反托拉斯法制度差异原因时所说：制度的形成与历史、政治和文化密不可分，有些关键性问题已经超出经济学可以解答的能力范围。无视作为分析模式生成基础的制度传统和历史、政治、文化等因素，很难对分析模式作出完整意义上的解读。

　　其次，经济分析的供给水平决定了分析模式的精致化和合理化程度。在美国反托拉斯法分析模式的历史变迁中，在不同历史时期，合理原则和本身违法原则在反托拉斯分析中占据了不同的权重：在美国反托拉斯法实施的早期阶段，合理原则和本身违法原则竞相发挥各自作用；20世纪40年代以后，由于哈佛学派的结构主义学说逐渐成为反托拉斯分析的理论基础，本身违法原则在1940～1974年成为主导性的分析模式；而1974年后，哈佛学派的结构主义学说被芝加哥学派的行为主义学说所替代，导致了原来适用本身违法原则的很多案例纷纷被美国最高法院所推翻，合理原则成为主导性的分析模式；到了90年代以后，反托拉斯分析有了更为多元的理论基础，分析模式的适用更为灵活并且类型也更为多元化。

　　显然，反托拉斯法分析模式的演进是在经济分析方法引入反托拉斯分析之后得以加速推进的，分析模式演进和经济学理论本身的发展呈现正相关关系：从哈佛学派的结构主义学说到芝加哥学派行为主义学说再到后芝加哥学派和新哈佛学派，经济学理论及其对反托拉斯法实施影响力的更迭，导致合理原则和本身违法原则的各自权重和适用范围发生巨大变化。在今天，博弈论、计量经济学、行为经济学等经济学理论的引入，为反垄断法的实施提供了广阔的理论基础，分析模式的应用日趋精致化和合理化。与此同时，经济分析的供给水平还在不同程度上对制度规则演变和机构能力建设产生影响，并通过制度规则优化和机构能力提升促进分析模式的发展。

最后，机构能力决定了分析模式适用的复杂程度。机构能力包括机构人数、专业水平、知识结构、资源占有状况等因素，是实施反垄断法和适用分析模式的基础。事实上，如何更好地应用经济分析方法，即使对于成熟反垄断法国家的执法和司法机关，都构成了严峻的挑战："政策方面的讨论已经不再聚焦于经济学是否应该引领反托拉斯政策，因为这一问题的争论早已经尘埃落定了。在今天非常紧迫的问题是如何落实它，如法院和执法机关应该如何从浩瀚的、具有广泛多样性的产业组织经济学的汪洋大海里遴选出能够解决反托拉斯问题的理论？哪种经济学假说能最好地解释在一个日益复杂和多变的商业环境中发生的商业行为？经济学思想应该如何转化成为可以操作的制度规则？"[1]

对于反垄断法的后发国家，机构能力这一问题的重要性更为凸显。"反托拉斯执法机关可能不具备从事特定类型执法工作的能力，对于任何年轻的反托拉斯执法机关来说都存在一个学习曲线的问题。"[2] 反垄断法的后发国家如何移植包含了最新经济学成果的反垄断制度规则，新设机构如何嵌入到所在国家的整个体制之中，并顺畅实施上述制度规则，都不可能是一蹴而就的。对于较为复杂的分析模式的适用，需要行业市场状况的相应统计数据，合适的专家参与制度和具有一定经济学或技术知识背景的执法、司法队伍，这些因素，都会影响到机构能力的现状以及分析模式的选择。

中国反垄断法分析模式的选择，同样应当放到以上分析框架下进行考虑。反垄断法分析模式，应该与当前中国的反垄断法现行制度规则设计、反垄断法实施机构的能力建设现状和经济分析的供给状况相匹配。

从现行制度规则设计的角度看，《反垄断法》条文为中国反垄断法分析模式的选择提供了一定程度的指引：如第2章第13、第14条对横向垄断协议和纵向价格垄断协议作出了禁止性规定，第15条则对不适用第13、第14条的情形作了豁免性规定；第3章第17条尽管对滥用市场支配地位行为同样用了"禁止"一词，但是在其列举的每一类行为之中，都用了"没有正当理由"或"不公平的高价"等限定性词语，这说明《反垄断法》对垄断协议的规制方法和对滥用市场支配地位的规制方法是迥然不同的。我国反垄断执法机关将垄断协议的分析模式事实上定位于"基于形式的方法"，把滥用市场支配地位的分析模式事实上定位于"基于效果的方法"，有一定的合理性，但是否所有垄断协议都应该适用"基于形式的方法"则有待商榷。而从法院的司法判决看，2013

① Timothy J. Muris, "Improving the Economic Foundations of Competition Policy," George Mason Law Review, Vol. 12, No. 1, 2003, P. 1.

② D. Daniel Sokol, "The Future of International Antitrustand Improving Antitrust Agency Capacity," Northwestern University Law Review, Vol. 103, No. 2, 2009, pp. 1082–1083.

年北京市高级人民法院审理的"北京市水产批发行业协会与娄丙林垄断纠纷二审民事判决书"与国家发改委、工商行政管理部门的执法思路基本一致，但是广东省高院"深圳市惠尔讯科技有限公司与深圳市有害生物防治协会横向垄断协议纠纷上诉案"对横向垄断协议适用了合理原则的分析思路，这与《反垄断法》条文规定并不契合。在涉案行为并不具有显著促进竞争效果的情况下，将合理原则直接适用于横向垄断协议，甚至比美国反托拉斯法对横向垄断协议的规制都走得更远了，是不可取的。

从经济分析的供给状况看，高质量的经济分析报告既依赖于经济学理论和经济分析工具的发展，也依赖于经济数据的收集。由于经济学研究成果本身是作为公共资源的形式存在的，理论上看，其他国家和地区产业组织经济学等方面的研究成果都可以为中国所利用。但在中国代表性的司法判例如奇虎公司与腾讯公司垄断纠纷案中，经济分析报告并不是由中国本土经济咨询公司，而是由国际知名的咨询公司如 RBB 经济咨询有限责任合伙（RBB Economics LLP）、全球经济咨询集团（Global Economics Group）、查尔斯·里弗联合公司（Charles River Associates）的特别顾问大卫·斯塔利布拉斯（David Stallibrass）等提供的，本土经济咨询公司发展的不足，将会限制经济分析方法在反垄断法案件中的充分应用。另外，经济分析报告所需要的与反垄断法实施强相关的特定行业和市场的经济数据的收集，需要高昂的投入成本和较长的时间积累过程，从短期看，这也将是反垄断法实施过程中应用经济分析方法的瓶颈。

从机构能力角度看，自《反垄断法》实施以来，相关部门都组建了实施反垄断法的专门机构和执法队伍。同时，中国反垄断执法机关与美国、欧盟等国家和地区的反垄断执法机关建立了广泛的交流与合作，包括和美国签订《反垄断和反托拉斯合作谅解备忘录》、和欧盟竞争总司建立"中欧竞争周"研讨会等定期会议机制来交流执法问题，这些交流与合作无疑有助于中国反垄断执法机关能力的提升。美国司法部负责反托拉斯事务的前助理部长贝尔在美国国会作证的时候提到中美在总统—国家主席、国务卿—副总理和执法机关—执法机关三个层面开展了反垄断法实施沟通机制，贝尔的评价是，由执法机关确定讨论话题并根据必要性将其提交到最高层次对话中去的机制是非常积极的。[1] 不过也应该看到，与美国、欧洲反垄断执法机关相比，中国执法机关在预算资金总额、执法人员数量和执法人员的知识结构等方面都存在不足。如从 2016 年的财政预算情况看，美国联邦贸易委员会的预算资金总额是 3.09206 亿美元，全职人力工时是1191 人；[2] 美国司法部反托拉斯局的预算资金总额是 1.64977 亿美元，全职人力工时是654 人。[3] 从国家部委的门户网站可以看到，国家发改委价格监督检查与反垄断法局、工商总局竞争执法局、商务部反垄断局都设置了反垄断执法的相关处级机构，但工作人

---

① Hearing Before the Subcommittee on Regulatory Reform, Commercial and Antitrust Law of the Committeeon the Judiciary House of Representatives One Hundred Fourteenth Congress, May 15th, 2015, http：//judiciary. house. gov, 2016 年4 月 16 日。

② Federal Trade Commission Fiscal Year 2016 Congressional Budget Justification, https：//www. ftc. gov/system/files/documents/reports/fy – 2016 – congressional – budget – justification/2016 – cbj. pdf, 2016 年 8 月 5 日。

③ Antitrust Division Congressional Submission FY 2017 Performance Budget, https：//www. justice. gov/sites/default/files/jmd/pages/attachments/2015/02/01/16. _atr_exhibits. pdf, 2016 年 8 月 5 日。

员数量、预算资金总额等关键性指标与美国、欧洲反垄断执法机关相比，还有着巨大的差距，这对执法工作的开展形成了实质性的约束。

五、完善中国反垄断法分析模式的制度建议

行文至此，可以形成的基本结论是：型构中国恰当的反垄断法分析模式，既要借重于经济分析方法的应有作用，也要考虑中国商业数据收集的现状及难度、执法和司法机关的能力建设现状、经济活动参与者的竞争法律意识及其守法成本等因素，并结合这些因素选择与其相匹配的分析模式实施反垄断法。具体而言，可以从以下几个方面着手：

第一，谨慎解释《反垄断法》的立法目的条款。经济分析有实证分析和规范分析两个方面，"通过它（实证分析——笔者注）预测行为变化的能力来判断有关分析、模型或规则的可行性和有用性"，"用规范分析决定法律是什么引发起这样一个简明而又有争议的假设——法的唯一目的应该提高经济效率。"[①] 在反垄断法中，实证分析的结果可能关涉着制度规则、分析方法或违法判断标准的形成，但实证分析有赖于经济效率的规范基础。在反垄断法制度实践中，经济效率的一元价值主张对于形成具有内在一致性的制度规则体系固然有利，但是出于特定的社会需要等考虑，欧盟等世界很多国家和地区的反垄断法事实上都选择了多元立法目标，中国也是如此。如《反垄断法》的立法目的，根据该法第1条的规定，包括"预防和制止垄断行为""保护市场公平竞争""提高经济运行效率""维护消费者利益和社会公共利益""促进社会主义市场经济健康发展"等多方面内容。

多元立法目标是基于中国经济、社会转型时期特殊国情的现实选择，但在实施层面，实现价值目标体系的自洽也是至关重要的。考虑到中国的体制背景，对不同所有制企业一体化适用《反垄断法》，有效规制行政性垄断以及协调好产业政策和竞争政策的关系，是《反垄断法》实施过程中必须面对的核心问题。"竞争结果范式是一种草率的视角，其目的和施行效果都只会是导致反托拉斯法的最低程度适用"，由于保护竞争过程和强化市场的开放性同样有着提升经济效率的功能，并且对于转型时期的中国，更为基础和急迫，因而《反垄断法》在关注竞争结果的同时，也应该关注竞争机制的塑造。价值取向上的一致性，有助于个案分析标准的统一。

第二，建立适合中国国情的行为类型化处理模式。无论是美国反托拉斯法的合理原则与本身违法原则，还是欧盟竞争法的基于形式的方法与基于效果的方法，都是对行为类型化处理模式的充分应用。自《反垄断法》实施以来，中国执法和司法机关客观上也在不断探索适当的行为类型化处理模式。如"深圳市惠尔讯科技有限公司与深圳市有害生物防治协会横向垄断协议纠纷上诉案"将合理原则直接适用于横向垄断协议，这是事实上将所有类型的行为都纳入到合理原则适用范围的一种规制思路；中国反垄断执法

---

① 理查德·波斯纳：《法律的经济分析（上）》，蒋兆康译，中国大百科全书出版社1997年版，"中文版译者序言"，第20页。

机关对垄断协议适用基于形式的方法、对滥用市场支配地位行为适用基于效果的方法，是另一种规制思路。但是前一规制思路显然忽视了合理原则适用的复杂性和高昂实施成本等问题，后一规制思路对横向和纵向协议一体化适用基于形式的方法则有损于案件处理结果的合理性。

考虑到《反垄断法》的实施尚处于起步阶段，应该重视基于形式的方法和"安全港"等规制方法的适用，以降低反垄断法的实施成本并提高法律实施结果的可预见性。原则上，针对不同行为性质、危害范围和复杂程度的案件，适用不同的分析模式：对于危害程度特别显著并且缺乏经济效率提升等正面收益的行为，应该探索适用简易分析的分析模式；对于新型的或行为经济效果复杂等类型的行为，应该适用全面分析的分析模式；对市场竞争不会产生显著影响的行为应该适用"安全港"的规制方法。应用行为类型化处理模式的棘手问题是，如何对《反垄断法》第13、第14条所列举的垄断协议行为区别对待？由于《反垄断法》对垄断协议和滥用市场支配地位行为的规制思路完全不同，所以即使认为纵向价格垄断协议可能促进竞争，也不宜与第17条一样适用全面分析的分析模式。在《反垄断法》未作修订之前，可行的解决途径是对纵向价格垄断协议适用类似于"快速审查"的介于简易分析和全面分析之间的分析模式，即原告一方不需要对协议的反竞争效果进行举证，但是在被告主张豁免适用时，需要对协议符合第15条豁免条款的规定进行举证。另外，在应用行为类型化处理模式的同时，要注意不同分析模式和规制方法之间的配合，如通过"安全港"的规制方法，将对市场竞争不会产生显著影响的行为排除在反垄断法的适用范围之外，这既有助于执法效率的提升，也在一定程度上避免了完全不考虑市场力量等因素的简易分析方法适用上可能有的不足。

第三，规范全面分析的分析模式在反垄断法中的适用。从法律的角度看，是否适用全面分析，既要考虑案件处理结果的合理性和案件处理效率之间的平衡，也要保证案件处理结果具有可预期性。因为从本质上看，分析模式是法律标准，而不是法律规则，由于标准"允许进行更为开放的调查"，[①] 全面分析的适用结果就会变得难以预期，这与适用简易分析最终还是会转至适用法律规则，从而并不会影响制度确定性的情形是极为不同的。但现代反垄断法更多适用全面分析的趋势是不可避免的，正如丹尼尔·克兰（Daniel Crane）所观察到的："反托拉斯法正从规则（事先的，决定责任归属时考量有限因素）向标准（事后的，决定责任归属时考量多重因素）过渡"，[②] 但他同时认为："如果历史是可靠的老师，规则和标准的钟摆最终会回到规则。"[③] 如何在必须适用全面分析的场合也兼顾到制度的确定性等价值考量？

考虑到适用全面分析的分析模式的关键在于如何对行为的经济效果进行评价，规范全面分析的分析模式的适用，必须尽可能避免经济分析过程中因为分析侧重点或学术主

① 理查德·A. 波斯纳：《反托拉斯法》，孙秋宁译，中国政法大学出版社，2003年，第44页。

② Daniel A. Crane, "Rules Versus Standards in Antitrust Adjudication," Washington & Lee Law Review, Vol. 64, No. 1, 2007, P. 49.

③ Daniel A. Crane, "Rules Versus Standards in Antitrust Adjudication," P. 51.

张的不同影响到反垄断法实施标准的一致性。另外，应该如前文蒂莫西·J. 缪里斯（Timothy J. Muris）所说，"将经济学思想转化成为可以操作的制度规则。"[1] 如在掠夺性定价的规制中，阿里达和特纳认为："定价低于可合理预见的短期边际成本的，是掠夺性定价；等于或者高于这一成本的，则不是。"[2] 掠夺性定价本来适用的是"标准"，但是通过阿里达和特纳所建议的规制方法的转换，更具可预见性和更少复杂性的"规则"在一定程度上得到了适用。实践中，《关于相关市场界定的指南》《反价格垄断规定》《工商行政管理机关禁止垄断协议的规定》和《工商行政管理机关禁止滥用市场支配地位行为的规定》，都是对《反垄断法》制度规则的细化，但上述规范性文件直接涉及经济分析方法应用的内容非常有限，并且也不系统。规范和引导经济分析方法的有序应用，在当前非常紧迫，需要立法和实施机关在总结实践经验的基础上，出台更为全面和细致的实施办法和指南。如就适用全面分析的典型垄断行为类型，通过实施办法或指南等形式明确其相应的分析框架和主要考量因素，这对有效规范和约束全面分析中实施机关自由裁量权的行使，是非常必要的。

第四，发挥举证责任分配规则在分析模式适用中的应有作用。现代反垄断法分析模式往往融经济分析与举证责任分配为一炉。如在布朗大学（Brown University）案中，美国第三巡回法院的多数意见认为："在合理原则适用时，原告应该对被调查的联合或者协议在相关产品和地理市场产生了不利的、反竞争的效果承担初始的举证责任……如果原告满足了他的初始举证责任，举证责任就转移到被告，被告必须证明被挑战的行为有足够促进竞争的目的。"[3] 这就是移转举证责任的合理原则的制度内涵。举证责任分配规则的制度价值之一在于其为经济分析方法应用和分析模式适用提供了制度性框架，如举证责任分配规则明确了对经济信息进行收集和加工、处理的主体归属、证明对象和举证的次序等问题，这有利于法院查明事实，以及确定举证不能时的责任归属，从而确保案件能够得到公平和及时的处理。

2012 年最高人民法院《关于审理因垄断行为引发的民事纠纷案件应用法律若干问题的规定》（以下简称《规定》）对反垄断民事纠纷案件中的原、被告双方的举证责任作了专门规定。但值得研究的是：其一，《规定》第 7 条要求横向垄断协议的被告"应对该协议不具有排除、限制竞争的效果承担举证责任"，但是"每一个合同都关乎贸易，每一项贸易措施都关乎限制，约束、限制是它们的本质"，[4] 更何况横向垄断协议是对竞争危害最为严重的反竞争行为，其排除、限制竞争的效果是不容置疑的，《规定》第 7 条尽管作了举证责任倒置的有利于案件原告一方的规定，但其举证责任思路是欠妥的。其二，《规定》对纵向价格垄断协议的举证责任未作规定，其出发点应该是对横向与纵向垄断协议在举证责任分配上区别对待，但不作任何规定的后果是"谁主张、

① Timothy J. Muris, "Improving the Economic Foundations of Competition Policy," p. 1.
② 赫伯特·霍温坎普：《联邦反托拉斯政策：竞争法律及其实践》，许光耀、江山、王晨译，法律出版社 2009 年版，第 373～374 页。
③ United States v. Brown Univ., 5F. 3d 658, 668 (3d Cir. 1993).
④ Chicago Board of Trade v. United States, 246 U. S. 231 (1918).

谁举证"的民事诉讼一般举证原则被适用到此类诉讼中来，从而导致纵向价格垄断协议的原告对涉案行为的反竞争效果和不具有足够的促进竞争等正面价值等都有举证义务，这样其承担的举证责任比适用《反垄断法》第 17 条的纵向非价格垄断协议原告的举证责任都要高了，显然是不合理的。《规定》所以出现举证责任分配的不合理之处，在于其割裂了举证责任分配与分析模式选择之间的内在关联，而举证责任分配与分析模式选择之间的相辅相成关系，正是反垄断法律制度的特殊性所在。结合分析模式选择更科学的设计举证责任分配规则，是非常必要的。

除上述几个方面以外，还应完善分析模式相关的配套制度并提升公权机关实施法律的能力。在较为复杂的分析模式适用过程中，需要有合适的专家参与制度和具有一定经济学或技术知识背景的执法、司法队伍，需要行业市场状况的相应统计数据，这些都需要配套制度和改革措施的跟进。

六、结　论

政治哲学家罗伯特·诺奇克有言："对有关人类根本关注的许多论题而言，最有成效和最有益的探讨的路线是越来越有技术化的转向了。今天，如果我们不把握这些技术性发展，不掌握这些发展所开放出来的新问题，不了解某些传统立场被颠覆的方式，那么我们就不可能充分地探讨这些论题。"[①] 这一论断在反垄断法的制度实践和学术研究中也是如此。反垄断法从其诞生之初，就面临着如何对复杂的经济行为进行效果评价和法律定性等难题。合理原则和本身违法原则的提出，是基于法律形式主义提出来的制度解决方案，但在缺乏足够社会科学知识的支撑之下，基于法律人的内部视角对行为的类型化可能是武断的，进而带来潜在的错误成本。经济分析方法的引入，有效解决了案件处理结果的合理性和案件处理效率难以兼顾的难题，但经济分析方法作为法律人的外部视角，其嵌入法律运行机制面临体系相容性等挑战以及案件处理结果可预见性不足等问题。解决之道是执两用中，经济分析方法和法律形式主义相互交融，彼此借力，在充分发挥经济分析方法提升案件处理结果的精确性和合理性的同时，借助于行为类型化、举证责任分配等制度工具，兼顾案件处理的效率并提升案件处理结果的可预见性。

在《反垄断法》实施过程中，我国实施机关对于分析模式类型的选择和比较复杂的分析模式的具体适用上的分歧，与实施机关之间缺乏有效的沟通、协调机制等因素有关，但更重要的原因是比较复杂的分析模式对经济分析和实施机关能力有着很高的要求。为了提升《反垄断法》案件处理结果的合理性并兼顾到该法的规制强度、规制效率，化解《反垄断法》实施过程中不同实施机关在分析模式上的分歧，同样应从平衡协调经济分析方法和法律形式主义的关系入手，考虑到当前中国反垄断法制度构成、实施机关能力和经济分析供给状况等约束性条件，以确保分析模式选择与经济分析的复杂程度、实施机关的专业水平以及经济活动参与者的守法成本等相互匹配。同时，可以借

---

① 罗伯特·诺奇克：《合理性的本质》，葛四友、陈昉译，上海译文出版社 2012 年版，第 6 页。

鉴域外最新经济学研究成果和反垄断法制度经验，如通过实施办法或指南等形式明确适用全面分析的典型垄断行为类型的相应分析框架和主要考量因素，从而有效规范和约束全面分析中实施机关自由裁量权的行使。

参 考 文 献

1. 陈杭平：《"职权主义"与"当事人主义"再考察：以"送达难"为中心》，载《中国法学》2014年第4期。

2. 戴维·J. 格伯尔：《二十世纪欧洲的法律与竞争》，冯克利、魏志梅译，社会科学文献出版社2004年版，第479、第470页。

3. 赫伯特·霍温坎普：《联邦反托拉斯政策：竞争法律及其实践》，许光耀、江山、王晨译，法律出版社2009年版，第373～374页。

4. 理查德·A. 波斯纳：《反托拉斯法》，孙秋宁译，中国政法大学出版社2003年版，第44页。

5. 理查德·波斯纳：《法律的经济分析（上）》，蒋兆康译，中国大百科全书出版社1997年版，"中文版译者序言"，第20页。

6. 罗伯特·诺奇克：《合理性的本质》，葛四友、陈昉译，上海译文出版社2012年版，第6页。

7. 许昆林：《宽大政策适用于纵向垄断协议》，载《中国经济导报》2013年10月31日，第A03版。

8. Alan Devlin and Michael Jacobs, "Antitrust Divergence and the Limits of Economics," Northwestern University Law Review, Vol. 104, No. 1, 2010, P. 253.

9. Daniel A. Crane, "Rules Versus Standards in Antitrust Adjudication," P. 51.

10. Daniel A. Crane, "Rules Versus Standards in Antitrust Adjudication," Washington & Lee Law Review, Vol. 64, No. 1, 2007, P. 49.

11. D. Daniel Sokol, "The Future of International Antitrustand Improving Antitrust Agency Capacity," Northwestern University Law Review, Vol. 103, No. 2, 2009, pp. 1082 – 1083.

12. Eleanor M. Fox, "The Efficiency Paradox," in Robert Pitofsky, ed., How the Chicago School Overshot the Mark: The Effectof Conservative Economic Analysison U. S. Antitrust, New York: Oxford University Press, 2008, pp. 79, 86.

13. Timothy J. Muris, "Improving the Economic Foundations of Competition Policy," George Mason Law Review, Vol. 12, No. 1, 2003, P. 1.

14. Timothy J. Muris, "Improving the Economic Foundations of Competition Policy," P. 1.

15. William E. Kovacic, "The United States and Its Future Influence on Global Competition Policy," George MasonLaw Review, Vol. 22, No. 5, 2015, P. 1161.

人工智能致第三方损害的责任承担：
法经济学的视角[*]

吴维锭　张潇剑[**]

【摘　要】法学界对于人工智能的法律地位形成了主体论和客体论两派观点，前者主张赋予人工智能以一定的主体地位，后者则将人工智能定性为财产或工具。对于人工智能造成的第三方损害，主体论认为应当由人工智能承担独立责任，其责任财产来源于制造者或者使用者预先缴纳的资金池，资金池之外的制造者或使用者无须承担更多的责任，而客体论认为制造商或者使用者应当对人工智能造成的损害承担无限责任，但二者之争停留在主观应然层面，缺乏客观实然的分析。法经济学视角下法律规则在效率上存在优劣之分，区分的标准有"更安全地从事活动"和"从事更安全的活动"两种范式。主体论和客体论构造的法律规则在人工智能的不同应用领域有着不同的效率：在自动驾驶车领域，客体论更有效率；在智能投资顾问领域，主体论更有效率。

【关键词】人工智能；第三方损害；责任承担；法律责任；自动驾驶；智能投资；法经济学

一、问题的提出

人工智能（AI）的概念最早由"人工智能之父"约翰·麦卡锡正式提出，但是关于人工智能的具体内涵一直没有统一的定义。通常认为人工智能具有两大特征：第一，智能性。人工智能具有智能，能够完成需要人类智能的活动。比如美国国会 2017 年通过的《美国人工智能未来法案》（*Future of Artificial Intelligence Act*）认为人工智能"可以解决需要人类感知、认知、计划、学习、交流或身体动作的任务"[①]；第二，自主性。人工智能具有深度学习能力，能够通过传感器和激光从所处的未知环境中获取数据自我学习。这种学习能力使得即使是人工智能的制造者也无法预知在特定的环境中人工智能将做出何种反应。例如欧盟《机器人民事规则》（*Civil Law Rules on Robotics*）认为智能机器人拥有"通过传感器和/或通过与其环境（互联性）交换数据以及分析这些数据来

---

　* 基金项目：教育部人文社会科学项目（10YJA820134）。感谢匿名审稿人的宝贵意见！当然文责自负。原文发表于《广东财经大学学报》2019 年第 3 期。

　** 吴维锭，北京大学法学院研究生；张潇剑，北京大学法学院教授，博士生导师。

　① 该法案第 3 条先是在 a 款分 3 项定义了人工智能（artificial intelligence）、人工一般智能（artificial general in-telligence）和狭义人工智能（narrow artificial in-telligence），又在 b 款中赋予了特定机构根据需要对 a 款中的定义进行修改的权力。参见 Future of Artificial Intelligence Act of 2017, https：//www. congress. gov/bill/115th-congress/house-bill/4625/text, last visited on November 23, 2018.

获得自主的能力"和"通过经验和互动学习的能力"①。

新制度经济学派认为，技术等非制度因素决定着制度安排的变迁，作为技术因素的人工智能对法律制度的影响无可避免。围绕着人工智能，法学界提出了诸多有价值的学术问题②。但是从现实来看，随着自动驾驶车和智能投资顾问等技术的逐渐使用，人工智能造成的第三方损害责任承担问题亟须探讨：自动驾驶车失灵致路人损害、智能投资顾问失误做出错误建议导致顾客经济损失、医疗机器人错误诊断造成患者损伤，这些损失由谁承担？现有观点或者认为人工智能损害属于产品责任应当由制造者承担严格责任，或者认为人工智能类似于雇工应当由作为雇主的使用者承担替代责任，还有比较前卫的观点认为人工智能具有自主性应当独立承担责任。各种不同的责任规则的区分根本上是"主体论"与"客体论"的观念之争。但是面对人工智能造成的第三方损害究竟应该采用何种责任规则及观念进行规制？

虽然法律作为一种价值载体"从来不是一元自足的闭塞体系，而是多元竞争的开放体系"，但是面对诸如人工智能致害第三人这样的具体法律问题时，我们却往往只能选择其中的"一元"：主体论或客体论。现有文献对所主张的责任规则进行说理时多是站在法学内部进行循环式的主观论证，而从主观角度无法评判各种规则孰优孰劣。为此，本文试图运用法经济学的研究范式，从经济效率角度对主体论和客体论进行相对客观的检视，分析两种观念及其具体规则在解决人工智能致第三方损害责任问题上的优劣。

二、人工智能法律责任争议的传统论证逻辑

（一）规则之争与观念分野

1. 规则层面的论争

关于人工智能在运行过程中造成的第三人损害赔偿问题，学术界提出过多种责任规则，比如产品责任、替代责任和人工智能责任等。依据责任承担主体，这些责任规则可以区分为人工智能责任、制造者责任和使用者责任。

制造者责任即由制造者承担第三人损失，其有多种具体形式。第一种是产品责任。人工智能不论多么智能，本质上依然是产品，受到《产品质量法》的规制。依据我国《产品质量法》第41条第1款③，如果因为人工智能本身缺陷导致第三人受损，生产者应当承担赔偿责任；第二种是生产者过错责任。如果人工智能致第三人损害的根本原因在于制造商的技术人员的软件设计错误，那么制造商由于其技术人员的过错应当承担

---

① 参见 European Parliament resolution of 16 February 2017 with recommendations to the Commission on Civil Law Rules on Robotics, http：//www. europarl. euro-pa. eu/sides/getDoc. do? pubRef = – % 2F% 2FEP% 2F% 2FTEXT + TA + P8 – TA – 2017 – 0051 + 0 + DOC + XML + V0% 2F% 2FEN#BKMD – 13, last visited on November 23, 2018.
② 比如法律人格问题、知识产权问题、自动驾驶车交通事故责任问题和智能投资顾问问题等。
③ 该条款规定：因产品存在缺陷造成人身、缺陷产品以外的其他财产损害的，生产者应当承担赔偿责任。

责任。

使用者责任即由使用者承担第三人损失，其也有多种具体形式。第一种是雇主责任。人工智能与使用者之间的法律关系实际上是雇佣关系，后者是前者的雇主。依据我国《侵权责任法》第 34 条第 1 款①，人工智能因执行工作任务造成他人损害后应当由相当于用人单位的使用者承担法律责任。第二种是机动车交通事故责任，这种形式主要适用在自动驾驶车交通事故中。虽然自动驾驶模式下使用者无法操控汽车，但是其仍享有运行利益。而且鉴于自动驾驶汽车的发动键是使用者按下的，其实际上处于对汽车支配地位，所以需要承担交通事故侵权责任。第三种是参照动物侵权责任规则。人工智能与动物十分相似，可以类推适用相关法律。依据我国《侵权责任法》第 78 条②，人工智能致第三方损害的，其管理人即使用者应当承担严格责任。

人工智能责任即由人工智能本身对所造成的第三方损害负责。这种法律观点认为由于人工智能具有学习能力，能够随着时间"进化"。人工智能通过从所处环境中获取信息和数据后做出反应，这种反应即使是其制造者也无法预知。由于这种不可预测性，人工智能可以被视为一种替代原因（su-perseding cause）③，打破了制造者和使用者与受害人损失之间的因果关系链条，所以制造者和使用者都无须为第三方的损害负责。相反，应当赋予人工智能一定的法律地位，由其本身承担责任，而其责任财产来源于预先设置的资金账户。

2. 哲学观念的分野

面对人工智能造成的第三方损失责任承担问题，现有的三类责任规则各有依据，不分轩轾。如果透过这些规则的表象往更深层次挖掘，可以看到两种哲学观念——主体论和客体论之间的冲突。制造者责任和使用者责任的支撑观念是客体论。客体论认为人类才是万物的主宰和宇宙的中心，所以只有人才能成为主体。人工智能尽管由人类创造具有智能，但是这种智能与人类理性相去甚远，因而只能视为人类的工具或者财产，相对于人类只能居于客体地位；而主体论恰恰相反，认为客体论对人工智能的认识停留在弱人工智能时代，根本没有意识到人工智能强大的学习能力和自主性。人工智能不同于以往的工业普通机器人，后者的行为已经被编程预先设定好，只能做机械运动，行为具有可预测性。而人工智能可以从周围环境获取数据和自我学习，虽然其开始于算法编程，但是会一直"进化"，往后的行为不具有可预测性。人工智能的"智能"已经超越人所能控制和预知的范围，应当赋予其一定的法律人格，且从法律主体的历史变迁来看，作为非人的法人也被赋予了法律人格，足见人类之外的物体包括人工智能在法律人格获得上的可能性。

---

① 该条款规定：用人单位的工作人员因执行工作任务造成他人损害的，由用人单位承担侵权责任。

② 该条款规定：饲养的动物造成他人损害的，动物饲养人或者管理人应当承担侵权责任，但能够证明损害是因被侵权人故意或者重大过失造成的，可以不承担或者减轻责任。

③ 这里指的是由于第三人的行为或其他外力等不可预见的因素介入，打破了原来的因果链条（chain of causa-tion），并成为导致结果发生的最近的一个原因，从而使得原来的行为人，虽然其先前的疏忽是造成该损害结果发生的一个实质性因素，但由于该原因的介入而免于承担责任。参见 http://lawyer. get. com. tw/dic/DictionaryDetail. aspx? iDT =78698，2019 年 5 月 1 日最后访问。

客体论的理据主要有三类。第一类是"人是目的"理据。依据康德哲学，世界存在两种不同的"存在者"。一种存在者为"事物"（sachen），不具有理性，只具有相对价值，只能作为"手段"（mittel）。另一种存在者为"人"（personen），具有理性和绝对价值，为"目的本身"（zwecke an sichselbst）。康德的这种二分法意味着只有人才能成为主体，人之外的一切存在包括人的创造物都只是客体而从属于人。第二类是"欲望主体"理据。法律预设的主体不仅仅是理性主体而且是欲望主体，他虽然具有理性能够进行算计、判断和选择，但是却无法避免受到情感和欲望的影响。"权利是欲望在法律上的代名词，自由欲望的主体也就是有着各种各样权利诉求的主体"。人工智能虽然具有理性，但是这种理性与法律预设主体的理性有着本质的不同，后者的理性受到欲望的影响而前者是纯粹的理性。人工智能不具备欲望，而抽离了欲望就会成为无欲无想的空壳式的存在，从而无法作为合适的利益负担者，因为无欲无想的主体是感受不到快乐和痛苦的，而快乐和痛苦正是法律上的利益所在。所以人工智能不能成为法律主体。第三类是"要件缺失"理据。这种理据的展开形式如下：首先，要素 X 是法律人格的基础。其次，人工智能不拥有要素 X。最后，人工智能虽然可以产生用 X 识别的行为，但这一事实仅表明人工智能可以模拟 X。事物的模拟不是事物本身。要素 X 包括灵魂、意识、感觉、道德和自由意志等。客体论也还有其他的理由，比如人工智能并没有独立的财产，无法独立承担责任，而民事主体在财产、意识、责任上的独立是近现代民法的基本观点。

主体论的理据可以概括为历史论据和实践论据。历史论据考证了民事主体概念的历史流变，认为"自然人格"并不等同于"法律人格"：一方面，具有自然人格并不意味着具有法律人格，比如古代的奴隶便不具有法律人格；另一方面，不具有自然人格也可能拥有法律人格，比如法人制度的兴起①。法律人格的赋予标准中，自然人格的伦理性并不成为唯一因素，财产和责任基础的独立性以及社会功能的重要性已然成为重要考量因素，所以民事主体制度中尚有人工智能的存在空间。人工智能具备独立的意志，再通过为其设定资金账户充实其责任基础，便能独立承担损害赔偿责任，成为"法律上的人"。历史论据的第二条进路是考察权利发展史。从权利的发展历史来看，权利主体范围是变动不居的，某一群体是否被法律体系接纳为权利主体关键取决于该群体的实力和社会影响力。人工智能的更新速度远远超过人类的进化速度。随着社会的大量运用，人工智能在社会中的影响力将不断提升，最终获得法律主体地位。实践论据则将目光转向现实，从立法和司法出发，通过事实证明赋予人工智能民事主体地位的可行性。2017年欧盟通过的《机器人民事规则》考虑将人工智能定义为"电子人"（electronic persons），由其独立对所造成的损失承担责任②。现实中也有国家开始承认人工智能的主体地位，比如 2010 年宠物机器人帕罗获得日本户籍，户籍本上父亲一栏为其发明人；

---

① 历史上，寺庙、轮船和家庭神像等都曾经被认定为法律主体。

② 参见 European Parliament resolution of 16 February 2017 with recommendations to the Commission on Civil Law Rules on Robotics, http://www. europarl. euro - pa. eu/sides/getDoc. do? pubRef = -% 2F% 2FEP% 2F% 2FTEXT + TA + P8 - TA - 2017 - 0051 + 0 + DOC + XML + V0%2F% 2FEN#BKMD - 13, last visited on November 23, 2018.

2017 年智能机器人索菲亚被沙特阿拉伯授予国籍。

（二）传统论证逻辑的冲突实质与局限

客体论与主体论导出的法律规则相互矛盾，却在各自的论证逻辑中自洽相容。客体论和主体论的冲突实质是什么？从逻辑关系的角度，如果客体和主体是矛盾关系①，客体论就等于"非主观论"，即主要在于论证人工智能为何不能成为法律主体，与论证人工智能为何能成为法律主体的主体论形成矛盾关系。所以客体论和主体论的冲突点在于对法律人格确立标准的认识差异。客体论的三点理据中，"欲望主体"理据实际可以归入"要件缺失"理据，而"人是目的"理据则类似宗教信仰无法纳入理性辩论的范围，因而可以认为客体论下人工智能无法成为法律主体的原因在于其缺乏一些要素，而这些要素是法律主体必要的，包括意识、感觉和欲望等生物特征。主体论的关键理据则仅仅在于历史论据，实践论据以事实证明论点的论证方式也无法进入理性辩论的范畴。所以主体论下人工智能能够成为法律主体的关键在于拥有意思能力、独立财产和责任能力以及随着社会影响力的提升，人工智能作为一个群体最终被法律接纳的过程。人工智能具有智能，而通过设定资金账户等手段，人工智能就能承担独立的法律责任，拥有法律人格。

客体论认为民事法律主体必须具有意识、感觉和欲望等生物特征，而主体论认为民事法律人格的获得仅仅需要意识（包括非生物意识）、财产和独立的责任能力以及该群体社会影响力的增强。那么在民事法律人格的构成要件这个问题上是客体论正确还是主体论正确？这个问题颇难做出判断。因为这里充满了主观因素，而主观应然领域必然意味着对错难辨。

事实上，自孔德创立实证主义以来，知识便被区分为真与假两种类型，前者是指能够得到反复验证的知识，而后者则相反。在实证主义思潮的影响下，理论研究范式也被分为了"实然"（is）与"应然"（ought）两类。学者更加注重事实和价值的区分，以及实证和规范的不同层次。19 世纪以来，实证主体渗透到了法学领域，法学实证主义流派兴起。这种学派的宗旨即倡导对法律的非价值判断研究方法。

人工智能是否应当获得法律人格这个问题在主体论和客体论的传统论证逻辑中成为了一种价值之争，论者采取哪派观点完全取决于个人的主观信仰。对于人工智能法律人格问题似有必要脱离"应然"领域，引入"实然"的研究方法。而法经济学无疑是这样一种进行法律实证分析的工具②。

---

① 逻辑学界普遍认为，概念间矛盾关系与对立关系的划分，以同一属概念下的两个种概念外延间关系的不同为依据，即两个互不相容的种概念的外延之和等于属概念全部外延的是矛盾关系，小于属概念全部外延的是对立关系。

② 当然，法经济学中也涉及主观领域，比如"效率"的概念至少有帕累托（Pareto）和卡尔多·希克斯（Kaldor Hicks）两种观点，但这不妨碍法经济学整体上的"实然"性。

三、人工智能法律问题讨论的新视角：法经济学的引入

（一）法经济学中的法律制度：理念和基本观点

理念的概念至少可以追溯到古希腊哲学家柏拉图。在《理想国》一书中，柏拉图借用"洞穴比喻"论述了隐藏在变动不居的现象背后的理念的永恒不变性。由此，理念代表着事物本质和表象更深层次的因素。法经济学的理念即法经济学方法、范式和结论背后的本质。而从实质内容来说，法经济学的关键理念是效率。

首先，法经济学认为"法律分析应集中研究效率而不是正义，效率应成为法律解释的关键"，"私法分析中效率优于分配"。因为正义是一种"主观"价值，而效率则是"客观"价值。在公认的经济学范式——帕累托和卡尔多·希克斯的范式①中，仅承认两三个效率观念。而实际上却存在许多种评价正义的观念。这样一来，人们在效率领域能够找到更大的一致性，在正义问题上却难以形成统一观点。正如马太所言"法律解释不应受正义指引，它应由效率指引"。法律工作者与政治家相反，他们的作用不是有助于使蛋糕切得更公平，因为分配问题不应属于法律工作者的专业分析范围，这些问题属于政治领域。如果法律工作者卷入分配问题并将它们引入法律解释过程，他们就将会以自己的价值判断代替合法的政治民主程序所实施的判断。也就是说，一个关注正义的法律工作者就丧失了客观性和中立性。

其次，法经济学并不否认正义理念在法律解释中的价值，而是倡导先用效率的标准。站在法律体系外看待法律，然后再回归法律体系内部对法律进行正义审视。法律工作者是运行中的法律制度的一部分。当他们描述法律时，其解释就变成了所描述的法律的一部分。法经济学使得法律工作者得以脱离这一框架，将法律作为一个客体来进行研究，考察某种解释是否有效率，然后再进入这一框架运用诸如正义的理念解释法律，也即再度成为这一制度的一部分。法经济学视野下"价值"和"事实"之分，使法律工作者可以用两步走的解释方法，即可以对法律制度用更超脱的看法来解释之。这样他们就可以对法律的实际动态运作持一种比较超脱的外在看法。

最后，在法经济学视域中，法律制度是一套激励体系，更进一步说，是一种隐含的定价系统，而非强制制度。传统的法律工作者对法律系统持有的是一种"命令理论"（imperative theory），认为大部分人将会做法律要求他们做的，特别是存在违法责任时。而法经济学则用一种"激励理论"（incentive theory）解读法律，认为人们对待违法责任的态度与对待价格的态度无异。如果责任规则发生了改变，预测事故的频率会增加还是减少，实际上与评估消费者需求曲线（consumer demand curves）非常相似，这种预测在

①　根据帕累托（Pareto）的标准，外在情况改变在以下情况下才算有效，即至少有一个人变好，而没有人变坏。根据希克斯（KaldorHicks）的标准，外在情况的改变之有效在于受损失者可以由胜者加以补偿（财富最大化）。

价值上是中立的。

（二）法经济学的研究范式

卡拉布雷西认为法经济学的研究范式可以归入两类，第一类为"更安全地从事活动"范式，第二类为"从事更安全的活动"范式。这两种范式也是评价相互竞争的法律规则之间何者更有效率的两种标准。

1. "更安全地从事活动"范式

"更安全地从事活动"范式实际上是卡拉布雷西就事故法的不同责任规则的相对效率问题提出的。这种范式认为，把事故的责任施加到原本（即假设事故还未发生）能以最低成本避免事故发生的一方的法律规则是更优即更有效率的规则。正如波斯纳总结的，"法律上，事故责任应该归咎于能以最低成本避免事故而没有这样做的当事人"。

"更安全地从事活动"研究范式可以回溯到科斯定理。科斯的研究始于外部性问题。解决如工厂生产环境污染等外部性问题的传统方法是税收和罚款，以此实现外部成本内部化。而科斯观察到了外部性问题的相对性："问题通常被想成是 A 对 B 造成损害，则我们应该如何制约 A？但这种想问题的方法是错误的，我们所处理的问题是相对的，若想避免对 B 造成损害则势必对 A 造成伤害。故真正的问题是：应该允许 A 损害 B，还是允许 B 损害 A？核心所在，乃是怎样避免较大的损害。"在看到问题的相对性后，科斯进一步分析有交易成本和没有交易成本的两种情况下，产权的设置或者法律规则的配置对于总体的社会成本有何影响。最后的结论是"当交易费用为零时，只要允许自由交易，不管产权初始界定如何，最终都能实现社会总产值的最大化，即帕累托最优状态"，而"交易费用为正的情况下，可交易权利的初始安排将影响到资源的最终配置"，前者即科斯第一定理，后者为科斯第二定理。科斯定理的前述表述稍偏经济学，波林斯基则从法学的角度做了新的同义表述：如果交易成本为零，不论法律规则如何选择，有效率的结果都会发生；如果存在正的交易成本，有效率的结果便不是在每种法律规则下都会出现。在这些情形中，较优的法律规则是能够使交易成本的影响最小化的规则。这种影响包括实际产生的交易成本，也包括为了避免交易成本而导致的无效率的选择。

因为现实生活是一个正交易成本的世界，由科斯第二定理可知，合法权利的初始界定会对经济制度运行的效率产生影响，权利的一种安排会比其他安排带来更多的产值，所以能够实现社会产值最大化的法律规则最有效率也是法经济学视域下的最优规则。借用波林斯基的语言，即"较优的法律规则是能够使交易成本的影响最小化的规则"。

2. "从事更安全的活动"范式

"从事更安全的活动"范式认为"一旦事故成本（外部性成本）反映在活动的价格中，一些从事相对危险的活动而其价格不反映事故成本的人将转向更安全的行动"，"无论如何转变，都会减少事故成本，因为更安全的活动某种程度上本应替代危险的活动"。所以存在多个法律规则的情形下，最有效率的规则应该是能够使得外部性成本

（包括事故成本）反映在活动价格中的一类规则。

"从事更安全的活动"范式理论基础在于"没有人比自己更知道什么对自己更好"，只要替代性活动和每一活动的全部成本（内部性成本和外部性成本）都体现在活动价格中，个人就可以比别人更好地决定自己的需求。相反，若活动价格未包含外部性成本，原本不会从事该活动的部分群体（主观效用值介于不包含外部性成本与包含外部性成本的活动价格之间的群体）也将被引诱从事该活动，从而导致更多的社会成本。因为对于这部分群体来说，这种活动对其产生的效用（utility）低于该活动的全部成本。所以有效率的法律规则应该能够使得活动的全部成本囊括在活动价格中。

或许用一个例子能够更加明晰地说明这一范式的精髓。假设某汽车的内部性成本为100元①，发生交通事故的概率为10%，事故发生后的损害赔偿额为50元，所以选择该汽车出行的完全成本为105元。现在有一个人A，假设在他的眼中该汽车带给他的效用为103元。现在有两种法律规则：第一种法律规则是生产者严格责任，即汽车发生交通事故的全部损害赔偿都由生产商承担。第二种法律规则是使用者严格责任，即汽车发生交通事故的全部损害赔偿都由使用者承担。考察这两种法律规则的相对效率和对各方主体的影响：第一种规则下，生产者会把汽车的价格定在105元，因为他想要获取的利润是确定的，从而需要把所有的成本考虑在销售价格中。这样一来，A就不会选择购买该汽车出行，因为该汽车带给他的效用只有103元（低于105元）。第二种规则下，生产者无须承担交通事故损害赔偿这一外部性成本，为了多出售汽车，他会将汽车价格定在100元而不是105元。这样，A将选择购买该汽车，因为他认为该汽车带给他的效用超过售价。但是，其实A没有考虑到，选择该汽车的整个成本是105元（因为交通事故成本由A承担），如果A考虑到了外部性的事故成本，则其不会购买该汽车（因为效用只有103元，低于全部成本105元）。那么A做了一个不效率的选择。所以综合两种法律规则，第一种更有效率。需要指明的是，在上述事例中隐含了一个假设——生产者拥有外部成本的全部信息，而使用者顾客则没有。

比较"更安全地从事活动"范式和"从事更安全的活动"范式，前者是在要从事特定活动并且要避免外部性损害的前提下寻求成本最低的法律规划方案。后者则不寻求必须从事特定活动也不寻求必须避免外部性损害，而是强调寻找能够使得外部性成本体现在活动价格中的法律规划方案。

回到"人工智能致害第三人的责任承担问题"，已有的法律规则根据承担责任的主体可以区分为三类：制造者责任、使用者责任和人工智能责任。借用法经济学的研究范式，本文拟对上述三类规则的相对效率进行分析，考察哪种规则是法经济学视角下的最佳规则。但正如卡拉布雷西所说的，"适合于作业事故的体制可能不适合于机动车事故，这既是因为我们的需要不同，又是因为所涉及的事故结构需要不同的体制以实现同样的目标。只有在每个领域根据经验仔细地研究，才能找到最合适的体制"。对于三类规则效率的讨论有必要建立在具体的应用领域中，因此下文区分"自动驾驶车交通事故致行

---

① 包括各种汽车生产成本和费用，以及生产商的利润。

人损害"和"智能投资顾问致投资者损害"两类情境展开具体研究。

四、人工智能法律责任规则的法经济学分析

（一）自动驾驶汽车领域的责任规则效率比较

根据《北京市关于加快推进自动驾驶车辆道路测试有关工作的指导意见（试行）》，自动驾驶是指自动驾驶车辆上，不需要测试驾驶员执行物理性驾驶操作的情况下，能够对车辆行驶任务进行指导与决策，并代替测试驾驶员操控行为使车辆完成安全行驶的功能。对自动驾驶车发生交通事故肇致路人损伤的责任承担问题，现有三种归责规则：第一，利用产品责任规则，由制造商就自动驾驶汽车的缺陷承担事故的损失。第二，由自动驾驶车使用者承担事故责任，因为使用者对自动驾驶汽车的运行享有利益。而且一旦运行起来，只有使用人能够控制和支配汽车。第三，由于自动驾驶汽车具有独立意识，整个交通运行过程实际是由人工智能自身控制，制造商和使用者对于汽车的可能反应都缺乏预见，所以应当由自动驾驶汽车本身承担事故责任，而其责任财产来自事先设置的资金账户或者购买的保险①。前述三种法律规则哪一种最有效率从而构成法经济学视角下的最优规则？这需要结合法经济学的研究范式进行仔细分析。

1. 基于"更安全地从事活动"范式的考察

此种范式下需要分析两个层面的问题，一是"存在哪些行为可以避免交通事故的发生"，二是"哪个行为成本最低"。确定成本最低行为后，则将行为义务课加给行为成本最低的行为主体，即可达到最优。那么哪些行为可以避免交通事故的发生？对行人来说，可以选择不出行或避开特定的街道；使用人则可以选择随时守在方向盘前紧密注意随时可能发生的事故、购买更安全的自动驾驶汽车或者周期性保养汽车；而制造商则可以开发出更安全的软件或者对汽车进行周期性的维护。比较上述行为的成本，可以直接排除"行人选择不出行"方案，因为当步行被视为一种"天经地义的行为"时，这种方案显得"太过昂贵"。同样，行人避开特定街道的方案成本也十分高昂，这种成本主要是搜集信息的成本。剩下的使用者行为和制造商行为方案因为缺乏必要的信息也很难判断何者的行为成本更低，实际上这个问题也是"更安全地从事活动"范式下无法解决的。从目前来看，只能说让使用者或者制造商承担法律责任是更优规则。那么我们暂时搁置这种实证性争议，将两种行为方案纳入"从事更安全的活动"范式下进行考察。

2. 基于"从事更安全的活动"范式的考察

"从事更安全的活动"范式的精髓在于让活动的全部成本，包括外部性成本都体现

---

① 人工智能承担责任实际上类似于受害者承担最终剩余责任，即使人工智能赔偿账户能够在一定程度上弥补受害人的损失，这种弥补毕竟限于人工智能所有的有限的赔偿金，赔偿责任不能及于制造商和使用者。

在活动的表面价格中，以便于让行为者能够正确地根据自己的效用函数决定是否从事该项活动。该范式认为"生产者—使用者"关系架构下，生产者拥有产品的全部成本信息，而使用者则处于信息劣势。生产者为了能够取得更大的销售额，有故意隐瞒产品实际全部成本信息、降低产品销售价格的激励，以吸引效用值介于实际成本和销售价格之间的顾客购买产品。但是对于这部分顾客来说购买产品行为是无效率的，因为其购买产品后承担的实际成本高于该产品带来的主观效用，即"买得不值"。从整个社会角度来看，也是不效率的。

假设让使用者承担智能汽车肇事的法律责任。自动驾驶车制造商会倾向于将汽车的外部性成本，即交通肇事赔偿排除在销售价格之外，因为价格低、买的人才会更多。因为信息不对称，顾客在决定是否购买智能汽车时并不会考虑需要承担的外部性成本，误认为汽车的销售价格即全部成本。这样，那部分效用值介于销售价格和完全成本之间的顾客就会购买该汽车，误认为"买得值"，而实际上考虑到隐形的外部成本后"买得并不值"，从而导致不效率。相反，假设由制造商承担智能车交通事故责任，汽车的销售价格与包括外部性成本的全部价格相等。因为制造商为了保持一定的利润，会尽量通过合同关系将这部分外部性成本转嫁给购买者。这样一来，汽车给使用者的购买行为符合其自身需求，产生效率的结果。

经过两种范式的考察，最终可以认为，制造商承担自动驾驶汽车交通事故的赔偿责任这一安排，即遵循产品责任的进路最有效率，是法经济学视角下的最优规则。换句话说，客体论规则在自动驾驶汽车致害第三人场合相较于主体论规则更有效率。

（二）智能投资顾问领域的责任规则效率比较

智能投资顾问是金融领域的一种产品，通过预先设计的算法模型，依据投资者自身的理财需求、资产状况、风险承受能力、风险偏好等因素，运用现代投资组合理论，为顾客提供理财顾问服务。与传统人工投资顾问不同，智能投资顾问的整个服务过程是在没有人工介入的情况下独立完成的，通过顾客键入的个人信息给出理财建议。然而这种智能投资顾问并非百分百准确无误，在特殊的情况下可能给顾客造成损害。那么由哪方主体承担顾客的损害最有效率？与自动驾驶汽车相同，也有制造商责任、使用者责任和人工智能责任（实际是受害者承担剩余责任）三类法律规则。

1. 基于"更安全地从事活动"范式的考察

首先需要明确避免顾客损害，各方主体可以采取哪些行为？智能投资顾问的制造商可以选择周期性检修智能投资顾问或者研发更加安全可靠的产品；使用者金融公司则可以选择对智能投资顾问做出每一投资建议进行复核，也可以周期性维修智能投资顾问，还可以购买更加安全的产品；而受害者顾客则可以通过电话询问来自智能投资顾问的异常投资建议。那么上述哪一行为的成本最低？显然受害者的"一通电话"是成本最低的行为。一方面，因为"一通电话"的客观费用低于制造商和使用者的行为成本。另一方面，受害者处于发现错误投资建议的最低信息成本地位。首先，一旦智能投资顾问出售给制造商，制造商几乎无法预测产品可能的错误建议，即发现错误的成本极其高昂。其次，使用者金融公司筛查智能投资顾问的每一建议的成本也远远高于顾客就自己获得的特定投资建议进行审视的成本。由此，最有效率的法律规则应该是由顾客自己承担智能投资顾问错误导致的损失，换句话说，由人工智能承担法律责任是最有效率的规则。

2. 基于"从事更安全的活动"范式的考察

如果观察得仔细，就会发现人工智能承担损害赔偿责任与受害者自身承担赔偿责任是有区别的，因为人工智能也有"财产"用来赔偿受害者，这样受害者并不需要完全承担损失，而人工智能的财产来自由制造商或者使用者事先设置和缴纳的资金账户（包括保险形式）。

制造商承担缴纳义务和使用者承担缴纳义务，两者之间在效率上是否存在区别？不妨运用"从事更安全的活动"范式进行分析。首先，假使由制造商承担资金缴纳义务，则制造商为了获取固定的利润会通过合同形式把这部分成本纳入智能投资顾问的销售价格中，这样销售价格等于包含了外部性成本的全部成本，作为购买者的使用者做出的购买决定符合其主观效用值，也是有效率的。其次，假设由使用者支付全部资金，此时使用者的信息弱势地位被消除，因为通过公开的法律提示（即使没有制造商通过合同价格的提示），使用者便能够把外部性成本计算入智能投资顾问的真实全部成本中，然后依据个人效用函数做出有效率的购买决策。综合来说，不论由制造商还是使用者承担缴纳义务，只要有法律明确规定都能达到有效率的结果。这里也包含了一个理论预设，即在厘定外部性的事故成本上，制造商和使用者具有对等的信息成本优势：制造商是出于对自己产品的了解，而使用者则拥有行业的专业优势。

经过上述范式的考察可知，由智能投资顾问本身承担受害人的损失并且明确规定由制造商或者使用者承担资金缴纳义务的法律规则是最有效率的，从而在智能投资顾问致害第三人场合下，主体论规则优于客体论规则。

五、结 论

近年来，关于人工智能的法律地位的讨论极其热烈，论者分为客体论和主体论两大阵营。两大阵营构建的论证体系都十分精巧，且都认为正义掌握在自己的笔下。但是却没有人回答"法律之手插在谁的口袋里，手心里捏着谁家的正义"。借用麦金太尔的话，各派学者所谓的正义到底是"谁之正义"（whose justice）？正义的概念如此难以琢磨以至于稍微集中的意见也难以达成。这也导致了客体论和主体论似乎伯仲难分。来自实然领域的法经济学看到了传统法学论证的这种缺陷，倡导符合效率而不仅仅是符合正义的法律论证方式。通过法经济学的"更安全地从事活动"和"从事更安全的活动"两种范式在人工智能致害第三人责任承担这一具体问题上的运用，我们获知了客体论和主体论的优劣，即客体论和主体论并非一方绝对优于另一方，这需要区分具体场景进行具体分析。在自动驾驶汽车交通事故导致第三人损害场合，客体论规则比主体论规则更有效率。而在智能投资顾问导致投资者损害领域，主体论规则比客体论规则更加富有效率。本文对于自动驾驶汽车和智能投资顾问相关问题的分析结论或许存在商榷之处，但是这并非文章的重点。因为本文的目的在于把法经济学的分析方法引入人工智能相关法律问题的探讨中来，为未来人工智能法律问题的进一步研究提供一种新视角。

科技与法律之间的互动关系是一个永恒的主题，"制度对技术产生影响，而技术对制度也产生影响"，构建合适的法律规则将对人工智能产生重大影响。早在 1981 年，雷曼－威尔齐格就开始了对人工智能致害第三人的法律责任问题的研究。总结多种可能的责任规则后，他并没有提供一个最终答案。在文章结尾处，他认为这个问题最好还是留给将来的几代人回答。现在将近 40 年过去了，如果雷曼－威尔齐格是正确的，那么这个问题将是我们这一代法律人必须交给时代的答卷。

参 考 文 献

1. 阿拉斯戴尔·麦金太尔：《谁之正义？何种合理性?》，万俊人、吴海针、王今一，译，当代中国出版社 1996 年版。

2. 波林斯基：《法和经济学导论》，郑戈，译，法律出版社 2009 年版。

3. 波斯纳：《法律的经济分析》，蒋兆康，译，中国大百科全书出版社 1997 年版，第 20 页。

4. E. 博登海默：《法理学：法律哲学与法学方法》，邓正来，译，中国政法大学出版社 2017 年版，第 129～130 页。

5. 冯象：《木腿正义——关于法律与文学》，中山大学出版社 1999 年版，第 24 页。

6. 盖多·卡拉布雷西：《事故的成本——法律与经济的分析》，毕竟悦，陈敏，宋小维，译，北京大学出版社 2008 年版，第 62 页。

7. 高丝敏：《智能投资顾问模式中的主体识别和义务设定》，载《法学研究》2018 年第 5 期，第 40～57 页。

8. 郭少飞：《"电子人"法律主体论》，载《东方法学》2018 年第 3 期，第 38～49 页。

9. 哈特：《法律的概念》，张文显，郑成良，杜景义，译，中国大百科全书出版社 1996 年版，第 181～189 页。

10. 康德：《道德形而上学基础》，孙少伟，译. 九州出版社 2006 年版，第 83～84 页。

11. 科斯、诺思、威廉姆森，等：《制度、契约与组织——从新制度经济学角度透视》，刘刚，冯健，杨其静，等，译，经济科学出版社 2003 年版，第 2 页。

12. 李扬、李晓宇：《康德哲学视点下人工智能生成物的著作权问题探讨》，载《法学杂志》2018 年第 9 期，第 43～54 页。

13. 李拥军：《从"人可非人"到"非人可人"：民事主体制度与理念的历史变迁——对法律"人"的一种解析》，载《法制与社会发展》2005 年第 2 期，第 45～52 页。

14. 梁志文：《论人工智能创造物的法律保护》，载《法律科学（西北政法大学学报）》2017 年第 5 期，第 156～165 页。

15. 刘宪权、胡荷佳：《论人工智能时代智能机器人的刑事责任能力》，载《法学》2018 年第 1 期第 40～47 页。

16. 龙文懋：《精神分析视野下的人权批判——科斯塔斯·杜兹纳精神分析法学评述》，载《环球法律评论》2013 年第 1 期，第 92～101 页。

17. 龙文懋：《人工智能法律主体地位的法哲学思考》，载《法律科学（西北政法大学学报）》，

2018 年第 5 期，第 24～31 页。

18. 卢现祥、朱巧云：《新制度经济学》，北京大学出版社 2012 年版，第 137～139 页。

19. 罗伯特·考特、托马斯·尤伦：《法和经济学》，史晋川、董雪兵等译，格致出版社 2012 年版，第 7 页。

20. 马太：《比较法律经济学》，沈宗灵，译，北京大学出版社 2005 年版，第 3 页。

21. 玛格丽特·A. 博登：《人工智能哲学》，刘西瑞，王汉琦，译. 上海译文出版社 2003 年版，第 56 页。

22. 苗妙：《技术创新的法律制度基础：理论与框架》，载《广东财经大学学报》2014 年第 4 期，第 89～97 页。

23. 司晓、曹建峰：《论人工智能的民事责任：以自动驾驶汽车和智能机器人为切入点》，载《法律科学（西北政法大学学报）》2017 年第 5 期，第 166～173 页。

24. 孙占利：《智能机器人法律人格问题论析》，载《东方法学》2018 年第 3 期，第 10～17 页。

25. 陶盈：《机器学习的法律审视》，载《法学杂志》2018 年第 9 期，第 55～63 页。

26. 谢晖：《论法律价值与制度修辞》，载《河南大学学报》，社会科学版 2017 年第 1 期，第 1～27 页。

27. 许绍吉：《矛盾关系与对立关系划分依据的商榷》，载《探索》1985 年第 3 期，第 59～61 页。

28. 许中缘：《论智能机器人的工具性人格》，载《法学评论》2018 年第 5 期，第 153～164 页。

29. 尹田：《民法基本原则与调整对象立法研究》，载《法学家》2016 年第 5 期，第 17 页。

30. 张玉洁：《论人工智能时代的机器人权利及其风险规制》，载《东方法学》2017 年第 6 期，第 56～66 页。

31. 郑志峰：《自动驾驶汽车的交通事故侵权责任》，载《法学》，2018 年第 4 期，第 16～29 页。

32. BRYANT WALKER SMITH. Automated driving and product liability [J]. Michigan State Law Review, 2017, 1, P. 71.

33. DAVID C VLADECK. Machines without principals: liability rules and artificial intelligence [J]. Washington Law Review, 2014, 89 (1): 121.

34. GAIL GOTTEHRER. The impact of the artificial intelligence revolution on the law [J]. Women Lawyers Journal, 2018, 103 (2): 19.

35. HEIDI LI FELDMAN. Objectivity in legal judgment [M]. Michigan Law Review, 1994, 92 (5): 1187－1255.

36. HERBERT HOVENKAMP. Positivism in law and economics [J]. California Law Review, 1990, 78 (4): 815－852.

37. JASON CHUNG, AMANDA ZINK. Hey Watson-can I sue you for malpractice-examining the liability of artificial intelligence in medicine [J]. Asia Pacific Journal of Health Law & Ethics, 2018, 11 (2): 67.

38. JEFFREY K GURNEY. Driving into the unknown: examining the crossroads of criminal law and autonomous vehicles [J]. Wake Forest Journal of Law & Policy, 2015, 5 (2): 414.

39. LAWRENCE B SOLUM. Legal personhood for artificial intelligences [J]. North Carolina Law Review, 1992, 70 (4): 1262.

40. MARK A CHINEN. The co-evolution of autonomous machines and legal responsibility [J]. Virginia Journal of Law & Technology, 2016, 20 (2): 378.

41. R H COASE. The problem of social cost [J]. Journal of Law & Economics, 1960, 3: 2.

42. ROBERT D COOTER. Best right laws: value foundations of the economic analysis of law [J]. Notre

Dame Law Review, 1989, 64 (5): 826.

43. ROBERT W PETERSON. New technology-old law: autonomous vehicles and California's insurance framework [J]. Santa Clara Law Review, 2012, 52 (4), pp. 1358 – 1359.

44. RYAN CALO. Robotics and the lessons of cyberlaw [J]. California Law Review, 2015, 103 (3): 554.

45. SAM N LEHMAN – WILZIG. Frankenstein unbound: towards a legal definition of artificial intelligence [J]. FUTURES, 1981, 13 (6): 442 – 457.

46. SOPHIA H DUFFY, JAMIE PATRICK HOPKINS. Sit, stay, drive: the future of autonomous car liability [J]. SMU Science and Technolo-gy Law Review, 2013, 16 (3): 118.

47. THOMAS KIRCHBERGER. European union policy-making on robotics and artificial intelligence: selected issues [J]. Croatian Yearbook of European Law and Policy, 2017, 13: 203.

48. WESTON KOWERT. The foreseeability of human-artificial intelligence interactions [J]. Texas Law Review, 2017, 96 (1): 183.

认证机制对"柠檬市场"的治理效果

——基于淘宝网金牌卖家认证的经验研究[*]

陈艳莹　李鹏升[**]

【摘　要】质量认证是治理"柠檬市场"问题的一种重要机制。本文针对当前中国很多行业都在引入认证机制的现象,首次以完善中国认证制度为出发点,通过理论模型和基于准实验匹配方法的实证检验,以淘宝网的金牌卖家认证为例,系统考察了本土认证信号导致的需求效应,及其与行业特征和卖家声誉之间的关系。研究发现,虽然中国曾经曝光出很多认证丑闻,但市场需求仍然会对新出现的有效认证信号做出反应,使得通过认证的高质量卖家能够获得销量的增加;认证给卖家带来的销量增加幅度与卖家所处行业的平均质量水平负相关,与行业竞争程度和产出平均价格正相关;低声誉卖家从认证当中获得的销量增长幅度高于高声誉卖家,认证机制的引入有利于高质量的新卖家进入市场,避免声誉机制失灵导致整个行业需求萎缩。此外,与获得认证给卖家带来的销量增长幅度相比,失去认证虽然会使卖家销量下降,但下降幅度相对较小。政府需在放宽认证行业准入的同时加大对认证机构的监管力度,根据行业特点和声誉机制的运行状况合理利用认证机制、提高认证标准,并加大认证信息在消费者一侧的宣传和披露力度。

【关键词】认证;柠檬市场;需求;行业特征;竞争;声誉

一、引　言

近年来,随着技术进步和产业分工的深化,中国市场中买方和卖方在产品质量上的信息不对称程度日益上升。质量认证作为治理"柠檬市场"问题的一种重要机制开始陆续出现在中国的食品、家具、汽车、医疗,乃至高等教育在内的很多行业,完善认证机制也成为政府改善行业产出质量的新政策抓手,比如,在 2011 年"7·23 高铁事故"之后,中国政府就将放开铁路产品的第三方认证作为解决铁路交通安全问题的一个重要措施。

在阿克尔洛夫(Akerlof,1970)对"柠檬市场"的经典分析中,质量信息的不对

---

* 国家自然科学基金面上项目"双边集体声誉约束下的认证产业绩效提升机制研究"(批准号 71373033);国家社会科学基金重大项目"加快我国传统产业向中高端升级发展的微观机制和政策创新研究"(批准号 15ZDA025);辽宁省社会科学基金项目"面向辽宁制造业的研发服务业集聚发展模式与政策研究"(批准号 L12DJY045)。感谢匿名审稿人的宝贵意见! 当然文责自负。原文发表于《中国工业经济》2017 年第 9 期。

** 陈艳莹(通讯作者),大连理工大学管理与经济学部副部长,教授,博士生导师;李鹏升,大连理工大学管理与经济学部博士研究生。

称会导致高质量产品难以获得需求而退出市场。认证机制的作用正在于利用披露的认证信息，使消费者更愿意购买通过认证的高质量企业的产品，进而激励企业有更强的动机去提高产出的质量（Dranove and Jin，2010）。然而，受早期曝光的"牙防组事件""周生生缺金门""有机食品认证走过场"等一系列认证丑闻的影响，认证在中国消费者心目中似乎已经被先天性地打上了虚假的标签。在这种情况下，市场需求是否还会对新出现的认证信号作出反应，使得通过认证的企业能够获得更多销量？更为重要的是，虽然认证机制理论上适用于所有行业，但其对需求的影响程度是否会随行业特征的不同而发生变化？市场当中已有的声誉机制又是否会影响到认证信号的作用效果？对于同一行业中声誉良好的在位企业和尚未积累足够声誉的新企业，哪类企业能够从认证当中获得更多的销量增长？回答这些问题可以帮助中国政府合理应对当前认证在各个行业遍地开花的现象，为进一步规范和完善中国的认证制度、提高认证机制对"柠檬市场"的治理效果提供重要的政策依据。

目前，考察中国市场上认证信号对需求影响的经验研究普遍针对的是中国企业申请ISO 9000 或 ISO 14001 等国际标准认证对其出口的作用（耿建新和肖振东，2006；徐洁香，2009；郑妍妍等，2015；He et al.，2015），虽然一些研究发现通过这些认证提高了中国企业的出口销量，但实际检验的是国外买家对中国企业获得国际质量认证的反应，并非中国企业通过本土认证在国内所产生的销量变化。而且，由于考察的样本局限在特定行业，加之无法量化不同企业的声誉，这些研究均没有关注企业所处的行业特征和现有声誉状况对认证导致的需求效应的影响，无法回答认证机制对"柠檬市场"的治理效果受哪些因素调节这一重要问题。

在中国的市场情境下，将行业特征和声誉机制纳入同一个分析框架来检验本土认证信号所产生的需求效应，面临的瓶颈问题是如何获得满意的样本数据。实体经济中很难同时观测到多个不同行业的企业通过认证前后的销量变化，所幸的是，中国的网上市场近年发展迅速，在继以买家反馈为基础的声誉机制之后，认证机制也被引入到了中国最大的网络交易平台淘宝网上。网上交易中的成交量、卖家所处的行业特征和声誉状况等实体市场中难以直接观察到的信息均被显性化，使得对本土认证信号的需求效应以及这种效应在不同行业和不同声誉卖家间差异的检验成为可能。此外，以淘宝网为样本来研究本文的问题还有一个特殊的优点，在中国现阶段的实体经济中，认证机构被俘获而披露虚假认证信息的情况还很普遍。如果买家怀疑认证信号的可信度，通过认证对卖家销量的作用就会减弱，在这种情况下观测到的行业特征和卖家声誉对认证需求效应的调节模式是有噪声的。而在淘宝网上，由平台披露的认证信号不存在作假的可能，用网上交易数据得到的行业特征和卖家声誉对认证需求效应的影响纯粹是由这两个因素导致的，可以帮助本文更好地预测，当中国政府通过加强监管来抑制认证机构的机会主义行为后，认证机制的引入会在不同行业和同一行业的不同卖家间产生怎样的影响，是一个天然的理想状况下的实证样本。

在为数不多的以真实交易数据检验网上市场认证机制作用效果的经验研究中，哈克尔等（Hackl et al.，2011）选用奥地利最大的价格比较网站上的数码相机交易数据，检验了认证和声誉两种交易保障机制对卖家销量的影响，发现由独立的第三方机构进行的认证要比基于买家反馈的声誉更能提高卖家的销量，而且高成本的认证比低成本的认证对销量的提升幅度更大。有些学者对某知名认证机构在一健康医疗产品零售网站进行随机田间实验的真实交易数据进行回归，证实认证标志的出现显著提高了卖家商品成交的可能性（Özpolat et al.，2013））。与本文最为相关的是埃尔芬贝等（Elfenbein et al.，2015）对英国网络交易平台 eBay 进行的实证研究，其运用匹配分组的准实验方法，有效控制了前两项研究忽略的由卖家不可见特征导致的内生性问题，基于不同产品种类的大样本交易数据检验了通过认证对卖家成交量的影响，以及这种影响随市场集中度等行业特征和卖家已有声誉水平的不同所发生的变化。不过，埃尔芬贝等（2015）的研究存在两方面不足：一是在构建理论模型分析认证的需求效应时，其假定消费者总是能够发现卖家所获得的认证标志，并能准确理解认证所传递的高质量信号。然而，现实中的消费者并非如此理性，特别在中国这样的发展中国家，很多消费者往往不了解第三方认证这种相对复杂的制度形式，或者由于付出的搜寻努力较少而忽略了认证标志（Head and Hassanein，2002；McKnight et al.，2004），这自然会影响到认证的需求效应。二是在进行实证检验时，仅笼统比较了同一卖家在有认证和没有认证两种状态下的销量变化，没有区分认证状态变化的先后顺序，是一个以前没有认证的卖家新通过了认证，还是通过认证的卖家失去了认证。在中国，随着政府加强认证监管和认证标准的提高，将会出现大量已经通过认证的企业后续丢掉认证的现象，因此，非常有必要检验认证状态的这两种不同变化所导致的需求效应的差异，以更系统地预测认证制度的完善对中国企业行为和产业演进的影响。

接下来，本文就将结合淘宝网引入的金牌卖家认证制度，在考虑行业特征和卖家声誉的基础上构建理论模型，考察认证对"柠檬市场"中需求的影响机制，并利用淘宝网上单反相机的真实交易数据，运用准实验方法进行实证检验。本文的贡献主要有三点：一是首次运用大样本的微观数据，利用准实验方法考察了中国本土的认证信号对卖家销量的影响，以及这种影响随行业特征和卖家声誉的不同所发生的变化；二是将消费者对认证信号的接收程度纳入分析认证需求效应的理论模型中，使模型的假定更加符合实际，也得到了一些新的结论；三是在实证检验中，通过调整样本的匹配分组方式，不仅考察了获得认证对卖家销量的影响，还考察了失去认证带来的销量变化，丰富了相关的实证研究。

在结构安排上，本文第一部分为引言，第二部分介绍淘宝网金牌卖家认证制度，构建理论模型得出要检验的假说，第三部分为数据抓取与研究方法的介绍，第四部分为包括稳健性检验在内的实证研究结果，第五部分将结合研究的结论为中国完善认证制度提供政策建议。

二、理论模型与假说

1. 淘宝网的"金牌卖家"认证制度

淘宝网是由阿里巴巴集团在 2003 年 5 月创立的网购零售平台，目前有近 5 亿注册用户，每天有超过 6000 万的固定访客和超过 8 亿件的在线商品，截至 2014 年底，其市场规模达到 1.47 万亿元，占中国 C2C 市场 95.1% 的市场份额。

由于网上市场中买家和卖家无法面对面交易，卖家有很大的空间从事机会主义行为，信息不对称程度天然高于线下市场。为治理"柠檬市场"问题，淘宝网最早推出的是基于买家评价的卖家个体声誉，但这一机制易受卖家操控，近年来网店雇人刷声誉等各种"噪声"问题愈演愈烈。"30 天无理由退货"等担保机制则因为门槛较低已经成为所有卖家的标配，难以起到差异化的作用，在操作中也经常被卖家大打折扣。于是，作为对现有机制的补充，淘宝网在 2014 年 7 月正式将以自身作为第三方认证机构的金牌卖家认证引入网上交易市场①。

淘宝网卖家多数只是产品经销商，主要提供销售服务，因此，金牌卖家认证针对的不是单一产品的质量，而是卖家的总体销售服务质量。其采用被动认证的方式，卖家不需要主动申请，淘宝网利用后台交易数据每半个月对所有卖家的综合服务水平进行一次考核，当期考核通过的卖家，认证于下月同期生效，当期考核没通过的认证卖家，认证于下月同期取消。金牌卖家认证考核维度分为所有卖家都必须符合的 11 项不变的基础标准和卖家各自所在行业的 6 项阈值随时间浮动的指标②，涵盖了售前、售中、售后的所有环节，对考核期内卖家的整体经营水平提出较高要求，认证标准足以区分高质量卖家和低质量卖家。淘宝网还在 2014 年 9 月增加了"实时清退与恢复"规则，对认证有效期内违反了任一金牌卖家认证基础规范要求的已认证卖家③，淘宝网将在 1 个工作日内取消其"金牌卖家"资格，如果卖家通过申诉、纠正行为等达到金牌卖家认证的标准，也会将其资质进行"实时恢复"，这一措施有效防止了卖家在获得认证后，发生重大投机行为的可能性。

为提升买家对"金牌卖家"认证标志的认知度，淘宝网将"金牌卖家"标志在搜索结果页、卖家首页、商品详情页等十多个场景穿透展示，几乎涵盖了买家在网上交易平台能够接触到的所有界面，此外还在淘宝论坛开辟金牌卖家专栏，展示金牌卖家认证的考核标准、认证规则等相关内容，从而使消费者能够更容易识别这种认证信息。

2. 认证对卖家需求的影响

根据网上市场的交易特点，本文假定在周长为 1 的圆周上，均匀分布着 n 个出售相同商品的卖家，每个卖家的销售服务质量存在差异。对商品具有单位需求的消费者同样均匀分布在这一圆周上，分布密度为 1。每个消费者购买该商品获得的效用为 u，单位交通成本为 t。对于销售服务质量高的卖家，消费者更容易与之成功达成交易，将消费

---

① 淘宝网曾在 2012 年尝试推出金牌卖家认证制度，因不成功于 2013 年 4 月下线。2014 年版的金牌卖家认证与 2012 年版有很多不同，如 2012 年版为主动认证，2014 年版为被动认证，等等。

② 11 项基础标准分别为：开店时长 ≥183 天，信用分值 ≥251 分，缴纳淘宝网消费者保障服务保证金（含保证计划），二手商品订单数比例 ≤5%，无虚拟在线商品（网游类除外），自然年内一般规则处罚累计分值 <12 分，自然年内无严重违规处罚，自然年内无有效售假扣分（包括 0 分），上一年受到售假处罚扣分 ≤24 分，店铺正常经营，买家喜爱度 ≥80 分；6 项行业动态指标分别为：好评率，描述 DSR，服务 DSR，发货 DSR，纠纷率，基准成交额。

③ 基础规范要求包括：未足额缴纳消保证金（含保险保证金），触犯廉政规则，年度一般处罚扣分 ≥12 分，发生严重处罚扣分 >0 分，发生售假处罚扣分 >0 分，引发较大的负面舆论关注。

者与卖家 i 进行交易的成功概率记为 α_i。

为简化分析，假定只有两种类型的卖家，高质量卖家与消费者交易成功的概率为 α_H，占比为 ϕ，低质量卖家与消费者交易成功的概率为 α_L，占比为 $(1-\phi)$，且 $\alpha_H > \alpha_L$，$0 < \phi < 1$，α 和 ϕ 均为公共信息。

假定如果没有外部机制帮助消费者区别不同卖家的服务质量，消费者将无法知道每个卖家的具体类型，只会按照预期质量 $E(\alpha_i) = \phi\alpha_H + (1-\phi)\alpha_L$ 进行选择。假定交通成本 t 足够大，因此，每个消费者只会在与其最邻近的两个卖家间进行选择。令消费者与卖家 i 的距离为 x，商品的价格为 p_i，则当满足如下条件时，消费者购买卖家 i 和 i+1 的产品获得的净收益相同：

$$E(\alpha_i)u - p_i - tx = E(\alpha_{i+1})u - p_{i+1} - t\left(\frac{1}{n} - x\right) \tag{1}$$

由于消费者对每个卖家的预期质量都相同，$E(\alpha_i) = E(\alpha_{i+1})$，并且当市场均衡时 $p_i = p_{i+1}$，因此，可以得到均衡时卖家 i 的市场份额为：

$$q_i = 2x = \left(p_{i+1} - p_i + \frac{t}{n}\right)/t = \frac{1}{n} \tag{2}$$

假定现在卖家 i 获得了由淘宝网颁发的金牌卖家认证，与实体经济中认证信号的准确性受认证机构合谋、被俘获和技术不完全的影响而有可能存在失真不同（Dranove and Jin，2010），不收取认证费、追求平台销量最大化的淘宝网不会被任何一个卖家所俘获，其拥有所有卖家的全部历史交易数据，能够准确按照认证标准给出客观、公正的认证结果，因此，本文假定当消费者注意到认证标志并了解这一制度的内涵时，就会认为卖家 i 的质量为 α_H。与埃尔芬贝等（2015）的研究不同的是，结合中国的现实特点，本文还假定，由于不同消费者付出的搜寻努力和对这一认证制度的了解程度不同，只有比例为 ε 的消费者能够准确接收到认证信号，ε 为认证接收度，$\varepsilon \in (0, 1)$；剩余比例为 $(1-\varepsilon)$ 的没注意到认证标志或对金牌卖家认证含义不了解的消费者对卖家的预期质量依然为 $E(\alpha)$。此时无差异条件为：

$$\left[\varepsilon\alpha_{it} + (1-\varepsilon)E(\alpha)\right]u - p_i - tx = E(\alpha)u - p_{i+1} - t\left(\frac{1}{n} - x\right) \tag{3}$$

在现实中，卖家制定完价格后通常不会轻易提价（Heim，2016），埃尔芬贝等（2015）的研究已经证实，厂商在通过认证后并不会提高产品的价格，中国的网上市场中卖家提价的情况更为少见，因此，本文仍然可以假定均衡时 $p_i = p_{i+1}$，则卖家获得认证后的市场份额为：

$$q_i^c = 2x = \frac{(1-\phi)(\alpha_H - \alpha_L)\varepsilon u}{t} + \frac{1}{n} \tag{4}$$

所以，通过认证后，卖家 i 的市场份额变动百分比为：

$$D_q = \frac{q_i^c - q_i}{q_i} = \frac{u\varepsilon n(1-\phi)(\alpha_h - \alpha_L)}{t} \tag{5}$$

因为 $\phi < 1$，$\alpha_H > \alpha_L$，所以 $D_q > 0$。这说明，引入认证制度后，消费者的需求会更多转向通过认证的高质量卖家，据此，本文提出：

假说 1：卖家通过认证后的市场销量会增加。

3. 行业特征与认证的需求效应

本文重点关心的行业特征与认证带来的销量增长之间的关系，可以由式（5）中 D_q 的决定因素推导出来。

（1）高质量卖家占比 φ 与 D_q 负相关，说明当一个行业产出的平均质量较高时，认证给卖家带来的销量增长会减弱，而对于产出平均质量偏低行业，通过认证则能给卖家带来更多销量增长。这不难理解，行业平均质量越低，消费者的交易风险越高，自然会更加在乎认证信号所传递出的高质量信息，从而使得通过认证的高质量卖家销量增长得会更明显。据此，本文提出：

假说 2：认证对卖家销量的促进作用与行业平均产出质量负相关。

（2）卖家数量 n 与 D_q 正相关，说明在卖家数量越多、市场竞争越激烈的行业中，通过认证的卖家所能获得的销量增长越高。这可以从消费者信息收集成本的角度来解释。为准确判断一个卖家的质量是否高于行业平均质量，消费者要付出的信息收集成本与行业当中的卖家数量正相关。卖家数量越多，认证信号给消费者节约的信息收集成本越明显，其给通过认证的卖家带来的销量增长幅度也就会比行业当中卖家数量较少时要高（Terlaak and King，2006）。此外，认证传递的高质量信号相当于使通过认证的卖家获得了一个纵向差异化特征，市场竞争越激烈，纵向差异化对厂商竞争力的提升也会越明显（Elfenbein et al.，2015）。据此，本文提出：

假说 3：认证对卖家销量的促进作用与行业竞争程度正相关。

（3）消费者购买商品获得的效用 u 和对认证信号的接收度 ε 均与 D_q 正相关。消费者愿意为一种商品支付的价格不会超过该商品给其带来的效用。不同行业产品的平均价格天然存在差异，比如，家电行业的产品均价普遍高于食品行业。如果用平均价格来间接衡量不同行业的产品给消费者带来的效用差异，u 与 D_q 之间的正相关则意味着，在产出平均价格较高的行业中，企业通过认证获得的销量增长会更显著，而如果一个行业生产的是价格较低的产品，企业认证后的销量增加程度则会较小。这是因为，产品价格越高，消费者购买到劣质商品遭受的损失也越大，因此会对代表高质量的认证信号作出更大的反应。ε 与 D_q 之间正相关表明，当认证信号被消费者准确接收的程度更高时，认证会给企业带来更多的销量增长。虽然消费者对认证信号的接收度受很多因素的影响，但通常说来，产品价格是影响消费者搜寻努力的一个重要因素，在购买高价格产品时，会愿意付出更多精力考察、对比不同卖家的质量信息（Yang and Ye，2008；Tappata，2009），认证作为商品质量的显示信号被消费者关注和了解的可能性也就增大。因此，为方便后面的实证检验，本文把公式（5）所揭示的 u 和 ε 两个变量与 D_q 之间的正相关关系都归结为产出的平均价格这一行业层面的特征。据此，本文提出：

假说 4：认证对卖家销量的促进作用与行业产出平均价格正相关。

4. 卖家声誉和认证的需求效应

上文的理论模型没有考虑不同卖家在声誉上的差异，但在现实的市场中，声誉机制普遍先于认证机制而存在。在淘宝网上，卖家声誉评分也是最早出现并一直沿用至今的用于治理"柠檬市场"问题的重要机制。因此，本文接下来将扩展上一部分模型，考察卖家原有的声誉特征对认证引致的需求效应的影响。

假定每一个卖家的状态为 $\theta = (F, N, C)$，且 $F < N$，其中，F 为买家的反馈，也即卖家声誉，如果交易令消费者满意，即上一部分所假定的交易成功，则 F 增加 1，反之不变；N 为卖家成交的商品数量，C 为认证状态，如果卖家获得认证，则 $C = 1$，反之 $C = 0$。本文将认证给卖家带来的需求增加量定义为 $D = q(F, N, 1) - q(F, N, 0)$，由公式（3）可以推出，在 t、n、u、p_i，以及竞争对手的有关参数给定情况下，$D = f[E(\alpha|F, N, 1) - E(\alpha|F, N, 0)]$，f 为某一特定的函数形式，并且 D 与 $E(\alpha|F, N, 1) - E(\alpha|F, N, 0)$ 正相关。因此，为简化分析，本文只需讨论：

$$D^*(F, N) = E(\alpha|F, N, 1) - E(\alpha|F, N, 0) \tag{6}$$

由于本文关注的重点是高声誉和低声誉两种状态下卖家通过认证后销量增加的幅度哪个更大，所以，只考虑两轮交易的情形[①]。假定卖家初始的累积声誉较低，设 $F = 0$。经过一轮交易后，如果交易使消费者满意，则卖家声誉增加为 $F = 1$，代表较高的声誉水平；如果交易不能使消费者满意，则卖家声誉不变为 0。假定低质量卖家肯定无法通过认证，高质量卖家由于认证标准设定的问题也只有 λ 的概率能够通过认证。因此，在第一轮交易开始前，卖家处于通过认证状态的概率为 $P_r(0, N, 1) = \lambda\phi$，处于未通过认证状态的概率为 $P_r(0, N, 0) = (1-\lambda)\phi + (1-\phi)$。进一步地，$P_r(\alpha_H|0, N, 1) = 1$，$P_r(\alpha_L|0, N, 1) = 0$，$P_r(\alpha_H|0, N, 0) = \dfrac{(1-\lambda)\phi}{(1-\lambda)\phi + (1-\phi)}$，$P_r(\alpha_L|0, N, 0) = \dfrac{1-\phi}{(1-\lambda)\phi + (1-\phi)}$。其中，$P_r(\alpha_H|0, N, 1)$ 为通过认证的卖家是高质量卖家的概率，其他条件概率含义同理。

由于本文前面假定只有比例为 ε 的消费者能够准确接收认证信号，因此，通过认证的卖家在消费者心目中的预期质量为：

$$E(\alpha|0, N, 1) = \varepsilon\alpha_H + (1-\varepsilon)[\phi\alpha_H + (1-\phi)\alpha_L] \tag{7}$$

消费者对没通过认证卖家的质量预期为：

$$E(\alpha|0, N, 0) = \varepsilon\frac{\phi(1-\lambda)\alpha_H + (1-\phi)\alpha_L}{(1-\gamma)\phi + (1-\phi)} + (1-\varepsilon)[\phi\alpha_H + (1-\phi)\alpha_L] \tag{8}$$

所以，在卖家低声誉状态下，认证给获得认证卖家带来的需求量增加可以表示为：

$$D^*(0, N) = \varepsilon\left[\alpha_{it} - \frac{\phi(1-\lambda)\alpha_H + (1-\phi)\alpha_L}{(1-\lambda)\phi + (1-\phi)}\right] \tag{9}$$

令 $\dfrac{\phi(1-\lambda)}{(1-\lambda)\phi + (1-\phi)} = e_H$，$\dfrac{(1-\phi)}{(1-\lambda)\phi + (1-\phi)} = e_L$，则 $e_H + e_L = 1$，公式（9）可变形为：

$$D^*(0, N) = \varepsilon(1-e_H)(\alpha_H - \alpha_L) \tag{10}$$

---

① 本文的研究结论可以推广到多期的情形。

因为 $e_H < 1$、$\alpha_H > \alpha_L$、$0 < \varepsilon < 1$，所以 $D^*(0, N) > 0$。此结论表明当卖家累积声誉较低时，认证增加了获得认证卖家的需求量，与上文的假说1一致。

在第二轮交易开始前，卖家的状态有四种可能，每种状态的概率如下：

$$P_r(0, N+1, 0) = (1-\alpha_H)(1-\lambda)\phi + (1-\alpha_L)(1-\phi) \tag{11}$$

$$P_r(1, N+1, 0) = (1-\lambda)\phi\alpha_H + (1-\phi)\alpha_L \tag{12}$$

$$P_r(0, N+1, 1) = (1-\alpha_H)\lambda\phi \tag{13}$$

$$P_r(1, N+1, 1) = \lambda\phi\alpha_H \tag{14}$$

这时考虑卖家处在高声誉状态的情形，即 $F = 1$，消费者对通过认证卖家的质量预期为：

$$E(\alpha \mid 1, N+1, 1) = \varepsilon\alpha_H + (1-\varepsilon)\left[\frac{\phi\alpha_H^2 + (1-\phi)\alpha_L^2}{\phi\alpha_H + (1-\phi)\alpha_L}\right] \tag{15}$$

消费者对没有通过认证卖家的质量预期为：

$$E(\alpha \mid 1, N+1, 0) = \varepsilon\frac{(1-\lambda)\phi\alpha_H^2 + (1-\phi)\alpha_L^2}{(1-\lambda)\phi\alpha_H + (1-\phi)\alpha_L} + (1-\varepsilon)\frac{(1-\lambda)\phi\alpha_H^2 + (1-\phi)\alpha_L^2}{\phi\alpha_H + (1-\phi)\alpha_L} \tag{16}$$

所以，将式（15）与式（16）相减，可以得到在卖家高声誉状态下，认证给卖家带来的需求增加为：

$$D^*(1, N+1) = \varepsilon\left[\alpha_H - \frac{(1-\lambda)\phi\alpha_H^2 + (1-\phi)\alpha_L^2}{(1-\lambda)\phi\alpha_H + (1-\phi)\alpha_L}\right] \tag{17}$$

令 $\frac{(1-\lambda)\phi\alpha_H}{(1-\lambda)\phi\alpha_H + (1-\phi)\alpha_L} = e_H^*$，$\frac{(1-\phi)\alpha_L}{(1-\lambda)\phi\alpha_H + (1-\phi)\alpha_L} = e^*$，则 $e_H^* + e_L^* = 1$。因此，上式可以变形为：

$$D^*(1, N+1) = \varepsilon(1-e_H^*)(\alpha_H - \alpha_L) \tag{18}$$

因为 $e_L^* < 1$、$\alpha_H > \alpha_L$、$0 < \varepsilon < 1$，所以 $D^*(1, N+1) > 0$。比较式（10）和式（18），可以得出当卖家分别处于低声誉和高声誉两种不同状态时，认证给卖家带来的需求量增长的差幅为：

$$D^*(0, N) - D^*(1, N+1) = \varepsilon(\alpha_H - \alpha_L)(e_H^* - e_H) \tag{19}$$

不难证明，$e_H^* > e_H$，所以，$D^*(0, N) - D^*(1, N+1) > 0$，说明与高声誉卖家相比，低声誉卖家通过认证后，需求量增长的幅度会更大。有学者在检验美国幼儿托管市场引入质量认证机制的效果时，曾发现经营时间长的幼儿园通过认证后招生量增加的幅度不如新成立的幼儿园明显，原因是顾客对于经营时间长的幼儿园质量已经有了较为充分的了解，认证能够给顾客额外增加的质量信息较为有限（Xiao，2010）。同样的逻辑也适用于解释卖家声誉与认证带来的销量增长之间的负相关关系。因为高声誉已经传递出了卖家是高质量的信息，消费者原本对高声誉卖家就比较信任，通过认证只是对这种信任起到"锦上添花"作用，而认证却能很大程度上消除消费者对低声誉卖家的怀疑，所以会对获得认证的低声誉卖家成交量产生更大的促进作用。由此，本文提出：

假说5：认证对卖家销量的促进作用与卖家声誉负相关。

三、数据与实证方法

1. 样本选择与数据抓取

本文以淘宝网上的单反相机为研究对象，来检验本文提出的 5 个理论假说，主要有三点原因：一是单反相机对大多数消费者来说是购买频率很低的经验品，且淘宝网上单反相机的来源渠道广泛，有"大陆行货"、"香港行货"、"水货"，以及可能的翻新机、展示机等，从而存在较为严重的信息不对称问题，是典型的"柠檬市场"；二是单反相机的标准化程度高，可以有效避免因不可观察的商品特征而导致的遗漏变量问题；三是单反相机的价格和销量都相对比较稳定，受时间和市场周期影响较小，能够保证回归结果不受数据采集时间跨度的影响。

对重点要检验的行业特征对认证导致的需求效应的影响，本文的做法是以不同型号的单反相机来模拟现实中的不同行业。由于性能复杂，价格总体相对偏高，消费者在网上购买单反相机前，通常都会结合自己的预算约束、偏好、熟人推荐或各种形式的选购攻略先在线下选定相应的相机型号，然后再到网上搜索该型号相机的卖家，从中选择购买。这使得网上市场中单反相机的竞争主要集中在同一型号的相机间，不同型号相机间不存在明显的竞争关系，符合经济学对行业的划分标准。而且，单反相机作为成熟的技术密集型产品，不同型号在上市时间、价格和卖家数量方面都具有明显差异，比如，最热销的高级型号佳能 5D MARK Ⅲ 在淘宝网的全网参考价为 12458 元，而同为最热销的入门级型号佳能 1300D 参考价格仅为 1795 元，一款相机卖家数量多的有近 800 家，最少的则只有 1 家。这些差异保证了以不同型号的单反相机作为研究样本，能够很好地识别出行业特征对认证效果的影响。

考虑到金牌卖家认证每半个月更新一次，本文分别从 2015 年 8 月至 10 月上半月，每月 15 日和月末最后一个自然日，也即认证更新前的最后一个交易日，连续抓取了 5 期全网月销量超过 50 部的所有型号单反相机的卖家特征和交易数据。将月销量低于 50 部的相机型号剔除是因为这些型号的单反相机多数是厂家已停产的老旧型号，市场上以销售二手相机为主，卖家数量一般也较少，且很多是"僵尸"店铺①。由于单反相机的卖家在销售时都会提供诸如搭配不同种类的镜头等多样化的销售条件，价格也会随之调整，为保证研究的统一性，只抓取卖家提供官方标配时的交易记录。最终共获得 5 期来自 2728 个卖家，包括 161 个单反相机型号的 76199 个交易样本点。

2. 准实验匹配方法

实证方法上，本文借鉴埃纳尔（Einav et al.，2011）在研究 eBay 网卖家定价策略时最早使用的将同一卖家数据匹配成实验组、将所有实验组混合在一起利用固定效应回归来识别平均处理效应的准实验匹配方法，以克服卖家不可见特征导致的内生性偏误。

---

① "僵尸"店铺是指已经没有卖家实际去经营的店铺，其可能原因主要有：一是原来的经营者已退出淘宝市场，或者经过更换身份已注册新的店铺；二是店铺是个别非专业卖家注册，只为出售自己不需要的货品，平时几乎没人管理。

经济学研究中常用的差分内差分、倾向得分匹配和断点回归等准实验方法都是自变量值在不同受试对象之间变化，实验组和对照组可能会因选择偏误、成熟过程、历史事件等因素降低其可比性，导致回归有效性降低。本文的准实验匹配方法本质上测试的则是同一受试对象在不同自变量值作用下自身因变量的变化，是真正意义上的"苹果与苹果的比较"，能够将因变量之间的差异更好地归因于实验事件，提高回归结果的稳健性；并允许将不同类别的观察对象同时纳入回归中，可以通过增加样本容量显著降低犯第一类错误和第二类错误的可能，使回归结果在统计上更加有力。由于对数据形式有着严格要求，目前使用该方法的研究均集中在网上市场（Elfenbein et al., 2012；Einav et al., 2013；Elfenbein et al., 2015）。

与理论模型假定通过认证前后卖家没有改变价格相一致，本文按照"卖家＋相机型号＋价格"三个维度进行样本点的匹配，将由同一卖家在不同时期、以相同价格销售的相同型号单反相机的样本点匹配成一个准实验组。虽然抓取了5期数据，但卖家有可能在某一时期调整了相机价格，或下架了某一款相机，因此每个匹配实验组由1～5个样本点组成。其中，很多匹配组中不同样本点所对应的卖家认证状态会因卖家在当期获得或失去金牌卖家认证而发生变化，从而可以利用同一卖家认证状态的变化来可靠估计认证对卖家销量的影响。

将数据匹配分组后，本文对匹配实验组样本进行了如下筛选：（1）淘宝上有些相机卖家会出于吸引买家眼球的目的故意标出很高或很低的价格，在这些价格上并无交易发生，为避免这些离群样本点影响回归结果的准确性，删除相对价格高于5或低于0.2的样本点，相对价格为卖家对相机的定价与该相机所属机型中间价格之比[①]；（2）删除只有一个样本点的匹配实验组；（3）删除卖家认证状态没有发生变化的匹配实验组，包括在各期卖家均没获得认证和卖家均获得认证两种情况。最终得到来自219个卖家，由142个单反相机型号的7812个样本点组成的2764个匹配实验组，其中，卖家获得认证的样本点比例为47.76%，样本具体情况如表1所示。

表1   匹配实验组样本点统计

匹配实验组统计量	2个样本点	3个样本点	4个样本点	5个样本点	实验样本总体
匹配实验组的个数（个）	1270	910	378	206	2764
获得认证样本点比例（%）	50.00	47.07	46.16	46.31	47.76

资料来源：笔者计算所得。

3. 模型与变量设定

针对要检验的五个假说，本文的实证模型设定为如下形式：

[①] 因为淘宝网为商品提供了价格排序功能，设定很高或很低的价格能够增加商品被消费者搜索到的概率，但通常卖家在设定高价时可能在商品详情页设置自动减价，在设定低价时可能设置较高的邮费等。还有部分卖家是借此吸引消费者进入卖家主页，进而推销其他型号的相机。

$$lnSales_{mi} = \lambda + \alpha Cert_{mi} + \beta X_{mi} + \gamma Indus_{mi} \times Cert_{mi} + \theta Repu_{mi} \times Cert_{mi} + \mu_m + \varepsilon_{mi} \quad (20)$$

其中，下标 m 表示匹配实验组，i 表示实验组中的每个样本点。Sales 表示卖家的销量，为被解释变量，λ 为截距项，Cert 表示卖家的认证状态，是本文重点关注的解释变量。向量 Indus 代表影响认证对销量作用效果的行业层面因素，Repu 为卖家声誉，根据理论模型得出的结论，两者都主要以交互项的形式进入模型。向量 X 代表影响卖家销量的其他控制变量。μ 表示每个匹配实验组的固定效应，ε 是匹配实验组内独立于解释变量的误差项。由于卖家层面的特征变化所产生的影响是回归过程中主要研究的问题，且卖家之间有显著差异，为降低估计偏误，本文使用按卖家聚类的群集标准误（Petersen，2009）。各变量的具体衡量方式如下：

（1）卖家销量（Sales），淘宝网商品详情页中卖家成交量只显示最近 30 天内成交的某种商品数量，由于金牌卖家认证每半个月调整一次，卖家当期获得的认证只影响最近半个月的成交量，因此，本文将该成交量减半，近似拟合半月成交量。考虑到卖家成交量有很多为 0，最终用半月成交量加 1 后的对数形式作为被解释变量。

（2）金牌卖家认证（Cert），设置为虚拟变量，当卖家在某一时期获得金牌卖家认证时为 1，未获得认证时为 0。

（3）卖家声誉（Repu），用淘宝网上卖家信誉评分的对数值来衡量。

（4）行业特征变量，均以未匹配分组前每期截面的单个相机型号为基本单元计算，根据要检验的假说，设置如下变量：①行业平均质量（Averq），由于高质量卖家才能通过金牌卖家认证，一个行业的平均质量越高，能够通过认证的卖家数量也会越多，因此，本文用某型号相机中通过认证的卖家数量占该型号相机卖家总数的比例来衡量。②行业竞争程度，与理论模型相对应，同时考虑到消费者在网上购物时出于规避交易风险更倾向于在已有销量的卖家中进行选择，主要用有成交量的卖家数量（Tnum）来衡量。为保证回归结果的稳健性，还同时引入全部卖家数量（Num）和以销量计算的赫芬达尔指数（HHI）两个指标来衡量行业竞争程度。③行业平均价格（Averp），由于同一款相机的价格在各期之间变动非常小，因此，以每款相机五期所有卖家所定价格的均值来衡量。

（5）控制变量，本文采用的"卖家 + 相机型号 + 价格"的匹配分组方式已经控制了相机型号和价格这两个影响卖家销量的最重要因素，除卖家声誉（Repu）外，本文还引入如下可能会影响销量的控制变量，包括：①商品收藏量（Coll），淘宝网上卖家会随时间调整其营销策略，如是否参与淘宝的付费推广服务，改变可选套餐丰富程度和商品介绍图片，以及调整客服人员等。这些营销策略会直接影响销量，但很难直接量化。考虑到消费者在选择收藏商品时通常都会受这些营销策略影响，本文用商品收藏量的对数值来综合反映卖家营销策略。②商品好评数（Posi），与线下市场不同，消费者能够在商品详情页看到该商品所得到的累计评论，潜在消费者在做购买决策时很可能受过往消费者购买行为的影响，本文用商品好评数的对数值来反映网上市场的这种"羊群效应"。③是否包邮（Ship），如果运费大于零，取值为 1，运费等于零，取值为 0。本文预期，商品收藏量（Coll）和商品好评数（Posi）与卖家声誉（Repu）一样，都应当与卖家销量正相关，是否包邮（Ship）则正好相反。

主要变量的描述性统计如表2所示。

表2 变量的描述性统计

变量		平均值	中位数	标准差	最小值	最大值	观察值数量
卖家特征	成交量（lnSales）	1.0008	0.6931	0.7216	0.0000	5.8044	7812
	认证状态（Cert）	0.4776	0.0000	0.4995	0.0000	1.0000	7812
	卖家声誉（Repu）	8.4753	8.4594	1.3558	5.4972	11.6768	7812
	商品收藏量（Coll）	2.2493	1.7918	2.0160	0.0000	10.7917	7812
	商品好评（Posi）	0.5237	0.0000	1.1517	0.0000	7.3499	7812
	是否包邮（Ship）	0.3216	0.0000	0.4671	0.0000	1.0000	7812
行业特征	行业平均质量（Averq）	0.1102	0.1123	0.0499	0.0000	0.2923	498
	成交卖家总数（Tnum）	17.0783	10.0000	19.7029	0.0000	132.0000	498
	卖家总数（Num）	145.8213	114.0000	119.0761	1.0000	773.0000	498
	赫芬达尔指数（HHI）	0.3613	0.2816	0.2531	0.0000	1.0000	498
	行业平均价格（Averp）	7189.1093	5629.8985	6605.0042	1879.0804	36207.0396	142

资料来源：作者利用 Stata 软件计算所得。

四、实证结果

1. 全样本回归结果

表3为公式（20）所列实证模型的全样本回归结果。在不含交互项的回归结果（1）中，金牌卖家认证 Cert 的回归系数为0.1888，且在1%的水平上显著，意味着卖家获得认证后，销量将会比未通过认证时增加约21%。这验证了本文的假说1，说明认证确实可以引导消费者更多购买通过认证的高质量产品，使通过认证的企业获得销量的增长。由此可见，虽然中国曾经曝光出很多认证丑闻，但认证信号对"柠檬市场"的治理仍然有效，只要能够保证认证机构像淘宝网一样不会被消费者认为有作假的可能，引入认证机制就可以通过需求效应使高质量企业从生产高质量产品中获益，进而提高企业生产高质量产品的意愿，促进产业整体质量水平的提升。

表3　　　　　　　　　　　　　**总体样本的回归结果**

变量	(1)	(2)	(3)	(4)	(5)	(6)	(7)
Cert	0.1888 *** (18.1070)	0.2676 *** (11.3250)	0.7066 *** (18.5507)	0.0660 *** (3.4900)	0.6761 *** (15.2764)	0.5237 *** (9.5450)	0.8182 *** (17.4996)
Repu	0.0679 *** (2.5993)	0.0702 *** (2.6219)	0.0992 *** (4.1214)	0.0698 *** (2.6769)	0.1035 *** (4.1990)	0.1049 *** (4.1921)	0.1041 *** (4.2279)
Coll	0.0498 *** (2.9839)	0.0516 *** (3.0422)	0.0496 *** (3.0136)	0.0523 *** (3.1243)	0.0539 *** (3.2035)	0.0551 *** (3.2723)	0.0523 *** (3.1180)
Posi	0.1222 *** (3.8880)	0.1192 *** (3.7939)	0.1198 *** (4.0084)	0.1190 *** (3.7606)	0.1137 *** (3.7888)	0.1139 *** (3.8099)	0.1157 *** (3.8807)
Ship	− 0.0010 (− 0.0385)	0.0007 (0.0285)	− 0.0003 (− 0.0128)	− 0.0021 (− 0.0834)	0.0004 (0.0214)	− 0.0007 (− 0.0394)	0.0008 (0.0373)
Cert × Averq		− 0.6411 *** (− 4.1081)			− 0.6626 *** (− 4.4357)	− 0.5185 *** (− 3.5389)	− 0.6935 *** (− 4.7181)
Cert × Repu			− 0.0614 *** (− 13.9521)		− 0.0616 *** (− 14.2774)	− 0.0610 *** (− 14.2659)	− 0.0618 *** (− 14.1111)
Cert × Tnum				0.0390 *** (5.6116)	0.0359 *** (5.8033)		
Cert × Num						0.0457 *** (5.4038)	
Cert × HHI							− 0.0863 *** (− 4.5601)
_cons	0.1597 (0.7035)	0.1369 (0.5848)	− 0.0963 (− 0.4583)	0.1412 (0.6216)	− 0.1376 (− 0.6343)	− 0.1517 (− 0.6892)	− 0.1404 (− 0.6491)
N	7 812	7 812	7 812	7 812	7 812	7 812	7 812
G	2 764	2 764	2 764	2 764	2 764	2 764	2 764
R^2	0.2646	0.2691	0.3053	0.2744	0.3190	0.3179	0.3136
F	78.2279	64.3345	171.3780	70.2425	152.0434	153.8521	141.0006

注：括号内为 t 检验值；* 、**、*** 分别表示 p 检验值在 10%、5% 和 1% 水平上显著。
资料来源：笔者利用 Stata 软件计算所得。

控制变量方面，Repu、Coll 和 Posi 三个变量的回归系数均显著为正，符合预期；反映是否包邮的变量 Ship 不显著，可能是因为单反相机价格偏高，邮费在总购买成本中占比偏小，所以对消费者的购买决策影响不明显。

在回归结果（2）~（5）中，本文依次引入了卖家声誉和行业特征变量与认证的交互项。可以看出，行业平均质量 Averq 与认证交互项的回归系数均在 1% 的水平上显著为负，说明认证对卖家销量的促进作用会随整个行业产出质量的提高而下降，在产出平均质量较低的行业中引入认证机制所产生的效果要比平均质量较高的行业更明显，与本文的假说 2 相符。同时，由于本文采用认证覆盖率来衡量行业的平均质量，而认证覆盖率与认证标准的难度负相关，因此，这一结果还从侧面反映出，认证信号对需求的影响程度与认证标准设定的高低直接相关，较高的标准会产生更明显的需求效应。如果标准定得相对较低，使行业当中的大部分企业都能通过认证，认证信号就很难通过形成纵向差异化特征来影响消费者的需求，进而促进厂商提高产品的质量。

在行业竞争程度方面，有成交量的卖家数量 Tnum 与认证交互项的回归系数在各组回归中均在 1% 的水平上显著为正，验证了本文的假说 3，即市场竞争越激烈，厂商通过认证之后获得的销量增长会更明显。在回归结果（6）和回归结果（7）中，本文分别将市场竞争程度的衡量指标换成了全部卖家数量 Num 和 HHI，前者的交互项回归系数仍然显著为正，后者则显著为负，因为 HHI 本身与市场竞争程度负相关，这两个结果进一步说明，本文研究得到的市场竞争程度与认证需求效应之间关系的结论是稳健的。

厂商声誉 Repu 与认证交互项的回归系数在各组回归中始终在 1% 的水平上显著为负，说明认证对卖家销量的促进作用确实会随卖家声誉的增加而下降，低声誉卖家通过认证后会获得更多的销量增长，与理论模型得出的假说 5 相一致。由于行业中的高声誉卖家通常都是进入时间较长、生产高质量产品的在位企业，而能够通过认证的低声誉卖家则是凭借高质量产品进入市场的新进入者，因此，这一结论意味着，当一个行业引入认证机制后，在同样生产高质量产品的企业中，在位企业相对于新进入企业的先动优势会下降，无法通过认证的低质量企业则会处于更不利的竞争地位，将会加速退出或更难进入市场。虽然引入认证机制通常被认为会提高一个行业的进入壁垒（Dranove and Jin，2010），但这可能只考虑了认证的成本，从认证导致的需求效应来看，其提高的只是低质量企业的进入壁垒，高质量的新企业面临的进入壁垒实质会下降。这也说明，除了直接提高企业生产高质量产品的激励之外，在长期当中，认证机制的引入还会通过加剧高质量企业间的竞争进一步推动行业整体质量的提升。

此外，沙尔和张（Schaar and Zhang，2015）在构建动态模型考察认证和声誉两种机制的互动关系时发现，如果没有认证机制，市场所形成的声誉信号水平会低于社会最优，如果一个高质量厂商因某些意外而获得不好的声誉，单个买家会出于降低自己风险的原因停止购买该厂商的产品，这样一来，市场上就不会再有这个厂商的声誉信号形成，即便厂商本身是高质量的类型也会被迫退出市场；如果存在认证机制，高质量厂商此时就可通过申请认证来显示自己的类型，买家在认证信号的引导下继续购买其产品，市场才能有机会发现该厂商的真实质量。本文的实证结果也部分为这一观点提供了支持，说明认证机制在实际中确实能够弥补声誉机制的失灵问题，使买家愿意尝试购买处于低声誉状态的高质量厂商的产品。在市场环境尚不健全的中国，个别厂商的质量丑闻常会引发整个行业的声誉危机，比如2008年由三鹿奶粉引发的"三聚氰胺事件"就使中国奶制品行业所有企业的声誉都遭到重创。有效的认证机制可在这种情况下为那些受牵连而声誉被低估的高质量企业提供重建声誉的机会，避免整个行业需求萎缩。

对于假说4所揭示的行业平均价格对认证需求效应的调节作用，考虑到在本文的研究样本中，各期的平均价格变动不明显，不适合引入交互项，因此采用分组的方式，根据数据集中所有型号相机五期平均价格的中位数，分为高价格和低价格两组样本，然后分别进行公式（20）的回归估计，限于篇幅，本文只给出认证及其与行业特征变量和卖家声誉变量交互项的回归结果，如表4所示。

由表4中回归结果（1）和（5）可以发现，变量 Cert 的回归系数在两组样本中都通过了1%水平的显著性检验，但在低价格样本组中，其系数值为0.1268，而在高价格样本组中，其系数值明显变大，为0.2463。也就是说，对出售平均价格较低机型的卖家而言，通过认证会使其销量增加约14%，而如果出售高价格机型，通过认证会使其销量增加约28%，是出售低价格机型时的2倍。这说明，行业平均价格的上升确实可以通过加大消费者购买低质量产品遭受的损失和提高消费者对认证信号的接收程度两个途径，放大认证机制对市场需求的作用效果，验证了本文的假说4。此外，交互项回归结果在两个样本组间也呈现出差异。同一个交互项的回归系数绝对值和显著性在高价格组都高于低价格组。这也进一步从侧面反映出，认证机制在平均价格较高的行业作用效果会更明显。

2. 区分认证状态变化时序的回归结果

上面的回归只是总体上检验了有认证和没有认证两种状态下卖家销量的变化，然而现实中，由于认证的动态审核机制，卖家一次通过认证并不能一劳永逸，当认证标准提高或自身能力下降时，还有可能会失去认证。因此，从时序上看，卖家认证状态的变化有两种可能：一是新获得了认证，即从无到有；二是获得认证后又失去了认证，即从有到无。根据假说1，卖家获得认证可以增加销量，反而言之，失去认证应当会使销量下降。那么，失去认证是否真的会使卖家销量下降，获得认证带来的销量增长幅度与失去认证导致的销量下降幅度又是否会有差异呢？本文采用的准实验匹配方法因为利用的是同一卖家不同时期认证状态的变化来检验认证的需求效应，刚好可以回答现有研究普遍忽略的这一有趣问题，同时也可以作为对上述回归结果的一个稳健性检验。

在原有匹配实验组中，本文选择任意连续两期都有数据的样本点，并按照卖家认证状态的变化情况提取出两类匹配实验组。在第一类匹配组中，卖家前一期未获得认证，后一期获得认证（无到有），共1007个匹配组、2014个样本点；在第二类匹配组中，卖家前一期获得认证，后一期未获得认证（有到无），共997个匹配组、1994个样本点。分别将两类匹配实验组按照上面采用的准实验匹配方法对公式（20）进行回归。在"从有到无"组，如果变量 Cert 的回归系数显著为正，则表示卖家失去认证后销量会减少。主要结果如表5所示。

表4　按行业平均价格分组的回归结果

变量	低平均价格					高平均价格		
	(1)	(2)	(3)	(4)	(5)	(6)	(7)	(8)
Cert	0.1268*** (13.9593)	0.4955*** (8.9691)	0.4655*** (7.6221)	0.5747*** (9.8156)	0.2463*** (18.1168)	0.8016*** (13.5705)	0.7074*** (9.7476)	0.9208*** (15.1541)
Cert×Averq		-0.4562** (-2.2076)	-0.4245** (-2.1067)	-0.4770** (-2.3475)		-0.6327*** (-3.5647)	-0.5165*** (-2.9899)	-0.6291*** (-3.5689)
Cert×Repu		-0.0435*** (-8.9638)	-0.0431*** (-8.9192)	-0.0433*** (-8.9129)		-0.0706*** (-11.5505)	-0.0708*** (-11.5274)	-0.0710*** (-11.6279)
Cert×Tnum		0.0214** (2.5852)	0.0169 (1.6121)			0.0311*** (4.3598)		
Cert×Num							0.0334*** (3.2766)	
Cert×HHI				-0.0492* (-1.8527)				-0.0549*** (-2.9626)
N	3 987	3 987	3 987	3 987	3 825	3 825	3 825	3 825
G	1 396	1 396	1 396	1 396	1 368	1 368	1 368	1 368
R^2	0.1927	0.2245	0.2227	0.2228	0.3462	0.3981	0.3952	0.3931
F	60.4418	78.5729	71.7096	69.1902	74.6692	121.0667	130.6191	127.7044

注：括号内为t检验值；*、**、*** 分别表示p检验值在10%、5%和1%水平上显著。
资料来源：笔者利用Stata软件计算整理所得。

　　在表 5 中，代表金牌卖家认证的变量 Cert 及其与行业特征和卖家声誉的 5 个交互项的回归系数符号基本都与总体回归结果相一致。但是，比较回归结果（1）和回归结果（5）可以发现，在卖家的认证状态为"从无到有"的样本组中，Cert 的回归系数为0.4000，而在卖家认证状态是"从有到无"的样本组中，Cert 的回归系数则为 0.2981，前者明显高于后者。在表 5 下半部分，本文把每一个样本组又进一步根据行业平均价格分成了高价格和低价格两个细分组，回归结果均与假说 4 相符，但变量 Cert 的回归系数值仍然是在"从无到有"组要明显高于"从有到无"组。这说明，与获得认证给卖家带来的销量增长幅度相比，失去认证虽然会使企业销量下降，但下降幅度相对较小。可能是因为，认证传递的高质量信号对消费者的影响存在惯性。当通过认证的卖家因后续质量不达标而失去认证时，已有过购买经历的那部分消费者在短期内还会基于以往的质量认知继续购买或推荐别人购买其产品。

　　需要额外说明的是，本文上述实证检验使用的是网上市场的交易数据，卖家认证状态是由淘宝网自动在后台进行调整，所以如果不达标，卖家就会马上失去认证标志。然而，在中国当前的实体经济中，认证状态的变动信息能否迅速传递到消费者，还会受厂商策略性行为的影响。厂商获得认证时会努力宣传这一有利信息，而失去认证时则会尽可能不让消费者知道，很多厂商甚至在认证过期之后还会继续使用认证标志。如果同时考虑到消费者惯性和厂商趋利避害策略性行为的共同作用，本文可以预测，现实当中市场需求对厂商失去认证的反应将会更加不敏感，这会系统性地降低认证机制的作用效果，需要政府在设计认证制度时采取额外的措施来纠正这一问题。

3. 进一步的稳健性检验

　　在前面实证检验中，由于卖家认证状态每半月变化一次，本文用某种商品最近 30天的销量减半来近似衡量卖家半月的销量。为避免这种衡量方式导致的误差会影响到实证结果的准确性，本文接下来使用月度数据做进一步的稳健性检验。具体做法是：①在原有匹配实验组中，挑选出连续四期都有样本点的实验组，包括从第一期到第四期和从第二期到第五期两类。②保留前后连续两期认证状态相同的样本组。以第一类为例，保留第一期和第二期卖家认证状态相同、第三期和第四期卖家认证状态相同的样本点，用第二期和第四期卖家某种商品 30 天内的销量来衡量卖家销量 Sales，公式（20）中其他变量也均使用第二期和第四期的数据计算。③通过上述方式将原本四期的半月数据调整为二期的月度数据之后，进一步挑选出两期数据中卖家认证状态发生变化的匹配实验组。经过上述步骤，本文共获得了 72 个实验组，并将其按照准实验方法进行回归。

　　表 6 给出了基于月度数据的主要回归结果，其中（1）~（4）为没有按行业平均价格进行分组的总体回归结果，回归结果（5）为低平均价格样本组的回归结果，回归结果（6）为高平均价格样本组的回归结果。可以看出，除了部分控制变量的回归结果发生变化之外，变量 Cert 及其交互项的回归系数符号均与本文的 5 个假说相符，说明上面的回归结果是稳健的。

表5　区分认证状态变化时序的回归结果

变量	认证状态（从无到有）					认证状态（从有到无）		
	(1)	(2)	(3)	(4)	(5)	(6)	(7)	(8)
Cert	0.4000*** (13.8096)	0.6755*** (6.6448)	0.5031*** (4.1641)	0.7577*** (7.2788)	0.2981*** (27.1394)	0.5380*** (5.2454)	0.4290*** (3.8109)	0.6015*** (6.0400)
Cert × Averq		−0.6323** (−2.2621)	−0.4999* (−1.8981)	−0.6486** (−2.2748)		−0.6141*** (−2.7860)	−0.5097** (−2.3209)	−0.6366*** (−2.8975)
Cert × Repu		−0.0325*** (−2.9109)	−0.0316*** (−2.8251)	−0.0323*** (−2.9056)		−0.0255** (−2.3993)	−0.0249** (−2.3731)	−0.0258** (−2.3922)
Cert × Tnum		0.0227** (2.3787)				0.0167** (1.9834)		
Cert × Num			0.0413*** (2.9796)				0.0269** (2.3285)	
Cert × HHI				−0.0462 (−1.1108)				−0.0211 (−0.8313)
N	2 014	2 014	2 014	2 014	1 994	1 994	1 994	1 994
G	1 007	1 007	1 007	1 007	997	997	997	997
R²	0.6111	0.6237	0.6255	0.6219	0.5995	0.6120	0.6125	0.6103
F	161.7937	121.5748	122.6319	119.7865	255.6422	181.9426	185.3327	192.8104

续表

变量	认证状态（从无到有）				认证状态（从有到无）			
	(1)	(2)	(3)	(4)	(5)	(6)	(7)	(8)
	低平均价格		高平均价格		低平均价格		高平均价格	
Cert		0.2782*** (22.0646)		0.5861*** (39.6772)		0.1415*** (13.0937)		0.4230*** (47.1179)
N		976		1038		954		1 040
G		488		519		477		520
R^2		0.5650		0.8372		0.4262		0.8009
F		122.3577		832.8170		106.8535		946.2532

注：括号内为 t 检验值；*、**、*** 分别表示 p 检验值在 10%、5% 和 1% 水平上显著。

资料来源：笔者利用 Stata 软件计算整理所得。

表6　　　　　　　　　　　　　　基于月度数据的回归结果

变量	(1)	(2)	(3)	(4)	(5)	(6)
Cert	0.5553 *** (7.8249)	1.3387 *** (5.2973)	1.0886 *** (3.9255)	1.5926 *** (6.5666)	0.2317 *** (4.7493)	0.6257 *** (10.4677)
Repu	0.2173 *** (2.8778)	0.2683 *** (3.1649)	0.2602 *** (2.8969)	0.2672 *** (3.4141)	0.2529 *** (3.8572)	0.2888 *** (4.3643)
Coll	0.2555 *** (3.3516)	0.2290 ** (2.2381)	0.2025 * (1.9518)	0.2097 * (1.9100)	−0.0048 (−0.1406)	0.2609 ** (2.8815)
Posi	−0.0051 (−0.0791)	0.1477 ** (2.0892)	0.1555 * (2.0009)	0.1222 * (1.7704)	0.0386 (1.4046)	0.0003 (0.0008)
Ship	−0.0417 (−0.4872)	−0.0122 (−0.1826)	0.0020 (0.0275)	−0.0139 (−0.2260)	−0.0673 (−1.5264)	0.0824 (0.8401)
Cert × Averq		−2.8037 *** (−4.1607)	−2.5421 *** (−3.7995)	−2.6638 *** (−3.5961)		
Cert × Repu		−0.0779 *** (−3.2538)	−0.0917 *** (−3.3465)	−0.0752 *** (−3.4285)		
Cert × Tnum		0.0759 ** (2.2615)				
Cert × Num			0.1073 ** (2.2573)			
Cert × HHI				−0.2108 * (−1.7945)		
cons	−1.9879 *** (−2.9321)	−2.4689 *** (−3.2401)	−2.3556 *** (−2.9326)	−2.4058 *** (−3.3622)	−1.2719 ** (−2.2536)	−2.6491 *** (−4.2426)
N	144	144	144	144	82	62
G	72	72	72	72	41	31
R²	0.8578	0.8969	0.8977	0.8919	0.8178	0.9164
F	67.6958	77.4077	64.9460	81.7894	94.4134	63.2696

注：括号内为 t 检验值；*、**、*** 分别表示 p 检验值在 10%、5% 和 1% 水平上显著。

资料来源：笔者利用 Stata 软件计算整理所得。

五、结论和政策建议

中国经济经过多年的高速发展，消费者对产品的需求已经从单纯追求低价转向注重质量。有效的认证机制能够通过第三方的专业检测和信息披露将高质量产品从众多低质量产品中区别出来，让生产高质量产品的企业获得更多市场需求，对于治理"柠檬市场"问题、促进中国产业转型升级具有重要意义。

本文针对当前中国很多行业都在纷纷引入认证机制的现象，首次以完善中国的认证制度为出发点，通过纳入消费者对认证信号接收程度的理论模型和基于准实验匹配方法的实证检验，以淘宝网引入的金牌卖家认证为例，系统考察了中国本土认证信号对"柠檬市场"的治理效果及其与行业特征和卖家声誉之间的关系。本文的研究发现，虽然中国曾经曝光出很多认证丑闻，但市场需求仍然会对新出现的有效认证信号做出反应，使得通过认证的卖家能够获得销量的增加；认证给卖家带来的销量增加幅度与卖家所处行业的平均质量水平负相关，与行业的竞争程度和产出平均价格正相关；低声誉卖家从认证当中获得的销量增长幅度高于高声誉卖家，认证机制的引入有利于高质量的新卖家进入市场，避免声誉机制失灵导致整个行业需求萎缩。此外，本文的探索性研究还发现，与获得认证给卖家带来的销量增长幅度相比，失去认证虽然会使卖家销量下降，但下降幅度相对较小。基于这些结论，本文提出如下政策建议：

（1）在放宽认证行业准入的同时，必须加大对认证机构的监管力度来保证认证信号的可靠性。本文研究表明，认证机制确实能够缓解中国市场上的信息不对称问题，引导消费者更多购买高质量卖家的产品。不过，这一结论的理论推演和实证检验都基于一个重要的前提，即认证机构不存在作假行为。中国从 2016 年起大幅度放宽了认证行业的准入条件，更多认证机构的加入固然会通过竞争的力量促进这一行业的发展，但认证机构迫于争夺客户的压力进行虚假认证的可能性也必然会加大。为避免认证信号的可靠性下降而导致认证机制失效，政府必须将加强监管与放宽准入结合在一起。目前吊销执业资格是对认证机构违规行为的最严处罚形式，准入条件的降低客观上使得被吊销营业执照的认证机构很容易换个公司名称重新进入市场。加之中国的很多认证标准都是由政府制定然后同时委托给多个认证机构来执行，在产品市场上，消费者无法直接识别认证标志背后的具体认证机构，这些违规认证机构重新进入市场后在竞争中也不会处于劣势。因此，单纯吊销营业资格并不能有效遏制认证机构的违规行为，建议政府引入高额罚款机制，并加强认证行业协会建设，利用行业自律来提高认证信号的可靠性。

（2）根据行业特点和声誉机制的运行状况合理利用认证机制，避免过度认证陷阱。认证机制的运行需要耗费成本，包括认证机构的成本、企业申请认证的成本以及政府补贴的隐性成本等。如果企业需要频繁地申请认证，认证的成本会侵蚀企业保持高质量所能获得的额外利润，导致过度认证陷阱（Marinovic et al., 2017）。中国目前很多行业都在推出名目繁多的认证项目，但事实上，如本文的研究结果所显示的那样，认证机制的作用效果与行业特征和企业原有的声誉状况有关。在整体产出质量较高、竞争不激烈或产出价格较低的行业中，引入认证信号对消费者需求的影响相对较小；对于新企业进入较少的成熟行业，市场已经对原有企业形成了足够的声誉信号，认证机制的作用效果也相对较弱。因此，政府应当控制这类行业中的认证项目，比如当前高等教育行业出现的各种认证，防止不必要的认证给企业增加额外的成本负担。同时，应当在产品质量问题较为严重、市场竞争激烈和产出价格高的行业中，以及有大量新企业进入、声誉机制尚不能有效发挥作用的新兴行业中，强化认证机制的建设，因为在这类行业中，认证机制能更有效地增加消费者对通过认证的高质量厂商产品的需求，激励企业提高产出的质量。当行业发生集体性的声誉危机时，政府也应当积极借助认证机制来缓解声誉机制的失灵问题。

（3）提高认证标准，加大认证信息在消费者一侧的宣传和披露力度。标准高意味着企业要获得认证需要付出更多的合规成本，中国前几年调高有机食品认证标准时就曾遭到了很多食品企业的诟病。然而，本文的研究表明，高的认证标准可以使行业当中的认证覆盖率不至于过高，进而可以使通过认证的高质量企业获得更多销量的增长，更有利于促进行业整体质量提升。因此，为更好地利用认证机制加速中国制造转型，现阶段政府需要在设计认证制度时按照适度偏高的原则制定标准，并结合产业发展的实际尽快修订和提高原有的已经明显过时的认证标准。此外，为通过提高消费者对认证信号的接收度来改善认证机制的实施效果，纠正本文研究中所发现的市场需求不能及时对厂商失去认证做出反应的问题，还需要利用各种宣传途径加大消费者对认证制度和认证标志的了解，特别是要向消费者及时披露企业认证状态变动的信息，改变目前只单方面向申请认证的企业反馈其能否再次通过认证的做法。

最后，需要说明的是，由于本文的重点是考察行业特征和卖家声誉对认证导致的需求效应的影响，因此只是从总体上检验了卖家通过认证后销量是否上升，而没有进一步检验销量的增加是来自于对竞争对手销量的窃取还是因为认证信号的引入系统性地增加了消费者的需求，本文作者将在后续研究中对这一问题进行回答。

参 考 文 献

1. 耿建新、肖振东：《ISO14000 认证出口效应研究——基于中国资本市场的经验证据》，载《中国软科学》2006 年第 1 期，第 61~68 页。

2. 徐洁香：《我国农产品标准化的贸易效应——基于引力模型的实证分析》，载《财贸研究》2009 年第 4 期，第 62~68 页。

3. 郑妍妍、李磊、庄媛媛：《国际质量标准认证与企业出口行为——来自中国企业层面的经验分析》，载《世界经济研究》2015 年第 7 期，第 74~80 页。

4. Akerlof, A. G. The Market for "Lemons": Quality Uncertainty and the Market Mechanism [J]. The Quarterly Journal of Economics, 1970, 84（3）：488 – 500.

5. Dranove, D., and G. Z. Jin. Quality Disclosure and Certification: Theory and Practice [J]. Journal of Economic Literature, 2010, 48（4）：935 – 963.

6. Einav, L., C. Farronato, J. D. Levin, and N. Sundaresan. Sales Mechanisms in Online Markets: What Happened to Internet Auctions [R]. National Bureau of Economic Research, 2013.

7. Einav L. , T. Kuchler, J. D. Levin, and N. Sundaresan. Learning from Seller Experiments in Online Markets [R]. National Bureau of Economic Research, 2011.

8. Elfenbein, D. W. , R. Fisman, and B. Mcmanus. Charity as a Substitute for Reputation: Evidence from An Online Marketplace [J]. The Review of Economic Studies, 2012, 79 (4): 1441 – 1468.

9. Elfenbein, D. W. , R. Fisman, and B. Mcmanus. Market Structure, Reputation, and The Value of Quality Certification [J]. American Economic Journal: Microeconomics, 2015, 7 (4): 83 – 108.

10. Hackl, F. , A. Kügler, and R. Winter – Ebmer. Reputation and Certification in Online Shops [R]. Economics Series, Institute for Advanced Studies, 2011.

11. He, W. , C. Liu, J. Lu, and J. Cao. Impacts of ISO 14001 Adoption on Firm Performance: Evidence from China [J]. China Economic Review, 2015 (32): 43 – 56.

12. Head, M. M. , and K. Hassanein. Trust in E – commerce: Evaluating The Impact of Third – Party Seals [J]. Quarterly Journal of Electronic Commerce, 2002 (3): 307 – 326.

13. Heim, S. Rockets and Feathers: Asymmetric Pricing and Consumer Search——Evidence from Electricity Retailing [R]. ZEW Discussion Papers, 2016.

14. Marinovic, I. , A. Skrzypacz, and F. Varas. Dynamic Certification and Reputation for Quality [EB/OL]. https: //web. stanford. edu/ ~ skrz/ certification_moral_hazard. pdf, 2017.

15. Mcknight, D. H. , C. J. Kacmar, and V. Choudhury. Shifting Factors and The Ineffectiveness of Third Party Assurance Seals: A Two – Stage Model of Initial Trust in A Web Business [J]. Electronic Markets, 2004, 14 (3): 252 – 266.

16. Petersen, M. A. Estimating Standard Errors in Finance Panel Data Sets: Comparing Approaches [J]. Review of Financial Studies, 2009, 22 (1): 435 – 480.

17. Schaar, M. V. D. , and S. Zhang. A Dynamic Model of Certification and Reputation [J]. Economic Theory, 2015, 58 (3): 509 – 541.

18. Tappata, M. Rockets and Feathers: Understanding Asymmetric Pricing [J]. The RAND Journal of Economics, 2009, 40 (4): 673 – 687.

19. Terlaak, A. , and A. A. King. The Effect of Certification with The ISO 9000 Quality Management Standard: A Signaling Approach [J]. Journal of Economic Behavior & Organization, 2006, 60 (4): 579 – 602.

20. Xiao, M. Is Quality Accreditation Effective? Evidence from The Childcare Market [J]. International Journal of Industrial Organization, 2010, 28 (6): 708 – 721.

21. Yang, H. , and L. Ye. Search with Learning: Understanding Asymmetric Price Adjustments [J]. The RAND Journal of Economics, 2008, 39 (2): 547 – 564.

22. Özpolat, K. , G. Gao, W. Jank, and S. Viswanathan. Research Note—The Value of Third – Party Assurance Seals in Online Retailing: An Empirical Investigation [J]. Information Systems Research, 2013, 24 (4): 1100 – 1111.

中国转型期的食品安全治理

——基于行为法经济学的分析[*]

刘瑞明　段雨玮　黄维乔[**]

【摘　要】 近年来，愈演愈烈的食品安全事故令人担忧。为什么在政府采取了多种手段进行治理后，食品行业的假冒伪劣产品仍然层出不穷？本文在更为贴近现实的行为法经济学分析框架下研究发现：企业的"短视认知偏差"会放大"造假冲动"，使得企业生产更多的假冒伪劣产品，而且企业的造假行为具有"自我强化效应"和"互动传染效应"，这些效应在不完善的制度环境中被进一步放大，形成"行业危机"。这更好地拟合了现实情况，有效弥补了新古典模型的分析缺陷。在行为法经济学视角下，即使不改变其他的制度，仅仅改变监管资源的分配，就可以取得更好的短期效果。针对企业的"短视认知偏差"，通过设置"黑名单"和"累犯重罚"制度，重点监控"领队企业"、公司治理结构差的企业以及造假成本较低的行业等措施可以有效"锁定"企业的造假动机。短期治理措施和长期的制度调整之间具有"交叉加强效应"，可以通过"多管齐下"的方式起到更好的治理效果。因此，应当采取短期治理措施和长期治理战略搭配，"长短兼顾、协同治理"的手段。本文的研究修正和弥补了传统分析中的不足，对当前食品安全治理和未来相关法律法规的修订与完善具有重要启示。

【关键词】 食品安全；造假行为；短视认知偏差；锁定效应；行为法经济学

一、问题提出

中国近年来的重大食品安全事故屡屡发生，甚至呈现恶化的趋势（周德翼和杨海娟，2002；李新春和陈斌，2013）[①]，引起各界的广泛关注。食品安全问题不仅严重危及公众的健康（李想和石磊，2014；龚强等，2013；李新春和陈斌，2013），而且使得公众对国内民族食品普遍采取了不信任态度，导致民族食品行业的生存和崛起受到威胁（龚强等，2013）。更为重要的是，信任机制对长期增长至为关键（Dincer and Uslaner,

---

* 国家自然科学基金青年项目"中国地区间贸易壁垒对企业自主创新的影响研究：机制识别与政策选择"（批准号71303185）；教育部人文社会科学基金项目"中国地区间的贸易壁垒对企业自主创新影响的内在机理研究"（批准号13XJA790003）；陕西省社会科学基金项目"陕西省企业自主创新道路构建的政策调整研究"（批准号12D124）。感谢匿名审稿人的宝贵意见！当然文责自负。原文发表于《中国工业经济》2017年第1期。

** 刘瑞明（通讯作者），中国人民大学国家发展与战略研究院副教授，经济学博士；段雨玮，中国社会科学院数量经济与技术经济研究所硕士研究生；黄维乔，中国台湾人，美国西密歇根大学Timothy Light中国研究中心教授。

① 李新春和陈斌（2013）曾经详细整理了2006年以来的重大食品安全事件。

2010；Nunn and Wantchekon，2011；Dearmon and Robin，2011；Horváth，2013）。对于食品这类涉及基本生存条件的产品的不信任，最终可能诱发对政府治理的不信任以及社会信任危机的散播，危及长期经济增长。如何构建适当的食品安全监管体系和治理机制，还百姓以放心食品，是当前中国亟须解决的难题。

由于不能在短时间内察觉其安全属性，食品具有信任品的特征（汪鸿昌等，2013；王永钦等，2014），信任品质量的不可知性和较高的测度成本使得问题食品的检测较为困难，再加上食品生产供应链环节较长、生产供应企业众多、监察难度较大，相关企业往往会采取机会主义行为（Henson and Casewell，1999；Lapan and Moschini，2007；安丰东，2007）。因而，如何完善政府监管体系成为食品安全治理的关键，大量文献沿此思路进行了探索（周德翼和杨海娟，2002；郑风田和胡文静，2005；王耀忠，2005；张永建等，2005；任瑞平等，2006；施晟等，2008；廖卫东等，2009；杜龙政和汪延明，2010；肖兴志和王雅杰，2011；龚强和陈丰，2012；汪鸿昌等，2013；李新春和陈斌，2013；龚强和成酩，2014；倪国华和郑风田，2014；龚强等，2015），相关部门也沿着这些思路进行了相应的治理。然而，考察中国的现实，一个始终绕不开的问题是，为什么在法律条例不断完善、监管执法力量不断强化的背景下，造假行为仍然屡禁不止，甚至愈演愈烈？这使得人们不得不反思，传统治理手段是否出现了偏差。

中国的食品安全事故表现出几个重要的特征：一是食品安全表现出典型的"行业传染效应"，一旦一些企业出现问题，会迅速波及整个行业，呈现"群体性败德"和行业危机态势（李想和石磊，2014；王永钦等，2014；李新春和陈斌，2013）。二是食品企业的实际行为和其长期理性决策有所背离，企业往往会在生产过程中产生"造假冲动"并作出"非理性"行为，在造假于长期不利的情况下依然明知故犯①。三是即使是在2009年6月执行更为完善和严格的《中华人民共和国食品安全法》②和近年来监管执法力量不断强化的背景下，食品安全事故也一再发生，有增无减③。

梳理相关文献不难发现，对企业造假行为的既有研究大多建立在标准的新古典理性人假设基础之上。在新古典经济学框架下，人们在涉及跨期决策时，对于不同时期的收益和成本都赋予相同的贴现因子。但是，最新发展的行为经济学文献（Laibson，1997；Gruber and Koszegi，2004）发现，在实际生活中，人们的行为并不完全遵照理性框架，经济主体对于近期的收益和成本更为看重，因而会形成短期和长期不一致的贴现率结构，这种"近大远小"的特征被称为"短视认知偏差"。因此，在更为接近现实的假设基础上构建分析框架，得出更切实有效的对策是摆在学者面前的重要任务。更进一步，转型期的治理手段多种多样，各种治理措施构建所需要的时期长短不同，难度不同。那

---

① 这种短视的一个具体表现就是当事人的"痛哭流涕""悔不当初"。例如，2014年，中国台湾强冠公司从中国香港购入由馊水油制成"全统香猪油"，受到广泛关注。为此，强冠公司董事长叶文祥在记者会上两度下跪道歉。对于强冠公司而言，由此而带来的损失要远远高于生产"地沟油"所能带来的收益，如果说"冲动是魔鬼"的话，强冠公司怎么就没有忍住造假的冲动呢？

② 《中华人民共和国食品安全法》在2015年经过修订后，于2015年10月1日开始正式执行。

③ 根据李新春和陈斌（2013）的梳理，2009~2012年中国的重大食品安全事故分别为2009年4起、2010年9起、2011年27起。

么，哪些措施可以在短期内迅速实现，而哪些措施需要长期构建？尤其是，考虑到现实约束条件即食品安全投入不足、执法资源有限，制度调整周期过长，当一些涉及长期制度调整的"远水"解不了当前食品安全治理的"近渴"时，应该如何在当前局限条件下取得更好的治理效果？

基于此，本文试图另辟蹊径，利用行为法经济学的分析框架对食品行业的假冒伪劣现象进行分析，通过将转型时期的一些企业和行业参数引入经典分析框架，刻画了企业造假行为的"自我强化效应"和"互动传统效应"，通过详细分析各种社会制度变革与两种效应的作用机制，修正和弥补了传统分析所得出的结论，使得解释更为切合实际。这不仅可以帮助更好地理解企业造假现象，而且可以在理论上形成对行为法经济学的深化和拓展。本文还区分了食品安全治理的短期措施和长期战略，提出了不同于传统文献的政策建议，这些建议在财政投入不足、执法资源有限的情况下尤为适用。本文的一些结论也为将来《食品安全法》和其他相关法律法规的修订与完善提供了重要启示。

二、基 准 模 型

考虑这样一个经济，经济中存在 N 个生产同类产品的食品企业，企业可以生产高质量的产品，也可以生产低质量的假冒伪劣产品。一个代表性企业生产优质产品的边际成本为 c_{iH}，生产低质量产品的边际成本为 c_{iL}，产品的市场价格为 p。企业经理决定每一期生产高质量产品的数量 x_{iH} 和劣质产品的数量 x_{iL}。已有的大量文献（Bebchuk and Stole，1993；Feinberg，1995；Jacobs，1991；Larwood and Whittaker，1977；Stein，1988，1989；Meulbroek et al.，1990；Laverty，2004；Ridge et al.，2014）发现，企业组织中也会存在"短视"和"近视"的行为[1]。"短视认知偏差"也广泛存在于企业管理者的决策方面。因此，沿着行为法经济学（Laibson，1997；Gruber and Koszegi，2004；Frederick，et al.，2002；Della Vigna，2009；叶德珠，2009，2010）的思路，本文用双曲线贴现模型对这种认知偏差进行刻画，在该模型下，行为主体的跨期效用为：

$$U(t, s) = u_t + \beta \sum_{s=t+1}^{\infty} \delta^{s-t} u_s \tag{1}$$

在此函数中，行为主体的贴现因子结构表现为 $\{1, \beta\delta, \beta\delta^2, \cdots, \beta\delta^t\}$，在未来 t 期与 t+1 期（长期）之间使用的贴现因子为 δ，在 0 期与 1 期（短期）之间使用的贴现因子是 βδ，其中 β≤1 用来描述行为主体存在的"短视认知偏差"（Krusell et al.，2002）。

企业共存在三期，T = 0，1，2，分别代表事前、事中、事后三个阶段。第 0 期是规划时期，企业只是对未来行为进行规划，并不付诸实际行动。造假行为在第 1 期发生，并产生即期收益 $R = (p - c_{iH})x_{iH} + (p - c_{iL})x_{iL}$，企业如果生产假冒伪劣产品，则其可以

---

[1]　在已有文献中，企业的短视往往被称为"Corporate Myopia"（Feinberg，1995）、"Business Myopia"（Jacobs，1991）和"Managerial Myopia"（Larwood and Whittaker，1977；Stein，1988，1989；Meulbroek et al.，1990；Laverty，2004；Ridge et al.，2014）。

从每单位假冒伪劣产品中获取（$p - c_{iL}$）的收益，这高于生产高质量产品时获取的每单位（$p - c_{iH}$）的收益，在短期得到高额利润，但是如果第 1 期企业选择制造一部分假冒伪劣产品，一旦被发现则可能会在第 2 期受到惩罚，产生成本 $c = \frac{\alpha}{2}x_{iL}^2$，其中 α 代表企业造假被发现和惩罚的程度，成本表现为声誉的败坏带来的交易损失、违反法律规定需承受的相应罚款甚至是徒刑等。

根据双曲线贴现模型可知，商家在第 0 期的贴现因子结构为 $\{1，\beta\delta，\beta\delta^2\}$，其对第 1 期与第 0 期之间的贴现将使用短期贴现因子 $\beta\delta$，而对第 2 期和第 1 期之间的贴现使用长期贴现因子 δ。

首先考虑代表性企业在第 0 期（事前）进行生产计划的最优化问题，此时，企业的目标函数是：

$$\pi_i = \beta\delta\left[(p - c_{iH})x_{iH} + (p - c_{iL})x_{iL}\right] - \beta\delta^2\frac{\alpha}{2}x_{iL}^2 \tag{2}$$

利用最优化目标函数对 x_{iL} 求导可得：

$$\beta\delta(p - c_{iL}) - \beta\delta^2\alpha x_{iL} = 0 \tag{3}$$

进一步可求知：

$$x_{iL}^* = \frac{p - c_{iL}}{\delta\alpha} \tag{4}$$

但到第 1 期（事中），在实际生产时，代表性企业的贴现因子结构变为 $\{1，\beta\delta\}$，此时，企业的目标函数变为：

$$\pi_i = \left[(p - c_{iH})x_{iH} + (p - c_{iL})x_{iL}\right] - \beta\delta\frac{\alpha}{2}x_{iL}^2 \tag{5}$$

利用最优化目标函数对 x_{iL} 求导可得：

$$(p - c_{iL}) - \beta\delta\alpha x_{iL} = 0 \tag{6}$$

进一步可求知：

$$x_{iL}^{**} = \frac{p - c_{iL}}{\beta\delta\alpha} \tag{7}$$

如果代表性企业存在认知偏差，即 $\beta < 1$，则 $x_{iL}^{**} > x_{iL}^*$，也就是说，当存在认知偏差时，企业的假冒伪劣产品数量会比原来预想的要多，产品质量更令人担忧。

定义 $\Delta x_{iL} = x_{iL}^{**} - x_{iL}^*$ 为生产假冒伪劣产品数量的偏差幅度，代入式（7）可知：

$$\Delta x_{iL} = \frac{p - c_{iL}}{\beta\delta\alpha} - \frac{p - c_{iL}}{\delta\alpha} = \frac{(p - c_{iL})(1 - \beta)}{\beta\delta\alpha} \tag{8}$$

进一步可求知：

$$\frac{\partial\Delta x_{iL}}{\partial\beta} = -\frac{(p - c_{iL})}{\beta^2\delta\alpha} < 0 \tag{9}$$

$$\frac{\partial\Delta x_{iL}}{\partial\alpha} = -\frac{(p - c_{iL})(1 - \beta)}{\beta\delta\alpha^2} < 0 \tag{10}$$

由此可得：

命题 1：企业"短视认知偏差"会导致企业选择生产更多的假冒伪劣产品，但是假冒伪劣产品偏差数量 Δx_{iL} 随着企业的短视偏差系数 β、企业造假被发现和惩罚的系数 α 的增大而减小。

由于现实中普遍存在"短视认知偏差"，即 $\beta < 1$，企业在第 0 期造假选择与第 1 期实际行为发生时的造假选择会发生偏离。企业在第 0 期（事前）计划时，尚未体会到造假行为所带来的短期高额利润，认为成本的贴现因子在短期和长期内是一致的，觉得不应该造假或少量造假，但到了第 1 期（事中），由于"短视"认知偏差因子的存在，此时造假成本的贴现因子变为 $\beta\delta < \delta$，这使得商家大大低估了未来的成本，从而在造假行为所带来的利润中得到更大的满足，在其他外部条件没有任何改变的情况下，他们也会选择更多的假冒伪劣产品。此时，商家在造假行为选择中发生了时间不一致的问题。

在日常生活中，这种"短视认知偏差"的一个后果被人们形象地描述为"冲动是魔鬼"。一般而言，食品生产商最开始从企业长远考虑并不会大量造假，但是在具体生产过程中，如果造假的成本很低而又难以被社会公众监督的话，其在事中决策时，往往难以抑制"违规冲动"，一旦违规初尝甜头而未能被及时发现，则这种认识被自我强化，逐渐演变为长期大规模造假。而一旦被发现，则面临巨额处罚甚至刑事责任风险，得不偿失。但是现实中，许多企业哪怕"早知如此"，也可能"铤而走险"，采取造假行为。一定程度上，这其实是"短视认知偏差"在作祟。

通过行为法经济学双曲线贴现模型，利用"短视认知偏差"，可以为企业"造假冲动"提供一个很好的解释。事实上，不仅企业自己具有"造假冲动"，这往往还会传染至其他企业，进而演化为整个行业的造假危机。为了进一步说明这种行业危机特征，寻求相应的治理对策，本文结合实际情况，假定[①] $\beta = f(G, K, n, I)$，且 $f'(G) > 0$，$f'(K) > 0$，$f'(n) < 0$，$f'(I) < 0$。式中 n 代表商家造假的次数[②]，$I = \sum_{j=1, j \neq i}^{N} x_{jL}$ 代表造假行为在行业其他企业中的普遍度[③]，G 代表企业自身治理结构的完善程度，$0 < G < 1$，K 代表企业所在行业治理机制的完善程度，例如行业规范、行业协会的健全程度等，$0 < K < 1$。假定 $\alpha = F(L, D, P_g)$，且 $F'(L) > 0$，$F'(D) > 0$，$F'(P_g) < 0$[④]，L 代表法律制度的完善程度和企业违规受到法律制度的惩罚力度，D 代表企业造假信息的披露机制，

---

① 不妨考虑一个特殊的形式 $\beta = \dfrac{GK}{nI}$。

② 一般来讲，任何一个组织的运作都有可能存在路径依赖效应，已有的许多文献（Sydow et al., 2009；Antonelli, 1997；Bebchuk and Roe, 1999）均发现，一个组织内部会出现"路径依赖"，而组织造假行为也会呈现路径依赖。结合已有的心理学文献，这里假定历史造假次数会使得企业短视认知偏差更为严重。从经济学的角度看，这也符合经济学的直觉，一个企业之所以选择诚信，是为了建立起市场中的声誉，获取更长远的利益。当一个企业历史上造假次数越多时，其造假的声誉边际损失会越低，其就越在乎短期利益，对长远利益的权重赋值越小，而这刚好符合短视认知偏差 β 变小的特征。

③ 这一设置主要捕捉企业的从众行为，已有的文献（Scharfstein and Stein, 1990；Banerjee, 1992；Avery and Zemsky, 1998；Bernard and Jensen, 2004）发现，企业行为中存在着羊群行为（Herd Behavior）和群体效应（Peer Effect），当羊群行为和群体行为出现时，行业中其他企业的行为会影响企业的决策，使得他们采取从众行为，而这也使得企业更加随大流。行业中其他企业的造假行为会降低企业的短视认知偏差因子，使得其更偏好于短期收益。

④ 在一个特殊形式中，可以表达为 $\alpha = \dfrac{L + D}{P_g}$。

P_g 代表政府治理结构完善程度，用对发生造假行为企业的保护力度来刻画，P_g 越小表示政府治理结构越完善。将 $\beta = f(G, K, n, I)$、$I = \sum\limits_{j=1, j \neq i}^{N} x_{jL}$ 和 $\alpha = F(L, D, P_g)$ 代入 Δx_{iL}，可以得到：

$$\Delta x_{iL} = \frac{(p - c_{iL})(1 - f(G, K, n, I))}{f(G, K, n, I)\delta F(L, D, P_g)} \tag{11}$$

观察现实，可以发现，企业自身的造假历史对其造假行为具有重要影响，而且企业存在于行业之中，如果行业中其他企业普遍造假，会使得企业造假的"自我惩罚效应"变弱，更易陷入造假之中。

利用 Δx_{iL} 分别对 n、x_{jL} 求导：

$$\frac{\partial \Delta x_{iL}}{\partial n} > 0 \tag{12}$$

式（12）意味着，如果企业历史上造假次数越多，则其认知偏差程度越大，进而在生产过程中往往会采取"破罐子破摔"的策略，制造出更多的假冒伪劣产品，即企业造假行为具有"自我强化效应"：

$$\frac{\partial \Delta x_{iL}}{\partial x_{jL}} > 0, \ j \neq i \tag{13}$$

式（13）意味着，在一个行业中，造假行为越普遍，该行业出现的假冒伪劣产品就越多，单个企业进行造假的可能性就越大，即企业造假行为存在"互动传染效应"。并且，生产假冒伪劣产品越多的企业，其传染效应越大。

进一步可求知：

$$\frac{\partial^2 \Delta x_{iL}}{\partial n \partial x_{jL}} > 0 \tag{14}$$

也就是说，企业"自我强化效应"和"互动传染效应"会互相加强。当企业历史上的造假行为多次发生时，该企业因造假行为而带来的羞耻感将越来越小，因而更容易选择造假，生产大量假冒伪劣产品。而这会通过"互动传染效应"影响行业中的其他企业，那些过去表现良好的企业也会因为受到造假的"群体效应"的影响，更倾向于选择造假。此时，由于造假企业太多，使得法律执行部门出现"法不责众"的尴尬，监管失效（李新春和陈斌，2013），而这将会进一步强化企业的造假行为。如此循环，使得整个行业的造假趋势不断增强，最终表现为整个行业造假的恶性循环和信任危机。

命题 2：企业造假行为存在"自我强化效应"和"互动传染效应"，并且这两种效应会互相加强，具有累加传染效应。

上述结论可以很好地解释为什么食品行业的造假现象往往表现为"群体败德行为"和行业危机，一旦企业造假，累加的"互动传染效应"会使得这样的"败德行为"迅速传染，如果不能加以有效的遏制，则可能迅速演化为行业危机。从上述模型推论可以理解，为什么在中国近年来出现的食品安全事故中，往往表现出"行业沦陷"的特征。比如，在"三聚氰胺事件"中，国家质检总局检测出三鹿、伊利、蒙牛、雅士利等 22 家著名企业所生产的奶粉中均含有三聚氰胺，在奶粉生产过程中添加"三聚氰胺"成为了行业的潜规则。每一家企业都清楚行业的潜规则，违犯"职业道德"的成本被降低，而"互动传染"又使得各个企业预期到"劣币驱逐良币"，如果不是随大流去造假，则成本过高而竞争力被削弱，而如果大家都造假，则越有可能实现"法不责众"，最终使得行业集体沦陷。

在前述的分析当中，一个重要的前提假设就是，企业的决策者存在着短视认知偏差，并且企业历史造假次数和行业中其他企业的造假行为会直接影响到企业决策者的认知偏差程度，进而导致了这种互动传染效应。从现实情况看，这种传染效应高度依赖于市场的特征，一些市场互动传染性强，而另一些市场互动传染性弱。所以，这也导致虽然同样是行业危机，但有的行业危机表现得更强烈，而有的行业危机表现得会更温和一些，这和市场的互动传染强度有关。值得指出是，这种互动传染并不必然是坏的。如果短视认知偏差程度被放大，则互动传染会使得造假行为越来越多。但是，如果采取有力的措施遏制造假行为，那么，这种互动传染效应也可以使得治理的效果事半功倍。因此，互动传染效应在本文中扮演的是中性的作用。一旦市场中形成良性的互动，那么，企业群体当中的这样一种模仿行为或互动传染效应，也会促成良性市场的快速形成。

三、食品安全的治理：短期措施与长期战略

由基准模型的推理可知，行业中的造假行为会在竞争激烈的企业间通过"群体效应"进一步扩散，导致行业信任水平不断降低，这种群体性的败德行为，又会反过来放大每个商家的"短视认知偏差"，使其更加倾向于选择造假，进而形成行业内造假的恶性循环。因此，要想真正抑制行业性的造假行为，必须从一开始就对造假行为进行严厉的制裁，以对其形成威慑，将造假冲动扼杀在摇篮里。那么，应该如何采取有效措施，应对食品安全事故呢？

传统的治理方式主要是加大造假的成本和惩罚力度，这当然是一种非常有力的手段，但在行为法经济学的框架下，短视认知偏差因子 β 成为另一个可调控的关键因素。通过前述的模型推理可以看到，β 越接近于 1，则企业的"短视认知偏差"越小，由此而带来的造假偏差也越小，而其能够带来的传染效应也应该越小，行业危机发生的概率也被大大缩小。在极端的情形下，$\beta=1$，从而没有了"短视认知偏差"，即此时不会发生行为人的时期选择不一致性。在既有的研究中，对 β 的调控主要由锁定政策来完成（Laibson，1997；叶德珠，2009；叶德珠，2010）。一般而言，锁定政策可以分为外部锁定和内部锁定两种，前者是指那些通过外在的法律法规来实现对 β 的调控，而后者主要依赖于行为主体的个人规则、信仰等（Bénabou and Tirole，2003；叶德珠，2009；叶德珠，2010）。内部锁定更侧重于企业个体约束自我冲动的意愿，而外部锁定则对于不论是否有自我约束的企业普遍适用，更有利于转型期食品安全治理的需求。因此，鉴于本文的主旨，这里的分析主要围绕国家法律、第三方治理、监管部门介入等外部锁定政策展开，并且本文也进一步将传统的成本治理方式和锁定政策结合起来分析，得到更为丰富的结论。

在接下来的分析中，将沿着基准模型的分析框架进行拓展研究。本文重点通过比较静态分析的方式来分析各种制度对于企业认知偏差导致的造假行为的影响，并且得出政策推论。特别地，在转型期，存在多种治理机制，而不同的治理机制的调整周期、牵涉面、发生效力的时间长短等都不尽相同，有的治理机制在短期内就可以采取执行，而有的治理机制需要在长期构建和完善。因此，本文根据现实情况，将政策治理手段区分为短期治理措施和长期治理战略，前者是指那些在现有各类财政、制度约束条件下仅仅改变监管手段、在短期内就可以实现的治理措施，后者是指那些从现实来看调整面太宽、难度较大、周期较长的治理措施[①]。

1. 中国转型期的造假行为锁定与食品安全治理：短期措施

鉴于当前食品安全问题治理的紧迫性和重要性，本文首先关注食品安全治理的短期措施调整，即在现有食品安全财政投入、执法力量有限的约束条件下，通过改变现有财政投入、执法力量的用途，合理配置监管执法资源，以期得到更好治理效果的短期措施。

（1）短期治理对策之一：重点监控"频繁造假企业"和构建"累犯重罚"制度。根据前述推理，$\frac{\partial^2 \Delta x_{iL}}{\partial n} > 0$，即企业历史上造假次数越多，则其短期贴现因子越小，从而认知偏差程度就越大，生产的假冒伪劣产品数量越多，以致成为行业造假的"重要传染源"。进一步，由于 $\frac{\partial^2 \Delta x_{iL}}{\partial n \partial x_{jL}} > 0$，企业的"自我强化效应"和"互动传染效应"使得这部分企业的"传染能力"更强，因此，为了有效预防行业危机的出现，对于这些"重点传染源"企业，首先应该采取重点监控，防止其再次造假。

然而，仅仅采取重点监控还不足以预防企业造假，在行为法经济学中，一个常用的手段就是采取"累犯重罚"的措施。不妨考虑企业造假被发现的处罚力度与历史造假次数 n 正相关的情况，在成本函数中引入累犯重罚因子 $\gamma(n)$，并且 $\frac{\partial \gamma(n)}{\partial n} > 0$，$\frac{\partial 2\gamma(n)}{\partial n^2} > 0$，即在"累犯重罚"制度下，处罚要至少比累犯次数更重，且呈现递增的态势。此时，成本函数变 $c = \frac{1}{2}\alpha\gamma x_{iL}^2$，将新的成本函数代入企业目标函数求解可得，企业此时的最优造假数量 $x_{iL} = \frac{p - c_{iL}}{\beta\delta\alpha\gamma}$，认知偏差程度 $\Delta x_{iL} = \frac{(p - c_{iL})(1 - \beta)}{\beta\delta\alpha\gamma}$。可以看到，$n$ 的增大会带来两种相反的效应：一是会使得企业的短期贴现因子 β 进一步下降，从而增加劣质产品的产量；二是会使得造假企业所受到的制裁强度增大，造假成本上升，进而减少造假数量。因此，要让造假企业的认知偏差程度降低，就必须让制裁强度超过"累犯"引发

[①]　此处分类仅仅是从现实约束和可应用性出发进行了粗略划分，事实上，本文所指出的短期治理措施也完全可以应用到长期治理战略当中，长期治理战略的一部分也可以应用在短期治理中。例如，"累犯重罚""黑名单"制度等可以在短期内实现，但在未来法律制度调整时也可以利用此类措施，将之体现在法律条文当中，构成长期战略的一部分；而完善的信息披露体系需要在长期内构建，但是其中一部分信息披露机制也可以在短期内应用以起到治理的效果。

的认知偏差强度。根据以上讨论，可以得出：

政策推论1：通过重点监控"频繁造假企业"和构建"累犯重罚"制度，惩罚和取缔相关企业，能够有效地遏制企业的"造假冲动"。

从现实情形看，如果一个企业历史上造假次数越多，已经被多次曝光，这个时候其认知偏差程度和造假冲动就越大，以致成为行业造假的"重要传染源"。此时，如果对于这类企业的造假行为只是依据现有法条进行监管和惩罚，很难对其违法行为进行约束，可能导致这些企业"连续违法"。例如，2016年成都市食品药品检验研究院对成都海霸王食品有限公司生产的9个批次的撒尿牛肉丸、鲜虾脆等冷冻食品进行抽检，结果全部不合格，但按照现行法律，只是被责令整改和召回并罚没404400元。由于监察概率小且惩罚过轻，直接导致一些企业总是选择造假，因为在巨大的利益面前，被责令整改和小额罚款的惩罚不足以发挥惩戒作用。也就是说，如果不能够实现累犯重罚，那么，在现有监管资源有限、监管概率较小且被发现后惩罚过轻的情形下，"造假"是企业的理性选择。依据本文的推论，如果要对这类企业进行有效治理，则必须引入"累犯重罚"，且重罚的程度要呈现边际递增的情形，否则，就很难起到预期的治理效果。在这里，累犯重罚的主要作用是加大企业的违法成本，而重点监管则直接影响β，相当于对企业额外实施了一种"外部锁定"政策，因此，外部锁定和成本治理的方式可以联合使用，起到更好的治理效果。

（2）短期治理对策之二：重点监管行业中的"龙头企业"和"造假大户"。现实中，每个企业的生产规模和造假能力是不同的，是否应该对所有的企业都施行同样的监管措施呢？在食品安全的相关财政投入不足、执法资源有限的情况下，将所有的执法资源平摊化，是否真的有利于造假行为的治理？

现实中，有的企业是行业的"龙头企业"，具有对于行业的引领和示范作用，起到行业"造假风向标"的作用，而有的企业则只是"小打小闹"，即便是造假，其规模和影响力也有限。根据前述分析，$\frac{\partial \Delta x_{iL}}{\partial x_{jL}} > 0$，$j \neq i$，即当某一个企业的造假数量越多时，其作为"重大传染源"，无形中将会对行业内其他企业的造假起到更大的"推动"作用，这种传染将再次通过"累加传染效应"使得造假行为不断加强。这意味着，在相关财政投入不足、执法资源有限的情况下，监管部门应该重点监管"造假惯犯"和"造假大户"，通过"擒贼先擒王"的方式，控制这些"重大传染源"，对整个行业起到"杀鸡儆猴"的作用，取得事半功倍的效果。由此，可以得到：

政策推论2：通过重点监管行业中的"龙头企业"和"造假大户"，可以有效地遏制企业的造假行为。

龙头企业在行业中具有举足轻重的作用，龙头企业的质量往往被消费者认为是行业质量的标杆，如果龙头企业出现了问题，则很容易导致消费者对于全体行业的不信任。在已有的大型食品安全事故中，行业中的龙头企业成为了行业危机的重要传染源。例如，在"三聚氰胺事件"中，三鹿、蒙牛、伊利等都是婴幼儿奶粉的龙头企业，也是国人曾经最为信任的品牌，但是在"三聚氰胺事件"之后，国人对于国产奶粉表现出普遍的不信任，也引发了"奶粉代购潮"；在"苏丹红"事件中，作为快餐行业的龙头企业肯德基，被发现在多种产品中添加"苏丹红"，直接导致人们对于快餐行业的不信任；在"瘦肉精"事件中，双汇作为国内最大的肉类生产商之一，充当了主要角色；在"金黄色葡萄球菌"检测中，思念、湾仔码头、三全水饺等速冻食品龙头企业先后被曝光。由于龙头企业的标杆作用，而且其产量往往很大，一旦出现假冒伪劣问题，危害会非常严重。这时，如果监管资源有限，就应该对这些潜在的"重大传染源"重点监管，以达到更为有效的治理目标。

（3）短期治理对策之三：重点识别和监控造假成本较低的行业、企业和生产流程。现实中，每个行业、每个企业、每个生产流程的造假成本是不同的，有的企业造假成本较高，而有的企业造假成本较低，甚至对于有的行业和企业，其造假成本随着造假规模的增大而递减。那么，这样的行业特征是否会影响到企业的造假行为？是否应该将所有的监管资源平均分配？

不妨利用 Δx_{iL} 对 c_{iL} 求导：

$$\frac{\partial \Delta x_{iL}}{\partial c_{iL}} < 0, \quad \frac{\partial^2 \Delta x_{iL}}{\partial c_{iL} \partial n} < 0, \quad \frac{\partial^2 \Delta x_{iL}}{\partial c_{iL} \partial x_{jL}} < 0 \tag{15}$$

式（15）表明，企业造假成本越小，造假的可能性越大。而且，进一步可以得出，造假成本越小的企业可以通过"自我强化效应"和"互动传染效应"使得造假行为偏差被不断放大。由此得到：

政策推论3：造假成本越低的企业，造假的可能性越大，带来的后果越严重。通过重点识别和监控造假成本较低的企业，更加有利于食品安全治理效果的实现。

从现实观察看，那些造假的企业往往具有相似的特征，而且这些企业往往会三番五次上榜。从源头上分析，根源在于这些企业的造假动机比其他企业更强。而造假动机更强背后的一个重要原因是，造假的成本很低，能够给这些企业带来更为丰厚的利润。所以一个常见的现象是，这些造假成本较低的行业和企业也经常被曝光。例如，利用工业明胶生产"毒胶囊"的案件中，自2012年中央电视台以"胶囊里的秘密"为题曝光后，在随后几年中又陆续在浙江、山东、山西、吉林、海南等地被发现，而每次发现的规模也非常大。这主要是因为用工业明胶生产胶囊的边际成本太低，能够给造假企业带来的利润太大，而相应的监管和处罚力度不够，使得相关企业"前赴后继"。上述推理所得出的警示是，造假成本低的行业和企业所带来的后果会更为严重，如果监管执法资源是有限的，不能够实现同时对所有行业和企业的监控，那么，监管机构的一个重要应对手段就是，重点识别和监管那些造假成本较低的行业、企业和生产流程。

（4）短期治理对策之四：重点监控企业治理结构差、行业规范不成熟的企业。根据前述分析，企业造假的认知偏差来自短视因子，而短视因子依赖于企业和行业的特征，在现实中，企业"短视"的一个重要约束就是公司治理结构和行业规范的完善度，公司治理结构越好的企业，其越注重长期利益，公司治理结构中的一系列条款对"短视"加以约束；行业规范程度则从外部给企业施加约束，如果行业越规范，行业协会等外部机构会出于行业整体利益对企业的违规行为给予约束，保证行业整体利益。现实中，造假企业的一个重要的特征就是企业治理结构差，行业规范不成熟，"短视"更为严重。

不妨利用 Δx_{iL} 对公司治理结构参数 G 求导，可得：

$$\frac{\partial \Delta x_{iL}}{\partial G} < 0, \quad \frac{\partial^2 \Delta x_{iL}}{\partial G \partial n} < 0, \quad \frac{\partial^2 \Delta x_{iL}}{\partial G \partial x_{jL}} < 0 \qquad (16)$$

由此，可以得到：

政策推论4：在食品安全监管过程中，应充分注意企业和行业的特征，重点监控"公司治理结构差"和行业规范不成熟的企业。

如果企业公司治理结构越好，则其越注重长远利益，造假冲动也越小。反之，如果企业公司治理结构越差，其越重视短期利益，"短视认知偏差"被放大，将生产更多的假冒伪劣产品。而且，公司治理结构同样可以通过"自我强化效应"和"互动传染效应"使得造假后果被放大。现实中，企业的造假行为也受到行业规范的影响。例如，最近几年，在兴宁、梅州、石狮、五华、莆田、西安、成都等地均发现，一些生产面食的"小作坊"在面食里添加"硼砂""工业甲醛"以使得面食更加"劲道""白亮"保质期延长。而所有这些被发现的案例均是小作坊，有的根本没有营业执照，更谈不上企业治理结构和行业规范，因此，造假的冲动更强。这就启示相关部门，要重点关注这类"作坊式"的企业，从源头上杜绝此类食品安全问题。

2. 中国转型期的造假行为锁定与食品安全治理：长期制度调整

然而，仅仅依靠改变监管投入，不能从根本上解决食品安全治理难题。长期看，食品安全治理有赖于一系列制度的构建与完善，这也是已有文献所一直强调的。

（1）长期制度构建之一：法律制度体系的完善。食品安全治理不力的一个重要原因在于转型期法律法规存在重大缺陷[①]。归结起来，转型期这些缺陷主要有以下几点：一是食品安全相关法律体系缺乏系统性和完整性。当前中国不仅缺乏《食品安全监管法》，更为急缺的是《食品安全基本法》。二是相关法律法规衔接性较差，甚至出现冲突。现实中，在食品安全的相关法律法规中，行业标准与国家标准、地区标准往往交叉，法律的协调性较差（任瑞平等，2006；廖卫东等，2009），不同部门之间法律冲突，不同地域之间管辖冲突的现象屡见不鲜。三是法律漏洞较多，有法不依、执法不严的情况严重。现存的相关法律条款相对分散，一些法律规定过于原则化和宽泛化，因此，实践中因执法主体不同、适用的法律不同而定性不准确、处理不当的现象比比皆是（高光亮，2007）。并且在执法过程中，相关部门往往采取流变不定的监管，间断、不连续的"机会型惩罚"使得法律的威慑力受到一定弱化（吴元元，2012）。四是食品安全监管体系未能与国际接轨（谢敏和于永达，2002）。食品安全关键点控制、最低质量标准、可追踪系统，以及食品安全召回制度等的缺失，使得在食品行业这种生产供应链较多的行业，缺乏质量安全的跟踪与保证（龚强和陈丰，2012；龚强和成酲，2014；施晟等，2008）。

---

① 洪水和李亚梅（2014）曾经对中国食品安全犯罪相关法律的演进历史进行了详细的梳理，并且探讨了《食品安全法》与《刑法》的对接问题。

这些法律制度的缺失和不完善为相关企业的造假行为提供了可乘之机。一个健全的法律体系及其执行体制只有达到"激励相容"才能起到良好效果（杨居正等，2008）。转型期法律制度的不规范和不完善是导致食品安全治理失效的重要原因。这里，不妨分析长期法律制度构建与完善对食品安全治理的作用。

利用 Δx_{iL} 对 L 求导：

$$\frac{\partial \Delta x_{iL}}{\partial L} < 0, \quad \frac{\partial^2 \Delta x_{iL}}{\partial L \partial n} < 0, \quad \frac{\partial^2 \Delta x_{iL}}{\partial L \partial x_{jL}} < 0 \tag{17}$$

法律体系越完善，即 L 的值越大，β 的值越接近于 1，商家会越"理性"，其自我约束能力越强，商家行为选择的不一致性越小。由此可得：

政策推论 5：在食品安全监管过程中，应充分注重法律制度的完善和执法能力的加强，这将对食品行业的长期治理起到重要作用。

由推理可知，有法不依、执法不严，法律的普及力度较低，是造成"短视认知偏差"的重要原因。因此，如果要从根本上治理食品安全，就需要完善法律体系。结合前述文献，当前中国特别需要在以下方面有所作为：一是统一立法，整合法律资源，加强食品安全基本法及监管法的构建（高光亮，2007；任瑞平等，2006）。制定出统一、透明、协调性较好、可操作性较强的法律体系，针对不同类型的企业予以相应的惩罚力度。二是完善食品公共安全信息供给法律制度（廖卫东等，2009）。完善食品安全质量评价体系，规范标识标签制度，建立可追溯体系及食品安全召回制度（周德翼等，2002；Starbird，2005；Pettitt，2001）。同时完善追踪技术，发展信息交换与物流跟踪技术，提高可追踪系统的信息加工效率（施晟等，2008）。三是降低消费者维权成本。例如，消费者集体诉讼赔偿制度的建立可以降低消费者的诉讼成本（王彩霞，2011），有利于法律的推行。四是特别注意保持地方司法的独立性。建立政法分开的体系，为各项制度的开展提供强有力的法律保障，从而增强法律的威慑力，抑制造假行为。五是加强普法宣传，严格执法。建立食品安全行政问责制，使食品安全监管责任到人，对监管者形成必要的激励，以严厉打击造假行为。

（2）长期制度构建之二：信息披露机制的构建与完善。在企业造假的前提下，消费者本身就可以通过"用脚投票"的方式对企业进行惩罚，使得企业顾虑到长期利益损失而不敢违规造假，以社会监督为核心的信息揭示是提高食品安全的有效途径（龚强等，2013）。但是，"用脚投票"的拒绝购买行动依赖于消费者是否能够知情。现实中，鉴于信任品信息检测的困难，其往往由政府监管机构和媒体来完成。但是，转型期信息披露和揭示机制的不健全，使得消费者不能有效利用"用脚投票"的机制对造假企业进行惩罚。

利用 x_{iL} 对 D 求导：

$$\frac{\partial \Delta x_{iL}}{\partial D} < 0, \quad \frac{\partial^2 \Delta x_{iL}}{\partial D \partial n} < 0, \quad \frac{\partial^2 \Delta x_{iL}}{\partial D \partial x_{jL}} < 0 \tag{18}$$

式（18）表明，信息披露机制越健全 D 值越大，企业造假行为被揭露的概率越大，从而越是能够起到安全治理的作用。可见，政府监管部门和媒体事前监督、事中深入调查，以及追踪报道等一系列的信息披露，能够有效地对企业的"短视认知偏差"进行矫正。而信息揭示之所以能够在市场监管中发挥作用，主要是通过两个途径：①声誉机制，即通过对企业造假信息的实时公布于众，对企业形成声誉威慑力，借助无数消费者的"用脚投票"有效阻吓企业的造假行为（吴元元，2012）。②提高各级行政机构的介入概率。媒体的一个重要作用是引发行政机构介入，根据社会需求来确定介入督察的概率（李培功和沈艺峰，2010；倪国华和郑风田，2014），但是，在较为严格的政府管制环境中，政府不仅直接可以对媒体报道施加影响（Gentzkow and Shapiro，2006），而且可以通过立法管制、改变媒体市场的竞争格局等手段来影响媒体报道的生产（Djankov et al.，2003）。这就使得政府与媒体的关系成为构建完善的信息披露机制的关键。因此，长期看，食品安全治理需要构建完善的信息披露机制，建立造假商家"黑名单"。信息披露程度越高，商家发生造假行为的可能性越低[1]。由此得到：

政策推论6：通过构建信息网络公开平台，设置"黑名单"等制度将有利于构建安全的食品体系。

李培功和孙艺峰（2010）进一步指出，相对于政策导向性媒体，市场导向性媒体具有更加积极的治理作用。因此，在该机制构建过程中，一是需要搭建公开、透明、统一、集中的食品安全信息披露平台，以市场为导向，给媒体以充分的信息披露权限，鼓励自媒体（以微博、微信、个人网站等为代表）积极参与监管，并对及时报道商家造假信息的媒体予以表彰。二是需要建立全面的、动态的商家信用数据库，及时公布企业的质量信息，特别是违规处罚信息。三是建立违规企业"黑名单"制度，使得造假商家一经发现，立即为公众所知，并不再允许其在任何行业中进行生产、销售等行为，从而对造假商家形成一种锁定机制，对其造假行为形成一种强有力的事前威慑力，迫使其放弃造假，从而完成其对"短视认知偏差"的矫正。但是在媒体信息披露过程中，政府的管制、介入成为食品安全信息能否及时、准确地披露的最重要的因素。因此，在目前的市场环境中，完善的信息披露机制的构建，仍然需要依靠政府发挥主导作用。

（3）长期制度构建之三：政府内部治理结构的完善。在食品安全的治理过程中，政府监管也是极为重要的环节。然而，由于中国食品安全监管正处在起步和构建阶段，监管体系还存在诸多不足：一是在现有的监管体系中，食品安全监管责任往往分散在多个部门之中，一方面，监管资源过于分散导致单个监管部门往往缺乏足够的资源进行检测，使有些关卡形同虚设，进而影响监管的整体效率（刘亚平，2011）；另一方面，这种监管体系会导致各个部门之间事前竞争预算和监管权力，事后推卸责任，部门利益化严重（郑风田和胡文静，2005；周德翼和杨海娟，2002）。二是在食品质量安全市场准入与食品生产许可证制度的实施过程中，存在重审批轻监管、监督管理制度落实缺位、食品准入标准偏低等一系列问题（李满枝，2009；李强，2009）。三是执法过程中缺乏

---

[1]　媒体能够主动进行信息披露，出于两大动机：①媒体具有明显的规模报酬递增特征，媒体可以通过报道社会大众普遍感兴趣的话题来扩大需求，摊低成本，提高收益。这也使得社会大众普遍关注的企业违规行为天然成为媒体监督和报道的重要内容（Dyck et al.，2008）；②媒体具有极强的外部性特征。除了因为先于竞争对手而带来的需求和收益增长之外，赢得和巩固社会声誉才是媒体争先报道的最重要动机（Centzkow and Shapiro，2006）。

规范化和连续性（徐晓新，2002；谢敏和于永达，2002）。往往是在重大食品安全事件已经发生之后，地方政府对违规企业进行"运动式""一阵风式"打击，待风头过后，造假行为再度泛滥（徐晓新，2002；王彩霞，2011）。四是监管技术与监管能力不匹配。现实中由于财政投入、监管技术等问题，监管人员往往依靠经验来选择检测指标，而监管技术不足时，即使严格执法，也无法对企业形成有效约束。此外，刘亚平（2011）指出，监管技术和能力的不足使得食品安全监管重心异化为是否有证，而非企业是否能够生产和销售合格食品。此时不仅无法保障食品安全，政府政策目标也无法实现。

　　然而，对于当前的中国，一个更为重要的问题是，政府是否真正有动力保障食品安全。众所周知，在财政分权和晋升激励的驱动下，地方政府将经济增长置于首要地位（周黎安，2007；刘瑞明和白永秀，2010），而一旦造假企业构成当地 GDP 的重要基础，出于区域发展、地方就业、政治绩效等的考虑，地方政府会包庇企业行为，甚至干预影响监管结果（李静，2009；李新春和陈斌，2013；龚强等，2015）。在财政分权背景下，地方政府保护是造成大规模食品企业生产不安全食品的关键原因（杨合岭和王彩霞，2010）。除此之外，转型期政府也可能被俘获。企业有可能通过向政府官员进行非法或不透明的私人支付，诱使他们在制定或执行政策时进行变通（龚强等，2015），而一些权势企业也会凭借其市场地位和对政府目标的影响，迫使政府制定或实施有利于它们的法规和政策（Grossman and Helpman，2001；Hellman et al.，2003）。在多种动机下，为保障自身收益，地方政府在实际执行过程中出现"有法不依、执法不严"的行为也就不难理解，政府的"弹性执法策略"又促使企业倾向于生产劣质食品牟取暴利（龚强等，2015）。而一旦企业察觉政府在监管过程中，存在这样弹性执法的空档，就会把重点放在疏通关系上，为其造假行为寻求庇护，以牟取暴利。当企业能够得到被保护的稳定预期时，造假的可能性无疑会增大。

　　利用 Δx_{iL} 对 P_g 求导：

$$\frac{\partial \Delta x_{iL}}{\partial P_g} > 0, \quad \frac{\partial^2 \Delta x_{iL}}{\partial P_g \partial n} > 0, \quad \frac{\partial^2 \Delta x_{iL}}{\partial P_g \partial x_{jL}} > 0 \tag{19}$$

　　P_g 代表地方政府对当地企业的保护概率。显然，随着 P_g 值的增大，商家越容易选择造假。政府保护还会通过食品行业本身的"自身强化效应"和"互动传染效应"而进一步使得食品安全"雪上加霜"。由此，可以得到：

　　政策推论7：长期中，食品安全治理有赖于政府监管体系的完善、政府治理结构和考核体系的调整。

　　政府内部治理结构的完善具体体现在两个方面：一是既然在财政分权和晋升激励背景下地方政府有动力出于经济发展、地区就业、政治绩效等来保护造假企业，那么，如果不改变背后的激励机制，可以预期，地方政府对违规企业的保护动机就难以消除。因此，这就要求中央政府完善对于地方政府的考核体系，将食品安全纳入问责机制并赋予较高权重，削弱保护动机。二是地方政府有可能被俘获，要解决这一问题，需要加强上级部门的垂直监管，即加强对监管者的监管力度（倪国华和郑风田，2014；龚强等，2015）；建立第三方认证行业反商业贿赂制度和从业人员信用信息公开制度（刘呈庆等，2009），以减少商家与政府的串谋行为；改变现有监管模式，实现刚性执法，提高监管技术，从根本上解决由政策性负担导致的规制俘获问题（龚强等，2015）。值得注意的是，在此过程中，有效的管制并不是政府干预代替市场，而是体现在游戏规则的制定，比如立法（杨居正等，2008）。

（4）长期制度构建之四：第三方治理机制的完善。食品安全治理不仅仅需要政府的监管，媒体、行业协会等第三方治理也颇为重要。在政府受到行政资源的局限并存在被俘获的可能性的前提下，信息揭示是提高食品安全的有效途径（吴元元，2012；龚强等，2013），而媒体和行业协会等第三方监管机构在其中扮演了重要角色。其中，媒体是否能够主动发挥其舆论监督作用与其自身所处的外部环境密切相关（Miller，2006；醋卫华和李培功，2012）。然而，倪国华和郑风田（2014）指出，不仅企业会想尽办法阻挠媒体监管，政府监管机构也会忌惮媒体曝光诱发上级问责，从而视媒体如芒刺在背。转型期，政府对传媒市场的进入管制阻碍了传媒企业的市场竞争，降低了公众获取准确信息的可能性，弱化了媒体发挥监督作用的动机（Gentskow and Shapiro，2006）。当经济体系中缺乏传统的地缘、血缘等社会关系网络的支持时，信息的收集和传递就必须依赖第三方中介来发挥作用（吴德胜，2007）。第三方机构一方面扮演了信息中介的角色——给社区内部的交易者提供违约的信息，另一方面其也往往是执行中介——实施统一的协会内部的惩罚、裁决和剩余分配等作用。一般来讲，第三方治理机制主要通过促进行业自律、加强监督和惩罚等途径来实现。

利用 Δx_{iL} 对 K 求导：

$$\frac{\partial \Delta x_{iL}}{\partial K} < 0, \quad \frac{\partial^2 \Delta x_{iL}}{\partial K \partial n} < 0, \quad \frac{\partial^2 \Delta x_{iL}}{\partial K \partial x_{jL}} > 0 \tag{20}$$

式（20）表明，随着第三方治理机制值的增大，"短视认知偏差"会被抑制，从而造假动机变小。此外，第三方治理结构的"信息中介"和"执法中介"作用会使得代表企业造假被发现和惩罚程度的变大，从而加大了惩罚系数，遏制企业造假冲动。由此，可以得到：

政策推论8：通过搭建企业行业协会等第三方治理结构，可以有效地制约企业的造假动机。

转型期的一个特征就是法律制度的不完善，传统的治理结构往往依赖于社会网络和政治规范等法律外的非正式制度，用法律制度来替代非正式制度需要一个过程（Pistor and Xu，2005）。在由非正式制度向正式法律的过渡过程中，规范的行业协会等第三方机构的建立，有利于多个经济主体通过用团体的集体声誉做抵押来做出可置信承诺，从而促进行业自律，对不合格食品进行曝光，减少市场中存在的信息不对称，规范市场秩序，大大降低政府的监管成本，有效地抑制造假行为。例如，淘宝网上的"商盟制度"通过约束商盟中的每一个企业的违规动机，保证了商盟的声誉和品牌，使商盟中的每一个商家都能从中获利（吴德胜，2007）。机会主义行为在独立的第三方检查下减少，企业更加愿意按照认证标准运营（Deaton，2004；Prakash，2000），行业内那些达标的企业声誉普遍提高，而不达标的企业会被取消认证资格，面临声誉惩罚（Daenall and

Sides，2008），这能够帮助塑造良好的行业环境，有效地抑制造假行为。享有良好信誉的企业能够享受到价格的溢价，并且这一溢价反过来又能够促使企业在长期内维持信誉，而不是尝试通过降低质量来获得短期内的收益（Shapiro，1983），行业信誉进入良性循环。

四、政策工具治理的交叉增强效果与战略布局

根据前述分析，在转型期一系列监管治理缺失的背景下，食品企业的造假动机被释放出来。中国的市场容量巨大，而食品企业往往投资不足，难以提供优质产品，相关企业为了向消费者显示其投资充分，总是热衷于低价大销量的营销方式，忽略质量控制（李想和石磊，2011）。在资源稀缺的状况下，行业内盲目的企业扩张，无疑导致企业间的恶性竞争（刘呈庆等，2009）。尤其是，当食品行业存在着整个行业层面的信息不对称时，面对低质量竞争者，生产高质量产品的企业也往往"近墨者黑"，宁愿提供低质量产品，从而引发行业信任危机（李想和石磊，2014）。王永钦等（2014）的实证研究发现，监管制度的不力和公众对监管制度的不信任，使得中国的食品行业市场，同行传染效应占主导，成为中国食品行业危机的重要原因。当整个行业形成一种规则，都较为普遍地采用造假或劣质原料，"群体败德行为"将使得不造假者因为成本过高而面临破产的危险（李新春和陈斌，2013）。如此恶性循环，使得食品安全治理难上加难。

进一步考虑一个问题，转型期的这些食品安全治理工具不可能单独进行，必然会同时采用和推进，那么，各种治理工具之间的关系是什么？是互补还是替代？多种政策工具之间是否可以同时采用、多管齐下？根据前述研究不难发现，上述政策工具之间并不是独立的，如果能够综合运用，其可以起到更好的治理作用。

本文首先考察短期治理措施与长期治理制度之间的关系。根据式（15）~ 式（20）的推理，不难发现，各个长期治理工具（L、K、D、P_g）都可以通过影响 n 和 x_{jL} 来影响行业中的假冒伪劣商品：

$$\frac{\partial^2 \Delta x_{iL}}{\partial L \partial n} < 0, \quad \frac{\partial^2 \Delta x_{iL}}{\partial L \partial x_{jL}} < 0, \quad \frac{\partial^2 \Delta x_{iL}}{\partial D \partial n} < 0, \quad \frac{\partial^2 \Delta x_{iL}}{\partial D \partial x_{jL}} < 0,$$

$$\frac{\partial^2 \Delta x_{iL}}{\partial P_g \partial n} > 0, \quad \frac{\partial^2 \Delta x_{iL}}{\partial P_g \partial x_{jL}} > 0, \quad \frac{\partial^2 \Delta x_{iL}}{\partial K \partial n} < 0, \quad \frac{\partial^2 \Delta x_{iL}}{\partial K \partial x_{jL}} > 0 \tag{21}$$

式（21）意味着，食品行业的"自我强化效应"和"互动传染效应"虽然在转型期法律制度、信息披露、政府监管等一系列不健全制度的背景下会加剧行业中的"群体败德行为"，但是它们也扮演了"成也萧何、败也萧何"的作用，如果能够在食品安全治理的过程中，对这些行业特征加以合理利用，同样也可以起到更好的治理作用。当法律法规越完善、信息披露机制、第三方治理结构越健全（L、D、K增大），政府保护力度越小、治理结构越完善（P_g越小）时，可以通过"自我强化效应"和"互动传染效应"形成更好的治理效果。

在本文的分析框架中，各种短期治理措施，包括通过设置企业"黑名单"制度、

"累犯重罚"、重点监控"领队企业"、公司治理结构差的企业以及造假具有规模经济特征的行业等，能够有效降低 n 和 x_{iL} 的作用。而式（21）中各个交叉偏导表明，短期治理工具（降低 n 和 x_{iL}）和长期治理工具之间（L、K、D、P_g）是互补的，长短期共同实施，可以发挥协同治理的作用。

而且，进一步的考察可以发现，长期治理工具之间也是互补的。对关心的各个参数求二阶偏导

可得：

$$\frac{\partial^2 \Delta x_{iL}}{\partial G \partial L} > 0, \quad \frac{\partial^2 \Delta x_{iL}}{\partial D \partial G} > 0, \quad \frac{\partial^2 \Delta x_{iL}}{\partial D \partial L} > 0, \quad \frac{\partial^2 \Delta x_{iL}}{\partial D \partial K} > 0, \quad \frac{\partial^2 \Delta x_{iL}}{\partial G \partial K} > 0,$$

$$\frac{\partial^2 \Delta x_{iL}}{\partial K \partial L} > 0, \quad \frac{\partial^2 \Delta x_{iL}}{\partial G \partial P_g} < 0, \quad \frac{\partial^2 \Delta x_{iL}}{\partial P_g \partial D} < 0, \quad \frac{\partial^2 \Delta x_{iL}}{\partial P_g \partial L} < 0, \quad \frac{\partial^2 \Delta x_{iL}}{\partial P_g \partial K} < 0 \quad (22)$$

式（22）中各交叉偏导的含义是，各种长期政策工具（L、D、K、P_g）之间的作用是互补的，其作用可以得到交叉加强。如果能够采取"多管齐下"的方式，可以起到更好的治理效果。根据以上讨论，可以得到：

政策推论9：食品安全治理的各种手段具有互补的作用，通过"多管齐下"将短期应对措施和长期治理战略搭配的形式，可以发挥交叉增强效应，从而起到更好的食品安全治理效果。

上述结论还意味着，在长期制度调整的过程中，有必要将"短期措施"中的有效治理手段纳入到法律中来，使一些措施能够有法可依。例如，由于"累犯重罚"的思想依然没有很好地体现到现有法条中来，执法过程中就只能依靠办案人员在目前的法律法规下适度把握，并不能够对那些"多次违犯法律"者以足够的惩戒。但是如果在后续的法律调整中，将这一思想具体化，使得惩罚程度与违法次数严格递增，那么，将来执法人员就能够有权威依据来具体执行，也能够对于违法人员形成有效的惩戒与治理。总之，短期措施和长期制度之间并不存在冲突。由于长期制度调整中信息披露机制、法律完善等都需要较长的调整时间，在这些制度得到有效调整之前，应该重点通过"短期措施"来应对当下的食品安全治理。但这并不意味着可以忽略长期制度的建设，恰恰相反，"短期措施"只是在不得已的情形下的应急手段。如果要想在长期内根除食品安全问题，则涉及食品安全的一系列制度调整必须尽快启动和完善。

五、结　语

转型期食品行业中的造假现象为何屡禁不止？究竟应当采取什么样的措施有效应对这一难题？本文在行为法经济学的框架下，通过扩展双曲线贴现模型，对企业造假行为的冲动机制进行了详细的分析。研究发现，在"短视"认知偏差的作用下，企业会有更大的动机选择制造假冒伪劣产品，并且由于这种造假动机具有"自我强化效应"和"互动传染效应"，在转型期法律制度、信息披露、政府监管等一系列制度不健全的背景下，很容易导致行业中普遍的造假行为，形成"群体性败德"现象，而这种造假的

"群体性败德"现象又会助长单个商家的造假行为，进而形成造假行为的恶性循环，导致整个食品行业陷入危机。这些研究结论很好地修正和完善了传统分析，提供了与传统文献不同的治理对策。

显然，中国的食品安全治理面临短期和长期治理两大难题。短期内，在食品安全财政投入难以大幅提升、监管执法能力难以迅速提升的情况下，应当如何解决食品安全治理的"近忧"？长期中，如何通过制度体系的调整和完善来消除食品安全体系构建的"远虑"？根据本文的分析，中国的食品安全治理应该采取"长短兼顾、协同治理"的战略。从短期看，考虑到财政投入、监管能力等约束条件，应该优化财政投入和监管资源的配置，通过设置企业"黑名单"制度、"累犯重罚"、重点监控"领队企业"、公司治理结构差的企业以及造假成本较低的行业等措施，"锁定"企业的造假动机，能够更有效地实现治理效果。但从长期看，相关法律及信息披露机制的健全、食品监管体系的改善、政府内部治理结构的完善以及媒体、行业协会等第三方治理结构等制度的构建不可或缺。而且本文的研究发现，在食品安全治理过程中，应该充分利用造假行为的"互动传染效应"和"自我强化效应"的特征，采取短期治理措施与长期治理战略搭配推进的策略，以便使各种治理工具之间形成交叉加强的互补效果，从而有效地矫正食品行业中的"不正之风"。

值得提醒的是，虽然本文的分析主要针对转型期的食品安全治理问题，但是本文研究的解释力并不局限于此。相比食品行业，其他行业中的造假现象有过之而无不及，例如药品行业、烟酒行业、日化用品行业的造假现象、软件业的盗版现象、知识产权侵犯现象、企业其他违规违法现象等，而鉴于这些行业中行为主体造假的动机、背景、成因等均和食品行业高度类似，所以本文的逻辑也可以帮助解释这类行业的造假现象，相应地，本文的分析结论也对转型期这类现象的治理具有启示作用。

参 考 文 献

1. 安丰东：《中国食品安全规制问题研究》，载《消费经济》2007 年第 3 期，第 74～77 页。

2. 醋卫华、李培功：《媒体监督公司治理的实证研究》，载《南开管理评论》2012 年第 1 期，第 33～42 页。

3. 杜龙政、汪延明：《基于生态生产方式的大食品安全研究》，载《中国工业经济》2010 年第 11 期，第 36～46 页。

4. 高光亮：《论食品安全法律体系的完善》，载《特区经济》2007 年第 7 期，第 236～237 页。

5. 龚强、陈丰：《供应链可追溯性对食品安全和上下游企业利润的影响》，载《南开经济研究》2012 年第 6 期，第 30～48 页。

6. 龚强、成酷：《产品差异化下的食品安全最低质量标准》，载《南开经济研究》2014 年第 1 期，第 22～41 页。

7. 龚强、雷丽衡、袁燕：《政策性负担、规制俘获与食品安全》，载《经济研究》2015 年第 8 期，第 4～15 页。

8. 龚强、张一林、余建宇：《激励、信息与食品安全规制》，载《经济研究》2013 年第 3 期，第 135～147 页。

9. 李静：《我国食品安全面临的制度困境——以三鹿奶粉事件为例》，载《中国行政管理》2009年第10期，第30～33页。

10. 李满枝：《拷问我国现行的食品市场准入制度——从"三鹿奶粉事件"谈起》，载《特区经济》2009年第4期，第115～118页。

11. 李培功、沈艺峰：《媒体的公司治理作用：中国的经验证据》，载《经济研究》2010年第4期，第14～27页。

12. 李强：《从三聚氰胺事件探讨我国的食品安全监管体系》，载《中国食品卫生杂志》2009年第3期，第208～211页。

13. 李想、石磊：《行业信任危机的一个经济学解释：以食品安全为例》，载《经济研究》2014年第1期，第169～181页。

14. 李想、石磊：《质量的产能约束、信息不对称与大销量倾向》，载《南开经济研究》2011年第2期，第42～67页。

15. 李新春、陈斌：《企业群体性败德行为与管制失效——对产品质量安全与监管的制度分析》，载《经济研究》2013年第10期，第98～123页。

16. 廖卫东、肖可生、时洪洋：《论我国食品公共安全规制的制度建设》，载《当代财经》2009年第11期，第93～98页。

17. 刘呈庆、孙曰瑶、龙文军、白杨：《竞争、管理与规制：乳制品企业三聚氰胺污染影响因素的实证分析》，载《管理世界》2009年第12期，第67～78页。

18. 刘瑞明、白永秀：《晋升激励与经济发展》，载《南方经济》2010年第1期，第59～70页。

19. 刘亚平：《中国式"监管国家"的问题与反思：以食品安全为例》，载《政治学研究》2011年第2期，第69～79页。

20. 倪国华、郑风田：《媒体监管的交易成本对食品安全监管效率的影响》，载《经济学（季刊）》2014年第13卷第2期，第559～582页。

21. 任瑞平、潘思轶、薛世军、何晖：《论中国食品安全法律体系的完善》，载《食品科学》2006年第5期，第270～275页。

22. 施晟、周德翼、汪普庆：《食品安全可追踪系统的信息传递效率及政府治理策略研究》，载《农业经济问题》2008年第5期，第20～25页。

23. 舒洪水、李亚梅：《食品安全犯罪的刑事立法问题——以我国〈刑法〉与〈食品安全法〉的对接为视角》，载《法学杂志》2014年第5期，第84～98页。

24. 汪鸿昌、肖静华、谢康、乌家培：《食品安全治理——基于信息技术与制度安排相结合的研究》，载《中国工业经济》2013年第3期，第98～110页。

25. 王彩霞：《政府监管失灵、公众预期调整与低信任陷阱》，载《宏观经济研究》2011年第2期，第31～51页。

26. 王耀忠：《食品安全监管的横向和纵向配置——食品安全监管的国际比较与启示》，载《中国工业经济》2005年第12期，第64～70页。

27. 王永钦、刘思远、杜巨澜：《信任品市场的竞争效应与传染效应：理论和基于中国食品行业的事件研究》，载《经济研究》2014年第2期，第141～154页。

28. 吴德胜：《网上交易中的私人秩序——社区、声誉与第三方中介》，载《经济学（季刊）》2007年第4期，第859～884页。

29. 吴元元：《信息基础、声誉机制与执法优化——食品安全治理的新视野》，载《中国社会科学》2012年第6期，第115～133页。

30. 习近平：《在中央农村工作会议上的讲话》，2013 年 12 月 23 日。

31. 肖兴志、王雅洁：《企业自建牧场模式能否真正降低乳制品安全风险》，载《中国工业经济》2011 年第 12 期，第 133～142 页。

32. 谢敏、于永达：《对中国食品安全问题的分析》，载《上海经济研究》2002 年第 1 期，第 39～45 页。

33. 徐晓新：《中国食品安全：问题、成因、对策》，载《农业经济问题》2002 年第 10 期，第 45～48 页。

34. 杨合岭、王彩霞：《食品安全事故频发的成因及对策》，载《统计与决策》2010 年第 4 期，第 74～77 页。

35. 杨居正、张维迎、周黎安：《信誉与管制的互补与替代——基于网上交易数据的实证研究》，载《管理世界》2008 年第 7 期，第 18～26 页。

36. 叶德珠：《和谐社会构建与政府干预的路径选择——从英国政府拟实行人体器官捐赠"推定同意"规则谈起》，载《经济学（季刊）》2010 年第 9 卷第 2 期，第 731～748 页。

37. 叶德珠：《投名状 vs 污点证人制度——团伙犯罪刑法设计的行为经济学分析》，载《经济学（季刊）》2009 年第 8 卷第 2 期，第 679～692 页。

38. 张永建、刘宁、杨建华：《建立和完善我国食品安全保障体系研究》，载《中国工业经济》2005 年第 2 期，第 14～20 页。

39. 郑风田、胡文静：《从多头监管到一个部门说话：我国食品安全监管体系急待重塑》，载《中国行政管理》2005 年第 12 期，第 51～54 页。

40. 周德翼、杨海娟：《食物质量安全管理中的信息不对称与政府监管机制》，载《中国农村经济》2002 年第 6 期，第 29～52 页。

41. 周黎安：《中国地方官员的晋升锦标赛模式研究》，载《经济研究》2007 年第 7 期，第 36～50 页。

42. Antonelli, C. The Economics of Path – Dependence in Industrial Organization [J]. International Journal of Industrial Organization, 1997, 15 (6): 643 – 675.

43. Avery, C., and P. Zemsky. Multidimensional Uncertainty and Herd Behavior in Financial Markets [J]. American Economic Review, 1998, 88 (4): 724 – 748.

44. Banerjee, A. V. A Simple Model of Herd Behavior [J]. The Quarterly Journal of Economics, 1992, 107 (3): 797 – 817.

45. Bebchuk, L. A., and L. A. Stole. Do Short – term Objectives Lead to under – or Overinvestment in Long – term Projects [J]. The Journal of Finance, 1993, 48 (2): 719 – 729.

46. Bebchuk, L. A., and M. J. Roe. A Theory of Path Dependence in Corporate Ownership and Governance [J]. Stanford Law Review, 1999, 52 (1): 127 – 170.

47. Bénabou, R., and J. Tirole. Self – Knowledge and Self – Regulation: An Economic Approach [J]. The Psychology of Economic Decisions, 2003, 1: 137 – 167.

48. Bernard, A. B., and J. B. Jensen. Why Some Firms Export [J]. Review of Economics and Statistics, 2004, 86 (2): 561 – 569.

49. Darnall, N., and S. Sides. Assessing the Performance of Voluntary Environmental Programs: Does Certification Matter [J]. Policy Studies Journal, 2008, 36 (1): 95 – 117.

50. Dearmon, J., and G. Robin. Trust and the Accumulation of Physical and Human Capital [J]. European Journal of Political Economy, 2011, 27 (3): 507 – 519.

51. Deaton, B. J. A Theoretical Framework for Examining the Role of Third – party Certifiers [J]. Food Control, 2004, 15 (8): 615 – 619.

52. DellaVigna, S. Psychology and Economics: Evidence from the Field [J]. Journal of Economic Literature, 2009, 47 (2): 315 – 372.

53. Dincer, O. , and E. Uslaner. Trust and Growth [J]. Public Choice, 2010, 142 (1): 59 – 67.

54. Djankov, S. , C. Meleish, T. Nenova, and A. Shleifer. Who Owns the Media [J]. Journal of Law and Economics, 2003, 46 (2): 341 – 381.

55. Dyck, A. , N. Volchkova, and L. Zingales. The Corporate Governance Role of the Media: Evidence from Russia [J]. Journal of Finance, 2008, 63 (3): 1093 – 1135.

56. Feinberg, R. In Defense of Corporate Myopia [J]. Managerial and Decision Economics, 1995, 16 (3): 205 – 210.

57. Frederick, S. , G. Loewenstein, and T. O' donoghue. Time Discounting and Time Preference: A Critical Review [J]. Journal of Economic Literature, 2002, 40 (2): 351 – 401.

58. Gentzkow, M. , and J. Shapiro. Media Bias and Reputation [J]. Journal of Political Economy, 2006, 114 (2): 280 – 316.

59. Grossman, G. M. , and E. Helpman. Special Interest Politics [M]. Cambridge, MA: The MIT Press, 2001.

60. Gruber, J. , and B. Koszegi. A Theory of Government Regulation of Addictive Bads: Optimal Tax Levels and Tax Incidence for Cigarette Excise Taxation [J]. Journal of Public Economics, 2004, 88 (9 – 10): 1959 – 1987.

61. Hellman, J. S. , G. Jones, and D. Kaufmann. Seize the State, Seize the Day: State Capture, Corruption, and Influence in Transition [J]. Journal of Comparative Economics, 2003, 31 (4): 751 – 773.

62. Henson, S. , and J. Casewell. Food Safety Regulation: An Overview of Contemporary Issues [J]. Food Policy, 1999, 24 (6): 589 – 603.

63. Horváth, R. Does Trust Promote Growth [J]. Journal of Comparative Economics, 2013, 41 (3): 777 – 788.

64. Jacobs, M. T. Short – term America: The Causes and Cures of Our Business Myopia [M]. Boston, Mass: Harvard Business School Press, 1991.

65. Krusell, P. , B. Kurusşçu. , and A. A. Smith. Equilibrium Welfare and Government Policy with Quasi – geometric Discounting [J]. Journal of Economic Theory, 2002, 105 (1): 42 – 72.

66. Laibson, D. Golden Eggs and Hyperbolic Discounting [J]. Quarterly Journal of Economics, 1997, 112 (2): 43 – 477.

67. Lapan. H. E. , and G. C. Moschini. Grading, Minimum Quality Standards and the Labeling of Genetically Modified Products [J]. American Journal of Agricultural Economics, 2007, 89 (3): 769 – 783.

68. Larwood, L. , and W. Whittaker. Managerial Myopia: Self – Serving Biases in Organizational Planning [J]. Journal of Applied Psychology, 1977, 62 (2): 194 – 198.

69. Laverty, K. J. Managerial Myopia or Systemic Short – Termism? The Importance of Managerial Systems in Valuing the Long Term [J]. Management Decision, 2004, 42 (8): 949 – 962.

70. Meulbroek, L. K. , M. L. Mitchell, J. H. Mulherin, J. M. Netter, and A. B. Poulsen. Shark Repellents and Managerial Myopia: An Empirical Test [J]. Journal of Political Economy, 1990, 98 (5): 1108 – 1117.

71. Miller, G. The Press as a Watchdog for Accounting Fraud [J]. Journal of Accounting Research, 2006, (44): 1001 – 1033.

72. Nunn, N. , and L. Wantchekon. The Slave Trade and the Origins of Mistrust in Africa [J]. American Economics Review, 2011, 101 (7): 3221 – 3252.

73. Pettitt, R. G. Traceability in the Food Animal Industry and Supermarket Chains [J]. Scientific and Technical Review, 2001, 20: 584 – 597.

74. Pistor, K. , and C. G. Xu. Governing Stock Markets in Transition Economies: Lessons from China [J]. American Law and Economics Review, 2005, 7: 184 – 210.

75. Prakash, A. Responsible Care: An Assessment [J]. Business and Society, 2000, 39 (2): 183 – 209.

76. Ridge, W. J. , D. A. Kern. , and M. White. The Influence of Managerial Myopia on Firm Strategy [J]. Management Decision, 2014, 52 (3): 602 – 623.

77. Scharfstein, D. S. , and J. C. Stein. Herd Behavior and Investment [J]. The American Economic Review, 1990, 80 (3): 465 – 479.

78. Shapiro, C. Premiums for High Quality Products as Returns to Reputation [J]. Quarterly Journal of Economics, 1983, 98: 659 – 680.

79. Starbird, S. A. Moral Hazard, Inspection Policy and Food Safety [J]. American Journal of Agriculture Economics, 2005, 87 (1): 15 – 27.

80. Stein, J. C. Takeover Threats and Managerial Myopia [J]. The Journal of Political Economy, 1988, 96 (1): 61 – 80.

81. Stein, J. C. Efficient Capital Markets, Inefficient Firms: A Model of Myopic Corporate Behavior [J]. The Quarterly Journal of Economics, 1989, 104 (4): 655 – 669.

82. Sydow, J. , G. Schreyögg. , and J. Koch. Organizational Path Dependence: Opening the Black Box [J]. Academy Of Management Review, 2009, 34 (4): 689 – 709.

最低工资标准提高对就业正规化的影响[*]

张 军 赵 达 周龙飞[**]

【摘 要】虽然最低工资政策的出发点是为了维持正规部门低收入者生活水平，但本文发现其执行效果并不局限于此，而是在一定条件下对中国经济存在"大推进"作用，即有利于更高工资、更高消费和正规化均衡的实现。结果显示：最低工资标准对正规部门就业者工资收入提升弹性大于非正规部门就业者，且从分位数看表现为 U 型，因此，最低工资标准上涨拉大了部门间和部门内就业者工资差距；最低工资标准提高对消费支出刺激作用明显，每 10% 的增长预计能够带来四省市城镇居民消费支出增加约 11.67 亿元；随着本地实际最低工资标准的提高，批发和零售业、住宿和餐饮业中的正规部门出现扩张，非正规部门出现收缩，而制造业和房地产业则呈现出"逆正规化"趋势。基于"大推进"理论，本文分析认为，在最低工资标准大范围、高频率、大幅度攀升背景下，需求和行业 TFP 增速是就业正规化出现行业异质性的重要原因。

【关键词】最低工资标准；非正规部门就业正规化；全要素生产率（TFP）；产品需求

一、问题提出

发展中国家广泛存在的非正规部门是引起经济资源错配，从而造成这些国家 TFP 水平严重落后于发达国家的重要原因，因此，非正规部门就业正规化成为了结构性改革的重要目标之一（Hsieh and Klenow, 2016）。不仅如此，正规化的推进对于城镇地区非正规部门低收入群体福利改善、非正规部门税款征收以及劳动力市场法律制度完善（如最低工资制度）同样具有深刻意义（薛进军和高文书，2012；都阳和万广华，2014）。

"非正规部门"这一概念最早由哈特（Hart, 1973）提出，随后国际劳工组织将其正式定义为"城镇地区低收入、低报酬、无组织、无结构、小规模的生产或服务单位"。在中国，学者们一般将城镇私营企业、个体经济从业人员、没有正式劳动关系的城镇国有或集体企业下岗职工归集于非正规就业范畴（胡鞍钢和赵黎，2012；姚宇，2006）。基于此的核算数据显示，2012 年中国城镇劳动力市场非正规部门就业人员占比高达 45%（见表

* 国家社会科学基金重大项目"我国经济发展新常态的趋势性特征及政策取向研究"（批准号 15ZDA008）；国家自然科学基金重点项目"推动经济发达地区产业转型升级的机制与政策研究"（批准号 71333002）。感谢匿名审稿人的宝贵意见！当然文责自负。原文发表于《中国工业经济》2017 年第 1 期。

** 张军，复旦大学经济学院教授，博士生导师；赵达（通讯作者），复旦大学经济学院博士研究生；周龙飞，复旦大学经济学院硕士研究生。

1）。这些典型化事实随即引申出两个有趣思考：一是正规化对于中国经济发展是否一定有利，二是如何实现正规化。对于前者，一些学者提出，在金融业和制造业，两部门各具比较优势，存在互补而非替代关系，所以并不适合人为推进正规化水平提高（张峰等，2016；刘西川等，2014；杨坤等，2015）。但是多数学者认为，对于较为落后的经济体和行业，结论却并非如此。有些学者的研究显示，非正规部门生产率水平和人均附加值仅为正规部门的10%~40%和15%（La Porta and Shleifer，2014）。当这些广泛存在的非正规部门在要素市场和产品市场与正规部门形成不同程度竞争关系时，便造成了严重的资源错配，阻碍了TFP提高，最终为新兴市场国家经济转型埋下隐患。张峰等（2016）在实证研究了中国制造业非正规部门现状后发现，该部门企业的灰色竞争行为促使正规部门企业更多地转向模仿，从而削弱了全社会独立创新能力（Farrell，2004；Tressel，2003）。拉·波塔和施莱弗（La Porta and Shleifer，2014）在剖析了185个国家两部门发展情况后指出，随着人均国内生产总值的提高，正规化终究要在经济生活中占据主导作用。总之，从中国经济所处发展阶段来看，低效率非正规部门的广泛存在，整体上不利于资源配置优化和低收入群体福利改善（Hsieh and Klenow，2009）。

　　对于如何推进正规化演变，吴要武（2009）认为，中国的正规化和产业升级相伴，而后者又取决于要素相对价格的变化，所以工资提升是正规化的重要推手[①]。墨菲等（Murphy et al.，1989a，1989b）进一步把正规化与工资、消费相结合，将三者视为经济体中多重均衡间的相互转换。他们指出，工资变动引起的需求波动是限制技术升级的重要因素：只有当产品销售额达到足够规模，才能够弥补经理人正规化投资引致的固定成本，这时企业才会进行正规化转变。不幸的是，在发展水平较低和消费极端不平等的国家，大批非正规部门就业民众无法消费现代化的制造业产品，只能在非正规市场购买劣质、廉价产品，同时正规部门产品仅仅提供给少数正规部门职工，因此很难形成正规化投资激励，最终只能陷于"非正规、低工资、低消费"均衡。马格鲁德（Magruder，2013）对墨菲等（1989a，1989b）的理论进行了完善。他认为，当政府大范围、高频率、大幅度地提升正规部门社会保障水平，且这些干预对非正规部门劳动力收入和消费产生较大正向溢出效应时，社会保障制度便有可能发挥某种协调或信号作用，最终打破原有均衡，推进众多行业同步进行正规化演变。伴随着劳动力在两部门间的动态调整，各部门就业者的工资和消费需求进一步改善（Meghir et al.，2015），"正规化、高工资、高消费"的均衡最终得以实现。实际上，不同行业相互创造需求的思路可以追溯至保罗·罗森斯坦·罗丹（Rosenstein-Rodan）（1943）的"大推进"理论[②]：如果政府对若

---

　　① 墨西哥通过显著降低工资的方式来维持低水平的失业率，其结果是非正规部门迅速增长。
　　② 原始发展经济学中"大推进"概念的核心逻辑在于：政府这一"有形之手"同时对众多行业进行投资，以创造具有较强外部溢出效应的产品需求，从而理顺微观主体内在投资激励机制，最终达到众多行业跨越工业化门槛的目的，实现了全社会范围内的帕累托改进（即弱需求、弱工业化均衡向高需求、工业化均衡的转变）。而本文所述"大推进"亦是通过政府外生建立最低工资制度，在改变非正规部门企业投资决策的同时提升了全社会消费需求，最终使得企业、居民双方均实现帕累托最优均衡（即此时需求的扩张，来自于最低工资提高后居民因收入改善所增加的产品需求，而行业正规化之后带来的工资提升则会进一步带来消费需求的下一轮增加）。因此，从政府通过协调各市场主体行为，以"推进"需求提升和改善生产率，实现多重均衡间转换的角度来看，两者异曲同工。

干互为补充的行业同时进行投资，使之实现工业化，那么此类行业的扩张以及由此增加的收入有助于刺激剩余行业的市场需求，从而使得正规化转变有利可图。马格鲁德（2013）利用印度尼西亚数据证实，在最低工资迅猛增长时期，该制度的构建虽然推高了企业用工成本，但也有效刺激了居民消费需求，从而在一定程度上同时推进了多行业正规化进程，只不过随着行业 TFP 和产品需求的不同而表现出较大异质性。

那么，作为保障劳动者合法权益以及调节劳动力市场价格重要手段的最低工资标准，其大范围、高频率、大幅度地攀升（见图1）是否有利于中国城镇地区实现"大推进"呢？学者们基于不同角度，运用各种数据发现，最低工资的影响因劳动力属性和地区不同而表现不一。就业层面，罗小兰（2007）指出，最低工资标准与农民工（非正规就业为主）就业存在倒"U"型关系。有学者认为，最低工资标准上涨对东部地区就业存在负向影响，而在中西部则表现为正向（Ni et al.，2011）。最低工资标准提高仅对私有、个体企业的员工就业存在负面影响（Sun et al.，2015）。丁守海（2010）发现，由于 2008 年《劳动合同法》的实施，最低工资标准增加对农民工就业的负向冲击显著强于 2007 年，而拥有城镇户籍的劳动力就业却未受到明显冲击。工资层面，马双等（2012）利用 1998～2007 年中国规模以上制造业微观企业（均为正规部门企业）数据得到，最低工资每上涨10%，制造业企业平均工资将整体上涨 0.4%～0.5%。向攀等（2016）利用分位数回归证实，最低工资提升存在较大溢出效应，且执行力度越大，溢出效应越明显。孙中伟和舒玢玢（2011）同样为最低工资影响的广泛性提供了依据：最低工资标准提高的出发点虽是保障低收入群体基本生活水平，但在政策执行层面却成为了工资增长制度，带来的影响波及各行业的各个阶层。总之，基于农民工（非正规部门就业为主）、工业企业数据库（正规部门中的大中型企业就业）等样本的实证结果以及前文对于两部门的述评，本文初步推测：最低工资标准的大范围、高频率、大幅度提

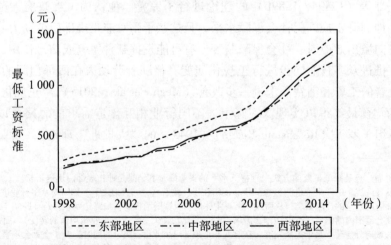

图1　1998～2014 年中国三大区域最低工资标准变化情况

资料来源：各省份人力资源和社会保障局网站。

升对于各行业工资（以及由此引发的消费支出①）和两部门劳动力流动确实造成了显著冲击，有利于"正规化、高工资、高消费"均衡的实现。

本文期望对现有文献做出以下方面的补充：一是国内文献大多聚焦于最低工资标准对失业和工资的冲击，却忽视了作为福利直接载体的消费支出研究。二是最低工资制度保障对象为正规部门低收入群体，然而以往研究或以农民工为主体②或以大型制造业企业工人为主体，并未探讨劳动者是否受最低工资标准保护这一基本前提。因此，通过区分政策实施对象研究最低工资标准，有助于审视过往文献相左的实证结果，更加全面地评估最低工资标准提高的社会收益（如就业正规化）和成本。三是将工资、消费、正规化纳入统一分析框架，从"大推进"理论视角分析劳动力市场规制对于就业正规化的影响，丰富了探讨就业正规化原因的经验研究。

二、理论模型

虽然本文实证部分探讨的是劳动力市场就业正规化问题，但是根据前文论述和有些学者的分析，劳动力就业正规化的根本推动力是企业的正规化（Meghir et al. , 2015）。有鉴于此，这里借鉴墨菲等（1989a）和马格鲁德（2013）的分析框架，通过构建基于典型化事实的一般化模型，从微观企业视角论证：倘若工人需要一定工资溢价才愿意进入正规部门工作，那么他们获得的高工资，将可能使经济体由非正规部门生产均衡转换为正规部门生产均衡。

具体地，假设某地区居民消费 Q 种商品，他们的效用函数设定为柯布—道格拉斯形式：$U(x) = \sum_{i=1}^{Q} \ln(x_i)$，其中 x_i 表示第 i 种商品的消费数量。

供给层面，假设任一行业只生产一种商品。同时，企业面临两种技术选择：一种相对落后，1 单位劳动只能生产 1 单位商品；另一种虽然较为先进，1 单位劳动可生产 α（$\alpha > 1$）单位商品，但是该类技术要求投入 F 单位前期劳动方可获得（类似专利）。基于中国既有典型化事实，本文将较难受到政府监管的企业定义为非正规部门企业，它们大多生产规模较小、数量众多，生产技术落后③。同时，将易于受到政府监督（如最低工资管制）的企业定义为正规部门企业，该类企业一般采用先进生产技术，规模较大，为其所在行业的唯一生产商。

本文进一步将 Q 个行业细分为两类：第一类行业生产不可贸易品（部分无法实现

---

① 低收入群体边际消费倾向一般较高，因而消费刺激效应明显（详见实证部分）。

② 根据 2001 年中国城市劳动力市场调查数据，农民工样本群体中正规就业共计 257 个，非正规就业共计 581 个。

③ 由于非正规部门企业规模通常较小，所以带来很大监管困难，而监管松散本质上是对非正规部门的一种"隐性补贴"，这使得一些企业即使技术落后，却仍能维持一定利润空间，从而免遭淘汰。

空间分离的服务业，如家教培训、美容保健、家政服务）①，其产品只能被当地居民消费，此类行业在最初阶段均使用落后生产技术，但由于其具有采用先进技术转化为正规部门生产的潜力，所以第一类行业中的企业后续将会根据预期利润决定采用何种生产技术，此类行业占比为 η。第二类行业生产可贸易品，其产品不仅可用于本地居民消费，亦可与其他地区进行交换（如大部分制造业）。本文假定非本地居民对本地第二类行业产品的总需求为 E。进一步，这里认为第二类行业中的任何行业均只有一家正规部门企业采用先进技术生产，并受政府监督，此类行业占比为 1 − η。

要素市场上，这里假定劳动力可自由流动②。由于假设所有非正规部门企业在劳动力市场上进行完全竞争，故非正规部门企业工资相同，此处标准化为 1。本文同时假设商品市场也是完全竞争的③，因此由非正规部门企业进行生产的行业，必然会将其商品价格设定为边际成本，即为 1。而对于已经完成正规化转变的行业而言，虽然任一行业内只有一家企业存在，但由于不存在进入壁垒，该行业产品也只能定价为 1。可以看到，由于正规部门企业边际产出较高，所以其工资水平满足：$1 \leqslant w \leqslant \alpha$（这是因为正规部门工资不可能超过劳动力带来的收益，也不可能低于劳动力从非正规部门企业获得的工资）。鉴于正规部门生产往往意味着更高的劳动强度，正规部门企业只需将工资调整到恰能弥补更高劳动强度带来的效用损失即可。进一步，本文假设当地人口规模保持 L 不变，且所有未就业者均能获得最低生活保障 β，满足 $\beta < 1$。

根据柯布—道格拉斯效用函数性质，当本地居民收入为 y 时，他在每种商品上的支出均为 $\frac{y}{Q}$。如果第一类行业全部采用先进技术进行生产，则该类行业中单个企业的预期利润为：

$$\pi = \frac{y}{Q} \cdot \left(\frac{\alpha - w}{\alpha} \right) - F \cdot w \tag{1}$$

由于采用落后生产技术的企业利润恒为 0，所以当 $\pi > 0$ 时，企业将会选择投入 F，转变为高效率的正规部门生产。

假定收入仅由工资和最低生活保障构成，当第一类行业全部实现正规化时，当地居民的收入可以表示为：

$$y = F \cdot Q \cdot \eta \cdot w + \frac{y \cdot \eta \cdot w}{\alpha} + \frac{y \cdot (1 - \eta) \cdot w}{\alpha} + \frac{E \cdot w}{\alpha}$$
$$+ \left(L - F \cdot Q \cdot \eta - \frac{y \cdot \eta}{\alpha} - \frac{y \cdot (1 - \eta)}{\alpha} \frac{E}{\alpha} \right) \cdot \beta \tag{2}$$

---

① 如此归类是为了更为清晰地分析最低工资标准上涨的消费刺激与再分配效应：最低工资标准上涨一方面提高了本国消费水平（即本文所指本地需求），另一方面则通过价格提升恶化了国外消费者需求（即下文中的 E）。如果最低工资标准提高引起的消费上升全部用来购买国外产品，则不会对中国相关行业产品形成需求，从而在用工成本增加的同时，弱化了非正规部门企业的正规化动机，不利于行业正规化的转变。这也是为什么本文在实证部分（详见表3）利用不能进行空间贸易的本地服务需求进行稳健性检验的原因。类似地，如果外需 E 出现大规模下降，则将对中国各行业正规化转变带来不利影响。

② 城镇地区劳动力虽未实现完全自由流动，但就服务业大量低技能劳动岗位而言（如餐厅服务员），劳动力流动面临的壁垒很低。根据 UHS2010—2012 年月度数据，20% 非正规部门就业者在三年内更换了至少一次工作。

③ 在此设定下，非正规部门企业经济利润为 0。正规部门企业由于单位劳动生产率较高，从而在大量非正规部门企业正规化之前，经济利润为正。如此假设仅仅是为了使正规部门企业利润大于非正规部门企业，从而使得正规化有利可图，至于非正规部门企业经济利润是否真正为 0 则无关紧要。

从中可以求解出均衡时当地居民收入水平：

$$y = \frac{L \cdot \beta + (w - \beta) \cdot \left(F \cdot Q \cdot \eta + \dfrac{E}{\alpha} \right)}{1 - (w - \beta) \cdot \dfrac{1}{\alpha}} \tag{3}$$

将式（3）代入式（1），若转变为正规部门生产使得第一类行业有利可图，则须满足：

$$\pi = \frac{L \cdot \beta + (w - \beta) \cdot \left(F \cdot Q \cdot \eta + \dfrac{E}{\alpha} \right)}{1 - (w - \beta) \cdot \dfrac{1}{\alpha}} \cdot \frac{1}{Q} \cdot \left(\frac{\alpha - w}{\alpha} \right) - F \cdot w > 0 \tag{4}$$

等价地：

$$F < \frac{1}{Q} \cdot \frac{\left(L \cdot \beta + (w - \beta) \cdot \dfrac{E}{\alpha} \right) \cdot (\alpha - w)}{\alpha \cdot w - w \cdot (w - \beta) \cdot (1 - \eta) - \eta \cdot (w - \beta) \cdot \alpha} \tag{5}$$

另外，如果第一类行业均采用落后生产技术，则当地居民的收入可以表示为：

$$y = y \cdot \eta + \frac{y \cdot (1 - \eta) \cdot w}{\alpha} + \frac{E \cdot w}{\alpha} + \left(L - y \cdot \eta - \frac{y \cdot (1 - \eta)}{\alpha} - \frac{E}{\alpha} \right) \cdot \beta \tag{6}$$

进一步求解得到：

$$y = \frac{L \cdot \beta + (w - \beta) \cdot \dfrac{E}{\alpha}}{1 - (w - \beta) \cdot \dfrac{1 - \eta}{\alpha} - (1 - \beta) \cdot \eta} \tag{7}$$

将式（7）代入式（1），如果第一类行业选择继续使用落后生产技术，则必然是因为转变为正规部门生产无法带来正的预期利润，此时：

$$F > \frac{\left(L \cdot \beta + (w - \beta) \cdot \dfrac{E}{\alpha} \right) \cdot (\alpha - w)}{\alpha - (w - \beta) \cdot (1 - \eta) - (1 - \beta) \cdot \eta \cdot \alpha} \cdot \frac{1}{Q \cdot w} \tag{8}$$

可以看到，当固定成本 F 在某个特定范围内取值时，式（5）、式（8）将会同时满足，从而第一类行业存在两种潜在均衡状态：一种是正规化、高需求和高工资；另一种是非正规化、低需求和低工资。显然，当地居民收入越高[①]，则他们对产品需求越旺盛，因此第一类行业中的企业实行正规化生产将更加有利可图，而当其中一部分企业实行正规化生产之后，又会进一步增加当地居民的工资性收入，扩大对剩余行业产品的需求，推动其正规化的转变，这正是"大推进"理论核心思想所在。反之，则所有企业将可能依旧采用落后的生产技术，维持低效率的非正规生产。

基于以上基准模型，本文进一步引入最低工资制度。理论演算显示：在 F 取某些值时，最低工资制度的实施，将在一定程度上促使多重均衡转化为只有正规化部门存在的唯一均衡。具体地，假定政府将最低工资标准设定为 $\overline{w}$，并满足：$w \leqslant \overline{w} \leqslant \alpha$，其中 w 为

---

① 当地居民收入的增加可能是由于某些外在因素的推动，如最低工资标准的提高。

不存在最低工资制度情况下正规部门企业工资水平，α 为正规部门企业在利润为正的前提下所能给予的最高工资。倘若 $\overline{w}$ 不满足上述条件，最低工资制度或不产生任何影响，或导致企业没有生产意愿。假设所有行业中的正规部门企业都受到监管，而第一类行业在最初阶段虽然全部由非正规部门企业生产，但其中有部分行业会受到最低工资制度的影响（即溢出效应），且这部分行业在第一类行业中占比为 δ（$0 \leqslant \delta \leqslant 1$），该值与政府监督强度正相关。此外，由于商品售价恒为 1，一旦有行业实施高于 1 的最低工资，则该行业企业为了避免亏损，将必然转变为正规部门企业生产，在此过程中，当地居民就业、收入和消费支出都会受到影响。具体而言，最低工资制度实施后，当地居民的收入可表示为：

$$y = F \cdot Q \cdot \eta \cdot \delta \cdot \overline{w} + \frac{y \cdot \eta \cdot \delta \cdot \overline{w}}{\alpha} + y \cdot \eta \cdot (1 - \delta) + \frac{y \cdot (1 - \eta) \cdot \overline{w}}{\alpha} + \frac{E \cdot \overline{w}}{\alpha}$$

$$+ \left(L - F \cdot Q \cdot \eta \cdot \delta - \frac{y \cdot \eta \cdot \delta}{\alpha} - y \cdot \eta \cdot (1 - \delta) - \frac{y \cdot (1 - \eta)}{\alpha} - \frac{E}{\alpha} \right) \cdot \beta \qquad (9)$$

由此得到：

$$y = \frac{L \cdot \beta + (\overline{w} - \beta) \cdot \left(F \cdot Q \cdot \eta \cdot \delta + \dfrac{E}{\alpha} \right)}{1 - (\overline{w} - \beta) \cdot \dfrac{\eta \cdot \delta + 1 - \eta}{\alpha} - (1 - \beta) \cdot \eta \cdot (1 - \delta)} \qquad (10)$$

此时，对于第一类行业尚未实现正规化生产的企业而言，如仍然偏好落后生产技术，则满足：

$$F > \frac{1}{Q} \cdot \frac{\left(L \cdot \beta + (\overline{w} - \beta) \dfrac{E}{\alpha} \right) \cdot (\alpha - \overline{w})}{\alpha \cdot \overline{w} - \overline{w} \cdot (\overline{w} - \beta) \cdot (1 - \eta) - \eta \cdot \delta \cdot (\overline{w} - \beta) \cdot \alpha - \eta \cdot \alpha \cdot (1 - \beta) \cdot (1 - \delta) \cdot \overline{w}}$$

$$(11)$$

可以验证，对于 F 的某些取值，当最低工资制度执行更加严格（即 δ 接近于 1），非本地居民对第二类产业产品需求 E 越旺盛，且 $\overline{w}$ 与 w 接近时，式（8）将比式（11）更易得到满足，这意味着实行最低工资制度后，第一类行业由正规部门企业生产的均衡将更有可能出现。其逻辑在于，随着最低工资制度监管趋严，第二类行业正规部门中劳动者工资提升更为显著，而本地居民工资的提高必然导致其对于全社会所有产品的总需求增加，进而使得第一类行业中未实行正规化生产的企业更有可能进行正规化转变。由于生产要素自由流动，劳动力将首先满足工资较高的正规部门企业的用工需求，因此在第一类行业实现正规化生产并提高劳动者工资水平的同时，该类行业正规部门企业的就业人数将出现上升[①]。由此可见，在市场协调机制未能充分发挥作用的情况下，政府部门最低工资制度的构建，有利于提高劳动者收入水平，从而刺激消费、推进企业正规化进程，而正规化的演变又进一步提升了收入和消费支出，促进了由"低收入、低消费、非正规"均衡向"高收入、高消费、正规化"均衡的帕累托改进。

---

① 由理论模型构建过程可以看出：如果非正规部门企业在成本压力下未能谋求正规化转变，最终破产，则产品市场上正规企业市场份额将出现增加，从而有助于劳动力市场上正规部门就业比例的提高。

三、数据说明与模型设定

1. 数据介绍

本文使用三类数据：一是 2005～2012 年四省份（共计 52 个地级市）中国城镇住户调查（UHS）[①]，样本省份包括辽宁、上海、四川以及广东；二是 1998～2015 年全国地级市层面最低工资标准；三是 1998～2015 年全国地级市层面部分宏观经济指标[②]。主要变量描述性统计见表 1。

表 1 　　　　　　　　正规、非正规部门就业者人口特征演变情况

项目		2006 年		2009 年		2012 年	
		正规	非正规	正规	非正规	正规	非正规
全样本（%）		62.70	37.30	53.81	46.19	55.00	45.00
年龄（%）	20 岁以下	20.83	79.17	23.53	76.47	16.92	83.08
	20～30 岁	70.13	29.87	66.02	33.98	67.67	32.33
	30～40 岁	73.06	26.94	68.58	31.42	69.14	30.86
	40～50 岁	72.16	27.84	68.32	31.68	68.64	31.36
	50 岁以上	77.79	22.21	71.14	28.86	71.17	28.84
受教育年限（%）	未上过学	54.55	45.45	26.92	73.08	33.33	66.67
	小学	33.85	66.15	23.56	76.44	16.39	83.61
	初中	45.06	54.94	33.03	66.97	29.85	70.15
	高中	57.87	42.13	44.81	55.19	47.20	52.80
	中专	66.21	33.79	57.12	42.88	55.32	44.68
	大学专科	78.48	21.52	70.58	29.42	68.54	31.46
	大学本科	88.55	11.45	83.15	16.85	82.58	17.42
	研究生	93.81	6.19	94.81	5.19	91.29	8.71
男性占比（%）		59.97	47.47	59.43	50.38	58.82	51.42

[①] 由于部分控制变量采用的是地级市层面数据，而各省内部经济发展差异巨大，从而在横截面维度产生较大变异性，所以这里有理由认为本文实证结论具有一般代表性。

[②] 除图 1 外，全文所有变量均经地级市层面价格调整，为实际值，后文对此不再进行特别说明。

续表

项目		2006 年		2009 年		2012 年	
		正规	非正规	正规	非正规	正规	非正规
人均工资性收入（元）		21 848.06	9 036.82	31 209.29	16 024.78	45 668.14	26 318.63
家庭支出（元）	总支出	45 634.51	29 486.02	67 988.24	44 319.77	87 992.97	63 428.14
	消费支出	32 271.33	23 563.08	44 671.43	33 174.12	62 607.34	49 325.27
	食物	11 591.07	9 292.92	15 967.16	13 430.52	21 917.49	18 988.93
	衣着	2 953.27	1 990.38	4 220.08	2 716.88	6 166.70	4 506.63
	居住	3 148.61	2 573.09	4 379.30	3 834.10	5 153.89	4 764.67
	家庭设备用品及服务	1 774.00	1 089.93	2 694.97	1 730.43	4 392.29	3 057.87
	医疗保健	1 846.28	1 605.20	2 387.83	2 032.89	2 991.21	2 583.89
	交通和通信	5 010.28	3 173.11	7 408.14	4 604.14	10 797.67	7 980.09
	教育文化娱乐服务	4 629.29	2 950.84	5 660.30	3 527.94	8 299.03	5 545.45
	其他商品和服务	1 318.55	8 87.62	1 953.65	1 297.23	2 889.07	1 897.76

注：剔除了工资性收入为 0 的个体，这将导致最低工资标准对工资收入的影响存在一定程度上的高估。资料来源：中国城镇住户调查。

UHS 由国家统计局城市社会经济调查总队组织实施，采用分层（地级以上城市、县级市、县）随机抽样的方式获得样本，并利用调查户每日记账的方式收集数据[①]。它不仅含有完善的家庭人口特征，如被调查对象的行业、职业、就业状态，且记录的收入与消费数据比任何其他现存数据库都更为详细和连续，从而成为本文进行行业与部门异质性以及支出变化研究的唯一数据来源。同时，UHS 所含经常性调查户每年轮换 1/3，即每个家庭（个体）样本存续期为 3 年，从而形成连续面板数据，有利于控制微观个体不可观测因素。依据国内外相关文献，本文选取 15～60 岁的个人作为研究对象，并剔除了消费总支出为 0，以及最高 1% 和最低 1% 的异常值，最终得到 122 381 个观测值。参考李金昌等（2014）、张延吉和秦波（2015）、胡鞍钢和马伟（2012）的方法，这里将国有经济单位职工、城镇集体经济单位职工、联营经济、股份制经济、外商和港、澳、台经济单位中工作职工定义为正规部门就业；同时把城镇个体或私营企业被雇者以及没有固定性职业，在所调查的月份内从事社会劳动时间超过半个月，所得报酬在当地

---

① UHS 调查对象涵盖城市市区和县城关镇区居民委员会行政管理区域内的住户，具体包括：户口在本地区的常住非农业户；户口在本地区的常住农业户；户口在外地，居住在本地区半年以上的非农业户；户口在外地，居住在本地区半年以上的农业户。

足以维持本人生活的人员归为非正规部门就业[①]。后者包括从事家庭拆洗缝补的托儿保姆，专门从事写作、绘画、信息、中介服务的小店铺、摊贩以及其他未领执照、无固定经营场所的个体劳动者。

由于最低工资标准不存在统一的数据来源，本文只能通过浏览当地政府网站、政策法规、统计公报手动获取。各地级市宏观经济变量，如国内生产总值、总就业数量、市城镇地区消费者物价指数均来自"中经数据网"。

表 1 描述性统计信息报告如下：2012 年城镇地区非正规部门劳动者占比为 45%，远高于发达国家平均水平。从人口特征看，20 岁以下从事非正规部门工作的人员比例达到 80% 左右，而在其他年龄段则表现平稳，约为 30%。按教育程度分类，除未上过学以外，随着教育水平的提高，从事非正规就业的人群占比出现显著降低，说明改善教育水平是突破部门界限的重要手段。依性别看，正规部门男性偏多，而非正规部门男性和女性大约各占 1/2。无论是收入或支出，正规部门就业者均高于非正规部门就业者，但支出层面差距相对较小。

2. 模型设定

由理论模型可知，最低工资标准的提高预期能够促使部分以本地需求为主且 TFP 增长较快的行业，实现由非正规化到正规化生产的结构优化。据此推理，随着最低工资标准的提高，该类行业中正规部门就业人数将出现上升，同时非正规部门就业人数将会下降。为了验证上述推论，本文建立如下回归方程：

$$\text{Employed}_{ijt}^* = \beta_0 + \beta_1 \ln MW_{ht} + \beta_2 Z_{jt} + \beta_3 X_{ijt} + + \beta_4 T + \alpha_i + \gamma_h + \varepsilon_{it} \qquad (12)$$

$$\text{Employed}_{ijt} = \begin{cases} 1 & \text{if} \quad \text{Employed}_{ijt}^* > 0 \\ 0 & \text{if} \quad \text{Employed}_{ijt}^* \leqslant 0 \end{cases} \qquad (13)$$

其中，Employed_{ijt} 为 t 年 j 地区个体 i 在两部门间的就业状态，1 代表在正规部门就业，0 代表在非正规部门就业。$\ln MW_{jt}$ 为 j 地区 t 年实际最低工资标准自然对数，Z_{jt} 代表地级市宏观经济周期控制变量，包括市国内生产总值、市总就业人数[②]。因为地方政府在确定最低工资标准时会考虑当地城镇居民生活费用支出、经济发展水平等因素（邸俊鹏和韩清，2015；王光新和姚先国，2014；马双等，2012；Yamada，2016），所以控制以上变量有助于缓解内生性问题[③]。实际上，后文实证结果显示，最低工资标准上涨对不同行业就业存在较强异质性，这在一定程度上说明模型不存在明显的遗漏变量问题[④]。值得注意的是，本文回归方程被解释变量为微观住户而非地区加总数据，对于微

---

① 样本内城镇个体或私营企业被雇者的月工作时间均值为 194 小时，标准差为 47 小时，基本不符合国家日工作时间 8 小时的法律规定，所以本文有理由认为这些样本属于非正规企业。此外，传统意义上的大型私营企业被归类为股份制企业属于正规部门。退一步讲，即使私营企业样本中涵盖了正规部门企业，也只会导致异质性结果被低估，这反而使本文结论有所加强。

② 吴要武（2009）认为，当地经济发展水平对于就业正规化有重要影响。

③ 由图 1 可见，最低工资标准只在 2004 年和 2008 年分别颁布《最低工资规定》和《劳动合同法》后出现波动，其他时期均保持平稳增长，所以最低工资标准变动更大程度上与法律法规相关。

④ 孙中伟和舒玢玢（2011）利用各市人均月度消费性支出和劳动合同签订率作为工具变量，发现其回归模型与 OLS 回归模型结果没有显著差异，因此他们直接使用 OLS 模型作为分析载体。孙楚仁等（2013）将延期的最低工资标准作为工具变量，发现并未对实证结果造成影响。加恩（Gan et al.，2016），马双等（2012），丁守海（2010）利用双重差分（DID）的方法作为稳健性检验，也未发现所得结果与基准结果有异。基于中国最低工资标准的大量实证结果以及正文相关分析，本文有充分理由相信模型设定的合理性。

观住户，最低工资标准等宏观变量均为外生，这是微观数据的优势之一[①]。X_{ijt}代表 UHS 数据库中被调查个体的受教育水平[②]、年龄、性别。T 代表时间趋势用来控制整体宏观经济走势；α_i 和 γ_h 分别代表个体和行业固定效应。如前所述，由于并非所有行业非正规部门都能正规化，并且各行业固定资本投入、当前已有正规化程度、行业准入等具体情况也有所不同（陈林等，2016），因此行业固定效应的引入十分有必要。β_1 是本文关心的变量，表示最低工资标准对部门间就业转换的影响。

此外，最低工资标准的提高，应首先增加本地居民工资性收入才能影响居民消费和企业用工成本。为此本文建立如下回归方程进行验证（Aaronson et al.，2012）：

$$\ln Wage_{ijt} = \beta_0 + \beta_1 \ln MW_{jt} + \beta_2 Z_{jt} + \beta_3 X_{ijt} + \beta_4 T + \alpha_i + \gamma_h + \varepsilon_{ijt} \tag{14}$$

其中，$\ln Wage_{ijt}$ 为 t 年 j 地区个体 i 实际工资自然对数，其余变量含义同式（12）。

最后，根据理论模型所提假说，居民收入提高引起的产品需求扩大有利于增进正规化进程。因此，这里还需直接考察不同口径下支出水平对于最低工资标准的弹性大小（Aaronson et al.，2012）：

$$\ln Expenditure_{ijt} = \beta_0 + \beta_1 \ln MW_{jt} + \beta_2 Z_{jt} + \beta_3 X_{ijt} + \beta_4 T + \alpha_i + \gamma_h + \varepsilon_{ijt} \tag{15}$$

其中，$\ln Expenditure_{ijt}$ 代表了 t 年 j 地区家庭 i 总支出以及各类消费支出水平自然对数，其余变量含义与式（12）保持一致，为表达简便，这里家庭和个人均用符号 i 来表示。

四、实证结果

1. 最低工资标准与两部门就业者差异性

如前所述，中国城镇地区就业市场可细分为正规、非正规部门就业两类。前者就业相对稳定，工资福利较好；后者则较苦、较脏，且工资水平相对偏低。因此，在展示最低工资标准影响之前，本文首先利用 UHS 详尽的微观数据并基于最低工资标准视角对两部门就业者差异性进行简单刻画。

从图2可以看到：虽然各地最低工资标准以及正规、非正规部门工资分布在样本期间内均有右移趋势，但差异较大。一是不受最低工资标准直接约束的非正规部门离散程度更高且存在明显拖尾，导致低于最低工资标准的人群比例即使逐年下降，但仍显著高于正规部门。二是同一年度各地正规部门就业者平均工资水平明显高于非正规部门，表明正规部门劳动边际产出在平均意义上高于非正规部门，这与前文理论模型对于两部门生产技术的设定是一致的。三是由于低收入群体大多集中在不受最低工资法律法规约束的非正规部门，本文预期，以往文献关于最低工资标准提高低收入群体福利的分析可能存在较大设定偏误和局限性（Yamada，2016）。

[①] 在涉及微观数据的最低工资标准文献中，一些作者（Aaronson et al.，2012）仅仅控制了固定效应、趋势效应以及最低工资标准本身，认为引入过多变量无助于解决遗漏变量造成的内生性问题，反而会引发更强内生性。

[②] 拉·波塔和施莱弗（2014）指出，受教育水平是影响个体正规化就业不可或缺的因素。

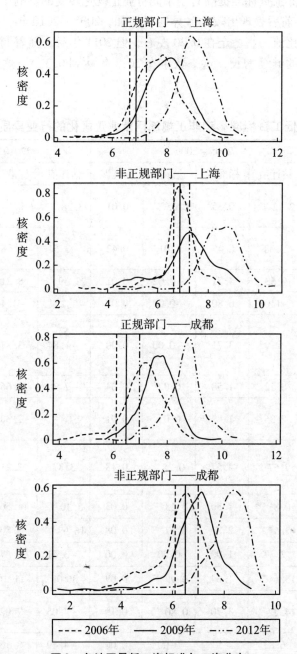

图2　各地区最低工资标准与工资分布

注：篇幅所限，本文只列示部分城市，如需了解其余城市情况可与作者联系。资料来源：中国城镇住户调查、各省份人力资源和社会保障厅（局）网站。

2. 最低工资标准与行业正规化演变异质性

表2列示了最低工资标准提高对于不同行业正规化转变的影响。由于各行业需求和TFP增长在2010年前后表现出较大差异性（比如，2005~2010年，制造业人均人工成本与劳动生产率的比值一直稳定在0.20左右，但2011年后，随着制造业劳动生产率增速放缓和人工成本的继续增长，这一数字在2013年达到0.31），这里在时间上进行了区分。

表2　　最低工资标准影响非正规部门就业正规化的行业异质性

产业	行业	2005~2009年				2010~2012年			
		估计值	标准误	边际值	标准误	估计值	标准误	边际值	标准误
	全样本	2.72***	0.35	0.05***	0.01	3.28***	0.54	0.16***	0.04
第一产业	农、林、牧、渔	-23.38***	8.47	-1.01**	0.42	-3.51	8.78	-0.14	0.35
第二产业	采矿业	-9.53**	4.71	-0.02	0.01	23.39***	8.21	0.02	0.02
	制造业	-1.08	0.80	-0.00	0.00	-3.77***	-1.40	-0.00**	0.00
	电力、燃气及水的生产和供应业	-2.95	3.71	-0.00	0.00	-1.84	3.37	-0.00	0.00
	建筑业	0.72	1.58	0.02	0.04	-2.20	2.66	-0.04	0.05
第三产业	交通运输、仓储和邮政业	2.36	1.82	0.01	0.01	9.08***	2.38	0.48***	0.12
	信息传输、计算机服务和软件业	7.57*	4.57	0.28*	0.18	3.87	3.21	0.26	0.22
	批发和零售业	10.81***	1.80	0.23***	0.03	5.10***	1.56	0.02**	0.00
	住宿和餐饮业	12.55***	2.82	0.37***	0.08	16.93***	3.80	0.60***	0.13
	金融业	2.37	1.90	0.00	0.00	-3.41	2.67	-0.00	0.00
	房地产业	15.64***	1.64	0.99***	0.09	-36.01***	11.16	-1.76***	0.55
	租赁和商务服务业	14.22***	3.70	0.80***	0.19	-4.05	7.02	-0.00	0.01
	科学研究	6.83	4.51	0.00	0.00	-4.49	8.16	-0.00	0.00
	水利、环境和公共设施管理业	-6.03**	3.10	-0.02	0.01	-4.05	7.02	-0.00	0.00
	居民服务和其他服务业	0.44	1.10	0.02	0.06	8.28***	1.47	0.21***	0.06

产业	行业	2005～2009 年				2010～2012 年			
		估计值	标准误	边际值	标准误	估计值	标准误	边际值	标准误
第三产业	教育	15.16 ***	2.63	0.09 ***	0.02	6.14	5.08	0.03	0.02
	卫生、社会保障和社会福利业	3.87 ***	1.50	0.01 **	0.01	6.97 **	3.49	0.00 *	0.00
	文化、体育和娱乐业	14.54 ***	4.59	0.44 ***	0.11	14.48	9.90	0.41	0.29
	公共管理和社会组织	4.07 ***	1.31	0.00 **	0.00	7.74 ***	2.94	0.01	0.01

注：***、**、* 分别表示在1%、5%、10%显著性水平上显著。

资料来源：根据中国城镇住户调查数据计算。

从全样本来看，无论是 2005～2009 年还是 2010～2012 年，最低工资标准提高均显著地促进了就业的正规化转变，初步支持了理论模型预测：最低工资标准提高有利于正规就业的实现。下文进一步细分行业做简单质化分析。

零售业特征与模型中对于第一类行业的刻画最为相近：该行业完全不可贸易，因此以本地需求为主；根据崔敏和魏修建（2015）的估计，2004～2012 年住宿和餐饮业、批发和零售业 TFP 增速位居 14 类细分服务业中的前三位；由于连锁组织可在微利空间下进行低成本扩张，所以规模优势明显，最终导致在中国这样的发展中国家，分布十分普遍的小规模零售商店（以非正规部门为主），其盈利能力显然不如经过横向或者纵向兼并之后的大型连锁购物中心或者连锁店（以正规部门为主）。数据显示，2004 年零售业开始全面对外开放以来，内资和外资零售巨头展开了激烈竞争，行业内部收购兼并现象大量涌现，规模不断升级，寡占趋势更加明显。在这个过程中，外资零售企业对中国零售业的发展起到了示范带头作用，带来了技术溢出效应，中国零售企业通过改进管理方法等手段大大提高了其自身正规化"潜力"，所以当最低工资标准提高引起全社会用工成本大幅提高时，零售业非正规部门企业可以充分吸收新技术，借以进行正规化，充分发挥规模优势抵消成本负面冲击。类似地，交通运输、仓储和邮政业，居民服务和其他服务业受最低工资标准大幅提高影响，正规化趋势也愈发明显。其余服务业的情况则不尽相同：租赁和商务服务业，文化、体育和娱乐业，卫生、社会保障和社会福利业以及教育行业，在 2010 年之后出现了正规化停摆现象。

考虑到"逆正规化"这一现象的有趣性，这里结合理论模型和宏观数据对房地产业和制造业做进一步探讨。先看房地产业。表 2 显示，该行业在 2005～2009 年的正规化程度明显提升，但 2010 年之后却出现"逆正规化"趋势。需求层面分析，2005～2007 年，在长周期力量支撑下，房地产市场销量、价格、投资保持高速增长。2008 年，由于国际金融危机影响，这一势头受到短暂冲击。2009 年，随着降低首付比、利率等政策的逐步落实，房地产市场迅速恢复并趋热。2010 年，宏观调控再次收紧，随后两年房地产市场出现降温，住房供过于求问题突出。另外，根据 UHS 数据，中国最低工资工人（正规部门就业）职业构成中 36% 为办事人员和有关人员，与此同时，房地产业正规部门这一特定职业类型劳动者占比由 2009 年之前较为稳定的 60% 左右跌落至 2012 年的 54%，这些数据从侧面进一步印证了该行业的"逆正规化"趋势。再看制造业，2005～2009 年，该行业正规部门并未随着最低工资标准的提高而出现扩张，甚至出现萎缩。在随后的 2010～2012 年，这一现象更为明显：最低工资标准每上涨 10%，造成制造业工人由正规部门向非正规部门转移的概率提高 4%。究其原因，一方面，由于全球金融危机影响，外国消费需求下滑对中国制造业影响显著（金碚等，2009）；另一方面，国家统计局数据显示，2005～2013 年，中国制造业人均人工成本水平年均增长 14.7%，制造业劳动生产率年均增幅仅为 8.5%。最后，根据 UHS 数据，最低工资工人行业占比中，制造业位居各行业之首，达到 23%。在这种情况下，考虑到最低工资标准提高的信号机制和外溢效应，如果最低工资标准提高的趋势持续下去，制造业正规部门利润将受到进一步压缩。类似地，梁等（Liang et al.，2016）发现，2007 年和 2013 年的情况截然不同：无论是房地产业还是制造业，均出现了正规部门就业的较大幅度下滑以及非正规部门就业中应急工（causal worker）就业概率的大幅增加（由 21% 陡增至 43%）。

综合以上事实，本文分析认为：最低工资标准大范围、高频率、大幅度地提高导致最低工资工人占比较高的行业首当其冲，成本出现迅速攀升，如果此时需求进一步恶化，就会导致行业利润出现下滑。根据李强和唐壮（2002）的研究成果，正规部门就业成本在社会保障、劳动力培训以及城市基础设施建设方面远高于非正规部门就业，后者在就业渠道上基本没有由企业或国家提供任何支持。因此，非正规部门就业成为各行业正规部门劳动力在面临负向冲击时转换为失业状态的"缓冲地带"（Yamada，2016；蔡昉和王美艳，2004）。

3. 行业异质性内在机制探讨：量化分析

这里参考孙楚仁等（2013）的计量模型，考虑引入最低工资标准与特定年份、特定省份服务业细分行业 TFP 增速交叉项和最低工资标准与本地最终消费总需求交叉项，以定量检验理论假说合理性。不过，由于消费溢出效应的存在，最终消费支出虽然与本地消费成正比，但并不能完全匹配。为使结果稳健，本文在梳理了 UHS 200 多项消费支出后，筛选出家教费、理发洗澡费、美容费等不具有空间分离性且溢出效应不明显的服务性支出替代最终消费支出，由于两者成呈向变动，因此较为合理，回归结果如表 3 所示。

表3 行业 TFP 与本地市场需求对服务业非正规部门就业正规化的影响

控制变量	(1)		(2)	
	估计值	边际值	估计值	边际值
lnMW	-42.81*** (12.10)	0.02*** (0.01)	-39.40*** (10.50)	0.03*** (0.01)

续表

控制变量	（1）		（2）	
	估计值	边际值	估计值	边际值
TFP_h	41.82 (439.48)	32.00*** (1.14)	43.23 (386.32)	26.21*** (2.41)
Demand	−0.41 (2.62)	0.24*** (0.01)	0.14 (1.81)	0.19*** (0.01)
$lnMW \times TFP_h$	614.37*** (236.00)		432.18** (167.07)	
$lnMW \times Demamd$	5.02*** (1.41)		1.87*** (0.95)	
$lnMW \times TFP_h \times Demamd$	−70.43** (28.14)		−45.80** (18.60)	
$TFP_h \times Demamd$	123.26** (50.32)		107.29** (35.71)	

注：***、**、*分别表示在1%、5%、10%显著性水平上显著。（2）栏利用UHS中具有当地支出特性的家教费、理发洗澡费、美容费等代替当地最终消费支出以反映本地支出水平。

资料来源：根据中国城镇住户调查数据计算。

从服务业的情况看，最低工资标准提高整体上促进了该行业非正规部门就业的正规化转变。究其原因，王恕立和胡宗彪（2012）发现，2004年以后，中国服务业技术效率改进已开始由以纯技术效率为主转向以规模效率为主，规模效率年均增长率在2004～2010年达到1.5%。他们分析认为，服务业之所以显现出规模效率的特征，可能得益于网络通信等科学技术的突破，使得原本不可贸易的某些服务具有了实物商品的特性，从而促进了服务业中正规部门企业的迅猛扩张。

表3显示，无论是TFP增速还是本地最终消费支出，交叉项系数均显著为正，这说明，行业TFP增长越迅速，本地消费需求越旺盛，最低工资标准提高对于非正规部门就业正规化的"催化"效果越强①。边际值显示，最低工资标准每提高10%将引起服务业非正规部门工人转移至正规部门就业的概率增加20%，这些结论与表2中对三个产业的估计结果类似，充分反映出服务业在中国经济结构转型以及后工业化时代正规化转变过程中所起的核心作用。在将本地最终消费支出替换为家教费、理发洗澡费、美容费支出后，虽然交叉项系数有所降低，但依旧为正且显著不为0。

值得一提的是，本文实证结果与孙楚仁等（2013）结论大体一致，他们利用2004年世界银行企业调查数据库发现，最低工资标准对企业的影响随企业生产率的不同而不同，企业生产率越高，最低工资标准对其影响越小。另外，他们也指出了需求因素对于

---

① 本文并未将最低工资制度作为就业正规化的唯一因素：无论从理论模型还是实证回归，本文都考虑到了消费需求（内生于经济发展水平）以及TFP（内生于经济发展水平）对于劳动者就业正规化转变的影响。

企业克服最低工资成本压力上升的重要性：由于法律强制约束力以及信号作用等因素，最低工资标准的提高在改善了全社会劳动者工资性收入的同时，居民购买能力的增强对企业扩大生产规模形成激励，这意味着既出口又内销的本地企业（以正规部门企业为主）面临更大的需求，生产更具有规模经济优势，企业出口能力、出口额和出口密集度都得到提高[1]。这些特征和结论均与本文理论模型中对第二类行业的刻画较为接近。

4. 最低工资标准与家庭消费支出

前文理论假说认为，在一定条件下，最低工资标准提高会推动当地企业员工工资的普遍上涨，在提升用工成本的同时也增加了对高支出弹性行业产品的需求，带动相关产业的快速增长，引起符合条件的行业内的非正规部门就业正规化。但是，常规观点认为最低工资标准本质上作为针对低收入群体的一项保障制度，不太可能引起全社会尤其是高收入群体工资和支出普遍增加。那么真实情况如何？下文将从需求角度出发，测算最低工资标准提高对全社会各阶层工资性收入和总支出、各子项支出的提振效果，以此作为理论模型的重要支撑，并首次实证检验了最低工资标准的提高是否对中国消费福利改善有显著促进效应。

既然最低工资标准整体上提高了城镇地区居民收入，那么本文预期其对整体支出也会有提升效果。依托 UHS 详尽的微观消费数据，本文核算了家庭总支出以及其他八大类消费支出[2]变化情况。表 4 显示，实际最低工资 1% 的增长会带来家庭总支出增加 0.9% 左右，且非正规部门支出弹性大于正规部门支出弹性。由于国内并无相关研究，这里不妨做个国际比较：阿伦森等（Aaronson et al.，2012）利用 1983～2008 年美国家庭住户消费支出调查数据（consumption expenditure survey，CEX）发现，小时最低工资每提高 1 美元将导致满足最低工资标准的家庭在随后的一个季度收入增加 250 美元，支出增加 700 美元。并且，这些支出大多是以汽车为主的耐用品消费。

表 4　　　　　　　　　　　最低工资标准对总支出的影响

分位数	0.1	0.2	0.3	0.4	0.5	0.6	0.7	0.8	0.9
全样本	0.95 *** (0.03)	0.88 *** (0.02)	0.88 *** (0.02)	0.89 *** (0.02)	0.89 *** (0.02)	0.89 *** (0.02)	0.90 *** (0.02)	0.88 *** (0.02)	0.91 *** (0.03)
正规部门	0.79 *** (0.03)	0.78 *** (0.02)	0.76 *** (0.02)	0.80 *** (0.02)	0.82 *** (0.02)	0.82 *** (0.02)	0.80 *** (0.02)	0.81 *** (0.03)	0.84 *** (0.04)
非正规部门	1.03 *** (0.04)	0.97 *** (0.03)	0.96 *** (0.03)	0.97 *** (0.03)	0.99 *** (0.03)	1.00 *** (0.03)	1.02 *** (0.03)	1.01 *** (0.03)	1.02 *** (0.05)

注：***、**、*分别表示在 1%、5%、10% 显著性水平上显著。
资料来源：根据中国城镇家庭住户调查数据计算。

---

① 克鲁格曼（Krugman，1980）也指出，本地消费者收入和需求的增加将会引起更多公司在本地投资设厂，成为净出口者，带动就业增加。
② 家庭总支出涵盖了家庭除借贷支出以外的全部实际支出。

　　总支出弹性的估计在宏观层面具有重要意义。表5结果显示，最低工资标准每提高10%，城镇地区家庭食物消费支出将增加103元。假设中国城镇地区家庭平均人数为3个，则UHS包含了122 381个观测值，约40 793户。考虑到UHS抽样比例为1%，这里匡算所得4省市食物支出增长4.20亿元，总消费支出增长11.67亿元①。然而，不得不承认，本文估计只是刺激效果上限，原因在于：一是由于最低工资标准提高的信号作用及成本传导机制，全社会CPI将出现一定程度上升，从而对于没有工资性收入的群体，如个体雇主、城镇以外广大农村地区、进口国内商品的外国居民形成消费抑制；二是根据微观消费理论，边际消费倾向存在递减现象，因此当收入持续增加时，支出弹性降低，总支出相应减少；三是弹性的估计只是切线斜率，因此当最低工资标准上涨10%时，弹性估计值的精确度将随之下降。尽管如此，依托于微观数据的支出估计显示，最低工资标准提高带来需求提振，从而催化部分行业非正规部门正规化并非没有可能。

表5　　最低工资标准提高10%对城镇家庭各类消费支出刺激的测算

支出项目	参考弹性	家庭月均实际支出（元）	家庭支出增长金额（元）	四省市总支出（亿元）
居住	0.90	334	30	1.22
家庭设备用品及服务	1.15	182	21	0.86
医疗保健	0.16	164	3	0.12
交通和通信	1.52	475	72	2.94
教育文化娱乐服务	1.51	377	57	2.33
其他商品和服务	0.44	123	5	0.20
衣着	−0.23	276	−6	−0.24
食物	0.93	1109	103	4.20

注：各细分项目消费支出弹性估计可向作者索取。
资料来源：根据中国城镇住户调查数据计算。

五、结论与政策启示

　　随着2004年《最低工资规定》的实施，各地最低工资标准普遍出现大幅度抬升，角色也由基本的"保障制度"无意中变为了"工资制度"。本文认为，如果设计足够合理，那么最低工资制度作为一种协调机制能够打破"低收入、低消费、非正规化"的均衡，进而实现"高收入、高消费、正规化"的状态优化。具体而言，在满足一定条件的住宿和餐饮业、批发和零售业，最低工资制度十分显著地引起劳动力由非正规部门

---

① 本文不足之处在于未能区分最低工资标准提高对于消费刺激的短期和长期效应。

转移至正规部门。考虑到两部门附加值及生产率差异较大，这一举措在一定程度上加快了经济结构优化步伐，改善了资源配置效率。不过，2010～2012年，最低工资标准的提高却导致制造业出现了"逆正规化"现象。基于理论模型的分析认为：成本增加背景下的市场需求恶化及 TFP 增速放缓是造成最低工资标准对行业影响异质性的重要原因。

基于实证结果，本文形成以下政策启示：①改革开放以来，为鼓励企业投资实现工业化，利润侵蚀工资现象普遍存在，中国工资长期刚性偏低（郑志国，2008），人为地压低了消费水平。而美国总统罗斯福在1938年最低工资制度首次确立时就说，这项措施能够增加消费，从而为处于"大萧条"的美国经济增长注入活力。从这一角度看，中国也可以通过提高最低工资水平等社会保障标准，来增加边际消费倾向较高的低收入群体收入，以达到刺激消费的目的。②由于2010～2012年全球经济远不及2005～2009年表现强劲，外需十分疲软，所以中国各地最低工资标准提高过快引起了更多行业的"逆正规化"趋势。考虑到2013～2016年全球经济下行压力更为明显，政府应该调低最低工资标准上涨幅度和频率。③本文认为以上两点看似相左结论出现的根源来自这一现实：最低工资标准由各地级市制定。考虑到以上两方面情况，未来可以同时将行业因素纳入到最低工资制度当中，从而基于行业和地区两个维度综合设定最低工资标准。④由于最低工资标准提高对正规、非正规部门就业者不同工资阶层存在溢出效应，并且在更大程度上提高了高收入群体的实际工资收入水平，因此，政府有必要同时通过税收等其他配套政策来调节收入差距。

参 考 文 献

1. 蔡昉、王美艳：《非正规就业与劳动力市场发育——解读中国城镇就业增长》，载《经济学动态》2004年第2期，第24～28页。

2. 陈林、罗莉娅、康妮：《行政垄断与要素价格扭曲——基于中国工业全行业数据与内生性视角的实证检验》，载《中国工业经济》2016年第1期，第52～66页。

3. 崔敏、魏修建：《服务业各行业生产率变迁与内部结构异质性》，载《数量经济技术经济研究》2015年第4期，第3～21页。

4. 邸俊鹏、韩清：《最低工资标准提升的收入效应研究》，载《数量经济技术经济研究》2015年第7期，第90～103页。

5. 丁守海：《最低工资管制的就业效应分析——兼论〈劳动合同法〉的交互影响》，载《中国社会科学》2010年第1期，第85～102页。

6. 都阳、万广华：《城市劳动力市场上的非正规就业及其在减贫中的作用》，载《经济学动态》2014年第9期，第88～97页。

7. 胡鞍钢、马伟：《现代中国经济社会转型：从二元结构到四元结构（1949～2009）》，载《清华大学学报（哲学社会科学版）》2012年第1期，第16～29页。

8. 胡鞍钢、赵黎：《中国城镇非正规经济发展轨迹（1949～2004年）》，载《国情报告（第九卷2006年（下）》，2012年。

9. 金碚、杨丹辉、黄速建、张其仔、罗仲伟、陈耀、吕铁、刘戒骄：《国际金融危机冲击下中国工业的反应》，载《中国工业经济》2009年第4期，第17～29页。

10. 李金昌、刘波、徐蔼婷：《中国贸易开放的非正规就业效应研究》，载《中国人口科学》2014年第4期，第35~45页。

11. 李强、唐壮：《城市农民工与城市中的非正规就业》，载《社会学研究》2002年第6期，第13~25页。

12. 刘西川、陈立辉、杨奇明：《农户正规信贷需求与利率：基于TobitⅢ模型的经验考察》，载《管理世界》2014年第3期，第75~91页。

13. 罗小兰：《中国最低工资标准农民工就业效应分析——对全国、地区及行业的实证研究》，载《财经研究》2007年第11期，第114~123页。

14. 马双、张劼、朱喜：《最低工资对中国就业和工资水平的影响》，载《经济研究》2012年第5期，第132~146页。

15. 孙楚仁、张卡、章韬：《最低工资一定会减少企业的出口吗》，载《世界经济》2013年第8期，第100~124页。

16. 孙中伟、舒玢玢：《最低工资标准与农民工工资——基于珠三角的实证研究》，载《管理世界》2011年第8期，第45~56页。

17. 王光新、姚先国：《中国最低工资对就业的影响》，载《经济理论与经济管理》2014年第11期，第16~31页。

18. 王恕立、胡宗彪：《中国服务业分行业生产率变迁及异质性考察》，载《经济研究》2012年第4期，第15~27页。

19. 吴要武：《非正规就业者的未来》，载《经济研究》2009年第7期，第91~106页。

20. 向攀、赵达、谢识予：《最低工资对正规部门、非正规部门工资和就业的影响》，载《数量经济技术经济研究》2016年第10期，第94~109页。

21. 薛进军、高文书：《中国城镇非正规就业：规模、特征和收入差距》，载《经济社会体制比较》2012年第6期，第59~69页。

22. 杨坤、曹晖、孙宁华：《非正规金融、利率双轨制与信贷政策效果——基于新凯恩斯动态随机一般均衡模型的分析》，载《管理世界》2015年第5期，第41~51页。

23. 姚宇：《中国非正规就业规模与现状研究》，载《中国劳动经济学》2006年第2期，第85~109页。

24. 张峰、黄玖立、王睿：《政府管制，非正规部门与企业创新：来自制造业的实证依据》，载《管理世界》2016年第2期，第95~111页。

25. 张延吉、秦波：《非正规就业的空间集聚及与正规就业的共栖关系——基于全国工业和生活服务业的实证研究》，载《经济地理》2015年第8期，第142~148页。

26. 郑志国：《中国企业利润侵蚀工资问题研究》，载《中国工业经济》2008年第1期，第5~13页。

27. Aaronson, D. , S. Agarwal, and E. French. The Spending and Debt Response to Minimum Wage Hikes [J]. American Economic Review, 2012, 102 (7): 3111 – 3139.

28. Farrell D. The Hidden Dangers of The Informal Economy [J]. McKinsey quarterly, 2004.

29. Gan, L. , M. A. Hernandez, and S. Ma. The Higher Costs of Doing Business in China: Minimum wages and Firms' Export Behavior [J]. Journal of International Economics, 2016 (100): 81 – 94.

30. Hart, K. Informal Income Opportunities and Urban Employment in Ghana [J]. The Journal of Modern African Studies, 1973, 11 (1): 61 – 89.

31. Hsieh C. T. , and P. J. Klenow. Misallocation and Manufacturing TFP in China and India [J]. The

Quarterly Journal of Economics, 2009, 124 (4): 1403 – 1448.

32. Hsieh C. T. , and P. J. Klenow. Productivity and Misallocation [R]. NBER Reporter, 2016.

33. Krugman, P. Scale Economies, Product Differentiation, and The Pattern of Trade [J]. American Economic Review, 1980, 70 (5): 950 – 959.

34. La Porta, R. , and A. Shleifer. Informality and Development [J]. The Journal of Economic Perspectives, 2014, 28 (3): 109 – 126.

35. Liang, Z. , S. Appleton. , and L. Song. Informal Employment in China: Trends, Patterns and Determinants of Entry [R]. Social Science Research Network, 2016.

36. Magruder, J. R. Can Minimum Wages Cause a Big Push? Evidence from Indonesia [J]. Journal of Development Economics, 2013, 100 (1): 48 – 62.

37. Meghir, C. , R. Narita, and J. M. Robin. Wages and Informality in Developing Countries [J]. American Economic Review, 2015, 105 (4): 1509 – 1546.

38. Murphy, K. M. , A. Shleifer, and R. Vishny. Income Distribution, Market Size, and Industrialization [J]. The Quarterly Journal of Economics, 1989a, 104 (3): 537 – 564.

39. Murphy, K. M. , A. Shleifer, and R. Vishny. Industrialization and the Big Push [J]. The Journal of Political Economy, 1989b, 97 (5): 1003 – 1026.

40. Ni, J. , G. Wang, and X. Yao. Impact of Minimum Wages on Employment: Evidence from China [J]. Chinese Economy, 2011, 44 (1): 18 – 38.

41. Rosenstein-Rodan, P. N. Problems of Industrialization of Eastern and South – eastern Europe [J]. The Economic Journal, 1943, 53 (210): 202 – 211.

42. Sun, W. , X. Wang, and X. Zhang. Minimum Wage Effects on Employment and Working Time of Chinese Workers——Evidence Based on CHNS [J]. IZA Journal of Labor and Development, 2015, 4 (1): 1 – 22.

43. Tressel, T. Dual Financial Systems and Inequalities in Economic Development [J]. Journal of Economic Growth, 2003, 8 (2): 223 – 257.

44. Yamada, K. Tracing The Impact of Large Minimum Wage Changes on Household Welfare in Indonesia [J]. European Economic Review, 2016 (87): 287 – 303.

无人车"闯祸"，谁来负责？

——基于法经济学视角的分析[*]

张　威　张卫国[**]

【摘　要】无人驾驶汽车技术被我国列为重点发展对象，同时也是国外众多企业的竞争热点。关于无人车上路后发生交通事故带来的侵权行为应当按何原则进行归责，目前我国法律还未给出正式规定。虽然已有部分国外政府颁布了一些无人车侵权行为归责的法律，但是学术界对此问题依然持不同意见。本文将力图在不与国内现有法律体系相违背的前提下分析无人车侵权行为的归责原则，并尝试从法经济学视角寻求理论支持。我们在无人车技术分级基础上，分三个步骤讨论了不同级别无人车事故的责任划分。其中利用预防函数模型和汉德公式重点分析了错误干预和错过干预两种情形，结果表明：第一，错误干预情形下，无论是无人车（系统）还是人类驾驶员，进行错误干预的一方承担事故责任；第二，错过干预情形下，预防成本小于预期成本的一方承担事故责任，无人车（系统）有明显缺陷除外。

【关键词】无人车；自动驾驶；侵权行为；归责原则；汉德公式

一、引　言

根据国家统计局数据，2017 年我国共发生约 14 万起汽车交通事故，这些事故给国家和人民造成的直接财产损失高达 10 亿元。麦肯锡和彭博新能源财经研究报告指出，94% 的交通事故是由人为失误造成，无人驾驶技术将会避免许多类似失误（McKerracher et al.，2016）。可以预见，无人车的普及将会导致事故率急剧下降。此外，无人驾驶汽车在优化交通流量、促进节能减排等方面也具备极大潜能，更是构建智能交通的重要支撑（赵福全和刘宗巍，2016）。因此，发展无人驾驶汽车产业是利国利民、势在必行。任何产业的发展都离不开政策的支持，虽然多个城市已经相继发布了自动驾驶道路测试管理实施细则，但我国对待无人驾驶始终持谨慎的态度，关于无人车市场化后交通事故中侵权行为归责的相关法律还未正式出台。

尼克洛斯·兰等（Lang et al.，2016）曾对超过 5 500 名国内外消费者进行问卷调查，统计发现中国有 75% 的调查对象愿意乘坐无人驾驶汽车，并预测我国未来将是全

* 本文曾获第十七届（2019 年度）中国法经济学论坛优秀论文、2019 年山东大学经济研究院第十二届研究生论文比赛一等奖。感谢匿名审稿人的宝贵意见！当然文责自负。原文发表于《制度经济学研究》2019 年第 3 期。
** 张威，山东大学经济研究院博士生；张卫国（通信作者），山东大学经济研究院教授，博士生导师。

球最大的无人车消费市场。2015 年 4 月的全球公众舆论调查中，有 69% 的受访者认为全自动无人车的市场份额将在 2050 年之前达到 50%，其中受访者最担心软件误用和黑客攻击，法律问题和安全问题也受到关注（Kyriakidis et al.，2015）。这表明如何解决当下日益凸显的市场需求与公共安全之间的矛盾尤为重要。而且在化解消费者内心顾虑，顺利推进无人车的市场化的同时，还必须确保车辆投入市场后，政府执行机关拥有解决无人车事故中产生的一系列问题纠纷的能力，所以法律法规的制定需要更加审慎的思考。其目的是探寻出一套监管政策，在处理无人车事故的时候，既能够保障使用者和相关第三方的利益，又不会使责任对无人车的生产和发展形成阻碍，实现社会效益最优。因此分析无人驾驶汽车事故责任，确定最优归责原则，是进一步促进无人车发展的关键。

本文的研究内容为无人驾驶汽车交通事故的侵权归责原则，由于无人车技术属于需要快速商业化的高科技产业，我们不能仅采用传统法学的研究方法和侵权归责原则加以分析，还要到传统法学之外寻找新的方法和工具。本文主要从法经济学的视角分析无人车侵权行为，根据自动驾驶技术等级，有步骤地讨论了不同情形下应该如何对事故责任进行划分。下文的结构安排如下：第二部分简述无人驾驶汽车的定义及国内外不同的无人车技术分级标准，归纳部分国外出台的无人车侵权的相关法律，并介绍了不同学者对于无人车侵权归责的一些研究观点；第三部分介绍了预防函数模型和汉德公式，依据无人车不同等级划分步骤，并重点讨论错误干预和错过干预两种情形下无人车侵权行为的归责原则和计算方法；第四部分是本文的结论。

二、无人车技术分级与相关文献回顾

根据 2018 年国家发改委发布的《智能汽车创新发展战略（征求意见稿）》[①]，无人驾驶汽车是指配备先进传感器、控制器、执行器等装置，利用信息通信、互联网、大数据、云计算、人工智能等新技术，具有部分或完全自动驾驶功能，由单纯交通运输工具逐渐向智能移动空间转变的新一代汽车。目前国际尚未建立关于无人车技术等级划分的统一标准。美国高速公路安全管理局（National Highway Traffic Safety Administration，NHTSA）和美国汽车工程师学会（Society of Automotive Engineers，SAE）的分级标准分别为五级和六级，《中国制造 2025 蓝皮书（2017）》在参考 SAE 的基础上将智能汽车分为 DA、PA、CA、HA 和 FA 五个等级。相比之下，SAE 的 J3016[②] 汽车自动化水平的分级标准更加详细与权威，符合无人驾驶汽车的未来发展趋势，所以本文将采用 SAE J3016 分级方法。关于如何识别汽车技术级别的具体方法、相关术语和定义，SAE

---

① 根据 2018 年 1 月中国国家发改委在《智能汽车创新发展战略〈征求意见稿〉》中给出的定义，智能汽车通常也被称为智能网联汽车、自动驾驶汽车、无人驾驶汽车等。

② SAE On - Road Automated Driving（ORAD）committee，"Taxonomy and Definitions for Terms Related to Driving Automation Systems for On - Road Motor Vehicles"．https：//saemobilus. sae. org/content/J3016_201806，2019 年 3 月 17 日访问。

J3016 文件已经详细介绍，本文不再赘述，表1列出了美国 SAE 无人驾驶汽车的分级标准。

表 1   **SAE 无人驾驶汽车分级标准**

SAE 分级	名称	描述	动态驾驶任务		支援
			驾驶操作	周边监测	
人类驾驶员执行部分动态驾驶任务					
L0	无自动化	驾驶人执行所有操作，车辆不具备自动化特征	人	人	人
L1	驾驶辅助	车辆上特定系统已实现自动化	人/系统	人	人
L2	部分自动化	车辆上多项自动化系统可以组合执行部分驾驶任务，但驾驶人必须保持周边监测	系统	人	人
自动驾驶系统执行全部动态驾驶任务					
L3	条件自动化	自动化系统可以在特定环境中执行所有操作并监测周边环境，但紧急情况下由驾驶人根据提示及时接管控制权	系统	系统	人
L4	高度自动化	自动化系统可以在特定的环境中执行所有驾驶任务并监测周边环境，而且驾驶人不需要收回控制权	系统	系统	系统
L5	完全自动化	自动化系统可以在所有条件下执行全部驾驶任务	系统	系统	系统

注：L0～L5 依次为 0 级到 5 级。

根据表 1 中的描述并结合当下技术水平与立法现状，不难发现 L3 及以上级别将是无人车未来的发展方向，其相关的交通事故归责原则也必然成为各国立法的焦点。各个国家关于无人车侵权的归责方法未必是统一的，相关制度的制定应与各自的历史背景和社会规范相结合。德国议会在 2017 年通过《德国道路交通法修正案》[①]，其中区分了个人使用与公共使用，并规定除不可抗力因素外，主要由驾驶员承担最终责任，驾驶员在自动驾驶期间有权转移注意力但必须保持充分的反应能力，以便于履行

---

① Czarnecki, K. (2017), "English Translation of the German Road Traffic Act Amendment Regulating the Use of 'Motor Vehicles with Highly or Fully Automated Driving Function' from July 17, 2017". https://www.researchgate.net/publication/320813344_English_Translation_of_the_German_Road_Traffic_Act_Amendment_Regulating_the_Use_of_Motor_Vehicles_with_Highly_or_Fully_Automated_Driving_Function_from_July_17_2017, 2019 年 3 月 17 日访问。

在系统请求时或意识到系统失灵时立即接管车辆的职责，并要求汽车配备"黑匣子"记录数据，但是该法案没有明确生产商的责任。美国参议院与众议院各自通过了《自动驾驶汽车法案》（AV START Act）① 和《自动驾驶法案》（SELF DRIVE Act）②，支持无人车产业发展并建议进行消费者教育，同时要求各州谨慎处理无人车事故。美国交通部 2018 年发布的《准备迎接未来交通：自动驾驶汽车 3.0》（Preparing for the Future of Transportation：Automated Vehicle 3.0）③ 认为 3 级以上的无人驾驶系统应当在系统失灵时请求驾驶员收回控制权或启动最小风险预案，建议州立法者应提供技术中立环境，确认 NHTSA 有权对生产商纠正无人车安全缺陷的行为进行监督，并鼓励企业公开车辆的脆弱性和风险评估。日本 IT 战略总部制定的《自动驾驶相关制度整备大纲》④ 中提出在使用自动驾驶系统期间发生的事故由传统驾驶人负责，由黑客入侵造成的损害适合与政府安全部门联系，由内置软件的缺陷导致的事故应对汽车生产商以及软件开发人员进行评估。该法规中生产商只对系统存在明显缺陷时负责，一定程度上减轻了生产商的压力，但同时摒弃了消费者的部分权益。英国政府的《自动与电动汽车法案（2018）》（Automated and Electric Vehicles Act 2018）⑤ 相对人性化，其规定无人驾驶汽车事故损失由车辆所有人和保险人共同承担，如果事故存在共同过失则可以减免车辆所有人和保险人的责任，此外，法案还确立了豁免事项和追偿制度。相比之下，我国的立法进度较慢，目前为止还没有出台关于无人驾驶汽车侵权的正式法律，但是从多个城市发布的自动驾驶道路测试管理实施细则来看，都要求参加路测的无人驾驶汽车必须符合规定的安全技术标准，路测中产生的事故责任将由测试员承担。

近年来，随着无人车技术的发展，不乏专家学者对其侵权行为进行广泛研究。落实无人车侵权责任的前提就是明确侵权主体（杨杰和张玲，2018），而关于无人车本身是否能作为法律主体，学术界暂时还没有统一意见。由于人工智能经过大数据分析和深度学习会具有不可预测性，故不能将无人车视为一种简单的交通工具（司晓和曹建峰，2017），张继红和肖剑兰（2019）基于权利发展的角度认为无人车自身可以被赋予法律人格，但是也有文献认为无人车还不能拥有独立的法律人格（易继明，2017；冯珏，2018），即使可以赋予也只能是有限的（袁曾，2017）。我们认为暂时人工智能技术还尚未达到可以赋予无人驾驶汽车法律人格的地步，可以留待 5 级无人车技术成熟之后再做考虑。

---

① U. S. Senate - Commerce, Science, and Transportation, "AV START Act". https：//www. congress. gov/bill/115th - congress/senate - bill/1885/text，2019 年 3 月 17 日访问。

② U. S. Senate - Commerce, Science, and Transportation, "SELF DRIVE Act". https：//www. congress. gov/bill/115th - congress/house - bill/3388/text，2019 年 3 月 17 日访问。

③ U. S. Department of Transportation, "Preparing for the Future of Transportation：Automated Vehicle 3.0", https：//www. transportation. gov/av/3，2019 年 3 月 17 日访问。

④ 日本 IT 战略总部，"自动驾驶相关制度整备大纲"，https：//www. kantei. go. jp/jp/singi/it2/kettei/pdf/20180413/auto_drive. pdf，2019 年 3 月 31 日访问。

⑤ "Automated and Electric Vehicles Act 2018（c. 18）", BE IT ENACTED by the Queen's most Excellent Majesty. http：//www. legislation. gov. uk/ukpga/2018/18/contents，2019 年 3 月 31 日访问。

不考虑主体人格的前提下，张龙（2018）根据汽车自动化等级对责任主体进行了讨论，他认为无人车事故中涉及的责任主体主要为无人车车主或实际使用人、生产商或经销商和系统供应商等。艾沃德等（Awad et al.，2018）研究发现人与无人车系统同时犯错时民众会更偏向于责备人，建议为了防止驾驶人出现将责任推给机器的心态而形成尽量不干预机器的后果，多数情况下应该让驾驶人承担大部分责任。而且直接由车辆所有人或驾驶人承担责任可以避免责任评估带来的麻烦，达菲和霍普金斯（Duffy and Hopkins，2013）也考虑到了这一点。马钱特和林道尔（Marchant and Lindor，2012）预测未来无人车生产商在事故处理中容易被追究责任，他们为了帮助和保护无人车生产商免受责任还提出了一些政策建议。当然，这里驾驶人的责任不是绝对的，由于人的疏忽或者丧失控制能力引发的事故不应该追究完全刑事责任（Hevelke and Nida-Rümelin，2015；Gless et al.，2016）。

然而，哈伯德（Hubbard，2014）指出无人车生产商等有义务为消费者提供合格安全的产品，所以理应由生产商方面承担更多责任。而且由消费者承担事故责任不利于无人车的市场普及，所以由生产商负责更合理（郑志峰，2018）。马钱特和林道尔（2012）将无人车的缺陷分为制造缺陷、潜在缺陷（未能提供足够的指示或警告）和设计缺陷三种，那么若是由无人车质量不合格或缺陷造成事故应按照《产品质量法》进行处理（司晓和曹建峰，2017；冯珏，2018；郑志峰，2018）。所以，张韬略和蒋瑶瑶（2017）在文章中提出要合理分担风险，并指出如何判断驾驶人接管时间的合理性以及是否达到法定的注意力水平是重要前提。

无人车产业的发展离不开保险业的支持，可以通过引入保险分散事故风险，其中侯郭垒等（2018）认为应当建立"双轨制"保险，即无人车所有人和生产商双方都购买保险，而赵申豪（2018）考虑到保费成本问题更倾向于由生产者购买保险。无人车涉及广泛，上述学者的观点也各有千秋，其法律的制定必将是一项庞大而复杂的工程，所以本文只侧重于研究侵权行为的责任分配。经考虑后我们认为同时结合无人车自动化程度和事故双方类型进行责任划分会更加合理。

综上所述，关于无人车侵权行为的责任分析已经从多个视角和层面展开了研究，但从法经济学视角同时兼顾公平与效益的研究较少。因此，本文将通过法经济学分析范式提出判责算法，为无人车侵权相关法律的制定提供参考。

三、无人车侵权的法经济学分析

法经济学认为激励最优预防、实现社会最优是首要目标，补偿救济是其次（魏建和周林彬，2017）。对待无人驾驶汽车侵权行为，实现社会效益最大化应该与惩罚赔偿并重，所以不能直接套用传统的侵权归责和赔偿方案。首先，过度监管可能会带来不利于无人车从测试到示范应用和商业化的风险。其次，无人驾驶车辆的相关主体包括消费者和生产者，如果法律过于注重保护消费者安全而增加生产商的责任，必然会阻碍无人车的技术革新，相反则会降低公众的消费热情，不利于无人车的快速商业化。因此，有必要在生产商的行为自由与消费者的安全保障之间寻求平衡。无人驾驶汽车存在的正负外部性可能造成市场失灵（Anderson et al.，2014），加上为了获取效率和公平之间的均衡，自然需要引入法经济学的分析范式。当前无人车政策应以推动自动驾驶商业化为目标，把实现社会效益为第一要务，这也与法经济学的内在要求一致。之前已经有学者运用法经济学分析责任归责问题，例如研究产品责任归责（冯志军，2008）、医疗侵权（杨静毅，2011；魏建和王峻峰，2011）和生产安全事故（陈志军和许开立，2016）等。同样，将法经济学引入道路交通侵权研究也早有先例（刘峰和张雁，2004；林承铎和阎语，2016）。但与本文不同的是，无人车作为新兴事物，过去研究的侵权主体仅限于事故双方，并未涉及消费者与生产者之间的责任划分。也正因如此，本文的侧重点将在于进一步细分驾驶人与无人车生产商的责任。

（一）预防函数基本模型

侵权法的核心目标是激励最优预防，由于预防既会产生成本又会带来收益，那么最简单的方法是对两种社会生产活动产生的成本和收益进行比较，使成本和收益之间的差值最大（魏建和王峻峰，2011）。如果从总成本的方向来理解，预防的目标便是最小化事故损害造成的成本——社会总成本。

我们设定只存在侵害者和受害者两个主体。侵害者的单位预防成本为 w，其付出的预防水平为 x，那么 wx 就是侵害者的预防成本。再设定事故的发生概率为 P(x)，概率 P 将随着 x 的增加而下降。当侵害者采取 x 水平的注意力时，事故造成的损害赔偿为 A(x)，A(x) 与 x 成反比，即付出 x 越高，A(x) 越小。那么事故的预期成本就可以表达为 P(x)×A(x)，P×A 同样随着 x 的增加而减少。为了实现社会最优，我们在此将受害人与侵害人看作一个整体，这个整体在付出成本的同时获取收益，可以得到社会总成本 E(SC) 的表达公式为：

$$社会总成本 = 预防成本 + 预期成本$$

$$E(SC) = wx + P(x) \times A(x) \tag{1}$$

（二）法定注意水平的确定

是否达到法定的注意水平是判定责任主体有无过错的基本标准（吴祖祥，2011）。汉德公式可以帮助我们确定法定注意水平，它是法经济学分析的重要工具。在引入过错原则后，当事人的预防水平只要达到法定注意水平就能免除责任，那么这个法定注意水平是否和社会最优预防水平一致以及如何确定法定注意水平就成了问题的关键。1947年，美国大法官汉德（Learned Had）在美国诉卡洛尔拖船案判决中提出了汉德公式[①]。

---

① H2O Case Admin，"United States v. Carroll Towing Co."，https：//h2o. law. harvard. edu/cases/39，2019 年 3 月 31 日访问。

简单地说，当预防的费用大于带来的收益时，不预防是正当的，否则就需要对不预防而产生的后果进行赔偿。这其实是一个成本—收益的问题，即当消除侵害需要负担的成本远大于收益时，应当允许一部分侵害。其中包含了三个变量：（1）事故发生的概率 P；（2）事故造成的实际损失 L；（3）预防的成本 B。当 B < PL 时，侵害人没有预防是有过失责任的，当 B > PL 时，不预防是合理的。因此，将存在一个最优侵害水平 x^*（见图1），它也是法定注意水平。

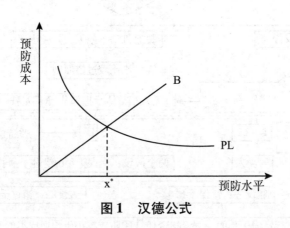

图1　汉德公式

（三）无人车侵权：法经济学分析

首先，归责原则是确定侵权责任的关键理论问题之一（Marchant and Lindor, 2012），但由于篇幅有限，本文不再详细阐述不同归责原则下的预防投入和预防激励，而是将直接分析错误干预和错过干预的两种情形适用的原则。无人车的市场化将是一个逐步推广的阶段，在这个阶段，公路上必然会出现无人车与普通机动车并行的现象。所以我们不妨设定一个"触发点"，这个触发点只有在公路上行驶的车辆全部为5级无人驾驶汽车时生效。在触发点之前，下文讨论的方法都适用，而在触发点之后则必须修订新的法规。另外，由于无人车事故的责任主体较多，涉及车主、乘客、生产商和系统供应商等，为了方便进行归责，本文建议分步骤考虑，如图2所示。

步骤一：将无人驾驶汽车及其内部的人、物视为一个整体，与其发生事故的对象视作另外一个整体，然后判断此次事故责任归属。

既然我国已经颁布了《中华人民共和国道路交通安全法》（以下简称《道路交通安全法》），公路上又同时存在普通机动车和无人车，为了便于实施监管和避免矛盾起见，在5级无人驾驶汽车全面普及之前，都不适宜出台与现有交通法律相违背的新法规。现在将无人车事故对象的种类列举在表2中。

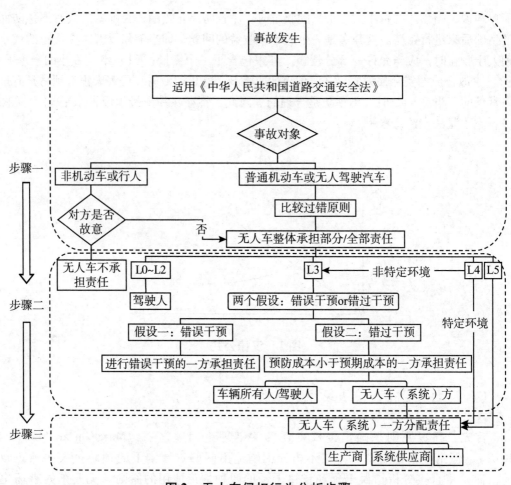

图2 无人车侵权行为分析步骤

表2 无人车事故对象的种类

车1	车2
无人驾驶汽车	普通机动汽车
无人驾驶汽车	无人驾驶汽车
无人驾驶汽车	非机动车（自行车或行人等）

我们认为将人与车视为一个整体的情况下，传统的机动车赔偿责任制度和责任分配原则在处理无人车事故时可以基本沿用。其实无论事故对方是普通机动车、无人车或是非机动车，双方都可以付出一定的预防水平降低事故发生的概率，即双边预防情形。按照《道路交通安全法》第七十六条，机动车之间适用比较过错原则，该原则只适用于双边预防。据此，我们假设事故中无人车一方的成本为 $E(ac) = w_1x_1 + P(x_1) \times A$，另一方普通机动车或者无人车的成本为 $E(mc) = w_2x_2 + P(x_2) \times A$，那么社会总成本 $E(sc) =$

$w_1 x_1 + P(x_1) \times A + w_2 x_2 + P(x_2) \times A$。运用微积分知识可知只有在 $w_1 = -P'(x_1) \times A$ 以及 $w_2 = -P'(x_2) \times A$ 两式都成立时社会总成本最小，即双方都要达到法定的注意水平，其中任一方没有达到都会使成本增加。所以没有付出法定注意水平的责任主体将是有过错的一方，需要承担全部责任。双方都未达到法定水平时，则根据各自的过错程度分担相应的损害赔偿。那么只要控制法定注意水平和社会要求的注意水平相等，此时将实现社会最优，所以传统的侵权归责原则在包含无人车的事故双方之间可以基本沿用。同理，当无人车与自行车或者行人等非机动车之间发生交通事故时，传统法律法规的适用性依然可以通过上述方法得到证明。对于行人或非机动车故意造成的损失，无人车无须负责。与以往不同的是，由于无人车本身配备了用于记录数据的"黑匣子"，举证将变得简单。但是在记录仪功能丧失的情况下，即使严格过错原则无法实现社会最优，我们依然以过错推定责任为主、严格责任为辅。这里的严格责任的适用范围与传统机动车一样，可以只在设定范围内适用，所以也符合《道路交通安全法》的规定。综上，传统交通法律适用于无人车交通事故中的初步责任划分。

步骤二：如果责任属于无人驾驶汽车及其内部的人、物这个整体，再区分责任是归属于驾驶人还是无人车及其系统。

在上一小节讨论沿用传统机动车赔偿责任时，已经将事故责任划分到无人车整体或者对方整体，步骤二的实施前提是已经判定无人车整体需要承担全部或部分责任。无人车整体包括了驾乘人员、车辆所有者、汽车生产商、汽车经销商以及无人驾驶系统供应商等，现在我们将责任在这一整体上进行划分，即将这个大整体再细分为两个小整体——消费者和生产者，讨论事故的责任由前者承担还是后者承担。接下来将基于 SAE 自动化水平分级进行责任分配。前文已经列举了无人驾驶汽车的 6 个技术分级，本文认为目前 L0 ~ L2 车辆已经在市场上普及，这些车辆将继续沿用《道路交通安全法》。而 L5 技术离我们尚远，眼下即将到来的是 L3 和 L4 的无人车。由于这两个级别的车辆，系统掌握主要控制权，使用者也可以进行干预，因此这将是接下来文章分析的重点。艾沃德等（Awad et al., 2018）的调查研究也涉及这一点，他们对调查结果进行回归分析后，发现实验对象围绕的焦点在于"错误干预"和"错过干预"两种场景。"错误干预"是指当主驾驶（人或系统）在控制车辆时，副驾驶对车辆的控制进行了错误的干预，例如前方道路发现行人，主驾驶选择绕过，而副驾驶强制干预车辆使其直行。"错过干预"是指在前方道路上发现行人时，主驾驶决定直行，副驾驶也没有进行干预。根据 L3 的定义，自动系统发出请求时，驾驶人须及时收回控制权，我们将这种系统已经发出提示而驾驶人没有进行人为控制导致事故发生的情形视为错过干预。下面通过两个假设完成法经济学对这两种情形下侵权责任的分析。

假设一：错误干预情形下，无论是无人车（系统）还是人类驾驶员，进行错误干预的一方承担事故责任。

错误干预发生时，副驾驶对主驾驶的强制干预行为通常是束手无策的，因而适用单边预防。在人类驾驶员执行主驾驶操作时，系统错误干预的概率非常小，但是仍然可能由于制造缺陷、设计缺陷或者黑客入侵而形成。在这种情况发生时，驾驶人即使过程中付出相当高的预防成本，该事故依然会发生。由因果关系考虑，无人车（系统）对事故有直接关系，驾驶人或者乘客甚至算是事故的受害者。设驾驶员的预防成本为 $w_h x_h$，无人车的预防成本为 $w_m x_m$，预期成本中的概率 P_m 只与系统故障率有关，所以社会总成本为 $E(sc) = w_h x_h + w_m x_m + P_m \times A$。可以发现，驾驶人的预防成本越高，社会总成本就越高，此时 $w_h x_h$ 的增加会形成社会资源的浪费。除此之外，在这种驾驶模式中，人类本没有纠正机器错误的义务，若由使用者"买单"必然会抑制消费者的积极性，不利于无人车的市场推广。所以，无人车（系统）必须为错误干预造成的损失承担责任。

在系统正常执行驾驶操作时，L3 车辆功能的设定使得驾驶人对车辆的操控仍然具有绝对权力。即使彼时无人车技术已经相当完善，能够在大多数交通场景中安全行驶，但是依然难以避免驾驶人错误干预事实的发生。这种情形下，驾驶员的预防成本为 $w_h x_h$，无人车的预防成本为 $w_m x_m$，预期成本中的概率 P_h 只与错误干预的驾驶人有关，所以社会总成本变为 $E(sc) = w_h x_h + w_m x_m + P_h \times A$，此时 $w_m x_m$ 的增加同样会形成社会资源的浪费和社会总成本的增加，也就是说，若驾驶人的错误干预是导致事故发生的直接原因，驾驶人自然应该承担更多的责任。考虑到分析无人车及其系统的责任时，机器的预防成本是难以衡量的，因而选择使用边际汉德法则，即对汉德公式进行微积分求导。由于驾驶人主动错误干预的概率 P 很低，而且无人车自动驾驶系统已然完善，可以认为系统的设计成本和维护成本非常高，此时想通过技术手段避免人为错误干预的事实发生而增加的单位成本 B 降低的概率 P 非常少，即 $B' > -P'L$，其在图 1 中的位置将处于 x^* 的右侧，所以无人车的提供方不应该承担主要责任。综上所述，做出错误干预的一方是过失方，无论是人还是系统，只要进行错误干预就应该承担更多的责任。这与艾沃德等（2018）的数据调查结果一致，符合人们的心理预期。

假设二：错过干预情形下，预防成本小于预期成本的一方承担事故责任。

在生产商对违禁事项、潜在风险进行完整披露后，驾驶人和系统都应有义务保障车辆安全行驶。根据 L3 的描述，由系统负责对驾驶环境进行监控，所以如果无人车在应当对驾驶员发出接管车辆请求时没有发出请求，造成了事故损失，属于产品缺陷中的潜在缺陷，可以根据《中华人民共和国侵权责任法》和《中华人民共和国产品质量法》等，要求生产者向消费者进行赔偿。特别地，按照库恩等（Kuehn et al., 2017）的模拟器实验测试结果，注意力高度分散后安全接管的先决条件是必须超过 8 秒，如果查看后视镜和速度表后则共需要 12～15 秒。我们可以据此设置一个标准接管时间 t，它是驾驶人在系统请求后应当采取措施避免事故发生的时间，车辆在 t 时间内行驶的距离为 r_h。

现在考虑系统完善并且正常发出请求，而驾驶员出于种种原因没有接管的情形。众所周知，消费者购买昂贵的智能网联设备的目的是解放双手并享受自动驾驶带来的效用，这也是 3 级无人车应当提供给使用者的合法权利。已有研究表明，驾驶员随着时间的推移会对自动驾驶系统产生依赖（Arakawa, 2018），且长期自动驾驶经历会导致驾驶员的预防水平和反应速度会有所下降（Kuehn et al., 2017）。直觉上，如果依然根据驾驶员没有实时保持注意力而要求其承担大部分责任，对驾驶员而言似乎有失公平。事故一般是由这三种主要因素中的一种或组合产生：（1）驾驶人；（2）车辆故障或缺陷；（3）其他条件（天气条件或道路条件等）。往往会将责任分配给前两个因素中的一个或两个，此时为了避免"福特平托案例"[①]类似状况，我们认为在车辆无明显缺陷且驾乘人员、第三方皆不存在过错时，由生产商承担最终责任。对此情形应当使用简单过错原则，驾驶员有错才是承担责任的前提，反之就不应承担责任。

判断驾驶人有无有错的关键在于识别驾驶人的预防投入是否达到法定注意水平，其中预防成本的计算是汉德公式实际应用的一个难点，这里我们用驾驶人的支付意愿进行替代。原因是如果购买者不支付这笔费用就必须亲自驾驶，并时刻监控周边环境（预防成本为1），而通过购买智能网联设备，在系统发出请求前无须投入预防成本（预防成本为0），因而我们认为消费者的支付意愿可以近似代表预防成本。关于不同自动化水平的支付意愿问题，国外已有学者（Kyriakidis et al.，2015；Daziano et al.，2017）进行了调查统计。进一步地，班塞等（Bansal et al.，2016）还对每公里不同定价下共用自动驾驶汽车的采用率进行了估算。由于模拟器的确定时间和真实的接管时间是相似的，所以我们有理由认为驾驶员应当预防的时间就是 t，预防成本就是 t 时间行驶的距离 r_h 的成本。假设在系统发出请求后，车辆继续行驶 r_m 千米时发生交通事故。表3列出无人车事故的一些相关变量。

表3　　　　　　　　　　　无人驾驶汽车事故相关变量

变量	符号	单位
智能网联产品单车配套价格	P	元
系统支持的最大行驶距离	R_{max}	千米
系统维护费用	S	元
已行驶路程	R	千米
驾驶人应当干预的行驶距离	r_h	千米
自请求发出至事故形成距离	r_m	千米
事故概率	I	次/辆·千米
事故损失	C	元

事故概率来源：杜博英：《道路交通事故与车速建模》，载《公路交通科技》2002年第6期。当然也可以参考无人车生产商官方数据，但事故概率取值方法的不同，应对式（3）的形式作出相应调整。

将上述变量运用到汉德公式，可以得到：

---

① H2O Case Admin, "Grimshaw v. Ford Motor Co.", https：//h2o. law. harvard. edu/cases/50，2019年3月31日访问。

$$B = \left(\frac{P}{R_{max}} + \frac{S}{R} \right) \times r_h \tag{2}$$

$$P \times L = (I \times r_m) \times C \tag{3}$$

式（2）中，等号左侧的 B 表示驾驶人的预防成本，右侧的 P 表示消费者为购买用于支持自动驾驶功能的配套智能网联产品而支付的价格，R_{max} 表示系统在设计周期内支持的最大行驶距离，S 表示车辆所有者在购买后为了维护系统产生的费用，因此等号右侧括号内的求和表示消费者为"解放双手"买单的单位支付意愿，即为享受 1 千米无人驾驶支付的费用。r_h 表示驾驶员付出合理预防水平时车辆的行驶距离，那么等式右侧的乘积便是驾驶员为避免事故采取紧急措施付出的预防成本。

式（3）的左侧是预期成本，右侧的 $I \times r_m$ 表示在 r_m 千米内某辆车在某速度时发生事故的概率，C 表示事故的成本，因此等号右侧表示车辆在系统发出请求后继续前行 r_m 千米发生事故的预期成本。

如果 B < PL，说明驾驶人需要为错过干预承担过失侵权责任，否则应由无人车生产商承担主要责任。从形式上看有一定的合理性，其中费用 P 与 S 越大，表明消费者的支付成本越高，应获得的安全保障越高，其预防的单位成本也就越高；r_h 由时速与公众对驾驶人的宽容度共同决定，宽容度越高，t 与 r_h 越大。赔偿金额 C 一般与事故严重性有关，公式中 C 越大，越倾向于由人类驾驶员负责赔偿，由式（1）可知预期成本 A(x) 与预防水平 x 成反比，因此在复杂的路段驾驶人会主动提高注意力；事故概率 I 通常与速度成正相关，为了尽量降低预期成本，驾驶人对速度也会有所控制。此外如果生产商将 I 数据标高会影响汽车销售量，反之则会在归责中承担较大的风险。r_m 越大对生产商脱责越有利，为此驾驶人必须及时进行干预。需要强调的是，无论是否发出控制请求，如果有证据显示驾驶人发现即将造成事故依然没有采取措施，至少应当与无人车承担共同责任。所以假设二也成立。

以上两个假设是基于 L3 的责任划分，显然 L4 与 L5 的责任划分要简单许多。L5 是完全自动化的无人驾驶汽车，它的驾乘人员无法对车辆进行操作控制，只能决定是否购买或乘坐车辆。相比之下，生产商将自主设计或购买供应商的驱动系统纳入车辆应该负有更大的责任（陈晓林，2017）。本文暂且认为应该将 L5 车辆视为一种产品，如果是产品本身出了问题，应该直接适用我国的既有法律来追究责任。从经济学视角而言，无人车生产商承担责任可以将事故成本内部化，其利润最大化的目标必然会激励生产商完善系统、提高预防水平。当然，无人车生产商可能会通过提高无人车的销售价格将自身承担的赔偿转移给消费者。而事实上 L5 已经达到完全智能，无论是在触发点之前还是之后，车辆的价格都应该已经包含了生产厂商和使用者的预防成本，如果每个使用者还要付出较高的预防成本 B_i，那么总预防成本 $TB = \sum B = (B_1 + B_2 + B_3 + B_4 + \cdots)$，这里 TB 无疑远大于生产商的预防成本。所以无人车使用者在交通事故中不应承担责任，甚至有权利向生产厂商主张赔偿。但这不是绝对责任，如果是所有者或使用者有过错的，例如并未按规定进行操作、未及时进行数据更新或者硬件维护等情况，那么车辆的驾驶人或所有人应对事故负有主要责任，生产商及系统次之。

L4 车辆在规定的环境中，驾驶人不需要监测周边环境和响应系统请求收回车辆控制权，它的自动化程度介于 L3 ~ L5 之间。所以对待这一类别的事故归责，首先结合实际其情况判断事故环境是否符合规定，若是在规定环境中且处于自动驾驶阶段，可以参考 L5 处理办法；若在非规定环境中但符合条件自动化情形，应参考 L3 处理办法；若处于人工驾驶阶段，则参考 L0 ~ L2 的处理办法。

步骤三：如果责任在人，那么责任将在车辆所有人及驾驶员之间划分；如果责任不在人，那么由无人车一方（包括但不限于生产商、系统供应商等）分配责任。

前两个步骤基本完成了侵权认定，最后一个步骤主要分析如何进行侵权救济。鉴于本文存在的责任主体包括了无人车与驾乘人员双方，所以本文赞成建立"双轨制"保险机制。首先，基于保护受害者权益的角度，侵权认定后，无论侵权责任主体是无人车与驾乘人员中的哪一方，受害人都有权要求其购买的保险在保险限额内先行赔付，但保险公司具有向过错方追偿的权利（司晓和曹建峰，2017；张继红和肖剑兰，2019）。其次，如果责任在驾驶人，无论驾驶人是否是车辆所有人，都由所有人购买的保险在限额内先行赔付，驾驶人承担补充责任。如果无人车一方是责任承担者，保险限额以外的部分应由无人车生产商进行赔偿，但如果是在无人车系统无明显缺陷的情况下由黑客入侵造成的损失，生产商应请求政府安全部门的介入，对此国家可以要求企业事先建立赔偿基金。需要说明的是，无人车一方保险的购买者应当是无人车车辆生产商和系统供应商中占主导地位的一方或者多方。为了保护消费者和受害者权益以及减少政府管理成本，应由无人车供应链后方主动向前追偿，所以当占主导地位的后方可以提供证据证明是前者供应商的责任时有权向其追偿或者代为追偿。关于事故赔偿金额的计算，一般而言市场有销售的物品照价赔偿，而非市场销售物品则可以借鉴汉德公式的逆运算：$L = B/P$（王成，2004）。因此，当无人驾驶汽车发生交通事故，受害者的合法权益受到损害时，应由保险先行赔付，保险行业有权向生产商、系统供应商或零配件制造商发起追偿或者代为追偿。

四、结　论

本文根据国内外相关法律以及学术讨论的现状，尝试引入法经济学方法对无人车侵权行为进行分析，分步骤讨论了不同自动化程度的无人车事故责任划分。首先解释了传统的机动车责任分配的原则在无人车事故双方之间的适用性，然后结合错误干预和错过干预的两种核心情形进行研究，并利用预防函数模型和汉德公式对假设加以证明。我们发现，第一，错误干预情形下，无论是无人车（系统）还是人类驾驶员，进行错误干预的一方承担事故责任。第二，错过干预情形下，预防成本小于预期成本的一方承担事故责任，无人车（系统）有明显缺陷除外。最终在不与国内现有法律体系相违背的前提下，总结出无人车侵权行为的归责原则。然而无人车侵权立法是一项庞大的工程，最终法律的制定还需要全方位的论证。本文的创新点在于通过法经济学分析范式提出的归责方法简单明了，按步骤进行分析具有逻辑性与实用性，避免了考察驾驶人主观心理的麻烦，也节约了法院审理此类案件的管理成本，对于法律的修改具有重要参考意义。但是本文并未对道德责任和心理障碍（Bonnefon et al.，2016；杜严勇，2017）等方面进行详细考察。

无人车产业的发展离不开政策的支持，我国应尽早建立无人车产业相关法律。政策制定时，适用于无人车事故双方责任划分的传统机动车的归责原则应该继续得到沿用。政策执行时，应有步骤对无人车侵权行为进行分析，按具体情形归责。错误干预时由错误干预一方承担责任，错过干预时由预防成本小于预期成本的一方承担责任。无人车产业的稳定、繁荣发展，离不开国家、政府和保险业的大力支持，政府应鼓励生产商提高技术透明度，强化对消费者的教育引导，适时完善监管体系和交通保险体系建设。政策制定者应兼顾公平与效率，同时保障公共安全和技术创新，制定出一套易于执行、科学严谨的归责原则和追偿机制。

参 考 文 献

1. 陈晓林：《无人驾驶汽车致人损害的对策研究》，载《重庆大学学报（社会科学版）》2017 年第 4 期。

2. 陈志军、许开立：《生产安全事故侵权责任的归责原则研究》，载《中国安全科学学报》2016 年第 9 期。

3. 杜博英：《道路交通事故与车速建模》，载《公路交通科技》2002 年第 6 期。

4. 杜严勇：《机器人伦理中的道德责任问题研究》，载《科学学研究》2017 年第 11 期。

5. 冯珏：《自动驾驶汽车致损的民事侵权责任》，载《中国法学》2018 年第 6 期。

6. 冯志军：《产品责任归责原则的法经济学分析》，上海财经大学博士论文，2008 年。

7. 侯郭垒：《自动驾驶汽车风险的立法规制研究》，载《法学论坛》2018 年第 5 期。

8. 林承铎、阎语：《道路交通事故中侵权责任与保险问题研究——以法经济学为视角》，载《保险研究》2016 年第 5 期。

9. 刘峰、张雁：《交通事故责任认定规则研究》，载《西南交通大学学报（社会科学版）》2004 年第 3 期。

10. 司晓、曹建峰：《论人工智能的民事责任：以自动驾驶汽车和智能机器人为切入点》，载《法律科学》2017 年第 5 期。

11. 王成：《侵权损害赔偿计算的经济分析——以人身及精神损害赔偿为背景》，载《比较法研究》2004 年第 2 期。

12. 魏建、王峻峰：《医疗损害责任制度的效率分析——以法经济学为视域》，载《法学杂志》2011 年第 7 期。

13. 魏建、周林彬：《法经济学》，中国人民大学出版社 2017 年版。

14. 吴祖祥：《论医疗技术过错——以医疗技术损害责任的法律适用为视角》，载《东岳论丛》2011 年第 3 期。

15. 易继明：《人工智能创作物是作品吗》，载《法律科学》2017 年第 5 期。

16. 杨杰、张玲：《无人驾驶汽车的法律障碍和立法思考》，载《电子政务》2018 年第 8 期。

17. 杨静毅：《医疗侵权的经济分析》，山东大学博士论文，2011 年。

18. 袁曾：《人工智能有限法律人格审视》，载《东方法学》2017 年第 5 期。

19. 赵福全、刘宗巍：《中国发展智能汽车的战略价值与优劣势分析》，载《现代经济探讨》2016 年第 4 期。

20. 张继红、肖剑兰：《自动驾驶汽车侵权责任问题研究》，载《上海大学学报（社会科学版）》2019 年第 1 期。

21. 张龙：《自动驾驶型道路交通事故责任主体认定研究》，载《苏州大学学报（哲学社会科学版）》2018 年第 5 期。

22. 赵申豪：《自动驾驶汽车侵权责任研究》，载《江西社会科学》2018 年第 7 期。

23. 张韬略、蒋瑶瑶：《德国智能汽车立法及〈道路交通法〉修订之评介》，载《德国研究》2017 年第 3 期。

24. 郑志峰：《自动驾驶汽车的交通事故侵权责任》，载《法学》2018 年第 4 期。

25. Anderson, J. M., K. Nidhi, K. D. Stanley, P. Sorensen, C. Samaras & O. A. Oluwatola, 2014, "Autonomous Vehicle Technology: A Guide for Policymakers", Rand Corporation.

26. Arakawa, T., 2018, "Trial Verification of Human Reliance on Autonomous Vehicles from the Viewpoint of Human Factors", International Journal of Innovative Computing, Information and Control 14 (2), pp. 491 – 501.

27. Awad, E., S. Levine, M. Kleiman-Weiner, S. Dsouza, J. Tenenbaum, A. Shariff, J. F. Bonnefon & I. Rahwan, 2018, "Blaming Humans in Autonomous Vehicle Accidents: Shared Responsibility across Levels of Automation", https://arxiv.org/pdf/1803.07170.

28. Bansal, P., K. M. Kockelman & A. Singh, 2016, "Assessing Public Opinions of and Interest in New Vehicle Technologies: An Austin Perspective", Transportation Research Part C: Emerging Technologies 67, pp. 1 – 14.

29. Bonnefon, J. F., A. Shariff & I. Rahwan, 2016, "The Social Dilemma of Autonomous Vehicles", Science 352 (6293), pp. 1573 – 1576.

30. Daziano, R. A., M. Sarrias & B. Leard, 2017, "Are Consumers Willing to Pay to Let Cars Drive for Them? Analyzing Response to Autonomous Vehicles", Transportation Research Part C: Emerging Technologies 78, pp. 150 – 164.

31. Duffy, S. H. & J. P. Hopkins, 2013, "Sit, Stay, Drive: The Future of Autonomous Car Liability", Science and Technology Law Review 16 (3), pp. 453 – 480.

32. Gless, S., E. Silverman & T. Weigend, 2016, "If Robots Cause Harm, Who is to Blame? Self-driving Cars and Criminal Liability", New Criminal Law Review 19 (3), pp. 412 – 436.

33. Hevelke, A. & J. Nida-Rümelin, 2015, "Responsibility for Crashes of Autonomous Vehicles: an Ethical Analysis", Science and Engineering Ethics 21 (3), pp. 619 – 630.

34. Hubbard, F. P., 2014, "Sophisticated Robots: Balancing Liability, Regulation, and Innovation", Florida Law Review 66 (5), pp. 1803 – 1872.

35. Kuehn, M., T. Vogelpohl & M. Vollrath, 2017, "Takeover Times in Highly Automated Driving (Level 3)", in: 25th International Technical Conference on the Enhanced Safety of Vehicles (ESV): Innovations in Vehicle Safety: Opportunities and Challenges, No. 17 – 0027.

36. Kyriakidis, M., R. Happee & J. C. F. de Winter, 2015, "Public Opinion on Automated Driving: Results of an International Questionnaire among 5000 Respondents", Transportation Research Part F: Traffic Psychology and Behaviour 32, pp. 127 – 140.

37. Lang, N., M. Rüßmann, A. Mei-Pochtler, T. Dauner, S. Komiya, X. Mosquet & X. Doubara, 2016, "Self-driving Vehicles, Robo-taxis, and the Urban Mobility Revolution", The Boston Consulting Group.

38. Marchant, G. E. & R. A. Lindor, 2012, "The Coming Collision between Autonomous Vehicles and the Liability System", Santa Clara Law Review 52 (4), pp. 1321－1340.

环境污染治理中的最优专利授权：
固定费用还是特许权收费？*

叶光亮　何亚丽**

【摘　要】 本文探索双寡头市场中，一家拥有降低污染治理成本的技术的企业，在固定费用和特许权收费两种授权方式上的选择，并分析不同授权方式下的污染排放量及社会福利变化。本文发现：对于参与竞争的专利持有者而言，固定费用的授权方式优于特许权收费。在特许权收费下，被授权人倾向于减少治污比例以降低授权费，导致专利技术带来的成本节省减少。因此，固定费用授权方式更有助于治污技术推广，污染排放总量较低，社会福利更高。

【关键词】 固定费用；特许权收费；污染治理技术

一、引　　言

随着越来越多的城市出现雾霾天气，环境问题逐渐成为普通民众热切关注的话题和政府致力解决的难题。解决环境问题不能仅靠行政命令，更依赖于技术进步和产业升级，这也是在治理环境污染的同时保持经济增长的根本方法。

在我国，污染物主要来自技术相对落后的重工业粗放型产业。以"三废"中的废气排放量为例，电热供应的废气排放比例最高，占到了排放总量的32%；钢铁行业其次，占20%（见图1）。这些高污染行业的共同特点是体量大、技术含量低，属于国民经济中的传统行业。如目前我国的电力主要依靠传统的火力发电，发电量占到了总发电量的82.59%；而火力发电是几种发电方式中最传统、技术水平最低、污染最大的发电方式。

但是高污染企业多数属于基础性产业，对这些企业采取"一刀切"式的关闭、限产等措施存在一定的现实困难；而且武断的排污限制可能导致这些企业退出市场，影响经济增长。对于部分重要的基础性行业，目前我国实行的是治污补贴。但这种补贴会加剧资源配置扭曲，不利于效率提升和技术升级，存在着重大缺陷。

* 本文为国家自然科学基金（71773129/71273270）、国家青年拔尖人才支持计划（W02070290）、青年长江学者奖励计划（Q2016037）、霍英东教育基金（141082）及中国人民大学科学研究基金（中央高校基本科研业务费专项资金资助，14XNI006）的阶段性研究成果。感谢匿名审稿人的宝贵意见！当然文责自负。原文发表于《经济学（季刊）》2018年第2期。

** 叶光亮（通讯作者），中国人民大学汉青经济与金融高级研究院、国家发展与战略研究院；何亚丽，中国人民大学财政金融学院。

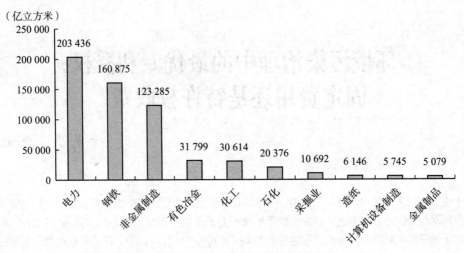

图 1　废气排放前 10 名的行业及排放量

资料来源：《中国环境统计年鉴》，2012 年。

　　因此，解决环境污染问题，主要还是依靠技术进步和产业升级。其中，关键在于促进先进技术在行业内的迅速推广。技术授权可以有效地实现高新技术从技术领先企业向行业内其他企业的快速流动，提升行业整体效率，促进产业升级，从而实现经济的可持续发展。具体到环境问题，技术授权一方面可以提升生产技术减少污染的产生，另一方面可以推广先进的治污技术，降低治污成本，从而减少污染物的排放。由于治污技术的共性，技术授权甚至可以实现跨行业的技术进步。然而，目前从技术推广的角度来研究治理污染问题的研究比较缺乏。

　　传统环境经济学针对污染治理提出的政策建议大致可以分为三类：命令控制手段、企业自愿自律和市场手段。现实中，常见的治理污染的手段包括制定排污上限和征收污染税，前者属于命令控制手段，后者则是市场手段，这也是目前大部分国家和地区政府所采取的方式，对于二者的优劣及效果等价性，学术界仍存在争议（Weitzman，1974；Spulber，1985；Helfand，1991；Ulph，1992；Lahiri and Ono，2007）。由于这两种政策的治污效果不甚理想，后来许多学者提出了新的政策工具（Welford，1996；Braithwaite and Drahos，2000；Annandale et al.，2004），这些工具，如企业环境报告（CER）和环境管理系统（EMSs），其基本特征是参与者自愿、自律，政府较少参与管控。这几年国内开始借鉴国外经验实施 200 碳交易，试图用另一种市场手段解决环境问题，理论界也有许多学者对可交易的排污权等市场化的政策工具进行了研究（Stavins，1995，2003；Sartzetakis，1997；Zhao，2003）。但少有学者研究结合博弈论的市场化方法，即通过技术授权，大范围地推广治理污染的新技术，降低污染治理成本，更有效地减少污染物的排放。技术授权作为治理环境污染的重要工具，相较于强制性行政命令或企业的自愿自律，其优势在于实现了整个行业的技术进步，解决了企业因为缺乏有效的治污技术而只能是"有心无力"的困境。

　　从已有文献和实践来看，技术授权的收费方式主要分为两类：固定费用（fixed fee

licensing）和特许权收费（royalty licensing）。固定费用是指无论被授权企业生产多少产品，只收取一个固定的授权费。特许权收费是指所收的授权费与被授权企业的产量（或销售额）有关，产量越高授权费越高。那么污染治理专利持有企业将会选择哪种授权方式，这种授权方式对于社会福利又有怎样的影响，这些是本文要解答的问题。我们考察了一种可以降低污染治理成本的清洁技术，在可交易的情况下，技术研发企业将如何利用该技术——是否授权该专利技术给其他企业，采用固定费用还是特许权收费的授权方式；以及在不同授权方式下，总污染排放量和社会福利的变化。

研究最优专利授权方式的文献按照专利持有企业是否进行生产、参与竞争大致分为两类（Heywood et al.，2014）：参与竞争（insider）和不参与竞争（outsider）。这些文献得出的基本结论是：当专利持有企业是上游企业、不参与产品市场的竞争时，固定费用的授权方式往往优于特许权收费；而当专利持有企业与被授权企业在同一市场内竞争时，特许权收费的方式通常比固定费用更好。当专利持有企业自身不进行生产时，卡曼和陶马（Kamien and Tauman，1984，1986）发现当一个专利企业面临多个下游被授权企业时，由于固定费用的授权方式不会增加边际生产成本，从而减少了获得额外租金所需的产量，因此固定费用的授权方式相对于特许权收费更优；卡曼等（Kamien et al.，1992）又将该结论扩展到了价格竞争的情形。后续许多学者对这结论提出了挑战，发现存在信息不对称时（Gallini and Wright，1990；Sen，2005），特许授权费可能比固定费用更好；如果被授权的两个企业进行价格竞争（Muto，1993），或者限制被授权的厂商数目只能是整数（Sen，2005b），均发现特许授权费方式较优。

当专利持有企业参与竞争时，研究发现特许权收费的授权方式往往优于固定费用。固定费用下两个企业的产品相同，边际成本相同；而特许权收费的授权方式下，专利持有企业对单位产出收取一定专利费，相对于被授权企业享有成本优势，因此特许权收费相对于固定费用更优（Wang，1998；Wang and Yang，1999）。有些学者研究了价格竞争情形，也得到了同样的结论（Fauli-Oller and Sandonis，2002）；卡曼和陶马（2002）又将该结论推广到了有大量被授权企业的情形；即使在差异化产品的双寡头模型中，也有类似结论（Wang，2002）；波达尔和辛哈（Poddar and Sinha，2004）引入豪特林（Hotelling）模型，海伍德（Heywood et al.，2014）又引入信息不对称，都能得到类似结论。可以看出专利企业参与竞争时，特许权收费优于固定费用的结论显得更加稳健。

之前最优专利授权的研究通常仅限于生产技术问题，上述文章均没有涉及降低污染治理成本的技术授权问题。因此，污染治理技术的最优专利授权是否与传统专利授权文献有相同的结论成为本文的考察重点。我们发现，对于参与竞争的专利企业而言，选择将降低污染治理成本的新技术授权给其竞争者总是优于不授权的，并且其最优授权为固定费用而非特许权收费。这是因为当被授权技术是治污技术而非生产技术时，专利权收费方式并不如过去的文献中指出的将给专利企业带来成本优势，反而抑制了被授权企业对专利技术的使用，从而减少了专利收入。具体来说，被授权企业在扩大产出与减少污染之间进行权衡，选择了多治污不扩产，因此授权只给专利企业带来授权费收入，没有造成对其市场的挤占；同时固定费用下被授权企业的利润增量更多，从而可被专利企业收取的授权费也更多。福利分析发现，采用固定费用的授权方式时，总污染排放量更少，社会福利更高。

综上所述，本文的主要贡献有两个：一是在专利持有企业参与产量竞争的模型中，首次在环境污染治理的框架下讨论专利技术授权。二是与几乎所有专利持有企业参与竞争文献不同，本文证明了固定费用的授权方式是优于特许权收费的。本文结构安排如下：第一部分为引言，第二部分给出模型的基本假定并构建博弈过程；第三部分分析模型结果并解释原因；第四部分为本文的结论。

二、理论模型设定

本文假设在一个双寡头市场中，其中一家企业研发出了一种可以降低污染治理成本的技术，它可以选择是否将技术授权给它的竞争对手，以及以固定费用还是特许权收费的方式授权，然后两家企业同时进行产量竞争并选择污染治理比例。两家企业的边际生产成本同为 k，成本函数 $C(q_i) = \varphi + kq_i$，其中 q_i 为企业 i 的产量，$i = 0, 1$。在此我们不考虑企业进入壁垒问题，固定成本 $\varphi = 0$。企业可以选择治理污染或者支付污染税。企业面临着二次型的治污成本，即 $C(s_i) = \frac{1}{2}c_i s_i^2$，$i = 0, 1$，其中 0 和 1 分别代表拥有新技术的企业 0 和普通技术的企业 1。[①] s_i 是选择治理的污染量，$s_i = \alpha_i q_i$，$\alpha_i \in [0, 1]$，α_0 和 α_1 分别代表企业 0 和企业 1 选择治理的污染比例，假设单位产量产生单位污染。[②] c_0 和 c_1 的不同代表了治污技术的不同，在企业 0 研发出新技术之前，两家企业面临着 $c_0 = c_1 = c$ 的治污技术；在企业 0 研发出新技术后，其治污成本下降 ε，$\varepsilon \in (0, c)$，即 $c_0 = c - \varepsilon$；企业 1 获得授权之前治污成本保持不变 $c_1 = c$，获得授权之后治污成本也下降为 $c_1 = c - \varepsilon$。[③] 政府对污染排放收取的税费 $T(q_i) = \tau e_i$，其中 $e_i = (1 - \alpha i)q_i$ 是未治理的污染量。因此，全社会未治理的污染总量 $E = \sum_{i=0}^{1} e_i$。由于两家企业的产品无差异，反需求函数可以写成 $P = a - Q$，其中 $Q = q_0 + q_1$。[④] 用 π_i 表示企业 i 的利润，则没有发生技术创新时企业的目标函数为

$$\max_{\{q_i, a_i\}} \pi_i = (P - k)q_i - T(q_i) - C(s_i) \tag{1}$$

---

① 达斯吉普塔（Dasgupta et al. , 1996）基于中国环境数据对污染治理成本和治污比例的研究发现，边际治污成本随着治污比例的增加而增加，因此我们假设企业都面临二次型的治污成本。同时，我们也发现线性治污成本下的福利效应基本一致，即专利授权总是能增加企业利润和社会福利，并且固定费用对社会总福利的提升优于特许权收费。

② 如果假设 1 单位的产量对应多单位的污染，我们结论依然不变。

③ 一般来说，生产技术与污染治理技术通常是相对独立的。以造纸行业为例，纸张生产技术与污水净化治理技术通常是独立的。因此，模型中生产成本与污染治理成本是分离的。

④ 为保证均衡有经济意义及内点解的存在性，我们假设 $a \geq k + \tau + \frac{3\tau}{c - \varepsilon}$；角点解的情况下，本文的基本结论仍然成立。

产生技术创新后，拥有新技术的企业面临着是否要将新技术授权给竞争对手，并以何种方式授权的选择：固定费用授权还是特许权的方式收费。如果选择以固定费用授权，则授权企业的目标函数中加入固定费用 F，企业需要选择 F 最大化自身利润并保证被授权企业接受该授权。如果选择以特许权的方式收费，则授权企业的目标函数与被授权企业对该技术的使用程度有关，企业需要选择一个最优费率以最大化自身利润。

在后文的分析中，我们一共讨论了授权的 4 种情形[①]：

不授权（N）：专利持有企业不授权给竞争对手。

固定费用（F）：专利持有企业以固定费用 F 授权给竞争对手。

特许权—非重大创新（RND）：发生了非重大创新，专利持有企业将技术授权给竞争对手并收取一个与技术使用量有关的费用；

特许权—重大创新（RD）：发生了重大创新，专利持有企业将技术授权给竞争对手并收取一个与技术使用量有关的费用。

社会福利水平用福利函数 W 衡量，未被企业治理的污染会对环境造成伤害，损害社会福利。假设排放的单位污染带来的经济损失为 δ，则社会福利包括消费者剩余、厂商利润、税收收入和环境污染带来的经济损失四个部分：

$$W = \frac{1}{2}(q_0 + q_1)^2 + \pi_0 + \pi_1 - (\delta - \tau)\left[(1 - \alpha_0)q_0 + (1 - \alpha_1)q_1\right] \tag{2}$$

政府首先制定税率，之后企业进行博弈。企业授权博弈过程分为三个阶段。第一阶段，专利持有企业宣布授权方式：固定费用（或特许权收费），同时确定固定费用 F（或费率 r）；该固定费用 F（或费率 r）将最大化其总利润，包括生产利润和授权收入。第二阶段，被授权企业选择是否接受该授权方案。第三阶段，给定固定费用 F（或费率 r），两个企业同时选择产量和污染治理比例，进行非合作的产量博弈。本文利用逆向归纳法求解此博弈的子博弈精炼纳什均衡。

三、模型结果分析

本节主要分为三部分：第一部分求解固定费用授权方式下的均衡，并比较专利持有企业的利润和被授权企业的治污比例在授权前后的变化，讨论专利持有企业的授权选择；第二部分讨论在特许权收费下，专利持有企业的利润和被授权企业的治污比例在授权前后的变化，并分析专利持有企业是否选择授权；第三部分将固定授权和特许权收费两种授权方式进行比较，并进行福利和内生最优税率分析。

在具体讨论两种授权方案之前，我们首先考虑没有授权，即企业 0 和企业 1 的治污成本分别为 $c_0 = c - \varepsilon$ 和 $c_1 = c$ 时的市场均衡状况作为比较基准。根据逆向归纳法，首先

[①]　与大多数专利持有企业参与竞争的专利授权文献结果一致，本模型中固定收费加特许权的两部收费模式的博弈均衡同样收敛成了单纯的固定费用模式。因此，与大部分文献一致，我们主要比较固定费用和特许权收费（Wang，1998；Fauli-Oller and Sandonis，2002；Kamien and Tauman，2002）。

求解第三阶段产量和污染治理比例竞争的结果。联立式（1）的四个一阶条件，得到两家企业在第三阶段的均衡产量与治污比例（详见附录）。不授权情况下的均衡产量、治污比例和企业利润见表1，我们用下脚标0、1分别表示持有专利技术的企业和被授权企业，用上脚标 N 表示不授权时的情形。

（一）固定费用下的均衡

固定费用下，专利持有企业以固定费用 F 将新技术授权给另一家企业。固定费用 F 与被授权企业的产量或技术使用量无关。在这种情况下，企业1获得新技术，治污成本变成 $c_1 = c - \varepsilon$。企业0和企业1的利润在不授权时的利润基础上分别加上和减去 F，F 不影响一阶条件，因此解得第三阶段的治污比例与不授权时相同，如表1所示，将产出和治污比例带入式（1）得到利润函数如下：

$$\pi_0^F = \frac{2(a - k - \tau)^2 (c - \varepsilon) + 9\tau^2}{18(c - \varepsilon)} + F, \tag{3}$$

$$\pi_1^F = \frac{2(a - k - \tau)^2 (c - \varepsilon) + 9\tau^2}{18(c - \varepsilon)} - F, \tag{4}$$

其中 F 是授权费，上脚标 F 表示固定费用的情形。

第二阶段企业1考虑是否接受该授权。企业1接受授权的必要条件是接受授权后的利润至少不低于授权前，即 $\pi_1^F \geq \pi_1^N$。从而第一阶段，企业0的最优化问题为：

$$\max_{\{F\}} \pi_0^F \quad \text{s. t.} \quad \pi_1^F \geq \pi_1^N \tag{5}$$

由式（5）可以解出均衡时的授权费 F。

命题1 在固定费用授权方式下，专利持有企业将选择授权给竞争对手；被授权企业的污染排放量比不授权时减少，而利润保持不变。

证明 由表1知：$\pi_0^F - \pi_0^N = F > 0$；$q_1^F = q_1^N$ 且 $\alpha_1^F > \alpha_1^N$；$e_1^F < e_1^N$；$\pi_1^F = \pi_1^N$。

对专利持有企业，企业0而言，授权好于不授权：授权仅仅获得授权费收入，不产生任何成本。这是因为授权后被授权企业，企业1的产量不变[①]，从而企业0的市场不会被挤占，授权没有负面成本。由于企业产量不变，要比较排污量只需要比较治污比例，治污比例越高，污染排放量越低。比较企业1不授权时的治污比例和按固定费用授权后的治污比例（$\alpha_1^F > \alpha_1^N$），说明授权之后由于治污成本下降，被授权企业的治污比例上升。而专利持有企业在授权前后的产量和治污比例都没有发生变化，因此总污染排放量下降，社会福利增加。

被授权企业在授权前后利润不变，这是因为被授权企业因治污成本下降带来的成本节约全部当作授权费交给了专利持有企业。

---

① 企业1需要在增加产出收益和降低治污成本之间进行权衡。一种选择是扩大产出可以使收入增加，但同时总治污成本和污染税也因为产量的增加而增加；另一种选择是不改变产量，仅仅增加治污比例从而降低总排污量和污染税。在产量与治污的权衡博弈中，企业1最终选择了不改变产量，仅增加治污比例和减少污染排放。

表1 三种情形下的均衡结果

变量	不授权（N）	固定费用（F）	特许权收费（R）非重大创新（RND, $0<\varepsilon<\frac{3}{4}c$）	特许权收费（R）重大创新（RD, $\frac{3}{4}c<\varepsilon<c$）
q_0,q_1	$\dfrac{a-k-\tau}{3}$	$\dfrac{a-k-\tau}{3}$	$\dfrac{a-k-\tau}{3}$	
a_0	$\dfrac{3\tau}{(a-k-\tau)(c-\varepsilon)}$	$\dfrac{3\tau}{(a-k-\tau)(c-\varepsilon)}$	$\dfrac{3\tau}{(a-k-\tau)(c-\varepsilon)}$	
a_1	$\dfrac{3\tau}{(a-k-\tau)c}$	$\dfrac{3\tau}{(a-k-\tau)(c-\varepsilon)}$	$\dfrac{3(\tau-r)}{(a-k-\tau)(c-\varepsilon)}$	
F/r	—	$\dfrac{\varepsilon\tau^2}{2c(c-\varepsilon)}$	$\left(1-\dfrac{\sqrt{c(c-\varepsilon)}}{c}\right)\tau$	$\dfrac{\tau}{2}$
π_0	$\dfrac{2(a-k-\tau)^2(c-\varepsilon)+9\tau^2}{18(c-\varepsilon)}$	$\dfrac{2(a-k-\tau)^2(c-\varepsilon)+9(c+\varepsilon)\tau^2}{18c(c-\varepsilon)}$	$\dfrac{(a-k-\tau)^2}{9}+\dfrac{2\sqrt{c(c-\varepsilon)}-2(c-\varepsilon)+c}{2(c-\varepsilon)}\tau$	$\dfrac{(a-k-\tau)^2}{9}+\dfrac{3\tau^2}{4(c-\varepsilon)}$
π_1	$\dfrac{2(a-k-\tau)^2+9\tau^2}{18c}$	$\dfrac{2(a-k-\tau)^2+9\tau^2}{18c}$	$\dfrac{2(a-k-\tau)^2c+9\tau^2}{18c}$	$\dfrac{(a-k-\tau)^2}{9}+\dfrac{\tau^2}{8(c-\varepsilon)}$
W	$M+\dfrac{\tau(2\delta-\tau)(2c-\varepsilon)}{2c(c-\varepsilon)}$	$M+\dfrac{\tau(2\delta-\tau)}{(c-\varepsilon)}$	$M+\dfrac{2\delta\tau\left(\sqrt{c(c-\varepsilon)}+c\right)-2c(c-\varepsilon)-(2c-\varepsilon)\tau^2}{2c(c-\varepsilon)}$	$M+\dfrac{\tau(12\delta-5\tau)}{8(c-\varepsilon)}$
τ^*	$\delta-\dfrac{2c(c-\varepsilon)(a-k-\delta)}{4c(c-\varepsilon)+9(2c-\varepsilon)}$	$\delta-\dfrac{(c-\varepsilon)(a-k-\delta)}{9+(2c-\varepsilon)}$	$\dfrac{9\delta\left(\sqrt{c(c-\varepsilon)}+c\right)-2c(c-\varepsilon)-(2c-\varepsilon)(a-k-3\delta)}{4c(c-\varepsilon)+9(2c-\varepsilon)}$	$\delta-\dfrac{8(c-\varepsilon)(a-k-\delta)-9\delta}{45+16(c-\varepsilon)}$

注：$M=\dfrac{2(a-k-\tau)^2(2a-2k-3\delta+\tau)}{9}$。

（二）特许权收费下的均衡

在这部分，我们考虑企业按照特许权收费这种方式授权治污技术的情形。此时，企业 0 将技术授权给企业 1，并对企业 1 治理的单位污染收取授权费 r。总的授权费取决于企业 1 对专利技术的使用量，即使用新技术治理的污染总量。在这种情形下，企业的利润函数变成：

$$\pi_0 = (P - k)q_0 - \tau(1 - \alpha_0)q_0 - \frac{1}{2}c_0(\alpha_0 q_0)^2 + r\alpha_1 q_1 \tag{6}$$

$$\pi_1 = (P - k)q_1 - \tau(1 - \alpha_1)q_1 - \frac{1}{2}c_1(\alpha_1 q_1)^2 - r\alpha_1 q_1 \tag{7}$$

与上述求解过程类似，产出和治污比例见表 1，用上脚标 R 表示按照特许权收费授权的情形，将 q_i^R 与 α_i^R 代入式（6）和式（7）得到两个企业的利润函数：

$$\pi_0^R = \frac{(a - k - \tau)^2}{9} + \frac{\tau^2 + 2r\tau - 2r^2}{2(c - \varepsilon)} \tag{8}$$

$$\pi_1^R = \frac{(a - k - \tau)^2}{9} + \frac{(\tau - r)^2}{2(c - \varepsilon)} \tag{9}$$

回到第二阶段，要保证企业 1 接受该授权，需要其接受授权后的利润至少不低于授权即 $\pi_1^R \geqslant \pi_1^N$，等价于 $\pi_1^R - \pi_1^N \geqslant 0$。

第一阶段相当于在满足第二阶段条件的前提下，企业 0 选择专利权费率 r 以最大化自身的利润，即

$$\max_r \pi_0^R \quad \text{s. t.} \quad \pi_1^R - \pi_1^N \geqslant 0 \tag{10}$$

此时，我们需要考虑两种情形：重大创新和非重大创新。重大创新是指治污成本的下降（ε）相对于原始治污成本（c）而言很大，被授权企业采用新技术后的成本节约很多，以至于式（10）中的约束条件不起作用。具体来说，就是产生重大创新时，治污成本的大幅下降使企业 1 接受授权后的利润相对于没有授权时有大幅提升。当企业 1 的利润提升达到一定幅度时，不论专利持有企业制定的费率 r 为多少，约束条件 $\pi_1^R - \pi_1^N \geqslant 0$ 都自动成立，最大化问题等价于直接最大化 π_0^R。与此相反，发生非重大创新时，企业 1 的利润提升幅度不够，约束条件 $\pi_1^R - \pi_1^N \geqslant 0$ 起作用，最大化问题等价于直接求解 $\pi_1^R - \pi_1^N = 0$。容易验证，重大创新对应的条件是 $\varepsilon \geqslant \frac{3}{4}c$。

1. 非重大创新 $\left(0 < \varepsilon < \frac{3}{4}c\right)$

此时，式（10）等价于直接求解 $\pi_1^R - \pi_1^N = 0$，最优解记为 r^{RND}，上脚标 RND 表示按照特许权收费且发生非重大创新的情形。将 r^{RND} 代入式（8）和式（9）可计算出对应的企业利润 π_i^{RND}。

2. 重大创新 $\left(\dfrac{3}{4}c < \varepsilon < c\right)$

此时，式（10）等价于直接最大化 π_0^R，最优解为 $r^{RD} = \dfrac{\tau}{2}$，RD 表示按照特许权收费且发生重大创新的情形。将 r^{RD} 代入式（8）和式（9）计算出对应的企业利润 π_i^{RD}。

命题 2　在特许权收费的情形下，专利持有企业会选择授权给竞争对手；被授权企业的污染排放量比没有授权时减少；被授权企业的利润在重大创新下比不授权时增加，非重大创新下则不变。

证明　见本文附录。

与命题 1 类似，两家企业授权前后的产量保持不变，因此对企业 0 而言，授权优于不授权。同样地，授权后企业 0 治污排放量不变，企业 1 因治污成本下降，治污比例增加，总污染排放量减少。

非重大创新下，约束条件起作用，对于专利持有企业而言，专利费率上涨（专利单价增加）带来的好处仍超过了专利费率上涨从而治污量下降（专利使用减少）带来的坏处；但对于被授权企业而言，治污成本下降的好处已经被专利费抵销了。

重大创新下，治污成本的下降幅度之大，当对于企业 0 而言专利费率上涨、治污量下降带来的坏处已经抵消了专利费上涨的好处时，对企业 1 而言治污成本下降带来的成本节约仍超过了需要缴纳的专利费，因此企业 0 选择了能最大化自己利润的费率，而企业 1 在缴纳完授权费之后还有结余。

上述讨论说明，无论是重大创新还是非重大创新，专利持有企业都会选择授权，并且被授权企业的治污比例相比没有接受授权时都增加。但是只有在重大创新下，被授权企业的利润才有所增加。

（三）固定费用和特许权收费之比较

接下来我们比较固定费用与特许权收费这两种授权方式对于专利持有企业而言何者更优，即比较固定费用和特许权收费两种授权方式下企业 0 的利润；并分析两种授权方式下的污染排放量、社会总福利状况和最优税率。命题 3~命题 6 总结了比较的结果。

命题 3　不论是重大创新还是非重大创新，对于专利持有企业而言，采用固定费用都优于特许权收费。

证明　见本文附录。

值得注意的是，我们得到了与先前最优专利授权文献（Wang，1998；Fauli-Oller and Sandonis，2002；Kamien and Tauman，2002；等）相反的结果，主要原因在于专利授权不产生竞争劣势（如市场被挤占）；被授权企业的利润增量是专利企业授权好处的唯一来源，哪种授权方式更好取决于被授权企业在哪种方式下的利润增量更多。我们发现，被授权企业在特许权收费下的利润增量较少，从而可被专利持有企业拿走的利润就少。这是因为当产量不受治污成本和治污比例影响时，被授权企业倾向于降低治污比例以减少支付的授权费，结果减弱了新技术带来的利润增量。而不论哪种授权方式，被授权企业通过降低治污成本获得的利润增量都被专利持有企业拿走（重大创新下，按照特许权收费收取授权费时有少量剩余），因此较低的治污比例导致较低的利润增量，从而导致专利持有企业拿到的利润增量较低。上述分析可以通过命题4有关污染排放量的结论得到佐证。

根据命题1和命题2，被授权企业在固定费用下，利润增量全部被拿走；而在按照特许权收费收取授权费并且发生重大创新时，被授权企业的利润增量有所剩余。对于被授权企业而言，采用特许权收费至少不差于采用固定费用，因此被授权企业更倾向于特许权收费。

命题4 被授权企业按照固定费用授权时的治污比例高于按特许权收费时的治污比例，且二者都高于不授权；因而，固定费用授权时的社会总污染排放量低于按特许权收费时的总污染排放量，且二者都低于不授权。

证明 结合命题1和命题2，易证得 $\alpha_1^F > \alpha_1^{RND} > \alpha_1^{RD} > \alpha_1^N$ 与 $E^F < E^{RND} < E^{RD} < E^N$。$\alpha_1^F - \alpha_1^{RND} > 0$，$\alpha_1^F - \alpha_1^{RD} > 0$（见附录），说明无论是重大创新还是非重大创新，采用固定费用时，被授权企业的治污比例都比采用特许权收费时高。其原因与专利企业愿意采用固定费用的方式授权相同。在特许权收费的情形下，被授权企业倾向于降低治污比例以减少支付的授权费，因此采用固定费用授权时治污比例更高。

特许权收费下，发生重大创新时治污比例比非重大创新时低，即 $\alpha_1^{RND} > \alpha_1^{RD}$（见附录）。虽然重大创新下治污成本更低，企业可能选择更多地治污；但由于创新足够大，专利企业将索取更高的授权费，伴随高授权费而来的是治污比例的下降。两种效应权衡之下后者占优，结果排污量反而增加。

社会总污染排放量（E）是两家企业的污染排放量之和。由于专利持有企业的产量、治污比例在授权前后、无论以何种方式授权，都没有变化，因此总污染排放量的大小关系与被授权企业的治污比例大小关系正好相反。

命题5 固定费用授权时的福利高于按特许权收费时的福利，且二者都优于不授权。

证明 易证得 $W^F > \{W^{RD}, W^{RND}\} > W^N$，详见本文附录。

仍然可以从治污比例的角度解释这一现象。专利授权的主要作用是降低治污成本，增加治污比例，降低污染排放量。社会福利包括消费者剩余，企业利润，税收和环境污染；授权前后总产量不变，因此消费者剩余不发生变化；税收属于转移支付，也不影响社会总福利，下面只需要讨论企业利润和环境污染的变化。一方面授权带来治污成本下降，企业节约了治污成本，总利润增加；授权费只影响企业利润的分配，不影响总的生产者剩余。另一方面治污成本下降带来治污比例上升，污染排放量下降，从而环境污染带来的经济损失减少。这两方面共同作用带来了社会福利的增加。而固定费率下，社会福利的增加比采用特许权收费增加得更多，原因是固定费率下的污染排放量更低。三种福利大小关系如图2所示。

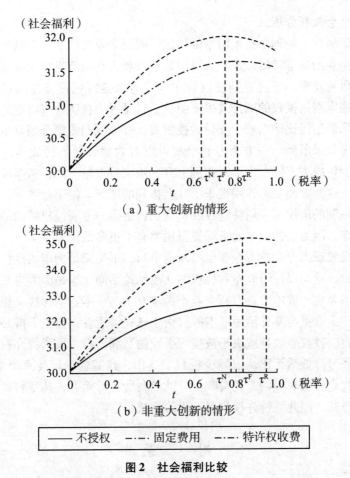

图 2　社会福利比较

注：参数取值（a）$a=10$，$k=1$，$c=0.8$，$\varepsilon=0.5$，$\delta=1$；（b）$a=10$，$k=1$，$c=0.8$，$\varepsilon=0.65$，$\delta=1$。

命题 6　无论采用固定费用还是特许权收费来授权，最优税率都比不授权时高。

证明　易证得 $\tau^F>\tau^N$，$\tau^R>\tau^N$，详见本文附录。

无论采用固定费用还是特许权收费来授权，税率都比不授权时高；但采用固定费用与采用特许权收费时的最优税率的大小关系不确定。上述结果的经济学解释是：提高税率有正反两方面效果，一方面可以鼓励企业积极采用新技术治理污染，减少污染排放量，从而增加社会福利；但另一方面会降低产量，减少消费者福利；而专利授权能有效降低治污成本，增加了治理污染的正效应，因此授权后可以收取更高的税率。四种情况下的最优税率的大小关系如图 2 所示。

四、结　论

本文主要考察了在一个双寡头市场中，当其中一家企业拥有降低治污成本的技术时，企业在固定费用和特许权收费两种授权方式上的选择和社会总污染排放量的变化，并进行相关的社会福利分析。

　　本文探究环境污染治理中技术因素的作用，假设企业可以通过专利授权提升治污技术，分析此时企业的竞争策略以及是否可以通过市场自我调节机制实现污染减排和社会的福利提升。研究发现，通过专利授权确实可以有效地降低污染排放量，增加社会福利，并且采用固定费用授权的减排效果更明显。这是因为在特许权收费的情形下，被授权企业倾向于降低治污比例以减少支付的授权费。社会福利的提升则是由于成本下降和排污减少的双重效果所致。一方面专利授权可以有效地降低治污成本，企业总利润增加；另一方面治污成本下降带来治污比例上升，污染排放量下降，从而环境污染带来的经济损失减少。这两方面共同作用带来了社会福利的增加。固定费率下，由于污染排放量更低，社会福利的增加比采用特许权收费增加得更多。专利授权后的最优税率也高于不授权时的税率，因为治污成本的下降使得税率有了更多的调节空间。

　　另外，本文发现当专利持有企业也参与竞争时，采用固定费用的授权方式优于采用特许权收费授权，这与以往研究专利授权的文献结论不同。这是因为当专利的作用是降低治污成本而不是生产成本时，专利企业不再享有生产成本竞争优势。相反，由于被授权企业在增加产出收益与降低治污成本的权衡中选择了后者，授权不再必然导致专利企业的市场被挤占，授权净收益取决于被授权企业的利润增量。采用特许权收费时，被授权企业倾向于通过降低治污比例以减少授权费支出，这减弱了新技术带来的利润增量，降低了专利授权企业所获得的专利费收益。就专利所有者而言，其专利费总收益亦劣于固定费用授权方式，因此，特许权收费阻碍治污技术推广。

附　录

不授权情况下的均衡证明：

两企业同时选取产量与治污比例的利润极大化的四个一阶条件为：

$$\begin{cases} \dfrac{\partial \pi_0}{\partial \alpha_0} = q_0(\alpha_0 c q_0 - \alpha_0 \varepsilon q_0 - \tau) = 0, \\[2mm] \dfrac{\partial \pi_0}{\partial q_0} = a - k - 2q_0 - q_1 - \tau - \alpha_0(\alpha_0 c q_0 - \alpha_0 \varepsilon q_0 - \tau) = 0, \\[2mm] \dfrac{\partial \pi_1}{\partial \alpha_1} = q_1(\alpha_1 c q_1 - \tau) = 0, \\[2mm] \dfrac{\partial \pi_1}{\partial q_1} = a - k - q_0 - 2q_1 - \tau - \alpha_1(\alpha_1 c q_1 - \tau) = 0. \end{cases}$$

　　由上述一阶条件可知，两家企业的最优治污比例与自身的产量成反比。联立方程组解得，不授权情况下两家企业的产量为：

$$q_0^N = \frac{a - k - \tau}{3}, \quad q_1^N = \frac{a - k - \tau}{3}.$$

　　同时，得到不授权时两家企业的治污比例分别为：

$$\alpha_0^N = \frac{3\tau}{(a-k-\tau)(c-\varepsilon)}, \quad \alpha_1^N = \frac{3\tau}{(a-k-\tau)c}.$$

将各自的均衡产量与治污比例代入利润函数可以得到两家企业不授权时的利润分别为：

$$\pi_0^N = \frac{2(a-k-\tau)^2(c-\varepsilon)+9\tau^2}{18(c-\varepsilon)}, \quad \pi_1^N = \frac{2(a-k-\tau)^2 c+9\tau^2}{18c}.$$

命题 2 证明

$$\pi_0^{RND} - \pi_0^N = \frac{\sqrt{c(c-\varepsilon)}-(c-\varepsilon)}{c(c-\varepsilon)}\tau^2,$$

$$\pi_1^{RND} - \alpha_1^N = \frac{3\tau(\sqrt{c(c-\varepsilon)}-(c-\varepsilon))}{c(a-k-\tau)(c-\varepsilon)},$$

因为 $c-\varepsilon < c$，因此 $\pi_0^{RND} - \pi_0^N > 0$，$\alpha_1^{RND} - \alpha_1^N > 0$。

非重大创新时，约束条件 $\pi_1^{RN} - \pi_1^N \geq 0$ 起作用，最大化问题等价于直接求解 $\pi_1^R - \pi_1^N = 0$，因此被授权企业的利润在授权前后不变。

$$\pi_0^{RN} - \alpha_1^N = \frac{\tau^2}{4(c-\varepsilon)},$$

由于 $c-\varepsilon > 0$，因此 $\pi_9^{RD} - \pi_0^N > 0$，专利持有企业选择授权更优。

$$\alpha_1^{RD} - \alpha_1^N = \frac{3\tau(2\varepsilon-c)}{2c(a-k-\tau)(c-\varepsilon)},$$

由于重大创新下 $\frac{3}{4}c < \varepsilon < c$，因此 $\alpha_1^{RD} - \alpha_1^N > 0$

重大创新时，约束条件 $\pi_1^R - \pi_1^N \geq 0$ 恒成立，因此被授权企业的利润在授权后有所增加。

命题 3 证明　两种方式下企业都选择授权，下面比较哪种授权方式更好，即给专利持有企业带来的利润更高。按照是否为重大创新，我们需要考虑两种情形。第一种情形，非重大创新$\left(0 < \varepsilon < \frac{3}{4}c\right)$时，$\pi_0^F - \pi_0^{RND} = \frac{(\sqrt{c}-\sqrt{(c-\varepsilon)})^2}{2c(c-\varepsilon)}\tau^2 > 0$。

第二种情形，重大创新$\left(\frac{3}{4}c < \varepsilon < c\right)$时，$\pi_0^F - \pi_0^{RD} = \frac{(2\varepsilon-c)\tau^2}{4c(c-\varepsilon)}$，由于 $\varepsilon > \frac{3}{4}c$，$2\varepsilon - c > 0$，因此 $\pi_0^F > \pi_0^R > 0$。

命题 4 证明　将 r^{RND} 和 r^{RD} 的均衡解代入 α_1^F 和 α_1^R 的表达式并比较大小，得到：

$$\alpha_1^F - \alpha_1^{RND} = \frac{3\tau(c-\sqrt{c(c-\varepsilon)})}{c(a-k-\tau)(c-\varepsilon)} > 0,$$

$$\alpha_1^F - \alpha_1^{RD} = \frac{3\tau}{2(a-k-\tau)(c-\varepsilon)} > 0.$$

又 $\alpha_1^R = \frac{\tau}{q_1 c} = \frac{3(\tau-r)}{(a-k-\tau)(c-\varepsilon)}$ 是特许权费率 r 的单调减函数，且 $r^{RND} < r^{RD}$，因此 $\alpha_1^{RND} > \alpha_1^{RD}$。

命题 5 证明　将均衡时的产量、治污比例及授权费分别代入福利函数式（2），得到不授权、按照固定费用授权及按照特许权收费授权（包括重大创新与非重大创新）时的社会总福利见表 1。

$$W^F - W^{RD} = \frac{\tau(4\delta - 3\tau)}{8(c - \varepsilon)} > 0,$$

$$W^{RD} - W^N = \frac{\tau((8\delta - 4\tau)\varepsilon - 4\delta c + 3\tau c)}{8c(c - \varepsilon)},$$

由于重大创新下 $\varepsilon > \frac{3}{4}c$，因此

$$W^{RD} - W^N > \frac{\tau((6\delta - 3\tau)c - 4\delta c + 3\tau c)}{8c(c - \varepsilon)} = \frac{2\delta c\tau}{8c(c - \varepsilon)} > 0,$$

$$W^F - W^{RND} = \frac{\tau(2\delta(c - \sqrt{c(c - \varepsilon)}) - \tau\varepsilon)}{2c(c - \varepsilon)},$$

由于 $f(\varepsilon) \overset{\text{def}}{=\!=} 2\delta(c - \sqrt{c(c - \varepsilon)}) - \tau\varepsilon$ 是关于 ε 的单调增函数

$$\left(\text{导函数} \frac{\delta c}{\sqrt{c(c - \varepsilon)}} - \tau > \delta - \tau > 0\right),$$

因此 $f(\varepsilon) > f(\varepsilon)\big|_{\varepsilon=0} = 0$，从而

$$W^F - W^{RND} > 0.$$

$$W^{RND} - W^N = \frac{\delta\tau(\sqrt{c(c - \varepsilon)} - (c - \varepsilon))}{c(c - \varepsilon)} > 0.$$

命题 6 证明 选择税率 τ 以使社会福利 W 达到最大，得到最优税率如表 1 所示。

比较固定费用下与不授权时的最优税率：

$$\tau^F - \tau^N = \frac{9\varepsilon(c - \varepsilon)(a - k - \delta)}{(9 + 2(c - \varepsilon))(4c(c - \varepsilon) + 9(2c - \varepsilon))} > 0,$$

即固定费用下的最优税率比不授权时的最优税率高。

接下来比较特许权收费下的最优税率与不授权时的最优税率。

非重大创新时：

$$\tau^{RND} - \tau^N = \frac{9\delta(\sqrt{c(c - \varepsilon)} - (c - \varepsilon))}{4c(c - \varepsilon) + 9(2c - \varepsilon)},$$

由于 $c - \varepsilon \leqslant 0$，因此 $\tau^{RND} - \tau^N > 0$。

重大创新时：

$$\tau^{RD} - \tau^N = \frac{18(c - \varepsilon)(2c\delta + (a - k - D)(4\varepsilon - 3c)) + 81\delta(2c - \varepsilon)}{(4c(c - \varepsilon) + 9(2c - \varepsilon))(16(c - \varepsilon) + 45)},$$

由于重大创新下 $\frac{3}{4}c < \varepsilon < c$，因此 $4\varepsilon - 3c > 0$，从而 $\tau^{RD} - \tau^N > 0$。

综合重大创新与非重大创新的情形，我们有 $\tau^R > \tau^N$。

参 考 文 献

1. 李长英、王君美：《最优技术授权及其社会福利分析》，载《世界经济》2010 年第 1 期，第

18~33 页。

2. Annandale, D. , A. Morrison-Saunders, and G. Bouma, "The Impact of Voluntary Environmental Protection Instruments on Company Environmental Performance", Business Strategy and the Environment, 2004, 13 (1), pp. 1 – 12.

3. Braithwaite, J. , and P. Drahos, Global Business Regulation. Cambridge: Cambridge University Press, 2000.

4. Dasgupta, S. , M. Huq, D. Wheeler, and C. Zhang, "Water Pollution Abatement by Chinese Industry: Cost Estimates and Policy Implications", Applied Economics, 2001, 33 (4), pp. 547 – 557.

5. Fauli-Oller, R. , and J. Sandonis, "Welfare Reducing Licensing", Games and Economic Behavior, 2002, 41 (2), pp. 192 – 205.

6. Gallini, N. T. , and B. D. Wright, "Technology Transfer under Asymmetric Information", the RAND Journal of Economics, 1990, 21 (2), pp. 147 – 160.

7. Helfand, G. E. , "Standards Versus Standards: The Effects of Different Pollution Restrictions", The American Economic Review, 1991, 81 (3), pp. 622 – 634.

8. Heywood, J. S. , J. Li, and G. Ye, "Per Unit vs. Ad Valorem Royalties under Asymmetric Information", International Journal of Industrial Organization, 2014, 37 (1), pp. 38 – 46.

9. Kamien, M. I. , and Y. Tauman, "Fees versus Royalties and the Private Value of a Patent", The Quarterly Journal of Economics, 1986, 101 (3), pp. 471 – 491.

10. Kamien, M. I. , and Y. Tauman, "Patent Licensing: The Inside Story", The Manchester School, 2002, 70 (1), pp. 7 – 15.

11. Kamien, M. I. , and Y. Tauman, "The Private Value of a Patent: A Game Theoretic Analysis", Discussion Papers, 1984, P. 576.

12. Kamien, M. I. , S. S. Oren, and Y. Tauman, "Optimal Licensing of Cost-reducing Innovation", Journal of Mathematical Economics, 1992, 21 (5), pp. 483 – 508.

13. Lahiri, S. , and Y. Ono, "Relative Emission Standard versus Tax Under Oligopoly: The Role of Free Entry", Journal of Economics, 2007, 91 (2), pp. 107 – 128.

14. Muto, S. , "On Licensing Policies in Bertrand Competition", Games and Economic Behavior, 1993, 5 (2), pp. 257 – 267.

15. Poddar, S. , and U. B. Sinha, "On Patent Licensing in Spatial Competition", Economic Record, 2004, 80 (249), pp. 208 – 218.

16. Sartzetakis, E. S. , "Tradable Emission Permits Regulations in the Presence of Imperfectly Competitive Product Markets: Welfare Implications", Environmental and Resource Economics, 1997, 9 (1), pp. 65 – 81.

17. Sen, D. , "Fee versus Royalty Reconsidered", Games and Economic Behavior, 2005a, 53 (1), pp. 141 – 147.

18. Sen, D. , "On the Coexistence of Different Licensing Schemes", International Review of Economics & Finance, 2005 (b), 14 (4), pp. 393 – 413.

19. Spulber, D. F. , "Effluent Regulation and Long-run Optimality", Journal of Environmental Economicsand Management, 1985, 12 (2), pp. 103 – 116.

20. Stavins, R. N. , "Experience With Market-based Environmental Policy Instruments", Handbook of Environmental Economics, 2003, 1, pp. 355 – 435.

21. Stavins, R. N. , "Transaction Costsand Tradable Permits", Journal of Environmental Economics and Management, 1995, 29 (2), pp. 133 – 148.

22. Ulph, A. , "The Choice of Environmental Policy Instruments and Strategic International Trade", Springer Berlin Heidelberg, 1992, pp. 111 – 132.

23. Wang, X. H. , "Fee Versus Royalty Licensing in a Cournot Duopoly Model", Economics Letters, 1998, 60 (1), pp. 55 – 62.

24. Wang, X. H. , "Fee versus Royalty Licensing in a Differentiated Cournot Duopoly", Journal of Economics and Business, 2002, 54 (2), pp. 253 – 266.

25. Wang. X. H. , B. Z. Yang, "On Licensing under Bertrand Competition," Australian Economic Papers, 1999, 38 (2), pp. 106 – 119.

26. Weitzman, M. L. , "Prices vs. Quantities", The Review of Economic Studies, 1974, pp. 477 – 491.

27. Welford, R. , Corporate Environmental Management, Systems and Strategie. London: Earthscan Publicetions Ltd, 1996.

28. Zhao, J. , "Irreversible Abatement Investment under Cost Uncertainties: Tradable Emission Permits and Emissions Charges", Journal of Public Economics, 2003, 87 (12), pp. 2765 – 2789.

《合同法》项下的效率违约：理论反思与制度抉择

——以效率违约适用性维度之审视为视角*

贺大伟**

【摘　要】效率违约学说发端于普通法上的第三方引诱违约侵权，初创于法律现实主义运动，成熟于法律经济分析影响下的合同法变革。尽管已渐成理论体系，但效率违约理念至今仍受到各种质疑，且批判多集中于价值判断、效率假设和实践适用 3 个层面。基于对效率违约适用性的审思与检视，可发现其制度理性多于局限，制度绩效大于成本。结合民法典编撰的历史契机，民法典合同编应适时启动对于效率违约的制度抉择，科学设计制度入法的模式与路径。

【关键词】效率违约；适用性；类型化；可量化

随着《中华人民共和国民法总则》（以下简称《民法总则》）① 的正式生效，我国的民事法律制度建设进入新时代。根据"两步走"的立法计划，我国将力争于 2020 年形成统一的《民法典》，这为我国现有民事法律制度的优化提供了良好的历史契机。在《民法典·合同编》中，包括预期违约、情势变更等制度的完善均已提上议事日程②，而与前述制度密切相关的效率违约理论（Theory of Efficient Breach）虽然最终未被 1999 年生效的《中华人民共和国合同法》（以下简称《合同法》）③所吸纳，但鉴于近 20 年来法律经济学派对我国合同法经济性分析的影响日益深入，关于效率违约制度的存与废、取或舍始终为学界所热议。在编纂民法典合同编之时，本文拟就这一理论在我国未来立法体例中能否转化为相应的制度规则进行探讨，以期起到抛砖引玉之效果。囿于篇幅所限，本文的分析仅以对效率违约适用性维度之审视为研究视角。

一、效率违约的制度缘起和适用性争议

（一）制度缘起

在西方法制史上，效率违约的历史源远流长，并经由长期的司法实践逐渐演化为理

＊　感谢匿名审稿人的宝贵意见！当然文责自负。原文发表于《河南社会科学》2018 年第 3 期。
＊＊　贺大伟，男，华东政法大学博士研究生。
①③　2020 年 5 月 28 日《中华人民共和国民法典》（以下简称《民法典》）正式通过并于 2021 年 1 月 1 日起施行，《民法总则》《合同法》同时废止。本文写于 2018 年，鉴于学术研究的目的，保持了本文的原有内容。
②　王利明：《民法分则合同编立法研究》，载《中国法学》2017 年第 2 期，第 25～47 页。

论学说。在 1893 年 Temperton v. Rusell 一案中，法院正式确立效率违约和第三方引诱违约侵权的分离，成为效率违约制度发展进程中的里程碑事件。随后，美国科罗拉多最高法院在 Azco 一案中允许当事人在履行合同和赔偿损失之间作出自由选择，从而确立了效率违约的核心理论框架。随着法律现实主义的崛起，霍姆斯大法官关于"法律观念与道德观念的混淆在契约法中最为明显"以及"你要是不遵守契约就必须赔偿损失，仅此而已"[①] 的论断，将违约行为从非道德性的责难中解放出来，对法律义务与道德义务密切相连的自然法学派传统构成了实质性挑战。

此外，法律经济学影响下的合同法变革运动对效率违约的"声名远扬"给予了重要的助推作用。在制度经济学发展史上，罗纳德·科斯的经典论文《社会成本问题》（1960 年）直接奠定了新制度经济学的基础，并孕育了法律经济学这一重要分支[②]。特别是波斯纳的《法律的经济分析》（1973 年）的问世，标志着法律经济学派观点和分析工具的体系化。当经济分析方法进入合同法领域时，契约的交易功能和议价理论被赋予降低交易成本、改进帕累托效率的经济理性。相应地，合同法的首要目标被界定为通过把非合作博弈转变为合作博弈来促使人们选择合作策略，并促使人们把无效率均衡解的博弈转化为有效率均衡解的博弈[③]，这为合同义务人对实际履行或违约激励等合同行为的选择提供了新的理论支撑。

（二）适用性维度之争议

效率违约理论自诞生之日起便饱受争议，这一理论被引入我国之后，学术界形成了截然不同的观点。在对效率违约理论持"否定"或"限制"观点的学者看来，效率违约理论的缺陷主要体现在价值判断（本文称之为"正当性维度"[④]）、效率假设（本文称之为"效率性维度"）[⑤] 和实践适用（本文称之为"适用性维度"）[⑥] 三个层面。鉴于适用性命题的重要性和特殊性，本文的分析将以此为视角而展开。

具体而言，对于效率违约理论在适用性方面的批判主要包括：履约成本超过履约价值的情形极为少见[⑦]、违约方难以拥有守约方的充分信息（进而导致违约方通常难以确

---

① 霍姆斯：《法律之道》，姚远译注，《厦门大学法律评论》（总第 26 辑），第 161 页。

② 尽管法律经济学派的许多学者将法律经济分析等同于制度经济分析，但是鉴于制度的范畴较之法律更为广泛，而制度经济学是"分析经济问题至少不把经济制度、政治制度和法律制度排除在分析范围以外的经济学"。因此，笔者认为，法律经济学应是制度经济学（主要是新制度经济学）的一个重要分支。黄少安：《现代经济学大典（制度经济学分册）》，经济科学出版社 2016 年版，第 1 页。

③ 罗伯特·考特、托马斯·尤伦：《法和经济学（第 6 版）》，史晋川等译，格致出版社、上海三联书店、上海人民出版社 2012 年版，第 276、317 页。

④ 罗纳德·德沃金：《法律帝国》，李常青译，中国大百科全书出版社 1996 年版，第 141～151 页；罗纳德·德沃金：《原则问题》，张国清译，江苏人民出版社 2005 年版，第 313 页。

⑤ 罗宾·保罗·马洛伊：《法律和市场经济》，钱弘道等译，法律出版社 2006 年版，第 147 页；陈凌云：《效率违约遏制论》，载《当代法学》2011 年第 1 期，第 85～92 页。

⑥ 王利明：《合同法研究》（第 2 卷），中国人民大学出版社 2003 年版，第 584 页；刘廷华：《效率违约悖论》，载《经济论坛》2012 年第 8 期，第 159～165 页。

⑦ 刘廷华：《效率违约悖论》，载《经济论坛》2012 年第 8 期，第 159～165 页。

定合同履行对守约方的价值)①、履行利益需可得到精确确定②、合同标的物不具有可替代性③、违约救济增加交易成本（包括证明标准的限制、可预见性规则的限制）④等观点。概言之，可将上述观点归纳为两个方面：第一，适用前提不具有类型化价值，包括场景稀缺等；第二，具体规则不具有可量化标准，包括履约利益需确定、标的物需不特定等。如果说前者所涉及的问题实质在于引致效率违约的原因来源，亦即为效率违约的具体适用情形，则后者所涉及的问题实质是效率违约的具体认定规则及其限制。对此，笔者认为，效率违约理论的争议性为进一步厘定其制度理性提供了合理空间，尤其是在我国民法典合同编纂之际，客观评估其制度价值较之对其一概否定显然更具积极意义。解构效率违约在适用性维度方面的争议，将为这一理论是否切实可行提供有益的探索与注解。

二、适用前提类型化之梳理

（一）效率违约类型化之初步区分

关于效率违约的适用情形，归根结底是指触发合同当事人在主观心理方面选择违约的具体场景，对此，学术界对效率违约作出的分类或许更具解释意义。根据不同的标准，法律经济学者将效率违约的类型具体区分为：（1）趋利型（意外收获型）效率违约和避害型（意外损失型）效率违约；（2）转售型效率违约、减损型效率违约与缓和型效率违约；（3）卖方的效率违约和买方的效率违约；（4）合同履行前的效率违约和合同履行中的效率违约。其中，第（1）类区分和第（2）类区分具体勾画了效率违约的适用图谱，亦即触发效率违约适用的原因，显然，这也是影响乃至制约效率违约理论存在必要性的关键。

所谓趋利型效率违约是指违约方违约所获得的收益超过履约时各方所获得的收益；避害型效率违约是指违约方违约所避免的损失大于履约所造成的损失。这一分类最早由波斯纳于《法律的经济分析》一书中予以明确描述⑤。在前述划分标准基础上，学者麦尔文·艾森伯格教授在其论文《效率违约理论和效率终止理论》一文中又将效率违约区分为转售型、减损型、缓和型三种形态。所谓转售型效率违约，即买卖双方签订合同后，由于第三方出价更高，卖方就对买方违约，并将标的物转手给第三方；所谓减损型效率违约，是指买卖双方签订合同后，由于制造该种商品的成本高于合同价格，卖方即对买方违约；而缓和型效率违约是指买卖双方签订合同，由卖方为买方加工某种商品，在商品还没有完成生产前，买方违约，因为对买方而言，该商品的实际价值低于合同中

---

①④　刘廷华：《效率违约悖论》，载《经济论坛》2012 年第 8 期，第 159～165 页。
②③　王利明：《合同法研究》（第 2 卷），中国人民大学出版社 2003 年版，第 584 页。
⑤　理查德·A. 波斯纳：《法律的经济分析》（上），蒋兆康译，林毅夫校，中国大百科全书出版社 2003 年版，第 152 页。

规定的价格。在此分类中，学术界常以"一房二卖"为转售型效率违约的典型案例，并以此来诟病效率违约的非道德性。

不难发现，麦尔文·艾森伯格的三分法与波斯纳的两分法具有一定程度的重合性，如果将三分法中的转售型效率违约视为趋利型效率违约的一种特殊形态，则减损型和缓和型效率违约可被视为避害型效率违约的进一步具体化，即减损型效率违约实质属于合同义务履行方避害型效率违约，缓和型效率违约实质属于接受履行方避害型效率违约。相比之下，尽管三分法的效率违约看似更为细化，但由于转售型效率违约较易使个案化的案例研判代替类型化的理论区分，且仅以违约主体为标准对避害型效率违约作细化区分并未从理论层面实质性地开拓避害型效率违约理论，故笔者认为，趋利型效率违约和避害型效率违约的两分法更具理论价值。

（二）商事合同效率违约与消费合同效率违约二分法之提倡

值得注意的是，在很多情况下，效率违约极可能大多属于违约方的一厢情愿，契约本身就是契约当事人基于自身利益最大化（最大效率）作出的，在合同成立后之所以一方试图违约，便可见民事主体在变动的交易环境中的理性是有限的。实际发生合同违约行为多是违约方基于自身利益的最大化判断，甚至是对合同守约方和合同整体利益的"自负"的"效率判断"。但正是由于违约方的有限理性而导致其对自己利益最大化的判断都可能存在失误，遑论其可以判断他人利益和社会整体利益的最大化。对此，笔者认为，如能进一步探讨效率违约在商事合同和消费合同领域不同的作用域，进一步依据不同领

域不同主体所应具有的不同程度的有限理性，并借助于立法或者司法之手依据相应标准予以合理判断，则有助于进一步缩减争议，提升对于效率违约的趋同性认识。

在消费合同领域，由于合同双方当事人的经济地位常常并不对等，消费者需以相对弱势之地位被迫接受经营者所提出的格式合同，而此类格式合同正是出于提高交易效率和交易便利的目的而制定，多含有提升交易效率、最大限度维护经营者经济利益之条款。相比之下，在商事合同领域中，由于合同双方均为市场地位较为平等的谈判主体，一般都具有为达成该笔交易所应当拥有的商事行为能力及识别不同交易风险、承担相应交易成本的能力，因此，即便合同在不同阶段所呈现出的不确定性因素很多，但正因合同自由与责任自负的基本原则，双方便在特定交易状态出现时具有作出不同选择的可能性。

因此，发生在消费合同领域的效率违约行为，依照《消费者权益保护法》所设置的格式合同规则处理即可，而发生于商事合同领域的效率违约行为，则需要借助于立法或者司法之手予以具体判断，甚至通过相关制度规则的进一步优化和细化，以为此类纠纷设定相应的评价标准。

（三）商事合同效率违约与合同法违约责任体系之协调

　　基于前述分析，笔者认为，作为一种特殊性的违约形态，判断履约成本超过履约价值等效率违约真实场景是否存在固然重要，但是，系统分析诱发效率违约尤其是商事合同效率违约产生的原因更为关键。根据违约行为的构成要件（包括违约方的主观心态、客观方面的履约可能性）、违约经济性分析（包括违约方成本收益、合同总成本收益）、违约行为的法律后果（包括合同结果、可能的裁量结果）等因素，并结合大陆法系和英美法系违约理论体系中类似制度之间的比较，笔者认为，效率违约应以违约方的主观善意为违约行为具有正当性因子的评价标准，并以此与机会主义违约进行区分；以违约方的主观心态和违约经济性指标（即违约较之履约更为经济）为区分于情势变更的标准；以客观上合同是否可以继续履行为区分效率违约与履行不能制度的判断尺度，从而进一步界定效率违约在两大法系合同法违约体系中应有的地位（见表1）。

表1　　　　　　大陆法系和英美法系在合同法违法体系中应有的地位

行为类型	违约行为构成要件		违约经济性分析		类似制度比较		法律后果	
	主观方面	客观方面履约可能性	违约方效益标准	合同总收益	大陆法系	英美法系	合同结果	裁量结果可能性
机会主义违约	恶意违约	可以履约	仅考虑违约方的成本—收益	违约更为经济	根本违约（恶意）	第三方诱致违约侵权	实际恶意违约	实际履约或者惩罚性损害赔偿
效率违约	主动违约，但可认定为善意	可以履约	既考虑违约方的成本—收益，又考虑守约方的成本—收益	违约更为经济	根本违约（善意）、情势变更	第三方诱致违约侵权、机会主义违约	实际善意违约	实际履约或者补偿性损害赔偿
情势变更	善意，希望履约	可以履约		履约显失公平	履行不能	合同落空	履约显失公平	变更或者解除合同
履行不能	善意，希望履约	无法履约		无法履约	情势变更	合同落空	无法履约	解除或者终止合同

　　需要指出的是，在传统大陆法系体系中，违约一直都是一种单方的行为，效率违约亦不例外，但是，这并不否认在效率违约过程中合同当事人之间进行协商的现实可能性，这也导致效率违约与合同变更、合同解除的关系出现了一定程度的模糊。然而，在罗伯特·考特、托马斯·尤伦看来，当违约较之履约更有效率时，交易成本的高低成为

违约方选择违约还是选择与合同相对方重新协商合同的关键①。

三、认定标准可量化之探讨

诚如前文所述，在效率违约认定标准可量化方面，理论争议主要集中于履行利益是否可以精确确定的问题和合同标的物是否具有可替代性问题。

（一）履行利益是否可以精确确定的问题

对效率违约持批评观点者通常认为，基于经济学中关于主观价值和客观价值的差异理论，在效率违约中，守约方对违约方本可作出的履约行为的期待利益也不尽相同，继而当事方也就缺少了期待利益损害赔偿充分性的救济基础。从这一意义上讲，效率违约不具有可操作性。

对此，笔者认为，首先，经济学历史上主观价值论与客观价值论之争②源远流长，并影响至今，反映在合同法中，体现为合同交易如何实现等价有偿的目的。合同当事人达成交易的纽带在于当事方的"合意"，此种"合意"常由货币数量所代表的商品或者服务的价格所表达，而价格一方面代表了合同标的物的客观价值，另一方面反映了合同当事人就合同目的的实现对于自我的主观满意度，亦即期待利益。因此，在一定范畴上，作为反映经济学中主观价值和客观价值之协调的现代合同法中的等价有偿原则，在一定意义上面临着衰落的趋势，而反映当事人期待利益的"合意"的重要性在持续提升，这一点也体现在我国新制定的《民法总则》中。《中华人民共和国民法通则》（以下简称《民法通则》）③第四条规定："民事活动应当遵循自愿、公平、等价有偿、诚实信用的原则"，而《民法总则》第五条、第六条、第七条分别规定了民事主体从事民事活动应当遵循自愿、公平、诚信的基本原则，唯独删除了关于等价有偿原则的表述。两相对比，不难发现，在涉及合同等价有偿的问题上，《民法总则》的态度发生了深刻的变化，这势必将影响合同编基本原则的重大改变。其次，当发生效率违约之时，合同当事人之间履行利益的确定即转化为对合同当事方因合意而生的期待利益的计算，以及争议解决的举证责任的配置问题，而上述问题的本质是合同交易成本的增加，也应被列入效率违约总成本的范畴，由违约方予以承担。

---

① 罗伯特·考特、托马斯·尤伦：《法和经济学（第6版）》，史晋川等译，格致出版社、上海三联书店、上海人民出版社2012年版，第276、317页。

② 客观价值论起源于古典政治经济学中的劳动价值论，主观价值论起源于古典政治经济学中的效用论，后经19世纪末马歇尔的均衡价值论和新古典综合派的不断完善，现在仍是西方主流经济学的主要支柱、均衡价值论认为：由于供给方面的"费用"因素属于客观范畴，需求方面的"效用"因素属于主观范畴，价值这一概念既带有主观性又带有客观性。

③ 2021年《民法典》实施后废止。

（二）合同标的物是否具有可替代性问题

对效率违约持批评态度者通常认为，在许多情况下，合同标的物属于差异化商品，具有独特性和专属性，难以通过市场而获得形状、质量完全相同的替代物，因此违约方根本无法替代履行[1]，继而当事方也就缺少了违约损害赔偿与实际履约等价性的救济基础。从这一意义上讲，效率违约不具有可操作性。

对此，笔者认为，这一观点有一定道理，但并不能构成阻却效率违约规则适用的理由。首先，关于特定物交易合同中无法适用效率违约的观点，不能一概予以否定。原因在于，效率违约的重要理论假设之一是损害赔偿与实际履约的救济等价，如果在特定标的物合同中发生效率违约，诚然守约方会因标的物不具有可替代性而无法获得因合同履行所形成的期待利益，但是如果守约方接受违约方的赔偿方案，即表明双方就守约方的期待利益达成了新的一致，实现了损害赔偿和实际履约的等价救济，意味着违约实现了资源配置的进一步效率化[2]；如果守约方不接受违约方的赔偿方案，当事人极可能进入争议解决阶段，此时裁量者除非作出由违约方继续实际履约的裁决结果，否则就意味着损害赔偿和实际履约的等价救济目标无法实现，其实质是效率违约的失败。其次，合同标的物可被替代理论非效率违约所独有，不能仅对效率违约规则适用构成阻却理由。特定标的物合同中违约救济的不充分性并非仅存在于效率违约之中，在情势变更、履行不能、拒绝履行、预期违约等其他类型的合同中也广泛存在。在此类特定物交易中，如发生合同法违约体系中所惯常发生的违约事由，亦存在损害赔偿与实际履行等价救济的计算以及风险分担问题，但并不能构成阻却该种违约形态客观存在的事由。

四、初步结论与展望

在前文就效率违约制度适用性维度分析的基础之上，笔者认为，我国未来民法典合同编如拟吸纳效率违约理论，可行的制度设计模式主要包括三种：第一，正向确立模式，亦即在合同编中以定义式或概括式立法模式正面规定效率违约制度，使之成为违约责任体系中一种独立的违约形态；第二，反向认可模式，即在《合同法》第一百一十条的基础之上，以"除外式"体例对效率违约予以认可；第三，模糊界定模式，即在立法中以类似于兜底条款等方式确立违约形态成本收益分析的基本理念，为效率违约在实践中的适用预留空间。

比较上述三种制度设计模式，可以发现，模式一虽然更具积极意义，但基于法律经济分析的效率违约理论源自普通法传统，其理念的养成本就伴随着与英美法系传统合同法律制度的博弈，如欲将其移植于大陆法系的合同法体系中，更面临着与建立在"可归

---

[1] 刘廷华：《效率违约悖论》，载《经济论坛》2012年第8期，第159~165页。
[2] 斯蒂文·萨维尔：《法律的经济分析》，柯庆华译，中国政法大学出版社2009年版，第97页。

责性"基础之上的违约责任体系发生冲突的可能性，较易引发制度衔接的混乱；模式三如采取兜底条款模式，虽在立法技术层面相对容易实现，但对于效率违约理念的采纳效果究竟如何存有疑问，另外兜底条款模式往往需辅之以立法解释或者司法解释的跟进，易增加制度的交易成本。相比之下，模式二的选择更具可行性，如果未来民法典合同编以《合同法》第一百一十条为基础，增加该条"除外"规定中适合效率违约适用的具体情形，如此，则立法在通过赋予违约方以举证责任的方式吸纳效率违约制度的同时，可以保持传统合同法违约责任体系的逻辑性和结构的稳定性。

总之，随着我国民事法律体系建设步伐的加快，编纂民法典合同编的时间窗口已然开启。如何全面、客观、科学地吸收合同法领域内跨法系、跨国界、跨学科的最新研究成果，在使民法典合同编与总则编有效衔接的同时，更加符合民法典民族性、时代性、科学性的立法使命，成为重要的立法考量。作为法学理论与经济学范式在合同法违约责任体系内的重要交会，立法对于效率违约的制度抉择将走向何方，值得期待！

参 考 文 献

1. 陈凌云：《效率违约遏制论》，载《当代法学》2011 年第 1 期。

2. 霍姆斯：《法律之道》，姚远译注，引自《厦门大学法律评论》（总第 26 辑），厦门大学出版社 2015 年版，第 161 页。

3. 理查德·A. 波斯纳：《法律的经济分析（上）》，蒋兆康译，林毅夫校，中国大百科全书出版社 2003 年版。

4. 刘廷华：《效率违约悖论》，载《经济论坛》2012 年第 8 期。

5. 罗宾·保罗·马洛伊：《法律和市场经济》，钱弘道等译，法律出版社 2006 年版。

6. 罗伯特·考特、托马斯·尤伦：《法和经济学（第 6 版）》，史晋川等译，格致出版社、上海三联书店、上海人民出版社 2012 年版。

7. 罗纳德·德沃金：《法律帝国》，李常青译，中国大百科全书出版社 1996 年版。

8. 罗纳德·德沃金：《原则问题》，张国清译，江苏人民出版社 2005 年版。

9. 斯蒂文·萨维尔：《法律的经济分析》，柯庆华译，中国政法大学出版社 2009 年版。

10. 王利明：《合同法研究》（第 2 卷），中国人民大学出版社 2003 年版。

11. 王利明：《民法分则合同编立法研究》，载《中国法学》2017 年第 2 期。

消费者撤回权制度的反思与重构

——基于法律经济学的分析*

靳文辉**

【摘　要】2014 年开始施行的新《中华人民共和国消费者权益保护法》第二十五条关于消费者撤回权的规定固然会降低消费者的维权成本，但也会带来一些低效率的意外后果，如扩大消费者追求合作剩余最大化的时间范围、诱发消费者的道德风险、对消费者的冲动性购买行为形成激励等。这些低效率后果的产生并非"对消费者应当予以特殊保护"这一制度目标本身存在问题，而是对远程购物中消费者权益保护的工具设计上出现了偏差，它对经营者采取了集体化的惩罚范式，剥夺了经营者的抗辩权，改变了交易行动中风险的"双方预防"原则。为避免这些低效率，应将消费者的撤回权规定由强制性规范改为任意性规范，要求消费者对不合理退货的行为担责，同时将举证责任配置给经营者承担以减轻消费者的证明成本，并进一步完善消费者行使撤回权的保障机制，以此来实现自治与强制的兼顾、成本与收益的平衡。

【关键词】消费者权益保护法；消费者撤回权；法律经济学；远程交易

一、引　言

我国于 2013 年修订、2014 年 3 月 15 日开始实施的《中华人民共和国消费者权益保护法》（以下简称"新《消法》"）在新型消费方式、个人信息保护、格式条款、欺诈赔偿等方面都有突破性的规定，其中被称为消费者"反悔权"规定的条款尤其引人注目。新《消法》第二十五条规定："经营者采用网络、电视、电话、邮购等方式销售商品，消费者有权自收到商品之日起七日内退货，且无需说明理由。但下列商品除外：（一）消费者定作的；（二）鲜活易腐的；（三）在线下载或者消费者拆封的音像制品、计算机软件等数字化商品；（四）交付的报纸、期刊。除前款所列商品外，其他根据商品性质并经消费者在购买时确认不宜退货的商品，不适用无理由退货。"对这一强制性规范，学界一般以消费者的"撤回权"称之，消费者权益保护法中对撤回权的明确规定，意味着主宰传统合同关系的"禁止否诺"原则被推翻，传统私法中当事人自己决

* 司法部国家法治与法学理论研究项目（16SFB2039）、中国法学会部级法学研究课题〔CLS（2016）D101〕、重庆大学中央高校基本科研业务费专项资金项目（106112017CDJSK08XK02）。感谢匿名审稿人的宝贵意见！当然文责自负。原文发表于《法商研究》2017 年第 3 期。

** 靳文辉，重庆大学法学院教授。

策、自己选择和自己责任的私法自治基调被打破，消费者在特定领域中的"否诺"可能性获得了法律的确认。

撤回权被认为是矫正消费者和经营者地位悬殊、实力不对等的举措，是消费者权益保护法秉持的实质正义观的体现。在现代社会，随着经济社会化程度的不断提高和社会分工的不断扩大，以及交易的普遍化、多样化和交易大多发生在陌生人之间的事实，决定了消费者和经营者之间的不对等地位日趋严重，消费者对交易标的物信息的了解和验证难度也在进一步增加，这在无法"亲临其境"、难以"眼见为实"的网络、电视、电话、邮购等远程购物中表现得尤为明显。借助于相应的制度安排来矫正消费者和经营者之间的不对等地位，克服两者之间的信息不对称困境，是现代消费者权益保护法律制度必须秉持的一个基本理念。

但是，我们必须冷静思考一项法律的实施对各方主体行为的影响，尤其不能仅凭某种道德热情或制度的象征意义来掩盖其运行时可能产生的真实后果。对消费者权益加以特别保护的理念固然正确，但制度设计不应以在消费者和经营者之间形成新的不合理利益分配格局为代价。如果运用法律经济学的工具来分析，就会发现新《消法》关于撤回权的规定可能会带来制度性的非效率，难以达到帕累托最优的社会效果，其无论是对经营者抑或是整个社会甚至是在特定情形下的消费者，都会造成效率减损。更为重要的是，按照法律经济学的分析逻辑，由于不同的保护工具意味着不同的成本和收益，消费者权益保护目标应当与保护工具相匹配，"规制工具的选择在整个规制决策体系中具有关键性地位，规制工具与规制目标是否匹配等会直接影响到经济法、劳动法、环境法等诸多法律质量"，① 保护工具的选择和优化是消费者权益保护制度设计中首先需要考虑的问题。

从法律经济学的角度观之，新《消法》关于消费者撤回权的规定不具备效率意义上的合理性，造成这种低效率结果的原因不是因为"对消费者应当予以特殊保护"这一制度目标和理念本身出了问题，而是对远程购物中消费者保护工具的设计上出现了偏差，利用了一种成本极高的保护工具来对远程交易中的消费者权益予以保护。有鉴于此，笔者在对撤回权所引起的利益再分配效应进行分析的基础上，探讨撤回权可能引起的各种意外后果，然后就引起该种情形的原因从法学原理的角度进行分析，最后对如何改进撤回权制度提出了具体建议。

二、消费者撤回权的利益再分配效应

在经济领域，相对于没有交易的事实，只要没有负外部性的存在，任何自愿的交易都是符合帕累托改善的，市场正是利用了这一机制，通过交易实现了人们之间的有无互通和需要满足，其所具备的价值无需笔者论证。但是如果购销交易完成后，一方当事人可以依据法律的规定单方撤回已履行完毕的契约，那么必然会在当事人之间形成新的利

---

① 应飞虎：《规制工具的选择与运用》，载《法学论坛》2011年第2期。

益再分配效应。这种利益再分配效应会通过在各方主体之间形成新的成本和收益类型表现出来。

（一）撤回权行使中的成本

1. 经营者增加的成本

当消费者行使撤回权的时候，经营者由此增加的成本类型主要包括：（1）退货行为本身产生的直接成本。当消费者选择退货后，经营者要接收所退商品，对退货商品重新包装、重新编辑出售条目，要在法定的期限内向消费者退还价款，该整个过程对经营者产生的时间耗费和费用，构成了经营者需承担的直接成本。（2）因退货所造成的时机延误及商品流动速度减缓所产生的收益减少。任何商品的出售都存在时间效率的问题，绝大多数日常消费品的价格会随时间而降低，尤其是某些行业，行情瞬息万变，时间成本当然不容忽略，它甚至会构成撤回权行使中的最为高昂的成本。

当然，也许有人会认为，消费者退货后，经营者对退货商品再次出售可能还会产生更多的收益，因为商品的价格随时间的涨跌不具有确定性，当该退货商品涨价时，对经营者自然是一种收益。但该种认识并不必然正确，因为作为一个经济学常识，对追求利润最大化的经营者而言，获利的过程不仅跟商品的价格相关，更与商品的流通速度相关，被消费者退货的商品即便出现了价格上涨的情况，但其造成的因商品流通速度减缓而造成的低效率则是不争的事实，经营者必须在最优价格与商品的流通速度之间进行平衡，如果现实中的经营者都以最大化价格作为唯一的获利方式而不考虑商品的流通速度的话，其不光对经营者而言是低效的，而且在极端情况下还会引起市场的萎缩，甚至市场的消失，其低效率显而易见。

2. 消费者承担的成本

设置撤回权的目的，是为减少远程交易中消费者维护权利的成本，更充分保护消费者权利，那么至少在形式上，不会再增加消费者的成本。新《消法》也正是基于这一理念，仅仅规定了消费者在行使撤回权时只承担因退货而产生的直接费用，这种直接费用及消费者的时间、精力耗费，构成了消费者行使撤回权的成本。

3. 社会承担的成本

对整个社会而言，撤回权的行使有可能使整个社会出现更多的无效或低效合同。具体而言，当消费者不拥有撤回权时，消费者在购买决策形成中会因"责任自负"而不得不谨慎、不得不理性，这对社会而言，能最大限度地保证购销活动的高效率。与之相反，由于消费者坚信已经完成的交易可以"无需说明理由"退货，那么就会对消费者的不谨慎、不理性甚至不诚信形成激励。"行为激励理论的'事前'视角说明，责任配置的功能在于内部化个人行为带来的各类损害成本，诱导个人在事前就主动选择社会最优的行为。"[①]"无需说明理由"的退货是一种责任消解机制，如果消费者在此种心理激

---

① 张维迎：《信息、信任与法律》，三联书店 2003 年版，第 63 页。

励下完成交易，尽管在形式上看，交易双方的"利益共识差距"会缩小，消费者和经营者达成合约的可能性会增加，但基于此达成的合约会因消费者行使撤回权而否定其效力，现实中增加的合同数量也是一种"虚假的繁荣"。众所周知，尽管合同的成立和履行是促成社会资源高效配置的重要方式，但合同也并不是越多越好，"达不成交易自有达不成的道理，为什么无效率的交易也要达成呢……私人之间不能达成一致，那就实在是因为双方没有看到或者并不珍视彼此合作的'共同利益'，这种情况下，交易失败正是有效率的，经济学不能要求所有事后或者外在看来应当发生的交易都要发生"。[①] 当消费者因行使撤回权而出现更多的无效或低效购买行为时，对整个社会而言无疑会形成低效率的结果。

（二）撤回权行使中的收益

1. 消费者的收益

消费者的撤回行为本身就是其在追求利益最大化的动机支配下的行为样式。科斯定理认为，在零交易成本的情形下，权利的初始界定是无关紧要的，正是因为有交易成本的存在，所以才有法律确权的必要，撤回权是法律确权的结果，在消费者不拥有撤回权的情形下，当消费者认为有退货的理由或必要，只能通过与经营者的协商或寻求公共权威机构去解决，无论是自行协商还是依托公权力机构，消费者都面临交易成本，有时甚至高不可攀——自行协商过程中的利益分歧、权利争议引发的谈判成本、信息成本、证明成本；公共权威机构解决纠纷的证据搜寻成本、保存成本，在相关证据缺失的情形下，即便权益确实受到了侵害，消费者还需承担败诉的风险，等等。但当法律对撤回行动的正当性予以确认，意味着法律"在交易成本高不可攀之处模拟了市场"，[②] 法律通过权利的赋予避免了当事人只能通过协商或者公权力机构解决的路径的单一性，其所构成的成本节约便是消费者最直接的收益。

2. 社会收益

撤回权减轻了产品质量监管机关的监管压力，同时增加了对不良经营者的震慑力，这对整个社会而言自然是一种收益。具体而言，在现代社会，对与产品质量相关的违法犯罪行为的查处主要由政府承担，但政府查处枉法者需要以充分的信息为前提，无论是对违法者的行政监管还是司法判决，其最终基础仍然是一些由证据和相关信息构建起来的有关案件的事实。没有这些证据和事实，法官和行政人员就难以做出裁断，国家机器的实践话语就会卡壳。[③] 当证据和信息不充分的时候，对违法者的震慑能力也会降低，因为"无论如何严厉的惩罚，如果由于查处概率很低而只有很小的可能性变成现实，以至于人们业已形成'总能逃脱查处'的稳定预期，'漏网之鱼'式的幸运认知就会成为

---

① 凌斌：《法律的性质：一个法律经济学视角》，载《政法论坛》2013年第5期。
② 理查德·A. 波斯纳：《法律理论的前沿》，武欣、凌斌译，中国政法大学出版社2003年版，第6页。
③ 米歇尔·福柯：《法律精神病学中"危险个人"概念的演变》，苏力译，《北大法律评论》第2卷第2辑，法律出版社2000年版，第494~495页。

枉行的有力诱因"。① 与之不同，当撤回权作为法定的消费者权益维护工具时，消费者当然会充分利用这一有利规定以维护自己的权益，支撑这一机制运行的人性基础就是消费者对自己利益最大化的关注和重视，"只要有可能，人都总是努力寻求和促进对自己来说最好的东西，而且应该这样做"。② 消费者是自己利益的最佳判断者，因为要对自己负责，所以消费者对自身利益的关注通过行使撤回权维护自身利益的概率比公权机构的查处概率要高得多，这对违法者或潜在的违法者而言，无疑具有更为明显的遏制和阻吓功能，尤其是当现实中经营者的行为存在道德上的可非难性和违法性时，消费者行使撤回权对整个社会的效率影响无疑是正向的。

3. 经营者的收益

撤回权为矫正消费者和经营者权益配置的非均衡状态而设，其对经营者而言只能增加新的成本而不会有收益。即便是退货商品本身价格上涨，也会因商品流动速度的减缓而使经营者的整体收益减损，对此前文在对经营者的成本分析时已有交代。

总之，新《消法》第二十五条关于消费者撤回权的规定，会在消费者、经营者和整个社会之间形成新的利益结构：对经营者而言，消费者的任意撤回权意味着其必须承担消费者退货行为所产生的成本，没有了讨价还价的空间；对消费者而言，撤回权除了要求其承担退货的费用外，为其维护利益创设了充分的便利条件，降低了消费者的维权成本。对整个社会而言，撤回权既可以成为分散监管压力、促成经营者规范经营的工具，也可能导致在社会中形成更多的潜在无效率（合同存在撤回风险）或确定无效率（合同最终被撤回）的合同。

三、消费者撤回权可能引发的意外后果

按照法律经济学的逻辑，法律的功能是通过权利和义务所表现出的利益分配来影响行为主体的机会选择集，行为主体会通过权利和义务所隐含的价格确定行动的成本和收益，并最终形成立法者所期待的社会秩序。诚如前文分析，新《消法》第二十五条所形成的利益再分配效应会在当事人间产生新的成本收益结构，经营者和消费者会基于这种新成本的约束和对新收益的追求来调适自己的行动。撤回权的正面效果是显而易见的：对违法经营者或潜在的违法经营者的阻吓和遏制，以及对消费者维权成本的节约，传统维权方式中消费者可资利用的手段缺乏、路径不畅、维权成本过高现状在撤回权法定化的背景下会得到有效克服。但是，撤回权所引起的负面效果也是不容否认的，它至少存在导致远程交易中低效率的可能并构成该制度运行的意外后果，根据观察、分析和推导，笔者把撤回权所产生的意外后果归纳为以下三种类型。

---

① 吴元元：《公共执法中的私人力量——悬赏举报制度的法律经济学重述》，载《法学》2013 年第 9 期。
② 徐向东：《自由主义、社会契约与政治辩护》，北京大学出版社 2005 年版，第 6 页。

（一）可能扩大消费者追求合作剩余最大化的时间范围

撤回权的任意行使可能会扩大消费者追求合作剩余最大化的时间范围。为了便于说明问题，笔者通过一个在现实中有发生可能性的案例来分析消费者基于合作剩余最大化的撤回情形。假定甲在网上购物平台选中一款手机，并认为该手机最多值 2 500 元，也就是当高于 2 500 元时甲不会选择购买，而对商家乙而言，该部手机低于 1 500 元则不会出售，那么，合作剩余就是 2 500 - 1 500 = 1 000 （元），在 2 500 元和 1 500 元之间的任何价格成交对甲和乙来说，都是一个符合帕累托最优的结果。如果该部手机经过甲和乙的讨价还价最终以 2 000 元的价格成交，那么对甲和乙来说，他们在合作剩余的分配中各占一半，分别为 500 元。同时，作为合同当事人的甲和乙，都有扩大自己在合作剩余中份额的激励，交易中对"亏"和"赚"的认定依赖于交易双方的信息结构和心理预期，如果在 2 天后，甲发现另外有商家丙以 1 800 元的价格出售该手机，甲如果和丙之间以 1 800 元的价格形成新的交易，尽管双方的合作剩余依然是 1 000 元，但他们之间合作剩余的分配发生了变化，甲分享了 700 元的合作剩余，而丙获得 300 元的合作剩余。由于我国新《消法》规定了甲在此情形下退货的正当性，甲在追求更多合作剩余的心理激励下，只要退货的成本低于 200 元，它就一定有退货并重新购买的激励。合同是当事人的法律，合同履行完毕后为了追求合作剩余最大化的退货行为会降低经营者的稳定安全预期，如果经营者提供的产品符合质量要求并没有强迫交易的情形，那么除非发生了重大的情势变更，消费者基于追求合作剩余最大化的撤回行动便不具有正当性，否则市场发挥作用最基本的机理会被破坏，这构成了现实中消费者行使撤回权中一种典型的产生意外后果的形态。

（二）诱发消费者的道德风险

道德风险是指"从事经济活动的人在最大限度地增进自身效用时作出不利于他人的行动"。① 道德风险会背离制度所期待的行为激励方向，消费者会因为自己所拥有的"特权"而诱发各种"损人利己"的行为发生。② 道德风险固然与人的个人品德有一定关系，但制度设计的不合理是其发生的更为重要的根源。"在普遍主义的道德原则下，自利性并不会产生主观上的道德风险行为，经济人对自身利益的追求在道义上是正当的。但是，在机会主义倾向的支配下，人的自利性使人们有了借助不正当的手段谋取自身利益的动机，如通过掩盖信息和提供虚假信息等手段有目的有策略地说谎、欺骗、违背对未来行动的承诺。"③ 在撤回权法定化的背景下，消费者的道德风险主要表现为两

---

① 约翰·伊特韦尔等：《新帕尔格雷夫经济学大辞典》（第 3 卷），陈岱孙译，经济科学出版社 1992 年版，第 588 页。
② 陈伟：《重估网络购物中的消费者撤回权》，载《法学》2016 年第 3 期。
③ 乔庆梅：《社会养老保险中的道德风险》，载《中国软科学》2004 年第 12 期。

种形式：

第一种是消费者在商品选购决策中谨慎程度的降低。传统合同法律制度秉承私法自治的基本原则，通过"双方谨慎"来避免合同被撤销结果的发生，无论是经营者还是消费者，对自己行为导致的结果都必须自行承担责任，本人的收益和成本会因为决策和后果的统一而内在化。与之不同，撤回权改变了合同当事人对合同撤销后果预防的激励结构，撤销权意味着决策与后果的分离，消费者因为坚信交易可撤回，从而会对消费者决策时的谨慎义务形成反向激励，在商品的选购决策中，理性的消费者会衡量退货成本和谨慎选择的成本。由于撤回权降低了消费者不谨慎的成本，谨慎的边际成本和边际收益的均衡点发生了向减少谨慎义务方向的位移。当退货成本小于谨慎选择的成本时，消费者就可能选择不谨慎，消费者就可能更不会像"理性人"般地负责任行事，从而导致低效率决策行为的发生。

第二种道德风险的表现是消费者的预期退货行为。在消费者拥有法定撤回权的情形下，由于消费者购买的物品可以不问缘由退回，消费者可能会基于某种短期需要，来选购某种商品并在该种商品承担的消费职能完成后立即退货，通过不诚信的方式，以更低的成本实现自己受益的最大化，这在适用频率低且价格昂贵的物品上更容易发生。尽管新《消法》规定了消费者的退货期限是7天，但7天内有大量的商品可完成至少一次消费。笔者再模拟一个场景对此予以说明：甲准备参加一个重要的聚会需要一套礼服，但其选中的礼服的价格要远远高于给自己带来的效用（礼服的价格很高，使用的次数又有限），甲可以通过远程交易平台选购一套合适的礼服并在聚会中使用，收到货物之日起7天内当然能够完成一次聚会，使用完毕后再选择退货，一定在新《消法》的允许范围内，事实上，在其修正的过程中，有学者就基于现实真实案例的考察，指出无理由撤回权的不合理性及社会低效率，"在美国的超级市场，几乎所有的家用小电器都可以在约定的期限内无条件退货，一些外国留学生就是利用这一条款，在炎热的暑假购买电风扇，使用一段时间之后在经营者规定的期限内，到超级市场无条件退货。这样做虽然给留学生节省了一大笔的开支，但却在客观上损害了外国留学生的形象"，① 撤回权不仅损害交易的稳定性和安全性，也的确给部分不诚信的消费者提供了可乘之机。当消费者在购买之时就形成了撤回的内心确信，这种行为既不具备道德上的正当性，对整个社会而言，也不具有效率意义上的合理性。

（三）对消费者的冲动性购买行为形成激励

冲动性购买就是当消费者感到突然的、强烈的、持续的驱动力而当场立即去购买商品的行为。② 较之于消费者的"深思熟虑"的理性购买决策，冲动性购买无疑更容易引起消费者的后悔且不具有效率意义上的正当性。按照行为心理学的分析，消费者的冲动

① 乔新生：《冷静对待"冷却期规范"》，载《检察日报》2009年10月15日。
② See Rook, D. W. The Buying Impulse. Journal of Consumer Research, 9（1987）.

性购买形成的心理过程异常复杂，是一种特殊的消费行为，用现有行为决策模型无法对其进行完全解释，但学术界一般认为，与一般的消费者谨慎程度降低所产生的非理性购买行为不同，消费者的冲动性购买行为的发生与消费者的自我控制不足有关，放弃自我控制或者自我控制失败是消费者冲动性购买形成的主要机理。美国学者克维茨等人在分析消费者放松自我控制缘由时指出，尽管人的消费行为有异常繁杂的相异性，但人的消费行为在总体上依然是自我控制的，但如果有合适的条件，消费者也会放松自我控制。他们用实证的方法得出的经验数据表明，总的来说，有两大理由能使消费者放松对自我的控制：其一，是否有权利；其二，是否要花钱。[①] 作为理性的经济人，消费者在购买决策中一般都会倾向于作出不至于将来后悔或者后悔程度最低的选择，即便在消费者"风险寻求"的心理机制下亦是如此。对所有的消费者而言，避免后悔——对"后悔最小化"的追求总是其行为的指针，没有人会基于对"后悔"的追求和体验去购买商品。但当法律赋予消费者撤回权（拥有权利）的时候，意味着消费者通过具体的行动否决自己后悔的购买行为具备了法律上的正当性，"后悔"情形因法律的规定而不复存在，远程交易中的消费者撤回行为有了法律为其提供的"权利"的保障。同时，如果消费者对冲动性购买行为的后悔程度决定的冲动性购买行为付出的代价大于退货成本（少花钱），撤回行为本身有经济合理性时，克维茨等人所论述的冲动性购买的两个要件便得以具备。此时，现实中就会有更多的冲动性购买行为的发生，冲动性购买造成的社会低效率，经济学已有定论，无需笔者再做论述。

四、消费者撤回权制度的法理批判

笔者认为，无论是从社会效率的角度还是从道德的角度来分析，只有当远程交易中经营者所销售的产品不符合产品的法定标准或约定标准，如要求经营者提供的商品与其对商品的文字描述、图片（图像）介绍以及广告所宣示的内容相一致；或者经营者没有提供本该提供的信息；或提供的产品存在危及人身或财产安全方面的风险，对消费者的合法权益造成侵害或有侵害之虞；或者消费者在签订合同时意思不自由时，无条件的撤回权才具有合理性。除此之外，不管是消费者基于购销合同履行后追求合作剩余最大化的撤回行为，还是因放任自己的购物冲动而后悔的撤回行为，抑或基于道德风险的撤回行为，都不具备正当性。法律赋予消费者"无需说明理由"的撤回权之所以会引起缺乏效率的意外后果，从法学理论的角度分析，主要是基于以下几个方面的原因：

（一）权益保护的工具设计不当

诚如前文所论，作为现代信息时代新型购物方式的远程购物，的确会加剧消费者和

---

① See Kivetz, R. , & Zheng, Y. H. Determinants of justification and self-control. Journal of Experimental Psychology, 4 (2006).

经营者之间的信息不对称，但较之于传统的商品销售模式，远程购物并不会拉大消费者和经营者地位的强弱差距，也不会形成一种新的不对等利益关系，那么借助信息工具来克服这种不对称是一个更符合逻辑的判断。所谓消费者权益保护中的信息工具，是指通过充分的信息供给以保障消费者作出正确决策所依据的各种手段，信息工具把交易决策权留给市场主体，因此不会产生相关主体的对策性行为，且适用的成本更低。现实中，只有当情势危急、后果严重并对安全或效率有更高要求的场合，才会采取深度（强制性的）规制工具，信息工具常常不被使用，除此之外，选择成本较低的信息工具更为合理。[1] 显而易见，一般意义上的远程交易不会构成"情势危急"，也不会造成严重的后果。因此，远程交易中的信息不对称首先不应该通过对原本已履行完毕的合同的撤回来克服，但新《消法》中并没有对远程交易中相关主体的信息提供义务作出特别的规定。当然，撤回权可以使经营者因为惧怕消费者的撤回行动而提供更为充分和完备的信息，但从根本上来讲，撤回权最深刻的存在根据是"保护意思自由和决定自由，保护法律交易当中的地位自由，排除法律上的未决状态"[2] 而非信息不对称，新《消法》中规定的消费者在远程交易中不区分具体情况直接适用撤回权的"整体划一"方式，即便可在一定程度上克服信息不对称，但它无疑是一种成本极高的制度工具。如果整个社会仰赖该种方式来督促经营者提供充分信息，就会出现"倒洗澡水，连婴儿一起倒掉"的结果，既缺乏效率意义上的合理性，当撤回的标的物符合法定和约定的条件时，也不具备道德意义上的正当性。

（二）对经营者采取了"集体化"的惩罚方式

按照经济学界的说法，集体化惩罚是指因某一成员的不当行为，使该成员所在的整个集体受到惩罚的情形。其背后的逻辑是，除了错误行为的真正实施者，某些人会比政府获取更多的信息来防止此错误行为的发生。但是，诚如贝克尔和波斯纳所论，集体性惩罚是一种成本巨大的处罚方式，除了在减少犯罪、军事侵略以及其他杀伤性事件之外，以及较为"温和"的领域（如家长无法证明两个争吵的孩子究竟是谁有错时，对两个孩子都予以批评；再如教师在寻找究竟是哪个同学犯错误难度更大时，对全班同学罚站），集体性惩罚的运用并不具备效率意义上的合理性。"因为由于某一个人犯错，好多人都会受到连累，比如，惩罚一个人的成本是 X，这个人所属团队有 10 个人，其余人都会因他的不法行为而受到惩罚，那这个惩罚成本是 10X，而不是 X。因此，集体惩罚被认为是一种极为例外的处罚方式。"[3] 显然，新《消法》第二十五条在制度设计中未区分合法经营者与非法经营者之间的不同，也未界定合理退货或不合理退货的区别，这种不问缘由的规制方式无疑是对经营者的一种集体性惩罚，显然违背了现代法律

　① 应飞虎、涂永前：《公共规制的信息工具》，载《中国社会科学》2010 年第 4 期。

　② 王洪亮：《消费者撤回权的正当性基础》，载《法学》2010 年第 12 期。

　③ 加里·S. 贝克尔、理查德·A. 波斯纳：《反常识经济学》，李凤译，中信出版社 2011 年版，第269～271 页。

责任自负的最基本原则，要求所有的远程交易中的经营者都必须面对消费者无理由退货的风险，"这种任意扩大株连范围的集体处罚之所以没有效率，是因为立法部门在做决策的时候，只是为了'省事'或者仅有'隧道视野'，而没有考虑市场的信息结构，没有考虑社会的机会成本，因此对于整个社会是无效率的"。①

（三）不当剥夺了经营者的抗辩权

新《消法》第二十五条的规定实质上是对经营者抗辩权的剥夺，在消费者无需理由退货时，由于消费者退货行为的不可验证性和难以观测性，使得消费者处于信息上的优势地位，而经营者处于信息上的劣势地位，消费者与经营者之间的信息分配关系发生了逆转，这种制度设计诱发了一种新的信息不对称——为纠正原本存在的信息不对称的撤回权，在现实中却造成了另外一种信息不对称，撤回权的合理性当然就值得怀疑。另外，"无需说明理由"的撤回行为还可能导致经营者的"脆弱"地位，消费者是否作出撤回行动，消费者拥有绝对的主动权，经营者无法左右和改变，这种赋予消费者即便在经营者没有过失的情形下也需承担退货的不利后果的情形，会产生一种新的制度性歧视。现代社会化的生产及分工造成的消费者弱者地位确是不争的事实，但经营者的合法权益也应得到保护，平衡社会不同主体间过于悬殊的强弱地位应通过其他制度来实现，而不是通过制度性歧视来完成。

（四）改变了合同风险的"双方预防"原则

对合同当事人而言，任何合同都可能存在风险，这是社会必须为之付出的代价，而合同法所设立的"双方预防"的功能之一，"就是阻止合同一方当事人对另一方当事人的机会主义行为，以促进经济活动的最佳时机，并使之不必要采取成本昂贵的自我保护措施"，② 但如果撤回权可以不问青红皂白随意行使，同时又可以将撤回的不利负担转嫁给经营者，那么对经营者而言，保证购销合同最终履行只能依靠自己单方的力量来进行，而且在消费者无需说明理由的退货行为面前，经营者的预防并无多大成效。前文已论，对消费者而言，由于行为与责任的分离，会对其各种类型的投机行为和非理性行为形成激励，而且即便对消费者而言，这种权利的倾斜配置对其也并非总是有利，"免于自我伤害的能力也要依靠个体在'试错'的经验教训中'习得'。个体作出了不负责任的选择，或者作出了超越自身行动能力的选择，但是却无需承担相伴而来的不利后果，如此一来，父爱主义的羽翼将使之丧失提高判断能力的机会"，③ 个体的理性行动是社会发展的前提，任何法律制度的设计，都应该是激发人的理性而不是放任人的非理性，

---

① 张维迎、邓峰：《信息、激励与连带责任——对中国古代连坐、保甲制度的法和经济学解释》，载《中国社会科学》2003 年第 3 期。
② 理查德·A. 波斯纳：《法律的经济分析》，蒋兆康译，中国大百科全书出版社 1997 年版，第 117 页。
③ 吴元元：《法律父爱主义与侵权法之失》，载《华东政法大学学报》2010 年第 3 期。

新《消法》第二十五条恰恰可能放任人（消费者）的非理性，其必将会造成整个社会的低效率，甚至造成特定情形下消费者的低效率。

五、消费者撤回权制度的变革路径

新《消法》第二十五条可能出现多种低效率的意外后果，所以我们必须谨慎对待。远程交易导致的信息不对称应当优先利用信息工具来解决，经营者应该根据远程交易的特点，通过更恰当、更合理的方式对商品的性能、特点和品质予以恰当展现，如对图片、比例、颜色、角度的特殊要求和规定，同时强化交易平台提供商的信息披露义务和安全监管义务，[①] 针对特定产品，还可要求远程交易平台承担因信息不真实造成消费者权益损害的连带责任，另外还可借鉴在其他领域取得"意外成功"的"信息交流"制度，[②] 最大限度地实现信息供给的真实性和充分性，以保证消费者做出正确的决策。限于篇幅及文章主旨，笔者不准备对远程交易中消费者保护的信息工具展开论述。关于远程交易中撤回权规则的改进路径，笔者认为应通过以下几个方面来进行：

第一，将撤回权设置为任意性规范，实现强制和自治之间的平衡。我国台湾地区学者苏永钦认为，任意性规范和强制性规范的区别绝非仅仅是当事人可否排除适用那么简单，任意性规范同样有强制力。[③] 任意性规范有其自己独特的功能优势，具体而言，首先是对交易成本的减省，当事人不必消耗成本在各种必要之点和非必要之点的约定上，交易者只需以"法定"的权利义务分配为基础，作加减的约定即可。其次是任意性条款可提供交易选择的便利，提示并降低交易中的风险，交易者只须依照其需求及能力，即可透过协商折中，作出各取所需的交易。另外任意性规范还可保证交易双方权利义务与风险成本的公平分配。因此，民法中的任意性规范对私法自治的运作，有其积极辅助的功能，也有其消极制衡的功能，可以说是支撑自治不可或缺的一环，不会因无强制性而受影响。[④] 美国学者奥姆利·本·沙哈尔和埃里克·波斯纳在比较欧盟与美国关于撤回权的立法差异之后，也认为在消费者保护中将消费者撤回权设置为一个任意性规范是更好的选择，立法上没有必要一定要将其设置成一个强制性的规范。[⑤] 在欧盟，远程交易消费指令规定消费者在远程交易中拥有撤回权，[⑥] 并将之设置为强制性规范，但美国学者艾琳安奥哈拉和英国学者霍斯特对欧盟远程交易撤回权的强制性规范做过如此评价：在远程交易的情形中，消费者并不会遭遇像上门交易那样，可能因销售人员侵入消费者的私人空间而产生某种压力，因此"欧盟现行关于远程交易的立法是不令人满意

---

① 齐爱民、陈琛：《论远程交易平台提供商之交易安全保障义务》，载《法律科学》2011 年第 5 期。

② 金自宁：《作为风险规制工具的信息交流——以环境行政中 TRI 为例》，载《中外法学》2010 年第 3 期。

③④ 苏永钦：《走入新世纪的私法自治》，中国政法大学出版社 2002 年版，第 16～17 页。

⑤ See Omri Ben-Shahar, Eric A. Posner, The Right to Withdraw in Contract Law. The Journal of Legal Studies, 40 (2011).

⑥ See Research Group on the Existing E C Private Law (Acquis Group), Contract Ⅱ: General Provisions, Delivery of Goods, Package Travel and Payment Services, Sellier, European Law Publishers Gmb H, Munich, 2009, P. 234.

的，应当予以改变"。① 前文已论，我国新《消法》第二十五条并非任意性规范，笔者认为，将撤回权设置为任意性规范，对合法的经营者而言，由于对所售产品品质的内心确认而愿意主动向消费者承诺无条件退货，对违法或潜在的违法经营者而言，由于其承诺无条件退货会增加消费者退货的概率，其当然倾向于不做出退货承诺，不做出退货承诺的经营者，消费者会对其所披露出的信息做出更为谨慎的鉴别，如此不仅能有效节约诚信经营者的成本，也方便消费者对经营者的选择。

第二，要求消费者对不合理的退货行为承担责任，同时合理分配当事人的举证责任，以减轻消费者的举证负担。考察世界其他国家的立法即可发现，要求消费者对不合理的退货行为承担责任并非没有先例，如欧盟关于撤回权的2011/83/EU指令中，要求消费者对除确认商品的品质、特征、功能所需之外的货物处理带来的贬值承担责任，在"梅斯纳娜诉斯特凡克鲁格公司案"中，欧洲法院第一分庭指出，在不对消费者撤回权的效力、效用造成不利影响的条件下，如果消费者对商品的使用与合同法原则（如诚实信用）不符或构成了不当得利，成员国法律可以要求消费者就商品使用进行赔偿。② 笔者认为，我国的制度设计可按照以下思路进行：经营者接受退货后，赋予经营者选择权，既可以选择退款，同时，如果其所出售的产品符合产品的法定标准和约定标准，也没有强制交易等使消费者意思不自由的情况，可以要求消费者承担因退货对经营者产生的损失。在制度设计中，可要求经营者对所售产品符合法定标准和约定标准，没有导致消费者意思不自由的情形承担举证责任。如此，既可解决消费者举证难的问题，强化对消费者权益的保护，也可对消费者的不合理退货行为加以防范，保障经营者的合法权益，保证成本与收益的平衡，兼顾自治与强制。

第三，强化撤回权有效实现的保障机制。消费者权益保护法中关于撤回权的设定，固然不应放任消费者对不当利益的追求，也不应消解现实中合同运行的经济效率，但我们也不能否认，消费者撤回权在保护消费者矫正远程交易中消费者的弱者地位等方面具有重要意义。那么，如何保证这一权利能有效、充分地实现，便尤其关键。在我国，尽管撤回权已被法律正式确认，但其发挥的作用却较为有限，现实中，经营者常常通过直接抵制或（部分）禁止消法关于撤回权的适用，或者通过技术方式规避消费者撤回权的适用，以及通过"开源节流"的方式——经营者通过降低服务质量的方式或通过收取折旧费的方式，来消解撤回权现实功效的情形，极为常见。③ 为更好落实新《消法》关于撤回权的规定，国家工商行政管理总局制定的《网购7日无理由退货办法》于2017年3月15日正式实施，该办法细化了新《消法》第二十五条的规定，对退货的范围和标准、退货中消费者的权利、退货的程序、经营者的正当权益、网络交易平台的引导、监督和技术支持等问题进行了更为明确具体的规定，较为恰当地平衡了消费者、经营者和网络交易平台的权利和义务，在维护消费者权益的同时，也对经营者合法权益的保障问题加以关注，值得肯定。笔者认为，除此之外，我国消费者权益保护法还应对可

① Horst Eidenmüller, Why Withdrawal Rights? European Review of Contract Law, 7（2011）.
② 卢春荣：《消费者撤回权制度比较研究》，复旦大学博士学位论文，2012年，第80～81页。
③ 徐伟：《重估网络购物中的消费者撤回权》，载《法学》2016年第3期。

适用撤回权的商品范围、消费者的范围、经营者向退货的消费者收取折旧费和服务费的办法、消费者撤回权行使中的程序控制等问题，进一步明确化、具体化，以此来进一步完善撤回权制度。对此，我国有学者已进行了详尽而精准的研讨，[①] 本文不再赘述。

六、结　语

消费者的撤回权固然会产生正效益，但其同时也可能带来诸多意外后果和低效益。对此，我们固然无法判断出两者孰大孰小，但我们也一定不能简单地用"任何制度都有两面性"作为其存在的理由。如果可以通过更合理的制度设计，使得某种制度在增加正效率的同时还能最大限度地避免负效率的产生，那么该制度就有变革的需要。我们固然不能预设消费者必然是投机者或者不诚信者，但我们也不能将之预设为道德完美者，消费者的权益当然要保护，但经营者的合法权益也没有被损害的理由，尤其是在经营者没有任何过错的情形下。法律在创设一项权利的时候，不仅要考虑"主体的行为意志自由要素、主体的肯定性利益能力要素、社会评价的正当性要素、社会规范的认同和保障要素"，[②] 更为重要的是，我们需要对保护工具的成本和收益进行必要的平衡，我们必须"确定该规则所能带来的收益，而且至少要和两种——一种更严厉，一种更宽松——合理的替代性规则的收益进行比较"。[③] 奥姆利·本·沙哈尔和埃里克·波斯纳曾说，"最佳契约中的任意撤回权并不非要具备强制性……（通过合理的制度设计），撤回权是有经济合理性的"。[④] 无疑，将撤回权设置为任意性规范会更为"宽松"，它不仅有利于整个社会效率的增进，也会遏制消费者的投机行为，更会保护诚信经营者的合法权益，这不仅会使撤回权在现代消费者保护法律体系中的正当性得到进一步彰显，也会为消费者撤回权在更广泛的范围内适用提供具体的实践经验。

参 考 文 献

1. 陈伟：《重估网络购物中的消费者撤回权》，载《法学》2016 年第 3 期。
2. 加里·S. 贝克尔、理查德·A. 波斯纳：《反常识经济学》，李凤译，中信出版社 2011 年版。
3. 菅从进：《权利四要素论》，载《甘肃政法学院学报》2009 年第 2 期。
4. 金自宁：《作为风险规制工具的信息交流——以环境行政中 TRI 为例》，载《中外法学》2010 年第 3 期。
5. 凯斯·R. 孙斯坦：《风险与理性——安全、法律及环境》，师帅译，中国政法大学出版社 2000 年版。
6. 理查德·A. 波斯纳：《法律的经济分析》，蒋兆康译，中国大百科全书出版社 1997 年版。
7. 理查德·A. 波斯纳：《法律理论的前沿》，武欣、凌斌译，中国政法大学出版社 2003 年版。

---

① 徐伟：《重估网络购物中的消费者撤回权》，载《法学》2016 年第 3 期。
② 菅从进：《权利四要素论》，《甘肃政法学院学报》2009 年第 2 期。
③ 凯斯·R. 孙斯坦：《风险与理性——安全、法律及环境》，师帅译，中国政法大学出版社 2000 年版，第 315 页。
④ Omri Ben-Shahar, Eric A. Posner, The Right to Withdraw in Contract Law, The Journal of Legal Studies 40 (2011).

8. 凌斌：《法律的性质：一个法律经济学视角》，载《政法论坛》2013 年第 5 期。

9. 卢春荣：《消费者撤回权制度比较研究》，复旦大学博士论文，2012 年。

10. 米歇尔·福柯：《法律精神病学中"危险个人"概念的演变》，苏力译，引自《北大法律评论》（第 2 卷第 2 辑），法律出版社 2000 年。

11. 齐爱民、陈琛：《论远程交易平台提供商之交易安全保障义务》，载《法律科学》2011 年第 5 期。

12. 乔庆梅：《社会养老保险中的道德风险》，载《中国软科学》2004 年第 12 期。

13. 乔新生：《冷静对待"冷却期规范"》，载《检察日报》2009 年 10 月 15 日。

14. 苏永钦：《走入新世纪的私法自治》，中国政法大学出版社 2002 年版。

15. 王洪亮：《消费者撤回权的正当性基础》，载《法学》2010 年第 12 期。

16. 吴元元：《法律父爱主义与侵权法之失》，载《华东政法大学学报》2010 年第 3 期。

17. 吴元元：《公共执法中的私人力量——悬赏举报制度的法律经济学重述》，载《法学》2013 年第 9 期。

18. 徐伟：《重估网络购物中的消费者撤回权》，载《法学》2016 年第 3 期。

19. 徐向东：《自由主义、社会契约与政治辩护》，北京大学出版社 2005 年版。

20. 应飞虎：《规制工具的选择与运用》，载《法学论坛》2011 年第 2 期。

21. 应飞虎、涂永前：《公共规制的信息工具》，载《中国社会科学》2010 年第 4 期。

22. 约翰·伊特韦尔等：《新帕尔格雷夫经济学大辞典》（第 3 卷），陈岱孙译，经济科学出版社 1992 年版。

23. 张维迎、邓峰：《信息、激励与连带责任——对中国古代连坐? 保甲制度的法和经济学解释》，载《中国社会科学》2003 年第 3 期。

24. 张维迎：《信息、信任与法律》，三联书店 2003 年版。

25. Horst Eidenmiiller, Why Withdrawal Rights? European Review of Contract Law, 7（2011）.

26. Omri Ben-Shahar, Eric A. Posner, The Right to Withdraw in Contract Law, The Journal of Legal Studies 40（2011）.

27. See Kivetz, R., &Zheng, Y. H. Determinants of justification and self-control. Journal of Experimental Psychology, 4（2006）.

28. See Omri Ben-Shahar, Eric A. Posner, The Right to Withdraw in Contract Law. The Journal of Legal Studies, 40（2011）.

29. See Research Group on the Existing EC Private Law（Acquis Group）, Contract Ⅱ: General Provisions, Delivery of Goods, Package.

30. See Rook, D. W. The Buying Impulse. Journal of Consumer Research, 9（1987）.

31. Travel and Payment Services, Sellier, European Law Publishers GmbH, Munich, 2009, P. 234.

数据要素确权交易的现代产权理论思路[*]

李 刚 张钦坤 朱开鑫[**]

【摘 要】在合作中形成的资产产权应归属于对合作产出边际贡献更大的一方是现代产权理论的基本思路。这一思路不仅为解释垂直整合提供新的角度，也解决了交易成本理论未能回答的"由谁来整合谁"的问题。这一思路在高科技领域得到了体现，投资者让渡大部分控制权给创业团队，保留与激励创业团队的积极性，以保证合作产出的最大化。将这一思路用在数据要素和数据市场培育的讨论中，数据要素确权方向应向在数据要素化过程中投入巨大、对数据价值创造更为重要的参与方倾斜，鼓励掌握核心技术的平台持续投入推进数据要素化过程。保障安全和隐私是数据要素使用中的高优先级目标，是平台型企业必须遵守的游戏规则，但不能因此就否定平台型企业在数据确权中边际贡献更大的事实。在数据要素确权中若反其道而行之，将会导致投资不足的问题，拖累数据要素的积累和价值创造过程。

【关键词】产权理论；生态投资；数据要素；数据交易

一、导 言

2016 年，在与桑福特·戈洛施曼（Sanford Grossman）共同发表《所有权的成本和收益：一个垂直和横向整合的理论》一文整 30 年之后，奥利弗·哈特（Oliver Hart）获得了诺贝尔经济学奖。这篇文章与之后哈特和摩尔，哈特、施雷佛和凡施尼（Hart and Moore，Hart、Shleifer and Vishny）等发表的一系列重要文章一起，发展出以博弈论为基础的现代产权理论。时至今日，戈洛施曼和哈特（Grossman and Hart）的文章仍是微观经济学领域奠基性研究之一，截至 2020 年 7 月 2 日在谷歌学术搜索中被正式引用 12 717 次。文章中第一次提出不完整合同（incomplete contract）的概念，指出不论合同写多长，都不可能穷尽所有事后情况；甚或某些因素，比如个人的努力程度根本是无法合同化的。因此写出来的合同，都是"不完整"的合同，而所有权的本质为剩余控制，也即除合同中事先约定的条款之外，掌握所有权的一方拥有对所有例外情况的控制权。

循着这一思路，戈洛施曼和哈特一文为分析经济学中"企业和市场的边界"这一

---

* 感谢匿名审稿人的宝贵意见！当然文责自负。原文发表于《山东大学学报（哲学社会科学版）》2021 年第 1 期。

** 李刚，腾讯研究院副院长，经济学博士；张钦坤，腾讯研究院秘书长，法学博士；朱开鑫，中国社会科学院法学研究所博士后，法学博士。

经典问题提供了一个新视角，并通过一个两阶段博弈模型对企业的"整合－交易"二元选择进行分析。在第一阶段，合作双方（企业 1 和企业 2）签订合同并作出专属性投资（relationship-specific investment，a_1 和 a_2）。在第二阶段，两家企业分别行使控制权，对自己所做投资作出生产性动作（q_1 和 q_2），并依照一定的生产函数（Φ）收获投资收益 $B_i[a_i, \Phi_i(q_1, q_2)]$。合同的"不完整性"体现在不论是专属性投资 a 还是生产动作 q 都无法在第一阶段的合同中进行事先约定。模型之后分为无垂直整合、企业 1 控制企业 2、企业 2 控制企业 1 三种情况进行讨论。无整合的情况下，双方各自依照自身利益选择专属投资水平 a 和后续生产动作 q，结果往往是次优的纳什均衡。后面两种整合的情况是对称的，只需讨论其中之一，另外一种不言自明。假设是企业 1 整合企业 2，得到 a_2 的控制权，则企业 1 可在第二阶段指定 q_2 以便达成在前期专属投资水平 a_1 和 a_2 前提下的产出最优。企业 1 通过整合取得所有专属性投资 a 的控制权，并通过剩余控制保证产出优化，此即获取产权的"收益"。但相应地，企业 2 也失去投资动力，导致 a_2 投资不足（under-invest），使得最终产出水平扭曲。当企业 1 专属性投资 a_1 对价值产生边际贡献显著高于另外一方，则扭曲的幅度会大大小于纳什均衡的效率损失，整合成为较好的选项。边际贡献差异越大，扭曲的幅度越小，整合的结果越接近最优产出[①]。

哈特和摩尔，哈特、施雷佛和凡施尼在 1988~1997 年发表的一系列文章对戈洛施曼和哈特的理论做了进一步发展。哈特和摩尔在合同中加入一个事后重新谈判的机制，但发现在需要做专属性投资的情况下，重新谈判的机制并不能代替整合选项，非整合条件下的重复谈判还是会导致次优的结果；哈特和摩尔把不完整合同拓展到多个相关方、多种标的物的情况，产权的安排也更为复杂；哈特和摩尔讨论学识精力等与个人不可分割的投入对公司资本结构的影响，当与这些人力匹配的实物投资专属性越强，则权益投资或整合是更好的选择，若相反，则负债的可能性更高；哈特、施雷佛和凡施尼将不完整合同理论用到公共服务领域，讨论何种服务应采用垂直整合模式由政府拥有由政府提供，何种服务应采用外包模式由私人机构提供。

戈洛施曼和哈特借用了以往在研究"企业和市场边界"问题中占据主流的交易成本理论的核心概念，如专属性投资（asset specificity）和打劫风险（hold up），但分析方法和思路与交易成本理论有一些显著的区别，也回答了后者视野中缺失的一些关键问题，例如应该由谁来整合谁。即便是在 30 年后的今天，这一研究对我们理解一些当下重要的经济现象仍是非常有启发的。例如，如何理解互联网等高科技产业中的投资模式选择？在创新驱动、竞争激烈的市场环境中，是取得完全的控制权，还是保留被投资企业的自主性？再如，数据要素的产权是掌握在消费者手里还是平台企业手里对数字经济的长远发展更为有利？又如，数据要素的交易是通过一对一的所有权移转方式还是通过大型数据聚合平台的数据服务方式更为可行？

本文试图将这些问题放在现代产权理论的框架中进行分析解答。在接下来的第二部

---

① 受到篇幅限制，这里的讨论对戈洛施曼和哈特（Grossman and Hart，1986）两阶段模型进行了简化，但基本结论一致。

分比较了现代产权理论与交易成本理论的不同之处，并用一个火电厂和煤矿的例子对这两个重要理论的异同进行比较。第三部分讨论现代产权理论在生物制药、互联网等高科技领域的不同投资并购模式中的应用，用以说明现代产权理论的指导价值。第四部分将现代产权理论的应用于数据要素产权归属问题。由专属性投资带来的数据资产的快速积累，为数字经济的发展提供关键动力，而互联网平台企业的专属投资和生产函数的边际贡献率显著高于用户的投资和生产函数。因此，数据要素的产权归属，从产出最优的角度来判断，结论很明确。第五部分将现代产权理论的应用于数据要素交易流通机制的设计中。数据交易达成的只能是不完全合同，从边界贡献和剩余控制着手，依托大型数据聚合平台的数据服务模式更为可行并已经被商业化和公共服务属性的数据流通实践所认可。第六部分总结全文。

二、现代产权理论与交易成本理论的比较

从 1937～1975 年，罗纳德、科斯和奥利弗·威廉姆森（Ronald Coase and Oliver Williamson）撰文提出的交易成本传统在解释"企业和市场边界"这一重要理论问题上一直占据主流地位。杰斯·科瓦（Ronald Coase）提出因为包括信息搜索成本、谈判成本、保密成本、合同执行成本在内的交易成本的存在，使得围绕企业家和雇佣关系建立起来的组织在资源分配上的效率高于市场交易，这就是企业的本质。奥利弗·威廉姆森（Oliver Williamson）进一步指出交易成本的三个关键决定因素，即专属性投资、预期交易频率和不确定性。因为投资的专属性，也即投资形成的资产用在合作外的其他场景产生的价值显著低于在合作场景中的价值，导致交易对手以此为要挟在投资完成后要求重启谈判，图谋在最终的利益分配中拿到更大的份额，造成所谓"打劫"问题。通过垂直整合（企业边界扩大），将交易对手变成企业内部雇员，行政命令取代对等谈判，打劫问题也就不复存在。当投资的专属性越强、预期未来会与同一伙伴频繁交易、该伙伴是否配合的不确定性越高，则垂直整合的可能性随之增加。罗纳德、科斯和奥利弗·威廉姆森也因为对交易成本理论的贡献分别获得 1991 年和 2009 年诺贝尔经济学奖。

从上面的简单讨论中可以看出现代产权理论与交易成本理论有两个显著的不同。一是在戈洛施曼和哈特看来，所有权的重要性不单在于保障在事后利益分配中取得合理份额，还要保障事前的投资达到可以使事后总产出最优的水平。预见到事后会被打劫，交易相关方在事先就会决定保守投资以减少被打劫时的损失，结果导致最终产出是一个次优的纳什均衡——虽然降低了被打劫的风险，但因为保守投资，产出也达不到最优水平，重新谈判筹码变少，收益也变少，也就没有再次谈判重写合同来"打劫"的动力。但若通过整合掌握合作中形成的资产的所有权，整合方也就掌握对所有事后例外的控制权，有效保障合同的执行，避免事后"打劫"的发生。获得产权的一方也就更有信心在事先充分投资以保障事后产出水平最优。二是现代产权理论回答了一个被交易成本理论忽略的关键问题，即应该由哪一方发起整合。在交易成本理论的讨论中，垂直整合通过内化市场合同防范打劫、降低交易成本，但整合后谁是企业主、谁又变成了雇员对这

一结果没有影响，反正打劫风险已经被消除，交易成本已经降低。与之形成鲜明对比，在现代产权理论的模型里，谁来整合谁会对最终结果产生重大影响。产权归属应该取决于双方的专属性投资对最终产出的边际贡献。如果出现了错误的产权转移，也就是边际贡献率较低的一方掌握所有权，将导致专属投资边际贡献率较高的一方丧失动力，减少投入甚至不投入，导致产出显著下降，垂直整合还不如市场交易。不是谁都合适做企业主，整合的方向搞错结果比不整合更糟糕。

现代产权理论借用乔斯科夫（Joskow）在1985年撰文讨论的现实中煤矿－火电厂的例子来说明上述两个论点。煤矿希望火电厂建在旁边，这样可以节省运费，巩固自己的价格优势。火电厂则担心，投资建设完成后，煤矿会要求重新谈判事先签订的供货合同。而火电厂因为已经建在煤矿旁边无法移动，只能接受煤矿的重新谈判要求——因为电厂做出了专属性投资（建在煤矿旁边）导致在投资完成后被"打劫"。交易成本理论中，只要火电厂和煤矿实现垂直整合，变成同一家企业，打劫问题就会迎刃而解。领导让把火电厂建在哪里就建在哪里，让煤矿提供什么品质的煤就必须提供这一品质的煤，如果搞小动作，屡劝不听，最不济投资人可以换掉煤矿/火电厂的管理层，让听话的上位，为发电产出最优提供保障。但垂直整合是由煤矿来整合火电厂，还是火电厂整合煤矿，或者是由第三方投资者同时并购火电厂和煤矿，并无本质区别。

但在产权理论当中，预见到投资完成会被打劫，火电厂可能会缩减投资规模，或者选址在几个煤矿的中间点，或者要求煤矿负担部分投资建厂成本。煤矿可能会因此在后期供煤的时候"做手脚"以节省成本。总之，若没有垂直整合，火电厂和煤矿合作的产出往往是一个次优的纳什均衡，在这一点上，交易成本理论与现代产权理论的预测是一致的。两者预测的差异发生在垂直整合的方向上，现代产权理论认为由煤矿来整合火电厂还是火电厂整合煤矿，或者是由第三方投资者同时并购火电厂和煤矿三种情况会导致迥异的结果，因为煤矿和火电厂对最终的发电量贡献是不同的。假设火电厂的边际贡献远大于煤矿，那么由火电厂并购煤矿虽然煤矿因为转交"剩余控制"利益得不到保障投入意愿降低，但其贡献率不大所以对最终结果的影响也较小。相反，如果是煤矿并购火电厂，火电厂因为相同原因投入意愿降低，则最终结果会因此大幅偏离最优产出，甚至比垂直整合之前更糟糕。而由第三方完成并购，只有在合同的完成度很高、出现事后例外状况的空间很小的时候才会成为选项（实际上，这种情况下由谁来主导垂直整合已经不重要，甚至垂直整合本身是否必要都是可以讨论的问题了）。

三、现代产权理论在产业投资领域内的应用

戈洛施曼和哈特提出的这些原创性方法和分析思路，在产业投资领域得到了验证与体现。例如，新冠肺炎疫情引发全球对药物和疫苗研发的关注。新药研发风险高、周期长，发现活性物成分的小团队会早早为自己的发现注册专利，但却没有资源和实力来支撑后面漫长、高风险、所费不赀的临床试验，往往需要引入外部投资者，通常是实力雄厚的制药公司来支持临床试验。那么面对这样的情况，大型制药公司是否买入小团队和

专利取得控制权来保障自己的高额投入不会在研发成功后被"打劫"——掌握专利的小团队反悔，宁愿挨罚也要转投其他出价更高的制药公司怀抱？

按照交易成本理论的分析，制药公司当然要垂直整合，或者买断专利，或者将团队和专利都整合进来，这样才能消除打劫风险，降低交易成本。但依照现代产权理论的思路，科研团队自身投入程度是无法合同化的，而对于新药研发特别是生物药研发来讲，原创团队的热情对应对临床中的不确定性、对最终能否让实验室发现从专利变成被批准的新药十分重要。身份由创业者变成雇员，拼搏奋斗敢于冒险的企业家精神被打了折扣，对药物研发的成果产生不利影响。没有新药，"打劫"也就失去标的，被"打劫"的顾虑更无从谈起。在这样的情况下，保障科研团队的投入动力显然比防止研发完成被"打劫"更为重要，取得控制权的成本大于收益，所以垂直整合不如一份研发代理合同。转换为现代产权理论的语言，科研团队无法合同化地投入 a_1 对结果的边际贡献大于大型制药公司的资金支持 a_2，在前者没有实力来整合后者的现实条件下，保持科研团队的独立性，也即非垂直整合，成为较佳的选择。事实也是如此，大型制药公司除少量内部孵化的研发项目外，大部分的研发活动都是通过与外部小型生物制药公司或研发团队以战略合作伙伴或者外包合同的方式来完成的。勒内和马杰斯（Lerner and Merges）在 1998 年撰文研究了小型生物制药公司与大型制药公司之间的研发合作关系后发现，小型生物制药公司的资金状况越好（比如已经上市可以通过公开市场募资），则在研发合同中获得的控制权越多。

从制药行业跳出来，放在一个更一般性的情景下考虑大型科技企业与初创企业或快速成长的独角兽的关系，产业投资的股权结构安排也应该做类似的平衡。ICT、互联网与医药行业一样，都是技术和资本密集型行业，都是研发强度高、创新驱动、投资并购非常活跃的领域，而且投资并购的主导力量也都是大型科技公司。大型科技企业处在竞争激烈创新活跃的前沿科技领域，从某种程度上讲有点像上面提到的大型制药公司，往往需要通过投资来应对快速变化的市场和科技研发带来的不确定性。站在这些公司的角度，框架合同、少数股权、合营、控股、合并，哪一种安排更为合适？对此，曾有不少讨论。相当一部分舆论站在控股甚至合并一边，认为这样才能指挥得动，才能打通"中台"，才能推动新打法、颠覆固有的商业模式。但是，与这些商业模式一起被颠覆的，往往还包括创始人和创业团队。初创企业的"剩余控制"被买断，创始人和创业团队变身为打工仔，都会让创业团队至少丧失大部分继续奋不顾身投入企业运行和市场开拓的动力。而对于初创企业来说，能够区别于其他赛道和模式类似的企业的最重要资产，往往就是创始人和创业团队的特性和拼搏精神。沿用现代产权理论的逻辑，创始人和创业团队的投入程度 a_1 对业务运营的边际贡献很可能高于大型科技企业的资源投入 a_2，在这种情况下，控股/合并不一定是能够保障项目产出最大化（初创公司快速健康发展）的合适安排。让创始团队保持控制权的收益，有很高的概率大于取得项目控制权的收益。

伯恩斯坦、克特维格和劳斯（Bernstein, Korteweg and Laws）在 2017 年撰文针对 4 500 名天使投资人做了一场随机测试，发出 E-mail 推介 21 家初创企业，内容除了赛道、创意、市场潜力、期望的融资金额、前期已经融到的金额，还包括创业团队的背景介绍（教育/工作经历/创业经历）、企业经营状况（营收/用户增长）、现有的重要投资人名单。试验结果所有天使投资者都对创业团队本身的信息更感兴趣，而且越是有经验、成功的投资者越是专注于创业团队本身，越是经验较少的投资者越容易受到其他因素的影响。

当然，随着企业的成长和内部体系的完善，创始人和创业团队的角色、对企业的价值也会发生复杂的转变。一方面，敢闯敢拼的企业家精神对于在创新引领、快速变化的市场竞争中取得先手非常重要；另一方面，出现绑架投资方，采用过于激进的策略或者过度扩张的集团化策略巩固自己地位等代理人问题，也可能浮出水面。卡普兰、森沙和思壮姆伯格（Kaplan、Sensoy and Stromberg）在 2009 年研究了 50 家 VC 投资的企业从最早提出商业计划（business plan）的创业初期，到 IPO，再到 IPO 之后三年的变化，发现创业初期 77% 的 CEO 是创始人，到 IPO 时这一比例降低到 58%，三年后进一步下降到 38%——作者的解释是创业期，企业最重要的资产是创始人和创业团队的人力资本，而随着企业长大，不与个人挂钩的有形和无形资产占比增加，贡献越来越大，创始人和创业团队虽然仍然很重要，但重要性随着公司的逐渐成熟而缓慢下降，因此由他们保持对企业的剩余控制的情况也相应减少。

四、现代产权理论对数据要素确权的启示

2020 年 4 月 10 日中共中央、国务院印发的《关于构建更加完善的要素市场化配置体制机制的意见》将数据与土地、劳动力、资本、技术等传统生产函数中的要素并列，有关"数据生产要素"的话题引发热烈讨论，培育数据要素市场、促进数据资源流通也被提上议事日程。数据确权、数据定价等话题成为讨论的焦点，但讨论结果往往因为所持立场和讨论场域的不同而相差很大。从现代产权理论的角度来分析这个问题，以让数据要素产生的价值最大化为确权和流通的目标，可能会帮助我们厘清一些关键点，让讨论更为深入。

数据作为要素投入，本身具有的与土地、劳动力、资金等传统要素不一样的独特性质可以简单归纳为三点：易复制（复制速度快且成本低，一块硬盘搞定）、一致性（复制无损，在谁手里都"长"得一样）、非排他（non-rivalry，复制给 A 并不妨碍复制给 B；A 在用不妨碍 B 也同时使用）。当采用完全静态的角度看数据要素的这三个特性的时候，往往会产生这样的错觉——如果数据作为生产要素可以产生价值，且可以在保持一致性的前提下以极低成本大量复制，不会有排他性，那岂不是复制越多、分享范围越大、价值自然就最大化了？这可能是对数据要素特性的最广泛流传的误解。事实并不是这样的：易复制不等于易加工；数据一致性不等于价值一致性；使用非排他不等于使用无成本。

首先，数据的易复制不等于易加工。原生态数据不是生产要素，加工后的数据才是；复制一台 PC 上的数据很简单（但往往也要一两个小时），传输、存储、计算、挖掘分析互联网大数据需要巨大的资源投入和技术积累，很贵很难——这个很贵很难需要

大量前期投资的数据深加工过程，可以称为数据的"要素化"。移动互联时代的大数据与 PC 时代的小数据有本质的区别——量大、多维、格式多样、价值稀疏。一张 40 行 × 5 列的班级成绩表，可以通过简单排序，花几分钟时间理解清楚；一张 300 行 ×30 列的地级市 GDP 历史数据，可以通过多绘几张图，花几十分钟得到趋势性结论；一张 2 000 行 ×200 列的股市交易数据，需要通过描述统计、方差分析，甚至更复杂的统计模型来进行判断。再升高两个数量级，Excel 能做的已经不多，需要换专门的统计软件了。这些还是定义直观明确容易理解的情况，若是处理对象从 Excel 表换成数以亿计的文章、照片、视频，这样的原始数据素材依靠人力或者高性能 PC 来处理已经不现实了。当样本越大、维度越多、数据越复杂、定义越模糊，从原始数据产生出可以用作决策的结论所需要的加工深度就越大，工作量也就越大。移动互联时代实时产生的海量数据绝大部分已经托付给机器和算法自动处理，最终送到决策者面前的都已经是深度加工的成果。没有经过这样深度加工过程实现要素化的数据，如同没有被光电板捕捉到的日照、从风电机旁边吹过的疾风，是无法利用的也就谈不上产生价值。

其次，数据的一致性不等于数据要素价值的一致性。即便是完成要素化的数据，也与一般意义上贵金属、石油、大豆等大宗商品不一样，难以简单进行标准化分割，拆成单位商品标价交易。数据要素作为一种资产是高度场景化的，有很强的专属特性。银行、运营商、互联网企业等都是目前数据要素化的关键主体。各家面对的场景不同，具体的数据源、存储结构、分析方式方法也有较大的差异。一家搜索公司与一家电商公司的数据结构、使用数据的方式和流程，分别是以优化搜索结果和最大化电商推荐为目标并不断迭代演进的结果。两者的数据要素化过程必然会有显著的差异，搜索公司拿着电商的数据做不来搜索的业务，电商公司拿着搜索的数据做不来电商的业务。让搜索公司与电商公司互换自家赖以生存的数据要素来做自己的现有业务，必然是一地鸡毛。也就是说，各家经过多年积累培养的数据要素化能力也是保障要素化数据在自家手里才能发挥最大价值。从这个意义上讲，未来的数据定价和数据市场建设需要围绕着已经要素化的数据产品和服务展开，而不是针对未经加工的原始数据素材。价值评估不应是以芜杂多样难以理解的原始数据素材为标的物按量计价，而是针对特定的使用方式、使用场景开发出的特定数据服务来估价——数据完成要素化之后，进一步与实际需求相结合、与应用场景相结合开发成为专门的服务产品，再基于公平公开自觉自愿的原则进行市场配置。

最后，非排他不等于无成本。数据的要素化过程需要大量投入，不仅仅是搭建平台的硬件投入，还包括在要素化的过程中，随着开发量的积累和原创性想法的加入，出现的特异的具有知识产权属性的价值增量。非排他是知识产权普遍具有的特性，虽然在 A 使用的同时不妨碍 B 的使用，但并不等于因为非排他就无成本，就应该无偿分享。

用现代产权理论的框架来分析数据要素化过程，可以帮助我们更好地理解各方关系。平台 1 和用户 2 在第一阶段签订使用合同，并分别作出专属性投资 a_1 和 a_2。具体来看，a_1 包括开发社交、电商、搜索、支付等各类移动应用的投入，以及搭建云计算后台、保障网络安全、接入稳定、用户体验一致等运营维护的投入。a_2 包括购买智能硬件设备、购买网络流量、下载应用等投入。第二阶段，用户 2 使用各项移动互联网服务 q_2，并在后台留下使用痕迹，也就是原始数据。平台 1 经过云计算后台传输、存储、计算、挖掘分析等加工处理 q_1，完成要素化过程，再复用于提升用户体验或开发新的服务项目。双方合作的收益主要体现在平台价值和消费者体验的双重提升。平台与用户的使用协议显然无法穷尽所有数据要素使用场景，是一份不完全合同，那么数据要素的产权应该如何归属才能达到产出价值最优，或者接近最优？在平台 1—用户 2 这一合作中，显然数据要素掌握在平台 1 手中才能转换为价值，用户 2 并不具备利用数据要素进行生产必需的能力和资源，$\Phi_1(q_1, q_2) \gg \Phi_2(q_1, q_2) \geq 0$。对于最终的产出 $B_i[a_i, \Phi_i(q_1, q_2)]$，平台 1 的投入边际贡献也很明显高于用户 2 投入的边际贡献。实际上，对于已经拥有一定规模的互联网平台来说，用户数量的边际变化对于其数据要素的价值贡献几乎可以忽略 $\partial B_1 / \partial a_1 \gg \partial B_2 / \partial a_2 \geq 0$。这样看，数据要素的产权或者在用户协议之外的剩余控制权如何划分，结果不言自明——在数据要素化起到关键作用的平台，更应该取得相应数据要素产权。一方面，数据要素化需要依托强大的计算存储等基础能力和专业化的人才队伍，前期投入巨大耗时费力；另一方面，数据要素化有很大的规模效应和范围效应，适于专业长期持续投入的平台化发展。相比之下，单一用户或者用户联盟对数据要素化的边际贡献较小，也缺乏让数据要素充分发挥作用的技术和资源。因此把数据的要素化过程交给个人用户、多个个人用户的代理者/联盟、第三方数据公司来完成，至少是低效的，甚至大部分情况下是不可能的[1]。

当然，现实中的平台 1 与用户 2 的关系明显不是一个少数谈判而是一对多的关系，这与戈洛施曼和哈特文章中讨论的企业 1 与企业 2 有显著不同。在平台 1 与用户 2 的谈判中，后者明显处于弱势，需要考虑到强势的平台 1 为追求更高的 B_1 采用损害用户 2 利益行动（$\partial B_1 / \partial q_2 < 0$）的可能性，并采取措施进行规制，例如出台有力的用户隐私保护措施等。这样的规制通过外部既有机制如交由公正第三方进行规定和仲裁更为有效，而不应扭曲数据要素的产权归属。在这方面，欧盟制定的《通用数据保护条例》（*General Data Protection Regulation*，*GDPR*）在某种程度上更像是一个反向案例。*GDPR* 将前期的遗忘权等判例做了不必要的扩充，导致隐私保护措施实质上成为用户对数据要素的控制权。充分保护用户隐私是一回事，以此为据进行要素化数据归属的错配是另一回事，这样的错配必然是削弱对数据要素化起关键作用的一方前期投入积极性，结果很可能是数据要素化进程缓慢，数据要素的价值难以充分发挥，相关市场也发育不起来[2]。根据国际数据公司（International Data Corporation，IDC）的估计，虽然随着移动互联网的快速发展，全球每年产生的数据量在过去 10 年增长了接近 50 倍，但真正被存储的数据常年维持在 1%~2% 的低水平。换句话说，数据作为生产性要素远远没有达到"应存尽存"的要求，数据的要素化仍然非常不充分。除了技术等外部条件的限制，很难排除因为缺乏产权激励导致低投资的影响。

---

① 此段论述为借用 Grossman 和 Hart 的语言分析数据产权的最佳归属。
② 王融、朱军彪：《GDPR 两周年，来自欧盟内部的反思与启示》，https://baijiahao.baidu.com/s?id=1668769493304056723&wfr=spider&for=pc，访问日期：2020 年 11 月 2 日。

确定数据要素的产权是数据要素市场建设的基础。目前国内在数据要素市场建设方面已经有一些尝试，也积累了一些有益经验，但总体上取得的成效与原本的预期有较大的落差。这可能是由两方面的原因造成的：一是数据要素权属的划分需要考虑到各方面的顾虑，在认定上仍存在灰色地带，给数据交易带来很多的不确定性；二是在数据要素市场的机制设计上，目前仍处在摸着石头过河的阶段，对于数据要素本身、数据要素的使用场景、提供方和需求方的真正诉求尚缺乏深刻的理解，交易体系的设计尚不能充分发掘数据要素价值，也不能充分满足各方需求。数据的易复制、一致性、非排他与实物资本在物理特性上根本不同，交易中交付的只是使用权而非真正意义上的所有权。数据使用也存在很大的信息不对称，站在提供方的角度，已经发送给需求方的数据无法撤回或销毁，只能停止更新；站在需求方的角度，在拿到服务之前是个"黑匣子"，只有通过使用和试错才能发现是否符合自身需求，而这一试错成本不菲。如何在数据供需双方之间建立起合适的交易流通模式是亟待研究解决的重大课题。

五、现代产权理论下数据交易流通机制的设计

大数据交易中心一度曾是各地重点建设的对象，但短短几年之间这种依靠一手托两家模式的居间撮合交易模式便陷入了停滞状态。2015 年和 2016 年这两年间，全国各地共有 13 家大数据交易中心密集成立。但 2017 年以后，各地的新增数量骤降为零。直到 2020 年 4 月发布《关于构建更加完善的要素市场化配置体制机制的意见》后，大数据交易市场才又焕发出活力，天津、广西、北京等地相继宣布成立大数据交易中心。作为一种全新的生产要素类型，数据无论是在产权界定还是交易规则方面都与土地、资本、劳动、技术等传统生产要素存在本质区别，数据要素的交易流通规则也必然存在其自身的特殊性。从前述现代产权理论对数据要素确权的启示，可以继续推演论证传统交易规则下的所有权转让方式对于数据交易流通存在实施困境，依托于大型数据聚合平台的数据服务方式更为可行。

（一）数据要素交易流通需要依托于掌握大宗数据资源的聚合平台

按照各地大数据交易中心预想，其仅作为一个独立的第三方中间市场，数据供需双方按照各自需求在平台进行匹配、交易。上述模式难以为继的原因在于，一方面，数据本身并不存在价值，只有将数据进行分析加工成数据产品才能满足特定需求，而大量中小数据供需主体都缺乏上述数据开发应用技术；另一方面，《中华人民共和国网络安全法》等法律法规颁行以后，数据交易的合法性面临很大的不确定性，需要获得数据主体的授权或者对数据进行匿名化处理，而一般数据供需主体缺乏必要的技术和资金能力来满足上述法律要求。虽然各地大数据交易中心几近停摆，但现实中数据分享和交易一直都在进行。从企业间交易实践来看，掌握海量数据资源的互联网主体通过开放数据平台（OPEN API）等模式，推动数据要素的有序流通。微信、支付宝、抖音等大型移动应用

平台近年来发展迅速，集聚了海量的用户和流量。上述平台并没有将聚集的数据要素资源封闭起来，而是通过开放接口的方式将数据和流量向万千中小应用开发者开放，在保障用户数据隐私和平台运行安全的基础上，数据聚合平台凭借这些应用开发者丰富了自身产品生态，而中小应用开发者则获得了赖以发展的多样化的数据服务。从近年来政府数据开放的制度建设和现实操作来看，政府数据会在内部跨部门和跨层级打通之后，设置一个统一的接口平台来实现数据的对外开放。①

从现代产权理论出发，由统一的数据聚合平台来实现数据要素的交易流通更为科学和高效。因为现实中数据要素的应用场景多种多样，合同不可能穷尽所有的交易服务情形。相较零散的数据交易主体，数据聚合平台无论是在开发技术还是运营规则等方面的优势使其在数据交易流通中的"边界贡献"更大。因此应当由数据聚合平台向零散的数据供应主体提供同一数据开放接口，掌握"剩余控制"。实践中，上述商业化和公共服务性质的数据流通实践也验证了现代产权理论下数据交易流通应有的机制。一方面，应当避免建立仅具备信息撮合功能的数据交易平台，由零散的市场主体进行一对一的数据供需交易。此前各地建立的数据交易中心，作为第三方中间市场提供交易居间服务，由供需双方在平台上自由选择自己想买卖的数据，但是运行现状是双方只是通过平台来接触客户，交易过程本身并不依赖平台，数据交易中心被直接架空。另一方面，数据交易应当依靠掌握大宗数据资源的聚合平台，集中开展一对多的数据供需服务。无论是微信、支付宝等大型互联网平台的数据还是政府数据，都应当由专业性的大宗数据资源聚合平台向下游不特定的数据需求方提供数据服务。只有如此，才能在保障交易合法性和安全性的基础上，通过成熟的数据分析利用技术最大限度满足主体多样化的市场需求。

（二）数据要素交易流通应当淡化所有权移转而通过服务方式实现

之所以在数据交易中无须过分强调和关注所有权的移转问题，是因为数据具备前文提及的非排他性。因此，不同于传统生产要素的流通，所有权移转在数据要素交易流通中的重要性大为降低。一个使用者对数据的利用并不减少数据对其他使用者的供应，增加一个数据利用主体也不会影响任何其他主体对数据的使用。并且由于数据具有规模报酬递增和边际成本为零的特性，对于数据利用的越多、越深入，数据的整体价值会越大。数据作为一种新型要素资源，理论界和实务界对于其法律属性和权属界定目前尚无统一结论和科学的认定方式，这也使得以所有权转移为基础的传统交易方式变得难以施行。从我国立法来看，《中华人民共和国民法典》对于数据和个人信息采用的都是权益而非权利的保护路径。究其原因在于，一方面，数据确权规则解释不了现实生活中的数据交互性问题，即同一数据为多个主体共同分享的情形，例如电商平台的交易数据是买

---

① 例如，2019年4月公开《北京市公共数据管理办法（征求意见稿）》第23条便规定数据开放方式应当为："市经济和信息化部门通过全市公共数据统一开放平台，向自然人、法人和其他组织提供公共数据开放服务。"2019年8月发布的《上海市公共数据开放暂行办法》第17条也规定："市大数据中心应当依托市大数据资源平台建设开放平台，数据开放主体应当通过开放平台开放公共数据，原则上不再新建独立的开放渠道。"

卖双方共同形成的，无法精准地进行数据权利的分割；另一方面，数据绝对权又很难被完全控制，登记、占有等物权公示公信制度对其难以适用。

从数据行业的发展实际来看，数据的开放和交易无须所有权移转，完全可以通过数据服务的方式来加以实现。一方面，数据的易复制性和非排他性使数据本身是否发生移转并不存在现实意义；另一方面，基于数据的一致性不等于数据要素价值的一致性的论证，对于一般市场主体来说，掌握大量的原生数据本身并没有价值，真正有价值的是对数据进行分析挖掘后得出的数据产品和应用模型。数据需求方只要能通过数据服务的方式来满足自身的商业需求即可，对于获得以代码形式展现的数据并不存在现实需求，因为未经加工的原始数据无法直接加以应用。在数据流通商业实践中，单纯数据的交易和拷贝实际上并不多见。原生数据的移转，不仅很难实现匿名化的处理，还容易诱发一系列的数据安全问题。数据交易流通价值的实现基本都是建立在数据需求方希望获得特定数据模型和分析结果以实现特定商业实践的基础之上的。

用现代产权理论的框架来分析数据要素交易的过程中存在的"供需双方不信任"以及"数据的高时效性"等问题，能对"为何数据交易中服务比所有权移转更为可行"这一问题给予我们更多的验证和启示。数据要素不同于土地、资本等传统生产要素一方面在于它的价值不易进行事前预估，所以需求方在购买数据之前无法确定数据的价格，存在一种买方不信任感。而易复制性和非排他性的特点，又使得数据一旦被获知就可以被无成本地复制和利用，供给方也不会轻易把数据展示给潜在的买家，存在一种卖方不信任感。这就产生了与"专属性投资"和"打劫风险"类似的问题，任何一方都不愿先迈出一步，无论是提供数据还是提供资金，因为二者都具有一定的专属性，一旦出现合同未能预见的情形，就会出现被打劫的风险。而数据服务模式则可以解决此种双方不信任问题，供给方根据需求方的具体数据应用场景需求，向其提供基于数据要素的分析模型或结果，直接满足需求方的现实需求。另一方面，数据具有高时效性的特点，用户的需求和兴趣具有转瞬即逝的特点，数据一旦无法得到有效及时的更新便会丧失预期价值。这在互联网自动化商业决策实践中最为明显，若定向广告和信息推送背后的数据丧失时效性，整个商业模式的基础便会坍塌。在此背景下，拷贝等所有权移转的一次性数据交易模式的价值愈发降低。因此，从现代产权理论来看，数据交易合同也是一种不完全合同情形。只有由大型数据聚合平台来提供一对多的数据服务而非简单地移转原始数据的所有权，才能解决供需双方的不信任问题和数据要素高时效性要求的问题。所以，数据服务模式大都以长期的服务合作形式开展，数据服务供给者能够及时更新数据库从而满足数据的高时效性要求，最大限度地满足数据需求方的现实需求。

（三）数据要素交易流通应当明确数据安全和隐私保护的制度规则

与传统的生产要素相比，数据要素具有存在方式上的虚拟性和价值实现上的聚合性等特点，这导致了数据隐私与安全问题愈发突出。存在方式上的虚拟性决定了数据要素的流动高度依赖信息技术系统的稳定性和安全性，因而更容易泄露和遭受安全威胁。价值实现上的聚合性决定了，规模化存在的数据要素一旦遭到泄露，不仅会损害单个用户的隐私权益，还将诱发大规模的公共安全事件。这在一定程度上验证了数据交易服务不应当由零散的供需主体通过一对一交易方式实现，而是应当尽可能地统一数据服务出口，由专业性的大型数据聚合平台通过一对多的交易方式加以实现。相较于零散的数据供给主体，大型数据聚合平台无论是在数据存储设备、数据安全技术以及网络安全人才储备上都具有明显的优势，可以通过更加专业的数据安全保护技术和制度设定，防止自身数据出现泄漏等问题，进而对数据背后的用户隐私和商业秘密进行有效保护。

但从现代产权理论视角来看，不能因为用户隐私和商业秘密的保护，就对数据要素的剩余控制进行错配。在论证完只由大型数据聚合平台通过数据服务的方式来构建数据要素交易机制的前提下，对于数据交易中安全问题我们可以通过更为科学可行的方式来加以实现。值得注意的是对于数据安全问题，无论是 2016 年 11 月颁布的《中华人民共和国网络安全法》还是 2020 年 7 月公开的《中华人民共和国数据安全法》草案，都明确提出应当建立健全数据分级分类管理制度。之所以要强调对于数据进行分级分类保护，是为了适应数据要素应用场景不断扩大背景下数据安全保护形势日趋复杂的现实要求。伴随数据经济的迅猛发展，一方面，市场中存在的数据类型日益多样化，既存在政府数据，也包括企业数据，还包括大量的个人的原始数据，此外个人数据又可以分为一般个人数据、敏感个人数据以及个人生物识别信息数据等；另一方面，市场化的数据存在的应用场景日益丰富和细化，差异会形成不同的受保护权益和安全风险，需要适应动态保护的需求。特别是对于数据交易流通行为而言，无论是政府数据的开放还是企业数据的交易，都存在利益主体众多（政府、企业、个人及其他社会组织等等），数据类型多样（不同主体收集的数据和不同敏感程度的数据融合在一起），应用场景复杂（纯粹商业化应用场景下的定向营销、短视频推送，公共服务性质的城市交通拥堵状况预报以及应急情形下的疫情防控）等特征，因而更应当强调数据分级分类保护。

数据要素交易流通过程中，对于数据安全与隐私保护问题，我们可以从作为数据供给方的数据聚合服务平台和作为数据需求方的下游主体两个方面着手进行制度安排。一方面，作为数据要素资源出口的数据聚合平台应当在参照既有立法和标准的基础上，建立数据安全分级分类管理制度。数据聚合平台应当保障自身的数据分析加工活动和数据服务交易行为合法性和安全性，对涉及个人信息和用户隐私的数据取得用户的合法授权或进行匿名化处理。对于政府数据（公共数据）开放平台而言，更应当加强数据安全保护，防止数据泄露引发大规模社会安全问题。另一方面，应当要求作为下游主体的数据需求方具备保障数据安全的能力。相较于所有权移转的交易模式，数据服务因为不涉及原始数据的转移，实际上在安全性方面已经存在比较优势。但从数据要素流通规则的角度出发，数据聚合服务平台基于自身一对多的特殊地位，仍应当关注和把控数据交易和流动过程中可能存在的安全隐患，并将下游数据接收方是否具备保障数据隐私和安全审查的能力，作为是否达成数据服务交易的一项关键考量因素。

六、结　论

企业与市场的关系是微观经济学的重要课题。1937～1990 年，罗纳德·科斯，奥利弗·威廉姆森、戈洛施曼和哈特，哈特和摩尔发表的一系列微观领域的经典论文均出于尝试对"企业的边界"这一核心问题作出解答。甚至包括一些社会学研究的经典，如马克·格兰诺凡特（Mark Granovetter）在 1985 年撰写的关于"经济行为和社会结构"的文章基于任何组织必然"嵌入"（embeddedness）在社交网络之中的论述，也在试图重新定义"企业"和"企业的边界"。这些思想对我们理解当今的一些经济现象、厘清一些重要的经济关系仍有借鉴意义。例如不完全合同和剩余控制的概念对我们理解高科技领域里企业集群、产业生态演进的现象，对数据要素的产权归属、市场交易机制设计等问题，都会有所启发。以最终产出最优为考虑对边际贡献最大的一方做倾斜这一原则，直观且有说服力。

他山之石，可以攻玉。在中国特殊的国情和制度之下，发展数字经济等新的经济形态，不仅需要学习借鉴国内外历史经验，降低试错成本，更需要谨慎客观的研究态度和科学的研究方法来探索未来发展道路。期待未来更多的思考者和观察员加入这一讨论。

参 考 文 献

1. 梅夏英：《在分享和控制之间数据保护的私法局限和公共秩序构建》，载《中外法学》2019 年第 4 期。

2. Bernstein S. , Korteweg A. , Laws K. , "Attracting Early Stage Investors：Evidence from a Randomized Field Experiment", The Journal of Finance, 2017, 72 (2).

3. Coase R. H. , "The Nature of the Firm", Economica, 1937, 4 (16).

4. Granovetter, M. , "Economic Action and Social Structure：The Problem of Embeddedness", American Journal of Sociology, 1985, 91 (3).

5. Grossman, S. , Hart O. , "The Costs and Benefits of Ownership：A Theory of Vertical and Lateral Integration", Journal of Political Economy, 1986, 94 (4).

6. Hart O. , Shleifer A. , Vishny R. , "The Proper Scope of Government：Theory and an Application to Prisons", The Quarterly Journal of Economics, 1997, 112 (4).

7. Hart O. Moore J. , "A Theory of Debt Based on the Inalienability of Human Capital", The Quarterly Journal of Economics, 1994, 109 (4).

8. Hart O. Moore J. , "Incomplete Contracts and Renegotiation", Econometrica, 1988, 56 (4).

9. Hart O. Moore J. , "Property Rights and the Nature of the Firm", Journal of Political Economy, 1990, 98 (6).

10. Joskow P. L. , "Vertical Integration and Long - Term Contracts：The Case of Coal Burning Electric Generating Plants", Journal of Law Economics and Organization, 1985, 1 (1).

11. Kaplan S. N. , Sensoy B. A. , Strömberg P. , "Should Investors Bet on the Jockey or the Horse？Evidence from the Evolution of Firms from Early Business Plans to Public Companies", The Journal of Finance,

2009, 64 (1).

12. Lerner J. , Merges R. P. , "The Control of Technology Alliances: An Empirical Analysis of the Biotechnology Industry", The Journal of Industrial Economics, 1998, 46 (2).

13. Williamson O. E. , Markets and Hierarchies: Analysis and Antitrust Implications, The Free Press: New York, 1975.

交易成本最小化原则及其司法适用[*]

冯　曦[**]

【摘　要】"交易成本"这一范畴在不同经济学学术传统中意义不同；波斯纳法律经济学不当使用交易成本理论导致其在方法论上的内部冲突，其司法适用的有效性也备受质疑。分析表明，法律具有实现交易成本最小化、促进合作的功能，交易成本最小化原则具有"一般原则"的地位和功能，可为"疑难案件"的司法裁决提供指导。交易成本最小化原则司法适用的基本步骤是，首先应辨明待裁判案件属于"疑难案件"；其次应基于交易成本最小化分析阐明适用于待裁判案件的"依据"；最后把前述"依据"适用于待裁判案件，作出裁判。

【关键词】波斯纳法律经济学；新制度经济学；交易成本最小化原则

一、引　言

波斯纳（Posner）建构了以新古典经济学为基础、以"财富最大化原则"（wealth maximization principle）为一般原则[①]的法律经济学理论（以下简称"波斯纳法律经济学"）。对于波斯纳法律经济学的质疑既有道德层面的批评（Dworkin，1980），亦有方法论层面的批评（Grant and Yew-Kwang，2016）。有学者甚至认为，波斯纳法律经济学对于正处于法律移植阶段国家而言可能会有灾难性的后果（简资修，2017）。[②]

对于学者的批评，波斯纳对财富最大化原则作出修正和妥协，指出"财富最大化原

---

　*　教育部人文社会科学研究青年基金项目"法经济学原则的司法适用研究"（15YJC820013）。感谢匿名审稿人的宝贵意见！当然文责自负。原文发表于《制度经济学研究》2019年第3期。

**　冯曦，南方医科大学卫生管理学院法学系副教授、华东政法大学法学博士后流动站研究人员。

　①　大陆法系学者一般认为，法律规则和法律原则是法律规范两大要素。法律规则规定了行为了具体的权利义务以及相应的法律后果，可直接作为司法裁判的大前提；而法律原则则是具有高度抽象的规范，它包括三种形态，一是存在法律明文（也称为一般条款）；二是存于法律基础；三是存在法律之上（黄茂荣，2007）。为行文方便并区别于其他两种类型的法律原则，本文把大陆法系学者所称的"存于法律基础"原则称为"一般原则"。波斯纳认为财富最大化原则是普通法中隐含的规律，贝勒斯（Bayles）把财富最大化原则视为法律原则。可见，两人均在"存在于法律基础"意义上的法律原则定义财富最大化原则。参见波斯纳（2002）以及贝勒斯：《法律的原则》，张文显等译，中国大百科全书出版社1996年版，序言 I 第14页。

　②　简资修教授认为如今的法律经济分析是新庇古式或波斯纳式，其将法律作为诱因工具，使法律失去其作为人间自发的规范本质；简教授对于具有继受特点的华文世界的法律而言，不分青红皂白地将法律作为诱因工具之概念完全引进，无疑是灾难。参见简资修（2017）。熊秉元教授等则认为简资修教授误解了法经济学，坚持以波斯纳为代表的芝加哥学派的分析思路。参见熊秉元等. 对法经济学的理解、误解与正解？——简资修宏文引发的切磋，引自 http://www.sohu.com/a/168253427_488843（最后登录日期2018年5月18日）。

则"仅适用于那些交易成本较低的场合，而不适用于那些权利尚未界定的场合（Posner，1985）。然而，在现实的司法裁判过程中，法官面对的"疑难案件"① 恰恰是那些权利尚未清楚界定的情形。依波斯纳的前述见解，"财富最大化原则"对此已是无能为力。② 对此，有学者提出回到科斯的立场和方法，但学者对于科斯的理论存在不同程度的误解，并且尚未建构一个类似于"财富最大化原则"的一般原则，也鲜有适用法律经济学原则于具体案件的研究。

本文拟在分析波斯纳法律经济学局限性的基础上，以新制度经济学为基础③，建构一个一般的法律经济学原则，并阐明其司法适用。首先，厘清新古典经济学和新制度经济学两个学术传统对交易成本概念的不同理解和应用，并指出波斯纳法律经济学的方法论谬误在于其错误地运用交易成本理论；其次，从人类社会"合作"现象出发演绎出交易成本最小化原则并以制定法予以验证，从而论证交易成本最小化原则作为法律原则的正当性；最后，我们以"挑战者"的姿态选择颇具争议的民事案件"泸州遗赠案"为例，探讨交易成本最小化原则在审理"疑难案件"过程中的可适用性。

二、"交易成本"的两个学术传统与波斯纳法律经济学的方法论谬误

"交易成本"这一范畴在新古典经济学和新制度经济学这两个学术传统中的地位不同；波斯纳法律经济学本质上秉承了新古典经济学传统（艾佳慧，2013），但是在技术路线上混杂适用交易成本理论两个不同的学术传统，从而导致了其理论内部的逻辑矛盾。这也是造成财富最大化原则和"猜想市场"（hypothetical market）理论备受质疑乃至失败的根源所在。现有研究往往是以"科斯定理"为起点区分科斯法律经济学与波斯纳法律经济学，而忽视了交易成本这一范畴的复杂性以及其对科斯与波斯纳的分析进路差异的决定性影响。我们将在澄清新古典经济学和新制度经济学中交易成本理论的区别的基础上，指出波斯纳法律经济学在方法论上的谬误，并为本文提出的交易成本最小化原则奠定基础。

（一）"交易成本"在两个学术传统中的区别

科斯（Coase）发现"交易成本"现象并据此对新古典经济学提出挑战后（Coase，

---

① 通说认为"疑难案件"包括三类案件：一是案件事实尚未为现有法律规则所涵盖的案件；二适用于案件的法律规则互相抵触而必须在它们之间做出选择的案件；三是特定法律规则直接适用会导致违反法律目的或者政策的结果的案件。参见孙海波：《不存在疑难案件?》，载《法制与社会发展》2017 年第 4 期。本文所称的"疑难案件"采用通说。

② 无疑，本文无意否定波斯纳在法律经济学中伟大贡献，只是指出其理论局限性并寻求可替代的方案。毕竟，波斯纳的理论在中国有着深远的影响，因而对波斯纳的理论的局限性亦应该有清楚的认知。

③ 新制度经济学（new institutional economics，NIE）这一术语最早由威廉姆森（Williamson）于 1975 年提出，新制度经济学的基本思想是交易成本必然对制度结构、人们的选择和结果产生影响；其通常被认为是交易成本经济学、产权分析和合约理论的混合并对这些相关领域的问题进行解释的理论。相关论述参见弗鲁博顿和芮切特（2012）。

1937，1960)，交易成本概念也被接纳到原有的新古典经济学分析框架。然而，"交易成本"的地位和作用在新古典经济学和新制度经济学两个学术传统中存在本质区别。具体表现为：

第一，前提假设不同。即使把交易成本纳入原有的分析框架，新古典经济学依然坚持决策主体为"完全理性的经济人"的前提假设；新制度经济学则预设决策主体为"有限理性的合同人"（威廉姆森，2002)。在前者看来，决策主体是具有完全理性能力；在后者看来，决策主体的计算能力受到知识、信息约束（Allen，2000)。

第二，目标不同。新古典经济学仅把交易成本纳入其现有的价格理论框架分析，交易成本被视为"固定成本"或者"可变成本"，其目的在于分析交易成本对于均衡数量和均衡价格的影响①。新制度经济学交易成本理论的分析目标则是以交易成本为标准，研究制度安排（或者称治理结构）的合理性②。

第三，分析工具和方法不同。交易成本理论仅在"量"的层面上影响新古典经济学的分析方法。纳入交易成本概念后，"效用""偏好"以及"供求均衡分析"等依然是新古典经济学的分析工具。新制度经济学则以交易成本理论为核心，并在此基础上，形成了产权分析、合约分析、交易成本分析、制度比较分析等多种分析方法（弗鲁博顿和芮切特，2012)。

第四，基本结论不同。新古典经济学接纳交易成本范畴后得到诸如"交易成本会随着物品交易量和交易频率的增加而增加""交易成本比例会在买价和卖价之前造成差距，差距越大个人就越有可能选择自给自足的解，市场交易的总量就越小"等基本结论（赫舒拉发和格雷泽，2009)。新制度经济学的研究结论则是在"有限理性"和"资产专用性"等现实条件约束下，解释诸如为什么存在"市场、企业、法律"等多样制度安排现象（威廉姆森，2002)。

第五，帕累托效率的地位不同。帕累托效率在纳入交易成本理论的新古典经济学中依然具有重要地位。但是，在新制度经济学看来，当考虑交易成本以后，帕累托效率标准已没有实质意义（弗鲁博顿和芮切特，2012)，新制度经济学所关注的是制度安排对交易成本节省问题而非帕累托效率问题。

（二）波斯纳法律经济学对交易成本理论的误用以及其逻辑谬误

如前所述，波斯纳法律经济学虽然也使用交易成本这一基本范畴，但是，它是在"卡尔多—希克斯标准"上建构的、以"财富最大化原则"为中心的理论大厦，其"里子"依然是新古典经济学的学术传统③。如前所述，"交易成本"在新制度经济学和新古典经济学两个传统中有本质区别，波斯纳恰恰是忽视了上述区别，不当使用交易成本

---

① 赫舒拉发和格雷泽：《价格理论及其应用》，机械工业出版社 2009 年版。
② 威廉姆森：《资本主义经济制度》，商务印书馆 2002 年版。
③ 据此，我们也可以理解为什么波斯纳对于自己被纳入新制度经济学阵营以及对威廉姆森等学者的创新不以为然。可参见波斯纳：《超越法律》，中国政法大学出版社 2001 年版，第 490～501 页。

理论，并导致其理论上的逻辑谬误。具体表现为：

第一，错误地把"交易成本为零条件下的权利配置"理解为"资源最优配置"的充分必要条件。

根据科斯的观点，市场、企业或者政府管制的优劣取决于三种制度的交易成本的大小。因此，资源最优配置推导出来的不一定是交易成本零的权利配置（即新古典经济学奉行的"市场配置"），有可能是基于企业或者政府干预下的权利配置（Coase，1960）。因此，在科斯看来，"交易成本为零条件下的权利配置"仅是"资源最优配置"的充分条件而非必要条件。然而，波斯纳试图通过建构一个交易成本为零的"猜想市场"权利分配框架（波斯纳，2002），认为交易成本为零条件下的权利配置可以推导出资源最优配置，同时资源最优配置状态就是交易成本为零的权利配置，即前者是后者的充分必要条件。显然，这是对科斯交易成本理论的不当运用。

第二，随意"切换"使用两个不同学术传统的交易成本理论，导致其理论体系内在矛盾。

在新制度经济学看来，交易成本为零是一种理想状态；在真实的世界中，仅存在适应于各种"交易"的交易成本最小化的治理结构（威廉姆森，2002）。波斯纳法律经济学则以"猜想市场"为分析工具来解决权利分配问题，其奉行交易成本为零的"市场最优"的新古典经济学。但是，波斯纳也常常使用新制度经济学意义上的交易成本的概念。比如，波斯纳在分析"诚信"时，则以"交易成本减少"而不是以"交易成本为零"，作为论证促进财富最大化的依据（波斯纳，2002）；又比如，在波斯纳与德沃金关于劳动力归属权问题的争论时，波斯纳认为，应该把劳动力配置给事先拥有它的人，从而实现"交易成本最小化"（波斯纳，2002）。正是因为波斯纳在其分析中未能一以贯之地使用某一特定传统的交易成本理论，从而造成其理论的内在矛盾。

第三，错误地以财富最大化原则作为裁判标准。财富最大化原则不宜作为裁判指引。方法论上的原因在于，一方面，根据科斯定理，交易成本为零时，资源配置的效率与权利配置无关，换言之，多种权利配置都会产生"财富最大化"的效果，此时以财富最大化为标准配置权利不具有唯一性和确定性；另一方面，某些表面上似乎是财富最大化的结果，却不是应该追求的目标。比如，当一方当事人通过欺诈在交易获得更多财富而另一方当事人失去更多少财富的时候，虽然此时社会财富有净的剩余，但是欺诈有悖于"诚信"的道德规范，此时若以"财富最大化"作为司法评判的标准，显然有悖常理。

（三）小结

综上所述，交易成本这一范畴在新古典经济学和新制度经济学中有不同意义。波斯纳对于交易成本理论的不当使用造成波斯纳法律经济学的内在紧张关系，也破坏了对法律问题分析所应该具有的一致性、确定性以及有效性（validity）①。实际上，威廉姆森明确指出，基于新制度经济学的法律经济学要比较于新古典经济学的法律经济学更具有优势。② 我们试图以新制度经济学的交易成本理论为基础建构一个一般原则，并为法律规范的建构和司法裁判提供指引。

三、"交易成本最小化原则"何以成为一般原则？

正如哈特（Hart）所指出的那样，规则之所以具有法律性质最终只能以接受"社会事实"作为分析起点③。据此，我们拟从人类社会得以继续的事实——"合作"这一社会事实为基础④，基于新制度经济学，从应然层面演绎出作为一般原则的交易成本最小化原则。⑤ 并进而在实然层面，通过分析制定法规范对该原则予以检验。

（一）合作、制度与交易成本最小化原则

1. 合作、制度与交易成本

正如罗尔斯（Rawls）所言"每个人都依赖于一种合作的制度，若是没有这个合作的制度，没有人能拥有一个满意的生活"（Rawls, 1971）。阿克塞尔罗德（Axelrod）则直接指出，合作是人类文明的基础（阿克塞尔罗德，2007）。可见，"合作"对于人类的重大意义不言而喻。那么，人类为什么以能够区别于其他物种而维持大规模合作？对此，经济学的研究表明，制度对于人类合作的影响具有关键性作用⑥。

诺斯（North）把制度划分为非正式制度和正式制度，前者包括行事准则、行为规范和惯例；后者包括政治（和司法系统）规则、经济规则和契约。他进一步指出，合作的演化是上述非正式制度、正式制度相互作用的结果：一方面，非正式制度具有自我实施的特点，从而有较低的交易成本；另一方面，正式制度能够补充和强化非正式制度的有效性，降低了信息、监督以及实施的成本（诺斯，2008）。同时，威廉姆森也从交易成本角度分析制度对合作的影响，但与诺斯不同的是，威廉姆森把"契约"视为一种区别于"法律中心主义"的私人治理机制，"组织"也视为一种制度安排而非诺斯意义上"参与者"。威廉姆森进一步指出，人们能够根据"资产专用性"区分各种"契

---

① 本文所称的有效性（validity）是"言说、规则或者制度的可理解性、可接受性"意义上的有效性。关于有效性的论述参见哈贝马斯：《在事实与规范之间：关于法律和民主法治国的商谈理论》，生活·读书·新知三联书店2014年版，第5页。

② 参见米德玛编：《科斯经济学》，格致出版社2010年版，第181~188页。

③ 相关论述可参见哈特：《法律概念》，法律出版社2011年版，第99~100页。

④ 合作是指一个人同其他人一起从事互利活动的行为。相关论述可参见鲍尔斯和金迪斯（2005）。

⑤ 美国学者卡尔布雷西（Guido Calabresi）试图建立一个以交易成本理论为基础的侵权法理论，但是，最后却与波斯纳的"效率"原则合流。参见 Calabresi, Guido, Melamed, A. Douglas, 1972, Property Rules, Liability Rules, and Inalienability: One View of the Cathedral, Harvard Law Review, Vol. 85, No. 6, pp. 1089 – 1128；内田海：《契约的再生》，载梁慧星主编《为权利而斗争》，中国法制出版社2000年版，第216页。

⑥ 现有研究认为，人类合作取决于两个因素：一是人类特殊的利他主义的心智结构（包括奖励合作行为的心智结构、奖励惩罚行为的心智结构、关爱他人的心智结构等）；二是制度的影响。参见鲍尔斯和金迪斯（2005）。

约"的类型和特性，选择不同的治理结构，以降低人的"有限理性"和"机会主义"的可能影响，从而最大限度地实现人与人之间的合作（威廉姆森，2002）。

此外，依博弈论研究的见解，社会规模决定了合作的实现机制①。进一步，由于社会规模与交易成本正相关，因此，基于博弈论的以上见解可以转述为交易成本决定了合作维持机制。可见，这一结论与诺斯和威廉姆森的上述结论异曲同工。

2. 交易成本最小化原则具有一般原则的地位

基于以上关于人类合作的经济学理论，我们可以进一步得到如下推论：人类合作秩序的维持依靠法律等制度的作用，"减少交易成本、促进合作"是制度中普遍蕴含的基本价值。

事实上，对于作为制度重要组成部分的法律与合作的关系而言，法律学者早有论述。比如，涂尔干（Durkheim，2000）直接指出，法律的功能在于"社会整合"，促进相互合作的自发凝聚力；庞德（Pound，2011）也认为，法学的道路是一条通向合作理想的道路；博登海默（Bodenheimer，2004）则指出，法律维护的社会秩序的形成是富有创造力的个人进行合作的结果。

基于以上对"合作"的学术史梳理，我们可得到以下结论："减少交易成本、促进合作"是法律制度应有之义，交易成本最小化原则因而具有一般原则的地位。

（二）对"交易成本最小化"的进一步界定：裁判规范的视角

虽然学者对制度与交易成本关系已成共识，但是对"交易成本"有不同理解和表述。例如，经济学家阿罗（Arrow，1969）把交易成本界定为"经济制度运行的成本"；张五常（Cheung，2002）把交易成本界定为"除了那些与物质生产过程和运输过程直接有关的成本以外，社会中所有可想象的成本都是交易成本"；等等。

而在交易成本理论应用过程中，学者们通常需要根据研究目和不同场景而具体化交易成本范围和内容。比如，学者们为了分析交易成本与价值的关系，把交易成本界定为"财产权利界定和维护的成本"；为了分析交易成本对交易价格和数量的影响，把交易成本界定为"财产转移的成本"（Allen，2000）。又比如，从契约实施的角度，威廉姆森把交易成本界定为人们缔约、履约和事后再协商的成本（威廉姆森，2002）。再比如，从制度实施的角度，诺斯把交易成本界定为测量和制度实施成本（诺斯，2008）。本文研究目的是交易成本理论在司法裁判过程中的适用问题，因此，我们有必要从司法适用的角度对交易成本的概念予以界定。

从司法裁判的角度，"交易成本"应包括如下三部分：一是私人合作的成本，人类既有交往的天性又是遵守规则的动物，如前所述，在没有司法裁判者的自然状态，私人

---

① 现有研究认为，人类合作有如下特点：第一，小规模（4~8人）社会的合作通常依靠重复博弈、声誉机制就能够维持；第二，群体合作通常依靠权威集中者对背叛者的惩罚实现自我管理机制，从而维持合作；第三，复杂的大规模社会中的合作则要依靠集权化惩罚和法定权威。参见韦倩、姜树广：《社会合作秩序何以可能：社会科学的基本问题》，载《经济研究》2013年第11期。

之间能够达成合作，合作的范围和规模与交易成本有关，我们把此时的交易成本称为私人合作的成本，它在数量上等于私人之间不合作导致的损失；二是错误裁判的机会成本，由于裁判者的知识和信息局限性，司法裁判可能存在事实错误认定或法律规则错误适用而带来损失；三是司法成本，即司法机关解决纠纷以及其运作本身需要耗费资源①。

在司法适用的交易成本的构成中，第一部分是自然状态下当事人合作成本与裁判者无关，我们可以称之为一阶交易成本；第二、第三部分与裁判者有关，我们称之为二阶交易成本。因此，从司法适用的角度，交易成本最小化是指以上一、二阶交易成本之和最小化，其意义是，耗费最少的资源并避免错误损失，选择当事人合作成本最小的法律规则。

四、制定法中的"交易成本最小化"逻辑

前文从应然层面论证了交易成本最小化原则作为一般原则的理论基础；我们拟进一步从实然的角度，以制定法中一般条款和具体法律规则佐证法律中蕴含的交易成本最小化原则。

（一）一般条款的"交易成本最小化"逻辑

一般认为，制定法意义上的法律规范包括一般条款（成文化的法律原则）和法律规则（朱庆育，2013）。在立法技术上，在制定法中写入一般条款为流行做法。一般条款的司法功能在于，当法官面对法律规则尚未规范的事实（即相对于小前提的大前提缺乏时），法官可以依据一般条款进行裁判。学者对于一般条款的司法功能给予了高度评价指出，一般条款具有法律规范和道德规范的双重属性，有效避免了国家制定法与自然法、已阐明的规则与未阐明的规则、内在规则和外在规则之间的隔膜，成为沟通正式法律渊源与非正式法律渊源的桥梁（谢晓尧和吴思罕，2004）。从交易成本的角度对一般条款分析表明，该类规范中蕴含"交易成本最小化"的原则。

首先，一般条款是对于惯例等非正式制度的制定法表达，它有效避免了当事人为订立相关条款反复讨价还价的成本（一阶交易成本）。比如，当合同法中"诚信原则"成为当事人订立合同的默认规则时，即可避免当事人就该规范是否应当适用问题的争议。

其次，制定法中一般条款宣示了道德、惯例等非正式规范，对当事人产生"框架效应"（framework effects）从而使当事人产生场景依赖，因而强化了非正式规则对于当事人的约束作用（施里特，2005）。比如，合同法的诚信原则昭示了诚信是一般社会规范，当事人应该遵守。又比如，侵权法中注意义务提醒行为人作出一定行为时，应该顾及他人利益等。

---

① 关于司法成本的界定，可进一步参见考特和尤伦（2012）。

最后，从制度实施的角度，制定法中的一般条款是诺斯所说的非正式规则与正式规则互动的典型范。法院通过对于一般条款的解释把非正式制度带入国家权力保障的视野，从而提高了非正式规则自我实施的概率，降低制度实施的成本（即前述二阶交易成本）。比如，合同法的诚信原则抑制了当事人之间的机会主义行为，提高当事人之间交易的可信性和可实施性。

（二）法律规则中的"交易成本最小化"逻辑

交易成本最小化逻辑不仅体现在一般条款当中，同时也体现在具体法律规则当中。对此，我们拟以道路交通侵权法的归责规则配置即过失责任规则和严格责任规则的配置为例予以阐明。

按照科斯定理（Coase theorem）的分析思路，即使在严格责任下，如果行人和司机能够通过无成本的协商的方式达成一致，行人和司机就可以通过彼此购买"谨慎"的行为方式，实现对损失的重新分配，从而达到与过失责任规则下相同的效果。由此可见，影响行人和司机"谨慎"与否决定性因素是他们之间的协商成本（也即交易成本）。因此，过失责任规则下损失减少的数量实际上可以视为对严格责任规则下的交易成本的节省[①]；而这种自由谈判方式节省的交易成本，也即前文所述的一阶交易成本。

然而，事实表明，即使在过失责任规则下，由于过失作为一种事实，对于它的司法认定也存在成本。这种成本包括两部分：一是法院在认定司法过程中所耗费的司法成本；二是法院有可能作出错误判决并因此影响行人和司机的策略选择，从而在客观上导致损失错误分配。可见，行人和司机是否会选择"谨慎"的策略，不仅要考虑到损失的承担，同时也受到规则的实施成本的影响。因而严格责任规则还是过失责任规则优先则取决于本文所定义的一阶交易成本和二阶交易成本之和的大小。对此，我们拟进一步展开分析。

1. 道路交通事故侵权归责规则的交易成本的构成

根据前文分析，就道路交通事故侵权而言，归责法律规则交易成本主要包括以下三部分：

（1）平均的合作损失（1）。[②] 如果某项法律规则激励行为人自动采取合作的策略（包括采取谨慎的策略等），此时该项规则的合作损失最小，并趋向于零[③]。

---

① 拜尔和格特纳等（1999）运用博弈论模型分析严格责任规则与过失责任规则对于行人和司机行为影响的结果表明，由于行人和司机意识到不同规则下损失的承担，因此，行人和司机在不同的规则下便会选择不同的策略。在严格责任情况下，由于损失由司机承担，此时，行人和司机均会选择"不谨慎"的策略；在过失责任下，由于只有行人无过失，司机有过失的情况下，损失才能由司机承担，此时，行人和司机均会选择"谨慎"的策略。在拜尔等人的模型中，严格责任规则下的损失为100，过失责任规则下的损失为30，此时损失减少为70，即过失责任规则较之于严格责任规则，交易成本减少为70。

② 合作损失是指由于私人采取合作策略而引起的社会损失。

③ 该假设的合理性在于，在过失责任规则下，行人和司机意识到损失分配的后果，因而选择谨慎的行为，从而减少事故发生和财产损失。详细分析可参见（拜尔和格特纳等，1999）。

（2）平均的错判率（θ）。[1] 错判率对合作损失产生如下影响：法院对案件的错误判决，将会引起某项规则合作损失的变化。比如，如果某项法律规则正确实施，合作损失为零，反之则会引起合作损失的增加。因此，考虑错判率后，合作损失是一个期望值。

（3）单位案件的司法成本（c）。[2] 当 c 一定的时候，司法总成本受到案件数量的影响，如果法律规则激励行为人提起诉讼，司法总成本就会增加。

2. 道路交通事故侵权不同归责规则交易成本比较：过失责任与严格责任

为便于分析，我们假设：

（1）在过失责任规则下：行人和司机均会采取合作的行为策略，如果法院正确判决则合作损失为 0；如果法院错误判决，则合作损失，记为 $l\theta$[3]。

（2）在严格责任规则下：行人和司机均会采取不合作的行为策略，如果法院正确判决，合作损失为 $l(1-\theta)$；如果法院错误判决，则合作损失记为 0[4]。

（3）在严格责任规则下假定严格责任规则下的案件数量为 A。

（4）由于在严格责任规则下：案件数量大于过失责任规则案件数量[5]，因此过失责任规则案件数量可用 βA 表示（其中，$0<\beta<1$）。

基于以上假设，我们可以分别得到过失责任规则和严格责任规则的交易成本：

①过失责任规则的交易成本（TC1）：$Al\theta+A\beta c$；

②严格责任规则的交易成本（TC2）：$Al(1-\theta)+Ac$。

进一步比较过失责任规则的交易成本与严格责任规则的交易成本的大小，有：

$$\Delta TC = TC1 - TC2 = 2Al\theta - Al - (1-\beta)Ac$$

假定单位案件损失 l、案件数量 A 以及单位案件司法成本 c 是给定的，我们可以得到：$\dfrac{d\Delta TC}{d\theta}=2Al>0$。由此可见，随着错判率（θ）增大，过失责任规则与严格责任规则的交易成本差距增加。

又因为，当 $\Delta TC = TC1 - TC2 = 2Al\theta - Al - (1-\beta)Ac = 0$ 时，$\theta^*=\dfrac{1}{2}+\dfrac{(1-\beta)c}{2l}$。

因此可以得到如下结论：

①当 $\theta>\dfrac{1}{2}+\dfrac{(1-\beta)c}{2l}$ 时，$\Delta TC>0$，此时过失责任规则交易成本大于严格责任规则

---

① 错判率是指法院错误认定事实或者错误适用法律导致的案件的错误判决。可用错误判决案件占同类案件总数的比例来表示。

② 单位案件的司法成本可用同类案件的司法成本与同类案件总数的比值来表示。

③ 该假设的合理性在于，法院有可能错把行为人没有"过失"认定为有过失，从而承担因为选择谨慎的合作策略而带来的损失。

④ 该假设的合理性在于，在"一果多因"的情况下，法院可能会做出错误判决（比如法院把行人源于心脏病死因错误地认定为交通事故）。当行人预期到法院的错误判决可能性的时候，行人便会选择"谨慎"的合作策略，而此时选择"谨慎"的合作策略对于司机来说也更为有利，因此，司机也会选择"谨慎"的合作策略。可见，即使在严格责任规则下，由于行人和司机意识到法院错判的可能性，因此，依然可能会选择"谨慎"的合作策略。

⑤ 其原因在于，行人和司机选择"不谨慎"的策略，因此导致更多的侵权行为；在严格责任规则下，受害人更容易提起诉讼，诉讼案件将会增加。

下交易成本，因此应该选择严格责任规则；

②当 $\theta < \dfrac{1}{2} + \dfrac{(1-\beta)c}{2l}$ 时，$\Delta TC < 0$，此时过失责任规则交易成本小于严格责任下交易成本，因此应该选择过失责任规则。如图1所示。

以上结论表明，侵权归责规则的优劣与案件错判率的大小有关。进一步，由于错判率与证明难度、司法能力等因素有关，因此，证明过失难度太小、司法能力的高低决定了侵权责任归责规则的选择。

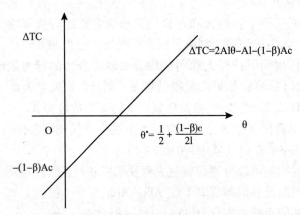

图1　过失责任规则与严格责任规则的交易成本比较（ΔTC）

以上结论可以解释我国《中华人民共和国道路交通安全法》关于道路事故侵权责任规则①设计的合理性：由于对机动车驾驶人行为是否存在过错的证明难度较高，因此，除非有相反的证据，机动车驾驶人应该承担责任②。

以上对道路交通事故侵权归责规则的交易成本分析表明，交易成本对于法律规则有决定性影响，交易成本最小化原则隐含在制定法的法律规则之中。

（三）小结

如前所述，制度功能在于降低人们合作过程的交易成本，法律的功能亦然。对制定

---

① 我国《道路交通安全法》第七十六条规定："机动车发生交通事故造成人身伤亡、财产损失的，由保险公司在机动车第三者责任强制保险责任限额范围内予以赔偿；不足的部分，按照下列规定承担赔偿责任：（一）机动车之间发生交通事故的，由有过错的一方承担赔偿责任；双方都有过错的，按照各自过错的比例分担责任。（二）机动车与非机动车驾驶人、行人之间发生交通事故，非机动车驾驶人、行人没有过错的，由机动车一方承担赔偿责任；有证据证明非机动车驾驶人、行人有过错的，根据过错程度适当减轻机动车一方的赔偿责任；机动车一方没有过错的，承担不超过百分之十的赔偿责任。交通事故的损失是由非机动车驾驶人、行人故意碰撞机动车造成的，机动车一方不承担赔偿责任。"

② 此外，严格责任在产品责任领域兴起也进一步证明影响交易成本的错判率对于侵权归责规则的影响。考特和尤伦（2012）指出，因为证明过失难度要比证明因果关系的难度大。如果责任原则要求受害人证实过失，则会有很多生产厂商会规避责任，甚至不采取预防措施；如果仅要求受害人证明因果关系，那么生产厂商就会采取更多的预防措施来避免责任。

法的一般条款和法律规则的实然分析，验证了制定法背后交易成本最小化的逻辑。据此，我们认为，交易成本最小化原则具有一般原则的地位，它也是法律体系内部资源（源于前述对制定法分析）和法律体系之外的理由（源于前述应然分析）的融通，它对案件裁判具有指导意义。

五、交易成本最小化原则的司法适用：对"泸州遗赠案"的分析

对于疑难案件裁判，通常有三种解决思路：一是大陆法系主张法律漏洞的填补（包括类推适用、利益衡量、法官造法等）适用；二是德沃金所说到适用法律体系内推导出来的法律原则对案件作出判决；三是英美法系主张的辩证推理①。然而，无论哪种解决思路均强调对"疑难案件"适用的规则或者法律理由的合法性予以外部证立。其原因，一是根据法治国家的要求，司法权应当尊重立法权；二是保证法律适用的协调性和一致性；三是对法官自由裁量权予以必要的限制。

按照阿列克西（Alex）进一步阐明的外部证立的基本程式②，"疑案案件"法律适用的第一步在于论证从制定法之外寻找"裁判依据"的必要性；第二步论证上述裁判依据的有效性；第三步将上述裁判依据适用于有待裁判的案件，作出裁判。

如前所述，交易成本最小化原则作为一般原则对于"疑难案件"的法律适用具有指导意义。我们拟进一步以"泸州遗赠案"为例③阐明交易成本最小化原则在司法实践中的应用。

---

① 相关论述可以参见拉伦茨：《法学方法论》，商务印书馆 2003 年版；阿列克西：《法律论证理论》，中国法制出版社 2002 年版；德沃金：《法律帝国》，中国大百科全书出版社 1996 年版；博登海默：《法理学——法律哲学与法律方法》，中国政法大学出版社 2004 年版。

② 阿列克西在分析利益权衡方法在德国联邦宪法法院莱巴赫案（Lebach）的应用时，建构外部证立的基本程式：首先证立利益权衡的必要性；其次是"一般衡量"（即利益衡量用于一般案件）；最后是具体案件中的衡量。参见阿列克西：《法、理性与商谈》，中国法制出版社 2011 年版，第 31～42 页。

③ 本案的基本案情是，四川泸州黄某将其夫妻共同财产中的财产份额赠与其姘居情妇张某，2001 年 4 月，黄某死后，黄某妻子蒋某与张某就财产继承问题发生讼争。法院认为，遗赠人黄某的遗赠违反了我国《婚姻法》和《民法通则》中公序良俗原则，因此判决确认遗赠无效。参见：四川省泸州市纳溪区人民法院民事判决书（2001）纳溪民初字第 561 号。原告败诉后提起上诉，二审法院维持一审判决。

本文之所以选择本案作为样本展开分析，其原因在于：第一，相对于侵权法和公司法，经济学分析较为成熟的法律部门来说，本案所涉及的继承法、婚姻法更具有挑战。第二，本案发生在 2001 年，但是，一直以来对于本案的评论不断，本案判决所隐含的法律与道德、司法技术等问题引起广泛关注。因此，我们认为，以本案为样本进行分析，具有重要价值。

本案的相关讨论可参见田士永（2007）、郑永流（2008）、何海波（2009）；还可参见范愉：《泸州遗赠案评析：一个法社会学的分析》，载《判解研究》第 2 辑；金锦萍：《当赠与（遗赠）遭遇婚外同居的时候：公序良俗与制度协调》，载《北大法律评论》第 6 卷第 1 辑；朱庆育：《法律适用中的概念使用与法律论证——以泸州遗赠案为分析对象》，载《法哲学与法社会学论丛》（第二卷），北京大学出版社 2007 年版；郑永流：《泸州遗赠案讨论记录》，载《法哲学与法社会学论丛》第二卷；余净植：《旧案重提："泸州遗赠案"两种分析路径之省思》，《法学论坛》2008 年第 4 期；宋灵珊、刘方权：《法律原则适用：方法之对话——重访"泸州遗赠案"》，载《云南大学学报（法学版）》2015 年第 4 期；石毕凡：《"泸州遗赠案"的利益衡量方法透视》，载《河南社会科学》2016 年第 4 期。

（一）"泸州遗赠案"的裁判困扰：从制定法之外寻找依据之必要

对于"泸州遗赠案"，有三种不同观点：第一种观点是以泸州法院为代表的遗赠情妇"无效论"。其理由是，遗赠情妇行为违反了我国《婚姻法》第二条规定的一夫一妻的婚姻制度和《婚姻法》第三条禁止有配偶者与他人同居以及第四条夫妻应当互相忠实、互相尊重的法律规定，是一种违法行为和违反公序良俗的行为，其损害了社会公德，破坏了公共秩序，因而应属无效行为。

第二种观点是以何海波、田士永等学者为代表的遗赠情妇"有效论"[1]。其理由：一是遗赠行为与婚外同居行为是两个不同的法律关系，后者对前者不产生影响，因此，即使受赠的主体是情妇，也不影响遗赠行为的效力；二是遗赠行为是独立的民事法律行为，其效力仅取决于其意思表示，无须考虑其动机，公序良俗的法律原则在本案中不适用。这也是学界对本案最为普遍的观点。

第三种观点是郑永流等学者为代表的"部分有效论"。其理由是，由于基于婚外同居的遗赠充满争议，本案无法确定进行法律推理的"大前提"，而唯有根据具体的事实作出"骑墙"裁判。具体而言，由于本案争议的标的是可分财产，同时遗赠的动机是复合（既有对情人性关系的回报，也有对情人牺牲的回报），因此，受遗赠人应该得到部分财产（郑永流，2008）。

对于"泸州遗赠案"的上述争议表明，本案的法律适用，不能如同泸州法院那样简单地依照"三段论"模式，以婚姻法以及民法通则的规定作为本案裁判的大前提进行内部论证得出判决结论。正如郑永流教授所言，本案无法依照法律规定的大前提进行裁判，因为不管依照颇有争议的无效论立场或者有效论立场，均可以依照三段论的模式作出判决，而这些判决结果之间必然也是充满争议的（郑永流，2008）。这也表明本案具有疑难案件的属性，因而其裁判理由或者规则的适用需要进行进一步的外部证立。

（二）遗赠类案件的裁判理由：基于交易成本最小化原则

按照外部证立的第二步，需要对裁判理由适用于一般情形下同类案件裁判有效性进行论证。我们拟从交易成本角度解释婚姻关系及其治理，以论证交易最小化原则适用于"遗赠情妇"类案件以及"泸州遗赠案"的前提和基础。

1. 交易成本最小化视角下的婚姻及其治理："遗赠自由"对婚约的保障功能

依新制度经济学的观点，类似于企业取代市场，"婚姻"被视为长期合同。一方

---

[1]　参见何海波（2009）、田士永（2007）；另外可参见何兵：《冥河对岸怨屈的目光：析"二奶"继承案》http: //article. chinalawinfo. com/ArticleFullText. aspx? ArticleId = 1594&listType = 0，最后访问日期2017 年12 月25 日；何兵：《法意与民情——从二奶继承案说起》，http: //article. chinalawinfo. com/ArticleFullText. aspx? ArticleId = 2388&listType = 0，最后访问日期2017 年12 月25 日。

司法实践中，也出现"遗赠情妇"行为有效判决，即熊毅武遗赠案的司法判决。参见张锋：《以遗嘱形式将财产遗赠给非法同居者的效力——兼评黄永彬遗赠案、熊毅武遗赠案》，载《广西社会科学》2003 年第10 期。

面，男人和女人用长期合同的方式节省彼此再次寻找适合自己伴侣的成本；另一方面，婚姻这种长期合同也存在成本，既包括"最初做出错误选择的人将难以逃脱"；也包括对于婚约履行保障的事后成本（弗里德曼，2005）。由于当事人存在机会主义行为，婚姻合约存在较高的资产专用性①以及由此导致的不确定性的影响，事后交易成本更为显著。

进一步，从契约治理的角度，对于婚姻而言，一般存在三层治理结构：一是采用"家庭"这种适应性治理结构，以家庭成员的分工降低解决内部冲突的成本；二是国家在法律层面上赋予缔约男女双方平等享有家庭财产权利、解除婚约的自由以及请求国家惩罚违反忠实义务的一方的权利②；三是财产制度，夫妻共同财产制度意味着夫妻任何一方可对抗另一方对财产支配权，从而抑制了机会主义行为。遗赠意味着婚约的一方可以在离世的时候对于婚姻、家庭进行一次总体评价，这种评价有力约束了夫妻双方对婚姻合约的遵守。

由此可见，"遗赠自由"是赋予婚姻双方的自我保护机制；国家赋予的诉权则属于第三方实施机制。由于自我实施机制的成本低于依靠第三方实施的诉讼机制的成本（也即前者的二阶交易成本低于后者的二阶交易成本）③，因此，对于案件所涉及的婚约履行保障而言，通过遗赠的保护成本低于诉讼救济的成本。

2. 适用于遗赠类案件裁判依据：基于交易成本最小化原则

基于以上对婚姻治理以及遗赠所具有婚姻履约保障功能的分析，我们可以得到交易成本最小化原则适用于遗赠类案件的前提性结论和裁判依据。

第一，包括"遗赠自由"在内的婚姻财产权制度以及以忠实义务为核心的婚姻道德均属于婚姻契约保障的机制，两者具有统一性④。

第二，对于"遗赠自由"不应过度限制且应以法律规定为前提。其理由在于：从交易成本视角，一方面，家庭本身是人类为了财富创造而采用的一种节省交易成本的组织形式。因此，为激励家庭成员为家庭存续和发展更加努力工作，应避免夫妻一方遗赠行为的恣意性，因而有必要对遗赠作出一定限制⑤。然而，另一方面，如前所述，遗赠作为维护婚姻合约的低成本保护机制，若对其过度限制，则必然损害了其应有的保障功能，因而"遗赠自由"应具有的优先性。现实立法一般对于遗赠自由的例外予以明示规定，则是对"遗赠优先"的肯定。

---

① 基于"一夫一妻"和忠实、扶持义务等法律规定，夫妻之间在身份上亦具有一定的专属性。关于婚姻中的资产专用性的进一步论述，可参见威廉姆森（2016）。

② 比如，根据我国《婚姻法》的规定，离婚时无过错方可以请求有过错方赔偿（《婚姻法》第46条）或者对有过错方少分或者不分财产（《婚姻法》第47条）。

③ 相关论述参见威廉姆森（2002）、迪克西特（2007）。

④ 何海波（2009）认为，本案涉及财产权利与婚姻道德之间是对立和冲突的。与此不同，本文强调在婚约履行保障层面上，财产权利与婚姻道德具有统一性。

⑤ 许多国家法律明确规定了遗赠的"特留份"制度或者要求遗嘱人对于继承人给予必要的财产保障。我国《继承法》第十九条也规定，"遗嘱应当对缺乏劳动能力又没有生活来源的继承人保留必要的遗产份额"。

（三）"泸州遗赠案"的裁判：基于交易成本最小化原则的具体适用

把前述基于交易成本最小化原则的裁判依据应用到"泸州遗赠案"，我们可得到以下结论：

第一，本案所涉及的《民法通则》《婚姻法》《继承法》的法律规范应该视为一个整体，并适用于本案的裁判。《婚姻法》《民法通则》能否适用于"泸州遗赠案"是争议的焦点之一[①]。如前所述，从婚约保障成本最小化的角度，婚姻、家庭、继承应视为一个整体，婚姻中财产权利和婚姻道德具有统一性，本案应同时适用《继承法》《婚姻法》《民法通则》的相关规定。由此可进一步看出，交易成本最小化原则是从法律的整体解释角度论证案件的法律适用。这与现有主张排除《婚姻法》和《民法通则》适用于本案从而得到遗嘱有效的结论相比较，我们理论解释更为清晰。

第二，对于遗赠自由的限制应以明确的法律规定为限，本案不应适用公序良俗原则。理由是，如前所述，一方面，《婚姻法》已将婚姻关系中的公序良俗具体化为忠实义务、相互扶持义务；另一方面，遗赠自由具有与忠实义务、相互义务等同等对婚约的保护功能，并且具有更低的实施成本，如果以后者为理由否定前者，必然损害遗赠自由所具有的价值。因此，就本案而言，除非有客观证据证明黄某的遗赠行为存在对于继承人基本生活保障的损害，否则应该支持黄某的遗赠行为，张某应该得到合法部分的遗赠财产。由此可进一步看出，交易成本最小化原则适用于本案，实现了法律规则内部的统一性和协调性，比前述学者提出的基于"骑墙理论"（郑永流，2008）的裁判理由更加充分。

（四）小结：交易成本最小化原则适用的基本步骤

从交易成本最小化原则在"泸州遗赠案"适用的分析过程当中，我们可以将交易成本最小化原则适用于"疑难案件"的基本步骤总结如下：

第一步，论证有待裁判案件的"疑难"属性。比如，在现有法律规则下，对于前述"泸州遗赠案"该如何判决有不同观点，凸显出该案的"疑难"属性。

第二步，交易成本最小化原则在同类案件中的适用，得到具体的裁判依据。交易成本分析是交易最小化原则适用的核心，是交易成本最小化原则具体化过程，是详细的说理过程，它取决于案件事实类型。一般而言，首先可从资产专用性、不确定性等维度刻画案件涉及的私人契约的交易成本（一阶交易成本）的大小，然后比较不同法律规范实施成本（即二阶交易成本）的大小，进而确定适用于案件的裁判依据。比如，对于"泸州遗赠案"的讨论，首先分析"遗赠"，得到如下结论："遗赠"通常所具有的婚约

[①] 有学者认为本案是继承纠纷而不是婚姻争议，就当适用《继承法》，而不该把《婚姻法》或者别的什么法律也拉进来；有学者认为《继承法》是《民法通则》特别法，且前者在先，因此应当优先适用；有学者认为《继承法》已经有了明确规定，就不能再适用《民法通则》关于公序良俗的原则。参见何海波（2009）。

保障功能，除非法律有明确规定，司法者不宜对遗赠做出限制。

第三步，把第二步得到的裁判依据适用于有待裁判的案件，作出裁判。比如，在"泸州遗赠案"中，应审视本案是否存在法律有明文限制遗赠的情形。由于答案是否定的，因而黄某遗赠行为有效，张某应得到合法的遗赠财产。

六、结　　语

对以"财富最大化原则"为核心的波斯纳法律经济学的争论由来已久。本文首先比较交易成本这一范畴在新古典经济学和新制度经济学两个学术传统上意义和地位，进而指出波斯纳在使用交易成本理论过程中存在的谬误。其次，我们从应然和实然两个层面论证交易成本最小化原则具有一般原则的地位和功能。再次，我们以具体疑难案件为例（"泸州遗赠案"）阐明了交易成本最小化原则的司法适用以及基本步骤，即，第一步是确定待裁判案件属于"疑难案件"；第二步是收集适用交易成本最小化原则与待裁判的同类案件，得到具体的裁判依据；第三步是把第二步裁判依据适用于待裁判案件，作出裁判。

需要指出的是，第一，本文对于交易成本最小化原则作为一般原则论证以及其司法适用的讨论是初步的，对于交易成本最小化分析与利益衡量、法益衡量等法律方法的关系有待深入探讨；第二，本文专注于以"意思自治"为基础的私法领域，尚未涉及以"法定主义"为基础的公法领域。然而，宪法上的"权力制约"原则、行政法上的"法不授权即禁止"原则、刑法上的"罪行法定"原则、"无罪推定"原则等制度设计无不体现了"减少交易成本"的考虑。由于公法的"法定主义"的特殊性，对于交易成本最小化原则在公法领域的适用性问题，我们拟另行深入探讨。

参 考 文 献

1. 阿克塞尔罗德：《合作的进化》，上海人民出版社 2007 年版。

2. 艾佳慧：《科斯与波斯纳：道不同不相为谋》，载《法律和社会科学》2013 年第 12 卷。

3. 鲍尔斯、金迪斯：《合作的物种：人类的互惠性及其演化》，浙江大学出版社 2015 年版。

4. 波斯纳：《正义/司法的经济学》，中国政法大学出版社 2002 年版。

5. 博登海默：《法理学——法律哲学与法律方法》，中国政法大学出版社 2004 年版。

6. 迪克西特：《法律缺失与经济学——可供选择的经济治理方式》，中国人民大学出版社 2007 年版。

7. 弗里德曼：《经济学语境下的法律规则》，法律出版社 2005 年版。

8. 何海波：《何以合法？——对"二奶继承案"的追问》，载《中外法学》2009 年第 3 期。

9. 赫舒拉发、格雷泽：《价格理论及其应用》，机械工业出版社 2009 年版。

10. 简资修：《华文的法律经济学道路》，载《中国法律评论》2017 年第 3 期。

11. 考特、尤伦：《法和经济学》（第六版），格致出版社 2012 年版。

12. 诺思：《制度、制度变迁与经济绩效》，格致出版社 2008 年版。

13. 庞德：《通过法律的社会控制》，商务印书馆 2011 年版。

14. 施里特：《习俗与经济》，长春出版社 2005 年版。

15. 田士永：《法律行为违背善良风俗中意思要素的分析——从泸州遗赠案开始》，引自《法哲学与法社会学论丛》（第二卷），北京大学出版社 2007 年版。

16. 埃米尔·涂尔干：《社会分工论》，生活·读书·新知三联书店 2000 年版。

17. 威廉姆森：《资本主义经济制度》，商务印书馆 2002 年版。

18. 谢晓尧、吴思罕：《论一般条款的确定性》，载《法学评论》2004 年第 3 期。

19. 张五常：《经济解释》，商务印书馆 2002 年版。

20. 郑永流：《道德立场与法律技术——中德情妇遗嘱案的比较和评析》，载《中国法学》2008 年第 4 期。

21. 朱庆育：《民法总论》，北京大学出版社 2013 年版。

22. Allen, Douglas W. , 2000, "Transaction Costs", Encyclopedia of Law and Economics（Volume One: The History and Methodology of Law and Economics）Bouckaert, Boudewijn and De Geest, Gerrit（eds.）Chelthenham: Edward Elgar Press, pp. 893 – 926.

23. Arrow, Kenneth J. , 1969, "The Organization of Economic Activity: Issues Pertinent to the Choice of Market versus Non-market Allocations", The Analysis and Evaluation of Public Expenditures: the PPB System; A Compendium of Papers Submitted to the Subcommittee on Economy in Government of the Joint Economic Committee, Congress of the United States, 1, Washington, D. C. : Government Printing Office, pp. 48.

24. Coase, Ronald, 1937, "The Nature of the Firm", Economica, Vol. 16, Issue 4, pp. 386 – 405.

25. Coase, Ronald, 1960, "The Problem of Social Cost", Journal of Law and Economics, Vol. 3, pp. 1 – 44.

26. Dworkin, Ronald M. , 1980, Is Wealth a Value? The Journal of Legal Studies, Vol. 9, No. 2, pp. 191 – 226.

27. Posner, Richard A. , 1985, "Wealth Maximization Revisited", Notre Dame Journal of Law, Ethics and Public Policy, 2, pp. 85 – 105.

28. Rawls, John, 1971, A Theory of Justice, Cambrige（Massachusetts）, P. 15.

29. Robin F Grant, 1988, Judge Richard Posner's Wealth Maximization Principle: Another Form of Utilitarianism, Cardozo Law. Review. 815 pp. 1988 – 1989.

30. Yew-Kwang, NG, 2016, Posner's Wealth Maximization for Welfare Maximization: Separating Efficiency and Equality Considerations, EGC Report No: 2016/11.

企业家激励、隐性契约与创业型企业融资[*]

吉 云[**]

【摘 要】"大众创业、万众创新。"需要金融支持，但创业企业融资难意味着该领域存在市场失灵。分析表明，创业投资是否有吸引力，关键在于企业家活动。不确定性环境下的企业家激励契约是不完全的，在其私人利益与公司利益存在冲突的情况下，创业投资收益不足以补偿可能的巨额损失风险，外部融资难以成功。基于动态契约框架，本文证明自我实施的隐性契约可以改善双方合作的条件，提高创业融资成功的可能性。银行这类传统金融机构只擅长执行正式显性契约，这是其金融服务供给不足的主要原因。风险投资善于实施隐性契约，很好地解决了创业融资难题。一定条件下，不确定性程度越高，融资成功的可能性越大。

【关键词】创业融资；隐性契约；不确定性；企业家激励

一、引 言

创业型企业融资不足是一个世界性难题（Lerner，2009）[①]，在中国尤其明显。考虑到中国银行业雄厚的资产规模[②]，加之其对大量过剩产能行业的融资，对资本总量充裕——创业融资不足这一悖论的存在需要给出合理解释。创业企业一般没有足够期限的可验证经营记录，也没有足够固定资产以提供抵押（Berger and Schaeck，2011），传统的融资方式不能给予其足够的资金支持（Zider，1998）。第二次世界大战以后，特别是20世纪70年代以来，随着美国大量创业型企业的涌现，风险投资这种专门支持创新型小企业的融资机制应运而生。其独特的制度安排、创造性的契约设计，以及巧妙的风险管控措施，很好地解决了不少初创期企业的融资难题（Tian，2011）。

尽管已有不少文献就风险投资出现并扩展成为主要创业融资模式的问题进行了大量理论和实证分析（姚铮等，2011；Bengtsson，2011；Kaplan and Strömberg，2001；

* 本文是国家社会科学基金项目"基于动态契约的创业型企业融资与风险控制研究"（批准号：15BJY162）的阶段性成果。感谢匿名审稿人的宝贵意见！当然文责自负。原文发表于《制度经济学研究》2017年第2期，早期版本曾在第十六届中国经济学年会宣读。

** 吉云，博士，温州大学商学院、金融研究院副教授。

① 比如，美国政府专门为此成立了中小企业管理局（SBA），通过直接贷款和信用担保等方式为中小企业提供融资支持。加拿大、日本、英国、以色列等国也都采用多种政策措施缓解中小企业尤其是创业型企业的融资难题。

② 根据银监会的最新数据，截至2017年1月，我国银行业金融机构的总资产达228.02万亿元人民币。

Gompers and Lerner，2006），但这些归纳导向的研究将注意力局限于风险投资这类非常特殊的融资方式上，导致其结论适用范围非常有限。事实上，就算在风投行业发达的美国，绝大多数创业型企业也很难得到风险投资的青睐（Berger and Udell，2002）。中国风投行业刚刚起步，短期内更不可能依靠其解决中小企业融资难、融资贵问题。因此，有必要从创业创新的本质出发，一般性地讨论创业融资过程和机制及其面临的问题和挑战，据此提出可供其他融资形式参考的对策建议，从微观层面改善我国创业融资环境（吉云，2016）。

本文分析表明，不确定性①的存在是传统融资方式失灵的重要原因，也正是风险投资这类积极投资者活跃于创投市场的关键所在。不确定性既可能导致巨额投资损失，又有可能带来丰厚回报。企业家具有应对不确定性的特殊禀赋（Knight，1921），因此，创业投资回报是否足以补偿损失风险，很大程度上取决于其是否受到最优激励（Manso，2011）。但也正因为存在不确定性，企业家活动很难观察和测度，即使可以观察，也很难进行第三方验证，无法写入事前的正式契约（Grossman and Hart，1986）。如果存在利益冲突，外部投资者不能利用正式契约进行激励②，可行的只能是可自我实施的隐性契约（Macleod and Malcomson，1989）。问题在于，隐性契约的实施需要满足一定条件，传统金融机构一般只擅长利用静态的正式契约组织交易，企业家的行为偏差导致参与融资无利可图，这是其金融服务供给不足的主要原因。相对而言，风险投资这类积极投资者利用其在创业创新领域的专业特长和关系网络，并通过与创业者的频繁互动，可以有效地实施动态的隐性契约，这在一定程度上缓解了创业融资难题。

二、文献综述

吉云（2016）从投资者角度研究了动态契约解决创业融资难题的原理，并就创业型企业融资过程和模式、风险投资机制、创业创新面临的奈特不确定性、动态契约框架等对国内外相关文献进行了全面回顾，此处不再赘述。本文从企业家角度研究可自我实施的隐性契约对企业家活动的激励效应，据此讨论传统融资方式的不足与风险投资在创业融资领域的独特优势。分析将表明，创新不确定性既是创业型企业的关键价值来源，又是投资损失的决定性因素。创业投资是否有利可图，很大程度上取决于企业家活动。因此，能否实现对企业家的最优激励，就是双方合作能否达成的关键。

在本文框架中，企业家激励是通过隐性契约实现的。这里定义的隐性契约在本质上也是一种动态契约，其价值源自正式契约的不完全性（Grossman and Hart，1986；Hart and Moore，1999）。由于某些关键指标很难观测、无法验证，不能写入事前的正式契

---

① 指奈特意义上的不确定性，后文会给出具体界定，可参见奈特（Knight，1921）、吉尔伯与斯梅得勒（Gilboa and Schmeidler，1989）。

② 比如，外部竞争加剧要求企业家投入更多的时间、精力和资源进行研发，但私人收益的存在诱惑企业家将注意力放在市场营销、品牌塑造、人脉构建等方面。这些企业家活动很难被第三方验证，因此不能在事前写入正式契

约，代理人激励只能依靠可自我实施的隐性契约（Macleod and Malcomson，1989）①。这类契约的实施机制已被相关文献详细考察。克莱因和勒费乐（Klein and Leffler，1981）在较为一般的意义上假定契约不能被政府或其他任何第三方强制实施，交易双方只能依靠中断商业关系的威胁来保证契约承诺得到执行。麦克莱德和麦克姆森（Macleod and Malcomson，1989）将隐性契约的自我实施过程模型化为重复博弈的完美均衡，合作剩余的存在是一个必要条件。贝克尔等（Baker et al.，2002）也利用重复博弈关系的持续来保证隐性契约的可实施性，但关注的重点在于一体化决策对于违约可能性的影响。莱文（Levin，2003）指出，基于主观绩效指标的隐性契约不满足标准激励契约的实施条件，诚实品性（good faith）的存在可以确保这类契约的有效执行。此外，声誉和品牌（Bull，1987）、战略性模糊（Bernheim and Whinston，1998）、主观指标与客观指标的互补（Baker et al.，1994；Pearce and Stacchetti，1998）等也可在一定程度上保证隐性契约的自我实施。

本文假设企业家活动可以观测，但无法验证，外部投资者不能利用正式契约来约束企业家行为，可行的只能是隐性契约。我们在有限期（即3期）框架下考察创业企业的动态融资过程，因此隐性契约的执行是由投资者在第三阶段的退出威胁实现的。在此基础上，可进一步讨论创业融资市场环境对创业者违约可能性的效应、不确定性程度对合作达成可能性的影响等。一定意义上，也可以将本文考察的隐性契约实施理解成简单的动态博弈均衡。

后面内容是这样安排的，在第三部分，我们首先讨论创业创新以及企业家活动的本质，并据此定性分析创业融资的动态过程；第四部分给出正式模型，研究隐性契约实现企业家最优激励的原理，并进行比较分析；第五部分将进行几点扩展，并讨论其经济意义；最后是结论和建议。

三、企业家活动与隐性激励契约

创新就是制造和（或）利用市场非均衡赚取超额利润的过程（熊彼特，2000；Kirzner，1997）。在实现新组合的过程中，企业家将不可避免地面对奈特意义上的不确定性（Knight，1921）。实际上，企业家正是凭借其应对不确定性的特殊禀赋进入处处充满非均衡的创新王国的（Bewley，1989）。但也正因为创新存在高度不确定性，外部投资者很难观测企业家活动，即使可以观测，也难以被第三方验证。因此，本文要研究的关键问题就是：在创业者面临资金约束的情况下，如何实现企业家的最优激励，使创业投资在事前具有足够吸引力，进而实现双方合作，启动创业？

现实中，大多数创业者都面临资金约束，能否从外部获得融资是创业是否可行的关键。为了控制信贷风险，传统融资渠道通常要求企业具有一定期限的可验证经营记录，

---

① 隐性契约在文献中又被称为关系契约、非正式契约、可自我实施的契约等，其核心特征在于可自我实施性（self-enforcing）。

且大多需要有形资产作为抵押，更重要的是，企业的经营前景必须是可分析、可预测的（Berger and Udell，2002），而这些恰恰是创业型企业不具备的（Lerner，2009）。初创期企业通常没有足够期限的稳定经营记录，也没有形成足够多的有形资产可供抵押，经营前景则面临着多种内生/外生不确定性（Berk et al.，2004）。创新程度越高的公司，面临的不确定性程度越大，其得到传统金融机构融资支持的可能性越小。

如何解决这一金融市场的"失灵"呢？关键在于治理双边关系的金融契约（Aghion and Bolton，1992；Lerner and Malmendier，2010）。传统金融机构一般采用正式契约组织融资交易，这对于成熟企业或有担保/抵押的融资请求而言是可行的。但对创业型企业来说，正式契约赖以成立的多个关键指标难以观测、难以验证，是一种典型的不完全契约，多数情况下很难实施（Baker et al.，1994；Hart and Moore，1999）。创业型企业的融资基础是未来可能的增长潜力，这一潜力是否足以补偿不确定性带来的巨额损失风险，是投资者提供融资支持时需要考虑的首要问题。正如前述，企业家创新活动是创业企业成功的基础，只有其自身受到充分激励，创业企业的增长潜力才是可期的，其投资价值也才是有保障的。所以，能否利用隐性契约实现企业家的最优激励，是解决创业融资市场失灵的关键。后面的分析将表明，风险投资这类积极投资者擅长实施隐性契约，这是其畅行于创投市场的重要原因，相对而言，银行等传统金融机构不具备实施隐性契约的能力，其金融服务必然供给不足。

图1用一个简单的3期模型给出了动态框架下创业融资交易的全过程。在该情景中，创业者面临资金约束，他不得不求助于外部投资者。假设该项目需要投入的总资金为K，在动态契约安排下，投资者可以分三个阶段注入资金，分别为$K_1 = K_2 = K_3 = K/3$。在创业初期，如果条件满足，投资者与创业者签订初始协议，前者投入首期资金K_1，创业启动。在创业推进过程中，由自然决定的不确定性θ会影响企业的价值，投融双方可以在时刻$t=1$观察到与不确定性相关的信号s，并据此做出对不确定性的某种推断，进而做出阶段性决策。这里假设信号s是可观察、可验证的变量，因此可以进入初始契约，并作为下一阶段调整某些条款的依据，如控制权转移、是否终止清算、是否更换CEO、是否行使证券的转换权利、次轮融资估值等（Aghion and Bolton，1992；Kaplan & Strömberg，2003）。如果创业得以继续推进，投资者需要再次注入资金K_2，企业家则在$t=1～2$期间选择活动e。

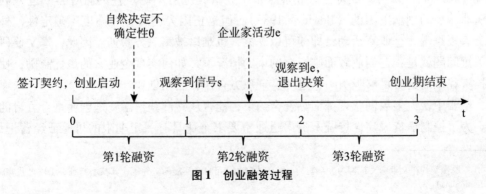

图1 创业融资过程

　　隐性契约从时刻 t = 2 开始发挥作用。此时，投资者基于自身对创业创新的理解，并通过前期与企业家的频繁互动已经了解到活动 e。但这种了解是主观性的，仅限于投资者自身，不能得到第三方的验证（Baker et al., 1994），因而不能写入初始正式契约（Grossman and Hart, 1986）。如果投资者认为企业家活动完全符合企业总体利益，他将继续提供第 3 轮融资，直到企业生命周期的创业期结束，通过 IPO、股权转让、回购、清算等方式变现退出。但是，如果投资者认为企业家活动并不是最优的，他可以选择终止合作关系，不参与第 3 轮融资。一旦投资者选择退出，企业家要么尝试从市场获得第 3 轮融资，继续创业过程，要么选择终止清算，结束创业过程。由于从创业融资市场进行后续融资有可能失败，企业家需要权衡其活动给自己带来的利弊得失，以及导致初始投资者终止合作关系的可能性。一定条件下，这一终止合作关系的威胁可以确保隐性契约的自我实施性，在事前保证了创业的启动。

四、模　型

（一）基本设定

　　我们继续在 3 期框架下进行分析。与吉云（2016）一致，假设契约关系始自时刻 t = 0，面临资金约束的企业家为了实现其商业创意，不得不求助于外部资金拥有者——投资者[①]，以获得创业所需的资金 K。创业期结束时企业的贴现价值为 R，假设其服从均匀分布，即：$R \sim U[a+\theta, b+\theta]$，R 是扣除了所有费用（包括工资、租金、资本利息等）之后的剩余价值贴现，但没有扣除企业家利润。模型化不确定性的方法是假设 $\theta \in \Theta = \{\delta, -\delta\}$，由于有限责任，进一步假设 $\delta \leq a$。此外，为了分析的可行性，假设 θ 的主观概率分布为：

$$P(\theta = \delta) = \mu$$
$$P(\theta = -\delta) = 1 - \mu \tag{1}$$

　　创业启动后，自然在 t = 0～1 期间决定不确定性参数 θ 的取值。需要注意的是，θ 是不可观察、不可验证的变量，不能写入事前的融资契约。但是，交易双方可在 t = 1 时观察到可验证的信号 $s(\in \{0, 1\})$，该信号可被写入初始契约。假设 s 与 θ 具有一定的相关性，即：

$$\beta_g \equiv P(s = 1 | \theta = \delta) > 50\%$$
$$\beta_b \equiv P(s = 0 | \theta = -\delta) > 50\% \tag{2}$$

　　类似于阿吉翁和博尔顿（Aghion and Bolton, 1992），这里可用距离 $d(\tilde{\beta}, (1, 0)) = [|1 - \beta_g| + |1 - \beta_b|]$ 来度量信号 s 的质量高低。容易看出，当 $d(\cdot) = 0$ 时，s

---

[①] 本文只考察股权投资者。吉云（2016）证明，对创业融资而言，债务契约在静态和动态框架下都不是最优的，无法实现创业启动，可行的只能是股权契约。

的高低完全揭示了真实的 θ；反之，当 $d(\cdot)=1$ 时，信号 s 没有任何价值。在前述假设下，$0<d(\cdot)<1$。此外，为了简化分析，直接假设 $\beta_g=\beta_b=\beta$。基于这些设定，可以计算出观察到信号 s 之后 θ 的后验概率为：

$$\mu^1=P(\theta=\delta\mid s=1)=\frac{\beta_g\mu}{\beta_g\mu+(1-\beta_b)(1-\mu)}>\mu$$

$$\mu^0=P(\theta=\delta\mid s=0)=\frac{(1-\beta_g)\mu}{(1-\beta_g)\mu+\beta_b(1-\mu)}<\mu \tag{3}$$

而观察到信号 s 为 1 或 0 的概率分别为：

$$q_1=P(s=1)=\beta_g\mu+(1-\beta_b)(1-\mu)$$

$$q_0=P(s=0)=(1-\beta_g)\mu+\beta_b(1-\mu) \tag{4}$$

我们继续用巨能久和苗建军（Ju and Miao, 2012）构造的模糊规避偏好来代表投资者的效用，并在风险中性假设下得到简化版的不确定性规避效用函数：

$$U=v^{-1}\Big(\int v\Big(u^{-1}\Big(\int u(c)d\pi\Big)\Big)d\mu(\pi)\Big)=v^{-1}(E_\theta v(E_R C(R)))$$

$$v'(\cdot)>0,\ v''(\cdot)<0 \tag{5}$$

$$\lim_{x\to 0}v'(x)=\infty,\ \lim_{x\to\infty}v'(x)=0 \tag{6}$$

为了便于比较不同契约的优劣，将需要投入的资本 K 设定为：

$$K=v^{-1}(E_\theta v(E_R(R)))=v^{-1}\Big(E_\theta v\Big(\frac{a+b}{2}+\theta\Big)\Big) \tag{7}$$

这意味着，创业项目的期末价值在扣除了不确定性溢价之后，刚好可以覆盖所投入的资本总量。因此，从社会角度看来，启动创业项目是最优的。我们将要研究的关键问题是：哪一类契约最有可能实现创业启动，进而达到社会最优？

（二）静态契约

这类契约一般约定：创业期结束后投融双方按照各自所持股份分享剩余收益，且在 $t=0\sim3$ 期间，投资者不参与公司的日常经营决策，现金流权也不会发生变化。令企业家所持股份比例为 α，投资者股份为 $1-\alpha$，其来自创业企业的期末收益分别为：

$$R_E=\alpha R,\ R_K=(1-\alpha)R \tag{8}$$

对企业家来说，只要 $R_E\geq0$，启动创业就是有利的[①]。为了简化分析，假设企业家既是风险中性，又是不确定性中性，即：企业家效用是期望收益的线性函数[②]。显然，创业能否启动的关键在于投资者是否愿意出资。

---

① 注意，我们对 R 的定义已经扣除了工资支出，其中就包括了企业家发挥管理者职能的市场均衡报酬，因此，R_E 度量的是企业家发挥创新职能的超额利润。此外，企业家创新的机会成本为 0，即：如果不创业，其创新才能没有价值（吉云和姚洪心，2011）。

② 根据奈特（1921），企业家最善于应对创新不确定性，因此这一假设并非不可接受。当然，该假设并不影响本文核心结论。

模型化企业家决策过程的方式是在 $t=1$ 时引入私人收益函数 $f(e, s)$[①]。为了简化分析，假设活动 $e \in \{e_0, e_1\}$，并将 $f(e, s)$ 按以下方式简写：

$$f(e, s) = \begin{cases} f_{11} & s=1, \ e=e_1 \\ f_{10} & s=1, \ e=e_0 \\ f_{01} & s=0, \ e=e_1 \\ f_{00} & s=0, \ e=e_0 \end{cases} \tag{9}$$

企业家活动对企业价值的影响体现在观察到 s 后，不确定性 θ 的后验概率调整上，按以下方式设定[②]：

$$\begin{aligned} \mu_1^1 &= \mu^1 + e_1 > \mu & s=1, \ e=e_1 \\ \mu_0^1 &= \mu^1 - e_0 < \mu & s=1, \ e=e_0 \\ \mu_1^0 &= \mu^0 - e_1 < \mu & s=0, \ e=e_1 \\ \mu_0^0 &= \mu^0 + e_0 > \mu & s=0, \ e=e_0 \end{aligned} \tag{10}$$

这意味着，$\mu_j^i > \mu \, (\forall i=j)$，$\mu_j^i < \mu \, (\forall i \neq j)$，即：企业家活动 e 匹配于信号 s 可以提高企业价值；反之，则会降低企业价值。显然，企业家私人收益 $f(e, s)$ 的存在有可能会引致其行为偏差，导致企业价值降低，进而影响外部投资者的期望收益。因此，融资契约的主要目的就是要对企业家进行激励，实现 $t=1 \sim 2$ 期间最优的企业家活动，进而达成事前合作，以启动创业。

在静态契约安排下，投资者处于消极地位，即使能观察到信号 s，他还是不能在创业期结束前对企业施加任何影响。因此，企业家活动能否实现最优完全取决于创业者的总期望收益，即：$E\{R_E\} = \alpha E[R] + f(e, s)$。在观察到信号 s 之后，企业家可以选择对其最有利的活动 e。下面分四种情形讨论静态契约实现创业启动的条件。

情形 1：$f_{11} > f_{10}$，$f_{00} > f_{01}$

在此情形下，创业者的私人利益与公司利益保持一致，只要投资者参与融资的条件得以满足，创业就可以启动，社会最优能够实现。以下命题表明了这一点。

命题 1：存在一个 $\bar{\alpha}_1 (\in (0, 1))$，使得当 $0 < \alpha \leqslant \bar{\alpha}_1$ 时，投资者期初效用 $U_K \geqslant K$，创业项目得以在 0 期启动，静态契约实现了社会最优；当 $\bar{\alpha}_1 < \alpha < 1$ 时，投资者期初效用 $U_K < K$，创业项目无法启动，社会最优无法实现。

证明：采用逆向分析程序。如果 $t=1$ 时观察到信号 $s=1$，以下企业家激励相容约束条件的满足可以保证其行为的最优：

$$\alpha E_1^{e_1}[R] + f_{11} > \alpha E_1^{e_0}[R] + f_{10} \tag{11}$$

期望符号下标指的是观察到的信号为 1，上标指的是，计算该期望值时所用的概率 $\mu_j^1 = P(\theta = \delta(s=1)$ 由企业家活动 e_j 决定，由于 $\mu_1^1 > \mu_0^1$，$f_{11} > f_{10}$，该条件的满足是很

---

① 可被理解成企业家的在职收益或控制权收益，只能被企业家占有，外部投资者不能分享。比如，一个对科学研究很感兴趣的创业者可能会利用公司资源进行一些极富挑战性的科研项目，即使相关信息表明该项目的商业前景并不乐观。研究过程和成果给创业者带来的刺激性、成就感、满足感和学术声誉就是一种私人收益，外部投资者显然不可能分享这一收益。

② 类似设定是契约文献通用做法。

明显的。因此，根据前面的设定，投资者的效用为：

$$U_K^1 = v^{-1} \left(\mu_1^1 v \left((1-\alpha) \left(\frac{a+b}{2} + \delta \right) \right) + (1-\mu_1^1) v \left((1-\alpha) \left(\frac{a+b}{2} - \delta \right) \right) \right) \tag{12}$$

将 U_K^1 看成 α 的函数 $U_K^1(\alpha)$，则由于 $\mu_1^1 > \mu$，我们有：

$$\lim_{\alpha \to 0} U_K^1(\alpha) = v^{-1} \left(\mu_1^1 v \left(\frac{a+b}{2} + \delta \right) + (1-\mu_1^1) v \left(\frac{a+b}{2} - \delta \right) \right)$$

$$> v^{-1} \left(\mu v \left(\frac{a+b}{2} + \delta \right) + (1-\mu) v \left(\frac{a+b}{2} - \delta \right) \right)$$

$$= K \tag{13}$$

类似地，如果在 $t = 1$ 时观察到信号 $s = 0$，则投资者效用为：

$$U_K^0 = v^{-1} \left(\mu_0^0 v \left((1-\alpha) \left(\frac{a+b}{2} + \delta \right) \right) + (1-\mu_0^0) v \left((1-\alpha) \left(\frac{a+b}{2} - \delta \right) \right) \right) \tag{14}$$

根据假设，同样有 $\mu_0^0 > \mu$，所以 $\lim_{\alpha \to 0} U_K^0(\alpha) > K$。现在回到 0 期，此时投资者效用为：

$$U_K = v^{-1} \left(q_1 v(U_K^1) + q_0 v(U_K^0) \right) \tag{15}$$

将前面的式子代入，则容易看出 $\lim_{\alpha \to 0} U_K(\alpha) - K > 0$。又因为 $\frac{\partial U_K(\alpha)}{\partial a} < 0$，所以存在一个 $\overline{\alpha}_1 (\in (0,1))$，满足 $U_K(\alpha) - K = 0$。并且，当 $0 < \alpha \leqslant \overline{\alpha}_1$ 时，$U_K \geqslant K$；当 $\overline{\alpha}_1 < \alpha < 1$ 时，$U_K < K$。

（证明结束）

情形 2：$f_{11} < f_{10}$，$< f_{00} < f_{01}$

在这一情形下，不管观察到什么信号，企业家私人利益与公司利益都不一致。此时，可行的股权分配 α 需要同时满足企业家激励相容约束和投资者参与约束才能确保创业启动，实现社会最优。为了简化分析，这里假设：

$$f_{10} - f_{11} = f_{01} - f_{00} = \Delta \tag{16}$$

同样采用逆向分析程序。在 1 期观察到信号 $s = 1$ 的情况下，企业家选择最有利于公司的行为 e_1 的条件为：

$$\alpha E_1^{e_1}[R] + f_{11} \geqslant \alpha E_1^{e_0}[R] + f_{10} \tag{17}$$

即：

$$\alpha \left(\mu_1^1 \left(\frac{a+b}{2} + \delta \right) + (1-\mu_1^1) \left(\frac{a+b}{2} - \delta \right) \right) + f_{11} \geqslant \alpha \left(\mu_0^1 \left(\frac{a+b}{2} + \delta \right) \right.$$

$$\left. + (1-\mu_0^1) \left(\frac{a+b}{2} - \delta \right) \right) + f_{10} \Rightarrow \alpha \geqslant \frac{\Delta}{2\delta(e_1 + e_0)} \tag{18}$$

令 $\underline{\alpha}_1 = \frac{\Delta}{2\delta(e_1 + e_0)}$，则企业家激励相容条件简写为 $\alpha \geqslant \underline{\alpha}_1$。如果观察到信号 $s = 0$，相应的条件则为：

$$\alpha E_0^{e_0}[R] + f_{00} \geqslant \alpha E_0^{e_1}[R] + f_{01} \tag{19}$$

即：

$$\alpha\left(\mu_0^0\left(\frac{a+b}{2}+\delta\right)+(1-\mu_0^0)\left(\frac{a+b}{2}-\delta\right)\right)+f_{11}\geq\alpha\left(\mu_1^0\left(\frac{a+b}{2}+\delta\right)\right.$$

$$\left.+(1-\mu_1^0)\left(\frac{a+b}{2}-\delta\right)\right)+f_{01}\Rightarrow\alpha\geq\frac{\Delta}{2\delta(e_1+e_0)}=\underline{\alpha}_1 \tag{20}$$

现在回到 0 期。如果企业家激励相容条件不满足，即：$\alpha<\underline{\alpha}_1$，那么，企业家活动不可能最优，投资者 1 期效用分别为 $U_K^1<K$，$U_K^0<K$，则 0 期效用 $U^K<K$，投资者参与约束也不满足，创业不可能启动。如果 $\alpha\geq\underline{\alpha}_1$，企业家活动是最优的，投资者参与融资的条件有可能满足，创业有可能启动。相关结果在下面给出。

引理 1：在企业家活动最优的条件下，存在一个 $\overline{\alpha}_1(\in(0,1))$，使得当 $0<\alpha\leq\overline{\alpha}_1$ 时，投资者期初效用 $U_K\geq K$；当 $\overline{\alpha}_1<\alpha<1$ 时，投资者期初效用 $U_K<K$。

证明：同命题 1，此处从略。

命题 2：如果 $\overline{\alpha}_1\geq\underline{\alpha}_1$，那么，当股权配置满足条件 $\overline{\alpha}_1\geq\alpha\geq\underline{\alpha}_1$ 时，创业会在 0 期启动，社会最优可以实现；否则，创业无法启动。

证明：在命题给出的条件下，股权配置 α 既满足了企业家激励相容约束条件，也满足了投资者参与约束条件，启动创业对双方都有利，社会最优能够实现。

（证明结束）

该命题意味着，能够支持创业启动的股权配置范围受到双重限制，在企业家私人利益与公司利益不一致的情形下，利用静态契约实现社会最优的可能性较小。后面的分析将表明，动态框架下的隐性契约可以在一定程度上放松这一限制，可行的股权配置范围将会变大，创业启动的可能性会增加。

情形 3：$f_{11}>f_{10}$，$f_{00}<f_{01}$

这一情形稍显复杂。在 1 期观察到 $s=1$ 的条件下，企业家私人利益与公司利益保持一致，企业家行为自动实现最优，投资者效用 $U_K^1\geq K$。如果观察到 $s=0$，此时，企业家私人利益与公司利益不一致，按照前一情形的分析，除非 $\alpha\geq\underline{\alpha}_1=\frac{\Delta}{2\delta(e_1+e_0)}$，否则企业家将会选择次优的活动 e_1。这里的复杂之处在于，即使企业家选择次优的活动 e_1，创业项目依然有启动的可能性。该结果由以下引理给出。

引理 2：如果有利状况（即：$\theta=\delta$）发生的主观概率 $\mu>50\%$，则存在一个 $\overline{\alpha}_2(\in(0,1))$，使得当 $0<\alpha\leq\overline{\alpha}_2$ 时，投资者期初效用 $U_K\geq K$，创业项目得以在 0 期启动；当 $\overline{\alpha}_2<\alpha<1$ 时，投资者期初效用 $U_K<K$，创业项目无法启动。

证明：投资者 0 期效用为：

$$U_K=v^{-1}(q_1v(U_K^1)+q_0v(U_K^0)) \tag{15}$$

式中，

$$U_K^1=v^{-1}\left(\mu_1^1v\left((1-\alpha)\left(\frac{a+b}{2}+\delta\right)\right)+(1-\mu_1^1)v\left((1-\alpha)\left(\frac{a+b}{2}-\delta\right)\right)\right) \tag{21}$$

$$U_K^0=v^{-1}\left(\mu_1^0v\left((1-\alpha)\left(\frac{a+b}{2}+\delta\right)\right)+(1-\mu_1^0)v\left((1-\alpha)\left(\frac{a+b}{2}-\delta\right)\right)\right) \tag{22}$$

将有关表达式 q_1，q_0，μ_1^1，μ_1^0 代入，整理得到下式：

$$U_K = v^{-1} \left(\begin{array}{l} \mu v\left((1-\alpha)\left(\dfrac{a+b}{2}-\delta\right)\right) + (1-\mu)v\left((1-\alpha)\left(\dfrac{a+b}{2}-\delta\right)\right) \\ + e_1(2q_1-1)\left(v\left((1-\alpha)\left(\dfrac{a+b}{2}-\delta\right)\right) - v\left((1-\alpha)\left(\dfrac{a+b}{2}-\delta\right)\right)\right) \end{array} \right) \quad (23)$$

容易看出，如果 $q_1 > 50\%$（即：$\mu > 50\%$），则下式成立：

$$\lim_{\alpha \to 0} U_K(\alpha) - K > 0 \quad (24)$$

至此利用证明命题1的方法可以得到相关结果。

（证明结束）

该引理结合前面的结果得到以下命题。

命题3：如果以下条件中的任何一个满足，则 $U_K \geq K$，创业会在0期启动；如果都不满足，则创业无法启动，社会最优无法实现：

（1）$\overline{\alpha}_1 \geq \alpha \geq \underline{\alpha}_1$；

（2）有利情形（即：$\theta = \delta$）发生的主观概率 $\mu < 50\%$，且 $0 < \alpha \leq \overline{\alpha}_2$。

该命题表明：如果观察到有利信号时企业家私人利益与公司利益保持一致，而在不利信号出现时两者利益不一致[1]，则有利状况发生的主观概率越高，静态契约实现创业启动的可能性越大。这与风险投资及其他机构投资者多集中于创业企业成长期、扩张期的经验事实一致，因为这一阶段的创业企业成功的可能性更高。相对而言，种子期企业很难获得这些投资者的青睐，不得不依靠天使投资人、关系借贷或政府补助等渠道（Bottazzi et al., 2002；Ueda, 2004；Gompers and Lerner, 2006）。事实上，我们可以从这一经验事实推知，情形3是创业融资领域的典型状况。

情形4：$f_{11} < f_{10}$，$f_{00} > f_{01}$

这一情形与情形3相反，但逻辑类似。在1期观察到 $s=0$ 的条件下，企业家私人利益与公司利益保持一致，企业家行为自动实现最优，投资者效用 $U_K^0 \geq K$。如果观察到信号 $s=1$，由于此时企业家私人利益与公司利益不一致，除非 $\alpha \geq \underline{\alpha}_1 = \dfrac{\Delta}{2\delta(e_1+e_0)}$，否则企业家将会选择次优的活动 e_0。容易得到以下类似命题。

命题4：如果以下条件中的任何一个满足，则 $U_K \geq K$，创业会在0期启动；如果都不满足，则创业无法启动，社会最优无法实现：

（1）$\overline{\alpha}_1 \geq \alpha \geq \underline{\alpha}_1$；

（2）有利情形（即：$\theta = \delta$）发生的主观概率 $\mu < 50\%$，且 $0 < \alpha \leq \overline{\alpha}_3$。

在情形4下，由于有利信号出现时企业家私人利益与公司利益不一致，不利信号出现时利益一致[2]，在事前，投资者希望不利状态发生的概率更高。这点似乎与直觉不符。实际上，根据本文设定，事前主观概率的高低不仅影响企业价值，还影响到投入的

---

① 比如：公司发展顺利时，企业家和投资人更能目标一致、和谐相处、共谋发展，而在公司发展不顺时，两者的利益冲突加剧，企业家竭力谋取私人收益，而投资者则有可能随时退出。这是一种典型的"能同甘，不能共苦"现象，在创投行业比较普遍。

② 这是一种典型的"能共苦，不能同甘"现象，一旦公司发展顺利，企业家开始私欲膨胀，投资者利益受损。反之，如果公司发展不顺，则投资者与创业者能够团结一致、攻坚克难。这种情形在现实中并不常见。

资本 K，因此，不利状态发生的概率较高时，企业价值与投入资本同时降低，投资收益率未必会下降。与此同时，观察到不利信息时企业家会自动采取最优行动，这反而提高了有利状态发生的概率，因为 $\mu_0^0 = \mu^0 + e_0 > \mu$，投资者期初效用得以提高，创业启动的可能性增加。

（三）动态契约

为了节约篇幅，这里只考虑合作条件最为苛刻的情形 2[①]，即：$f_{11} < f_{10}$，$f_{00} < f_{01}$。根据前文中的命题 2，该情形下静态契约能够实现创业启动的条件为：$\overline{\underline{\alpha}_1} \geqslant \alpha \geqslant \underline{\alpha}_1$。很显然，如果 $\underline{\alpha}_1 > \overline{\alpha}_1$，可行的股权分配 α 不存在[②]，创业将不可能启动，社会最优无法实现。下面的分析将注意力集中在隐性契约改善双方合作的条件上，因此直接假设满足投资者参与约束的 $\alpha < \underline{\alpha}_1$。我们将表明：隐性契约的确能够放松命题 2 中的合作条件，提高创业启动的可能性。

隐性契约的自我实施机制来自投资者退出第 3 轮融资的威胁[③]。具体地，如果观察到可验证的信号 $s = i(\in \{0, 1\})$，之后又观察到企业家活动为 $e_j(j \in \{0, 1\})$，则只要 $i \neq j$，投资者就退出最后一轮融资。一旦投资者退出，企业家最后阶段有两个选择：（1）终止创业，清算退出；（2）到创业融资市场寻找其他投资者。为了简化分析，需对此做出两点假设：（1）如果创业项目在时刻 2 终止，则清算价值为 0，这意味着，只要还有一点成功可能性，企业家终止创业都是不明智的[④]；（2）创业者到市场进行第 3 轮融资成功的概率为 π[⑤]。可以看出，隐性契约只在动态框架下才是可行的。

同样采用逆向分析程序。在时刻 1 观察到信号 $s = 1$ 之后，如果投资者继续提供融资，项目继续推进，企业家的期望收益为：

$$E_1^{e_j}[R_E] = \alpha \left[\mu_j^1 \left(\frac{a+b}{2} + \delta \right) + (1 - \mu_j^1) \left(\frac{a+b}{2} - \delta \right) \right] + f_{1j} \tag{25}$$

但根据前面的假设 $\alpha < \underline{\alpha}_1$，企业家活动为：

$$e^* = \arg \max_{e_j} E_1^{e_j}[R_E] = e_0 \tag{26}$$

则投资者的效用 $U_K^1 < K$，后者不可能继续提供融资。因此，企业家不得不到市场上

---

① 相关分析可以很容易地应用到其他情形。

② 现实中，即使 $\underline{\alpha}_1 \leqslant \overline{\alpha}_1$，但对于融资额度较高的创业企业，创业者股份稀释程度较大（即：α 太小），企业家激励相容约束并不容易满足。如阿里巴巴上市时马云的持股比例只有 8.9%，Facebook 上市时扎克伯格的股份为 28%。很少有高科技公司创始人在上市时拥有 50% 以上的股份。

③ 这一退出威胁是可置信的，不会面临再谈判问题（Maskin and Moore, 1999）。因为根据本文模型，如果企业家在信号 s 出现后不采取最优行动，投资者不继续参与融资并不会导致他已经持有的股份价值消失，前期投资的 2/3K 并不是沉没成本。

④ 因此，这也排除了企业家利用终止创业的威胁来迫使投资者继续提供融资的可能性。当然，相关问题也有重要的研究价值，可参考再谈判文献马斯金和摩尔（Maskin and Moore, 1999）和西格尔（Segal, 1999）。

⑤ 至少有两个因素会影响融资成功概率：创业融资市场资金供求状况；企业家的活动相关信息在创投行业的散播程度。本文第五部分有相关讨论。

寻找其他投资者，其期望收益为：

$$E_1^{e_0}[R_E] = \pi\left\{\alpha\left[\mu_0^1\left(\frac{a+b}{2}+\delta\right)+(1-\mu_0^1)\left(\frac{a+b}{2}-\delta\right)\right]+f_{10}\right\} \quad (27)$$

引入隐性契约的价值正在于此，投资者利用退出威胁，在有可能融资失败的情况下，迫使企业家选择最优的活动 e_1。具体条件为：

$$E_1^{e_1}[R_E] \geqslant E_1^{e_0}[R_E] \quad (28)$$

即：

$$\alpha\left[(\mu^1+e_1)\left(\frac{a+b}{2}+\delta\right)+(1-\mu^1-e_1)\left(\frac{a+b}{2}-\delta\right)\right]+f_{11}$$

$$\geqslant \pi\left\{\alpha\left[(\mu^1-e_0)\left(\frac{a+b}{2}+\delta\right)+(1-\mu^1+e_0)\left(\frac{a+b}{2}-\delta\right)\right]+f_{10}\right\}$$

$$\Rightarrow \alpha \geqslant \frac{\pi\Delta-(1-\pi)f_{11}}{\left(2\delta\mu^1+\frac{a+b}{2}-\delta\right)(1-\pi)+2\delta(e_1+\pi e_0)} \quad (29)$$

令：

$$\underline{\alpha}_2 = \frac{\pi\Delta-(1-\pi)f_{11}}{\left(2\delta\mu^1+\frac{a+b}{2}-\delta\right)(1-\pi)+2\delta(e_1+\pi e_0)} \quad (30)$$

容易验证：

$$\frac{\partial\underline{\alpha}_2}{\partial\pi} > 0 \quad (31)$$

这意味着，第 3 轮融资成功的可能性 π 越小，满足企业家激励相容约束的股权临界水平 $\underline{\alpha}_2$ 越小，企业家在 $s=1$ 的情况下选择最优活动 e_1 的可能性越大。这正是隐性契约带来的激励效应。

考虑极端情形，当 $\pi=0$ 时，企业家不可能融资成功，则 $\underline{\alpha}_2<0$，处于定义域中的所有 $\alpha\in(0,1)$ 都满足激励相容条件，隐性契约实现了企业家私人利益与公司利益的一致，创业启动只需要满足投资者参与约束即可。当 $\pi=1$ 时，企业家确定可以找到其他投资人参与第 3 轮融资，临界水平 $\underline{\alpha}_2=\frac{\Delta}{2\delta(e_1+e_0)}=\underline{\alpha}_1$，我们得到了静态契约下的结果，除非 $\alpha>\frac{\Delta}{2\delta(e_1+e_0)}$，否则企业家活动将不是最优的。

现在分析信号 $s=0$ 的情况。类似地，存在隐性契约的情况下，满足以下条件可以确保企业家选择最优的活动 e_0：

$$E_0^{e_0}[R_E] \geqslant E_0^{e_1}[R_E] \quad (32)$$

即：

$$\alpha\left[(\mu^0+e_0)\left(\frac{a+b}{2}+\delta\right)+(1-\mu^0-e_0)\left(\frac{a+b}{2}-\delta\right)\right]+f_{00}$$

$$\geqslant \pi\left\{\alpha\left[(\mu^0-e_1)\left(\frac{a+b}{2}+\delta\right)+(1-\mu^0+e_1)\left(\frac{a+b}{2}-\delta\right)\right]+f_{01}\right\}$$

$$\Rightarrow \alpha \geqslant \frac{\pi\Delta - (1 - \pi)f_{00}}{\left(2\delta\mu^0 + \dfrac{a + b}{2} - \delta\right)(1 - \pi) + 2\delta(\pi e_1 + e_0)} = \underline{\alpha}_3 \tag{33}$$

同样地：

$$\frac{\partial \underline{\alpha}_3}{\partial \pi} > 0,$$

$$\pi = 0 \Rightarrow \underline{\alpha}_3 < 0,$$

$$\pi = 1 \Rightarrow \underline{\alpha}_3 = \frac{\Delta}{2\delta(e_1 + e_0)} = \underline{\alpha}_1 \tag{34}$$

现在回到 0 期。显然，在第 3 轮融资成功概率 π 足够小的情况下，我们将会得到足够小的股权临界水平 $\underline{\alpha}_2$ 和 $\underline{\alpha}_3$，这放松了静态契约下的合作条件，创业启动有了可能性。相关结果归纳为以下命题。

命题 5：存在一个 π^*，使得当 $\pi \leqslant \pi^*$ 时，有 $\overline{\alpha}_1 \geqslant \alpha \geqslant \max(\underline{\alpha}_2, \underline{\alpha}_3)$，$U_K \geqslant K$，创业项目会在 0 期启动。

证明：前面的分析已经表明，如果足够小的 π 使得 $\alpha \geqslant \max(\underline{\alpha}_2, \underline{\alpha}_3)$，那么企业家将会受到最优激励，其私人利益与公司利益趋向一致，将临界水平记为 π^* 即可。然后根据命题 1，容易得出 $U_K \geqslant K$。

（证明结束）

值得指出的是，该命题中的 $\pi \geqslant \pi^*$ 只是创业启动的充分条件，但非必要条件。为了说明这一点，考虑一种可能的特殊情形 $\underline{\alpha}_3 \geqslant \alpha \geqslant \underline{\alpha}_2$。此时，如果观察到信号 $s = 1$，企业家活动是最优的，投资者会继续提供资金支持，其效用为：

$$U_K^1 = v^{-1}\left(\mu_1^1 v\left((1 - \alpha)\left(\frac{a + b}{2} + \delta\right)\right) + (1 - \mu_1^1)v\left((1 - \alpha)\left(\frac{a + b}{2} - \delta\right)\right)\right) \tag{35}$$

如果观察到信号 $s = 0$，企业家活动非最优，投资者将退出融资过程。其持有股份为 $\frac{2}{3}(1 - \alpha)$，剩余资本 $\frac{1}{3}K$ 不用投出，其效用为：

$$U_K^0 = \pi v^{-1}\left(\mu_1^0 v\left(\frac{2}{3}(1 - \alpha)\left(\frac{a + b}{2} + \delta\right)\right) + (1 - \mu_1^0)v\left(\frac{2}{3}(1 - \alpha)\left(\frac{a + b}{2} - \delta\right)\right)\right) + \frac{1}{3}K \tag{36}$$

可以看出，在一定条件下，存在一个合理的 α，使得期初效用 $U_K = v^{-1}(q_1 v(U_K^1) + q_0 v(U_K^0))$ 有可能超过 K[①]。但是，为了得到创业启动的必要条件，需要对不确定性效用函数、私人收益函数、后验概率等做出进一步假设，鉴于本文的研究目的，此处不予深入考察。

---

① 比如，$\mu \to 1$ 时，$q_1 \to 1$，则 $\lim\limits_{\alpha \to 0} U_K \to \lim\limits_{\alpha \to 0} U_K^1 > K$，存在合理的 α 满足创业启动条件。

五、扩展与讨论

（一）不确定性程度的影响

这里只讨论创业启动条件最为苛刻的情形2，即：$f_{11} < f_{10}$，$f_{00} < f_{01}$。根据前面的分析，静态契约下满足企业家激励相容约束的临界条件为：

$$\underline{\alpha}_1 = \frac{\Delta}{2\delta(e_1 + e_0)} \tag{20}$$

容易看出，不确定性程度 δ 越大，$\underline{\alpha}_1$ 越小，约束条件 $\alpha > \underline{\alpha}_1$ 越容易满足。在极限条件下，$\delta \to \infty$，$\underline{\alpha}_1 \to 0$，该条件自动满足[①]。

在隐性契约下，临界条件为：

$$\underline{\alpha}_2 = \frac{\pi\Delta - (1-\pi)f_{11}}{\left(2\delta\mu^1 + \frac{a+b}{2} - \delta\right)(1-\pi) + 2\delta(e_1 + \pi e_0)} \tag{37}$$

$$\underline{\alpha}_3 = \frac{\pi\Delta - (1-\pi)f_{00}}{\left(2\delta\mu^0 + \frac{a+b}{2} - \delta\right)(1-\pi) + 2\delta(\pi e_1 + e_0)} \tag{38}$$

可以验证，如果以下条件满足，则随着不确定性程度 δ 的增加，临界水平越小，创业启动的可能性越大，即：

$$\mu^1 > \frac{1}{2} - \frac{e_1 + \pi e_0}{1-\pi} \tag{39}$$

$$\mu^0 > \frac{1}{2} - \frac{\pi e_1 + e_0}{1-\pi} \tag{40}$$

这些结果意味着，一定条件下，高度不确定性的存在有助于社会最优的实现。这似乎与直觉不符，因为一般情况下我们总是在规避不确定性。事实上，较高不确定性的确会导致遭受巨额损失的可能性增加，但其带来巨额收益的可能性也增加了，并且更重要的是，企业家实施最优活动带来的公司价值增加会远远超过私人收益的减少（即：Δ）。即使其持有较少的股份，也足以实现最优激励，社会最优也就更容易实现。现实中，风险投资大多投向高风险、高收益、高度创新性创业企业的原因正在于此（Berger and Udell，2002；Ueda，2004；Gompers and Lerner，2006）。尽管这些企业团队不稳、模式不清、前景不明，但在企业家最优激励得到保证的条件下，投资者预期其产生巨额回报的可能性足以补偿重大损失风险，参与融资有利可图。

---

① 因为根据假设已经有 $\alpha > 0$。

（二）不确定性规避程度的影响

前面模型假设所有投资者的不确定性规避程度相同，这里可以考虑其存在差异的情形。奈特（1921）指出，经济中最适合应对不确定性的是企业家，这一观点至少包括两层含义：（1）企业家最擅长在不确定性环境下进行决策；（2）企业家的不确定性规避程度最低。事实上，相对于普通人，愿意将资金投向创业企业的投资者，其不确定性规避程度也会更低，而银行等金融机构的不确定规避程度则更高。主要原因在于两者在监管要求、风控体系、经营传统、公司治理、股东结构等方面的差异[①]。

容易证明，投资者的不确定性规避程度越低，其推动创业启动的可能性越大。前面曾经用代表性个体的不确定性效用函数来定义创业资本投入量：

$$K = v^{-1}\left(E_\theta v\left(\frac{a+b}{2}+\theta\right)\right) \tag{7}$$

并基于相同的效用函数，通过证明以下条件的满足得到相应结果：

$$U_K = v^{-1}\left(q_1 v(U_K^1) + q_0 v(U_K^0)\right) > K \tag{15}$$

可以看出，在其他条件不变的情况下，如果投资者的不确定性规避程度更低，则其要求用于补偿的不确定性溢价更低，确定性等价更高，上述条件更容易得到满足。因此，创投机构与传统金融机构之间不确定性规避程度的差异也可在一定程度上解释我国资本总量充足——创业融资不足的悖论。

（三）创投市场融资难度

前面已经证明，隐性契约下企业家再融资的成功率 π 会影响其活动选择，即：从其他投资者处获得第 3 轮融资的可能性越小，企业家选择最优活动的可能性越大。现在进一步讨论融资成功率 π 的决定因素。

第一，创投市场资金供求状况显然会影响到 π。如果大量资金涌入市场，而创业投资机会并未同步增加，则有限数量的创业企业会面临过量资金的追逐，创业者的融资请求很容易得到满足，融资成功率增加。2000 年互联网泡沫破灭之前正呈现这种景象，投资者疯狂进入高科技融资市场，创业者往往只需凭一个与互联网相关的概念就可以轻易融到大量资金[②]。在这样的环境下，指望企业家尽心尽力为投资者创造价值是不现实的。

第二，企业家声誉效应。根据前面的分析，企业家之所以需要再融资，是因为其行动不符合原始投资者的利益，导致后者不继续提供资金支持。现实中，创业者不断从市

[①] 比如，由于创业投资的事后收益分布是高度有偏的，极端值出现的概率较高（Moskowitz and Jörgensen, 2002; Korteweg and Sorensen, 2010），银行等传统金融机构的风控标准一般会排除掉这类投资机会。

[②] 据英国《卫报》观点，近年来，以硅谷为代表的全球创投市场可能正面临一场类似于 2000 年的科技泡沫，大量估值超过 10 亿美元的所谓"独角兽"公司甚至还没有赚到哪怕 1 分钱，创业似乎变成了一件很容易的事情（http://www.theguardian.com/technology/2015/oct/04/is-dotcom-bubble-about-to-burst-again）。

场获取资金的原因多种多样，如果与企业家声誉相关的信息不易散播到创投市场，其他投资者难以识别其再融资的真实原因，则企业家获得后续融资的成功率会增加。可以预期，创投市场越完备，信息扩散越迅速，追求私人利益的创业者越难获得再融资，隐性契约对企业家的激励效应越强烈，真正有价值的创业项目启动的可能性越大。

（四）企业家边际私人收益和行为后果

容易看出，$\frac{\partial \alpha_1}{\partial \Delta} > 0$，$\frac{\partial \alpha_2}{\partial \Delta} > 0$，$\frac{\partial \alpha_3}{\partial \Delta} > 0$，即：企业家边际私人收益 Δ 越大，其选择次优行动的诱惑越大，激励相容约束的临界水平越高，创业启动的可能性越小。风险投资通过监督、可转换证券、相机控制权、更换 CEO 威胁、股权回购条款等机制来降低企业家私人收益，一定程度上缓解了激励问题（Cumming and Johan，2007；Bengtsson，2011）。

此外，$\frac{\partial \alpha_1}{\partial e_1} < 0$，$\frac{\partial \alpha_2}{\partial e_1} < 0$，$\frac{\partial \alpha_3}{\partial e_1} < 0$，$\frac{\partial \alpha_1}{\partial e_0} < 0$，$\frac{\partial \alpha_2}{\partial e_0} < 0$，$\frac{\partial \alpha_3}{\partial e_0} < 0$，即：企业家行为对公司价值的影响越大，临界水平越小，创业启动的可能性越大。这一发现可以很好地解释风险投资行业的一个典型事实，即：投资者通常赋予企业家超过其所持股权比例的控制权（Kaplan and Strömberg，2003；Schmidt，2003），这一方面反映了企业家才能的专有性，另一方面也是实现企业家最优激励的需要[①]。

（五）雇用契约的可行性

本文讨论的是股权契约。理论上，雇用契约也是可能的，即：投资者自身扮演企业家的角色，创业者作为雇员为投资者工作。但在现实中，企业家精神和创新的本质将导致这类契约不可行。原因至少有三点：

首先，可行的雇用契约要求劳资双方能在交易前准确评估被雇用者的能力和合理工资，但正如吉云和姚洪心（2011）所指出的那样，创新不确定性和企业家才能的独特性将导致这一条件无法满足，因为没有人能够在事前准确评估某人的创新能力，也没有相应的企业家市场工资作为雇用契约的参考[②]。

其次，企业家的创新动力通常来自内部激励，即：从事创造性工作的满足感，以及"改变世界"的强烈愿望。雇用契约赖以成立的绩效指标和激励条款既不能实现对创新业绩的准确度量，也无法实现对企业家的最优激励。事实上，"企业家"一旦为了工资而工作，其创新职能就消失了，也不再是真正意义上的企业家了（熊彼特，2000）。

---

① 经过多轮融资后，创始人团队的股权会被严重稀释，但多数情况下，投资人会确保创业者的绝对控制权，如 IPO 之前阿里巴巴的马云、Facebook 的扎克伯格、Google 的佩奇和布林，等等。

② 吉云和姚洪心（2011）表明，能对企业家才能进行准确评估的机制必然是市场的发现过程，而事后的创新利润则是企业家才能的"价格"，但在事前，没有人知道这一价格。

最后，为了分散风险，投资者的资产组合通常需要持有多个企业的股份（Paolo and Merih，2009），其不可能有足够时间和精力亲自运营多家公司。此外，企业家才能的专有性及其与创业企业的不可分性决定了：创始人是最合适的领导者，投资者不具备相应才能以实现创业成功。

六、结论与建议

创业是创新者实现其创意的主要途径。创新过程中面临的奈特不确定性既有可能导致惨重失败，也有可能带来巨大成功。企业家具有应对不确定性的特殊禀赋，因此，对外部投资者而言，参与融资是否有足够吸引力，主要取决于企业家是否受到足够激励采取最优行动。但也正因为不确定性的存在，相关激励契约是不完全的，很难得到执行，多数情况下可行的只能是可自我实施的隐性契约。本文分析表明，隐性契约的存在放松了企业家激励相容约束，改善了投融双方的合作条件，增加了创业项目启动、实现社会最优的可能性。由于银行等传统金融机构不善于利用隐性契约组织融资过程，而风险投资这类机构在实施隐性契约方面具有一定专长和优势，因此相对而言，后者在创业融资市场上更为活跃。

本文相关结论不仅可以很好地解释中国资本总量充裕——创业融资不足的悖论，还可为传统金融机构进入创业投资领域提供一些启示，一定程度上改善我国创业融资环境，从金融支持角度推动"大众创业、万众创新"。主要的政策建议有四条：（1）创业投资机构需要正视奈特不确定性对于创业企业和融资过程的影响，合理应用隐性契约实现企业家最优激励。（2）投资机构需要成立独立的股权投资部门，一方面通过持有股权分享创业企业的增长价值，平衡可能的损失风险；另一方面实现与母公司的风险隔离。（3）借鉴风险投资行业的成功经验，合理应用监督权、可转换证券、相机控制权、更换 CEO 威胁、股权回购等机制来降低企业家私人收益，尽量实现公司利益与企业家利益的一致。（4）政府层面推动建立和完善创业融资市场，利用市场力量增强隐性契约的自我实施性，实现企业家与投资者的双赢合作。

参 考 文 献

1. 吉云：《创新不确定性、动态契约与创业型企业融资》，载《制度经济学研究》2016 年第 2 期。

2. 吉云、姚洪心：《企业家才能的定价问题》，载《制度经济学研究》2011 年第 2 期。

3. 熊彼特：《经济发展理论》（中译本），商务印书馆 2000 年版。

4. 姚铮、王笑雨、程越楷：《风险投资契约条款设置动因及其作用机理研究》，载《管理世界》2011 年第 2 期。

5. Aghion, Philippe and Patrick Bolton, 1992, "An Incomplete Contracts Approach to Financial Contracting", The Review of Economic Studies, 59 (3), pp. 473 – 494.

6. Baker, George, Robert Gibbons and Kevin Murphy J., 2002, "Relational Contracts and the Theory of the Firm", Quarterly Journal of Economics, 117 (1), pp. 39 – 84.

7. Baker, George, Robert Gibbons and Kevin Murphy J., 1994, "Subjective Performance Measures in

Optimal Incentive Contracts", Quarterly Journal of Economics, 109 (4), pp. 1125 – 1156.

8. Bengtsson, Ola, 2011, "Covenants in Venture Capital Contracts", Management Science, 57 (11), pp. 1926 – 1943.

9. Berger, Allen N. and Gregory Udell F. , 2002, "Small Business Credit Availability and Relationship Lending: the Importance of Bank Organizational Structure", The Economic Journal, 112 (2), pp. 32 – 53.

10. Berger, Allen N. and Klaus Schaeck, 2011, "Small and Medium-Sized Enterprises, Bank Relationship Strength, and the Use of Venture Capital", Journal of Money, Credit and Banking, 43 (2 – 3), pp. 461 – 490.

11. Berk, Jonathan B. , Richard Green C. and Vasant Naik, 2004, "Valuation and Return Dynamics of New Ventures", Review of Financial Studies, 17 (1), pp. 1 – 35.

12. Bernheim, Douglas B. and Michael Whinston D. , 1998, "Incomplete Contracts and Strategic Ambiguity", American Economic Review, 88 (4), pp. 902 – 932.

13. Bewley, Truman F. , 1989, "Market Innovation and Entrepreneurship: A Knightian View", Cowles Foundation, pp. 1 – 47.

14. Bottazzi, Laura, Marco Rin D. , Jan van Ours C. and Erik Berglof, 2002, "Venture Capital in Europe and the Financing of Innovative Companies", Economic Policy, 17 (34), pp. 229 – 269.

15. Bull, Clive, 1987, "The Existence of Self – Enforcing Implicit Contracts", Quarterly Journal of Economics, 102 (1), pp. 147 – 159.

16. Cumming, Douglas and Sofia Johan A. , 2007, "Advice and Monitoring in Venture Finance", Financial Markets and Portfolio Management, 21 (1), pp. 3 – 43.

17. Gilboa, Itzhak and David Schmeidler, 1989, "Maxmin Expected Utility with Non-Unique Priors", Journal of Mathematical Economics, 18 (2), pp. 141 – 153.

18. Gompers, Paul and Josh Lerner, 2006, The Venture Capital Cycle (2nd Ed.), The MIT Press.

19. Grossman, Sanford J. and Oliver Hart D. , 1986, "The Costs and Benefits of Ownership: a Theory of Vertical and Lateral Integration", Journal of Political Economy, 94 (4), pp. 691 – 719.

20. Hart, Oliver and John Moore, 1999, "Foundations of Incomplete Contracts", The Review of Economic Studies, 66 (1), pp. 115 – 138.

21. Ju, Nengjiu and Jianjun Miao, 2012, "Ambiguity, Learning, and Asset Returns", Econometrica, 80 (2), pp. 559 – 591.

22. Kaplan, Steven N. and Per Strömberg, 2003, "Financial Contracting Theory Meets the Real World: an Empirical Analysis of Venture Capital Contracts", The Review of Economic Studies, 70 (2), pp. 281 – 315.

23. Kaplan, Steven N. and Per Strömberg, 2001, "Venture Capitalists as Principals: Contracting, Screening, and Monitoring", American Economic Review, 91 (2), pp. 426 – 430.

24. Kirzner, Israel M. , 1997, "Entrepreneurial Discovery and the Competitive Market Process: An Austrian Approach", Journal of Economic Literature, 35 (1), pp. 60 – 85.

25. Klein, Benjamin and Keith Leffler B. , 1981, "The Role of Market Forces in Assuring Contractual Performance", Journal of Political Economy, 89 (4), pp. 615 – 641.

26. Knight, Frank H. , 2002, Risk, Uncertainty and Profit (First edition in 1921), Beard Books.

27. Korteweg, Arthur and Morten Sorensen, 2010, "Risk and Return Characteristics of Venture Capital-Backed Entrepreneurial Companies", Review of Financial Studies, 23 (10), pp. 3738 – 3772.

28. Lerner, Josh, 2009, Boulevard of Broken Dreams: Why Public Efforts to Boost Entrepreneurship and Venture Capital Have Failed and What to Do About It, Princeton University Press.

29. Lerner, Josh and Ulrike Malmendier, 2010, "Contractibility and the Design of Research Agreements", American Economic Review, 100 (1), pp. 214 – 246.

30. Levin, Jonathan, 2003, "Relational Incentive Contracts", American Economic Review, 93 (3), pp. 835 – 857.

31. Macleod, Bentley W. and James Malcomson M., 1989, "Implicit Contracts, Incentive Compatibility, and Involuntary Unemployment", Econometrica, 57 (2), pp. 447 – 480.

32. Manso, Gustavo, 2011, "Motivating Innovation", The Journal of Finance, 66 (5), pp. 1823 – 1860.

33. Maskin, Eric and John Moore, 1999, "Implementation and Renegotiation", The Review of Economic Studies, 66 (1), pp. 39 – 56.

34. Moskowitz, Tobias J. and Annette Vissing-Jørgensen, 2002, "The Returns to Entrepreneurial Investment: a Private Equity Premium", American Economic Review, 92 (4), pp. 745 – 778.

35. Paolo, Fulghieri and Sevilir Merih, 2009, "Size and Focus of a Venture Capitalist's Portfolio", Review of Financial Studies, 22 (11), pp. 4643 – 4680.

36. Pearce, David G. and Ennio Stacchetti, 1998, "The Interaction of Implicit and Explicit Contracts in Repeated Agency", Games and Economic Behavior, 23 (1), pp. 75 – 96.

37. Schmidt, Klaus M., 2003, "Convertible Securities and Venture Capital Finance", The Journal of Finance, 58 (3), pp. 1139 – 1166.

38. Segal, Ilya, 1999, "Complexity and Renegotiation: a Foundation for Incomplete Contracts", The Review of Economic Studies, 66 (1), pp. 57 – 82.

39. Tian, Xuan, 2011, "The Causes and Consequences of Venture Capital Stage Financing", Journal of Financial Economics, 101 (1), pp. 132 – 159.

40. Ueda, Masako, 2004, "Banks Versus Venture Capital: Project Evaluation, Screening, and Expropriation", The Journal of Finance, 59 (2), pp. 601 – 621.

41. Zider, Bob, 1998, "How Venture Capital Works", Harvard Business Review, Nov. – Dec., pp. 131 – 139.

数据财产归属的反思

——基于卡尔多—希克斯模型*

【摘　要】随着大数据时代的到来，数据是现代社会重要资源的观点已深入人心。各国也纷纷立法保护数据财产，较有代表性的是欧盟的《一般数据保护法案》和我国的《网络安全法》。但保护数据财产需要解决一个前置性问题，即数据财产的归属问题。数据财产的归属问题又具体包括两方面，分别是个人与企业间的数据财产归属问题、企业间的数据财产归属问题。就前一个问题而言，欧盟与我国采取了大相径庭的制度选择；就后一个问题而言，以百度与大众点评之间、华为和腾讯之间的数据归属争端为代表，也处于广泛争议阶段。这两个问题本质上都属于法律经济学范畴内标准的制度选择问题，可以通过卡尔多—希克斯模型进行分析。

【关键词】大数据；财产权；GDPR；卡尔多—希克斯；法律经济学

引　言

周林彬和马恩斯（2018）按照大数据产业流程的逻辑对大数据挖掘阶段、大数据存储和分析阶段以及大数据应用阶段的大数据财产权归属进行了分析。[①] 本文的写作背景包括研究阶段变化和现实关照变化两方面。研究阶段的变化是从整体研究到重点研究。相较于周林彬和马恩斯（2018）通过整体视角对大数据产业进行梳理性探索，本文将研究对象进行了限缩。将研究对象从由（元）数据财产、数据算法财产、大数据模型财产和大数据应用财产组成的"大数据财产"整体限缩为（元）数据财产，集中探讨数据作为一种财产的归属问题。现实关照变化指的是自2018年以来国内外关于大数据财产化的法学研究和法律制定都有了显著进展，需要深化对大数据财产化过程中产生法律问题的探索。这些是本文的研究背景，也是后文中要重点介绍的内容。

大数据财产化法学研究的进展主要体现在美国公开权制度的引入。所谓公开权

* 基金项目：广东省社科领军人才项目（12000－42210231）。感谢匿名审稿人的宝贵意见！当然文责自负。原文发表于《制度经济学研究》2018年第4期。

** 周林彬，中山大学法学院教授，博士生导师，法学博士，中山大学法律经济学研究中心主任，中山大学法学院民商法研究所所长；马恩斯，北京大学深圳研究院博士后研究员，法学博士。

① 周林彬、马恩斯：《大数据确权的法律经济学分析》，载《东北师大学报（哲学社会科学版）》2018年第2期。

（right of publicity）指的是自然人对其人格标志的商业价值所享有的财产权。这一理论早在半个世纪之前就已提出，[①] 最早是为了解决自然人对其人格权产生的财产收益缺乏法律依据的问题。但随着半个多世纪以来人格权理论的发展，人格权的财产利益已经具备了广泛的请求权基础。这些请求权基础广泛分布在民法、知识产权法和侵权责任法等部门法中，比如肖像权、姓名权、著作权和信息网络传播权等。公开权理论虽然传统，但是在解决数据财产的归属这一新问题上却很有潜力。原因在于大数据是数据组成的，相当多的数据是承载着个人信息的，如果数据财产是一种财产权的保护对象，个人信息却是人身权的保护对象，那么在个人信息转化为数据财产这一财产化的过程中，财产利益归属于谁？这与公开权的产生背景以及逻辑是高度相似的，后文会加以分析。

2018 年以来，关于大数据财产化的法律制定也有了重大变化。最新进展主要表现为我国民法典编纂过程中对人格权独立成编的争论，和欧盟《一般数据保护法案》的生效。[②] 一方面，在《民法总则》颁布后，正在制定的《民法分则》中如何对人格权进行立法安排，是集中化独立成编或是散见于其他各编之中，成为民法典编纂过程中激烈争论的问题。从数据财产归属的角度来看，人格权独立成编具有明显的制度优势，后文将加以论述。另一方面，国内大数据产业发展呈现出井喷式增长。[③] 而 2018 年 5 月 25日正式生效的《欧盟一般数据保护法案》（GDPR）却对我国在欧大数据产业的拓展提出了严峻的挑战，业界普遍认为 GDPR 将会大幅度减缓大数据产业的发展速度。之所以业界有此关注，是因为 GDPR 中设置了对"个人数据"的严苛保护。违反个人信息收集和使用规则、侵犯数据主体权利，数据控制人或使用人将被课以最高全球年营收 4%或 2 000 万欧元的罚款。但是，个人数据是否属于个人，个人数据的使用权分配给国家、企业还是用户个人更具有经济绩效，恐怕是 GDPR 在制度设计时没有充分考虑的因素。另外，如果数据的使用权属于企业，那么企业与企业之间的数据纠纷如何解决？比如百度和大众点评发生的数据财产权纠纷、腾讯和华为发生的数据财产权纠纷，是否应该适用同样的规则？这些都可以通过法律经济学进行分析和制度设计。以上是本文的研究背景。

按照法律经济学以及产权经济学的观点，"对未来产权的确信度，决定人们对财富种类和数量的积累"[④]。数据财产的归属问题，从经济学来看是一种资源分配问题，细化到产权经济学来看则是初始产权界定问题。由于不同的初始产权界定对制度的效率有

[①] 公开权发端于 1952 年的"Gautier v. Pro-Footfall Inc"案，Desmond 法官提出原告的诉求之所以是正当的，并非因为他的隐私受到侵犯，而是他没有从电视转播他的表演中获得报酬。然而当时纽约州的隐私权法案对这一正当维权缺乏法律基础，故而形成了这种"自然人对其人格权享有财产收益的权利"。

[②] 王利明：《使人格权在民法典中独立成编》，载《当代法学》2018 年第 3 期，第 9~10 页。

[③] 智研咨询：《2017~2023 年中国大数据应用行业市场全景调查及未来前景预测研究报告》："根据 Forrester的统计，目前我国在线或移动金融近交易、社交媒体、GPS 坐标等数据每天要产生超过 2.5EB（EB = 10 243GB）的海量数据。根据 IDC 的预测，全球数据总增长量将维持在 50% 左右，2020 年全球数据总量将达到 40ZB，其中中国占 8.6ZB，全球的 21% 左右。根据中国信息产业研究院的数据显示，2017 年中国的大数据市场规模约为 227.4 亿元，同比增长 39%，预计未来几年还会维持在 40% 左右的高增长。"资料来源自中国产业信息网，http://www.chyxx.com/industry/201710/576332.html，访问日期：2017 年 11 月 6 日。

[④] 阿兰·鲁福斯·华特斯：《经济增长与产权制度》，引自詹姆斯·A.道、史迪夫·H.汉科、阿兰·A.瓦尔特所编著《发展经济学的革命》，上海三联书店 2000 年版，第 131 页。

着重要影响，通过市场的"试错"可能支付高昂的交易成本。在资源总体稀缺的情况下，应该通过制度设计将资源配置给效率最高的主体。① 这么做可以促进其改进技术，进而提高社会的正外部性，促进社会福利的最大化。比如大数据模型可以精确预测人类行为，无论是个人的购买行为、投资行为还是企业的生产行为、销售行为甚至是政治上的选举行为，而这些人类行为无论是对国家发展、社会治理、企业经营还是个人应用而言都意义重大。明确数据财产的归属对于激励大数据技术的革新以及大数据产业的发展，进而推动我国生产力水平的发展和数字中国的建设都具有重要意义。

一、企业与个人间的大数据财产归属

（一）基本概念辨析

1. 个人信息、信息、数据、大数据之间的区别

在目前对数字经济的法学研究和经济学研究中，个人信息、信息、数据与大数据是经常混用的概念，四者之间确有联系却不能混为一谈。比如目前法学研究中常用的研究逻辑是"大数据就是大量的数据，数据的内容是信息，信息多是个人信息汇总而来，个人信息属于个人，所以大数据与个人信息密切相关，有可能侵犯个人信息权"，这恐怕也是欧盟《一般数据保护法案》的立法逻辑。但经过实际调研发现：

第一，大数据不只是大量的数据的总和，还包括大数据算法②、大数据模型③和大数据应用④。尤其是大数据模型，即所谓"用户画像"，才是大数据产业价值最集中之处。静态的数据本身，再多也不会产生预测力。但是数据经过大数据算法加工成的大数据模型却可以准确预测人类行为，这才是大数据的精髓所在，将大数据仅仅理解为大量数据或数据库是将新问题老问题化了。

---

① 周林彬：《法律经济学：中国的理论与实践》，北京大学出版社 2008 年版，第 84 页。

② 大数据算法是执行大数据运算的一系列计算机逻辑指令。从信息技术上说，算法是解决问题的一系列明确逻辑指令，与其相关的概念包括软件、程序、语言、代码。以研究人员最常使用的 Microsoft office 中的"Word"为例，Word 是软件，也可以称之为程序。VBA（Visual Basic for Application）是 Word 的编程语言，开发新版本 Word 时必须使用这一计算机语言。在开发的过程中，"当用户按键盘上的 Delete（删除）键时，在光标处向左删除字符"则是算法。在编程中，代码是算法的载体。所以几者之间的关系是，程序等于软件，将代码按照计算机语言写成算法，就成为软件的一项具体功能，若干算法最终组成了软件（程序）。

③ 大数据模型即抽象层次上确定系统的静态特征、动态行为和约束条件所构成的预测性框架。从信息技术的角度来说，大数据模型包含大数据结构、大数据操作以及大数据约束三部分。按照法律关系的主体来说，可以分为个人大数据模型、企业大数据模型和公共大数据模型。其中，个人大数据模型也被称为用户画像（personas）或用户角色，是用以描述、联系、预测目标用户的大数据工具，属目前应用最广的大数据模型种类，无论是淘宝网的购买推荐、百度地图的最优路线导航、大众点评的餐厅推介，本质都是个人大数据模型的应用。企业大数据模型是为知悉、改进企业生产经营活动，依照企业真实情况生成的大数据工具。公共大数据模型是以旨在描述、分析、评估和预测不特定公众行为或公务活动的大数据工具。

大数据应用即发挥大数据记录、存储、运算、分析等功能的程序。比如百度地图，即是典型的 LBS（基于位置大数据）大数据应用。新浪微博则主要是 CRM（客户关系管理）大数据应用。

④ 大数据应用即发挥大数据记录、存储、运算、分析等功能的程序。比如百度地图，即是典型的 LBS（基于位置大数据）大数据应用。新浪微博则主要是 CRM（客户关系管理）大数据应用。

第二，数据与信息确是载体和内容的关系，但可识别性不同。信息，是可识别化的数据，但信息本身是不能被计算机记录、存储、分析和处理的，必须经过数字化加工，比如人所共知的二进制"0，1"，才能被计算机处理。固然，数据来自信息，在一定情况下数据也可以还原成信息，但数据本身不能被一般公众识别，言"数据侵犯隐私权"或者将"数据泄露"和"信息泄露"等同起来，在法律上是缺乏严谨性的。

第三，个人信息与信息可以被认为是部分和整体的关系，但正如马克思主义哲学辩证法的表述，整体功能要大于部分功能之和。大数据产业关注"一类人"的行为习惯，远胜于"一个人"的具体行为。之所以统计工具发展为大数据产业，正是因为数据高度积累，个体数据的价值在大数据时代无限趋近于零。学界在数字经济问题里研究个人信息保护，常常高估了已经被数据化、不能被直接识别的个人信息的价值和损失。

2. 个人信息、信息、数据、大数据之间的联系

四者之间的关系。个人信息是人身权问题，信息既是人身权问题也是公共产品问题，信息的数据化是人身权的财产化问题、兼具人身权和财产权两方面特点，数据的大数据化亦被认为是纯粹的财产法问题。本文探讨的是数据财产问题，也即信息的数据化问题、数据的大数据化问题。所谓数据财产，是一个正在形成中的概念，或可以被定义为"以二进制形式存在，固定于一定的载体之上，能够满足人们生产和生活需要的数字化财产"。数据主要存在于两个阶段，分别是信息的数据化阶段和数据的大数据化阶段。由于信息的数据化需要个人让渡个人信息的使用权给企业，所以需要在这一项下探讨数据财产归属于企业还是个人；又由于数据的大数据化涉及企业间的数据挖掘、存储、加工、分析和应用等领域的竞争，权利经常存在竞合，所以需要在这一项下探讨数据财产在企业间的归属问题。

（二）法律规范现状

1. 欧盟《一般数据保护法案》

随着数据的海量积累以及大数据产业高速发展而来的，是严峻的法律风险，这种风险根源于数据的财产权归属问题，要害在于企业是否能合法使用从用户处搜集到的数据，以及同样有权搜集数据的企业间对数据的财产权如何分配。

法律风险一：企业搜集数据非法化。GDPR 言明"个人数据归属于个人所有"，这些个人数据包括姓名、生日、地址、信用卡、银行、医疗信息、位置信息、IP 地址等，其法律约束力采用了属地管辖原则，即任何向欧盟范围内居民提供商品及服务、收集用户信息的全球性企业将无一例外受到新法令的约束。而将个人数据的财产权明确归属于个人后，企业搜集数据即面临着严格的转让协议、告知义务、自然人违约等限制，极易被认定为滥用数据，进而被宣布违法。

法律风险二：企业存储数据非法化。GDPR 要求管辖范围内企业只能留存上限为

500 万条的数据，许多企业不得不删除长期积累的大量数据。数据存储上限过低、流量过大，对于 Google、YouTube、Amazon 等以用户数据、流量为主要企业资产的巨型网络运营公司来说是重大法律风险。

2. 我国的立法现状

我国现行个人信息与数据保护体系中也存在前述部分法律风险，但另有值得注意的区别。

（1）数据财产是否归属于个人所有尚不明确。

从《中华人民共和国民法总则》（以下简称《民法总则》）① 第一百一十一条的规定可以看出以下两方面立法意图：一方面，自然人确是个人信息财产权的主体；另一方面，个人信息的流转虽受到法律限制，但具有流通性。《民法总则》第一百二十七条规定："法律对数据、网络虚拟财产的保护有规定的，依照其规定"，可见立法者在 2017 年初《民法总则》制定时对于上述问题的立法思路尚不完全成熟。而在《中华人民共和国网络安全法》（以下简称《网络安全法》）中，该法以第四十条至第四十八条细化了《民法总则》对个人信息保护的具体方式，但是对于被加工成数据的个人信息的权属问题仍未明确。

（2）数据财产可以有条件地属于企业所有。

《网络安全法》第四十二条规定："网络运营者不得泄露、篡改、毁损其收集的个人信息；未经被收集者同意，不得向他人提供个人信息。但是，经过处理无法识别特定个人且不能复原的除外。"这里的"无法识别特定个人的除外"在笔者之前的调研中是企业界关注的核心条款，因为这一"但是"具有可以被理解为"企业对合法搜集的个人信息，在有条件的情况下可以依法享有处置权"。

3. 小结

对比欧盟的《一般数据保护法案》和我国的《网络安全法》，可以发现两部法律对公开权采取了不同的立法态度，也可表述为对数据财产的权属进行了不同的划分。两者制度安排的不同根源于立法价值取向的侧重不同。《一般数据保护法案》更侧重于对公平的保障，是在大数据时代个人和企业信息不对称性逐步加大的情况下捍卫个人信息和个人数据安全的立法选择。《网络安全法》兼顾了对效率和公平的保障，是在我国将大数据产业发展上升为国家战略的情况下给予幼稚产业以宽松制度环境，鼓励其快速发展的立法选择。

公开权与隐私权相对，其要义并非在于惩罚人身权的侵权行为，而是赋予请求权主体对不当占有其人身权财产利益的求偿权。引入公开权制度，立法反映即欧盟的立法模式，将数据财产界定为个人所有。部分引入公开权制度，立法反映即我国的立法模式，在有条件的情况下将数据财产界定为企业所有。显然，这两种制度安排明显有着不同的经济绩效，可以通过卡尔多—希克斯模型进行分析。

---

① 《民法典》施行后同时废止。

（三）数据财产权属的卡尔多—希克斯效率逻辑

1. 引入公开权制度

我们假设，将作为一种财产的数据归属于用户个人。用户因并未出让数据而降低了企业泄露、滥用数据的风险。同时，也由于用户未出让数据，企业无法据用户数据提供相应的 GPS（比如百度地图）、CRM（比如微博）服务，降低了用户的生活便利程度（消费者剩余）、企业的经济利润（生产者剩余）和社会总剩余。我们将此种制度设计中用户避免的损失设为 a，将降低的社会总剩余设为 b。

2. 部分引入公开权制度

另假设，将作为一种财产的数据归属于网络运营商。企业从用户处收集到个人信息并加工成为个人数据，达到一定数量形成大数据，并产生经济价值，这一价值同时有利于消费者剩余、企业的经济利润和社会总剩余的提高，数值为 b。企业滥用数据、数据泄露给个人造成的损失，数值为 a。企业为避免法律风险、商业风险和保障数据规范使用所要支付的成本，数值为 c。

3. 成本收益分析

在数据市场初始状态下，从成本收益分析的角度来看，数据财产应当归属于个人还是企业，是要求 b−a 的差值最大化，也即使得数据产业的社会总剩余最大化、由数据产业发展给个人用户带来的负外部性最小化。在此状态下，企业没有足够的激励去保障个人用户的数据安全，企业所支付的 c 主要是避免数据被竞争对手用于替代性商品或服务开发所支出的成本，[①] 设为 c1。

在数据市场发展过程中，由于企业滥用数据导致个人数据和公共数据的泄露，进而导致消费者福利和社会总福利的下降，也就是因企业机制失灵而产生了负外部性，需要进行政府管制，也即出台法律要求网络运营商支付成本，保障用户数据，这是一种典型的负外部性的内在化。所以此时 c 的内容发生了变化，既包含了排斥竞争而进行的专利注册、商业秘密保护开发，又包含了因负外部性内在化而进行的用户数据保护措施所支付的成本，设为 c2，也即此时 c = c1 + c2。

所以此时的成本收益分析变成了 b−c−a 的差值最大时，社会福利最大化。这样的制度安排显然不符合帕累托最优的标准。按照帕累托最优的制度安排，从一种分配状态到另一种状态的变化中，在没有使任何人境况变坏的前提下，使得至少一个人变得更好。无论是将数据财产归属于个人，实现公平而牺牲了效率，也即固定支出 c2 去保护个人数据安全；还是将数据财产归属于企业，实现了效率却牺牲了公平，因为个人将承担 a 数量的、由数据泄露和滥用而带来的风险；或者是两种情况下都要因防范竞争对手而支付的 c1。总之，c 或 a 是必须要支付之一的，不存在没有任何人环境变坏的前提，

---

① Graves, James T., Acquisti, Alessandro; Christin, Nicolas, Big Data and Bad Data: On the Sensitivity of Security Policy to Imperfect Information, University of Chicago Law Review, Vol. 83, Issue 1 (Winter 2016).

所以不符合帕累托最优的标准。

但这两种制度安排却有可能满足卡尔多—希克斯效率的要求。卡尔多—希克斯效率是一种非自愿的财富转移形成的补偿性效率，也即从结果中获得的收益完全可以对所受到的损失进行补偿。在卡尔多—希克斯效率下对数据财产的归属进行制度安排，需要考虑三个要素：

第一，$b-c-a$ 的差值最大时社会福利最大，前文已经论述。

第二，$c2$ 和 a 呈现反比关系，也即随着企业投入个人数据保护的成本越来越高，个人数据被滥用和泄露的风险和损害越来越低。

第三，b、c、a 三者的变化率不同。一方面，企业可以对个人信息进行清洗、锁定个人数据还原权限等方式使得个人数据不可识别为个人信息，进而很大程度上消除数据活动的负外部性，这对企业而言的技术成本很低，对于降低个人数据的风险却很有效；另一方面，滥用个人数据的实害后果与数字产业对市场的贡献也不尽相同。

（四）制度改进

1. 总体制度改进策略

总的来说，对数据财产的权属进行制度设计要兼顾考虑效率和公平两方面要素。[1]也即要在保障个人数据安全的前提下尽可能促进数据的流动和大数据产业的发展，以提高经济效率、增加正外部性溢出，进而促进整体社会福利的抬升。考虑在卡尔多—希克斯效率下对数据财产的归属进行制度安排的三个要素，有如下设计：

首先，将数据财产完全归属于个人，将使得企业难以取得数据，这样的制度安排虽然很大程度上消除了因数据滥用或数据泄露带来的灾害损失 a，但却也同时削弱了数据产业能够提升的社会福利 b，毕竟个人对个人数据的使用缺乏效率，难以产生经济价值，进而提升社会福利，按照波斯纳定理，资源应该分配给最珍视它的人。所以数据财产不能够如欧盟的《一般数据保护法案》般规定，完全归属于个人。即使数据财产的"所有权"归属于个人，也需要在现有条件下尽可能开放数据财产的使用权，如《网络安全法》第四十二条中的"经过处理无法识别特定个人且不能复原的除外"即是在"无法识别特定个人"的条件下开放了企业对合法搜集到的数据进行合法、合理范围内使用权。

其次，因为企业投入少量的个人数据保护成本 $c2$ 即可以有效地降低数据滥用和数据泄露给个人带来的损失 a，由企业承担个人数据保障的义务更有效率，所以结论是，在现行的制度下，一方面强化企业对个人数据保护的责任，另一方面不赋予个人以个人数据权或至少在有条件的情况下开放个人数据的使用权给企业。

2. 具体制度改进策略

可以从以下四方面进行法律制度设计。这四方面分别为：企业私法自治、首次权限

---

① Joh, Elizabeth E., The New Surveillance Discretion: Automated Suspicion, Big Data, and Policing, Harvard Law & Policy Review, Vol. 10, Issue 1 (Winter 2016).

列表、敏感信息特别授权、一般个人信息月报和权限一键关闭。

企业私法自治，即在交易成本较低的情况下由企业自发进行私人谈判，在交易成本较高的情况下由政府主导促成企业的私人谈判，最终实现对个人数据保护、利用的制度安排。从动力上来看，通过比较淘宝《法律声明及隐私权政策》（2017 年 8 月 21 日版）、Google《法律声明及隐私政策》[①] 和新加坡航空《隐私声明》等文件，企业界对于个人信息保护以及个人对个人信息享有人身权并无意见，且体现了充分保护的态度。从实例来看，2017 年 11 月 7 日在工信部、互联网协会牵头下，移动终端厂商、互联网厂商及应用商店相关企业在北京共同签署了《移动智能终端应用软件分发服务自律公约》（以下简称"自律公约"），用以规范企业对个人数据的使用、企业间数据归属等问题。说明在数据财产权属问题上，企业私法自治具有良好的自我改进潜力。

首次权限列表，即按照正面清单的方式以电子格式呈现的合同界面的个人信息使用权转让协议，并设置最低同意标准。[②] 最低同意标准包括运行程序所必需的信息，比如导航软件必需位置信息，否则无法正常运行；但是对订票软件来说，位置信息就未必是必需的。这一最低同意标准由国家与行业协会按照 App 的类型进行划分后分别制定，亦可由行业协会制定后由国家予以授权。当用户同意最低标准后，App 即应允许使用。

敏感信息特别授权，[③] 是用户首次未同意的使用选项中涉及财产、位置等敏感信息，如用户确实要求，可以在点选时进行弹窗提示，作为主合同的补充协议内容，由用户选择是否接受。比如大众点评等生活服务网站，在初次通知时不应要求位置信息作为最低同意标准，但用户若要查找"我身边的餐馆"则属于主动邀约，大众点评 App 在此时弹出要求用户授权使用位置信息，即可作为合法承诺。

一般个人信息月报，即将用户已经授权使用的信息按月发给用户。由于过于频繁的通知既降低企业效益也伤害用户体验，不符合经济绩效标准。故而按约通知，如信用卡等月度账单，较为合理。这一月报的内容应当包括信息的具体用途，实用信息的具体部门、企业，是否尽到了去身份化义务等内容。具体应由国家与行业协会共同制定。

权限一键关闭，即用户有权在显眼位置找到一键取消授权给企业的一切权限，并承担不能使用部分或全部功能的后果。

二、企业间的数据财产归属

同样是网络服务巨头，大众点评与百度的数据纠纷和华为与腾讯的数据纠纷有何区别？适用规则有何区别？两者对于企业间的数据财产归属制度的设计有何借鉴？

---

① 谷歌中国：http：//www. google. cn/intl/zh‐CN/policies/terms/regional. html. 2017 年 11 月 17 日访问。

② Ferguson，Andrew Guthrie，Big Data Distortions：Exploring the Limits of the ABA LEATPR Standards，Oklahoma Law Review，Vol. 66，Issue 4（Summer 2014），pp. 841‐844.

③ Zwart，Melissa de；Humphreys，Sal；Dissel，Beatrix Van，Surveillance，Big Data and Democracy：Lessons for Australia from the US and UK，University of New South Wales Law Journal，Vol. 37，Issue 2（2014），pp. 713‐717.

（一）司法聚焦"实质性替代"

1. 司法现状

近年来企业数据财产纠纷不断，进入诉讼程序的如"大众点评诉百度""大众点评诉爱帮网"等，未进入诉讼程序的如"华为、微信数据争端""微博、今日头条数据争端"等。从发生的数量上来看，近三年来呈不断激增态势。纵观这些企业数据财产纠纷案，在裁判文书中认定不正当行为时出现频次最高的关键词是"实质性替代"，也即侵权结果是否包括对被侵权方业务的替代。这一判断十分重要，一方面是由于企业数据财产纠纷涉及范围往往是全国甚至是全球的，关于实际损害的衡量举证困难。另一方面企业数据财产侵权影响是巨大的，往往显示为市场份额的下降与经济利润的滑坡。"实质性替代"属于各类损害赔偿请求权的实质构成要件之一。

但是"实质性替代"并非《中华人民共和国反不正当竞争法》（以下简称《反不正当竞争法》）中的原文规定，实属企业数据财产纠纷中的新情况。而这一"实质性替代"的认定，目前存在困难。具体包括实质性替代目的判别、行为判别和结果判别。另外，前述判决和争议虽然广泛引述了《反不正当竞争法》第九条关于侵犯商业秘密的法律规制，但是却未对具体何种行为侵犯商业秘密进行说明，只是笼统而谈。① 此外，这些判决和争议有相当部分发生在2017年11月《反不正当竞争法》修订之前，对于理论与实务界广泛关注的"互联网条款"也即第十二条②，未能进行援引。

2. 经济分析

企业之间的数据财产权属纠纷，主要是由于数据的公共财产性导致的。具体来说，是公共财产的非排他性和非竞争性。与实体财产诸如汽车、房屋不同，数据财产的排他性难以保障。比如一台手机可以搭载100个应用，经过用户授权都可以对用户的LBS数据进行记录，尽管各应用的流量端口不同，却作用于内容大同小异的数据财产，所以导致数据财产很难具有实体财产的排他性。另外数据财产也尚不具有虚拟财产的排他性，比如专利、商标是法律通过拟制设立的财产权，专利权人可以依法排他享有专利带来的财产性收益。但是数据虽在性质上显然属于虚拟财产，却尚未被法律确认为一种财产权，故而也尚不具有虚拟财产的排他性。此外，数据财产也缺乏竞争性。所谓非竞争性即在某种产品的数量给定的条件下，增加消费者的边际成本为零。一如前例，100个应用都可以记录用户的LBS数据，数据财产的价值却不会因被多次记录而贬损。

---

① 第九条 经营者不得实施下列侵犯商业秘密的行为：（一）以盗窃、贿赂、欺诈、胁迫或者其他不正当手段获取权利人的商业秘密；（二）披露、使用或者允许他人使用以前项手段获取的权利人的商业秘密；（三）违反约定或者违反权利人有关保守商业秘密的要求，披露、使用或者允许他人使用其所掌握的商业秘密。

② 第十二条 经营者利用网络从事生产经营活动，应当遵守本法的各项规定。经营者不得利用技术手段，通过影响用户选择或者其他方式，实施下列妨碍、破坏其他经营者合法提供的网络产品或者服务正常运行的行为：（一）未经其他经营者同意，在其合法提供的网络产品或者服务中，插入链接、强制进行目标跳转；（二）误导、欺骗、强迫用户修改、关闭、卸载其他经营者合法提供的网络产品或者服务；（三）恶意对其他经营者合法提供的网络产品或者服务实施不兼容；（四）其他妨碍、破坏其他经营者合法提供的网络产品或者服务正常运行的行为。

但这里需要明确的是，数据作为一种公共财产，可以是政府、企业或个人用户提供的。本文探讨企业之间的数据财产权属纠纷，所以核心关注点也集中在作为公共财产的，由企业产生的数据。下文所说的"数据"除非特殊注明，皆指企业产生的数据。

因为数据的公共财产属性，导致了"搭便车"问题的产生，而所谓"实质性替代"，即是在企业财产归属纠纷中判定"搭便车"行为责任人的法律表达。我们姑且称以数据为主动财产流转标的的市场为数据市场，那么"搭便车"问题的主要不利影响体现在导致数据市场失灵，使得数据市场无法达到效率。如果数据市场中的其他厂商都可以"搭便车"，意味着生产数据的厂商将可能得不到弥补生产成本的收益。在长期中，厂商将不会提供这种产品，从而使得公共物品很难由市场提供，进而造成市场失灵，降低社会福利。

（二）代表性案例的比较分析

通过两则案例的比较说明"实质性替代"的判定将一目了然。这两个案例分别是"大众点评诉百度不正当竞争案"① 和"华为、微信数据争端案"②。

1. 当事人对对方数据抓取行为本身的合法性判定比较

在"大众点评诉百度不正当竞争案"中，百度通过蜘蛛机器人（数据抓取技术的一种）在大众点评 Robots 协议允许的范围内进行数据抓取。且在提起诉讼后，大众点评亦没有通过修改 Robots 协议而禁止百度的数据抓取行为。法院认为"Robots 协议是互联网行业普遍遵守的规则"，依据行业习惯裁定百度在该案中的数据抓取行为本身为合法行为。大众点评亦认可这一观点。"华为、微信数据争端案"中，腾讯称华为的数据抓取行为本身是侵权行为，因为微信产生的数据是腾讯基于用户同意而产生的，其使用权归属于腾讯集团。而华为称其也得到了用户对数据处理使用的许可，亦属于合法，毕竟用户若要在华为手机上打开微信，需要一并同意华为与腾讯的授权协议。

2. 数据抓取后的使用方式比较

在"大众点评诉百度不正当竞争案"中，百度抓取大众点评数据后，旋即用于本集团的其他大数据应用，如百度地图、百度知道。百度地图援引大众点评内容向用户推荐周遭餐馆，百度知道在回答中使用大众点评中的用户评论进行反应。法院认为此举属于"实质替代大众点评网向用户提供信息""具有明显的'搭便车'、不劳而获的特点"，故而符合不正当竞争的构成要件。而在"华为、微信数据争端案"中，华为使用

---

①　原告上海汉涛信息咨询有限公司（以下简称"汉涛公司"）与被告北京百度网讯科技有限公司（以下简称"百度公司"）、上海杰图软件技术有限公司（以下简称"杰图公司"）发生不正当竞争纠纷。原告称，百度公司未经许可大量抄袭、复制大众点评网点评信息，直接替代了大众点评网向用户提供内容，损害了原告权利，构成不正当竞争。百度公司称其与原告并非同业竞争关系，符合大众点评网的 Robots 协议，使用"大众点评"等标识是为了标注信息的来源，故不构成不正当竞争。杰图公司称，涉嫌侵权的信息在百度地图上，杰图公司网站通过 API（应用程序编程接口）调用百度地图，杰图公司与百度公司不存在共同故意或过失，不构成不正当竞争。

②　大体经过是在 2017 年 8 月，腾讯指控华为集团"荣耀 Magic"手机侵害了腾讯的数据，具体表现为华为集团"荣耀 Magic"手机可以利用用户的微信聊天信息为用户推送相关的服务，比如用户提到了"晚餐"，可能会给用户推送其所在位置附近的餐馆。而这是之前腾讯独有的功能。

微信产生的数据①的具体方式是植入广告。这是明确的商业用途、盈利性用途。与前案中百度公司的做法本质上并无二致。

3. 数据抓取后的结果比较

在"大众点评诉百度不正当竞争案"中，百度败诉，其不正当竞争行为成立，被判令赔偿300余万元。而在"华为、微信数据争端案"中，腾讯在对华为提出侵权指控后不久即不再进行后续维权行为。而后，在2017年11月，与华为等共16家主要互联网与大数据服务企业，签订了《移动智能终端应用软件分发服务自律公约》（以下简称"公约"）。② 实际上是给予了华为与腾讯同等的数据挖掘权限和广告弹窗权限，属于腾讯方面的让步，因这一权限在7月份华为投放广告前为微信独有。

（三）"实质性替代"认定标准的建构

"实质性替代"的认定标准即数据市场搭便车行为的界定标准。主要目的在于确定在数据市场中，对于数据财产这种公共物品，某个厂商消费的资源是否超出他的公允份额或者承担的生产成本，进而影响了公共物品的持续提供与增加提供。如果从主体、行为和结果三方面都在明显过低的成本下超量消费公共物品，进而对公共物品提供者产生了负面激励，则应当认定为是不正当竞争。由于认定不正当竞争的结果是通过法律对"搭便车"企业进行超越公允份额的罚款、补偿公共物品提供者的损失，所以此种制度设计属于基于"卡尔多—希克斯效率"的制度改进。具体做法如下：

第一，主体方面，现阶段主营业务相似度。如果现阶段主营业务大相径庭，则判定对数据被挖掘方造成"实质性替代"难以成立。反之，若现阶段主营业务高度相似，则更有可能构成"实质性替代"。

虽然数字经济时代，市场主体从事跨领域经营进而产生广泛交叉的情况十分多见，但双方的主营业务相似度高低应是判定实质性替代与否的初步标准。比如按照华为和腾讯官网的介绍，"华为技术有限公司是一家生产销售通信设备的民营通信科技公司""深圳市腾讯计算机系统有限公司是目前中国领先的互联网增值服务提供商之一"，显然前者是硬件公司，后者是软件公司。虽然在云服务、AI等领域存在交叉，但本质区别甚大，主营业务不同。而百度与大众点评则显然主营业务都集中于软件服务。对此，法官依据常识进行判断的司法成本不高。若是确有困难，需要进行查明，也可以依据双方当事人提供的上一年度的财务报告——主要支出项目和收入项目来判断现阶段主营业务相似度，从而降低司法成本。

第二，行为方面，竞争优势获取途径。按照前文所称，竞争优势获取途径大体包含

---

① 当然，这可能存在争议。因为华为手机上搭载的微信软件不能脱离手机产生数据。但至少可以肯定的是，这些微信数据不是华为手机独立产生的。两者对这些数据至少是某种意义上的共同所有关系。

② 公约在第十七条中规定"在下载、安装、升级、使用、卸载应用软件时，不得实施以下行为"。具体包括"滥用自身优势干扰或阻碍其他应用软件分发服务""故意以不开放必要权限的方式干扰或阻碍其他应用软件分发服务"等。

着直接商业竞争与间接商业竞争两种。直接商业竞争如"大众点评诉百度不正当竞争案"中，百度将所挖掘到的大众点评数据直接用于同质化业务，诸如商户推荐、位置服务的竞争之中，这直接侵犯了汉涛公司在"点评模式"中所营造的商业竞争优势。间接商业竞争如"华为、微信数据争端案"中，华为与腾讯对产业的主要关切不在于现阶段的广告推送，而在于中长期云服务、人工智能（AI）等后续产业的开发。所以，如竞争优势获取途径是直接商业竞争，则更可能构成实质性替代和不正当竞争，反之则不然。

第三，结果方面，流量劫持风险。互联网行业相对大数据产业中最为重要的基础性资源是流量，即用户的访问、使用痕迹。在确定时间内流量总额稀缺的情况下，各运营商之间的流量获取是此消彼长的关系。但由于 App 总量庞大，且难以证明如大众点评获取流量的下降是由于百度的引流行为所引起的。所以在确定"实质替代"时，应该按照风险标准而非结果标准。即，如当事人双方争夺的是相同的网络用户群体，即可认定为是存在流量替代风险。应用到前述两案，在"大众点评诉百度不正当竞争案"中，两者争夺的是为用户提供商户信息和点评信息这一市场，故而具有流量劫持风险，宜认定为实质性替代；而在"华为、微信数据争端案"中，不存在用户访问华为手机即不访问微信，或是相反情形，故而不具有流量劫持风险，不宜认定为实质性替代。

三、结　　论

从产业发展的角度来看，数据财产的归属问题在大数据产业的发展中属于基本问题，是后续数据财产流转、保障的前提。数据财产的权属也是新型问题，无论是单纯从法学角度以公平为前提进行制度设计，还是从经济学角度以效率为前提进行制度设计都难以产生充分适用性的解决办法。当处理企业和个人之间的数据财产归属问题时，应考虑到现阶段大数据产业正经历的发展阶段，至少对数据财产的使用权不宜规制过于严苛，保护个人数据与促进数据财产的商业化应用是可以并行不悖的。当处理企业间的数据财产归属问题时，主要应考虑规制"搭便车"行为，保护和激励大数据产业的持续发展和创新，以更好地服务于"数字中国"的建设。

从法治建设的角度来看，在个人信息的商业化利用越发普遍甚至事实上已经产业化的情况下，无论是在处理哪种数据财产归属的问题，都应该保证民法典对新型权利的开放性与包容性。将人格权打散列入《民法分则》各编都难以避免法条间彼此掣肘，也会对权利人判断自己人格权的财产利益是否受到侵害造成困难。故而，从数据财产归属的视角，应当支持人格权的独立成编。

参 考 文 献

1. 阿兰·鲁福斯·华特斯：《经济增长与产权制度》，引自詹姆斯·A. 道、史迪夫·H. 汉科、阿兰·A. 瓦尔特编著：《发展经济学的革命》，上海三联书店 2000 年版。
2. 王利明：《使人格权在民法典中独立成编》，载《当代法学》2018 年第 3 期。

3. 周林彬、马恩斯：《大数据确权的法律经济学分析》，载《东北师大学报（哲学社会科学版）》2018 年第 2 期。

4. 周林彬：《法律经济学：中国的理论与实践》，北京大学出版社 2008 年版。

5. Ferguson, Andrew Guthrie, 2014, Big Data Distortions: Exploring the Limits of the ABA LEATPR Standards, Oklahoma Law Review, Vol. 66, Issue 4.

6. Graves, James T., Acquisti, Alessandro and Christin, Nicolas, 2016, Big Data and Bad Data: On the Sensitivity of Security Policy to Imperfect Information, University of Chicago Law Review, Vol. 83, Issue 1 (Winter 2016).

7. Joh, Elizabeth E., 2016, The New Surveillance Discretion: Automated Suspicion, Big Data, and Policing, Harvard Law & Policy Review, Vol. 10, Issue 1.

8. Zwart, Melissa de; Humphreys, Sal; Dissel, Beatrix Van, 2014, Surveillance, Big Data and Democracy: Lessons for Australia from the US and UK, University of New South Wales Law Journal, Vol. 37, Issue 2.

事实、证据与事实认定[*]

张保生[**]

【摘　要】事实与证据的特性及其关系，是证据法元理论问题。事实作为证据法的逻辑起点，包含着事实认定中各种问题的胚芽，其固有特性特别是经验性之历史展开，则塑造了证据的基本属性，也决定了事实认定必然是一个经验推论过程。事实认定者通过"证据之镜"所获得的事实真相，是对事实之可能性的判断，达不到绝对的确定性，却具有盖然性或似真性。司法证明理论从精确概率走向模糊概率或似真性理论的发展趋势，对我国司法改革和证据法学研究具有借鉴意义。

【关键词】经验事实；证据之镜；事实认定；司法理念

现代司法奉行证据裁判原则，即"认定案件事实，必须以证据为根据"。[①] 该原则旨在防止司法的任意性，确保在事实前提和判决结论之间具有某种确证关系。这样"有助于巩固社会组织制度所需的智力内部结构，在此制度内争论表现为论证和反论证，而不是使用暴力的威胁。"[②] 然而，人们在谈论证据裁判原则时往往就证据而论证据法，[③] 却忽略了事实之于证据的本源性，即事实才是证据法的逻辑起点。事实和证据的特性及其关系是证据法的元理论问题，证据法学研究和证据裁判实践中的许多问题皆因对该问题的回答不同而发端。例如，由于混淆了事实与存在概念，不理解事实的经验性，而用客观性代替相关性作为证据的根本属性，在诉讼中把实事求是或追求"客观真实"奉为司法工作的基本原则；由于不了解"证据之镜"的模糊性、证据推论的归纳性以及事实认定的盖然性，片面追求"命案必破"，反而造成大量冤假错案；不了解司法具有可错性，而用不枉不漏的"神能"标准考核司法人员，盲目提倡有错必纠、终身追究；上述种种违背司法规律的口号和做法，都形成于这个元理论问题上的认识偏差。因此，理不清事实与证据的关系，就难以把握证据法的真谛，贯彻证据裁判原则便会成为一句

---

* 本文系国家自然科学基金面上项目"基于管理决策和法庭决策的证据评价模型及其应用研究"（项目批准号71371188）（2013）研究成果。本文为中国社会科学杂志社与江苏师范大学共同主办的"第一届法学与哲学对话会：自由、秩序与规则"会议论文，感谢与会专家对本文提出的宝贵意见。感谢匿名审稿人的宝贵意见！当然文责自负。原文发表于《中国社会科学》2017年第8期。

** 张保生，司法文明协同创新中心、中国政法大学证据科学教育部重点实验室教授。

① 参见《最高人民法院关于适用〈中华人民共和国刑事诉讼法〉的解释》第61条。
② L. Jonathan Cohen, The Diversity of Meaning, London: Methuen Young Books, 1966, P. 68.
③ 高家伟等：《证据法原理》，中国人民大学出版社2004年版，第3页。

空话。证据法学作为"一门研究证据和证据法的学问"；[1] 应当认真对待事实，研究事实特性对证据属性的决定作用，进而掌握事实认定的逻辑规律。

一、客观存在与经验事实

谈到事实特性，一个绕不开的问题是"客观事实与法律事实"之争。[2] 该争论由"客观真实与法律真实"的争论变种而来，但二者说的其实是一回事。"中国的刑事司法哲学，一直将'客观事实'与'案件事实'等同起来，以为每个案件都存在着一种可以认识的'客观事实'。"[3] 有学者明确指出了这种司法哲学的理论来源：在诉讼中把'客观真实'作为一项重要原则，"是十月革命胜利后苏联的学者首先提出来的，是在批判资本主义国家民事诉讼中形式真实学说的基础上，作为形式真实的对立物和替代物提出的。"[4]

客观事实说或客观真实说主张"客观"是事实的本质特性，并将其放到"存在第一性、意识第二性"的本体论范围来讨论，是混淆了事实与存在这两个不同层次的概念。存在是纯客观的，它是指不依赖于人的主观意识而转移的客观世界。存在与意识是哲学本体论的一对范畴。然而，事实作为"某种实际存在的东西"，[5] 则是人通过感官和思维所把握的真实存在，即存在的一小部分。事实与认识构成一对认识论范畴。作为认识论概念，事实是成为主体认识对象并被其感官和思维所把握的那一部分存在，因而具有真实性、经验性和可陈述性。

事实的真实性，首先是指任何事实都发生于一定时空之中。在空间维度上，任何事实都发生于一定地点；在时间维度上，任何事实都有过去时或现在时。就过去时而言，很多事实是已然之事即历史事实，如审判中的案件事实。就现在时而言，事实还包括正在发生的事情，比如说，"我正在开会"，"我国正在推进以审判为中心的诉讼制度改革"。所以威格莫尔说："事实是指（目前）发生或存在的任何行为或事态。"[6] 只有发生过和正在发生的事情才是事实。将来之事，比如明天会发生什么，那不是事实，而只是一种可能性。因此，有学者在阐述"事件"与"事实"的六种区别时提出，[7] "事件有时态而事实却没有时态"，这有违"历史事实"的内涵。而且，否定事实的时间维度，等于否定了事实的真实性。因为，只有发生于一定时空中的事实，才具有真实性。

事实的真实性还表现为一种既成性。我们常说某件事是一个"既成事实"，就是

---

① 陈光中：《证据法学》，法律出版社 2015 年版，第 9 页。

② 陈永生：《法律事实与客观事实的契合与背离——对证据制度史另一视觉的解读》，《国家检察官学院学报》2003 年第 4 期。

③ 陈瑞华：《看得见的正义》，北京大学出版社 2013 年版，第 168 页。

④ 李浩：《论法律中的真实——以民事诉讼为例》，载《法制与社会发展》2004 年第 3 期。

⑤ Bryan A. Garner, ed., Black's Law Dictionary, 8th ed., Eagan: Thomson West, 2004, P. 628.

⑥ 转引自 Bryan A. Garner, ed., Black's Law Dictionary, P. 628.

⑦ 张继成：《事实、命题与证据》，载《中国社会科学》2001 年第 5 期。

说，"生米做成熟饭"，不能更改了。"事实是我们拿了没有办法的。事实是没有法子更改的。所谓修改现实，只是使将来与现在或已往异趣而已。事实总是既成或正在的，正在或既成的事实，只是如此如彼的现实而已。……对于事实之'然'，我们只有承认与接受，除此之外，毫无别的办法。"① 事实的既成性乃历史性，是指它一旦发生，不管你喜不喜欢，就成为不能更改的历史事实。在诉讼活动中，需要认定的案件事实都是既成事实。所谓"世上没有卖后悔药的"，就是对既成性的绝妙注解。不仅犯罪事实不可更改，无辜者被错判的事实也不可更改，人们不能穿越时空去修改已经铸成的罪错。罪犯只能通过以后的行为来悔过，司法机关只能通过平反冤案来纠错。

事实的真实性与存在的客观性有本质差别。存在是纯客观的，例如，在人类出现之前地球就存在，在人类甚至太阳系毁灭之后宇宙依然存在。相比之下，事实只是人通过感官和思维所把握的真实存在，因而具有经验性。存在和事实具有可知和真知的区别。关于存在的知识，人们仅通过思维便可把握，如宇宙无限，便是一个并不直接依赖于人类感知的抽象知识。相比之下，事实却是真知的，一件事情是否实际存在，需要人的感知和经验判断。正是在这个意义上，维特根斯坦说："世界是事实的总和，而不是物的总和。"② 这里的"物"，就是指存在。

关于事实的经验性与存在的客观性之间的区别，可用"马某贩毒案"③ 来举例说明：2001 年 2 月 10 日，被告人马某在其云南省巍山县家中，以 5 万元的价格贩卖给梁某 523 克海洛因。该案中，法院经审判查明了马某贩毒的时间、地点和犯罪行为，它就成为一个被人的感官和思维所把握的经验事实。

现在若问："那一天，该县是否只有马某一人贩毒？"对此问题，我们既可用"云南省毒品泛滥"之普遍知识来推论说："不可能"；也可以按国际毒品犯罪 1∶5 "通用显性隐性比"④ 来测算：那一天（2001 年 2 月 10 日）除马某外，该县至少还有 5 个人贩毒。然而，那一天，那 5 个人在何时（上午、下午还是晚上？）、何地（宾馆、车站还是家里？）从事了何种贩毒行为（毒品种类、数量、交易对象和价格）？如果对这些情况一概不知，或者说对于贩毒时间、地点和行为均无经验把握，那 5 个人贩毒就不是人们真知的事实，而是可知的客观存在。"实有其事不应该同存在混为一谈"。⑤ 认识主体只有对感知对象加以经验把握，才能证明"实有其事"。所谓抽象贩毒，只能称为（不以人的意志为转移的客观）存在，而不能称为事实。"一般地说，所谓事实就是经验事实。"⑥

---

① 金岳霖：《知识论》（下册），商务印书馆 2011 年版，第 817 页。
② 维特根斯坦：《逻辑哲学论》，郭英译，商务印书馆 1985 年版，第 22 页。
③ 案例来源：最高人民法院网站裁判文书，http：//www. court. gov. cn/，2014 年 1 月 10 日。
④ 2014 年中国全年登记吸毒 295. 5 万人，按国际 1∶5 的通用显性隐性比，实际吸毒超过 1 400 万人。参见中国国家禁毒委员会办公室：《2014 年中国毒品形势报告》，http：//news. xinhuanet. com/legal/2015 – 06/25/c_127949443. htm，2015 年 7 月 20 日。
⑤ 哈贝马斯：《在事实与规范之间》，童世骏译，三联书店 2003 年版，第 15～16 页。
⑥ 彭漪涟：《事实论》，广西师范大学出版社 2015 年版，第 6 页。

二、事实可陈述性与证据可信性

所谓经验事实，是指人对事实之经验把握。这是相对于人对存在的理论把握而言，例如，我们可以给无数河外星系一一命名，从而在理论上把握无限宇宙。然而，这依然改变不了人类对宇宙的无知。实际上，人类甚至对太阳系的火星、木星等地球兄弟都知之甚少。理论把握与经验把握所得到的是不同的知识，前者是抽象的理论知识，后者则是具体的经验知识。因此，经验事实是指其具有可陈述性。这可从知识表达和理解两个方面来分析，并得出两个论点：

第一个论点，知者所知之事均可陈述。从知识表达或说者的角度看，由观察所获得的感性知识，无论在头脑中加工，还是与他人分享，都需要语言媒介。事实总是以概念和判断的形式被人们把握，不能脱离语言而赤裸裸地存在。所以维特根斯坦说："我的语言的界限意味着我的世界的界限。……我们不能说我们不能思考的东西。"[1] 就是说，凡是你知道的事情，都能说出来；说不出来事情，是因为你不知道。例如，15 分钟前，外面街上发生了一场车祸。两位路人目睹了该事故。现在若问在室内的人：谁能描述一下那场车祸？人们会答：不能。显然，那场车祸对不在事故现场的人来说并非事实，而是客观存在。对于这种可知却并非真知的客观存在，是无法陈述的。因此，维特根斯坦说："一个人对于不能谈的事情就应当沉默。"[2] 现实生活中，人们相互传递自己所知道的事实，都是通过语言而实现的。要想让别人与你分享一个事实，就要把自己所知之事以"叙事"的形式讲述给别人。在上例中，两位路人（目击证人）可以讲述那场车祸。从这个意义上说，"一切事实都是人们在直接感知的基础上、对事物实际情况（某事物具有某种性质或某些事物具有某种关系）所作的一种陈述"。[3]

第二个论点，听者通过陈述可知其所述事实。从知识理解或听者的角度说，人们能够学习知识，是因为命题与事实具有同构性。命题或句子是表达判断的语言形式。维特根斯坦说："命题是现实的形象，因为只要我们理解这个命题，则我就能够知道它所叙述的情况。"[4] 由于事实总是披着命题的语言外衣，所以，人们只要理解了一个命题，便可知其所述事实。在上例中，我们虽未直接感知到那场车祸，但如果一位路人（证人1）告诉我们那是："一辆灰色小轿车撞了一辆红色小轿车。"我们便通过该证言得到了关于那场事故的知识。法庭里的事实认定，从原理上说与此并无二致，只是更强调事实认定者对证据进行的推论。

在审判过程中，为什么事实认定者不能直接把证人 1 的话当作事实，还需要经过推论才能得出结论？这就引出第三个论点：命题或陈述有真有假。事实通过命题或陈述才能表达出来，并不等于说，所有命题或陈述都表达事实。命题表达判断，而判断反映思

---

① 维特根斯坦：《逻辑哲学论》，第 79 页。
② 维特根斯坦：《逻辑哲学论》，第 97 页。
③ 彭漪涟：《事实论》，第 75 页。
④ 维特根斯坦：《逻辑哲学论》，第 40 页。

想内容或信念时会出现两种情况："如果这种思想是真的，表达这个思想的句子就报告一个事实。"① 反之，如果一种思想是虚幻的，表达这个思想的句子就并非报告一个事实。就是说，一个命题既可表达事实判断而构成真命题，也可表达虚假判断而构成假命题。假设，另一位路人（证人2）说："我看到的是，一辆红色小轿车撞了一辆灰色小轿车。"这就会出现所谓"一个事实，两个故事"的情况。一般来说，两个相反命题可以同假，但不能同真。命题真假取决于陈述与事实是否一致，或与其相符的程度，这涉及下文将讨论的事实真相的盖然性或似真性问题。从说者和听者的关系看，则涉及证据可信性问题。

事实具有经验性和可陈述性，事实目击者所陈述出来的知识对听者来说便是证据，这对听者来说便产生了可信性的问题。事实的语言特性，使人们在陈述事实时都会出现某种程度的变形。例如，"夸大"事实（如言过其实、添枝加叶），"缩小"事实（如遮遮掩掩、避重就轻），甚至"歪曲"事实（如无中生有、颠倒黑白）。事实通过命题表达出来或者传达给他人，对于听者来说，便是一个如何运用证据进行推断而在头脑中重建过去事实的过程。研究这个问题，需要考察证据的可信性。可信性同相关性、可采性一样，都是证据的基本属性。②

"客观事实说"必然要坚持证据客观性，我国一些证据法学教材受原苏东证据法理论影响，在证据属性上仍坚持客观性第一的"两性说"③ 或"三性说"。④ 把客观性当作证据的根本属性，势必就要否定相关性是证据根本属性，并陷入如下三种困境：其一，证据"客观性"没有检验标准，法官无法判断一个证据是否具有客观性。因为，客观性仅指不依人的意识为转移。假设，手头的证据是一个杯子，法官如何判断它对于证明待证事实具有客观性？显然无法判断。然而，相关性则有一个"检验标准"（如美国《联邦证据规则》401⑤），即有了这个杯子与没提供、不知道该杯子相比，将使要件事实的存在更可能或更不可能。由于缺乏判断证据是否具有客观性的检验标准，证据"客观性"审查既无法实现，也没有认识论意义。其二，为了摆脱这种困境，证据"客观说"不得不求助于客观性的反面即主观性，认为证据既有客观性的一面也有主观性的一面，这又使其陷入了以偏概全的困境。其三，证据有真假之分，"客观说"无法回答诸如"真假证据哪一个具有客观性"这样棘手的问题。实际上，不依赖人的主观意识的客观性只具有本体论意义，在认识论领域，一切都是主客体的相互作用。

证据是与案件事实相关的信息，用于证明所主张事实之存在的可能性。"相关性的核心问题是，一个证据性事实能否与事实认定者先前的知识和经验联系起来，从而允许

---

① 哈贝马斯：《在事实与规范之间》，第14页。

② 特伦斯·安德森、戴维·舒姆、威廉·特文宁：《证据分析》，张保生等译，中国人民大学出版社2012年版，第79、84～93、84、493页。

③ 例如，张建伟：《证据法要义》，北京大学出版社2014年版；卞建林、谭世贵主编：《证据法学》，中国政法大学出版社2014年版；何家弘、张卫平主编：《简明证据法学》，中国人民大学出版社2011年版。

④ 叶青主编：《诉讼证据法学》，北京大学出版社2013年版。

⑤ 美国《联邦证据规则》401："相关证据的检验：下列情况下，证据具有相关性：（a）与没有该证据相比，它具有使一个事实更可能或更不可能的任何趋向性；并且（b）该事实对于决定该诉讼是要素性的。"

该事实认定者理性地处理并理解该证据。"[1] 然而，相关性只是证据采信的必要条件，可信性则是充要条件。例如，与待证要件事实之间没有相关性的物体、言语，当然不能成为证据；但有了相关证据若不知其是否可信，也未必能准确地认定事实。如上所述，事实具有可陈述性，但陈述（证言）有真假之分。在诉讼过程中，经常会出现"一个事实，两个故事"的情况，有时还会出现"罗生门"那样多个故事。如此一来，事实认定者如何通过证据推论得出裁判结论的问题，就演变为依据何种品质的证据进行推论才能得出正确结论的问题。

按照"证言三角形理论"，[2] 证言可信性涉及证人的感知能力、记忆能力、诚实性、叙述能力这四种品质。事实认定者对这些证言品质进行推论，才能形成可信性判断。其中，第一个推论，从陈述人话语（证言）到其信念的推论，要求对其诚实性和叙述能力作出判断。例如，前例证人1说"一辆灰色小轿车撞了一辆红色小轿车"。假设对方律师在交叉询问时问其所处的观察位置，又假设证人回答其为红车乘客，这就涉及诚实性问题，因为证人与当事人的利益关系可能影响诚实性。从叙述—歧义性变量看，语言的模糊性也会给可信性带来影响。第二个推论，从陈述人信念到观察之事件的推论，要求对其感知和记忆能力的判断：一是观察准确性，证人的感知能力如何，例如，是不是近视眼？是不是色盲？二是记忆准确性，证人做证会受记忆能力影响。"目击者们对他们看到的东西所做的叙述，经常与事件的本来面目非常不同。大多数罗伯特·肯尼迪遇刺事件的目击者，对事件发生过程所做的描述可谓大相径庭（Langman and Cockburn, 1975）。在一项实验研究中，巴克霍特、菲格罗和霍夫（Buckhout, Figueroa and Hoff, 1974）在一间大教室里导演了一场袭击一位站在讲台上的教授的事件，并在几周后要求目击者们辨认袭击者。结果，大多数人———包括受害者挑错了袭击者。"[3] 在该实验中，"几周后"，可能是导致记忆不准确的重要因素。审判中的证人做证都不会比几周的时间短，因此都会遇到记忆不准确的问题。因此，在审判中，事实认定者要作出准确裁判，关键是剔除不相关和不可信的证据。

三、"证据之镜"与法庭认识论

事实与证据的关系，在某些方面类似本质和现象、内容和形式的关系：事实具有不变性，证据具有变动性；事实是整体，证据是片段；事实具有本源性，证据具有表征性。然而，对事实与证据不能只做静态考察，因为只有在认识主体介入时，二者的关系才能产生认识论意义。认识主体介入这种关系有三种模式：

第一种模式，事实为现在时，认识主体直接作用于事实客体。在人类日常的实践和

---

① 罗纳德·J. 艾伦：《证据的相关性和可采性》，载《证据科学》2010年第3期。

② 证言三角形概念，由劳伦斯·特赖布教授在《对传闻的三角形测量》（1974）和理查德·O. 伦珀特与斯蒂芬·A. 萨尔茨伯格在《证据的一个现代进路》（1977）等论述之后，开始在法学界流行。转引自罗纳德·J. 艾伦等：《证据法：文本、问题和案例》，张保生、王进喜、赵滢译，高等教育出版社2006年版，第459页脚注1。

③ 约瑟夫·P. 福加斯：《社会交际心理学：人际行为研究》，张保生、李晖、樊传明译，中国人民大学出版社2012年版，第25页。

认识活动中，主体可以通过反复观察和实践，能动地认识事实客体。比如，在农业生产中，人们获得有关季节、水土和植物特性方面的证据，而掌握农作物生长的规律；在科学探索中，科学家可向火星发射探测器甚至登陆观测，从而提出火星上是否有水的证据。

第二种模式，事实仍为现在时，即目击证人与事实的关系。这种关系类似刺激反应，某个事件可能是在观察者没有任何思想准备的情况下发生的，但这并不意味着观察是"中性的"。因为，"观察渗透着理论"，① 观察者的眼睛不是照相机，其头脑中已有的知识（库）或观念都会对观察活动产生影响，因而具有一定能动性。观察者的身份、观察位置及感知、记忆，思维加工和叙述能力，都会对观察和陈述的准确性产生影响。所以，目击证人对同一事实的描述可能有很大差异，事实认定者必须考虑证言的可信性问题。

第三种模式，对于过去发生的事实，事实认定者只能通过证据进行推论才能认识。在审判活动中，事实认定者对过去在法庭之外发生的事实，没有任何直接知识。在这种情况下，证据便成为联系主客体的唯一"桥梁"，或"折射"事实的"镜子"。一方面，没有证据这面"镜子"，就不可能认定案件事实。另一方面，"证据之镜"原理也揭示了证据推论的局限性，即事实认定者通过证据所查明的事实真相，在某种程度上像是"镜中花"，乃是证据推论的"思想产品"。按照真理符合论，"真理"或"真相"与"符合事实"是同义语。② 在这个问题上，尽管法官的事实认定与科学家的事实发现有过去时和现在时之分，但在主客观相符合的意义上却是一致的。舒炜光教授说："主体和客体发生作用的结果，达到主观和客观的符合度占百分之五十以上，这种认识就具有真理性质。"③ 证据法的优势证据标准，就体现了这种真理观。

"实事求是"作为我国政法机关的传统司法理念，④ 实际上是将第二种模式即现在时的主客体关系误用于第三种模式过去时的主客体关系。毛泽东在《改造我们的学习》一文对其解释说："'实事'就是客观存在着的一切事物，'是'就是客观事物的内部联系，即规律性，'求'就是我们去研究。"他称实事求是的态度就是"有的放矢"。⑤ 然而，根据法庭认识论原理，事实认定者作为特殊的认识主体，对过去发生的案件事实没有任何直接知识。这与"有的放矢"意义上的实事求是不同，其"的"不是现在发生的事实，而是过去的事实发生时留下的证据。所以，真理符合论只能用来解释第一种和第二种模式中的事实发现，对于第三种模式即过去事实的认定，由于事实认定者根本看不到过去的事实，其手中之"矢"所对准的"靶子"只是证据而非案件事实，因而是"实证求是"。

---

① N. R. 汉森：《发现的模式》，邢新力、周沛译，中国国际广播出版社 1988 年版，第 11 页。除汉森外，波普尔、库恩等人都否认有纯粹的中性观察，明确提出了"观察渗透理论"。参见国家教委政治思想教育司组编：《自然辩证法概论》，高等教育出版社 1989 年版，第 141 页。

② 卡尔·波普尔：《猜想与反驳——科学知识的增长》，傅季重等译，上海译文出版社 1986 年版，第 325 页。

③ 舒炜光：《科学认识论的总体设计》，吉林人民出版社 1993 年版，第 206 页。

④ 周玉华：《谈如何在司法领域坚持实事求是的思想路线》，载《山东审判》2005 年第 2 期。

⑤ 《毛泽东选集》第 3 卷，人民出版社 1991 年版，第 801 页。

　　"证据法是一个规制在法律程序中向事实裁判者提供信息的规则体系。一个更好的定义是'法庭认识论'。"① 法庭认识主体并不局限于事实裁判者（法官或陪审团），还包括检察官和律师。法庭认识活动是控辩审三方共同参与的证据信息加工过程，事实真相则产生于其相互作用的合力。

　　首先，法庭认识论的任务是求真。事实认定作为审判过程的第一阶段，旨在查明事实真相。戈德曼说，裁判是一种"求真认识论"社会实践；② "一场刑事审判首先且最重要的是一个认识引擎，一种从最初常常是（相互冲突证据的）混乱集合中寻求事实真相的工具。"③ 因此，证据法的关键问题是，寻求真相的证据制度能否"被很好地设计，用以推导出关于世界的真实信念"。④ 事实认定是对过去事实的观念重建，即"在主体的大脑中构建出一个与客体具有同构异质关系的观念物或观念系统的过程"。⑤ 从证据的信息特性来看，证据法的主要作用是消除事实认定的不确定性。在这个问题上，最能体现证据法准确价值的相关性规则，"旨在向事实裁判者展现将有助于作出决定的全部信息。对不相关证据的排除也遵从于发现事实真相的价值，因为它使事实认定者的注意力集中于适当的信息，且仅仅集中于适当的信息。"⑥

　　其次，法庭认识论的动力是控辩审三方互动。这表现在：一方面，法庭举证、质证是"用证据证实或驳斥一项所主张的事实"。⑦ 在审判中，诉讼双方都试图用证据来证明己方的事实主张，这既是一个说服事实认定者的作用过程，又是双方相互影响的过程，每一方都在努力影响对方的同时又自觉不自觉地受到对方证据推论的影响。在这个过程中，各方当事人提出支持己方事实主张的证据，向对方证人进行交叉询问。另一方面，法庭认证是一个证据评价过程，包括对实物证据可靠性和证人可信性、证明力等的评估，最终的事实真相产生于控辩审三方证明和认证中形成的合力。

　　最后，法庭认识论的形式是理由论证。事实认定作为审判的第一阶段，是一个受法律推理规制的经验推论过程。在这个过程中，控辩审三方的认识互动具有理由论证和平等对论的特点。"一般而言，论证（辩论）所描述的是形成理由、得出结论以及将它们应用于一种正在思考的情况的活动或过程。"⑧ 由于事实认定是一个发现法律推理小前提的操作，它必然要受到法律推理目的标准、操作标准和评价标准的制约。"在这种理性支配的场合，说明义务被高度地规范化，任何强词夺理或以各种借口逃避说明的行为

---

　　① 戴维·伯格兰：《证据法的价值分析》，张保生、郑林涛译，何家弘主编：《证据学论坛》第13期，法律出版社2007年版，第247页。

　　② Alvin I. Goldman, Knowledge in a Social World (Oxford: OUP, 1999) (n 48) 5, quoted in Ho Hock Lai, A Philosophy of Evidence Law Justice in the Search for Truth, New York: Oxford University Press, 2008, P. 47.

　　③ Larry Laudan, Truth, Error, and Criminal Law (Cambridge: CUP, 2006), P. 2, quoted in Ho Hock Lai, A Philosophy of Evidence Law Justice in the Search for Truth, P. 47.

　　④ Timothy Endicott, "Questions of Law" (1998) 114 LQR 310, quoted in Ho Hock Lai, A Philosophy of Evidence Law Justice in the Search for Truth, P. 2.

　　⑤ 李秀林等：《辩证唯物主义和历史唯物主义原理》，中国人民大学出版社1990年版，第250页。

　　⑥ 戴维·伯格兰：《证据法的价值分析》，何家弘主编：《证据学论坛》，2007年第13卷第2期，第248页。

　　⑦ Bryan A. Garner, ed., Black's Law Dictionary, P. 1261.

　　⑧ Kent Sinclair, "Legal Reasoning: In Search of an Adequate Theory of Argument," California Law Review, Vol. 59, No. 3, 1971, pp. 821-858.

都不能被允许，完全有可能在理想状态下展开自由而理性的对论。"① 正是通过自由而理性的对论，使法庭成为一个"讲理"的场所，控辩双方平等对抗，法官居中裁判，这为公正审判提供了制度保障。

四、事实认定与经验推论

自 20 世纪威格莫尔等法学家倡导司法证明研究以来，证据法的研究重心开始从证据可采性转向事实认定。② 这一转向发生的原因在于，单纯的可采性研究难以回应经验推论的动态性，以及如何通过证据裁判而实现正义的问题。与古代神明裁判和近代法定证据制度相比，现代证据制度建立在证据相关性基础之上，就是说，"当且仅当对争议性事实之主张的盖然性真相的判断是以从提交给裁判者的相关证据所作出之推论为基础的时候，这种裁判性事实认定的方法方才是'理性的'。"③ 现代法治国家司法制度奉行证据裁判原则，这为司法公信力提供了制度保障。

（一）事实认定是一个经验推论过程

对事实裁判者来说，案件事实最初是一种"自在之物"，不具有经验性和可陈述性，因而是一种无异于客观存在的抽象事实；之后通过听审，对证据信息进行加工，作出判断，使待证事实成为事实裁判者在思维中清晰把握的"为我之物"或具体事实，此乃事实认定的"认识成果"。

事实认定的特点是运用证据进行推论。因为，审判中所要认定的事实是过去发生的，它并不像一个人看到天在下雨，便告诉别人天在下雨那样。"对事实的认定是从法庭所举证据得出的结论，而不仅仅是对直接观察到的事实的报告。……显然，事实认定者不能以同样的方式，自己亲眼看到案件中实际发生的事情。他不得不试图通过权衡证据并从中进行推论，来得出一个结论。"④ 这正是"证据之镜"原理所阐述的观点：事实认定者与事实客体没有任何直接联系，不能像证人那样亲眼看到案件中发生的事情，只能通过运用证据的经验推论来认知过去事实发生的可能性。所以，"裁判中的事实认定过程，是在重建那些过去发生的无法被直接观察到的事件。裁判者必须对后顾性的事实问题，简言之'发生了什么？'提供权威性答案。"⑤

从法庭认识论角度来研究事实认定，应当打破"心证"不可言传的神话，将其看作是事实认定者在头脑中重建过去事实的信息加工过程，是通过"证据之镜"对实际上发生了什么进行经验推论的探究过程。事实认定与经验推论有相同的内涵和外延，都

---

① 棚濑孝雄：《纠纷的解决与审判制度》，王亚新译，中国政法大学出版社 1994 年版，第 127～128 页。
② 威廉·特文宁：《证据理论：边沁与威格摩尔》，吴洪淇、杜国栋译，中国人民大学出版社 2015 年版，第 179－252 页。
③ 威廉·特文宁：《证据理论：边沁与威格摩尔》，第 21 页。
④ Ho Hock Lai, A Philosophy of Evidence Law Justice in the Search for Truth, P. 27.
⑤ Alex Stein, Foundations of Evidence Law, New York：Oxford University Press, 2005, P. 34.

是指"结论达成的过程；从证据到证明的思维过程"，[①] 并构成一个从证据到推断性事实和要件事实的推论链条。

在人民诉詹森案中，[②] 被告詹森是美国加州监狱的一名狱犯。某天他在牢房用完早餐后扣留了餐盘。狱警要求他交回餐盘，詹森则说他想见一位领班警官谈一个私人包裹的领取问题，争端由此发生。控辩双方对该争端的解释完全不同。控方以殴打狱警罪指控詹森，并传唤几位证人（狱警）做证说：狱警打开了牢门上的送餐口小门，让詹森把盘子交出来，但他拒绝了。因此，该狱警叫来 8 名狱警帮忙。当牢门打开时，詹森发动了攻击，打伤了两名狱警。辩方证人（几个狱犯）的证言则是：狱警没把送餐口小门打开，所以詹森无法把盘子从那个小门交出去。辩方提出的一个重要证据是："狱警们在牢门打开前就佩戴着防护手套"。关于这个证言对要件事实的证明作用，我们看下面的事实认定推论链条，如图 1 所示。

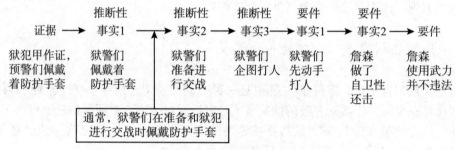

图 1　事实认定推论链条

在该推论链条中，事实认定者对"狱警们佩戴着防护手套"的证据进行推断，经过推断性事实 1—事实 3，与本案两个"要件事实"（1. 狱警们先动手打人；2. 詹森做了自卫性还击）联系起来，表明该证据与辩方正当防卫的要件事实具有相关性，即对该要件事实具有证明作用。一般情况下，狱警们收餐盘时本不应该佩戴防护手套，但却佩戴了，这表明他们想挑起争斗。当然，该证据对证明狱警先动手打架也许并不充分。然而，相关性证明并不在乎该证据能否证实狱警先动手打架，只要有助于证明狱警是否先动手就够了。"相关性是证据在审判中被提供时加以判断的，而充分性是在所有证据被采纳后加以判断的。……对一个可接受的裁决来说，相关性本身是必要但非充分的。"[③] 二者的区别在于，相关性是指对要件事实有无证明作用，充分性则是指对要件事实有多大证明作用（证明力）。

一个证据对要件事实的证明有无相关性或者有多大证明力，一般并不能由立法者预先设定一套规则来套用，而只能由事实认定者（法官或陪审团）依据塞耶所说的"逻

---

① Bryan A. Garner, ed. , Black's Law Dictionary, P. 793.

② 参见罗纳德·J. 艾伦等：《证据法：文本、问题和案例》，第 1~98 页。

③ 罗纳德·J. 艾伦：《证据的相关性和可采性》，载《证据科学》2010 年第 3 期。

辑和一般经验"① 来作出判断。这决定了事实认定是一个归纳推理过程。② 归纳推理的称谓，揭示了事实认定的本质。需要强调的是，归纳推理或经验推论的称谓，主要源自"概括"（generalization）。西奇威克早在 1884 年就意识到这一点，他说："既然我们从事实到事实的推论取决于我们关于事实和事实之间联系之一般规则的信念，取决于我们关于自然界事物发生方式的概括，那么，对推论的批判本身就演变为对概括的批判。"③

（二）概括在经验推论中的必要性和危险性

特文宁教授等"对概括的批判"，集中体现在其《证据分析》一书第十章"必要却危险：关于事实论证中的概括和案情"④ 的标题上。一曰必要，即经验推论离不开概括，或曰，不以概括为基础的推论并非经验推论；二曰危险，因为在社会"知识库"中，从科学定律到直觉、成见、印象、推测或偏见，不同的概括有不同的可靠性等级。事实认定者依据可靠性程度不同的概括进行推论，就决定了其结论的盖然性。

概括的必要性在经验推论中显而易见。什么东西对证明要件事实具有相关性，哪个证据对证明要件事实有较高的证明力，这些都只能依据经验知识或常识才能回答。经验知识或常识在推论链条中的逻辑形式是概括，它们反映了事物之间的一般联系规律，必须依据概括才能把特定证据与其证明因素联系起来。例如，在上述詹森案推论链条中，从推断性事实 1 "佩戴防护手套"，到推断性事实 2 "准备进行交战"，该推论有一个思维跳跃。法官可能会问："何以知道，狱警们佩戴防护手套就是要准备与狱犯交战？"实际上，该推论依据的是一个潜在概括："通常，狱警们在准备和狱犯进行交战时才佩戴防护手套，而在他们收餐盘时则不会这么做。"然而，法官对此并无经验知识，因而可要求辩方就狱警佩戴防护手套的惯例提供证言。这样，潜在概括就显露出来成为证据。

按照宾德教授和伯格曼教授的说法："我们大家都……已经积累了关于人物和事物在我们社会中一般行为方式之普遍持有的观念的巨大知识库。从这个知识库中，人们对典型行为可以进行概括。反过来，这种概括又成为使我能够把特定证据与人们希望证明的一个因素联系起来的前提。"⑤ 在事实认定过程中，一个概括虽然不能"证明"一个推论是真实的，但它对法官或事实认定者判断推论的合理性会产生重要影响。因为，该概括可能成为其进行如下三段论推理的大前提："狱警们在准备和狱犯进行交战时通常佩戴防护手套（概括）"；小前提：狱犯甲做证，狱警们在詹森的牢门打开前就佩戴着防护手套（证据）；结论：狱警们准备交战。

关于概括的危险性，在经验推论中同样是显而易见的。在上文詹森案推论链条中，

① 罗纳德·J. 艾伦等：《证据法：文本、问题和案例》，第 151～152 页。
② 参见罗纳德·J. 艾伦等：《证据法：文本、问题和案例》，第 143 页。
③ Sidgwick（1884，9），转引自特伦斯·安德森、戴维·舒姆、威廉·特文宁：《证据分析》，第 346 页。
④ 特伦斯·安德森、戴维·舒姆、威廉·特文宁：《证据分析》，第 346～379 页。
⑤ David A. Binder and Paul Bergman, Fact Investigation From Hypothesis to Proof（American Casebook Series），Minnesota：West Publishing Company, 1984, P. 85.

从证据开始到要件事实 2 的每一个推论步骤，都必须踩着"概括之石"（在特文宁等人的推论链条中，用 G1，G2，G3，G4，…，Gn 表示[①]），才能从证据"此岸"到达事实认定的"彼岸"。如果事实认定者踩上一块不可靠的"概括之石"，便有丧身波涛的危险。例如，在戴维杀害胡克案中，"假设有争议的问题是：戴维是否为那个杀害了胡克的人，而证据是戴维写给温莎（胡克的妻子）的一封情书。该'推论链条'将是这样的：（1）一个给女人写情书的男人可能是爱她的（'可能'在这个意义上是指他比一个未写情书的男人更可能爱她）；（2）一个喜欢那女人的男人可能想独占她；（3）一个想要独占那个女人的男人可能想除掉她的丈夫；（4）一个爱着那女人并想除掉她丈夫的男人可能计划那样去做；（5）一个计划除掉某人的男人可能做的是，杀掉他。"[②] 这里，关于可能性的推断是基于如下推论链条中的概括（见图 2）。

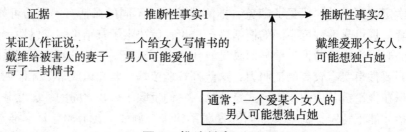

图 2 推论链条（1）

事实认定者从一封情书（证据）作出两个推断（推断性事实 1、事实 2）。它们所依据的并不是法律规则，而是一个"通常"云云的概括。这个潜藏着相关性或"常态联系"的概括，虽然不能证明一个推论是真实的，但它构成了以下三段论推理的大前提："爱某个女人的男人可能想独占她（概括）"；小前提是："某证人做证说，戴维给被害人的妻子写了一封情书（证据）"；结论是："戴维爱那个女人，可能想独占她。"上述推理的概括对法官可能产生的影响是：如果法官认为这是一个合理的概括，便可从常人的观点将其视为相关证据而采纳；如果法官对这个概括的合理性表示怀疑，便可能问：何以知道戴维一定想独占她？想独占她，就一定要除掉她丈夫吗？在这些问题面前，检控方必须为其主张提供更多的证据来证明。法官则需要根据概括的合理性来检验这些证据的相关性。

在念斌投毒案中，我们可以发现错误概括对事实认定所产生的危害性。该案一审《判决书》引用公诉机关指控称："2006 年 7 月 26 日晚，被告人念斌看见快走到他的食杂店门口的顾客，转向进了丁云虾的食杂店，故对丁云虾怀恨在心。次日凌晨 1 时许，被告人念斌……将半包鼠药倒进矿泉水瓶掺水后倒入丁云虾放置在与他人共同租用厨房

① 参见特伦斯·安德森、戴维·舒姆、威廉·特文宁：《证据分析》，第 80 页。
② Steven Emanuel, Emanuel Law Outlines: Evidence, 4th ed., Frederick: Aspen Publishers, 2001, P. 13；转引自史蒂文·L. 伊曼纽尔：《证据法》，中信出版社 2003 年版，第 14 页。

烧水的铝壶中"。① 需要指出的是，这个指控并不是证据，因为其一，这并非检察官亲身知识所及；其二，"故对丁云虾怀恨在心"一句，是应该排除的意见证据。这些姑且不论，更令人遗憾的是，该案审判法官居然将公诉机关的指控直接采信为定案的证据，并称："经审理查明……2006 年 7 月 26 日晚，被告人念斌看见快走到他的食杂店门口的顾客，转向进了丁云虾的食杂店，故对丁云虾怀恨在心。次日凌晨 1 时许，被告人念斌从家中拿出一包老鼠药将其中的一半用矿泉水瓶中加水溶解后，倒入丁云虾放在与他人共用厨房的铝壶中。"这里，关于可能性的推断（推断性事实 2）是基于如下概括而作出的（见图 3）。

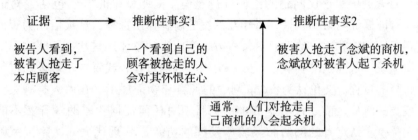

图 3　推论链条（2）

这个潜藏着相关性或常态联系的概括，构成了以下三段论推理的大前提："人们对抢走自己商机的人会起杀机"；小前提（证据）是："经审理查明，被告人念斌看见快走到他的食杂店门口的顾客，转向进了丁云虾的食杂店，故对丁云虾怀恨在心。"结论是："被害人抢走了念斌的商机，念斌故对被害人起了杀机。"如果法官认为"人们对抢走自己商机的人会起杀机"确实是一个基于常识的合理概括，便可从常人的观点将其视为相关证据而采纳；如果法官对这个概括的合理性表示怀疑，便可质疑：被人抢走商机就会想杀人吗？并要求其提供进一步的证据来加以证明。但遗憾的是，一审法官并未对这个概括的合理性产生任何怀疑，而是直接作出了这样的事实认定："次日凌晨 1 时许，被告人念斌从家中拿出一包老鼠药将其中的一半用矿泉水瓶中加水溶解后，倒入丁云虾放在与他人共用厨房的铝壶中。"显然，用危险的概括来支撑推论，推出错误的结论就在所难免。

（三）认证或采信过程中的证据评价

事实认定过程包括举证、质证和认证。举证和质证是诉讼双方的证明活动，认证则是事实认定者采信证据的评价活动。采纳或排除是对证据可采性（证据能力）的裁定，采信则是对证据证明力和可信性的评价。在陪审团审判中，采纳问题是一个"证据是否

① 福建省福州市中级人民法院刑事附带民事判决书（2007）榕刑初字第 84 号（《念斌案一审判决书》），http://3y.uu456.com/bp_5z5a96ujhh2xn8u9vo2u_1.html，2017 年 3 月 28 日。

提交给陪审团"的问题，这由法官裁定；采信问题是一个"证据是否作为定案依据"的问题，这是由陪审团来决定的问题。在法官审中，法官作为唯一的事实认定者，统揽了证据的采纳、排除和认证，对证据可采性与其能否作为定案依据的判断，是交织在一起的。为了防止滥用这种裁判权，法官排除证据或不予采信，需要在判决中阐明理由。

认证的思维形式是证据评价或评议，主要是对两个问题作出决定：一是"相信什么"（what to believe）；二是"认定什么"（what to find）。[1] 一般来说，事实认定者对自己信以为真的东西，更可能作出肯定性认定。但是，认证并非完全取决于事实认定者的主观信念，在很大程度上，也是由证明主体履行说服责任的程度所决定的。因此，认证的任务是"对有关事实争议问题的论证进行建构、批评和评价"，[2] 包括"对证人可信性的评估，对证据证明力的测量，对相互冲突的解释作出选择，从被信以为真的东西得出推论，判断证言的叙述一致性，对每一方事实版本的整体连贯性进行评估等"。[3]

从本质上说，认证是事实认定者的一个内心确信过程，或者，是对证据进行审查判断、能动解释的过程。艾伦认为："审判中的证言和物证展示，在由人类观察者—法官或陪审团成员—解释之前是没有意义的。而且，对任何证据片段的解释都不能预先决定，因为它是事实认定者的阅历和经验所发挥的功能。"[4] 现代大陆法系国家确立了心证公开原则，要求"庭审法官应当在论述详尽的判决意见中，对其事实认定的合理理由作出具体的论证"。[5] 但是，心证公开原则与自由证明原则存在一定的紧张关系。对于错误采信而造成事实认定错误的情况，根据我国《刑事诉讼法》第225条将会导致直接改判或者撤销原判、发回重审的结果。这与我国"有错必纠"的司法理念有一定的联系。

五、事实真相与似真性

（一）事实真相及其证明标准的盖然性

由于事实认定须经历一个从证据到待证要件事实的经验推论过程，其逻辑形式是归纳推理，所得到的结论即事实真相（truth）是对各方事实主张之可能性的判断，因而具有盖然性。特文宁说："将归纳原则适用于提交证据使得对某一过去事件的当前主张赋予一种盖然性真相价值成为可能。"[6]

事实真相的盖然性是由"证据之镜"原理所决定的。事实认定者不能自己亲眼看

---

[1] L. Jonathan Cohen, An Essay on Belief and Acceptance, Oxford: Clarendon Press, 1992, pp. 117 – 125; "Should a Jury Say What it Believes or What it Accepts?" Cardozo Law Review, Vol. 13, 1991, pp. 465 – 483.

[2] 特伦斯·安德森、戴维·舒姆、威廉·特文宁：《证据分析》，"前言"，第1页。

[3] Ho Hock Lai, A Philosophy of Evidence Law Justice in the Search for Truth, p. 65.

[4] 罗纳德·J. 艾伦等：《证据法：文本、问题和案例》，第143页。

[5] 米尔吉安·R. 达马斯卡：《自由心证及其面临的挑战》，《比较法视野中的证据制度》，吴宏耀、魏晓娜译，中国人民公安大学出版社2006年版，第214页。

[6] 威廉·特文宁：《证据理论：边沁与威格摩尔》，第21页。

到案件中实际发生的事情，只能通过证据推论间接地对事实发生的可能性作出裁断，这是其结论具有盖然性的根本原因。边沁对此说得更加明确："要找到能确保公正裁判的完美证据规则，从事物本性来说，是绝对不可能的。"[①] 这里所谓"事物本性"，指的就是"证据之镜"的模糊性。特文宁教授等则论述了基于证据的结论必然具有盖然性的五个基本理由："第一，我们的证据总是不完全的，我们永远不会掌握所有证据。第二，证据一般是非结论性的。这意味着，在某种程度上，证据也许对争议中某一方的主张更有利些，或者与争议中某一方主张的事实真相更相符一些。第三，我们拥有的证据常常是含糊的，我们不能确定，证据告诉了我们什么或传达了什么信息。……第四，证据实体通常是不和谐的；某个证据也许支持一种主张，而另一个证据则支持另一个主张。第五，对我们来说，证据来源于其所具有的不尽完美的可信性等级。"[②] 这里所揭示的证据的不完全性、非结论性、含糊性、不和谐性和不完美的可信性，皆是事实真相具有盖然性的原因，也是对"证据之镜"性质的完整刻画。

事实真相的盖然性集中地体现在概率证明标准中。证明标准既是证明主体履行说服责任对案件要件事实所应达到的证明程度，也是事实认定者被证据所说服，从而对事实真相形成内心确信的程度。在民事诉讼中，事实认定者"必须通过优势证据认定原告的诉求是真实的。优势证据意味着可能性高于50%，或'可能的几率高于不可能的几率'。在刑事案件中，说服责任意味着在有罪问题上要'确信无疑'"。[③] 我国刑事诉讼"证据确实、充分"的证明标准，与确信无疑的要求是一致的。《中华人民共和国刑事诉讼法》（以下简称《刑事诉讼法》）第五十三条规定："证据确实、充分，应当符合以下条件：（1）定罪量刑的事实都有证据证明；（2）据以定案的证据均经法定程序查证属实；（3）综合全案证据，对所认定事实已排除合理怀疑。"实际上，"确信无疑"或"确实、充分"，指的都是一种"道德上的确定性"，而非数学上的绝对确定性，其95%左右的确信度在某种程度上是由刑事错案率推算出来的。例如，在美国有数据表明，"在强奸谋杀案审判的死刑定罪中，重罪审判的错误率在3.5%~5.0%。"[④]

概率证明标准向"不枉不纵"的司法理念提出了挑战。这种司法理念主张，公正司法必须做到不错不漏，或曰"既不冤枉一个好人，也不放过一个坏人"。[⑤] 针对这种观念，沈德咏大法官从无罪推定和疑罪从无的原则出发，提出了"宁可错放，也不可错判"的新理念。他认为，不枉不纵"这种观念看似不偏不倚，但在司法实践中却极易滑向宁枉勿纵"。一项好的制度并不能保证百分之百地做到不放掉一个坏人，但应当百分之百地保证不冤枉一个好人。[⑥]

---

① 杰里米·边沁（1825）180，转引自特伦斯·安德森、戴维·舒姆、威廉·特文宁：《证据分析》，第301页。

② 特伦斯·安德森、戴维·舒姆、威廉·特文宁：《证据分析》，第327~328页。

③ 参见罗纳德·J. 艾伦等：《证据法：文本、问题和案例》，第253~254、807页。

④ 罗纳德·J. 艾伦：《证据法、诉讼法和实体法的关系》，载《证据科学》2010年第6期。

⑤ 参见朱孝清：《对"坚守防止冤假错案底线"的几点认识》，载《检察日报》2013年7月8日，第3版。

⑥ 参见沈德咏：《我们应当如何防范冤假错案》，载《人民法院报》2013年5月6日，第2版；《论疑罪从无》，载《中国法学》2013年第5期。

　　传统司法理念中的"有错必纠"，也是源于对司法证明盖然性的无知。其危害性，一是与无罪推定原则抵触，但如果把证据不足、达不到证明标准的"错放"也视为一种应纠的错误，就会动摇刑事法治的基础；二是与效率原则抵触，从世界各国再审程序看，"其主要目的在于纠正具有既判力的司法裁判中的事实错误"，[①] 主要是纠正无辜者被错判有罪的冤案，否则，就会分散错案救济的重点；三是使被告人更加疏远于"一事不再理"和"禁止双重危险"原则的保护。有错必究和终身追究的"办案质量终身负责"制，是"不漏不枉""有错必纠"的必然产物。对此应当深入研究两个问题：一是从证据法角度，将可错性作为应当尊重的司法规律；二是从比较法角度，深入研究法律职业化和职业保障的内涵，明确只有因法定事由、经法定程序，才可被追究责任。同时，应当确立司法豁免制度，明确法官和检察官的正当职务行为不受追究。因此，"有错必纠"的司法理念应当被"有冤必纠"所取代，相应地，"终身追究"应当在法律职业保障的框架内修改为"依法追究"。

（二）从精确概率走向模糊概率或似真性

　　承认事实认定具有盖然性，与主张用概率论进行审判是两回事。在 1968 年的柯林斯案中，[②] 根据证人证言，一名白人女性袭击并试图抢劫一名老年妇女后，乘一辆非裔美国男子驾驶的轿车从现场逃离。随后，符合其描述的一名白人女性和一名非裔美国男性被捕并被送交审判。检控方聘请了一位概率学家计算了具有证人所描述（并为被告所具有）特征的任意两个人的概率。检控方据此认为，这两个在押人肯定就是实施该犯罪的罪犯。针对这种用概率计算来指控被告人的做法，特赖布教授 1971 年在"数学审判：法律过程中的精确和礼制"一文中，明确反对将任何数字化概率运用于审判过程。其主要理由是：（1）从交流角度说，只要法官和陪审团成员可被假定为不精通数学，他们就不应当用自己无法理解的语言接收信息；（2）数学论证很可能过于具有诱导性或产生偏见，因为那些貌似"硬"的量化变数，很容易排挤那些"软"的非量化变数；（3）在诸如给无辜者定罪风险之可接受水平等问题上，量化分析在政治上是不适当的。[③]

　　在司法实践中，复杂的统计学和概率证据，如 D. A 检测、中毒侵权案中的流行病学调查等，会遇到以下两个问题：首先，关于概率计算的基础理论和经验有效性问题：一是客观概率不足以解释司法证明的性质。"有关事件在某种确切情况下，要么发生过，要么没有发生过。我们不能重复实验一千次，来判定这些事件过去发生的频率。"[④] 此外，用相对频率理论来解释事实认定，还存在诸如确定何种参照组等困难，因为不存在客观正确的参考组。[⑤] 二是主观概率或认知概率论在司法证明中虽有一定解释力，但它

　　① 宋英辉主编：《刑事诉讼原理》，法律出版社 2003 年版，第 164 页。
　　② People v. Collins（1968 Cal. 2d 319）.
　　③ Laurence H. Tribe，"Trial by Mathematics：Precision and Ritual in the Legal Process，" Harvard Law Review，Vol. 84，No. 6，1971，pp. 1329 – 1393.
　　④ 特伦斯·安德森、戴维·舒姆、威廉·特文宁：《证据分析》，第 327 页。
　　⑤ 参见罗纳德·J. 艾伦：《证据与推论——兼论概率与似真性》，载《证据科学》2011 年第 1 期。

忽略了某些重要的心理要素，形式化概率表达并不能完全传递信念的丰富内涵。[1] 其次，使用概率证据还存在"危险性实质上超过证明力"[2] 的问题。像柯林斯案发生的情况，在概率数据具有经验有效性的情况下，当统计概率转换为事实认定者可以理解的实际数字时，可能会误导事实认定者或使其感到困惑。因为，在审判中，"案件并非以概率计算的形式来处理"。[3]

　　在精确概率受到挑战的情况下，法学家们开始向模糊逻辑和科学哲学寻求理论和方法启迪。参照扎德的"模糊逻辑"理论，法庭裁决标准具有模糊性，人们要提供精确的单一概率值或概率区间均缺乏根据，这称为"模糊概率"。模糊概率的用语在审判中经常出现，如证明标准中的"确信无疑""清楚且令人信服""优势证据""合理根据"等，都是模糊标准。证据证明力的"高""低""大""小"，也都具有模糊性。在科学哲学领域，波普尔在前人研究基础上引入"逼真性"概念，并论述了逼真性与盖然性的区别。盖然性是在概率计算所规定的意义上使用的，"逻辑概率（这里不讨论物理概率）体现了通过减少信息内容而逐渐趋于逻辑确定性或重言式真理的观念。另外，逼真性则体现了趋于全面真理的观念。因此它把真理和内容结合起来，而概率则把真理与缺乏内容结合起来。"[4] 波普尔提出逼真性观念，是要平衡其证伪主义与科学真理之间的紧张关系。逼真性理论一方面承认真理是可以接近的，另一方面也提醒我们，在求真过程中会出现不可预见及难以预防的错误。

　　波普尔的"逼真性"（verisimilitude）概念与艾伦的"似真性"（plausibility）概念，都是在批判传统概率论只重视真理之逻辑形式的基础上，认识到精确概率计算的局限性，从而转向全面或整体真相之内容方面的一种尝试。艾伦认为，概率论虽然可以用来辅助司法证明，但司法证明本质上不是概率论操作。一个另辟蹊径的思路是：以最佳解释推论（IBE）来取代概率论解释。"在诉讼中，会产生潜在解释，一个推论是对解释性理由的一个潜在解释。第一阶段的工作是直接的，主要由当事人（包括刑事案件中的政府方）完成，其必须就事件提出竞争性版本，如其真实，便能解释审判中提供的证据。对起诉或辩护负有证明责任的当事人提出事件的版本，包括构成其特定起诉或辩护的形式要素；对方当事人则提供事件未包括一个或多个形式要素的版本。此外，如果法律允许，当事人可以提供事件的其他版本来解释证据。最后，事实认定者并不受制于当事人明确提出的潜在解释，而是可以建构自己的解释，要么在评议中就此告知其他陪审团成员，要么自己得出其所能接受的结论。"[5]

　　在司法实践中，证据的相关性和证明力都是情境性的。概率论解释的问题在于，其只针对证据片段，试图用赋予假设概率的方法将证据模型化。例如，用合取概率来解决"合取难题"，或对竞争性故事进行标准化对比，这些都会得出荒谬的结果。艾伦认为，

---

[1] Ho Hock Lai, A Philosophy of Evidence Law Justice in the Search for Truth, P. 118.

[2] 参见美国《联邦证据规则》403。

[3] 参见 Ho Hock Lai, A Philosophy of Evidence Law Justice in the Search for Truth, pp. 117 – 121.

[4] 卡尔·波普尔：《猜想与反驳——科学知识的增长》，第 339 页。

[5] 罗纳德·J. 艾伦：《司法证明的性质》，《艾伦教授论证据法》（上），张保生等译，中国人民大学出版社 2014 年版，第 110 页。

当裁判者运用"优势证据"或"确信无疑"的证明标准时，其内心并未出现大约 0.5 或大约 0.95 这种表示可能性的刻度。事实认定者在审查了相关证据后，往往是直接把自认为合理的事实主张当作事实真相；如果没有形成合理的确信则会继续进行审理，而不会贸然根据盖然性作出裁判；如果最终裁判时并不确信所认定的就是事实真相，便会感到不安。"优势证据"意味着，只要事实认定者能够判断出哪个故事或主张更接近真相，他就可以把它当作是真的，而不用感到不安；"确信无疑"则意味着，在刑事诉讼中，事实认定者要进行一系列判断，根据无罪推定原则，"如果没有似真的犯罪案情，此人就是无罪的；如果有似真的犯罪案情，且没有似真的无罪案情，此人就是有罪的；如果有似真犯罪案情和似真无罪案情，此人就是无罪的"。[1]

按照似真性理论，最佳解释推论是一种整体解释方法，它不局限于一个个具体的证据，而是关注由证据拼合出来的完整案情或故事。基于这些判断，事实裁判者可以合理相信其已经寻觅到案件真相。在民事诉讼中，可以在似真的有责案情与无责案情之间进行比较，并依据更接近真相的故事版本作出裁判。但在刑事案件中，却不能进行类似的比较。就是说，在同时出现似真的有罪案情和似真的无罪案情时，只能选择无罪判决。这一选择被表述为"疑罪从无"。我国《刑事诉讼法》第一百七十一条第 4 款关于证据不足"应当作出不起诉的决定"，第一百九十五条第三款"证据不足，不能认定被告人有罪的，应当作出证据不足、指控的犯罪不能成立的无罪判决"的规定，就都体现了"疑罪从无"的原则。证据不足，就是没有似真的犯罪案情，或者似真的犯罪案情与似真的无罪案情同时存在，那就应该认定被告人无罪。例如，在念斌案中，[2] 关键证据鼠药从何而来、如何投放等，经审判都没有得到证明，就无法得到一个似真的犯罪案情。沈德咏大法官认为，"在刑事司法领域，不搞无罪推定，就难免不搞有罪推定；不搞疑罪从无，就难免不搞疑罪从有；任何形式的疑罪从轻、疑罪从挂，实质上都是疑罪从有。……刑事司法人员必须树立起疑罪从无的观念，彻底抛弃或多或少残存的有罪推定思想，将保障无罪的人不受刑事追究确立为刑事诉讼不可逾越的一条红线，依法保护公民的正当权利，维护司法文明和理性的社会秩序。"[3]

六、结　论

与存在的客观性相比，经验性是事实的本质特性。事实是人通过感官和思维所把握的真实存在。事实与证据之间的关系，类似本质和现象、内容和形式的关系：事实具有不变性、整体性、本源性，证据具有变动性、片段性、表征性。"有的放矢"意义上的实事求是在司法审判中是行不通的，因为后者之"矢"所射之"的"不是现在的事实，而是过去的事实留下的证据，因而事实认定的基本模式是"实证求是"。法庭认识论是控辩审三方的证据信息加工过程，事实真相产生于三方主体相互作用的合力。法庭认识

---

[1] 罗纳德·J. 艾伦：《证据与推论——兼论概率与似真性》，载《证据科学》2011 年第 1 期。
[2] 参见福建省高级人民法院（2012）闽刑终字第 10 号刑事附带民事判决书。
[3] 沈德咏：《论疑罪从无》，载《中国法学》2013 年第 5 期。

论的任务是求真，动力是控辩审三方互动，形式是理由论证。

事实认定是一个归纳推理过程，包括举证、质证和认证。举证和质证是诉讼双方的证明活动，认证是事实认定者采信证据的评价活动。证明标准是一个概率标准，在民事诉讼中是优势证据标准，在刑事案件中认定被告人有罪要达到确信无疑的程度。概率证明标准向"不枉不纵""有错必纠""终身追究"的司法理念提出了挑战。按照"证据之镜"原理，证据的不完全性、非结论性、模糊性、可信性等，都决定了事实认定的盖然性或可错性。

司法证明理论从精确概率走向模糊概率或似真性理论的发展趋势，对我国司法改革和证据法学研究具有借鉴意义。按照似真性理论，最佳解释推论是一种整体解释方法，它不局限于一个个具体证据，而是关注由证据拼合出的完整案情或故事。基于这些判断，事实裁判者可以合理相信已经寻觅到案件真相。在民事诉讼中，可以在似真的有责案情与无责案情之间进行比较，并依据更接近真相的故事版本作出裁判。在刑事案件中，在同时出现似真的有罪案情和似真的无罪案情时，只能选择无罪判决，这又可被表述为"疑罪从无"。

人工智能体法律主体地位的法理反思[*]

冯 洁[**]

【摘 要】人工智能技术带来的巨大风险引发了对机器人能否具备法律主体地位的追问。从法理论的角度来看，法律上的"人"一方面应当拥有享有权利和履行义务的法律资格（规范条件），另一方面实际具备享有权利和履行义务的意志能力（事实条件）。从根本上说只有生物人同时满足这两项条件，法律归根结底也是为了人类的利益。作为法学辅助概念的法人是生物人的集合，能通过"归入"的技术与生物人的行为建立起联系，也能更好地满足人类的需求。相反，动物因不具备规范性认知能力而无法完全满足事实条件，也不符合规范条件。机器人更接近于动物而不是法人，赋予其法律主体地位既不可能也不可欲，它无法、也不应当承担独立责任。在法律上为机器人行为负责的总是人类自身。

【关键词】机器人；法律主体；意志能力；法律资格；独立责任

引 言

人工智能技术正以迅雷不及掩耳之势席卷着我们的生活：2014 年 7 月，百度公司启动"百度无人驾驶汽车"研发计划；2016 年 3 月，阿尔法狗（AlphaGo）战胜围棋世界冠军李世石，次年 10 月击败中国棋手柯洁，仅 5 个月后升级版阿尔法狗零（AlphaGo Zero）就宣告完胜前辈阿尔法狗；2017 年开始，京东和顺丰快递试点无人机送货；当年 5 月，微软机器人小冰的诗集《阳光失了玻璃窗》出版；同年 12 月，深圳无人驾驶公交车上路试运行……人工智能技术对于人类生活的益处是显而易见的，但它可能带来的巨大风险也不容忽视。尽管这种风险对于正处于智能研发起步阶段的中国尚未显现，但在西方国家的实践中已被证实。例如，英国仅 2005 年一年就发生了 77 起与机器人有关的致命事故。[①] 在德国，2015 年 6 月 29 日，一名法兰克福大众汽车工厂 22 岁的工人死于机器人"工友"之手。[②] 在美国，从 2000 年至 2013 年，外科手术机器人造成了至少

---

* 感谢匿名审稿人的宝贵意见！当然文责自负。原文发表于《东方法学》2019 年第 4 期。
** 冯洁，天津商业大学法学院讲师，法学博士。

① Rick Noack, A robot killed a factory worker in Germany-so who should go on trial? The Washington Post (2 July 2015).

② Kiste Bora, Volkswagen German plant accident：robot grabs, crushes man to death. The International Business Times, http：//www. Ibtimes. com/volkswagen – german – plant – accident – robot – grabs – crushes – man – death – 1993475.

144 起死亡与 1 391 起伤害。① 对此，有论者指出，对人工智能进行必要的法律规制，尤其是在故事发生后明确责任的分配十分重要。② 而在采取具体的法律应对措施之前，一个首先要解决的理论问题在于，人工智能体（简称"机器人"）能否具备法律人格，或者说能否构成独立的法律主体？这直接影响到是由机器人自身还是由其他主体来承担责任的问题。

在世界范围内，现行法律制度尚未对此有明确规定。唯有欧盟议会于 2017 年 2 月通过的一份决议中建议给予智能自主机器人以"电子人格"，③ 而沙特于同年 10 月授予"女性"机器人索菲亚公民身份。我国尚无有关机器人法律地位的立法规定与司法实践，学界对这一主题也还缺乏系统深入的研究。④ 不过，在已发表的关于人工智能带来的具体法律挑战的成果中，或多或少都不可避免地会涉及这一前提性问题。学者们的态度大体可分为三类：肯定说、否定说、中间说。肯定说认为应当赋予人工智能体以法律人格（同时明确其法律人格的有限性）；⑤ 否定说主张机器人不是具有生命的自然人，也区别于具有自己独立意志并作为自然人集合体的法人，因而尚不足以取得独立的主体地位；⑥ 中间说则认为，从思维能力角度看，人工智能体的地位已经超越了物的概念，但从工具论角度，人工智能依然未能摆脱为人类服务的"工具"角色，所以它不是物也不是人。⑦

笔者认为，在"人－物"或"法律主体－法律客体"的两分模式中，对机器人法律地位的界定只存在肯定其法律人格或否定其法律人格两种可能（无非前者扩张"人/法律主体"的外延，而后者扩张"物/法律客体"的外延）。笔者将从法理论与比较的视角出发来证立否定说。笔者并不试图在一般的意义上去讨论机器人是不是人的问题，而只限于从法律的视角去探讨机器人是否具备法律主体地位，这就需要明确法律上"人"的含义。在此基础上，我们将来阐明可与机器人相比较之两类对象，即法人与动物的法律地位。一方面，今天以公司和社会组织为代表的法人被普遍认为具备独立的法律主体地位，由此产生一种观点就认为：既然法人可以被赋予法律人格，机器人为什么不能拥有法律人格？⑧ 另一方面，也有人主张，强人工智能机器人与动物一样都可以独

---

① Homa Alemzadeh, Ravishankar Iyer, Zbigniew. Kalbarczyk, Nancy Leveson, Jai Raman, Adverse events in robotic surgery: a retro-spective study of 114 years of FDA data, http: //arxiv. org/ftp/arxiv/papers/1507/1507. 03518. pdf.

② 朱体正：《人工智能时代的法律因应》，载《大连理工大学学报（社会科学版）》2018 年第 2 期，第 100 页。

③ 这份决议建立在欧盟法律事务委员会于 2016 年 5 月发布的就机器人民事法律规则向欧盟委员会提出立法建议的报告草案以及同年 10 月发布的研究成果《欧盟机器人民事法律规则》的基础上。

④ 除了下一脚注中提到的公开发表的两篇论文外，直接切题的讨论似乎仅有沈建铭的硕士论文《论人工智能实体的法律主体资格》（华东师范大学 2017 年），以及于 2018 年 1 月 6 日在西安召开的全国首届"人工智慧与未来法治"研讨会上提交的四篇论文（龙文懋《人工智能法律主体地位的法哲学思考》、刘洪华《论人工智能的法律地位》、朱程斌《人工智能是不是"人"》、吴梓源《人工智能时代下机器人的身份定位及权利圭臬》）。

⑤ 袁曾：《人工智能有限法律人格审视》，载《东方法学》2017 年第 5 期，第 52～55 页。

⑥ 吴汉东：《人工智能时代的制度安排与法律规制》，载《法律科学》2017 年第 5 期，第 131 页。

⑦ 易继明：《人工智能创作物是作品吗？》，载《法律科学》2017 年第 5 期，第 146 页。

⑧ See Colin Davies, An Evolutionary Step in Intellectual Property Rights-Artificial Intelligence and Intellectual Property, Computer Law & Security Review 27 (2011), P. 601.

立于人的指令之外凭借对环境的感知来行为，所以两者也具有法律地位上的可比性。① 由此，我们可以对机器人的法律地位进行准确定位，并给出结论。

一、法律上的"人"：法理论的视角

"人"的日常语言含义仅指生物意义的人（生物人，human），生物人有特定的生理和心理特质，有"感觉"和"意愿"。但我们对于"人"的认知不仅仅停留于生物学或者说自然科学的角度，我们还会从价值－文化意义上去看待"人"。价值－文化意义上的"人"是一种有别于其他物种的"主体"。例如，从哲学的角度看，"人"是一种具有道德意志的主体；从社会学的角度看，"人"是社会关系的主体。同样，法律上的"人"是一种法律意义上的主体，或者说具备法律人格（权利能力）的主体，这是从规范的视角出发的界定。法律上的"人"并不必然等同于或限于生物人。在特定时期，特定的生物人并不能成为法律主体，如奴隶制时代的奴隶。奴隶不具有法律人格和权利能力，因而其行为不具有法律上的意义，无法产生法律效果。而在今天，生物人之外的法人同样被各个国家普遍赋予独立的法律主体地位。所以可以说，每一类价值—文化意义上的"人"都是根据特定领域或学科标准被建构出来的产物，而法律上的"人"就是作为规范科学的法学根据自己的标准建构出来的产物。那么，法学建构法律主体的标准是什么？

法律是一种人类行为秩序，它要调整人类的行为。② 在规范的角度下，有的行为为法律所要求或禁止，有的行为则为法律所允许或授权。被法律所要求或禁止的行为在法学上被称为"义务"，而被允许或授权的行为在法律上被称为"权利"。如果被要求或禁止的行为没有得到满足，则法律会进一步规定对违背行为的制裁措施（也称"不法后果"），这在法学上被称为"责任"。责任与义务密切相关，没有义务就没有责任，但反过来不导致责任的行为也不是义务行为。所以，从法理论的角度看，法律是通过权利、义务的范畴来调整人的行为的。而法律主体，就是这些权利、义务的承载者。换个角度说，法律赋予法律主体以权利、对他们施加义务，授予他们拥有和处分特定财产的资格且让他们有权去起诉他人以实现这些资格，允许他们在违反对他人之法律义务时被他人起诉。所以，法律对"人"的界定与权利、义务相关，这意味着法律上的"人"受制于法律权利和法律义务。③ 换言之，法律人格（权利能力）就意味着享有权利和履行义务的法律资格；法律主体就意味着拥有这些资格的实体。所以，"是人"④ 或"具有法律人格"就等同于对法律义务和权利的拥有。⑤

---

① See Andrea Bertolini, Robots as products: the case for a realistic analysis of robotic applications and liability rules, Law Innovation and Technology 5 (2013), P. 215.

② Vgl. Hans Kelsen, Reine Rechtslehre (Studienausgabe der 2. Auflage 1960), hrsg. v. Matthias Jestaedt, Tübingen: Verlag? sterre-ich, 2017, S. 71.

③ Bryant Smith, Legal Personality, Yale Law Journal 37 (1928), P. 283.

④ 在下文中，如无特别指明，"人"这一表述被用于指"法律上的'人'"。

⑤ Vgl. Hans Kelsen, Reine Rechtslehre (Studienausgabe der 2. Auflage 1960), S. 313 –314.

法律上的资格和能力是法秩序本身所赋予的，所以哪怕是"自然人"同样也是规范建构的产物。所以，自然人并非可以撇开法律规范和法秩序而自身拥有权利和义务的生物人，而是以人类行为作为内容的权利和义务的统一。在此意义上，自然人也是法律人（法律意义上的"人"），说自然人"拥有"权利和义务也只是一种拟人化的说法。"拥有"权利和义务的自然人就是这些权利和义务的集合，它们的统一以"人"的概念被形象地表达出来。"人"就是对这种统一的拟人化。而由于这些权利和义务被法律规范所规定，所以"人"的问题最终也就是规范集合的统一问题。① 当我们说，法秩序赋予某人（生物人）以人格时，这不过是意味着，法秩序将这个人（生物人）的行为变成了权利和义务的内容。法律本身关心的是行为，法律创设的是以人类行为为内容的权利和义务，而不是"人"。"人"是描述法律的法学的产物，它是一种简化表达的辅助性概念。② 有了这个概念，有时我们就不需要一一表述出单个的权利义务，而可以将涉及同一个生物人的这些权利义务（以及作为其内容的行为）统一起来表达。就好比数学公式中的归纳公因数（对人因素），将之提炼出来就可以获得更清晰简洁的印象。

这种拟人化也使得"法律关系"这个分析任何法律案件时的初始性范畴变得可能。因为对法律人格的认可是一种相互尊重权利和强制施行对任何违背权利之行为的法律控制的手段。法律关系在内容上就是一种相互间的权利和义务关系，而相互的权利与义务必然建立的是两个"人"（法律主体）之间的法律关系，而不可能是人或物（如动物或房子）之间的关系。人与物之间当然也可能存在有意义的关系，如我拥有一只猫，但这种关系毋宁是"物理性的关系"，而非法律关系。当然，某物的拥有者与其他人之间围绕物可能存在许多法律关系。比如，如果有人伤害了我的猫我可以主张赔偿，再如我可以将我的猫转让给我的朋友，等等。但此时的法律关系存在于我和特定或不特定的他人之间，而非我或他人与猫之间。猫在这里只是客体，只有我和他人才是法律关系的主体。同样的道理，自然人与法人之间关系也可以被还原为自然人与法人背后的每个个人之间的一个个独立的法律关系，尽管出于便利这些个人被结合为一个整体。③ 所以，在萨尔蒙德看来，对法律人格更好的定义指涉的是法律关系的能力。④ 这意味着法律上的"人"应当具有在法律框架内建立、维系、运作与他人之间的法律关系的能力。这也说明，被用于描述法律人格的权利和义务都属于关系性的范畴。

当然不仅如此。尽管法律上的"人"是对权利、义务以及它们所构成的法律关系的拟人化（主体化表达），但由于法律根本上是一种人类行为秩序，要调整人类的行为，所以法律规范创设的权利、义务如要在生活中得以实现，其承载者也必须具备意志能力。人类主体作出的行为是意志行为。对于意志行为既可以具有主观意义，也可以具有客观意义。当意志行为符合法律规范（或者说用法律规范来解释意志行为）时它就

---

① a. a. O. , S. 314, 315.
② a. a. O. , S. 342, 343.
③ See Arthur Corbin, Legal Analysis and terminology, Yale Law Journal 29 (1920), pp. 163 – 165.
④ See John Wi Salmond, Jurisprudence, London: Stevens and Haynes, 1916, P. 37.

具有了客观意义。[1] 所以，一个具有法律意义之行为的产生，既要有客观的法律规范作为依据，也要有行为人的意志行为作为基础。权利和义务都是以意志行为为内容的规范性范畴，自然需要以意志行为为基础。换言之，这要求"拥有"权利和义务的人具有意志能力。一方面，权利与义务相关，它包含着针对他人的法律上可强制实施的主张，后者有义务不违反这些关系。拥有某项权利的法律主体应当有能力去追问："他人必须为我做什么？"为此，权利的拥有者首先必须有关于自身的权利以及他人之行为义务的意识。为了迫使这种义务的实现，权利的拥有者有权动用可资利用的国家法律资源。[2] 其次，权利提供了一种机会，让其拥有者去做或者不做法律所允许的行为（这种行为构成了相关权利的内容）。因此，权利的存在是个法律问题，但权利的行使却要以其拥有者关于做或者不做某事的意识和选择为条件。在此意义上，自由意志就构成了作为法律权利之主体的"人"的关键要素，因为只有拥有自由意志才能践行这种权利。[3] 另一方面，义务被理解为法律要求为了他人的利益做或不做某事的责任，不遵守它会引起救济。一个承担某项特定义务的人要知道义务的存在、义务履行的强制性和不服从它时会引发制裁，他应当有能力去追问："我必须为他人做什么？"[4] 与对权利的践行相似，履行义务也要其主体意识到相关义务的存在，并相应履行这种义务，以避免被国家施加法律制裁。不同之处在于，义务的主体没有选择的余地。相反，他必须具备的是思考不履行义务的后果以回溯性地调整自身行为的能力。我们可以称之为"反思调整"的能力。总之，创设法律人格的主要目的在于便于有组织的社会对人类行为进行规制。[5] 这要求法律主体能对权利、义务这类规制手段作出回应，即有能力意识到这些规制手段及其规范性意图，并作出相应的选择或反思调整。一言以蔽之，具备意志能力。只有这样才能实现法律规制的目的。

综上所述，从法理论的角度而言，成为法律上的"人"（法律主体）意味两个条件的统一，即一方面应当拥有享有权利和履行义务的法律资格；另一方面实际具备享有权利和履行义务的意志能力，即意识和选择或反思调整的能力。唯有如此才能成为受法律认可的人，而不仅仅是客体，哪怕是（单纯）受保护的客体。从性质上讲，前者属于规范条件，而后者属于事实条件。在逻辑上，事实条件构成了规范条件的前提，因为"行为如要取向于应当，则必须在自然条件下是可能的"。[6] 也就是说，只有具备意志能力的实体，法律才应当赋予其主体资格。但这种前提只是必要而不充分的前提，也即并非对所有具备意志能力的实体法律都必须赋予其主体资格。这取决于法政策上的考量。奴隶制时代的奴隶并非不能满足事实条件，而是未满足规范条件，是因为奴隶制时代的

---

① Vgl. Hans Kelsen, Reine Rechtslehre (Studienausgabe der 2. Auflage 1960), S. 23 – 24.

② See Arthur Corbin, Rights and Duties, Yale Law Journal 33 (1924), P. 511.

③ See John Gray, The Nature and Sources of the Law, York：Columbia University Press, 1909, P. 41.

④ 这里的"他人"要作广义理解，因为义务既可以被理解为是针对特定的个体所负的，也可以（在刑法的情形中）被理解为是针对国家所负的。See HT Terry, The correspondence of duties and rights, Yale Law Journal 25 (1916), P. 172.

⑤ See Bryant Smith, Legal Personality, p. 290.

⑥ Immanuel Kant, Kritik der reinen Vernunft 2, Hrsg. v. Wilhelm Weischedel, Frankfut a. M. Suhrkamp, 1974, S. 499.

立法政策否定了奴隶的法律主体资格。所以，当检验某个实体能否构成法律上的"人"时，需要依次来检验事实条件和规范条件。只有当同时满足这两个条件时，才能赋予法律人格。

二、比较对象 I：作为法律主体的法人

法人的典型情形是团体（如公司或社团）。从法学的视角来看，团体是由人类创设并被法律所认可、作为具有人格特征或法律主体地位的"人造人"，主要是出于便于其他人与这一组织（设立是为了追逐利益或其他目的）进行交易，以及简化其与周围世界之关系的考虑。[①] 在传统理论中，团体通常被定义为生物人的共同体，它被法秩序赋予权利、施加义务，后者不被视为那些作为团体之成员的生物人的权利和义务，尽管这些权利和义务与他们的利益相关。法人作为法律主体可以参加法律关系，如团体可以购买地产、租赁房屋。使用房屋（排除其成员外的其他人使用的可能）、拥有地产（使用地产并排除其成员外的其他人使用的可能）被认为是这个团体本身而非其成员的权利。当这些权利被违背时，是团体而非其具体成员向主管法院提起诉讼，而由此所引发的损害赔偿归于团体的财产、而非具体成员的个人财产。同样，支付租金、交付购买款也属于团体的义务，而非成员的义务。一旦当这些义务没有得到满足，出租人或出卖人的诉讼对象或者说承担责任的主体团体本身，而非其成员。在此，我们可以发现作为法律主体的法人具有两个方面的特征：其一，法人是具有行动能力的主体，能从事法律行为（如签订合同）、提起诉讼、履行义务（违反义务）、承担责任等；其二，法人是拥有权利、义务和责任的主体，因为法律赋予了它权利、对它施加了义务和责任。

（1）法人是具有行动能力的主体。当两个或两个以上的个人在国家法秩序的效力领域内出于任何理由去共同追求特定目的时，他们就组成了一个共同体。这样的共同体可以是一种基于分工协作的组织，也即是团体。团体通过章程来建立自己的规范性秩序（从法理论的角度看，其实团体就是这种规范性秩序），它规定由个人来行使特定的功能，这些个人是为了实现这些功能以团体章程规定的方式所任命的，如法人代表。假如这些个人依据章程规定的方式来采取行为，那么这些行为就可以被解释为或者归为作为法人之团体的行为。在此意义上，这些个人可以被称为团体的机关。要强调的是，并不是这些个人（生物人）本身，而只是由其实施并被章程所规定的行为才归属于团体（由章程构成的共同体）。将某个人类行为归于法人，也就意味着将这一行为关联于规定它的、构成共同体的规范秩序（章程），后者由于这一归入被人格化为法人。因此，每个被章程所规定的行为都可以被归于由章程构成的共同体，而每一种规范性的、调整一群人行为的秩序都可以被人格化为行动者。一旦将团体机关所行使的功能归于团体，那么作为个人的机关的行为就相当于是团体的行为，团体就被视为了具有行动能力的主

[①] See John Davis, Corporation: s study of the origin and development of great business combinations and of their relation to the au-thority of the state, New York: Franklin, 1909, P. 37.

体，尽管真正发生的只是由章程规定的生物人采取了章程所规定的行为。这是一种法律上的拟制，就好比将法定代理人的法律行为归于无行为能力的被代理人一样。在法律上，团体机关与团体的关系就相当于代理人与被代理人的关系。因此，法人并不是某种实际存在物或超人式的有机体，而是一种为了简化和更直观地展示复杂法律事实而由法学建构出来的思维工具或辅助性概念。① 法人的法律人格是一种法律拟制。②

可见，法人满足了法律主体的事实条件，只不过实际代表法人行使权利和履行义务的是它的机关。机关是这样一些生物人，在特定前提下，他或他们的意志行为在特定事项和地域范围内会对法人产生有利或不利的法律效果。③ 因此，真正拥有意志能力是作为法人机关的生物人，而通过"归入"（或者说"代理 – 被代理"）这种法律技术他们的行为被视为法人的行为，这就使得法人成为了具有行动能力的主体。

（2）法人是拥有权利、义务和责任的主体。第一，法人的权利。当我们说法人有权主张其权利受到侵害，或有权因他人不履行义务而提出诉讼时，这种权利是通过章程所规定的机关来行使的。实际享有这项权利是团体的机关。将这项权利归于团体，只不过意味着对它的行使是被章程所规定的。如果与这项权利相对的是给付义务，那么就要向团体机关进行给付，因为依照章程必须由后者受领给付。当然，受领后的财产归为法人或者说全体成员的财产。如果与权利相对的是容忍义务（如容忍对某物的使用），那么也是对于依照章程有权使用它的机关负有容忍的义务。由于团体是由个人出于特定目的组成的，所以机关对权利的行使必须是为了团体成员的利益，而权利所带来的好处最终也可归于团体成员，或者说属于成员的集体权利。由这些权利带来的财产既是团体的财产，也可以说是团体成员的集体财产。④ 第二，法人的义务。法律可以命令具有意识和反思调整的个人去作为或不作为。它将某种行为规定为义务的方式是为相反的行为规定制裁。这种相反的行为是不法行为，制裁就是不法后果。避免不法行为与制裁的实体就是义务主体。法人作为义务的主体，或者说将某项义务规定为法人之义务的情形稍有不同：法律通常只规定某项行为为义务的内容，而将由哪一个人来履行这一义务交由团体章程来规定。只是法律所规定的制裁并不直接针对这一个人，而是针对团体，也就是将义务未得到履行时的责任归于团体。在不借助于"归入"这种辅助手段的前提下，义务就是个人的义务，义务是通过他的行为来履行或被违背的，但义务未得到履行时的责任则由作为团体成员的其他人以其人格和财产来承担。在此，实际上满足或违背义务的个人就被认为是团体机关，而义务就被归于作为法人的团体。同样，团体义务也可以被视为团体成员的集体义务。所以，义务能力的问题依然是个归属的问题，是一种思维操作。⑤ 第三，法人的责任。当团体机关的行为违反法律义务时，由此所导致的责任同

---

① Vgl. Hans Kelsen, Reine Rechtslehre (Studienausgabe der 2. Auflage 1960), S. 318 – 322., 342

② See Susanna Ripken, Corporations are people too: a multi-dimensional approach to the corporate personhood puzzled, Fordham Journal of Corporation and Finance Law 15 (2010), P. 98.

③ Vgl. Hans Nawiasky, Allgemeine Rechtslehre, 2. Aufl., Einsiedeln u. a. Verlagsanstalt Benziger & Co. AG., 1948, S. 188.

④ Vgl. Hans Kelsen, Reine Rechtslehre (Studienausgabe der 2. Auflage 1960), S. 338 – 339.

⑤ a. a. O., S. 325 – 327, 333.

样可以归于团体。但这里要进行一个区分：由于团体不是生物人，故而无法将以人身为基础的责任（如赔礼道歉、有期徒刑）归于法人，而只能将以财产为基础的责任归于法人。同时，由于团体的财产就是团体成员的集体财产，所以团体的财产责任实则是团体成员因为法律对团体所施加的义务未得到满足（由团体机关的行为表现出来）时，以其集体财产所承担的责任。所以，当我们说法人应履行义务承担责任时，一方面是指机关以其人身，另一方面是指团体或团体成员以其财产所承担的责任。当然，对法人财产的强制执行还是针对机关或者要由机关来配合实施的。不仅对于民事责任是如此，对于刑事责任也是如此。如我国《中华人民共和国刑法》（以下简称《刑法》）第三十条和第三十一条就规定，公司、企业、事业单位、机关、团体实施的危害社会的行为，法律规定为单位犯罪的，应当负刑事责任。单位犯罪的，对单位判处罚金，并对其直接负责的主管人员和其他直接责任人员判处刑罚。在此，刑事责任被分作了两部分：由"直接负责的主管人员和其他直接责任人员"承担的人身责任（如有期徒刑），以及由团体或全体成员承担的财产责任（罚金）。在此，能"归入"的只能是财产责任。因而相比于自然人，法人的责任能力是有限的。

可见，就如同自然人的权利和义务一样，被归于法人的权利和义务最终同样是人类（生物人）的权利和义务，因为它们同样以特定生物人（人类）的行为为内容。既然如此，为什么在法政策上需要赋予法人以独立的法律主体地位？除了出于思维操作便利的考虑外，最主要的原因在于限定责任范围。这一点在作为法人的公司那里体现得最为明显。首先，承认公司的独立人格可以划定公司自身的财产（或者说公司出资人的集体财产）与其出资人个人财产之间的界线，因而可以避免其自身财产受到其出资人或后者的个人债权人的干涉，从而公司的债权人被赋予相对于出资人的优先地位。这被称为"实体屏蔽"。[1] 其次，它可以使得在公司遇到财政困难时，出资人或其个人债权人无法抽回其投资，这就使得公司成立的契约承诺对于外部世界具有了可信度。这被称为"清算保护"。[2] 再次，除了特殊规定（"揭开公司的面纱"）外，公司对外承担的债务通常只以出资人的出资额度为限，而无需以出资人的个人财产去为公司债务承担无限责任。[3] 当然，也如前所见，法人的责任在总体上也仅限于财产责任，它要将因法人机关之不法行为所导致的财产责任与其成员（包括机关）的个人财产责任区分开来。这既有利于法人的成员（承担有限的财产责任），也有利于与法人发生法律关系的其他主体（财产担保或优先受偿）。所以归根结底，让法人承担独立的财产责任依然是为了更好地服务于人类的需求。这一法政策考量满足了构成法律主体的规范条件，即应当拥有享有权利

---

① See Henry Hansmann, Reinier Kraakman, Law and the rise of the firm, Harvard Law Review 119 (2006), pp. 1338 – 1339.

② See Henry Hansmann, Reinier Kraakman, The essential role of organizational law, Yale Law Journal 110 (2001), pp. 389 – 341.

③ 法律可能会规定的某些条件下，当公司财产不足以清偿债务时，要由出资人以其个人财产来承担余下的债务。法律也可能会规定某些情况下，当团体成员或机关从事犯罪活动时，不仅要由这个个人，而且要由团体的所有成员或主管机关承担人身责任（监禁甚至死刑）。但这些都是特例，并不构成对团体责任与个人责任相区分的挑战。

和履行义务的法律资格。

三、比较对象Ⅱ：动物能否成为法律主体？

与法人不同的是，动物是一种自然生物，它既可以做出它被训练来做出的行为（条件反射），也可能依据自己的意愿来行为，后者是凭借特定的动物本能或由其他动物的不稳定行为所引起的行为偏离。[①] 在目前世界各国的法律中，并没有对动物之法律地位予以认可。尽管如此，一些动物保护主义者和理论家一直以来试图在"动物权利"的名义下赋予动物以与自然人一样的法律主体地位。[②] 动物能否成为法律上的"人"，同样取决于它能否满足法律主体的事实条件与规范条件。

动物是否满足法律主体的事实条件，端视它实际上是否具备享有权利和履行义务的意志能力。权利能力意味着自我意识和选择的能力，而义务能力意味着自我意识和反思调整的能力。不同种类的动物处于不同的进化阶段，因而在能否拥有这些能力方面很不相同。在此，以智力上最接近人类的黑猩猩为例。有科学研究表明，黑猩猩与人类分享了几乎99%的DNA。它们与人类在脑部结构和认知发展阶段上十分相似，包括交流技巧，这通过它们能够使用和理解符号语言就可以体现出来。黑猩猩同样具备自我意识，能从镜子、照片和电视中认出自己，并有能力反思自己的行为。它们显示出一种同情能力，善解其他黑猩猩的经验与情感，会模仿同类的举止。它们会对同类的不幸表示怜悯，对家族成员的死去表示悲伤。他们同样会进行社会合作，进行想象的游戏，表现出某种幽默感，等等。所以，有论者主张，正因为黑猩猩被证明能自治、具有自我意识的和自我决定，所以它们拥有人格特征，非常接近人类，因而它们应被赋予人类所享有的基本自由与平等的权利。[③] 在此，我们可以区分出事实性认知与规范性认知两个方面。事实性认知是对自然对象、事件及其因果联系的认知，包括对重复出现之现象的记忆和情绪性反映。应该说在这一方面，黑猩猩的确与人类相差无几，它们可以与人类一样拥有记忆和反思，拥有喜怒哀乐，具有生物学意义上的主体意识，能对外部条件的刺激作出"合适"的应对，掌握行为和现象的规律性。但是，这并不能证明它们也具有规范性认知的能力。规范性认知是对于行为与事件的意义（主观意义与客观意义）的认知。人类生活中的很多事实都属于这种具有意义的事实（制度性事实）。比如同样是某个人在不同场合签下了自己的名字，从自然事实的角度来观察，签名的动作、名字的笔画痕迹没有什么差别，但它的意义在不同的场合并不相同：它有可能意味着与他人缔结婚姻关系，有可能意味着将自己的某个财产转让给他人，有可能意味着担保自己言论的真实性，等等。

---

① See Andrea Bertolini, Robots as products: the case for a realistic analysis of robotic applications and liability rules, P. 215.

② 关于动物的立法保护之争，参见常纪文：《"动物权利"的法律保护》，载《法学研究》2009年第4期，第198－199页。

③ See Matter of Nonhuman Rights Project, Inc v. Stanley〔2015〕, NY Slip Op 31419（U）.

　　法律规范，或者说法律权利与义务所要创设出的就是这么一个规范性的世界，它相应要求法律主体具有规范性认知的能力。对规范的认知是一种对"应当"的认知。权利意味着法律上的"可以"，如我可以使用我的水杯，而不仅仅意味着事实上的"能够"，如我能够拿起我的水杯。义务意味着法律上的"应该"或"不应该"，如我应该纳税，不应该杀人，而不仅仅意味着事实的"不得不"或"不能"，如我不得不交出钱来，不能杀人（否则别人也会杀我）。人类具有规范性认知的能力，指的就是他们能认识行为的应当与否，并据此来调整自己的行为。杀人是不应当的，所以我就不去杀人。但黑猩猩并不会采取这样的认知方式，它的认识仍停留在事实性的因果联系的层次：它吃了动物饲养员拿给它的香蕉并没有受到"惩罚"（挨打），甚或受到鼓励（摸摸头），它就会认为它"能够"这么做，下次它就会再次这么做；它抢走了其他黑猩猩的香蕉受到了动物饲养员的"惩罚"（被打），它就会认为它"不能"这么做，所以下次就不去抢了。它的反思完全基于事实上的环境和后果，从而可以调整行为呈现出规律性。但规律并非规范，它无法认识到以特定行为为内容的规范的存在。而正是这1%的不同，决定了人类与黑猩猩的差别。所以，在规范性认知的层面上，即便是灵长类动物也不具备与人类一样的享有权利和履行义务的意志能力，更不用说其他动物了。

　　动物同样没有满足法律主体的规范条件。前已述及，法政策考量之所以赋予法人享有权利和履行义务的法律资格，既是为了便利法律思维操作的便利，更是为了划定独立责任的范围，从根本上是为了人类自己的利益。但是，正如纽约州最高法院在2015年"非人类权利项目公司诉斯坦利案"中，驳回该公司为两只黑猩猩申请人身保护令时所说的："黑猩猩并非有资格享有人身保护令所提供之权利和保护的'人'……因为与人类、公司和市政机构不同，动物不能承担任何法律义务，担当社会责任，或在法律上为其行为负责；无法承担任何法律责任和社会义务使得赋予黑猩猩法律权利并不合适。"[①]因此，并非外貌上或事实性认知层面的相似性，而只有享有权利和履行义务的法律资格才是法律人格的决定性要件。法律作为人类行为秩序要调整的是人类的行为，在一个人类主导的社会中，赋予动物享有权利和履行义务的法律资格，尤其是让动物承担独立责任既不可能、也不可取。动物并不拥有自己的独立"财产"（这同样是一个有规范意义的概念，尤其是货币，动物无法认知其意义），因而无法承担财产责任。[②]动物也无法承担人身责任，比如让一只因打伤了人类的黑猩猩去坐牢或处以死刑，因为它并不具备人类的罪责能力（主观上的可罚性）。因为动物不具有理性思维能力，其行为不具有道德上的可谴责性。这么做从根本上无法促进人类的利益，反而可能会为相关自然人规避自身的责任提供渠道。例如当家养的宠物咬伤路人时，如果认为宠物构成法律主体，则要由宠物本身而非宠物的主人来承担民事责任。这是荒谬的。[③]

---

　　① Ibid.
　　② 当然，不排除动物保护组织会为动物设置"自己的"财产，但从根本上这其实还是动物保护组织这一法人或者说其成员的财产。
　　③ 比如宠物的主人可能会拿出特定数额的钱，划定为宠物"独立财产"，然而对被侵权人说只有在这笔钱的范围内才承担对方的损失，因为他家的宠物要承担独立的责任。这其实相当于是在躲避部分赔偿责任。

当然，不承认动物的法律主体地位，不承认有所谓"动物权利"，并不意味着不应对动物进行保护。对某种对象进行保护并不一定要将这种对象拔高到主体的地位，或者说与它相关的利益上升为权利。法律即便是对特定无生命的对象也可能加以保护。例如我国《刑法》中有关"破坏公私财物"的规定，保护的就是"公私财物"这种无生命的对象，但公私财物只是被保护的客体，而不是可以自我主张予以保护的主体，"被保护"也不是公私财物的权利。同样的道理，我们不否认每种动物在自然界中占有一定的位置，因而有其存在的价值，应予以善待和保护，但它们不可能享有与人一样的待遇或权利。① 因此，对动物的道德关怀或者加以保护并不意味着承认动物的主体地位，承认"动物福利"也不意味着承认"动物权利"，两者不可混淆。② 这一点在《德国基本法》第20a条中表达得很清晰：出于对后代的责任，国家在宪法秩序的范围内，通过立法并依法由行政和司法机构对自然生活环境和动物予以保护。在此，动物是被宪法以及合宪的立法、行政、司法所保护的对象。

四、机器人的法律地位

机器人既不完全等同于动物，也不等同于法人。一方面，机器人是人造物，而动物是自然造物。另一方面，机器人具有物理实体（特定的外观）或物理载体（特定的系统），而法人只是一种法学思维的辅助概念，没有对应的实体或载体（当然，法人"有"住所、办公场地、有作为成员的生物人等，但它们都不是法人"本身"）。那么，机器人能构成法律主体吗？

首先要区分出人工智能的三种形态，即弱人工智能、强人工智能和超人工智能。③ 弱人工智能是指由人类程序员事先制定算法规则，由智能体统依照预定的规则来处理相关问题。弱人工智能的典型是用专家系统模拟法律活动中与规则相关的某些内容。④ 基于规则的系统，计算机程序要做的是将复数的规则以相应的权重连接在一起。只要在输入端事先确立了这套规则系统，且根据个案情况输入参数，那么原则上就可以得出清晰的结论。与此不同，强人工智能是一种"合成智能"，它能综合应用机器学习、神经网络、大数据、认知系统、演进算法等要素，有可能突破程序员编排它做之事的局限。⑤ 它有"深度学习"的能力，能基于数据库中给定的样本总结归纳出普遍性的特征，并以此来辨别新的样本。弱和强人工智能的运作基础都是"基于规则的逻辑"，只不过前者的规则是由人类事先规定的，而后者的规则是由智能系统根据经验样本自行"创设"的。超人工智能则已经超越了具体规则的层面，而能够在整体层面进行决策和思考、甚至评价。当追问"机器人的法律地位"时，主要指向的是强人工智能体。因为弱人工

---

① 严存生：《"动物权利"概念的法哲学思考》，载《东方法学》2014年第1期，第6页。
② 混淆了这两者，并以此为作为论据证明也可以赋予机器人权利主体地位的观点，参见张玉洁：《论人工智能时代的机器人权利及其风险规制》，载《东方法学》2017年第6期，第58页。
③ 李晟：《略论人工智能语境下的法律转型》，载《法学评论》2018年第1期，第98页。
④ Richard Susskind, Expert Systems in Law: A Jurisprudential Inquiry, Oxford: Clarendon Press, 1987, P. 44.
⑤ 郑戈：《人工智能与法律的未来》，载《探索与争鸣》2017年第10期，第79页。

智能体就是目前的计算机系统，它明显只是人类运算的辅助工具，只能被作为客体来对待；而超人工智能体一旦出现，就意味着人类作为特殊的生物族群从地球上逐渐消失的开始，我们的道德法律秩序也将随之发生颠覆性的改变。对于目前而言，有意义的是去思考在已经露出端倪的强人工智能体的法律地位问题。①

　　作为强人工智能体的机器人被认为具有五个特征：与他人交流的能力、内部知识（关于自身的知识）、外部或外部世界的知识、某种程度上的意向性（达成特定目标）和创造性。② 基于此，有的学者建议为机器人创造出"准人格"③ 或"临界地位"④ 的概念，因为它们只会享有部分的权利和义务。但正如本文一开始所说的，在法律主体资格的问题上，只有"是"或"不是"的两分式回答，而没有什么中间性的状态。即便某个实体与自然人相比只具有部分、也即是有限的权利和义务（如法人），其前提也是这一实体已具有法律主体的地位（即具备享有权利和履行义务的实际能力与规范资格）。能力或资格是"质"的问题，而权利义务的多少是"量"的问题，"质"在逻辑上优先于"量"。机器人能否构成法律主体，同样要看它是否符合法律主体的事实条件与规范条件。但两方面检验的结论都是否定的。

　　一方面，机器人并不具备享有权利和履行义务的意志能力。在此我们可以将机器人与法人和动物进行比较。机器人法律人格的支持者经常基于机器人与法人的相似性来予以论证。如哈勒维就认为在对法人和对人工智能体施加刑事责任的观念方面并无实质性的法律差别。公司会犯罪，机器人也有能力因过失而从事"犯罪行为"，因而机器人本身应当被惩罚，而惩罚的目标可以通过惩罚机器人来达成。总之，既然法人要服从人类的法律，那么机器人就同样要服从人类的法律。⑤ 但持这一论点的支持者没有看到的，当我们说法人从事犯罪行为时，真正从事这一行为的只是作为法人机关（代表法人行事）的自然人，而对法人的惩罚实际上惩罚的都是法人背后的自然人（法人的机关以及/或者其他成员）。⑥ 如果将目光扩张到整个法律而不限于刑事责任的领域，那么这可以通过两点来说明：（1）法人实际上是生物人的集合，法人的权利义务可以被还原为生物人的权利义务，但机器人不能。法人的权利是法人成员的集体权利，法人的义务是法人成员的集体义务，而法人的责任也是法人成员的共同责任（在法人财产范围内的有限责任）。但机器人并非由生物人组成，相反，它是被生物人所制造出来的。（2）法人权利义务的实际行使及责任的实际承担都由生物人来进行，作为法人机关的生物人与法人的关系是代理与被代理人的关系，但机器人并不存在代理其行为的生物人。正因为"归入"技术的存在，具有意志能力的生物人的行为可归于法人，后者才被认为具有行

　　① 如未特别说明，当我们在下文中使用"机器人"时，指的就是这种强人工智能体。

　　② Rogar Schank, What is AI, anyway? AI Magazine 8 (1987), pp. 59 –65.

　　③ Peter Asaro, Robots and responsibilities from a legal perspective (2007), http: //www. peterasaro. org/writing/ASANO%20Legal%20Perspective. pdf.

　　④ Lawrence Solum, Legal personhood for artificial intelligence, North Carolina Law Review 70 (1992), P. 1232.

　　⑤ Gabriel Halley, The criminal liability of artificial intelligence entities-from science fiction to legal social control, Akron In-tellectual Property Journal 4 (2010), pp. 172 –175.

　　⑥ S. M. Solaiman, Legal personality of robots, corporations, idols and chimpanzees: a quest for legitimacy, Artificial Intelligence and Law 25 (2017), P. 173.

为能力。但人类与机器人之间并不存在一种有意志能力的主体与（实际上）无意志能力的主体之间的"代理—被代理"关系，作为强人工智能体的机器人是凭借自己的"意志"来行为的。要说它和人类之间有关系，也只可能是它的行为及其后果归属于人类，而不是反过来。在这一点上，它更接近动物。

机器人虽然是人造物，但与动物一样具有事实性认知能力。它拥有内部知识，因而具有自我意识；它在某种程度上拥有意向性和创造性，能够为达成特定目标而自行设计路径并予以执行，因而具有选择能力；对于来自人类的否定性指令能作出回应，并对自身路径进行修正，又具有反思调整的能力。尽管如此，它与动物一样并不具备规范性认知能力。强人工智能体虽然能进行深度学习，自行归纳和提炼规则，但这种"规则"并非法律和道德意义上的规范性规则，而更多只是一种规律性，一种算法。比如，在审判辅助系统中，它可能会基于海量案件，将反复出现的不同事实特征与相应的法律后果相联结，甚至提供不同事实参数的组合方式与法律后果之间的关联。[①] 它能够基于事实特征来识别法官要处理的案件与先前的判例是否属于同案，并由此告诉法官先前案件的法律后果。但它无法认识到事实特征的法律意义，无法从整体上对案件进行评价，更无法理解"同案同判"本身的意义。对此，有论者认为："确立人工智能技术手段于量刑实践积极效能的同时，也必须清醒地认识其无法取代法官的客观现实。"[②] 季卫东教授也提醒我们注意这个基本原则："大数据、云计算、信息技术、人工智能都只是实现合法正义的辅助手段，切不可本末倒置，这是我们始终应该铭记的一条基本原则。"[③]

此外，与动物一样，机器人的世界是没有"应当"的世界，机器人对于是否采取特定行为的算法里，也只有"行为 A→事实上的许可""行为 B→事实上的惩罚"这样的模式，并由此来调整自己的行为，一如那只吃香蕉的黑猩猩。它的行为预测完全基于因果联系，只有基于后果的作与不作的区别，而没有应当和不应当的区分。所以，机器人可能具有对环境感知并"自主"应对的能力，它们可能与灵长类动物一样有自己的"情绪"，能识别和理解符号，能进行社会合作，但它们与动物一样并不具备具有道德意义上的意志能力。权利、义务这样的概念对于机器人来说只是编程中 0 和 1 的差别。正因为如此，所以哥德尔认为，"人类的头脑要无限超越任何有限的机器的力量"。[④]

另一方面，机器人也不应当拥有享有权利和履行义务的法律资格。在法人的情形中出于思维便利的考量在机器人的情形中并不存在。更关键的是，为机器人划定独立的责任范围既不可能、也不可欲。就人身责任而言，让机器人承担民事上的人身责任（如赔

---

① 例如，进行电脑量刑研究的学者曾将"犯罪记录"这一项要素细分为六个要素，人工智能可以在很短时间内就将由此产生的七百多种得到精确界定的选择可能列举出来（See Antony Doob and Norman Park, Computerized Sentencing Information for Judges: An Aid to the Sentencing Process, Criminal Law Quaterly 30 (1987), P. 56.）。

② 倪震：《量刑改革中"机械正义"之纠正——兼论人工智能运用的边界及前景》，载《江西社会科学》2018 年第 2 期，第 192 页。

③ 季卫东：《人工智能时代的司法权之变》，载《东方法学》2018 年第 1 期，第 125、133 页。

④ Kurt Gödel, Some basic theorems on the foundations of mathematics and their implications, in his Collected Works (volume 3), Oxford: Oxford University Press, 1995, P. 323.

礼道歉）和刑事上的人身责任（如有期徒刑）都是没有意义的。或许强人工智能体能
将自己的某种行为及其后果识别为"不法或犯罪行为"，从而下次会避免这一行为，但
这并不会在它的主观上产生有意义的认知，即"我错了"。所以，它缺乏刑事责任能力
（不法意思能力）。① 但是，法律责任制度，尤其是过错责任制度的主要目的，即在于通
过惩罚和教育，达到预防违法的目的，既预防违法行为人再次违法，也起到一般预防的
作用。② 而这都需要以行为人的主观规范性认知为中介才能达成。但很显然，对于机器
人而言是无法起到教育和预防的目的的。③ 就财产责任而言，由于机器人并不自始就拥
有自己的财产，所以理论上可能有三种方式：第一种是由机器人的所有人，或者/以及
机器人的生产者（如果损害由设计瑕疵带来）和使用者（如果损害由使用不当带来）
来承担，也就是以这些自然人的财产来担保对受害人进行赔偿。④ 但此时机器人与相关
自然人的关系就是工具与操作者、客体与主体的关系，没有赋予机器人法律主体地位的
可能和必要。第二种是由以上自然人单独或共同设立赔偿基金，对于机器人致损的受害
人在基金范围内予以赔偿。由于限定了赔偿的范围，生产者、所有者、使用者就可能部
分免除了溢出部分的责任。但考虑到为促进机器人产业的发展，社会可以容忍这种"部
分免责"的制度设计。然而，这种情况下仍无必要赋予机器人以主体地位，因为这相当
于是成立了一个基金法人，承担财产责任的主体是这个基金法人（实际上是其背后的成
员）。第三种是对机器人适用强制保险机制，由机器人的生产者或者所有者负责购买，
以便对机器人造成的损害进行责任分配。但这同样不需要赋予机器人主体地位，因为这
就类似于针对机动车或宠物的强制险，承担责任的整个社会的成员（分散风险）。责任
的主体依然是自然人，而不是作为客体的机器人（或机动车、宠物）。当然，第二种和
第三种方式也可能结合起来，即用赔偿基金来对强制险未予覆盖的损害进行赔偿。采取
上述何种措施，取决于立法者的法政策考量。但无论是哪种情况，承担赔偿责任的主体
最终都始终是自然人，而非机器人。只要机器人还是人造物，它背后的自然人或法人就
仍需要为它的行为负责，除非机器人本身可以从其操作中获利。所以，对于法律责任而
言，机器人依然可以正当地被作为"产品"来对待。⑤

---

① 索罗姆认为，机器人缺乏关键性的人格特征即意向性、欲望与利益，因而缺乏承担刑事责任的前提条件
（Lawrence Solum, Le-gal personhood for artificial intelligence, P. 1234.）。弗拉德克甚至认为，现行法没有必要来处理
由机器人故障导致的损害事故，如果没有一位负责人指令它作出不法行为的话（David Vladeck, Machines without
principals: liability rules and artificial intelligence, Washington Law Review 89（2014），P. 120.）。

② 舒国滢主编：《法理学导论》，北京大学出版社 2006 年版，第 163 页。

③ 对此，也有不同观点，刘宪权教授将人工智能产品划分为弱人工智能产品与强人工智能产品。其认为强人
工智能产品具有辨认能力和控制能力，能在设计和编制的程序范围外实施危害社会的行为。对此，笔者不敢苟同。
刘宪权：《人工智能时代的"内忧""外患"与刑事责任》，《东方法学》2018 年第 1 期。

④ 对此，有研究者认为，对于研发试验阶段无人船舶海上事故的责任承担以及船舶保险等民事法律制度应加
强相关所有人、使用人等民事责任的研究。王欣、初北平：《研发试验阶段的无人船舶所面临的法律障碍及应对》，
载《中国海商法研究》2017 年第 3 期，第 59 页。

⑤ Antony Bertolini, Robots as products: the case for a realistic analysis of robotic applications and liability rules,
P. 246.

结　语

　　法律是一种人类秩序，调整的是人类的行为。法律主体作为法学上的一个重要范畴，是由法学为简化对复数行为以及以其为内容之权利、义务的规定而建构出的概念工具，但它要以实际享有权利和履行义务的意志能力为基础。所以笼统地说，权利和义务的能力（实际能力与规范性能力）是被法律用来决定是否赋予某实体以法律主体地位的唯一特征。而归根结底，只有生物意义上人才具有这种能力，即同时满足法律主体的事实条件与规范条件。因为包括法律主体在内的一切法律制度设计，从根本上说都以（生物）人的行为为基础，都是为了（生物）人的利益。法人这一辅助性概念通过"归入"这一法学技术与生物意义上的人的行为建立起联系，它的存在也是为了更好地满足人类的需求，因此同样被赋予法律人格。但机器人无法在这一意义上与法人等量齐观，它更接近具有自我意识的动物，两者都被视为财产、工具或法律的客体，而非主体。所以，机器人只能被作为工具，在法律上为机器人的行为负责、因而为确保它们在法律的界限内活动负责的总是人类。① 称机器人为道德行动者（也包括法律行动者）不仅是错的，也是对我们自身责任的逃避。②

---

　　① See Ronald Leenes, Federica Lucivero, Laws on robots, laws by robots, laws in robots: regulating robot behaviour by design, Law Innovation and Technology 6 (2014), P. 212.

　　② Joanna Bryson, Robots should be slaves, in: Yorick Wilks (ed.), Close engagements with artificial companions, Amsterdam: John Benjamins Publishing, 2010, P. 74.

面向共治格局的法治形态及其展开[*]

杜　辉^{**}

【摘　要】构建政府、市场和社群共治的治理秩序，是法治中国战略下有关治理结构的重要命题。共治格局将给法治系统带来新的挑战，引发法权关系及其法理的结构性调整，挑战程式主义法治观的动态适应性，加剧治理的实用主义取向与法治的形式理性之间的紧张关系。为此，有必要塑造与共治格局相匹配的法治形态。面向共治格局的法治形态，在本体论上，需立足于治理结构之更新、机制之整合，强调依法治理与有效治理双重规范性的统一；在基本架构上，需着眼于开放的规范结构、互嵌的治理组织、交涉平衡的共治程序、面向任务和过程的工具四个维度的建设。面向共治格局的法治形态的展开，应从发展法律体系的融贯性功能、建立法治秩序与治理秩序的新型协调关系、塑造"政府—社会—市场"三强结构、根据治理改革的实践逻辑确立法律建制重心四个维度加以推动。

【关键词】共治秩序；法治形态；依法治理；有效治理

一、问题的提出

推进政府、市场与社群在国家治理体系中达成共治，是执政党从中国近几十年的历史、实践、制度等多个维度总结提炼出的重要转型命题。其要义是，面向治理转型，探索如何有效、良善地"运行治权"。^① 共治决断的提出，意味着国家治理格局呈现出由点而面、自上而下的延展式下沉。具体而言，就是从侧重塑造、巩固国家政治结构及其运行逻辑，转向加强权利保护和民主保障，要求在"强国家"之下逐步激发社会活力，提升市场在资源配置中的决定性作用，进而优化国家、社会和市场在治理中的功能关系。

在制度层面，所谓延展，是在作为国家制度体系基石的政治制度体系业已塑造完成的前提下，遵循国家发展实践呈现出的阶段性、规律性特征，重点推进作为国家制度体系主体的法治系统之展开，并由此演化出以政治制度为基础、以法治系统为主轴的二维制度体系。政治制度建设和法治系统发展，具有某种时序性和承接性。作为法治国家政

* 本文为中央高校基本科研业务费"新时代社会主义法治研究"（2018 CDXYFX0034）的阶段性成果。感谢匿名审稿人的宝贵意见！当然文责自负。原文发表于《法学研究》2019年第4期。
** 杜辉，重庆大学法学院副教授。

① 有学者将这两个阶段抽象为"主权结构的法治化"和"治权结构的法治化"，并以此定位法治在不同历史时期的实践目标。参见王旭：《"法治中国"命题的理论逻辑及其展开》，载《中国法学》2016年第1期，第89页以下。

治基础的政治制度，既设定了法治发展的方向和逻辑，[1] 也通过将治国理政方针和国家治理任务转化为制度层面的权力配置、职能构造，实现了对法治框架和内容的拓展。这种二维性、时序性关系，在总体上塑造了法治的中国主体性。此一延展过程，也因之成为推进法治中国战略梯次展开的关键步骤。所谓下沉，是在反思改革实践对国家制度体系之挑战的基础上，推动治理从单一的制度建设转向整体的结构调整，吸纳更多主体进入治理议程，塑造能够保证民主政治有效运行的法治体系，[2] 增强政府、市场和社群三种力量在国家治理结构中的关联互动，并进一步开拓共治的有效性。

在本质上，共治就是要"以人民为中心"，通过发挥法治的统合能力，将政府的权威机制、市场的平等交换机制和社群的自治机制予以融合，使国家法与社会成员在互动中确立的规则形成一套规则体系。[3] 从关系角度看，共治既关注对法治的普遍性认知，也对特殊国情、社情和人情保持敏感和深度反思，尝试在治理实践中寻求法治共识。从功能上讲，法治系统不仅要为政府、市场和社群嵌入"中国发展的政治逻辑"供给规范化机制，[4] 更要为治理转型提供善治的创新机制。[5] 从这三重视角出发，所谓共治，可被理解为由具有多元价值观、一致国家观、差异化社会问题意识和多层次利益主张的主体，经过法治规范秩序的实质性甄选与程序性导引，确立国家与社会发展之路径、策略的治理过程。

现有的法治理论及其体系并没有为治理的共治转向预留足够的制度通道，更无法在规范维度描绘出共治的理论谱系及其制度框架。当法治国家升级为法治中国，相对于以国家主义为基调的规则秩序而言，法治系统尤应进一步拓宽其覆盖范围，关注隐藏在政府背后的企业、社会组织、网络空间等基本面，探索政府治理之外的新型治理机制。这是法治中国命题对法权结构提出的新要求。为此，本文尝试从治理与法治的关系视角出发，阐释面向共治格局的法治形态及其展开路径。

二、治理转型与法治发展的新挑战

四十年改革开放的成果表明，国家治理的结构框架已经随着目标统一性和内容多元化的增强而拓宽。政府、社会力量和市场主体在治理中的角色任务日益明确。政府主导、市场参与、社会协同的治理格局基本成型。社会力量和市场主体的治理权之兴起，使"政府权力—私人权利"二元对立格局演化为"政府权力—社会权力/市场权力—私人权利"三元协同的新格局。法治发展的动力机制，随之从约束政府权力、保护私人财

---

[1] 有学者指出，法治国家的标志包括"法律性标志"和"政治性标志"，前者为形式，后者为实质。所谓"善法"，是指在"处理好这些重大政治关系的前提下所形成的理性的法律制度"。参见孙笑侠：《法治国家及其政治构造》，载《法学研究》1998 年第 1 期，第 24 页。

[2] 徐湘林：《社会转型与国家治理——中国政治体制改革取向及其政策选择》，载《政治学研究》2015 年第 1 期，第 5 页。

[3] 江必新、王红霞：《社会治理的法治依赖及法治的回应》，载《法制与社会发展》2014 年第 4 期，第 32 页。

[4] 赵宇峰、林尚立：《国家制度与国家治理：中国的逻辑》，载《中国行政管理》2015 年第 5 期，第 6 页。

[5] 张文显：《法治与国家治理现代化》，载《中国法学》2014 年第 4 期，第 6 页。

产性利益，向平衡政府、市场和社群的三方治理权以及塑造国家治理体系与结构过渡。法治建设的重点，也随之从国家的一元面向，朝着"国家（政府）建设—社会（社群）建设—市场（个体）建设"三元面向调整，既在宏观基本面强调整体秩序的构造，也在微观层次上规范多元主体的权、责、利。

从实践层面看，一方面，近年来的城市房屋业主抗争、环境抗争、土地利益纠纷、城市建设冲突、市场改革中的再分配不公等矛盾，强化了个人、社会组织、市场主体等社会力量的权利意识，激活了它们的治理能动性，并在诸多政策领域发展成为"具有政治决策力和文化判断力的重要的、独立的社会范畴"。① 此种权利冲突，塑造了极具特色的中国式权利话语体系，即权利是由"国家认可的、旨在增进国家统一和繁荣的手段"，而非"对抗国家干预的保护机制"。② 其对治理的影响，直接体现为推动相关领域规则的制定、修改。另一方面，网络领域的新兴信息权利束（如财产权、被遗忘权、人格权）、风险领域的新兴安全权（如环境权、食品权、基因权）、社会领域的新兴社会权（如知情权、悼念权、民生权、成员权、土地发展权）等，正成为不可忽视的权利类型。立法者和司法者正在探索如何通过"创制与设定""确认与转化""挖掘与拓展"或者"推定"的方式予以回应。③ 这为个人、社会组织、市场主体介入治理结构提供了新契机。以上两方面表明，在法治动力梯次展开的链条上，那些被长期遮蔽的社会主体、市场主体，正逐渐走向前台，为法治发展注入了更丰富的动力机制。从其结果来看，这意味着政府、社群和市场已有能力跨越多重空间，共享价值观念、知识系统和行为方式。

由此不难看出，当前从国家治理体系和治理能力现代化的高度推进法治中国的建设，就是要通过法治形态的发展促成治理的共治转向。两者的联结点是，如何在"共同参与、包容发展的价值取向"之下，④ 实现共治理念的创新升华与制度建构。⑤

第一，多层次、全领域共治的新结构，势必引发法权关系的结构性调整以及相应法理的系统性变革。在过去几十年的转型发展中，政府、市场和社群的相互建构与衔接互动，一直处于政策试验与逐渐制度化的拉锯状态。这既为制度变迁提供了新机制，也常常伴生转型风险，试错成本较高。新型治理力量带来的新权利诉求、新利益关系、新责任配置方式、更多元的救济通道，加上发展的阶段性和区域差异化造成的群体或个人的不均衡态势，滋生了诸多风险矛盾，产生了许多不可预见的新的破坏力。尤其是，算法社会的到来，正在形成新的社会事实，深刻塑造新的社会结构。如何建立相应的规则秩序，尚处于探索之中。虚拟与现实之间、法律与算法之间的融合互动缺少稳定的框架。

① 阎云翔：《中国社会的个体化》，陆洋等译，上海译文出版社2012年版，第365页。
② 陈鹏：《当代中国城市业主的法权抗争——关于业主维权活动的一个分析框架》，载《社会学研究》2010年第1期，第37页。
③ 姚建宗：《新兴权利论纲》，载《法制与社会发展》2010年第2期，第12页以下。
④ 马长山：《法治中国建设的"共建共享"路径与策略》，载《中国法学》2016年第6期，第7页。
⑤ 观察深化改革的要求和主要着力点不难发现，"国家治理体系和治理能力现代化""发挥市场在资源配置中的决定性作用""全面依法治国""推进多层次多领域依法治理""法治国家、法治政府和法治社会建设相互促进""打造共建共治共享的社会治理格局"等近年来相继推出的纲领性理念，在逻辑上具有一脉相承的渊源关系，都是基于治理历史经验的深刻反思。

比如，在治理结构上，互联网平台企业等新兴市场主体对公共权力、社会权力和社会权利关系的解构和重构正在不断发生。它们利用大数据技术对生产要素和利益进行分配，推动法律变革或者释放更多制度空间以适应其增长和扩张需求，通过"规制企业家"的角色发挥着公共规制的功能。但是其迭代性、开放性、技术性等特征，也诱发了立法滞后、立法事实识别和判断困难、排斥立法决策的民意表达等法治难题。① 诸如此类的市场主体或社会力量分享治理权或自我赋权的趋势，在推动与治理相关的法权发生结构性调整的同时，大大超出了以控制政府行政权为主旨的传统法治观的辐射范围。在治理方法上，法律在调整算法社会的权利义务关系方面也将面临重大挑战：区块链中的智慧契约超出了传统契约法的调整范围、② 通过失信大数据的纠纷治理存在过度限制权利的风险。在法律关系上，这些智能技术也使社会主体在不同场域内的身份和行为方式发生深刻变化，不断挑战有关公平正义、利益归属的传统规则的适用性，使与之相关的法律关系呈现出极强的流动性，法律的边界和效力在一定程度上处于待定状态。在治理范围上，人工智能技术引发的新的伦理、社会议题，都需要发展新的法律工具或新的治理体系予以回应。现行的体系和工具很难适应以算法和数据为主体的应用环境。③ 虽然从法政策学的角度看，这些市场衍生的新技术、新问题，原则上应交由市场来决定其法律制度设计，④ 但为避免其产生非正义的后果，又必须从政府认同以及正当法律程序的角度予以重点关注。

治理结构的新变化急需与共治机制相匹配的新法理和新制度予以回应。如果没有相应的法治理论和制度体系来统筹国家的权威、公众的福利关切、市场的功能和稳定，促进一种具有包容性、共享性的发展模式，那么政府、市场和社群合作的链条就不可能牢固，甚至会被经常性地打破，治理转型的风险也会随之陡增，甚至偏离社会发展动力的新结构，诱发系统性危机。正是基于这种避险意识，国家从中央层面陆续围绕放管服改革、加强权力制约、更好地发挥中央和地方两个积极性等方面推动政府治理改革，围绕明确资格准入、克服市场失灵、推进公共服务的市场供给等工作推进市场治理改革，围绕如何畅通社会自治的渠道、加强社会组织能力建设、增强政社互动以灵活发挥社会组织在创新社会治理中的作用等方面有序推进社会治理改革。多层次、多领域的制度改革，旨在通过法治系统的吸纳、引导和框定功能来建设法治政府、强化依法行政，提升市场的决定性作用、维护财产权利，打造法治社会、吸纳公众诉求和能力，最终促成"受到有效监督的政府""得到有效监管的市场"与"逐渐成熟的社会"之间的有机合作，⑤ 推动治理体系向共治格局平稳位移。

总体来看，我们长期坚持的国家主义法治发展道路取得了斐然成就，法律经由国家

---

① 张欣：《数字经济时代公共话语格局变迁的新图景——平台驱动型参与的兴起、特征与机制》，载《中国法律评论》2018 年第 2 期，第 121 页以下。

② 於兴中：《算法社会与人的秉性》，载《中国法律评论》2018 年第 2 期，第 63 页。

③ 贾开、蒋余浩：《人工智能治理的三个基本问题：技术逻辑、风险挑战与公共政策选择》，载《中国行政管理》2017 年第 10 期，第 40 页。

④ 解亘：《法政策学：有关制度设计的学问》，载《环球法律评论》2005 年第 2 期，第 193 页。

⑤ 王岩、魏崇辉：《协商治理的中国逻辑》，载《中国社会科学》2016 年第 7 期，第 30 页。

主义的引领与塑造得以在国家治理中发挥更大作用,[①] 并且着眼于国家治理的实践逻辑与法治的价值逻辑之统合,使得国家治理与法律规范逐渐同构化,从中找到了法律之理与治理之力在法治中国命题中的平衡点。然而,由于国家主义中隐藏着政府权力自上而下的单向、合法渗透的立场,不可避免地会陷入工具主义的困局,使社群机制和市场机制沦为政府机制的附庸。面向共治的法治系统必须据此回答一系列新的建制命题:如何回应治理转型中问题与工具、主体与目标(诉求)、权力和法律之间的不匹配,如何通过法律提升共治的制度约束性和稳定性。

第二,共治的复杂性不断挑战法律的刚性和程式主义法治观的动态适应性。信息透明化、社会扁平化、组织网络化、需求多元化、利益冲突普遍化、产业泛在化的复杂治理情境,是现代法治体系生成和运行的背景与前提,也是现代治理体系的治理对象。这种复杂性特征和秩序诉求,要求修正固守的程式主义法治观,从强调"以权利制约权力""以权力制约权力"转为强调各种权利和权力关系的平衡;要求立足于具体的社会情境,有效解决现实问题,推动实用主义法治观与程式主义法治观的融合。在治理的意义上,就是要从讲求规则的完整性向侧重主体合作性转变,并举"如何治理"和"谁在治理"两面大旗。比如,在治理智能化和社会化的要求下,智慧治理、网格化治理等新机制被广泛应用。智慧治理旨在通过人工智能、物联网、云计算等技术在社会管理、经济调节、公共服务、市场监管等领域的广泛应用,在政府主导下吸收市场主体和社会主体的积极参与,逐步接近"精准型治理"(如通过电商网络的精准扶贫)"技术型治理"(如通过智能技术的环境保护)和"效率型治理"(如通过多种"互联网 +"计划推进公共服务均等化)复合的理想状态,[②] 从而克服复杂情境下治理的不稳定和模糊性。网格化治理则是要通过信息共享打破治理边界,对治理的组织结构进行系统化改造,打通政府内部的层级、职能、部门之障碍,突破政府与社会力量、市场主体之间的功能区隔。[③] 这两种新机制都以治理成效为基本导向,与之相配套的法律也必须围绕这一导向进行修正或创制,以回应治理主体和治理方式的拓展。这种回应能力恰恰是当前刚性法律体系的主要短板之一。

从规范能力角度出发,法治系统虽然能有效维护既定的社会结构和秩序,但在回应社会变革和应对转型风险方面往往收效甚微。法律系统无法覆盖社会变革和转型过程中的全部问题结构,也无法对应多元主体的利益和价值结构,应对转型风险的弹性条款、兜底条款亦付之阙如。由此,法治系统的优化,需要根据治理转型的难题进行动态调整。共治作为一种方案,允许公众、利益相关者评议和参与公共决策甚至是法律创制,或者为市场治理、社群治理开放制度通道,让市场主体或者社会组织能够自主形成有效规则并为其提供认同条件,以此来增强法律与治理主体的紧密度,使多元主体都能够携

---

① 张志铭、于浩:《转型中国的法治化治理》,法律出版社 2018 年版,第 6 页以下。
② 郭晔:《新时代社会治理现代化的法理思辨——"社会治理的法治思维和法理思维"学术研讨会述评》,《治理研究》2019 年第 2 期,第 105 页。
③ 网格化治理作为重要的方法创新备受地方政府重视,在治安防控、社会服务等领域应用广泛。比如,重庆南岸区基于网格化治理要求,推出"三事分流"的体系,借助于现代信息网络技术,将特定区域内的人、事、物等要素纳入单元网格,实施系统化治理。

带不同类型的利益诉求进入商谈和处理程序。如此，国家治理的民主化，就会在一定程度上摆脱科层官僚制的过度过滤或限制，治理规则的合法性及其制度能力也会随之提升。

第三，共治规则的多元化将加剧治理的实用主义倾向与法治的形式理性之间的紧张关系。伴随多元主体在国家治理中功能角色的扩张，共治秩序允许不同主体依据差异化的规则体系处理公共事务。比如，在互联网治理领域，对网络暴力、诈骗、色情、赌博、名誉侵权、信息侵权等失范行为的治理与对网约车、移动支付、电子商务、共享经济等新业态的监管，共同构成了一个由技术创新、市场自治和政府监管混合而成的新治理生态。基于互联网场域的特殊性，政府需要向互联网企业、行业组织让渡部分管理权甚至惩戒权。① 尤其是，要在尊重技术逻辑的基础上，承认用户协议、行业规则、合规标准、身份识别等"数字法"的可行性，通过算法转化、承接国家法，以克服现行法无法及时有效回应网络治理要求的缺陷，塑造线上规则与线下规则相配合的规则秩序和共治结构。可见，坚持规则形成和适用的实用主义进路，在共治秩序下无疑是不可回避的基本立场。这就形成了涵摄国家与社会、政府与市场、公益与私益、整体与局部的新型治理生态，给只追求恰当形式和渊源的法治形式理性思维提出挑战，在一定程度上重构了治理秩序必须"符合法治的形式规范"这一传统准则，② 实现了对规则秩序的深层变革。

面向共治的规则秩序中既有正式规则也有非正式规则，规则变迁既可能是基于渐进性力量，也可能是基于突变性力量，规则适用的方式既有强制性的也有诱导性的。③ 这与中国国家治理的动力、逻辑及其诱发的危机是一致的。在过去，国家治理一直被限定在国家体制转型与市场化叠加的轨道上，这种轨迹既是经济社会发展奇迹的原动力，也是一系列社会危机之根源。其中的部分危机可以通过市场规则予以化解，大部分则必须依靠国家权力及其法律体系才能疏解。尤其是新兴的市场或社会权利，必须借助国家法律才能得到普遍化的保护。在治理转型过程中，规则秩序变迁的主体，在政府、企业和社会组织之间相互切换或者相互借力，产权制度、政府权力行为与社会组织空间随着改革在宪法秩序下不断调整。伴随上述过程建构起来的制度体系，也是大规模政府管制权、服务权与层出不穷的市场创新规则、社会组织规则等交互叠加的结果。也就是说，共治之法是涵摄"法律体系和体系外规范"的二元规则秩序，它的理想形态就是多元规则及其承载的利益主体互利互惠的正和博弈。如何发挥法律体系的主导性作用，在严

---

① 比如，微信对言论失范行为行使封号处理的有限惩戒权，实现了平台规则与侵权责任法、英雄烈士保护法等实定法的有效衔接。又如，微信支付表明，要对服务商违规推广业务，涉嫌不正当竞争、误导消费者等行为进行严肃处理，也是为了通过线上规则落实央行关于规范支付业务创新规则的强制性要求。见《关于抵制"零费率"、维护服务商市场健康发展的倡议书》，https://pay.weixin.qq.com/index.php/public/cms/content_detail?platformType=1&lang=zh&id=69201，2019 年 6 月 15 日最后访问。

② 保罗·克雷格：《形式法治与实质法治的分析框架》，王东楠译，姜明安主编：载《行政法论丛》第 13 卷，法律出版社 2011 年版，第 643 页。

③ 黄宗智：《实践与理论：中国社会、经济与法律的历史与现实研究》，法律出版社 2015 年版，第 522 页以下；林毅夫：《诱致性制度变迁与强制性制度变迁》，盛洪主编：载《现代制度经济学》下卷，北京大学出版社 2003 年版，第 260 页。

格遵循国家法定原则基础上，突显体系外规范的补强性，使其适用范围既不会被任意扩大，[1] 又不背离共治的制度逻辑，最终"达到最大限度的统一和最大限度的多样性"，[2] 是塑造面向共治的规则秩序的关键。

共治的过程是推动多元规则形态逐步走向平衡和正式化的过程。但也应认识到，治理的实用主义倾向暗藏着过分软化法治的风险。基于日趋复杂的治理目标和任务，法律系统需要适度褪去理想主义的外衣，降低法律教义的形式要求及其几何式的思维方法，增强其吸纳和赋权能力，弥合治理的实用主义和法治的形式理性的裂缝，提升共治规则秩序的融通性。

第四，法治秩序与治理秩序之间存在貌合神离式的紧张关系。从历史经验判断，改革过程中形成的以政府治理为中轴的过渡性治理体制，是以权力类型和范围的灵活伸缩为机制的。这种治理体制之下的法治秩序，以"限权"为基本准则，代表一种普遍主义的法治理念。有学者将其定义为现代法治的"法律主治"面向。[3] 相反，共治秩序的总体目标是促成政府、市场、社群三方围绕公共事务形成合作的新型治理关系，这种治理体制背后的法治秩序应以"赋权"为基本准则。两种秩序看似一致，其实貌合神离。如果法律无法吸纳市场或社群的实质参与，人民的公平诉求没有得到法治系统的回应，国家治理体系依然会在形式法治的轨道上持续滑行，过渡性治理机制就会凝固为长期性治理体制，[4] 改革的社会公平问题和社会风险则会持续爆发。比如，在政府与市场的关系上，法治秩序如果无法协调政府对市场干预过多与监管不到位的矛盾，就不可能系统保障市场主体的财产权利，更无法激活市场调节的辅助性功能，这将导致政府管制和市场权利的错置。在政府与社会的关系上，法律法规也必须正确配置政府提供各类社会服务的服务性权力与以秩序保障为目标的管理性权力，并在法治秩序下将权力下放或者转移给社会，明确两者的权责界限，否则就会加剧治理与法治的结构性矛盾。不难发现，法治秩序与治理秩序之间的张力关系已或隐或现地呈现在我们面前，成为治理秩序和法治发展的巨大障碍。如何使市场和社群之中复杂、多元的权利诉求经由立法程序纳入法律法规，并得到高效、公正地实施，使"政府＋市场＋社群"的共治秩序在超大规模国家运行中不断得到优化并最终达到善治，无疑构成了塑造与共治格局相匹配之法治形态的决定性因素。

三、面向共治格局的法治形态之本体论

法治作为治理的基本方式，[5] 需要与治理的主体、情境、对象、目标、结构等诸方面相契合。与共治格局相匹配的法治体系尤应"强调治理体系内部不同主体和不同环节

---

① 江必新：《严格依法办事：经由形式正义的实质法治观》，载《法学研究》2013 年第 6 期，第 35 页。

② 皮埃尔·卡蓝默：《破碎的民主：试论治理的革命》，高凌瀚译，三联书店 2005 年版，第 113 页。

③ 参见张志铭、于浩：《转型中国的法治化治理》，法律出版社 2018 年版，第 24 页以下。

④ 过渡性治理彰显了中国国家治理改革常常要借道中间环节或者试验试错的渐进式特征，而这些中间环节或者试验试错中的很大一部分溢出了法律的控制范围，具有很大的不确定性。

⑤ 参见江必新：《推进国家治理体系和治理能力现代化》，《光明日报》2013 年 11 月 15 日第 1 版。

的协同性、互相作用和均衡发展"。① 但当下的国家主义法治体系对此种关系缺少足够回应，相关的制度创新或实践突破还局限在特定领域，或停留在治理秩序的表面。为缓解治理秩序与法治体系的矛盾，需要对法治系统进行创新性发展，重构中国法治秩序的体系结构和思维方式。

尽管共治格局尚未定型，处于不断塑造、不断更新的演化过程中，但并不妨碍我们对相应的法治形态做一个速写简描。共治格局下的法治形态，是根据当下整体治理、系统治理、依法治理、有效治理等共治新要求，围绕治理权配置、运行形成的新的组织结构形式和有序化模式，是对现行法理念、法意识、法思维和法秩序的超越，是基于共治格局对当前法治形态的有针对性的发展或吸纳。

（一）治权结构更新与法治形态的重心

从逻辑上看，共治秩序的塑造，既要建立在令设律行的法律技术治理之上，也要依靠社群、市场基于合作伙伴关系、协商、契约和共同愿景等水平型工具所形成的社会权威或合意权威。作为一个上下互动、纵横交互的过程，它的制度中轴只能是确立在市场原则、科层制原则以及社会认同基础之上的合作。从实践上看，近几十年的政治经济和社会改革隐藏着一条以"与地方分权、向社会赋权、给市场让权"为内容的制度主线，通过分散行政权、授权代理、② 改革行政管理方式③ 开展合作行政、丰富政府责任形态以及发展社会组织、完善市场经济体制等治权改革方式，逐渐扩展国家治理的内容边界和主体范畴。一方面，这些改革正视并激活了中国社会系统的复杂性，孕育出大量新的治理力量，"组织和整合社会生活和社会秩序的主导权力来源和机制持续发生改变"。④ 另一方面，因为政府与社会、市场在不同情境下的分离对立或者能力缺失，这些改革也触发了社会系统、经济系统的局部失灵，⑤ 甚至滑入零和博弈的困局。这表明，政府、市场、社群三种治理力量，在国家治理体系中并不总是呈现出一种静态凝固的格局，而是更多地呈现为随着治理领域、对象、过程和目标的变化而不断动态调整的、开放流动的格局。这种流动性以及治权结构的可变性，在根本上是由体现不同治理主体意志的多元化规则的不断生成、介入、挑战和融合造成的，在实践维度则是因为存在社会转型与治理转型不同步、治理转型和法治发展不同步的步伐难题。在逻辑和实践情境的双重约束下，法治系统不仅要面对不同治理主体差异化的制度逻辑，更要面对如何处理不同治理主体之间关系的结构问题。这对现行法治系统的回应整合能力提出了巨大挑战。

---

① 参见王旭：《"法治中国"命题的理论逻辑及其展开》，载《中国法学》2016年第1期，第89页以下。

② G. 沙布尔·吉玛、丹尼斯·A. 荣迪内利：《分权化治理：新概念与新实践》，唐贤兴等译，格致出版社2013年版，第3页。

③ 关于中国行政体制改革和法治政府建设的经验分析，参见李洪雷：《行政体制改革与法治政府建设四十年（1978—2018）》，载《法治现代化研究》2018年第5期，第62页以下。

④ 李友梅：《当代中国社会治理转型的经验逻辑》，载《中国社会科学》2018年第11期，第72页。

⑤ 参见郑永年：《中国模式：经验与挑战》，中信出版集团2016年版，第150页以下。

事实上，当下的法治系统也确实未能形成一套关于治权结构更新的整体性制度安排。在很多情境下，与之相关的政府职能转变、社会公共性提升、市场主体培育等改革，大都是在各自政策领域内的零散式突破。如何寻求治权配置创新、运行风险控制、主体利益关系平衡等核心问题的法治均衡点，成为治理转型的首要难题。基于此，面向共治秩序的法治形态的重心，应聚焦在如何优化不同治理主体的关系，如何进一步强化政府、市场和社群三者互动复合的主体关系，最终塑造一个符合改革情境和治理规律的共治结构。

为使共治保持连续、有效且有序，理想状态是：政府与市场、社会通过结构化互动，使常被忽略或轻视的市场主体、社会力量之关切能够通过不同方式得到制度化，[①]最终经由市场、社群治理能力的建设加码，达成关于"谁是治理者""何为有效的规则和知识""谁是法定权威"的一般框架。[②]但在当前"强国家—弱社会—不充分市场"的治理结构中，要实现这一目标，必须首先解决那些暗含张力的多元主体如何在新治理框架之下相互共生、相互支撑的问题，寻求可以涵摄政府机制、市场机制和社群机制的整合机制以及更具弹性的新制度框架。因此，确立一套判断治理权分配和设置的法理与标准，是塑造此种法治形态的首要任务。

（二）治理机制融合与法治形态的包容性

塑造共治格局既是创立以平等配置、保护公民权利为核心意涵的现代国家权力，促动"公民权能和国家权能互为建设性塑造"的调整性过程，[③]也是不断承认、固定新兴权利以及向社会、市场释放红利的制度化进程。共治秩序之塑造，为法治发展提出了三个重要命题：第一，强化基于市场和私有产权的法治元素，以便市场主体在经济活动中充分发挥意思自治能力和权利能力，"让市场在资源配置中起决定性作用"。第二，开辟更大的社会自治场域，增强基于社会公共性和民主权利的法治元素，以发挥社会力量的辅助性治理功能，充分彰显"坚持人民主体地位"的基本原则。[④]第三，进一步约束政府行使公权力的方式和具体行为，增强基于合法性、效率性、责任性和最佳性的法治元素，以优化针对市场和社会的监管权和服务权。塑造共治秩序，必须借助法治对价值、信息、意愿、利益、行为的吸纳整合能力来激发多元治理主体的能动性，必须发挥法治对民主商谈、信息交互、利益协调、机制整合的约束指导，提升治理的人民性、正义性、持续性、透明性、效率性。

---

① 比如，在环境保护、网络空间治理、社会治安、食品安全、文化产品供给、医疗教育等领域，越来越多的市场或社会主体通过法律法规授权、行政机关的委托或者根据组织内部章程承担起政府治理的部分功能，且收效显著。参见姜明安：《法治思维与新行政法》，北京大学出版社 2013 年版，第 135 页以下。

② 基于治理的实践经验和国家任务扩大化的趋势，如果市场或社会主体在形式法治原则之下的治理行为符合公共利益或不侵犯私人利益，国家就可以把原本独自承担的责任部分地转移出去，通过将界限和责任模糊化，使它们成为治理的一极。

③ 张静：《基层政权：乡村制度诸问题》，上海人民出版社 2007 年版，第 307 页。

④ 相关论断，参见张永和：《法治、人民与美好生活》，载《现代法学》2018 年第 1 期，第 14 页；刘旭东、庞正：《"法治社会"命题的理论澄清》，载《甘肃政法学院学报》2017 年第 4 期，第 60 页。

由法治与治理的互动关系不难发现，从表象上看，塑造共治秩序是政府、社群和市场不同治理机制的互动融合，实质则是要将国家主义法治形态导向更均衡的包容性法治，让人民的参与度和获得感得到更大保障，使法律更有能力回应不断增长的公平正义问题。总体来看，由于共治秩序是由政府管理主义、市场理性主义和社会参与主义三重机制互涉融合的新治理范式，与之相匹配的包容性法治也应是由责任法理（政府）、权利法理（市场）、公共法理（社群）组成的复合形态（如表1所示）。此种法治形态发展的主线，是适度增加后两种法理在法治结构中的权重和效能，动态调整三者之间的关系。脱离这一主线，就有可能会破坏市场、社群和政府不同主体的治理合意和互信，使三者利益关系之调整变得复杂甚至失控。

转型改革涉及的利益调整，不可能按照既定目标稳步推进。尤其是在既得利益格局已经固化的治理场域，价值冲突、机制掣肘、利益互损等困境无法避免，甚至还会成为常态。对此，包容性法治也当围绕这些困境，设置相应的竞争规则和制度化、程序化的解决机制。唯有清晰界定和认识隐藏在共治格局之下的这种包容性，才能找到治理形态创新以及与之匹配的法治形态演化的关键之匙。

表1　　　　　共治秩序之下包容性法治形态的基本要素

项目	治理工具	价值取向	法的形式功能	法的实质功能	协调机制	组织形式
政府	管制权、服务权	管理主义（合法、效率、责任、最佳）	调整市场主体的权利冲突，宏观调控社会秩序	适用共治的元治理规则；对共治进行持续反思和反馈；呈现公共决策过程；运行连接多方的公正程序	权威	科层
市场	私有产权	理性主义（自由、自律）	支配资源流动，塑造市场秩序	自我规制；拓展私人领域的功能空间	价格	契约
社群	民主权利	参与主义（平等、公正）	推动民主参与，拓宽福利供给渠道	社会自治；增进治理公共性；供给公正要素	福利	自发

（三）双重规范性表达的逻辑统一

基于治理秩序与法治体系在实践层面持续互动所引发的变革要求，尚需对共治的规范指向作出澄清，方能确立与之匹配的法治形态之本旨。对应共治的结构和过程，这种法治形态应是"依法治理"和"有效治理"的逻辑统一，应既能在静态意义上处理共治秩序所涵摄的多重法律关系，也能在动态意义上维持共治过程的连续性。

1. 作为形式表达的依法治理

依法治理是一切国家在发展法治意识形态过程中始终坚守的基石性目标，是对法律治理功能的最基本期待。对于"法治中国"而言，依法治理无疑是"依法治国的社会化和具体化"。[①]

在共治结构下，要实现依法治理，首先要解决治理权的法定化问题，即所有治理主体的行为均要在法律上找到明确依据或概括授权。今日之中国，复杂的社会、经济和政治系统要落入常态化治理的轨道中，不可脱离法律以及相关组织结构的支配和调整。依靠宪法和法律体系的法理型治理，比依靠政策或意志的试验型、改革型治理，更有助于在大规模治理中凝聚共识、汇集力量。只有发挥法律超强的可预期性，才能维护国家可持续的发展与稳定。以社会组织赋权改革为例，党的十八大提出"加快形成政社分开、权责明确、依法自治的现代社会组织体制"之后，传统国家治理结构中政府和社会组织的关系，需要从前者对后者的控制转向赋权，以构建新型的合作伙伴关系。为此，中央层面陆续推出了允许特定类型组织直接申请登记、购买社会组织公共服务、社会组织与行政机关脱钩、完善社会组织管理制度和内部治理机构等顶层制度改革，并提出要修订社会团体、基金会和民办非企业单位登记管理条例以及制定志愿服务和行业协会商会等方面的单项法律法规，适时启动社会组织法的研究起草工作，在有条件的地方出台相关地方性法规、地方政府规章。[②] 上述举措的目的就是要通过组织赋权，强化对社会组织参与治理和公私伙伴关系的法律承认，建立合作、管理的法律框架。[③] 由此，为更好地发挥社会组织在推进共治转型中的作用，国家与社会组织的互动，无论是"行政吸纳"[④] 还是"分类控制"[⑤] 抑或"借道"[⑥]，均须转轨到法治道路上，降低地方政策干预社会自我管理的任意性和随机性。

其次，共治之下的所有行为必须服从法律，要在法律框架之下运行，不得任意以自治规则或试验性政策抵消或取代法律规则，即所谓"治理规则的法律优先性"。这一要求隐含着两个不容忽视的核心问题：一是市场主体在法律上的行为资格、边界和约束条件，如何根据共治要求进一步明确和优化；二是在行政治理的脉络上，先行先试的政策试验型治理如何与法律的价值、原则和精神实现高度匹配。第一个问题在市场化改革与法治建设中已经逐渐明晰化、体系化。政府干预过度、监管和服务不足、市场体系不健全、要素流动障碍较多等问题，随着市场法律体系的完善，已逐渐得以解决。当下需要

---

① 卓泽渊：《新时代法治国家建设论纲》，载《现代法学》2018 年第 1 期，第 8 页。

② 见《中共中央办公厅、国务院办公厅印发〈关于改革社会组织管理制度促进社会组织健康有序发展的意见〉的通知》（中办发〔2016〕46 号），http://www.gov.cn/xinwen/2016-08/21/content_5101125.htm，2019 年 7 月 2 日最后访问。

③ See Derick W. Brinkerhoff, Exploring State-Civil Society Collaboration: Policy Partnerships in Developing Countries, 28 (4) Nonprofit and Voluntary Sector Quarterly 82 (1999).

④ 康晓光、韩恒：《行政吸纳社会——当前中国大陆国家与社会关系再研究》，载《中国社会科学（英文版）》2007 年第 2 期，第 116 页以下。

⑤ 康晓光、韩恒：《分类控制：当前中国大陆国家与社会关系研究》，载《社会学研究》2005 年第 6 期，第 73 页以下。

⑥ 黄晓春、周黎安：《政府治理机制转型与社会组织发展》，载《中国社会科学》2017 年第 11 期，第 119 页。

解决的是，市场主体在自我规制、公共产品或服务供给等领域中的合法性以及责任聚合问题。相较而言，第二个问题因为涉及国家治理架构中央地关系的优化配置，意义更为重大。虽然立法法第 13 条已经明确规定全国人大及其常委可以根据改革需要，围绕行政管理事项，授权部分地方在一定期限内暂时调整或者暂时停止适用法律的部分规定，试图将改革纳入法治轨道，① 但地方试验治理的成功经验只有在转化为国家的法令制度后，央地关系的法治化配置才算完成。

最后，依法治理还要求那些关涉共治的组织形式、权力共享或转移、责任转嫁、做出对公民权利义务有重大影响的行为等，必须有明确的法律授权，即所谓"治理框架的法律保留"。尽管改革开放以来，经济社会发展和权利保护均取得巨大成功，改革进程总体上是在法律秩序之内展开，但中央和地方在治理格局中关系的变化，以及市场主体和社会力量更积极地融入治理结构，导致传统国家治理机制与规则系统遭遇严峻挑战。一方面是新的治理主体和机制对传统治理机制形成替代或者补充，另一方面是国家治理机制运行的难度越来越大，成本越来越高，在效率和公平、合法与有效之间的平衡取舍也越来越难。这意味着，在超出实定法边界的情形下，结果导向的治理失范或越轨现象将不可避免。基于此，法治系统必须为治理中的组织样态、权力责任的清单与共享、公民权利的限制与补偿等关键问题，设定基本的准则或取舍标准。

2. 作为实质要求的有效治理

所谓有效治理就是要"把各方面制度优势转化为管理国家的效能"，② 在依法治理的前提下提升治理能力和效果，以最小成本实现治理绩效最大化，或者在治理目标特定的情况下降低治理成本。这里面隐含着一个关键性的悖论：国家越是发展，治理范围和负荷就越大，治理效能就会随之衰减，也就越需要政府之外的治理机制介入，随之而来的则是社会离心力的扩张。这一悖论提出了一项法治秩序向治理秩序转化的关键命题，即在共治结构下，法治系统必须合理分配制度资源并使其转化为更加具体精确的国家治理方案，通过法律的治理体系走向精密型、融通性和定型化的成熟状态，以承载越来越大的治理负荷。具体来看，当前中国的国家治理除了要完成秩序塑造、排除风险、权利保护等传统意义上的防御性功能外，对于"社会、经济、文化等领域的供应、给付和补贴"③ 等积极性功能，更应保持高度敏感性。这要求，共治法律体系的设置和运行必须以确保效率为基本准则，做到快捷、便利、优质、高效。比如，在那些需要处理市场和政府关系的具体治理领域，一要通过行政权瘦身、权力清单、信息公开、公私协力等方式，充分调动各类治理主体的积极性，提升行政权的管理效果和服务功能；二要剔除依附在市场主体和市场行为之上的不合理或不合法负担，借助于资本、劳动力、技术、信息、产权等市场要素天然的竞争意识和自由流动性来破除经济依附行政、权力主导权利的积弊。这对于正处在发展不稳定、增速放缓的转型中国而言，尤为关键。如此一来，既可以营造多领域、全方位的治理环境，更能最大限度地集成行政主体、市场主体和利

---

① 王建学：《授权地方改革试点决定应遵循比例原则》，载《法学》2017 年第 5 期，第 39 页。
② 习近平：《切实把思想统一到党的十八届三中全会精神上来》，载《人民日报》2014 年 1 月 1 日，第 1 版。
③ 哈特穆特·毛雷尔：《行政法学总论》，高家伟译，法律出版社 2000 年版，第 17 页。

益相关者的总体利益，突出共治对于增进整体利益和总体秩序的有效性。

基于治理秩序和法治秩序之间貌合神离式的张力关系，作为治理秩序基本价值的有效治理与作为法治秩序基本价值的依法治理，应在此种法治形态下形成"约束—补强"式的适度张力关系，即前者可以突破后者的某些限定性要求，而后者要在均衡前提下对前者有所妥协。

首先，在资源有限的情况下，为保证共治的效率，"功能正当的违法性"[①] 可以得到适度的容忍。以环境保护为例，对那些采取严于国内法标准的企业，只要其实现了更优的环境管理绩效，执法部门可以基于裁量权给予其适当的执法优惠，哪怕这种行为突破了实定法要求。[②] 这种突破"治理规则的法律优先性"的现象，出发点在于避免行政僵化和高成本支出。

其次，随着风险治理成为国家治理的重要内容，为处理一系列交织冲突的利益和权责关系，法治系统应当提供一套治理机制，整合与风险相关的知识、技术、价值、力量和资源。但风险治理的复杂性和多元治理主体在价值、知识方面的不确定性，决定了法律必须赋予多元治理主体一定的判断权和裁量权，允许他们依靠先行先试的制度生长模式，在某些特定情形下突破"治理框架的法律保留"准则，以确保风险治理的有效性。

最后，强调市场机制、社群机制对政府机制的补强，要求法律为各类非政府治理模式的内部治理方案、标准、原则、机制预留足够的空间。即使没有法律明确授权，只要符合公共利益以及法律的最低标准，并且能够接受法律或行政权的检验，这种治理类型亦应得到肯定和普及。因此，在不违背效力刚性这一基本法律底线的前提下，通过为"治理权的法定化"设定例外情形来增强法律规范的弹性，进而赋予共治足够的灵活性，无疑也是有效治理的题中之义。

四、面向共治格局的法治形态之构造要素

当前，社会公共事务的多元化发展已远远超出了政府组织机构的统管能力。[③] 市场机制（尤其是产权制度的完善）和社会建设（尤其是社会组织的强化），开始使国家治理更进一步地遵循资本与民主的逻辑运行，在政府权力运行的全过程甚至其无法覆盖的领域，嵌入了市场意识形态和社会意识形态，进而在实践维度勾勒出了一个多元融合、互借互用、民主高效的共治结构之雏形。但是，关于共治的法律本相尚未清晰，有必要将共治秩序的组成要素更真实、准确地投射到法治秩序的背景之上，以明确此种法治形态的基本框架。

---

① 汉斯·J. 沃尔夫、奥托·巴霍夫、罗尔夫·施托贝尔：《行政法》第 1 卷，高家伟译，商务印书馆 2002 年版，第 337 页。

② 杜辉：《论环境私主体治理的法治进路与制度建构》，载《华东政法大学学报》2016 年第 2 期，第 128 页。

③ 周雪光：《社会建设之我见：趋势、挑战与契机》，载《社会》2013 年第 3 期，第 14 页。

（一）开放的规范结构

从规范视角出发，共治就是要超越公法与私法、正式的与非正式的、公主体与私主体等传统意义上的形式二分法，探寻一种更关注社会结构和法律规则实质互动关系的、可持续的、开放的规范结构。法律系统要对治理情势的变化作出反应，尤其是要关注当下社会结构的超强互动性给价值、行为、规则、语境等变量带来的改变，通过一定的立法技术和正当程序将这些新变化、新变量转化为相应的法观念、法制度、组织结构和法律秩序。① 共治的兴起在很大程度上源于政府传统治理模式之下法律系统的功能不足。尤其是公共行政权及其公共责任的衰落，需要输入更多地体现参与性、公开性、民主性、过程性的要素，以补强法律过程。因此，共治的基本制度安排，是要推动参与和权力下放，从自上而下、命令控制的法律框架转向以合作协商制定规则、共担责任、扩权和放权交叉等为特征的更具有反思性、开放性的法律系统。这种反思性和开放性源于法律发展与治理过程的协同共进。它使法律系统能不断凝练、吸纳、回应治理进程中的新问题，更有效地转化、涵摄变革和发展中新的社会事实，最终提升法律系统自我更新的能力。在这个意义上，为了回应共治与法治之间持久紧密的互动，必须塑造更精确且更符合真实世界的法律形式、立法逻辑和制度样态。其基本内核，是要建立一套关于制定、吸纳或者评价多元治理规则的规范形态，尤其是要建立关于治理规则形成及选择的方式。

（二）互嵌的组织机制

现代国家治理体系中，治理组织机制发挥着关键性作用。在过去，国家治理的组织机制有两个显著特征：一是政府通过不断引入社会规则、地方性知识、市场规则、交易习惯等要素来扩展治理规则；二是政府借助社会组织、基层自治组织、行业协会、商会等组织样态，不断扩大治理组织形式，拓展治理权的运行方式。在这个过程中，政府可能过度干预市场自律和社会自治，市场可能左右政府政策和社会利益分配，社会也可能在某些领域通过利益的组织化牵着政府、市场的鼻子走，由此形成了政府、市场和社会的非均衡发展甚至对立关系。这种组织机制的随机性，诱发了两个维度的治理难题：一是政府独占的整体治理意志在逐级传导中，被刻意地分散化或者再解释（可能是加强也可能是衰减）。次级或者再次级政府机构并没有在法治框架下形成足够成熟的体系化治理范式，而更多的是在经验主义的路径依赖之上持续滑行，进而呈现出治理效能的递减或者不正常的强化。二是私人领域的伸张以及权利意识的兴起尽管程度渐强，但没有发展到能为公众参与提供足够的自主意识或行动能力的阶段。市场治理机制缺乏系统的法

---

① 有学者认为，观念模式、制度框架、组织结构和法律秩序是法治状态的基本变量。参见王人博、程燎原：《法治论》，广西师范大学出版社 2014 年版，第 196 页以下。

律约束，社群治理机制更是缺少足够的适用空间。因此，如何通过发展法治来塑造政府与市场、社群之间的组织机制，对于超大规模的国家治理来说尤为关键。

在面向共治格局的法治形态下，组织机制不能拘泥于形式主义，只关注政府、市场和社群相互之间的边界问题或者作非此即彼的选择，而应是有助于形成随机应变的治理决断机制、着眼于充分合作和有序竞争的互嵌模式。在合作方面，共治格局中的多元治理主体所面对并负责的对象，已经是同一类问题或同一群人，肩负着同样的公共责任。[①] 因此，在面向共治格局的法治形态下，首先必须旗帜鲜明地改变过去由政府独占的控制和组织方式，充分利用市场、社群中已经存在的组织、关系、资源和责任体系推进共治，塑造政府的规范化秩序与市场、社会的自发性秩序相协调的秩序形态和组织形式。其次，应提倡在"私法和社会法领域实行有控制的自我管理"，[②] 通过默许、互惠性交换、隐性授权等组织机制，将社会和市场中的组织化利益嵌入政府的决策结构，[③]使三者作为不同但重叠的利益代表系统，在共治决策实施中实现最大程度的结构耦合。最终，凭借法律在市场、社群机制中的担保功能，塑造契合于共治格局的、有助于发展变革的组织机制。在竞争方面，就是要根据政府、市场和社群在安排治理要素方面的能力差异，不断弱化政府组织形式的独占性，通过强化政府对市场和社群的服务、监管能力来提升市场的资源配置能力，激活社会力量的利益组织化能力，最终形成治理竞争的良性格局。

（三）交涉平衡的共治程序

共治意味着动态、公开和平衡，意味着对利益、价值、知识多元化的尺度把握和对决策权独占的拒斥。将市场和社群的治理机制强行嵌入政府主导的治理体系，并不一定能发展出符合实践的共治结构。每一种治理机制都有其独特的价值观、相异的知识系统和迥异的制度建构方法论。共治的过程就是这些元素不断冲突又不断调和的过程。为此，有必要设计一个具备交涉功能的程序装置，来"消弭实质性价值判断的相异所引起的对抗，为决定提供各方承认的正当性基础"。[④] 在这里，交涉就是要通过程序将不同治理主体的意志、知识、价值、工具、利益和方法论，按照一定标准纳入治理决策过程，并对它们进行甄别、分类、排列、比较和调适。唯有如此，才能使市场和社群的治理体现公共性，才能在政府、市场和社群之间形成稳定的合作关系，才能使相互竞争的多元国家观、政策观、法律观和利益观达到平衡状态，才能把治理的民主面向所内含的柔性特征与治理程序的刚性相黏合，以此提升治理秩序与法律秩序的相互建构能力。

从有效治理的视角看，程序也是提高治理效率的必要条件。虽然共治程序机制能够

[①] 张静：《法团主义》，中国社会科学出版社 2005 年版，第 18 页。

[②] 季卫东：《法治秩序的建构》，商务印书馆 2014 年版，第 385 页。

[③] 利益组织化既关系到法律层面的权利配置和资源分配，也关系到制度整合和社会整合，因此是共治必须关注的关键问题。

[④] 季卫东：《论中国的法治方式——社会多元化与权威体系的重构》，载《交大法学》2013 年第 4 期，第 8 页。

在不扩展政府行政权体系的情况下扩大公共行动的范围，为市场和社群的介入提供新的合法化机能，但这个共治结构也会因为力量失衡而遭遇如何回归再平衡的难题。为此，需要发挥程序的平衡功能，来"调整过程、组织关系、分配权利"。[①] 所谓平衡就是动态稳定，意在激活共治合作的基础上，确保不同价值、利益的充分显现，而非实质意义上的同化、合一。要在这种差异基础上实现最优状态，必须在法律中设置相应的代表制度、时效制度、裁量制度、互惠制度、协商制度，构建以差别和平衡为原则的分配规则体系。尤其是，当传统意义上"控制—提取"型治理模式逐渐转向"服务—供给"型治理模式，无论在形式上还是实质上，治理的对象和任务都发生了巨变，亟须发挥程序的固化功能，为治理规则的再生产和有机整合提供稳定可控的手段。

（四）面向任务和过程的工具

作为在新的结构、规范、程序之上形成的新治理样态，共治需要配置一套更连贯、更具有协作能力的政策工具，来处理那些传统上依赖于行政权以及基于控权的合法性机制所无法覆盖的对象。因此，推动共治落地的一个核心问题，在于将法律制度建构的主线从控权转向治理任务，打造面向治理任务的工具箱。在传统治理范式之下，治理工具是根据行政权的运行设置的。共治范式下的治理工具则是与治理主体相对应的。治理主体的类型和数量，决定了治理工具的类型和数量。治理的具体任务不会因立法的完成而终结，立法完成的仅仅是治理权及其责任的配置工作。治理过程的展开才是治理的重要阶段。正是在这个阶段，工具选择才开始发挥对治理过程和样态的塑造功能。因为，工具的选择是治理主体如何行使权利的直接体现，代表着治理中利益的优先次序及其保护密度。

更为重要的是，除了由法律系统直接传递的政府直接管制工具、社会性规制手段和法律责任制度外，面向共治的法律系统还应为治理工具之拓展提供准备条件，使那些新型的治理工具或手段获得制度化的空间。如此，通过工具建构，既可以加强市场机制、社群机制回应治理问题的能力，也能够补强传统治理范式之下治理工具体系的屡弱。

五、面向共治格局的法治形态之展开进路

从治理转型给法治发展带来的巨大挑战来看，共治已经不是一个执政倡议或者价值观的宣传贯彻问题，而是事关法治范式创新的制度正义问题，关涉结构性的权力安排、最低共识之达成、利益平衡化、过程正当性、关系协调化、规则体系之融贯等一系列新时代法治发展的核心命题。总体来看，推进面向共治格局的法治形态的整体议程，应是把多层多样的治理规则、多种多元的主体关系都纳入此种法治形态的规范框架，确立多元并存、相互借力的动态治理范式以及相应的法理体系。

---

① 季卫东：《法治秩序的建构》，商务印书馆2014年版，第21页。

第一，发展法律体系的融贯性功能，平衡技术主义治理与实践主义治理的分歧。国家主义主导的治理秩序，主旨是将国家运行及其治理最大限度地理性化、科学化、简约化，①借助于形式规则的技术性来掌控权力运行的方向和形式，凭借专家对问题的识别和处理来推进治理过程。由此，它的治理逻辑是通过技术专家（如立法者、执法者或司法者）来管理社会；经由技术方法（如化简社会复杂性、②行政技术、③罚则、信息工具、声誉机制、法律解释等）来规范权力。因而，与之相对应的法治秩序具有极强的刚性，法治建构模式侧重于赋予法律体系更直接的目标性、完整性、清晰度和规划性。④但是，这种技术主义治理，在化简过程中存在失真的巨大风险，可能诱发法律体系（方法系统）与真实实践（问题系统）的错位，使法律体系在面向真实社会情境时，停留在对概念、原则、规则、程序机制的机械套用和逻辑分析的表象之上，而忽略掉治理实践与法律体系相互投射的真实关系。此时，法律体系缺乏足够的来自经验世界的实证支撑，治理实践亦无法真实投射到法律体系的效力范围之内。

相反，共治秩序之逻辑，是要还原真实复杂的社会情境。基于这种实践主义的治理要求，面向共治格局的法治形态之展开，不能仅限于治理规则体系的形式化任务，更要根据政府、市场与社群三种机制之间在价值维度的相互支撑，经由重叠共识形成"某种具有正当性的强制执行机制"。⑤由此，需要借助于法律体系的融贯性，平衡技术主义治理与实践主义治理的分歧。这种融贯性所要面对的，不仅是多元主体逐渐扩张的复杂情境，还有彼此之间在规范冲突过程中的相互融入、借用。面向共治格局的法治形态，既要吸纳当代中国的多元价值和意义体系，在理念层面上建立起相互支持、彼此证成的法律意识形态，也要在规则层面上挖掘这些价值系统的制度连接点，在法治的内部规则系统和外部价值系统之间有意识地应用程序机制和解释方法，以使不同规则体系之间既能形成合力，也可以达致相互竞争的状态。

第二，以"限权—赋权"为中轴，重塑法治秩序与治理秩序之间的新型协调关系。通过开放性治理与开放性法治的相互构造，增强共治的幅度和韧度。在共治秩序中，制度协调比制度最佳更值得追求。制度协调是从秩序的经验标准出发，强调多元治理主体之间应有清晰的边界，意味着治理结构的弹性和灵活，追求各种治理权的开放和稳定。制度最佳则是从秩序的逻辑标准出发，突出非此即彼的淘汰机理，代表着刚性的竞争机理以及线性的治理思维。

共治的制度发展主线是要将政府、市场与社群的治理权力关系进一步法治化，排除法律规范中不合理的限制性障碍，创设符合共治秩序的法律条件，塑造治理权配置基础

① 有学者指出，"以简驭繁"的简约主义范式，是破解超大规模国家的复杂化治理困境，和使政府、市场、社会各归其位的首要定理。参见任剑涛：《国家治理的简约主义》，载《开放时代》2010 年第 7 期，第 75 页以下。

② 所谓化简社会复杂性，具体指的是国家通过治理技术对社会进行复杂性化简。参见任剑涛：《国家治理的简约主义》，载《开放时代》2010 年第 7 期，第 83 页以下。

③ 参见黄晓春、嵇欣：《技术治理的极限及其超越》，《社会科学》2016 年第 11 期，第 73 页。

④ 有学者认为，简约主义是我国现代法律体系建制的技术立场之一，但其中暗藏着"法律自给自足"心态和将法律视为国家主权行为附属产物的狭隘性观点。

⑤ 季卫东：《通往法治的道路：社会的多元化与权威体系》，法律出版社 2014 年版，第 88 页。

之上的融合性秩序。要解决治理权的创设、配置和平衡这一前提性问题，应借助于政治范畴上的价值标准和法律范畴上的规范标准，将复杂的治理权配置问题重新清晰化和再问题化。一方面，要遵循民主、平衡、效率等政治价值元素对治理秩序提出的赋权性制度要求，为政府、市场主体和社会力量构造出跨越公私界限的联结机制，促进它们在交互性关系中达成权力与权力的平衡，实现互惠与合作，增强治理秩序的开放性。另一方面，要根据安定、秩序、正义、自由等法律标准给法治体系设定的限权性制度要求，在坚守最低限度保守性、不消解或改变现代法治之本质性特征的前提下，[①] 生成多层次的制度体系，扩大法治秩序的开放性。这两个面向恰恰是当下中国法治现实主义立场的题中之义。[②]

以"限权—赋权"为中轴重塑法治秩序与治理秩序之间的新型协调关系，关键在于通过此种法治形态的包容性特征剔除以压制为特质的传统治理模式中的不合理因素，尤其是要打破政府、市场和社群各自坚守的唯己立场，形成关于治理对象、领域、时序和目标的法治共识，进而将此种法治形态之特质和要素通过规范性、程序化的法律机制渗透到共治结构与进程之中。这样设计，既能够最大限度地将市场主体、社群主体的治理参与从政治领域引流到社会管理和公共服务领域，增强共治的广度和幅度，也能最大限度地降低市场机制、社群机制带来的不确定性及其对法治的冲击，增强治理的韧度和深度。随着共治的深化，可以最大限度地压缩"先行先试""地方试验"等突破法律之治理方法的生长空间，用法治方式凝聚治理共识，真正将法治贯穿到治理全过程，避免法治的保守性给治理的多变性、灵活性和效率性造成过多阻碍，也不至于使治理过程持续不断地挑战法治秩序。

第三，发掘塑造"政府—社会—市场"三强结构的制度联结点，推进自上而下治理诉求与自下而上治理诉求的统一。推动国家治理体系现代化就是要确立社会公共利益的优先性，将发展的动力从政府的权力本位导向社会的权利本位，提升治理过程中市场资本、社会力量的参与度，直面几十年来中国利益格局的深层次变化。这一要求反映了当下国家治理实践在结构和规则体系维度的封闭性，也更直接地呈现了法治运行的逻辑或惯性，以及执政者关于法治发展方向的未来视野。立足于这种转变，需要确立政府、社群和市场各就其位、相互借力的三强结构，避免落入"大政府—小社会"或"小政府—大社会"的传统思维和政府、市场双双失灵的窘境；需要将制度建构焦点从职责的多少、清单的长短，转向治理责任和行为的规范化程度和效率之上。事实上，近年来的治理改革一直在围绕这个任务持续展开，相应的法律建制和政策拟定也稳步推进。可以说，从法治的立场出发，理顺治理中的诸种关系，已成为发展法治和观察治理的重要视角。但不容否定的是，制度供给和社会、市场的需求之间还存在很大差距，法治系统并

---

① 见程燎原：《中国法治思想的"突破"》，载《法商研究》2011 年第 3 期，第 8 页。
② 有学者认为，坚持"现实主义立场"对法治发展的战略目标尤为关键。也有学者指出，中国法治进程不能靠理想主义、激进主义的权利自由诉求来推进，必须诉诸互动平衡精神和务实策略，采取渐进主义的道路。参见张文显、郑成良、徐显明：《中国法理学：从何处来？到何处去？》，载《清华法学》2017 年第 3 期，第 40 页；马长山：《法治的平衡取向与渐进主义法治道路》，载《法学研究》2008 年第 4 期，第 23 页以下。

没有为愈发复杂的主体关系确立系统明晰且高效精准的制度性联结。因而，市场和社群也尚未成为国家治理结构中的基础性力量。①

当然，"政府—社会—市场"三强结构并非可以随意组合或拆分的体系，它受到一系列制度联结点的约束，承载着共治秩序中多元主体的差异化法律诉求。它虽然在本体论上强调"以人民为中心"的权力观，但其形式要件或实践形式包括自上而下和自下而上两种互斥的治理诉求。自上而下的治理诉求，源于我国总体性控制的惯性，强调政府对社会生活方方面面的渗透能力，表现为市场的行政化和社会的国家化。随着治理转型和改革深入，这种治理诉求的核心功能，已悄然转向确保政府在组织、推进国家建设的同时，能有效防范社会、市场中的不确定风险和道德危机。因此，它对法律的功能期待，是能够"控制压制并维护自己的完整性"。② 相反，自下而上的治理诉求，强调过去由政府控制的领域要适度向社会和市场开放，甚至退出。比如，通过行政审批事项改革来释放行政权力，激发市场主体自主竞争来化解市场经济中的难题，或者发挥社会调节在法律纠纷处理中的替代功能，通过资源、利益的合法交换，补充政府行政治理和法律调处的效果。这种治理诉求，是在社会发展过程中自下而上生发出来的，是以问题为导向的，因而也是面向改革和发展。它不仅是塑造新型民主政治的重要推手，更可能转化为推动法律制度发展的关键动力。所以，其对法律功能的期待是"回应各种社会需要和愿望"。③

欲推进上述两种治理诉求的统一，必须从法治的具体实践出发，发挥法律的制度联结功能，探寻两者的联结点。其一，要进一步突出政府在政策制定和供给方面的主导作用；其二，要更明确地彰显市场在资源配置方面的决定性；其三，要持续增强社会组织等力量在承接政府职能转移、供给公共服务和产品以及监督权力运行方面的重要作用。为此，一方面，应当确立关涉多元治理机制的授权性、禁止性、约束性的权力清单，发挥法律的区分功能，形塑"政府的归政府、市场的归市场、社会的归社会"的制度样态，尤其要注重产权制度、行业自律、契约合意、政府职能优化提效等方面的制度建设。另一方面，应发挥法律的整合功能，为多元主体的合作共治供给程序和条件，塑造政府、市场和社群相互支撑的制度样态，尤其要侧重于共治的组织化建设、政府的有效控制、市场普遍激励和社会自主灵活性等方面的制度建设。

塑造"政府—社会—市场"三强结构，并不是否定政府的元治理定位。共治秩序之塑造，无法绕开优化政府职能这一根本任务，尤其要发挥政府在经济调节、市场监管、社会管理、公共服务等领域的调控和供给能力。这些领域也是市场机制、社会机制生发的关键场域。如果忽视政府治理机制对社会生活的渗透和组织能力，容忍政府、社会和市场在某种程度上的模糊化，就不能保证治理的有效性，也将弱化政府在脱贫攻

---

① 在实践中，治理结构调整具有很强的保留性特征：政府对市场持续让权，但在很多领域仍保留政府定价权；中央对地方大规模放权，但保留宏观决策权或核心工作权；国家对社会有序赋权，但却保留关键的组织准入权。参见何艳玲、汪广龙：《中国转型秩序及其制度逻辑》，载《中国社会科学》2016年第6期，第53页以下。

②③ 诺内特、塞尔兹尼克：《转变中的法律与社会》，张志铭译，中国政法大学出版社1994年版，第16页。

坚、生态文明建设、市场改革等攻坚任务上的成效。法治之更新，需要区分整体与局部、改革与守恒、核心价值与工具价值，用法律凝聚改革共识、谋划发展，以防止共治进程中随时可能发生的离心风险。

第四，根据中国渐进式治理改革的实践逻辑确立法律建制的重心，走出法治发展的悖论陷阱。中国的渐进式治理改革与法治发展，在总体上保持着一种相互跟随的步调，即法治系统一直在方法创新、利益均衡、风险控制、体制调整等多维的治理政策复合情境中寻求突围或发展。在这个互动过程中，经济繁荣、秩序稳定和权利自由，是两个体系共同追求的终极目标，也是政府、市场和社群三重机制得以整合的目标基础。所有能增进这三重目标的手段都可能被制度化。但是，这三重目标及其实现过程，具有高度不确定性。这种不确定性正是源于法治体系的各种制度规范和治理体系的某些结构或机制缺陷。因此，目标背后隐藏的危机也可能因为制度化而被锁定下来。这既构成了中国治理改革的实践逻辑，也为法治体系演化设置了悖论陷阱。要走出这一陷阱，绝非亦步亦趋的倒逼式传统进路所能为之，需要根据治理的共治转向，做出引导性的法律设计。

基于这一判断，面向共治格局的法治形态的建制，应聚焦在以下几个方面：其一，为政府、市场和社群三重机制设置均衡协调发展的原则，以增强市场竞争、社会自治和政府监管能力，形成经济繁荣、秩序稳定和权利自由共生共进的结构性秩序框架。其二，以化繁为简为准则，将复杂驳杂的治理问题抽象化、简单化，为其提供一套以复杂性和不确定性为背景或条件的制度机制。尤其是，在一种机制失灵时，其他两种机制能够通过资源交换、互信互利、共识合意等方式予以弥补，跨越组织界限凝聚治理权威和规则意识。其三，最大限度地拉伸协商对话的时空维度，秉持一种开放性思路，吸纳治理改革实践中的利益、价值，推动私领域的利益诉求问题与公共领域的公平正义问题的融合性解决，[①] 塑造长效稳定的治理体系和公共精神。

---

① 发展累积的社会公平问题与新兴权利需求之间的冲突（如经济发展权与环境权冲突），以及因地区差异、产业转移、区域合作而产生的矛盾，都是多层次、多领域主体共同关注的紧要问题。

劳动保护与经济效率的权衡

——基于实地调研与文献证据的《劳动合同法》研究*

李井奎　朱林可　李　钧**

【摘　要】2008 年 1 月 1 日开始实施的《中华人民共和国劳动合同法》在立法前后即已引发了极大的争议。《劳动合同法》的立法宗旨或政策目标的重点在于加强对劳动者合法权益的保护，但一项法律的实际效果可能会和预期的政策目标不一致，甚至出现相悖的情形。对于是否保护了底层劳动者的合法权益以及这种保护是否在社会整体效率上得不偿失，不同专家间的观点存在很大差异。我们从经济学角度，并结合课题组的案例调查以及现有文献中的经验证据，全面分析《劳动合同法》的经济后果，希望能够以严密的经济逻辑和实际的调研考察来给出统一的分析。我们的基本结论如下：《劳动合同法》对市场劳动合约的一些干预是过度的，缺乏有效的经济学逻辑支持。《劳动合同法》的实施，确实较大幅度增加了企业的用工成本。作为对这一成本增加的反应，多数企业的劳动力需求下降，尤其是对底层的低技能劳动力。长期来看，劳动力需求下降必将导致劳动者工资收入增长放缓。此外，《劳动合同法》也导致了企业用工行为在多方面的转变，这些转变在一定程度上导致了市场交易成本的上升，整体经济效率的下降。

【关键词】《劳动合同法》；契约自由；无固定期限合同；劳务派遣；制度成本

一、引　　论

2008 年 1 月 1 日开始实施的《中华人民共和国劳动合同法》（下简称《劳动合同法》）在立法前后都引发了极大的争议①。如今将近九年时间过去了，这部法律是否合理？它的实施带来的经济后果如何？它是否实现了保护劳动者的立法目的？在 2015 年 1 月至 2016 年 7 月间，笔者在精心挑选调研样本的基础上，就这些问题调研了浙江、上海、广东、安徽、湖北和北京三十余家制造业与服务业企业，尝试着对这些问题作出

*　感谢匿名审稿人的宝贵意见！当然文责自负。原文发表于《东岳论丛》2017 年第 7 期。
**　李井奎，浙江财经大学经济学教授，经济学博士，中国政府管制研究院兼职研究员；朱林可，上海财经大学国际工商管理学院副教授，比利时鲁汶大学经济学博士；李钧，上海财经大学公共经济与管理学院博士研究生。
①　其中在这一领域有两位学者，他们观点不同，但比较有代表性，即中国人民大学的常凯教授和现任华东师范大学教授的董保华，参看：常凯：《常凯谈劳动合同法》，人民网，2007 年 11 月 26 日；董保华：《董保华谈劳动合同法》，人民网，2007 年 11 月 23 日。

回答①。

1995 年 1 月 1 日施行的《中华人民共和国劳动法》（以下简称《劳动法》），其中第三章为劳动合同和集体合同制度，对劳动合同的订立、履行、变更、解除、终止以及法律责任等作了原则性规定，我国开始全面实行劳动合同制度。自我国实施劳动合同制度以来，《劳动法》及其配套规章在规范和协调劳动关系过程中发挥了积极的作用。但劳动法对于劳动合同的规定过于原则和抽象，配套部门规章和地方法规规章又杂乱无章，效力层次低，规定不统一、不具体，存在难于操作和适用冲突等问题，已经不能适应市场经济的发展需要。在此背景下，《劳动合同法》的立法被提上议事日程。在经历了复杂的立法过程之后，《劳动合同法》在 2007 年 6 月 29 日全国人大常委会上全票通过。

相比于《劳动法》，《劳动合同法》在多方面有了改变，包括对签订书面合同的强调、对试用期的规定、对无固定期限合同签订条件的放宽、合同终止用人单位也需支付补偿金、对用人单位单方面解除劳动合同增加限制、对劳务派遣的规定等。争议的焦点，主要在两个方面。第一，《劳动合同法》是否对劳动者的保护过度倾斜？这尤其表现在解除合同方面。劳动者只要提前一个月书面通知用人单位，就可以解除合同，并且无需支付补偿金（有服务期约定的除外）。但是用人单位要单方面解除劳动合同，则要经历复杂的程序，并且需要支付不菲的补偿金。第二，《劳动合同法》是否过度干预了市场自由合约，尤其是用人单位的选择权？这主要表现在无固定期限合同的签订和对解除合同的限制等方面。

对于《劳动合同法》的实际效果，不同专家的观点差异很大②。本文试图从经济学角度，全面分析《劳动合同法》的经济后果，并结合课题组的案例调查以及现有文献中的经验证据，对上述问题作出回答。我们的基本结论如下：《劳动合同法》对市场劳动合约的一些干预是过度的，缺乏有效的经济学逻辑支持；《劳动合同法》的实施，确实较大幅度增加了企业的用工成本；作为对这一成本增加的反应，多数企业的劳动力需求下降，尤其是对底层的低技能劳动力；长期来看，劳动力需求下降必将导致劳动者工资收入增长放缓；此外，《劳动合同法》也导致了企业用工行为在多方面的转变，这些转变在一定程度上导致了市场交易成本的上升，整体经济效率的下降。

本文接下来的内容如下：第二部分介绍了我国劳动合同法律制度的历史沿革与时代背景；第三部分介绍了《劳动合同法》实施以来，支持和反对各方的主要观点，并介绍了部分关于法律实施效果的实证研究；第四部分是本文的核心部分，从经济学角度分析了法律的合理性，以及法律导致的实际经济后果，除了理论分析，这一部分还结合了课题组调研过程中发现的以及文献中已有的经验证据，为相关论点提供实证支持；第五

---

① 笔者最后形成的调研报告摘要，曾发表于 2015 年 9 月份的《财经》杂志上，受到了财政部楼继伟部长的肯定和批示。楼部长在批示中说："我国经济面临下行压力，只有根本性的结构性改革，提高要素市场的灵活性、流动性，才能走出困境。这篇论文分析了劳动合同法的弊端，请研究室加强研究，形成上报材料。"

② 这方面的文献请参看：王全兴：《〈劳动合同法〉实施后的劳动关系走向》，载《深圳大学学报（人文社会科学版）》2008 年第 3 期；杨宜勇、邢伟：《〈劳动合同法〉实施后的影响及建议》，载《宏观经济管理》2008 年第 5 期；张维迎：《〈劳动合同法〉损害工人利益，建议果断停止执行》，凤凰网，2009 年 2 月 8 日；常凯、邱婕：《中国劳动关系转型与劳动法治重点——从〈劳动合同法〉实施三周年谈起》，载《探索与争鸣》2011 年第 10 期；等等。

部分是结语。

二、中国劳动合同法律制度的演变

我国劳动合同法律制度的改革，是与国家朝向市场经济方向进行改革的过程中，针对其中出现的一系列社会经济问题而历时启动的。早在 1983 年 2 月 22 日，劳动人事部即发布了《关于积极试行劳动合同制的通知》，国家开始在国营企业进行劳动合同制度的改革和试点工作。其目的在于改掉国营企业存在的"终身制""铁饭碗""大锅饭"等严重弊病。1986 年 7 月 12 日，国务院发布《国营企业实行劳动合同制暂行规定》（1986 年 10 月 1 日起施行），我国国营企业全面统一施行劳动合同制度。

1994 年 7 月 5 日公布，1995 年 1 月 1 日施行的《中华人民共和国劳动法》，其中第三章为劳动合同和集体合同制度，对劳动合同的订立、履行、变更、解除、终止以及法律责任等作了原则性规定，我国开始全面实行劳动合同制度。《劳动法》出台后，原劳动部相继出台了《企业经济性裁减人员规定》（1994 年 11 月 14 日）、《违反和解除劳动合同的经济补偿办法》（1994 年 12 月 3 日）、《违反〈劳动法〉有关劳动合同规定的赔偿办法》（1995 年 5 月 10 日）、《关于贯彻执行〈中华人民共和国劳动法〉若干问题的意见》（1995 年 8 月 11 日）、《关于实行劳动合同制度若干问题的通知》（1996 年 10 月 31 日）、《关于企业职工流动若干问题的通知》（1996 年 10 月 31 日）、《关于加强劳动合同管理完善劳动合同制度的通知》（1997 年 4 月 3 日）等配套规章。全国有 20 多个省、自治区、直辖市颁布了劳动合同方面的地方性法规和地方政府规章，与劳动合同制度有关的政策法规体系已初步形成。

自我国实施劳动合同制度以来，《劳动法》及其配套规章在规范和协调劳动关系过程中发挥了积极的作用。但劳动法对于劳动合同的规定过于原则和抽象，配套部门规章和地方法规规章又杂乱无章，效力层次低，规定不统一、不具体，存在难于操作和适用冲突等问题，已经不能适应市场经济的发展需要。1998 年国家劳动保障部成立后，便将劳动合同立法列入 21 世纪头十年中期的劳动保障立法规划。同时，在《劳动法》出台后的十年间，由于城镇新增就业人口、下岗人员再就业、农村富余劳动力转移，形成了我国劳动力供大于求的基本格局。在此情况下，有些地方的确出现了一些用人单位不与劳动者签订劳动合同、随意解除劳动关系、滥用试用期、为逃避法定义务签订短期劳动合同、限制劳动者自由择业和合理流动等问题。2005 年 10 月，全国人大常委会展开《劳动法》执法大检查，重点检查签订和执行劳动合同、落实和完善最低工资制度和实施社会保险等问题，结果发现《劳动法》施行情况不容乐观。对此，全国人大常委会提出了制定《劳动合同法》的建议。2006 年 3 月 20 日，《劳动合同法草案》开始向全社会公布征求意见。这是我国自成立以来向社会公开征求意见的第五部法律，引起了全国人民的高度关注。2006 年 4 月 21 日，全国人大常委会办公厅就劳动合同法草案征求意见的情况召开新闻发布会，介绍了这次征求意见的情况。截至 4 月 20 日，共收到各地群众意见 191 849 件。在之后几年的全国人大会议上，不少代表提出议案与建议，要求细化劳动法有关劳动合同的规定，尽早出台一部劳动合同法，专门规范市场经济条件下的劳动合同制度，对劳动合同的订立、履行、解除、终止，以及相应的法律责任等作出明确具体的规定。这就是我国要出台劳动合同法的背景。

2006年12月26日，已经历经一年修改的《劳动合同法草案》（第二稿）提交全国人大常委会审议，各方代表对这一稿的意见分歧依然很大，但争议的焦点已经集中到了劳务派遣、终止劳动合同的经济补偿和无固定期限劳动合同等问题上①。2007年4月20日，《劳动合同法（草案）》（第三稿）提交全国人大常委会审议。一般的法律在三审的时候都能通过，然而这部《劳动合同法（草案）》到了第三稿的时候，在试用期、服务期以及就业限制等焦点问题上，各方面仍没达成一致意见，第三稿的讨论仍然激烈。在法案的讨论过程中，相关利益主体的立场鲜明，利益诉求明确。在华外国商会以及20余家美资企业纷纷上书相关部门，威胁撤资，要挟中国维持劳动力低水平保护，资方对该法草案的抵制态度十分明显。

2007年5月，山西省一些地方"黑砖窑"的现象被披露，引起了社会舆论的强烈关注。起初，山西省一些地方的公安机关根据群众举报，在运城、临汾和晋城一带查处了几处涉嫌非法用工的黑砖窑。在搜查过程中，发现这些黑砖窑存在着拐骗农民工、限制人身自由、雇用童工，甚至殴打农民工致人死亡的严重违法犯罪行为。山西"黑砖窑"事件不仅使《劳动合同法》条文发生了修改，更直接推动了《劳动合同法》在2007年6月29日全国人大常委会上全票通过。

《劳动合同法》实施后，各方对该法律的条款解读和运用存在颇多争议②。为了完善和补充《劳动合同法》，2008年9月18日《劳动合同法实施条例》正式出台。2012年12月28日第十一届全国人民代表大会常务委员会第三十次会议通过了《全国人民代表大会常务委员会关于修改〈中华人民共和国劳动合同法〉的决定》，针对劳动合同以及劳务派遣协议的相关条款进行了修改，该决定自2013年7月1日起施行。

三、关于我国劳动合同法律制度的文献思考

《劳动合同法》在开篇第一条便对立法宗旨进行了阐述：为了完善劳动合同制度，明确劳动合同双方当事人的权利和义务，保护劳动者的合法权益，构建和发展和谐稳定的劳动关系，制定本法。即立法宗旨或政策目标的重点在于加强对劳动者合法权益的保护，但一项法律的实际效果可能会和预期的政策目标不一致，甚至出现相悖的情形。对于是否保护了底层劳动者的合法权益，不同专家间的观点存在很大差异。

中华全国总工会法律工作部部长刘继臣（2007）③认为，《劳动合同法》承袭了《劳动法》的规定，对劳动者的合法权益做了一些倾斜性的规定，这种倾斜不会影响到

---

① 信春鹰：《信春鹰谈劳动合同法立法背景》，2007年12月17日法制网；谢增毅：《〈劳动合同法〉的背景、内容及实施》，载《今日中国论坛》2008年第1期。
② 李亮山：《〈劳动合同法〉争议分析》，载《经济论坛》2008年第8期。
③ 刘继臣：《不存在劳动者权益保护过头问题》，载《第一财经日报》2007年7月3日。

企业的利益。中华全国总工会书记处书记张鸣起（2008）[1] 认为，由于现实中资本的稀缺和劳动力的过剩，劳动者往往在市场中处于弱势地位，法律在对其保护上予以倾斜，恰好是为了使双方地位更加平等。《劳动合同法》的立法宗旨较好体现了劳动合同法的社会属性，利于匡正劳动关系中业已存在的主体地位失衡等时弊。向文波（2008）[2] 指出《劳动合同法》符合国际惯例，该法的执行能够增强员工的安全感，提高员工的稳定性，充分调动员工积极性和激发员工的潜能。常凯（2007）[3] 认为《劳动合同法》关注了最一般劳动者的利益，是以底层劳动者保护作为保护重点的。关于必须签订劳动合同、无固定期限劳动合同以及非全日制用工的条款，这些都是当前底层劳动者迫切需要解决的问题。

有一些法律学者对此持反对态度。董保华（2007）[4] 将劳动者分为四个层次：第一层为总经理、董事长等公司高管，第二层为一般性的白领和专业技术管理人员，第三层为制造业个人，第四层为失业、半失业和非正规就业的劳动者。其中，第一和第二层都没什么大问题，重点保护是在第三和第四层次上，但《劳动合同法》并未找准问题。董保华认为《劳动合同法》对普通底层劳动者的利益和对企业的利益都照顾不周，法律相当不完善。并不是简单地抑制资本就可保护劳动者，《劳动合同法》有利于第一、第二两个层次，社会底层并未从中受益。同时，在贯彻《劳动合同法》中，大企业和好企业都会紧张，小企业和差企业无紧张感，因为小企业在执行不了的情况下可以选择关闭企业，这样最终吃亏的是劳动者。王一江（2008）[5] 呼吁全国人民代表大会尽快通过补充立法，宣布对中小企业实施免除《劳动合同法》。中小企业家和最底层劳动者一样都是弱势群体，实施《劳动合同法》会导致中小企业成本增加，经营灵活性下降，导致众多中小企业的生存和发展更加困难，结果不但会损害广大中小企业的利益，同时也会损害最底层劳动者的利益，导致立法的实际效果和立法初衷背道而驰。张维迎（2009）[6] 指出，《劳动合同法》让工人找工作更难，损害了工人阶级的利益，政策结果与目标背道而驰，建议果断停止执行《劳动合同法》。张五常（2008）[7] 认为近年中国低收入者的收入快速增长，这是市场自由合约选择的结果，新劳动法的实施可能会阻碍这种上升趋势。

也有一些学者对此持中立态度。《劳动合同法》作为一部典型的权利倾斜性配置的法律（应飞虎，2008），在当前形势及经济体制下是必要的。但立法者应该考虑到这种倾斜性配置可能产生的显性和隐性的后果并尽可能予以解决，同时应针对不同劳动者弱势地位的横向差异，考虑选择不同的权利倾斜。

---

① 张鸣起：《劳动合同法与和谐劳动关系建设》，中国网，2008 年 4 月 21 日。
② 向文波：《坚决实施劳动合同法促进企业和谐》，载《人民日报》2008 年 3 月 18 日。
③ 常凯：《常凯谈劳动合同法》，人民网，2007 年 11 月 26 日。
④ 董保华：《董保华谈劳动合同法》，人民网，2007 年 11 月 23 日。
⑤ 王一江：《呼吁对中小企业免除〈劳动合同法〉》，新浪网，2008 年 2 月。
⑥ 张维迎：《〈劳动合同法〉损害工人利益，建议果断停止执行》，凤凰网，2009 年 2 月 8 日。
⑦ 张五常：《灾难的先兆——三论新劳动法》，新浪博客，2008 年 1 月 15 日。

此外，不少学者从实证的角度对《劳动合同法》进行了大量研究。丁守海（2010）[1] 使用基于粤闽两省的企业调查数据，采用自然实验方法下的双重差分模型，分析比较了 2007－2008 年提高最低工资标准的就业后果。《劳动合同法》的颁布压缩了企业对最低工资规定的回旋空间，强化了最低工资规定的执行力度，这使得最低工资规定对农民工就业冲击扩大。在劳动管制政策体系中，各项措施的就业后果是相互依赖的，《劳动合同法》对就业的影响不一定非要通过直接的方式来实现，他完全可以通过强化其他管制措施的效果来间接实现。常凯和邱婕（2011）[2] 认为《劳动合同法》的颁布和实施是中国劳动关系发展史和法治史上的一个重要里程碑。《劳动合同法》的实施有力推动了我国整体劳动关系的转型，促进了劳动合同制度的完善。根据北京大学社会学系和全国总工会的调研数据显示，劳动合同签订率和续签率稳步上升，短期化得到有效遏制。《劳动合同法》的实施是对全社会的一次劳动法普法宣传和教育，劳动法治意识和劳工意识显著提高，劳动争议"井喷"，尤其是集体劳动争议和工人的集体行动大幅增长，推动着我国从个别劳动关系向集体劳动关系快速转型。姜颖和杨欣（2011）[3] 利用"劳动合同法实施效果研究"课题组的调研数据进行分析，得出以下结论：有近一半企业的劳务派遣用工小幅甚至大幅增加，劳务派遣用工的岗位除了基本性主营岗位和临时岗位外，还包括技术性岗位和管理性岗位。《劳动合同法》的初衷是对劳务派遣加以规范，但由于通过标准劳动关系对其施加的管理成本远高于劳务派遣，其构建的不均衡管制使企业在利益博弈之下选择更多的劳务派遣。张继彤（2009）[4] 采用调查问卷和网络调查相结合的方式，对《劳动合同法》的成本效应进行了分析，得出如下结论：因实施《劳动合同法》所带来的成本增幅在不同的企业存在较大差异。从规模角度看，对小规模企业影响较大；从所有制角度看，对私营企业影响较大；从行业看，对服务业、建筑业等影响较大。李钢、沈可挺和郭朝先（2009）[5] 通过在深圳和杭州等地进行调研，对《劳动合同法》实施后劳动密集型产业竞争力提升问题进行了研究，发现《劳动合同法》的实施并未增加守法企业的用工成本，且因规定对高薪员工经济补偿的封顶，成本有所下降；但对于原来用工不规范的企业有较大影响，他们有较强的抵触情绪。工资上涨不是《劳动合同法》实施的后果，而是劳动力市场供求关系发生转变的结果。《劳动合同法》规定通过再培训和换岗后仍不能胜任的员工才可以解聘，这影响了企业内部正常的管理和其他员工的工作情绪。陈炜和刘阳阳（2010）[6] 采用模型和计

① 丁守海：《最低工资管制的就业效应分析——兼论〈劳动合同法〉的交互影响》，载《中国社会科学》2010 年第 1 期。

② 常凯、邱婕：《中国劳动关系转型与劳动法治重点——从〈劳动合同法〉实施三周年谈起》，载《探索与争鸣》2011 年第 10 期。

③ 姜颖、杨欣：《论劳务派遣中劳动者权益保障——基于"劳动合同法调研问卷"的实证分析》，载《国家行政学院学报》2011 年第 2 期。

④ 张继彤：《劳动合同法的成本效应分析》，载《经济学家》2009 年第 3 期。

⑤ 李钢、沈可挺、郭朝先：《中国劳动密集型产业竞争力提升出路何在——新〈劳动合同法〉实施后的调研》，载《中国工业经济》2009 年第 9 期。

⑥ 陈炜、刘阳阳：《劳动合同对进城务工人员收入影响的有效性分析》，载《经济学（季刊）》2010 年第 2 期。

量分析相结合的方式，得出如下结论：《劳动合同法》对进城务工人员中相对高端的人群有较大影响，提高了他们的收入。因为他们接受过良好的教育和更多的职业培训，企业和他们签订劳动合同可以提高生产效率，同时员工的收入也会提高，实现企业和员工的帕累托改进。但对于进城务工人员中低端的那一部分，他们获得合同的概率很低，即使他们获得了劳动合同，当企业因此而发生亏损时，在合同到期后企业可能会选择不再续签。封进（2013）① 认为《劳动合同法》明确规定社会保险征缴范围为各类所有制企业和职工，但社会保障的参保率增长仍较为缓慢，截至 2010 年底参加社会养老保险的职工占城镇就业人数的比例仍低于 60%，其他社会保险项目的参保率更低。姚先国（2011）② 对《劳动合同法》实施近三年的情况作了回顾总结，认为当初拥护者和反对者的预期均未实现。《劳动合同法》的颁布和实施增强了劳动者的法律意识和维权意识，这对于协调劳动关系和处理劳资矛盾具有很重要的长期意义。在实施过程中，存在一些不容乐观的情形，例如大量中小企业和微型企业的劳动合同签约率仍然很低。通过调查了解到，即使签了劳动合同，但由于大量格式化合同、信息不对称、劳动者对合同不了解等，导致劳动者的合法权益仍未必得到保障。根本原因不仅在于《劳动合同法》某些规定与现实脱节，更在于《劳动合同法》权利关系调整所受到的社会经济关系的制约，只有从社会改革、完善社会主义市场经济体制入手，加快发展方式转变，才能为和谐劳动关系、和谐社会构建创造良好的条件与体制基础。

四、《劳动合同法》的经济学分析

如上所述，《劳动合同法》出台以来，各方观点争议不断。但是真正从经济学的角度对这一问题进行全面分析的研究尚很少见。本文接下来就尝试进行这一工作。我们首先从经济学角度探讨了，在何种情况下法律干预市场劳动合约是合理的，而在何种情况下是不合理的。然后，我们从多个角度分析了《劳动合同法》对企业行为的影响，以及由此导致的经济后果。

（一）法律是否应干预劳动市场合约？

1. 基于经济学原理的一般性分析

市场是人们之间交易关系的总和。人们交易的不是物品，而是他们所拥有的权利，因此清楚的权利界定是交易的前提条件。权利的界定和执行，是政府的核心功能。在这个意义上，政府和市场从来都是不可分离的。人们之间的权利交换就涉及合约。在一些情况下，合约可能是简单的甚至不成文的，比如我们到超市购买日常消费品。此时，合约（不成文的）作为对交易有关方面的规定，只涉及价格和交易的数量。对这样的市

---

① 封进：《中国城镇职工社会保险制度的参与激励》，载《经济研究》2013 年第 7 期。
② 姚先国：《权利的边界——反思〈劳动合同法〉》，载《经济学动态》2011 年第 5 期。

场合约，政府可能的干预措施也很简单，一般表现为价格管制或配额限制。在当今市场经济国家，直接的价格管制或配额限制的手段已经很少采用。

在另外一些情况下，交易可能涉及权利的不完全转让，比如在租赁和雇用情况下。此时，合约就需要对交易所涉及的权利转让的具体内容进行较为详细的规定，因此合约的条款数量就会增加，涉及的方面也会增加。对于这种具有结构性的合约，政府的干预手段就比较多样化，可以涉及价格、数量、交易条件、合约期限、解除方式、违约责任等方面。显然，《劳动合同法》涉及的管制内容包含以上所有方面。

关于价格管制或配额的经济后果，经济学中已经有比较标准的结论。它们造成的经济效率方面的损失，也已经相对广为人知。这可能是这些措施在现代市场经济国家已经很少采用的原因。但是对于具有结构性的合约（如劳动合同）的管制带来的经济后果，经济学的研究还相对有限。就一般原则而言，由于存在交易费用，经济学并不认为政府干预市场合约总是错误的。当涉及的市场交易费用太高时，某种形式的政府干预可能是有效的。下面从经济学的角度分析，在什么情况下政府干预劳动合约可能是有效的，而在什么情况下，这种有效性是值得怀疑的。

《劳动合同法》涉及对劳动合同的订立、履行、变更、终止、解除等方面的规定，某种程度上可以理解为一个集体合同，其适用范围内的所有劳动合同不能违背这一集体合同的标准。《劳动合同法》的立法过程可以理解为是相关利益各方参与这一集体合同的谈判过程。因此，现在的问题是，在什么情况下，用一个集体合同（在某些条款上）替代私人自由契约可能是有效的？

第一，从收入分配的角度来说，如果我们认为通过私人谈判达成的契约可能在收入分配上是不公平的，则有可能通过集体谈判改变这一情况。因为在集体谈判中，合约双方（比如说企业和劳动者）之间的谈判地位和谈判能力可能会发生转变。一般认为，在私人谈判中，劳动者可能处于弱势地位。而在像《劳动合同法》立法这样的集体谈判中，则（据认为）代表劳动者利益的一方可能拥有更强的谈判地位。很难从一般原则上评判这一视角，因为涉及价值判断。但是我们仍然需要考虑与价值判断无关的以下问题：其一，是否存在其他成本更低的达到收入重新分配的方案？其二，《劳动合同法》的一些具体条款，是否真的有助于达到这一目的？第一个问题的回答，涉及对《劳动合同法》带来的经济成本的分析，并将这一成本与其他能带来同样收入重新分配效果的方案进行比较。本文后续的内容将涉及对法律的经济成本的分析，而与其他方案的比较则留待进一步研究。对第二个问题，我们需要分析法律的实际经济效果。它是否有助于提高劳动者实际收益？这一收益在不同类型的劳动者之间是如何分配的？是否存在某些劳动者可能受损的情况出现？对这些问题的回答，是本文这一部分接下来的重点之一。

第二，考虑到人的有限理性，法律可能需要限制人的某些自由选择。禁毒是这方面的显著例子。在劳动合同方面，出于保护劳动者人身安全的考虑，法律可能强制劳动者不能参与某些特定条件下的劳动。比如《劳动法》规定了女职工和未成年工禁止参与某些危险或高强度的体力劳动。确实，在某些条件下，作为某个团体代表的立法者可能比团体中的个体更理性。但是这一点只适用于防止个体做出某些公认的非理性选择。更多的情况下，劳动者面对的选择涉及工资、工作时间、合同期限等具体问题。这些选择的理性与否，要视具体的情况而定，一般来说立法者不可能掌握这些具体情况。因此，即使考虑到有限理性，也应该允许个体根据他们所处的具体情况，自由做出选择。事实上，这正是市场经济比计划经济更有效率的一个关键理由。

第三，劳动者在签订合同的时候可能缺乏一些必要的信息，或者获取这些信息的成本过高，例如关于某一工作环境对健康是否有害的信息。在这种情况下，信息作为公共物品可能需要政府来出面提供。如果将这些信息传递给劳动者的成本过高，则政府可以直接制定关于劳动环境的法律标准，并加以强制实施。但是同样，只有在涉及专业化信息的时候（例如对合同的格式化条款的提供），集体谈判的参与者才有可能比劳动者拥有更多的信息。在涉及工资、工作时间等经济选择的时候，显然劳动者本人比集体谈判的参与者掌握更多的信息（如劳动者本人的偏好、能力、其他工作机会等）。

第四，外部性是政府干预市场的常见理由，禁止使用童工是这方面的一个例子。儿童没有自由选择的权利，父母可能出于一己私利让儿童参与劳动，而这可能损害了儿童的长远利益，进而损害社会的长远利益。但是在多数情况下，劳动合同中涉及的外部性问题是不严重的，因为劳动力和相关的企业资产的产权都是相对容易界定清楚并得到执行的，而外部性问题只有在权利没有得到清楚界定的情况下才会出现。

从上述讨论可见，并不存在很强地从经济效率的角度干预劳动市场合约的理由。事实上，支持《劳动合同法》的人士也大多是从公平的角度论证其合理性的（除了关于防止劳动合同短期化的考虑之外，下面会讨论这一点）。的确，以市场自由合约代替僵化的集体合约，正是市场化改革的核心内容，其中价格的自由化只是合约自由化的一个方面而已。为什么市场自由合约往往更具有效率？最根本的理由在于，自由选择所导致的合约形式的灵活性，保障了合约能适应相关交易的具体情况，使得交易费用最小化，交易收益最大化。例如，《劳动合同法》的一个立法意图是使标准工时制成为一种规范，而非标准工时制只有经过地方政府审批才能采用。这导致一些需要大量使用不定时劳动的企业（例如新东方）所面对的交易费用大大提高。此外，《劳动合同法》限制企业的选择，实际上也是在限制劳动者的选择，这导致了一些对双方都有利可图的交易无法达成。例如对最低工资和加班工资的规定，这导致一些愿意以低于最低工资工作的低技能劳动者无法找到工作，以及愿意以更低工资接受加班的劳动者无法加班。

2. 关于无固定期限合同和解雇保护条款的讨论

《劳动合同法》的核心立法意图之一，是解决劳动合同的短期化问题，稳定劳动关系，这表现在对无固定期限合同的签订条件的放宽，以及对合同终止和解除的限制性规定等方面。为什么认为长期合同比短期合同更优？支持者的观点一般认为，长期合同给劳动者提供了安全感和归属感，有助于提高劳动者的积极性和忠诚度。此外，长期合同带来的稳定预期，也有助于劳动者和企业增加对劳动者人力资本的投资。这种观点的问题在于，如果长期合同能带来如上所述的效率的提高，市场的有关各方为什么不会自愿选择长期合同，而需要法律来加以强制呢？

以长期合同促进人力资本投资的观点为例。劳动者的生产效率会随着人力资本的投资而增加，这种投资包括两种类型。一种是一般性的人力资本，如英语能力、使用文字处理软件的能力等。一般来说这种类型的投资由劳动者自己支付投资成本，并且无须长期合约的保障。因为即使被一家企业解雇，这些投资也会增加其在其他企业的工作机会和待遇。而企业一般不愿意对劳动者做这类投资，除非企业有劳动者长期在企业工作的保障。显然《劳动合同法》中关于无固定期限合同和对企业方终止、解除合同的限制并不是意在为企业提供这样的保障，因为即使签订了无固定期限合同，劳动者的离职成本并没有增加。当然，《劳动合同法》也允许企业在给员工提供培训的同时与员工约定服务期，但是这与劳动合同是否是长期的无关。除了这种一般性人力资本投资，还存在一种专用性人力资本投资，即这种投资所产生的收益是专用于劳动者所在的企业的。这种投资的例子有：教会员工使用只有当前的工作场所才有的某种独一无二的机器设备；让员工了解未来的各种工作场景中可能需要接触到的特定流程及相关人员等。对这种专用性的人力资本，企业有很强的动机进行投资，当然这也要以接受培训后的员工预期能长期留在企业为前提。同样，《劳动合同法》并没有特别为企业提供这方面的保障。对于员工而言，《劳动合同法》关于无固定期限和解雇保护的规定，确实有助于提高他们投资于企业专用的人力资本的动机（所谓归属感或忠诚度提高）。现在的问题是，这种动机的提高价值有多大？是否能弥补它所带来的成本的增加？

首先，对美国的研究表明，雇主事实上承担着大部分的员工培训成本，当然，同时也享受着大部分培训收益（因为员工接受培训后，生产效率提高了，但工资增加较少）[1]。这表明，员工在企业专用性人力资本投资中所占的投入比重并不大，因此提高其在这方面的积极性带来的收益可能也有限。其次，如果为员工提供稳定的工作预期，确实有助于提高员工的积极性，并且由此带来的收益足够大，那么企业自身就会有积极性为员工提供这种保障，包括与员工签订长期合约，以及制定内部的关于不得随意解雇员工的规章制度。事实上，在20世纪60～70年代，在一些欧洲国家实行解雇保护法律（其中包括无固定期限合同等方面的规定）以前，很多企业已经采用了法律后来所规定的解雇规则和程序[2]。美国的研究也表明，在经济衰退期间，最不容易被解雇的员工往往是技能水平最高，同时在职年限最长的那些人[3]。这些证据表明，市场有动力为员工提供进行专用性人力资本投资的激励和保障。

与市场所提供的灵活解决方案相比，通过《劳动合同法》强行延长合同期限和提高解雇成本带来的问题是，它没有为企业提供根据具体情况来权衡成本和收益的空间。这意味着人为获得的稳定劳动关系是以企业管理成本上升，劳动者工作积极性下降为代价的，而且这种成本可能超过了立法者预期会产生的其他收益。

---

①③　罗纳德·伊兰伯格、罗伯特·斯密斯著：《现代劳动经济学：理论与公共政策》（第10版），刘昕译，中国人民大学出版社2011年版，第143、145页。

②　冈特·施密德等著：《劳动力市场政策评估国际手册》，杨伟译，中国人民大学出版社2014年版，第440页。

（二）《劳动合同法》的经济后果

1. 用工成本增加

我们在调研过程中发现，所有被调查企业都认为《劳动合同法》的实施带来了成本的增加，这也印证了相当多实证文献的结论。张继彤（2009）发现，平均而言，企业预期的成本增加为14.7%，幅度相当大。从所有制类型看，国有独资企业预期成本增加最小，为1.6%，而私营企业最高，为17.58%。这种差异可以解释为国有独资企业原来用工就较为规范，福利待遇高。《劳动合同法》实施后，不必增加新的管理岗位，也不必在劳动合同方面增加新的投入。而私营企业原来用工可能不太规范，需要重新规范的事项较多。从企业规模角度看，大型企业预期成本增加为1.2%，中型企业为3.1%，小型企业为18.9%，微型企业为20.2%。背后的原因也应该是中小型企业面对执法力度大幅提高的《劳动合同法》，其遵从成本大大提高。从行业分布来看，劳动密集型行业面对的成本增加最多。如制造业，预期成本增加14.8%，建筑业预期增加19.2%，批发、零售业预期增加16.2%。而对金融业、IT行业这些高端行业来说，则预期成本增加不大。程延园和杨柳（2010）的调查也得到了与上述类似的发现。

下面我们来具体分析《劳动合同法》给企业带来的成本增加的表现形式。第一，《劳动合同法》大大加强了对企业签订书面合同的要求，并且将缴纳社会保险费纳入合同的必备条款，落实该条款会使之前不交或少交社保的企业增加成本。Becker and Elfstrom（2010）[1]的调查发现，受调查工人的劳动合同签订率从法律实施前的53%上升到了60%。与此对应的，工人的工伤保险参与率也从39.5%上升到了49.%。不过他们的调查也发现，劳动合同签订率随着劳动者年龄的上升而下降。16~24岁的劳动者，劳动合同签订率达66%，而41~52岁的劳动者，签订率只有56%。在这个意义上，《劳动合同法》更多保护了年轻劳动者。

第二，《劳动合同法》增加了企业使用试用期员工的成本。这表现在对试用期工资、期限的规定上，也表现在试用期解雇难度的提高上。

第三，《劳动合同法》增加了企业调整劳动合同的难度。《劳动合同法》第三十五条规定，用人单位变更劳动合同，必须与劳动者协商一致。这意味着，在劳动合同执行期间，用人单位要调整劳动者工资或岗位等，都需要征得劳动者同意。这意味着企业管理难度的增加。在调研过程中，企业对这一点的反映是比较强烈的。

第四，《劳动合同法》规定，劳动合同终止的时候，用人单位不再续签的也需要对劳动者支付经济补偿金。这一点在原《劳动法》中是没有的。这一条的立法意图，是希望降低企业通过签订短期合同来规避解雇成本的动机。

第五，《劳动合同法》提高了企业解雇员工的难度。尤其是在劳动者不胜任工作的

---

① Jeffrey Becker and Manfred Elfstrom, 2010, International Labor Rights Forum, the impact of China's labor contract law on workers.

时候，法律要求必须先对劳动者进行培训或调整工作岗位，仍不能胜任的，才能解除合同。在调研中，企业对这一规定的意见是比较大的。因为这意味着企业要解雇员工，首先要提供其不胜任工作的证据。而对有些工作岗位来说，其绩效考核主观性较强，很难在发生劳动争议的时候提供客观证据。事实上，为了应对这一问题，很多企业加强了对员工的绩效考核制度。其次，即使能证明员工不胜任工作，仍需要花几个月的时间对员工进行培训或转岗，这对守法企业来说成本是相当高的。而且在这个过程中，对员工积极性和团队氛围的影响也是很大的。最后，即使在解除劳动合同之后，如果员工通过劳动仲裁证明企业存在违法解雇的情况，《劳动合同法》第四十八条还规定，员工可以选择要求企业继续履行劳动合同。调研中，一些企业表示这一规定并不合理。因为在这种情况下，一些个性比较强的员工如果选择继续回公司上班，会对公司工作氛围产生很大影响。

第六，《劳动合同法》对劳动者单方面解除劳动合同的限制是相当少的。虽然第三十七条规定了劳动者需要提前三十日以书面形式通知用人单位，方能解除合同。但在实际操作中，很多劳动者没有履行这一义务，而用人单位也很难找到有效的措施去限制这一行为。在调研中，TCL集团的人力资源部门告诉我们，在劳动者离职方面法律没有有效的措施去制约劳动者，没有经济手段，也不可以收取押金。这导致每个月企业发工资之后，员工离职率就大幅上升。不辞而别占离职人数的25%，最高达到40%。此外，员工不辞而别之后，企业还要发解除通知，不然可能引发劳动者后续回公司声称劳动关系未解除，要求企业补偿等风险。这一问题带来的成本增加，一方面表现在劳动者突然离职给企业带来的损失，另一方面会导致企业减少对员工的人力资本投资，导致效率的损失。

第七，《劳动合同法》导致劳动争议大幅上升。《劳动合同法》推出之后，引发了社会的极大关注，这也导致劳动者维权意识上升。此外，法律的高标准导致企业守法成本增加，因此出现违法或者有争议行为的可能性也增加。最后，劳动者维权成本也相对较低。这些因素都推高了劳动争议案件的上升，导致企业在这方面的成本上升。《劳动合同法》实施伊始，据广东省高院关于劳动争议案件的调查显示，2008年第一季度珠三角地区法院受理的劳动争议案件大幅增加。其中深圳、东莞、广州等地分别比去年同期增加126%、132%、92%。深圳市劳动争议仲裁院受理案件同比去年增长2.5倍以上。

第八，《劳动合同法》加强了对使用劳务派遣员工的限制。一方面被派遣员工要求享受同工同酬的待遇，另一方面解雇派遣员工的难度也加大了。尤其是法律对使用派遣员工占总员工数的比例作了严格限制，要求在10%以内。这些规定的出发点是为了限制企业通过增加使用派遣员工来规避《劳动合同法》带来的用工成本增加。但是"一刀切"的比例限制，导致一些在合理范围内使用劳务派遣的企业也受到了影响，导致他们的用工成本和风险的增加。

第九，《劳动合同法》提高了加班工资的标准，这也导致企业用工成本的增加。

第十，《劳动合同法》规定企业使用非标准工时制，需要经过相关部门审批。在调研中，我们发现一些地方政府在审批过程中故意增加难度，导致企业成本的上升。

综上所述，《劳动合同法》在多方面导致企业用工成本的增加。接下来，我们分析这一成本的增加所导致的一系列经济后果。

2. 劳动者货币工资增长放缓

一些观点认为，《劳动合同法》将有助于用人单位和劳动者之间的收入重新分配，导致劳动者收入上升，进而有助于增加消费，促进经济增长。这一观点是不符合经济学常识的。确实，如上面的分析所指出的，《劳动合同法》关于试用期工资和加班工资的规定，在得到严格执行的情况下，会导致部分劳动者货币工资收入的增加。但是这些收入只占劳动者全部工资收入的一小部分。整体而言，劳动者的工资收入在《劳动合同法》得到严格执行的情况下应该是趋于下降的（在其他经济条件不变的情况下）。当然，由于中国经济在高速增长，这本身会导致劳动者工资的上升。因此，《劳动合同法》实施的实际效果应该是导致劳动工资上升的势头放缓。这也是经济学家张五常的观点。

这一观点背后的经济学逻辑是简单的。前面的分析指出，《劳动合同法》导致企业用工成本增加。这些成本大多是劳动者货币工资之外的成本。这些成本的增加会导致企业在相同工资水平下的劳动力需求下降。而对劳动者来说，《劳动合同法》提供了更多保障，因此在相同工资水平下，劳动力的供给会增加。需求下降，供给增加的结果，自然是导致劳动者货币工资的下降。当然，这一分析假设了货币工资是可以灵活调整的。在短期内，一般认为货币工资具有向下调整的刚性。因此《劳动合同法》在短期内的效应，是导致企业雇佣劳动者数量的减少。而在长期内，则导致劳动者工资的下降（或增长趋势的放缓）。

上述分析符合经济学的基本原理，但是要具体检验这一判断是否符合现实，难度是比较大的。《劳动合同法》从 2008 年 1 月 1 日起开始实施，而全球金融危机也在那个时候爆发。所以很难判断中国劳动力工资水平增长的放缓在多大程度上是由于法律实施导致的。尽管如此，我们还是可以从另一角度理解上述逻辑的合理性。我们知道根据法律规定，企业必须给员工缴纳社会保险。这一社保成本占员工工资的比重在 30% 左右，对很多企业来说都是一笔巨额的负担。事实上，在很多情况下，劳动者本人也不希望缴纳社保。一方面是因为缺乏信任感，另一方面是因为社保体系存在制度上的缺陷，难以实现跨地区的转移。在这种情况下，现实中就出现一些企业与员工达成私下协议，通过给员工多支付工资的方式，使员工自愿放弃社会保险。这一现象使我们可以推断，如果法律取消强制缴纳社会保险的规定，则选择不交保险的员工的工资收入将会增加。根据同样的道理，如果法律允许员工和企业自愿选择是否遵守无固定期限合同和解雇保护等方面的规定，则选择放弃这些权利的员工的货币工资将可以增加。

从这个意义上，《劳动合同法》的一些规定事实上是在强制劳动者通过放弃部分货币收入来购买更稳定的劳动关系。这是否符合劳动者自身的利益，是需要打一个问号的。经济学家张五常建议，应当允许劳动者自愿选择是否接受《劳动合同法》的保护，从上面的分析来看，是不无道理的。

3. 企业劳动力需求量下降

用工成本上升的一个直接后果是，企业的劳动力需求量下降。需求量下降的原因有两个方面。一方面，劳动力成本上升导致企业的产品价格上升，这导致产品需求量下降，企业产出下降，从而导致劳动力需求量下降。另一方面，劳动力成本上升会激励企业寻求用其他要素代替劳动力在生产中的作用，例如用机器来代替劳动力。

程延园和杨柳（2010）① 调查发现，45.5%的企业认为《劳动合同法》增加了招聘难度，尤其是对民营企业来说，这一认同比例更高，达56.7%。同时企业的招聘行为变得更为谨慎。51.9%的企业表示，《劳动合同法》促使它们对新招人员的挑选更加慎重。28.5%的企业减少了新员工的招聘数量，15.2%的企业延缓了招聘计划。此外，有49.2%的企业表示将采用小幅增加采用资本或技术设备创新方式来代替劳动力，32.2%的企业愿意大幅度采用。

对不同企业来说，劳动力成本上升导致的劳动力需求量的下降程度是不一样的，这取决于企业的劳动力需求弹性。所谓劳动力需求弹性，是指劳动力成本上升1%所导致的劳动力需求量变化的百分比。简单理解，就是企业劳动力需求量对劳动力成本的敏感性。根据经济学中的希克斯－马歇尔派生需求定理，在下述情况下，劳动力需求弹性较高。

第一，当企业生产的产品的需求价格弹性较高时。如前所述，劳动力成本上升导致生产成本上升，从而倾向于导致产品价格上升。对产品的需求价格弹性越大，产品价格上升导致的需求量减少就越大，从而导致的雇佣量减少也就越大。那么在什么情况下，产品的需求价格弹性会比较高呢？通常就是在产品市场竞争性比较大，产品差异化比较小的情况下。而中国多数的低端制造业企业，无论是否从事出口，其所面对的产品市场基本属于这种情况。这也就意味着，《劳动合同法》实施带来的用工成本增加，对这些企业的冲击是最大的，而它们的劳动力需求量的下降也将是最明显的。由于这些企业雇佣的往往是最弱势的低技能劳动者，因此从这个角度来看，他们受《劳动合同法》的冲击也是最大的。与此相对应的，像联想、TCL等具有一定品牌竞争优势的企业，由于其在产品市场上具有一定的垄断优势，其劳动力需求量受《劳动合同法》的冲击也就相对有限。这与我们在调研中发现的情况是一致的。

第二，当其他要素可以较容易地替代劳动力时。如上所述，随着劳动力成本的上升，企业就会有动力用其他要素代替劳动力，如用资本替代劳动。然而只有在这种替代比较容易实现的时候，这种情况才会发生。那么在什么情况下，劳动力对生产的贡献最有可能被机器替代呢？那就是当劳动者从事的是简单、重复、标准化劳动的时候。而从事这些工作的，一般也是最底层的劳动者。所以从这个角度来看，底层劳动者受《劳动合同法》的冲击又是最大的。

第三，当劳动力成本占生产总成本的比重较高时。在这种情况下，劳动力成本的上

① 程延园、杨柳：《〈劳动合同法〉实施对我国企业人力资源管理的影响》，载《经济理论与经济管理》2010年第7期。

升，会导致产品价格更大幅度的上升，从而导致产量下降更多，雇佣量也因此下降更多。这意味着在劳动密集型产业工作的工人受到的影响是最大的。再一次地，这些工人往往是农民工等低技能劳动者。

上述分析表明以加工出口企业为代表的中国劳动密集型的低端制造业企业，在《劳动合同法》的冲击下，其劳动力需求减少是最显著的。而这些企业在用工成本增加方面也往往是受《劳动合同法》冲击最大的（张继彤，2009）。因为这些企业往往规模较小，在《劳动合同法》实施前用工规范程度也较低。《劳动合同法》出台后，违法成本大幅增加，使得这些企业不得不提高守法程度，这导致它们的用工成本比国有企业、大型企业、外资企业等上升得更多。用工成本上升幅度大，而劳动力需求弹性也相对较大，导致这些企业的劳动力需求量下降也格外大。

4. 企业用工行为转变

除了调整工资和雇佣数量，企业还可以通过其他方面的行为调整，来应对《劳动合同法》带来的用工成本上升。这些行为调整的目的，是为了降低法律带来的某些方面的成本上升，但同时这些行为转变本身又往往会导致其他方面的成本上升。

第一，企业的劳动规章制度变得更为严格。这一调整的目的，主要是为了应对《劳动合同法》关于合法解雇方面的要求。严格规范的规章制度，有助于降低解雇员工时发生争议的概率。根据中国企业联合会雇主工作部 2009 年上半年的调查，样本企业中，34.9% 的企业按照《劳动合同法》的要求，修订或修改了有关企业劳动管理制度，37.4% 的企业加强和改进了人力资源管理水平。多数企业更加重视对劳动合同的订立和管理工作，有的企业还专门针对劳务工的使用制定了规章制度[①]。这些方面的调整，一方面可能有助于提高企业管理的规范性，另一方面也导致了企业管理成本的上升。尤其是对于一些工作绩效难以量化的岗位来说，刚性的管理制度可能反而增加了交易费用。

第二，《劳动合同法》导致合同平均期限变长。程延园和杨柳（2010）发现，《劳动合同法》实施导致劳动合同期普遍延长，无固定期限合同增多。多数企业认为《劳动合同法》促使劳动合同期延长、无固定期限合同增加，认同比例分别为 42% 和 34.9%。其中有 66.7% 的民营企业延长了合同期限，在各类型企业中比例最高。这一结果符合立法者的意图，但是否意味着效率的改进，则难下定论（参见前面的讨论）。

第三，为了避免签订无固定期限合同，企业采取一些规避的行为，如在劳动者工作年限满十年之前解除合同。《劳动合同法》规定劳动者在企业连续工作满十年，就有权选择与企业签订无固定期限合同。一些企业为了避免这一结果，就选择在十年年限到期之前解除合同。阿基（Akee et al.，2015）的研究发现，在《劳动合同法》实行之后的 2008 年，确实出现了很多这种情况[②]。

第四，企业更多使用劳务派遣和业务外包。企业为了规避《劳动合同法》带来的用工灵活性下降，开始大量使用劳务派遣的用工方式。这种用工方式在企业和劳动者之

---

① 杭宇：《〈劳动合同法〉实施对我国企业用工的影响》，载《中国人力资源开发》2009 年第 9 期。

② Randall Akee，Liqiu Zhao and Zhong Zhao，2015，unemployment and its effects on unhappiness：unintended consequences of China's new labor contract law，Working Paper.

间增加了派遣机构这一第三方，导致了交易成本的上升。在劳务派遣的方式受到进一步限制的情况下，企业可能会更多地转向劳务或产品外包的形式，这样就用产品市场的合约代替了劳动市场的合约。而产品市场合约是不受《劳动合同法》约束的。程延园和杨柳（2010）发现，22.6%的受调查企业表示增加了劳务派遣用工，10%的企业表示增加了非全日制用工，3.4%的企业表示通过延长工作时间来满足用工需求，有26.9%的国有企业增加了劳务派遣用工的数量，高于外资和民营企业。为了应对《劳动合同法》对用工灵活性带来的影响，企业倾向采用劳务派遣和业务外包两种方式。其中，40.5%的企业选择劳务派遣方式，24%的企业选择业务外包。

五、结　语

对于《劳动合同法》的实际效果，不同专家的观点差异很大。本文试图从经济学角度，并结合课题组的案例调查以及现有文献中的经验证据，全面分析《劳动合同法》的经济后果。我们的基本结论如下：《劳动合同法》对市场劳动合约的一些干预是过度的，缺乏有效的经济学逻辑支持。《劳动合同法》的实施，确实较大幅度增加了企业的用工成本。作为对这一成本增加的反应，多数企业的劳动力需求下降，尤其是对底层的低技能劳动力。长期来看，劳动力需求下降必将导致劳动者工资收入增长放缓。此外，《劳动合同法》也导致了企业用工行为在多方面的转变，这些转变在一定程度上导致了市场交易成本的上升，整体经济效率的下降。

后　记

　　本书是一本论文集。所收录的 23 篇论文是从国内重要刊物上挑选出来的。按照分工,《中国法经济学研究 (2017～2019)》主要由浙江大学经济学院负责,在史晋川教授的指导下,董雪兵教授具体负责整理和编辑,李井奎、吴晓露、汪晓辉、叶斌等同志参与了论文的收集。

　　本书出版之际,我们首先感谢分别承办 2017 年、2018 年和 2019 年中国法经济学论坛的单位——天津财经大学法律经济分析与政策评价中心、西南政法大学经济学院、山西财经大学法学院和经济学院;其次感谢所有论文作者。

　　我们衷心希望本书的出版能够进一步促进中国法经济学的研究和应用,为中国法经济学的研究者、感兴趣者和法律工作者提供一本具有价值的参考资料。

编者

2022 年 10 月